O PROCESSO TRIBUTÁRIO E O CÓDIGO DE PROCESSO CIVIL/2015

O PROCESSO TRIBUTÁRIO E O CÓDIGO DE PROCESSO CIVIL/2015

HUGO DE BRITO MACHADO (Org.)

ÁLISSON JOSÉ MAIA MELO • ANA LUÍSA SAMPAIO SIQUEIRA
CARLA DE LOURDES GONÇALVES • DANIEL GIOTTI DE PAULA
DEBORAH SALES BELCHIOR • EDUARDO DA SILVA LUSTOSA
EDUARDO DE MORAES SABBAG • FELIPE SILVEIRA GURGEL DO AMARAL
FERNANDO A. M. CANHADAS • GABRIELA PIMENTEL PESSOA
GUSTAVO MIGUEZ DE MELLO • HENRIQUE COUTINHO DE SOUZA
HUGO DE BRITO MACHADO • HUGO DE BRITO MACHADO SEGUNDO
IVES GANDRA DA SILVA MARTINS • JAMES MARINS
JANAÍNA SOARES NOLETO CASTELO BRANCO • JORGE LUIZ DE BRITO JR.
JOSÉ EDUARDO SOARES DE MELO • JOSÉ MARIA ARRUDA DE ANDRADE
JURACI MOURÃO LOPES FILHO • JUVÊNCIO VASCONCELOS VIANA
LARISSA DE CASTRO SILVEIRA • LUIZ CARLOS MARQUES SIMÕES
MARCIA SOARES DE MELO • MARCIANO SEABRA DE GODOI
MÁRCIO SEVERO MARQUES • MARCOS ENGEL VIEIRA BARBOSA
MARÍLIA DE PRINCE RASI FAUSTINO • MISABEL ABREU MACHADO DERZI
NATÁLIA AFFONSO PEREIRA • NATERCIA SAMPAIO SIQUEIRA
PAULO AYRES BARRETO • PAULO ROBERTO LYRIO PIMENTA
RAQUEL CAVALCANTI RAMOS MACHADO • RICARDO LODI RIBEIRO
RICARDO MARIZ DE OLIVEIRA • SACHA CALMON NAVARRO COELHO
SCHUBERT DE FARIAS MACHADO

MALHEIROS EDITORES

O PROCESSO TRIBUTÁRIO
E O CÓDIGO DE PROCESSO CIVIL/2015

Direitos reservados desta edição por
MALHEIROS EDITORES LTDA.
Rua Paes de Araújo, 29, conjunto 171
CEP 04531-940 – São Paulo – SP
Tel.: (11) 3078-7205 – Fax: (11) 3168-5495
URL: www.malheiroseditores.com.br
e-mail: malheiroseditores@terra.com.br

Composição: PC Editorial Ltda.
Capa
Criação: Vânia Lúcia Amato
Arte: PC Editorial Ltda.

Impresso no Brasil
Printed in Brazil
03.2017

Dados Internacionais de Catalogação na Publicação (CIP)

P963 O processo tributário e o Código de Processo Civil/2015 / Hugo de Brito Machado (org.). – São Paulo : Malheiros, 2017.
672 p. ; 21 cm.

Inclui bibliografia.
ISBN 978-85-392-0364-2

Processo tributário - Brasil. 2. Processo civil - Brasil. 3. Brasil. Código de Processo Civil (2015). I. Machado, Hugo de Brito.

CDU 34:336.2(81)
CDD 343.8104

Índice para catálogo sistemático:
1. Processo tributário : Brasil 34:336.2(81)
2. Processo civil : Brasil 347.91/.95(81)
(Bibliotecária responsável: Sabrina Leal Araujo – CRB 10/1507)

SUMÁRIO

COLABORADORES

Álisson José Maia Melo
Doutorando em Direito pelo Programa de Pós-Graduação em Direito da UFCE – Mestre em Direito pela UFCE – Especialista em Direito Tributário pela Faculdade 7 de Setembro – Analista de Regulação da Agência Reguladora de Serviços Públicos Delegados do Estado do Ceará – Professor universitário.

Ana Luísa Sampaio Siqueira
Procuradora Fiscal do Estado do Ceará.

Carla de Lourdes Gonçalves
Doutora e Mestre em Direito Tributário pela PUC/SP – Professora do IBET e da PUC/COGEAE – Advogada.

Daniel Giotti de Paula
Doutorando em Finanças Públicas, Tributação e Desenvolvimento pela UERJ – Ex-Diretor do Centro de Altos Estudos Jurídicos da Procuradoria-Geral da Fazenda Nacional – Procurador da Fazenda Nacional – Membro da Comissão de Estudos Constitucionais da OAB/MG – Coordenador-Pedagógico do INTEJUR/JF – Professor-Convidado de Direito e Processo Tributário nos programas de Pós-Graduação *Lato Sensu* da UFJF, LFG, INTEJUR, UFF, PUC/Rio, PUC/Barra e PUC/MG.

Deborah Sales Belchior
Advogada.

Eduardo da Silva Lustosa
Pós-Graduado em Direito Financeiro e Tributário pela Universidade Federal Fluminense – Experiência em contencioso tributário (judicial e administrativo) e consultoria.

Eduardo de Moraes Sabbag
Doutor em Direito Tributário pela PUC/SP – Doutor em Língua Portuguesa pela PUC/SP – Mestre em Direito Público e Evolução Social pela UNESA/RJ – Professor de Direito Tributário, de Língua Portuguesa e de Redação no Complexo de Ensino Renato Saraiva (CERS) – Coordenador dos Cursos de Pós-Graduação em Direito Tributário na Estácio/CERS e na Faculdade Baiana de Direito (Salvador/BA) – Professor de Direito Tributário (Graduação e Pós-Graduação) da Universidade Presbiteriana Mackenzie (São Paulo) – Advogado.

Felipe Silveira Gurgel do Amaral
Pós-Graduado em Direito Tributário e Financeiro pelo Instituto Brasiliense de Direito Público – Advogado.

Fernando A. M. Canhadas
Mestre e Doutor em Direito do Estado pela PUC/SP – Professor dos Cursos de Especialização da PUC/SP – Advogado em São Paulo.

Gabriela Pimentel Pessoa
Doutoranda em Direito pelo Programa de Pós-Graduação em Direito da UFRS – Mestra em Direito pela UFCE – Especialista em Direito Tributário pela Universidade para o Desenvolvimento do Estado e da Região do Pantanal – Professora universitária.

Gustavo Miguez de Mello
Membro da Academia Brasileira de Direito Tributário – Vice-Presidente da Associação Brasileira de Direito Financeiro – Ex-Expositor da Comissão *The Future of the Lawyer* da *Union International des Avocats* – Advogado.

Henrique Coutinho de Souza
Pós-Graduado em Direito Tributário pela Universidade de São Paulo--USP. Mestrando em Direito Econômico, Financeiro e Tributário na USP – Membro do Instituto Brasileiro de Direito Tributário – Advogado em São Paulo.

Hugo de Brito Machado
Professor Titular de Direito Tributário da UFCE – Presidente do ICET – Desembargador Federal aposentado do TRF-5ª Região – Membro da

Academia Brasileira de Direito Tributário, da Associação Brasileira de Direito Financeiro, da Academia Internacional de Direito e Economia, do Instituto Ibero-Americano de Direito Público e da *International Fiscal Association*.

Hugo de Brito Machado Segundo
Mestre e Doutor em Direito – Membro do ICET – Professor da Faculdade de Direito da UFCE, de cujo Programa de Pós-Graduação (Mestrado/Doutorado) foi Coordenador (2012/2016) – *Visiting Scholar* da *Wirtschaftsuniversität* (Viena/Áustria) – Advogado em Fortaleza.

Ives Gandra da Silva Martins
Professor Emérito das Universidades Mackenzie, UNIP, UNIFIEO, UNIFMU, do CIEE, da Escola de Comando e Estado-Maior do Exército, da Escola Superior de Guerra e da Escola da Magistratura do TRF-1ª Região – Professor Honorário das Universidades Austral (Argentina), San Martin de Porres (Peru) e Vasili Goldis (Romênia) – Doutor *Honoris Causa* das Universidades de Craiova (Romênia) e das PUCs/PR e RS – Catedrático da Universidade do Minho (Portugal) – Presidente do Conselho Superior de Direito da FECOMERCIO/SP – Fundador e Presidente Honorário do Centro de Extensão Universitária/Instituto Internacional de Ciências Sociais.

James Marins
Doutor em Direito do Estado pela PUC/SP – Pós-Doutor em Direito do Estado pela *Universitat* de Barcelona (Espanha) – Professor Titular Licenciado de Direito Tributário e Processual Tributário na PUC/PR, nos Programas de Mestrado e Doutorado em Direito Econômico e Socioambiental – Presidente do Instituto Legado de Empreendedorismo Social e do Instituto Brasileiro de Procedimento e Processo Tributário – Advogado e Consultor Jurídico em Curitiba.

Janaína Soares Noleto Castelo Branco
Doutoranda em Direito pela UFCE – Professora Assistente de Processo Civil da UFCE – Procuradora Federal.

Jorge Luiz de Brito Jr.
Mestre pela FDUSP – Especialista em Direito Internacional Tributário pelo IBDT – Graduado em Direito pela Universidade Presbiteriana Mackenzie – Advogado.

José Eduardo Soares de Melo
Doutor e Livre-Docente em Direito – Ex-Professor Titular e ex-Coordenador do Curso de Pós-Graduação *Lato Sensu* em Processo Tributário na PUC/SP – *Visiting Scholar* da U. C. Berkeley (Califórnia) – Orientador e Examinador da *Bucerius Law School* (Hamburgo) – Professor Emérito da Faculdade Brasileira de Tributação – Consultor Tributário.

José Maria Arruda de Andrade
Professor Associado da Faculdade de Direito da USP – Livre-Docente, Doutor e Bacharel pela FDUSP – Foi Pesquisador-Visitante no *Max Planck Institute for Innovation and Competition* (Munique/Alemanha) – Foi Secretário-Adjunto de Política Fiscal e Tributária da Secretaria de Política Econômica do Ministério da Fazenda – Advogado.

Juraci Mourão Lopes Filho
Doutor (UNIFOR) e Mestre (UFCE) em Direito Constitucional – Pós-Graduado *Lato Sensu* em Direito Processual Civil (UFCE) – Professor de Direito da Unichristus/Graduação e Pós-Graduação – Procurador do Município de Fortaleza – Advogado.

Juvêncio Vasconcelos Viana
Doutor em Direito Processual Civil pela USP – Professor Adjunto de Processo Civil da UFCE – Procurador-Geral do Estado do Ceará.

Larissa de Castro Silveira
Advogada.

Luiz Carlos Marques Simões
Advogado tributarista e consultor.

Marcia Soares de Melo
Professora do Curso de Especialização em Direito Processual Tributário da PUC/SP – Ex-Juíza do TIT de São Paulo – Advogada em São Paulo.

Marciano Seabra de Godoi
Doutor e Mestre em Direito Tributário – Professor da PUC/MG – Vice-Presidente do Instituto de Estudos Fiscais – Advogado em Belo Horizonte.

Márcio Severo Marques
Mestre e Doutor em Direito do Estado pela PUC/SP – Professor dos Cursos de Graduação e Especialização da PUC/SP – Advogado em São Paulo.

Marcos Engel Vieira Barbosa
Cursando especialização em Direito Tributário pela PUC/SP – Membro da Academia Brasileira de Direito Tributário e da Associação Paulista de Estudos Tributários. Advogado em São Paulo.

Marília de Prince Rasi Faustino
Especialista em Direito Tributário pelo Instituto Brasileiro de Direito Tributário. MBA em andamento em Gestão Tributária pela Fundação Instituto de Pesquisas Contábeis, Atuariais e Financeiras.

Misabel Abreu Machado Derzi
Professora Titular de Direito Tributário e Financeiro da UFMG e das Faculdades Milton Campos – Doutora em Direito pela UFMG.

Natália Affonso Pereira
Pós-Graduada em Direito Tributário pela Pontifícia Universidade Católica – PUC/SP.

Natercia Sampaio Siqueira
Mestre em Direito Tributário pela UFMG – Doutora em Direito Constitucional pela UNIFOR – Professora da Pós-Graduação (Mestrado e Doutorado) em Direito Constitucional da UNIFOR – Procuradora Fiscal do Município de Fortaleza.

Paulo Ayres Barreto
Professor Associado ao Departamento de Direito Econômico, Financeiro e Tributário da USP – Livre-Docente em Direito Tributário pela USP – Doutor e Mestre em Direito Tributário pela PUC/SP – Advogado.

Paulo Roberto Lyrio Pimenta
Pós-Doutorado na Universidade de Munique – Doutor em Direito pela PUC/SP – Professor Associado da Faculdade de Direito da UFBA – Juiz Federal na Bahia.

Raquel Cavalcanti Ramos Machado
Mestra em Direito pela UFCE – Doutora em Direito Tributário pela USP – Membro do ICET – Professora da Faculdade de Direito da UFCE – *Visiting Scholar* da *Wirtschaftsuniversität* (Viena/Áustria).

Ricardo Lodi Ribeiro
Professor Adjunto de Direito Financeiro da UERJ – Diretor da Faculdade de Direito da UERJ – Presidente da Sociedade Brasileira de Direito Tributário – Ex-Procurador da Fazenda Nacional – Advogado e Parecerista.

Ricardo Mariz de Oliveira
Especialista em Direito Civil pela USP. Presidente do Instituto Brasileiro de Direito Tributário. Professor dos Cursos de Pós-Graduação *Lato Sensu* de Direito Tributário do Instituto Brasileiro de Direito Tributário e do Centro de Extensão Universitária. Palestrante, Conferencista e Professor sobre Direito Tributário em inúmeras entidades. Advogado em São Paulo.

Sacha Calmon Navarro Coelho
Professor Titular das Faculdades Federais de Direito do Rio de Janeiro e de Minas Gerais –Ex-Magistrado da Justiça Federal do Brasil – Ex-Procurador-Chefe da Procuradoria da Fazenda de Minas Gerais.

Schubert de Farias Machado
Especialista em Direito Processual Civil pela UFCE – Diretor do ICET – Advogado

APRESENTAÇÃO

Hugo de Brito Machado
Presidente do Instituto Cearense de Estudos Tributários/ICET

O Instituto Cearense de Estudos Tributários/ICET vem promovendo pesquisas jurídicas no campo do direito tributário, com a colaboração de ilustres estudiosos do assunto, de todo o País. Os resultados dessas pesquisas têm sido reunidos em livros que temos publicado, tratando dos diversos temas, a saber:

– *Repetição do Indébito e Compensação no Direito Tributário*;
– *Regime Tributário das Indenizações*;
– *Lançamento Tributário e Decadência*;
– *As Contribuições no Sistema Tributário Brasileiro*;
– *Sanções Administrativas Tributárias*;
– *Sanções Penais Tributárias*;
– *Coisa Julgada – Constitucionalidade e Legalidade em Matéria Tributária*;
– *Certidões Negativas e Direitos Fundamentais do Contribuinte*;
– *Não Cumulatividade Tributária*;
– *Tributação Indireta no Direito Brasileiro*;
– *A Prova em Questões Tributárias*;
– *Regime Jurídico dos Inventivos Fiscais* e
– *Planejamento Tributário*.

Agora o assunto é *O Processo Tributário e o Código de Processo Civil/2015*. E, tal como tem ocorrido nas ocasiões anteriores, a pesquisa foi desenvolvida a partir de questões que formulamos para serem respondidas por juristas de notório saber, tendo em vista o esclarecimento de importantes aspectos, todos de inegável interesse para os que lidam com o Direito.

Este livro, que temos a satisfação de apresentar à comunidade jurídica, é fruto dessa nossa última pesquisa, e examina, portanto, questões relativas ao processo tributário e o Código de Processo Civil/2015. Sua inegável valia, que o coloca muito acima dos livros de autoria coletiva em geral, consiste em que oferece ao leitor, em um só volume, resposta de muitos especialistas sobre as mesmas questões, facilitando bastante o trabalho de quem pretenda enfrentar e resolver um problema relativo ao processo tributário.

As questões propostas foram divididas em cinco blocos, seguidos de mais um destinado à abordagem de questões eventualmente não suscitadas, de sorte a permitir a contribuição dos diversos autores no sentido da complementação da pesquisa.

As questões formuladas são as seguintes:

1. Processo administrativo fiscal

1.1 Em razão do disposto no art. 15 do CPC/2015, pode-se dizer que suas disposições se aplicam aos processos administrativos tributários? O que significa ***supletivo****, no contexto do artigo? O mesmo que* ***subsidiário****? Nesse caso, qual o sentido de se usarem as duas palavras, uma ao lado da outra?*

1.2 É invocável no processo administrativo, para esclarecer quando não se considera fundamentada uma decisão administrativa, o disposto no art. 489, § 1º, do CPC/2015?

1.3 No que tange ao chamado "direito dos precedentes", os arts. 926 e 927 do CPC/2015 aplicam-se ao processo administrativo tributário?

1.4 À míngua de previsão legal específica no âmbito da legislação específica de determinado Estado-membro ou Município, seria possível à parte manejar o recurso de embargos de declaração diante de decisão administrativa contraditória ou omissa?

1.5 O art. 174 do CPC/2015 autorizaria a instituição de câmaras de mediação ou de conciliação no âmbito do processo tributário? Caso positivo, como conciliá-las com o caráter vinculado da atividade de cobrança de tributos e a natureza ***ex lege*** *da obrigação correspondente?*

1.6 Há alguma outra disposição do Código de Processo Civil/2015 cuja aplicação seria pertinente no âmbito do processo administrativo tributário, de forma inédita àquelas já invocáveis à luz do Código de Processo Civil/1973?

2. Aspectos gerais do processo judicial

2.1 As alterações introduzidas pelo Código de Processo Civil/2015 quanto aos prazos concedidos à Fazenda Pública aplicam-se às ações regidas por leis especiais, como o mandado de segurança, a execução fiscal e a cautelar fiscal?

2.2 Em face do Código de Processo Civil/1973 era comum a condenação da Fazenda Pública ao pagamento de honorários da sucumbência em quantia irrisória. Haveria alguma justificação para essa prática?

2.3 O que se pode dizer da inovação introduzida pelo Código de Processo Civil/2015 quanto à condenação da Fazenda Pública ao pagamento de honorários da sucumbência? O art. 85, § 3º, do CPC/2015 aplica-se a condenações havidas após o início de sua vigência ou apenas a processos iniciados depois dessa data? E o art. 85, § 11, aplica-se a recursos julgados a partir do início da vigência do Código de Processo Civil/2015 mesmo que decisão recorrida tenha sido anterior?

3. Processo de execução fiscal

3.1 Qual a natureza dos encargos legais previstos no Decreto-lei 1.025/1969? Caso eles tenham natureza de honorários, como sugere a Súmula 168 do extinto TFR, como conciliar sua aplicação, nos dias de hoje, com o art. 85, § 3º, do CPC/2015? E com o art. 827, § 1º, também do mesmo Código?

3.2 O incidente de desconsideração da personalidade jurídica, previsto no art. 133 do CPC/2015, aplica-se às execuções fiscais? Apenas nas hipóteses de o nome dos corresponsáveis não constar previamente na Certidão de Dívida Ativa ou em qualquer hipótese? Ou em nenhuma hipótese, sendo a regra inaplicável à Fazenda Pública exequente?

3.3 Caso aplicável às execuções fiscais, ele pode ser instaurado naquelas que já estavam em curso quando teve início a vigência do Código de Processo Civil/2015, ou somente àquelas iniciadas depois de 18.3.2016?

3.4 Em razão do disposto nos arts. 240 e 802 do CPC/2015, nos casos em que a demora na citação do executado não seja imputável exclusivamente ao Judiciário, mas à Fazenda exequente, pode-se dizer que a data da efetiva citação do executado passa a ser relevante para determinar a consumação, ou não, do prazo prescricional, independentemente de a inicial ter sido protocolada dentro deste prazo? Subsiste o entendimento firmado pelo STJ no REsp 1.120.295-SP?

3.5 Pode ser exemplo de demora não imputável ao Judiciário, mas à Fazenda, aquela decorrente de ter ela fornecido endereço errado ou desatualizado para a citação do executado?

3.6 O art. 803, parágrafo único, do CPC/2015 conteria um reconhecimento explícito do cabimento das chamadas "exceções de pré-executividade"? Seria essa admissão aplicável também às execuções fiscais, em face da supletividade referida no art. 15 do CPC/2015 e do disposto no art. 1º da própria Lei 6.830/1980?

3.7 Teria o Código de Processo Civil/2015 revogado a Lei 6.830/1980, como se pode ver de seus arts. 779, VI, e 784, IX? Ou, em face do disposto em seu art. 1.046, § 2º, a dizer que "permanecem em vigor as disposições especiais dos procedimentos regulados em outras leis, aos quais se aplicará supletivamente este Código", podemos entender que a Lei de Execução Fiscal permanece em vigor?

4. Mandado de segurança

4.1 Aplica-se ao mandado de segurança a figura da "tutela de evidência" (art. 311 do CPC/2015)?

4.2 As liminares deferidas em sede de mandado de segurança submetem-se ao instituto da "estabilização" da tutela provisória previsto no art. 304 do CPC/2015?

5. Coisa julgada

*5.1 Em face do art. 525, §§ 12 e 15, do CPC/2015, quais devem ser os efeitos de uma ação rescisória movida em razão da alteração da jurisprudência do STF sobre determinada questão tributária? É possível atribuir efeitos **ex tunc** à rescisão do julgado?*

5.2 Quais os efeitos da decisão rescisória sobre o lapso decadencial? Imaginando-se um contribuinte que há mais de cinco anos não recolhe um tributo por conta de decisão judicial, passada em julgado, que o declarou inconstitucional, a posterior mudança no entendimento do STF sobre a validade de tal tributo poderia legitimar a propositura e a procedência de ação rescisória, com a posterior autuação do contribuinte relativamente a todo o período?

6. O pagamento do ITCMD e outras questões

6.1 Em face do disposto no parágrafo único do art. 654 do CPC/2015, é permitida a conclusão do processo de inventário e execução da partilha antes de julgada a validade da cobrança do respectivo ITCMD?

6.2 Existem outras questões relativas ao processo tributário decorrentes do advento do Código de Processo Civil/2015? Quais?

Nosso sincero agradecimento a todos os autores de textos, pelas notáveis contribuições que ofereceram para a composição deste livro. Nosso especial agradecimento aos professores Schubert de Farias Machado e Hugo de Brito Machado Segundo pela valiosa ajuda que nos deram desde a seleção dos autores a serem convidados para empreender esta pesquisa até a coleta e organização dos textos. E em especial na elaboração das questões, trabalho no qual colocaram toda a experiência que têm como advogados que atuam intensamente em questões tributárias, que os coloca diante de práticas atinentes aos mais diversos aspectos da relação Fisco-contribuinte.

Nosso especial agradecimento, também, à Malheiros Editores, que gentilmente aceitou a tarefa de cuidar da edição e distribuição deste livro, o qual – sem falsa modéstia – é uma valiosa contribuição do Instituto Cearense de Estudos Tributários/ICET aos estudiosos do Direito, e especialmente aos que lidam com questões relacionadas ao planejamento tributário em nosso País.

O PROCESSO TRIBUTÁRIO E O CÓDIGO DE PROCESSO CIVIL/2015

José Maria Arruda de Andrade
Jorge Luiz de Brito Jr.

Preâmbulo

Para que possamos melhor desenvolver e esclarecer as implicações de nossa exegese do Código de Processo Civil/2015 – em particular o art. 15 do CPC/2015, que versa sobre a aplicabilidade do Código vigente às demais espécies de processo, inclusive o processo administrativo – é fundamental retomar alguns marcos teóricos presentes em nossas obras anteriores, de modo a contextualizar a importância do processo para uma teoria da interpretação que se baseie em pressupostos não essencialistas/não representacionalistas, em que a construção de sentido dos textos normativos ocorre no plano da argumentação, a qual – formalmente – ocorre por meio do processo legal.

No livro *Interpretação da Norma Tributária*[1] propusemos uma nova hermenêutica que superasse os paradigmas das teorias positivistas clássicas que remontam a construtos do século XIX (nomeadamente, Jurisprudência dos Conceitos, Escola da Exegese) e que – até aquele momento histórico – ainda marcavam fortemente o debate sobre o direito tributário no Brasil. A revisão teórica que então propusemos baseou-se nos aportes da filosofia da linguagem, a partir de nossa releitura da obra de Ludwig Wittgenstein.

1. José Maria Arruda de Andrade, *Interpretação da Norma Tributária*, São Paulo, MP Editora, 2006.

A teoria hermenêutica que advogamos é marcada por um pressuposto não essencialista/não representacionalista dos signos, e procura considerar a interpretação como um ato de construção e não de declaração de pretensos sentidos preconcebidos dos textos normativos.

É importante destacar que nossa proposta não pretendeu, em nenhum momento, aprovar ou incentivar uma teoria da interpretação jurídica que não apresenta limites. Não idolatramos decisões jurídicas que parecem contrariar aquilo em que a maioria dos operadores do Direito e da sociedade parece acreditar. O relativismo epistemológico jamais foi, para nós, um objeto de desejo.[2]

O conturbado ambiente político e institucional que temos vivido no Brasil apenas tem confirmado nossa séria restrição quanto a consequencialismos de toda espécie, especialmente quando, a pretexto de se buscar objetivos de índole social aparentemente inquestionável (a eficiência, no caso do direito concorrencial, ou o combate à corrupção, no caso do direito penal – apenas para citar um exemplo bem vívido em nossos dias), estamos dispostos a sacrificar o devido processo legal ou outras garantias constitucionais consagradas, num *trade off* (para fazer uso do jargão econômico) cujo ganho no longo prazo é altamente duvidoso no que se refere à estabilidade institucional.

Não é de hoje, portanto, que temos defendido a importância crucial do processo para a construção de sentido dos textos legais; e, muito embora não se possa defender – ao menos não do ponto de vista da teoria do conhecimento – uma referibilidade entre o texto normativo (pretensamente, o ponto de partida) e o resultado da interpretação (norma jurídica construída), será no campo da argumentação jurídica que se permitirá um mínimo de controle do processo – a saber: regras procedimentais preestabelecidas, necessidade de fundamentar a decisão jurídica construída e o sistema processual estatal, que possui regras que uniformizam sentidos e impedem a discussão interminável.[3] Muitas vezes a consolidação de determinada interpretação do STF, após encerrar uma discussão de muitos anos, é estabelecida por uma maioria simples, e as regras processuais do sistema jurídico é que permitirão a uniformização (mais do que a referência semântica, cuja disputa dera margem a uma interpretação problemática por maioria simples).[4]

2. Idem, p. 31.

3. José Maria Arruda de Andrade, *Economicização do Direito Concorrencial e Positivismo Jurídico*, São Paulo, Quartier Latin, 2014, pp. 139-140.

4. Inúmeros exemplos de direito tributário in José Maria Arruda de Andrade, *Interpretação da Norma Tributária*, cit.

Talvez a mais importante conquista hermenêutica presente no processo de aprovação do Código de Processo Civil/2015 tenha sido a superação do paradigma do livre convencimento do juiz em favor de um modelo que adota parâmetros objetivos mínimos de fundamentação e coerência das decisões judiciais – o que está em linha com nossos pressupostos teóricos acima expostos.[5]

Feitas essas breves considerações, passamos a enfrentar as questões sugeridas pelos ilustres colegas e professores Hugo de Brito Machado e Hugo de Brito Machado Segundo. Seguimos a ordem e a numeração das questões propostas pelos organizadores da obra, optando por deixar

5. Lenio Luiz Streck, que participou ativamente das discussões acerca do Código de Processo Civil/2015, tem sido um dos críticos mais ferrenhos do chamado "livre convencimento" do juiz. De forma sistemática, tanto em seus livros e artigos como na coluna "Senso Incomum", que assina semanalmente para o portal *CONJUR*, o autor vem apontando e combatendo a transmudação no País de um pretenso "livre convencimento" do juiz em discricionariedade – o que, segundo entende, se deve em muito a uma importação errônea da Teoria da Argumentação proposta por R. Alexy e de seu aspecto prático mais visível (a chamada "ponderação"), a qual tornou-se bastante disseminada no País, tanto em meios acadêmicos como em decisões judiciais. De fato, o professor Streck pode ser apontado como um dos responsáveis pela retirada do livre convencimento dos arts. 378, 401 e 490 do projeto original do Código de Processo Civil/2015. Ao propor a retirada dessas disposições o Relator do Projeto do novo CPC, deputado Paulo Teixeira, declarou: "Embora historicamente os Códigos Processuais estejam baseados no livre convencimento e na livre apreciação judicial, não é mais possível, em plena democracia, continuar transferindo a resolução dos casos complexos em favor da apreciação subjetiva dos juízes e tribunais. Na medida em que o Projeto passou a adotar o policentrismo e coparticipação no processo, fica evidente que a abordagem da estrutura do Projeto passou a poder ser lida como um sistema não mais centrado na figura do juiz. As partes assumem especial relevância. Eis o casamento perfeito chamado 'coparticipação', com pitadas fortes do policentrismo. E o corolário disso é a retirada do 'livre convencimento'. O livre convencimento se justificava em face da necessidade de superação da prova tarifada. Filosoficamente, o abandono da fórmula do livre convencimento ou da livre apreciação da prova é corolário do paradigma da intersubjetividade, cuja compreensão é indispensável em tempos de democracia e de autonomia do Direito. Dessa forma, a invocação do livre convencimento por parte de juízes e tribunais acarretará, a toda evidência, a nulidade da decisão" (Lenio Luiz Streck, "O novo Código de Processo Civil (CPC) e as inovações hermenêuticas – O fim do livre convencimento e a adoção do integracionismo dworkiniano", *Revista de Informação Legislativa* 1/33-52, 2015). Criticando a importação de teorias da argumentação sem maiores adaptações e o caráter epidérmico das discussões acerca da distinção entre regras e princípios e da ponderação, v.: José Maria Arruda de Andrade, "Entre princípios e regras. Entre progressos iniciais e fanatismo", in José Augusto Fontoura Costa, José Maria Arruda de Andrade e Alexandra Mery Hansen Matsuo (orgs.), *Direito: Teoria e Experiência – Estudos em Homenagem a Eros Roberto Grau*, t. I, São Paulo, Malheiros Editores, 2013, pp. 86-99.

algumas sem resposta, em virtude da necessidade de maior esforço argumentativo do que seria possível nas breves páginas de nosso ensaio (como exemplo, a questão do trânsito em julgado e da ação rescisória).

> ***1. Processo administrativo fiscal***
>
> *1.1 Em razão do disposto no art. 15 do CPC/2015, pode-se dizer que suas disposições se aplicam aos processos administrativos tributários? O que significa **supletivo**, no contexto do artigo? O mesmo que **subsidiário**? Nesse caso, qual o sentido de se usarem as duas palavras, uma ao lado da outra?*

Será a partir de um contexto mais amplo em que se insere o Código de Processo Civil/2015 que procuraremos compreender os vocábulos empregados pelo legislador no referido art. 15 do CPC – "supletivo" e "subsidiário" –, que, quer nos parecer, não estão aqui a representar o mero recurso a uma técnica legislativa que procure sublinhar a ênfase por meio da justaposição de termos sinônimos, a indicar gradação ou reiteração.[6] E isso não apenas em razão do velho brocardo de que *a lei não possui palavras inúteis*.

Respondendo objetivamente às questões, entendemos que as disposições do Código de Processo Civil/2015 são plenamente aplicáveis ao processo administrativo tributário sempre que não houver disposição em sentido contrário na legislação específica. Como explicaremos a seguir, o Código de Processo Civil poderá ser aplicado quanto àquilo que não estiver expressamente previsto na legislação específica e também de modo a reforçar ou apoiar aquilo que, embora não expressamente positivado, já era aplicável ao processo administrativo por dedução lógica de outras normas ou por simples construção jurisprudencial ou regimental.

Mesmo nos atendo à nossa premissa não representacionalista, já explicada anteriormente, isto em nada exclui a importância da pesquisa

6. Este parece ser o caso, por exemplo, do art. 150, II, da CF, que vedou instituição de "tratamento desigual entre contribuintes que se encontrem em situação equivalente, proibida qualquer distinção em razão de ocupação profissional ou função exercida, independentemente da denominação jurídica dos rendimentos, títulos ou direitos". O exagero do legislador constituinte, que poderia apenas ter se limitado à vedação de qualquer discriminação, deve ser entendido a título de ênfase, considerando que a Constituição Federal/1988 marcou a redemocratização brasileira e a superação de um regime que não apenas convivia com vários tipos de privilégios como também os institucionalizava.

pelo sentido gramatical dos termos e sua etimologia, pois tais dados constituem importante material para a tarefa do intérprete.

Supletivo deriva do Latim *supplere*, "suprir", de *sub*, "de baixo", mais *plere*, "encher, completar".

Subsidiário, por sua vez, vem da palavra latina *subsidium*, "subsídio", "apoio", "ajuda". Primeiramente significou socorro militar, indicando tropas de reserva e quantias pagas pelo Estado a seus funcionários. No Brasil o termo "subsídio" é utilizado pela Constituição Federal/1988 tanto para referir o gasto tributário indireto, que configura renúncia de receita e que se vale da legislação tributária para atender a objetivos econômicos e sociais, como, também benefícios de ordem financeira e creditícia (art. 165, § 6º, da CF/1988). Em um e outro caso o termo pode ser compreendido como "auxílio" ou "apoio".

Embora próximos e, em certa medida, justapostos, ambos os signos parecem ter preservado sutis diferenças de sentido na Gramática, sendo que o termo "supletivo" traduz a ideia de complemento, ao passo que o termo "subsidiário" parecer denotar aquilo que vem em apoio ou reforço de algo.[7]

Ao se analisar o emprego dos termos pela jurisprudência verificam-se algumas importantes incidências do termo "supletivo" de modo a indicar a ideia de complemento.[8]

7. "*Supletivo* su.ple.ti.vo adj. (Lat. *suppletivu*) 1. Que serve de suplemento; que completa. 2. Gram. Diz-se das palavras que completam o sentido da palavra principal. Ensino supletivo: V. Ensino.

"*Subsidiário* sub.si.di.á.rio (si) adj. (Lat. *subsidiariu*) 1. Pertencente ou relativo a subsídio. 2. Que subsidia. 3. Que fortalece. 4. Que vem em apoio ou reforço. 5. Que se dá ou manda em socorro de outrem. 6. Dir. Diz-se da ação ou responsabilidade que confirma ou robustece outra principal. 7. Auxiliador, preparador."

8. V., por exemplo, a decisão do STF que, versando sobre o regime da substituição tributária do ICMS, precisou que, conquanto a responsabilidade pelo *debitum* seja deslocada para o substituto tributário eleito pelo legislador, remanesce para o substituído um *debitum* supletivo –leia-se, a responsabilidade do substituído complementa a responsabilidade do substituto tributário; ou, em outras palavras, o Estado poderá exigir o débito em face do contribuinte original caso a prestação não seja adimplida pelo contribuinte substituto, identificado pela lei: "Prestigia-se a ruptura do princípio da relatividade dos efeitos da relação jurídico-tributária quando se imputa ao agente que meramente recebe o preço da coisa (e, com ela, o valor incidente do tributo) a função de substituído do devedor. Seria, em linguagem clássica do direito civil, uma autêntica cessão compulsória de posições contratuais de caráter mitigado, pois remanesce a responsabilidade supletiva do devedor, dado que o fenômeno se restringe a uma mera imputação ao terceiro de um *debitum* do verdadeiro sujeito

Por outro lado, quanto à responsabilidade da Administração Pública quanto às dívidas de natureza trabalhista de suas conveniadas ou contratadas, o STF definiu que a responsabilidade da Administração é *subsidiária*, que, no contexto do julgamento, significa que a responsabilidade não decorre do mero inadimplemento pelo devedor principal, podendo somente ser perseguida em caso de prova de culpa *in eligendo* ou *in vigilando* da Administração Pública.[9]

Em diferente contexto, o STF também já indicou o caráter subsidiário do crime de fraude processual relativamente à infração de natureza mais grave que o absorva.[10] No contexto do julgamento pode-se concluir que a expressão "caráter subsidiário" indicou uma conduta criminosa que foi utilizada como *apoio* para a prática de outra, de natureza mais grave.

passivo da relação tributária. 2. A redação sempre escorreita e precisa do CTN, em seu art. 128, fez reverência à distinção civilística de Alois Brinz entre *debitum* (*haftung*) e *obligatio* (*schuld*). O contribuinte deve, mas é o substituto que responde pela dívida, sem embargo de persistir o *debitum* – adjetivado de 'supletivo' no Código Tributário – em desfavor do primeiro" (STF, 1ª Turma, Rcl 5.639, rel. Min. Dias Toffoli, j. 30.9.2014, Acórdão Eletrônico *DJe*-224, divulg. 13.11.2014, publ. 14.11.2014).

9. "*Ementa*: Direito do trabalho e administrativo – Reclamação – Terceirização – Responsabilidade subsidiária da Administração. 1. Na ADC n. 16, este Tribunal afirmou a tese de que a Administração Pública não pode ser responsabilizada automaticamente por débitos trabalhistas de suas contratadas ou conveniadas. Só se admite sua condenação, em caráter subsidiário, quando o juiz ou tribunal conclua que a entidade estatal contribuiu para o resultado danoso ao agir ou omitir-se de forma culposa (*in eligendo* ou *in vigilando*). 2. Afronta a autoridade da ADC n. 16 e da Súmula Vinculante n. 10 acórdão de órgão fracionário de tribunal que sustenta a responsabilidade da Administração em uma presunção de culpa – isto é, que condena o ente estatal com base no simples inadimplemento da prestadora. 3. Agravo regimental a que se dá provimento" (STF, Rcl/AgR 16.846, rel. Min. Roberto Barroso, j. 19.5.2015)

10. "*Ementa*: Penal – Agravo regimental em *habeas corpus* – Crime de falsificação de identificador de órgão público – Falsificação grosseira – Revolvimento de fatos e provas – Circunstância agravante – Fundamentação inidônea – Supressão de instância – Desclassificação da conduta para o crime de fraude processual – Crime subsidiário – Inviabilidade. 1. Inviável na via estreita do *habeas corpus* o exame da ausência de potencialidade lesiva do documento falsificado, por pressupor a indevida incursão nos fatos e provas da causa, sobretudo se considerado que a controvérsia não foi objeto de apreciação pelas Cortes antecedentes. 2. Pronunciamento judicial acerca da idoneidade da fundamentação da circunstância agravante implicaria indevida supressão de instância e contrariedade à repartição constitucional de competências – Precedentes. 3. O caráter subsidiário do crime de fraude processual (art. 347 do CP) impõe sua absorção pelo crime mais grave nos casos em que da prática dos atos delitivos sobrevier conduta tipificada por dispositivo penal específico – Doutrina. 4. Agravo regimental a que se nega provimento" (STF, HC 121.592, rel. Min. Teori Zavascki, j. 24.11.2015).

Não se pode ignorar, entretanto, que há outras inúmeras situações em que o STF pareceu tratar ambos os termos de forma muito próxima, quase sinônima. Não temos nenhuma intenção, aqui, de estabelecer uma diferença forte entre os dois termos; porém, parece-nos que sua utilização de forma conjunta no dispositivo está a sugerir operações lógicas que se complementam mutuamente.

No caso do art. 15 do CPC/2015 uma possível justificativa para a utilização simultânea de ambos os termos é que se pretendeu que o Código fosse aplicado não apenas como complemento – isto é, quando não houver disposições específicas na legislação que verse sobre processos eleitorais, trabalhistas ou administrativos (*caráter supletivo*) – como, também, como *apoio*, ou *reforço*, àquelas disposições dos demais processos jurisdicionais que já seriam, em teoria, aplicáveis, independentemente de disposição expressa específica (*caráter subsidiário*).

Tomem-se como exemplos algumas propostas interpretativas sugeridas pelos Enunciados do Fórum Permanente de Processualistas Civis:

> Enunciado 250: Admite-se a intervenção do *amicus curiae* nas causas trabalhistas, na forma do art. 138, sempre que o juiz ou relator vislumbrar a relevância da matéria, a especificidade do tema objeto da demanda ou a repercussão geral da controvérsia, a fim de obter uma decisão respaldada na pluralidade do debate e, portanto, mais democrática.
>
> Comentário: O art. 138 do novo CPC regulamentou a figura do *amicus curiae*, modalidade diferenciada de intervenção de terceiros, estabelecendo seus pressupostos. Tendo em vista que esta figura foi recentemente positivada no ordenamento jurídico brasileiro, que a sua aceitação está adstrita a uma demonstração de relevante interesse social, pois presume relevância e repercussão geral da matéria, e, principalmente, não havendo regras especificas a dispor de forma contrária, vemos que a aplicação do *amicus curiae* ao processo trabalhista está em linha com uma aplicação supletiva do novo Código de Processo Civil aos demais processos jurisdicionais.

Já, quanto aos Enunciados 304 e 326 – que propõem, respectivamente, que (i) as decisões trabalhistas deverão estar sujeitas aos parâmetros de fundamentação previstos no art. 489, § 1º, do CPC, sob pena de nulidade, e que, (ii) ao afastar a aplicação de precedente vinculante, deve o juiz ou tribunal trabalhista demonstrar, fundamentadamente, que se trata de situação particularizada –, tais casos parecem ser de aplicação subsidiária, isto é, as disposições do Código de Processo Civil/2015 vêm em apoio ou reforço a algo que, implicitamente, já seria aplicável a outros processos jurisdicionais – no caso, processo trabalhista –, até mesmo por força de determinação constitucional de fundamentação de todas as decisões (art. 93, IX, da CF/1988) ou por uma decorrência lógica das garantias da ampla defesa e do contraditório (art. 5º, LV, da CF/1988).

Os Enunciados do Fórum Permanente dos Processualistas, tomados aqui como exemplos, detiveram-se mais na problemática de aplicabilidade do Código de Processo Civil/2015 ao processo trabalhista, mas não vemos razões pelas quais conclusões semelhantes não se estenderiam ao processo administrativo tributário, que é o foco de maior interesse desta obra, conforme, inclusive, se depreenderá das nossas respostas às próximas questões.

1.2 É invocável no processo administrativo, para esclarecer quando não se considera fundamentada uma decisão administrativa, o disposto no art. 489, § 1º, do CPC/2015?

Na linha do quanto esclarecemos em nossa resposta à questão anterior, parece-nos claro que o art. 489, § 1º, do CPC/2015 – que estabeleceu regras essenciais de fundamentação não apenas de sentenças judiciais como, também, de qualquer outro ato judicial – constitui algo que é plenamente aplicável não apenas ao processo cível, mas a qualquer processo jurisdicional – inclusive aos processos administrativos tributários.

De fato, as regras do art. 489, § 1º, do CPC/2015 vêm apenas explicitar regras que já poderiam ser extraídas do art. 93, IX, da CF/1988 (que exige fundamentação de todas as decisões judiciais) ou do próprio art. 5º, LV, da CF/1988 (ampla defesa e contraditório).

As regras previstas no art. 489, § 1º, do CPC/2015 estabelecem *standards* mínimos de fundamentação que devem ser respeitados, sob pena de estarmos diante de uma decisão não apenas ilegal, mas também irracional. Insistimos que, para nós, a racionalidade do ordenamento não deve ser buscada em noções ontológicas pretensamente inerentes às palavras empregadas no texto normativo, mas, exatamente, nos argumentos/fundamentos com os quais se constrói a aplicação da norma (norma-decisão). E é indispensável que neste processo de construção de sentidos exista possibilidade de pleno acesso das partes às razões apresentadas. Em uma democracia não se pode tolerar um decisionismo arbitrário, exigindo maior rigor na construção de argumentos jurídicos da fundamentação da norma individual e concreta.[11]

Como justificar, não apenas diante das regras agora postas no art. 489, § 1º, do CPC/2015, como também, e principalmente, em vista dos princípios constitucionais já mencionados, uma decisão proferida por órgão judicante que, por exemplo, se limite à mera reprodução de texto ou ato normativo ou precedente, sem explicitar a relação com a causa ou questão decidida (o que, agora, é vedado de forma expressa pelo art. 489, § 1º, I e V)? Quer nos parecer que isso, em verdade, nunca foi aceitável em um processo jurídico-decisório típico de um Estado Democrático de Direito, nem mesmo em tribunais administrativos especializados, como o Conselho Administrativo de Defesa Econômica/CADE.[12]

Isso não quer dizer, em absoluto, que o Código de Processo Civil/2015 incorreu em tautologia ao explicitar tais *standards* mínimos de fundamentação. Muito pelo contrário, pois o quadro que se vê no cotidiano da prática forense é repleto de decisões que por vezes repisam precedentes que frequentemente não se atêm às circunstâncias do caso concreto, sem nenhuma preocupação de demonstrar o silogismo. Embargos de declaração são sumariamente rejeitados em decisões reproduzidas em série, sob o pretenso fundamento de que o juiz não estaria obrigado ao exame de todos os argumentos suscitados pela parte (o que, por sinal, também contraria a disposição do inciso IV do dispositivo em análise) – tudo em nome da eficiência da prestação jurisdicional e do cumprimento de metas fixadas pelo Conselho Nacional de Justiça.

No caso do processo administrativo tributário, embora, em geral, exista maior preocupação das autoridades judicantes com um exame mais detalhado dos fatos se comparado ao processo judicial, são frequentes decisões arbitrárias, que não satisfazem os pressupostos mínimos agora explicitados pelo art. 489, § 1º, do CPC/2015. Apenas para citar um exemplo, tomem-se decisões que se recusam a analisar argumentos suscitados pela parte sob o "mantra" de que às autoridades judicantes administrativas não seria dado se pronunciar quanto à inconstitucionalidade ou ilegalidade de textos de lei. Como se fosse possível interpretar um texto

11. José Maria Arruda de Andrade, "Aspectos mais recentes da teoria da interpretação da norma tributária no Brasil", in *Teses Tributárias*, São Paulo, Quartier Latin, 2010, p. 302.

12. V., neste sentido: José Maria Arruda de Andrade, *Economicização do Direito Concorrencial e Positivismo Jurídico*, cit.

de lei de forma absolutamente descolada do restante do ordenamento e da Constituição Federal.

Sem falar que tais pronunciamentos em boa parte das vezes ocorrem em casos que sequer envolvem, propriamente, uma genuína declaração de ilegalidade ou inconstitucionalidade com redução de texto, mas, sim, o mero reconhecimento de inconstitucionalidade ou ilegalidade de determinada *interpretação* proposta pelas autoridades fiscais quanto àquele texto legal ou infralegal em jogo.

1.3 No que tange ao chamado "direito dos precedentes", os arts. 926 e 927 do CPC/2015 aplicam-se ao processo administrativo tributário?

Na linha do que respondemos no quesito anterior, as regras dos arts. 926 e 927 do CPC/2015 também parecem claramente aplicáveis ao processo administrativo tributário.

Quanto ao art. 926, que estabelece aos tribunais o dever de uniformizar sua jurisprudência e mantê-la "estável, íntegra e coerente", é de se anotar que, ao menos do ponto de vista formal, a maioria dos órgãos judicantes administrativos – pelo menos o órgão federal (CARF) e os órgãos dos Estados de maior expressão econômica – já vinha instituindo formas regimentais de modo a viabilizar a uniformização de sua jurisprudência interna.

Por outro lado, o expediente de edição de súmulas, embora existente, pode ser considerado incipiente, ao menos no âmbito do TIT do Estado de São Paulo, que possui apenas oito Súmulas.

Quanto à observância de súmulas de Tribunais Superiores, agora exigida pelo art. 927, IV, e dos acórdãos submetidos ao regime de recursos repetitivos (inciso III), verifica-se que os tribunais administrativos vinham sendo, de modo geral, inconsistentes, podendo-se citar como exemplo que a maioria dos órgãos judicantes estaduais continua insistindo na exigência de destaque de ICMS em meras transferências entre estabelecimentos, em afronta à Súmula 166/STJ.

Tendo em vista que as questões submetidas ao processo administrativo fiscal poderão – e, em geral, este é o caminho – ser submetidas ao Poder Judiciário, não há nenhum sentido em se restringir ao Judiciário a aplicação das regras do Código de Processo Civil/2015 quanto à vinculação da jurisprudência emanada dos Tribunais Superiores.

Vale ressaltar que um dos objetivos declarados do Código de Processo Civil/2015, segundo sua "Exposição de Motivos", é imprimir maior grau de organicidade ao sistema, dotando-o de maior coesão. Parece claro que os órgãos administrativos judicantes compõem um quadro nacional de resolução de conflitos em matéria tributária e que, portanto, devem estar sujeitos às mesmas regras que fomentam uma maior coesão deste sistema (inclusive o art. 927 do CPC/2015).

1.4 À míngua de previsão legal específica no âmbito da legislação específica de determinado Estado-membro ou Município, seria possível à parte manejar o recurso de embargos de declaração diante de decisão administrativa contraditória ou omissa?

Tendo em vista o que já afirmamos na questão anterior quanto à plena aplicabilidade do art. 489, § 1º, do CPC/2015, seria possível, em teoria, formular pedido de esclarecimento de decisão que não atenda aos *standards* mínimos de fundamentação.

Embora esta seja uma possibilidade do ponto de vista técnico-jurídico, a análise e a apreciação do referido petitório por órgãos judicantes que não possuam uma figura análoga aos embargos de declaração em seu regimento poderão ensejar problemas estratégicos ou processuais, como a ausência de atribuição de efeito suspensivo automático nos termos do art. 151, III, do CTN.

Eventualmente, se não houver outros recursos previstos no processo administrativo, poderá ser mais recomendável, a depender do caso, a impetração de um mandado de segurança para impugnar o ato ilegal, configurado por violação ao art. 489, § 1º, do CPC/2015.

*1.5 O art. 174 do CPC/2015 autorizaria a instituição de câmaras de mediação ou de conciliação no âmbito do processo tributário? Caso positivo, como conciliá-las com o caráter vinculado da atividade de cobrança de tributos e a natureza **ex lege** da obrigação correspondente?*

A redação do art. 174 do CPC/2015 é clara no sentido de que poderá haver iniciativa legislativa por parte da União, Estados e Municípios tendente à criação de câmaras de mediação e conciliação voltadas à solução de conflitos no âmbito administrativo, podendo tais câmaras (i) dirimir conflitos envolvendo órgãos e entidades da Administração Pública; (ii) avaliar a admissibilidade dos pedidos de resolução de conflitos, por meio de conciliação, no âmbito da Administração Pública; e (iii) promover a celebração de Termos de Ajustamento de Conduta. Os entes da Administração Pública direta estão entre os maiores litigantes no País, e o legislador parece estar acenando claramente com uma alternativa para redução deste contencioso por meio de iniciativas como as câmaras de conciliação.

Conquanto a possibilidade de entes da Administração Pública transigirem sobre matéria tributária continue a ser repelida por uma espécie de "dogma" na praxe tributária brasileira, é importante frisar que não há, a princípio, nenhuma cláusula na Constituição Federal a vedar, de forma peremptória, qualquer possibilidade de transação. O próprio CTN, em seu art. 156, III, prevê a transação como hipótese de extinção do crédito tributário.

O que existe são limites constitucionais externos a esta atividade de transação, sendo que o primeiro limite a ser considerado é o da reserva legal. Quando a transação envolver remissão ou exclusão do crédito tributário (anistia), por exemplo, haverá necessidade de lei específica que regule exclusivamente estas matérias (art. 150, § 6º, da CF/1988). Outro limite constitucional importante é que a eventual legislação versando sobre a criação de câmaras de conciliação deverá resguardar um tratamento isonômico entre todos os contribuintes (art. 150, II, da CF/1988), não podendo a Administração deixar de transacionar com contribuinte que se encontre em situação semelhante a outro com o qual a Administração tenha logrado efetuar a transação.

Fato é que estas disposições constitucionais continuarão a limitar de forma considerável a discricionariedade da Administração Pública em eventual transação.

2. Aspectos gerais do processo judicial

2.1 As alterações introduzidas pelo Código de Processo Civil/2015 quanto aos prazos concedidos à Fazenda Pública aplicam-se às ações regidas por leis especiais, como o mandado de segurança, a execução fiscal e a cautelar fiscal?

Os prazos processuais continuam a ser regidos por lei específica quando ela existir, como é o caso do mandado de segurança, da execução fiscal e da cautelar – o que, inclusive, está expresso no art. 183, § 2º, do

CPC/2015. Porém, quanto à forma de contagem dos prazos (se em dias úteis ou dias corridos), o art. 219, *caput*, do CPC/2015 ressalta que a aplicação da nova regra (contagem em dias úteis) se estende aos prazos previstos em lei (o que parece incluir prazos previstos em legislação especial, quando não houver regra em sentido contrário).

Portanto, a princípio, a forma de contagem dos prazos, quando não houver disposição em sentido contrário na lei especial, deveria seguir o quanto dispõe o Código de Processo Civil/2015.

2.2 Em face do Código de Processo Civil/1973 era comum a condenação da Fazenda Pública ao pagamento de honorários da sucumbência em quantia irrisória. Haveria alguma justificação para essa prática?

O art. 20 do CPC/1973 estabelecia limites mínimo (10%) e máximo (20%) para condenação ao pagamento de honorários de advogado, e seu § 4º permitia que o juiz não se ativesse a tais patamares nos casos em que vencida a Fazenda Pública, sendo que em tais casos os honorários deveriam ser fixados de forma "equitativa", devendo o magistrado se ater às alíneas "a", "b" e "c" do § 3º do mesmo dispositivo (o grau de zelo do profissional, o lugar de prestação do serviço e a natureza e importância da causa, o trabalho realizado pelo advogado e o tempo exigido para seu serviço).

Na prática, o que houve foi a formação de uma jurisprudência que, via de regra, era condescendente com a fixação de honorários em valores muito inferiores ao patamar mínimo em casos em que a Fazenda Pública era vencida, chegando ao ponto de serem considerados irrisórios – o que, inclusive, ensejou campanhas por parte da Ordem dos Advogados do Brasil/OAB e outras entidades representativas da classe. Na grande maioria dos casos os magistrados, ao fixarem os honorários, acabavam sequer se pronunciando expressamente quanto aos parâmetros das alíneas "a", "b" e "c".

Conquanto uma maior parcimônia quanto a condenações da Fazenda Pública seja justificável em certa medida – ressalva-se o entendimento contrário de alguns processualistas renomados –, considerando que, em última análise, as condenações sofridas pela Fazenda Pública são suportadas por toda a sociedade, entendemos que a referida jurisprudência recaiu em exagero ao banalizar tais condenações.

Não é demais ressaltar que o valor devido a título de honorários possui um caráter de condenação àquele que indevidamente provoca a judicialização de um conflito. Uma melhor governança das contas públicas não passa apenas pelo maior rigor e pela melhor avaliação das renúncias tributárias a incentivos, da reavaliação dos gastos diretos da Administração, mas também pelo controle de qualidade da formação de créditos tributários inscritos em Dívida Ativa.

Uma jurisprudência condescendente na aplicação da condenação legal da sucumbência acaba por prestar um desserviço ao País, ao favorecer o descaso no lançamento tributário, em que que cada agente público apenas se preocupa em jogar para a fase processual seguinte o título malformado, configurando um quase princípio, o da não revisão do lançamento. Ao fim, após inúmeros anos de discussão judicial, com todo o esforço argumentativo recaindo sobre os contribuintes, o Judiciário desconstitui o título executivo sem qualquer incentivo ao maior rigor na constituição deles, desprestigiando o próprio esforço do Judiciário e, sobretudo, o dos patronos da causa e dos contribuintes.

Sabe-se que os procuradores estão obrigados funcionalmente a apresentar recursos, ainda que procrastinatórios, mas a aplicação de condenações irrisórias em nada favoreceu a revisão desta política de judicialização. Ao menos no caso da União, registre-se o caráter positivo da tentativa de reduzir este contingente de processos ao se instituir a possibilidade de dispensa de recursos em casos em que a jurisprudência já está pacificada em sentido favorável aos contribuintes (art. 19, II, da Lei 10.522/2002, cujo rol de assuntos vem sendo atualizado pela Procuradoria-Geral da Fazenda Nacional por meio de atos normativos).

O Código de Processo Civil/2015 lidou com esse impasse ao reduzir a discricionariedade dos juízes para fixação dos honorários, tendo optado por percentuais mínimos e máximos que têm caráter regressivo, na proporção inversa dos patamares de benefício econômico representados pela condenação (art. 85, §§ 3º, 4º e 5º).

2.3 O que se pode dizer da inovação introduzida pelo Código de Processo Civil/2015 quanto à condenação da Fazenda Pública ao pagamento de honorários da sucumbência? O art. 85, § 3º, do CPC/2015 aplica-se a condenações havidas após o início de sua vigência ou apenas a processos iniciados depois dessa data? E o art. 85, § 11, aplica-se a recursos julgados a partir do início da vigência do Código de Processo Civil/2015 mesmo que decisão recorrida tenha sido anterior?

O Código de Processo Civil/2015 positivou a regra *tempus regit actus* ao estabelecer que as novas regras processuais se aplicam imediatamente aos processos em curso, respeitados os atos processuais praticados e as situações jurídicas consolidadas sob a vigência da norma revogada (art. 14).

Quanto aos honorários advocatícios, o entendimento jurisprudencial que prevalecia é que sua imposição se configurava como ato do juiz, não estando o magistrado adstrito ao pedido formulado pela parte a esse respeito (Súmula 256/STF).

Muito embora haja margem para que os juízes passem a observar imediatamente as regras do art. 85, §§ 3º e 11, do CPC/2015 (que, respectivamente, estabelecem novos patamares para condenação ao pagamento de honorários e a previsão de majoração dos honorários por ocasião do julgamento de recursos), entendemos que essa aplicação deve levar em conta a existência prévia de eventuais recursos (ou da própria distribuição da ação) antes de sua aplicação, já que se trataria de situação jurídica consolidada antes da vigência das novas regras, e, portanto, a possibilidade de sofrer uma condenação com base nas novas regras não estaria ao alcance dos cálculos de previsibilidade e certeza da parte vencida quando da realização do ato.

Perceba-se que nossa ressalva à imediata aplicação das novas regras só deve ser considerada nos casos de existência de recurso ou ação ajuizados antes da vigência do Código de Processo Civil/2015, e não, automaticamente, para todas as ações ajuizadas antes do Código; ou seja: qualquer novo recurso ou novo ato processual passível de se submeter à condenação de honorários deve ser regido pelo novo regime, independentemente da data de distribuição da ação.

Tais argumentos poderiam ser contrapostos à alegação de que o Direito Brasileiro não resguarda nenhum direito adquirido à aplicação de legislação processual derrogada e que, por outro lado, os honorários não representam sanção, pelo menos não *stricto sensu*, de modo que a aplicação das novas regras quanto aos processos e recursos protocolados antes de sua vigência não poderia caracterizar retroatividade de pena (expressão tomada aqui em sentido lato) menos benigna.

Ainda assim entendemos que a aplicação das novas regras deve levar em conta a prévia existência de eventual recurso ou distribuição da ação que estavam submetidos a outro regime, ainda que discordemos veementemente da forma como os tribunais utilizaram o permissivo excepcional do § 4º do art. 20 do CPC/1973.

O STJ – registre-se – já pronunciou que:

> Quando o capítulo acessório da sentença, referente aos honorários sucumbenciais, for publicado em consonância com o Código de Processo Civil/1973, serão aplicadas as regras do antigo diploma processual até a ocorrência do trânsito em julgado. Por outro lado, nos casos de sentença proferida a partir do dia 18.3.2016, as normas do novo Código de Processo Civil regularão a situação concreta.[13]

Além disso, o Plenário da Corte Superior firmou que a nova regra do art. 85, § 11, somente se aplica aos recursos interpostos já sob a vigência do CPC/2015, conforme se verifica do Enunciado Administrativo 7.

> ***3. Processo de execução fiscal***
>
> *(...).*
>
> *3.2 O incidente de desconsideração da personalidade jurídica, previsto no art. 133 do CPC/2015, aplica-se às execuções fiscais? Apenas nas hipóteses de o nome dos corresponsáveis não constar previamente na Certidão de Dívida Ativa ou em qualquer hipótese? Ou em nenhuma hipótese, sendo a regra inaplicável à Fazenda Pública exequente?*

Entendemos que o art. 133 do CPC/2015 veicula norma de caráter claramente procedimental ao estabelecer que os pressupostos para desconsideração da personalidade jurídica seguirão os requisitos previstos em lei, isto é, a legislação material aplicável ao caso. Portanto, trata-se de regras que, em nosso entender, aplicam-se a uma variedade de campos, como o direito civil, o empresarial, consumerista, administrativo, tributário etc. Nesta linha, o incidente de desconsideração da personalidade jurídica é plenamente aplicável às execuções fiscais, cuja lei de regência (n. 6.830/1980) não possui dispositivo específico a tratar de procedimentos para desconsideração da personalidade jurídica. Porém, materialmente, os requisitos a serem observados continuam sendo aqueles previstos no Código Tributário Nacional.

Ressalva-se a aplicação do art. 137 do CPC/2015, que trata da declaração de indisponibilidade de bens do executado, uma vez que, quanto à matéria, existe disposição específica no Código Tributário Nacional (arts. 185 e 185-A).

13. STJ, REsp 1.465.535, rel. Min. Luís Felipe Salomão, j. 21.6.2016.

Quanto à possibilidade de responsabilização tributária dos sócios da pessoa jurídica, deve-se sempre resguardar o contraditório e a ampla defesa do responsável, sendo que quando o fato a ocasionar a responsabilização ocorrer antes da constituição do crédito tributário isso deve acontecer no âmbito do lançamento tributário, com possibilidade de impugnação do sujeito passivo em regular processo administrativo tributário; ao passo em que quando o fato a ensejar a responsabilização ocorrer após a constituição do crédito tributário isso deve ocorrer por força de provimento jurisdicional, sendo que o novo incidente de desconsideração da personalidade jurídica apenas vem para resguardar tais garantias no âmbito do processo judicial.

É sabido que a jurisprudência do STJ, conquanto formalmente tenha sempre resguardado a ampla defesa e o contraditório para fins de responsabilização dos sócios de pessoa jurídica, acabou por consagrar, em regime de recursos repetitivos, um entendimento que, materialmente, permitiu à Fazenda Pública mitigar estas garantias, ao estabelecer uma espécie de inversão do ônus da prova nos casos em que o nome do sócio tiver constado da Certidão de Dívida Ativa.[14]

A premissa do precedente do STJ parece ter sido a de que a inscrição do nome do sócio na Certidão de Dívida Ativa presumiria a existência de prévio contencioso na esfera administrativa, com regular participação do responsável e preservação das garantias constitucionais. Porém, como bem o sabem os advogados que atuam na área tributária, isso nem sempre é verdadeiro. Na prática, o precedente do STJ acabou abrindo perigosa brecha para edição de atos normativos como a Portaria PGFN-180/2010, que permitiu aos próprios procuradores a inclusão do nome dos sócios na Certidão de Dívida Ativa, independentemente de qualquer contraditório.

As novas regras do Código de Processo Civil/2015 agora abrem alguma possibilidade para revisão deste entendimento jurisprudencial que se revelou conflitante com as garantias constitucionais.

3.3 Caso aplicável às execuções fiscais, ele pode ser instaurado naquelas que já estavam em curso quando teve início a vigência do Código de Processo Civil/2015, ou somente àquelas iniciadas depois de 18.3.2016?

14. STJ, REsp 1.104.900-ES, rela. Min. Denise Arruda, *DJe* 1.4.2009.

Como já dissemos anteriormente, o Código de Processo Civil/2015 adotou a regra *tempus regis actus* ao estabelecer que as novas regras processuais se aplicam imediatamente aos processos em curso, respeitados os atos processuais praticados e as situações jurídicas consolidadas sob a vigência da norma revogada (art. 14).

Caso a execução fiscal já tenha sido redirecionada aos sócios em período anterior à vigência do Código de Processo Civil//2015 não há possibilidade de invocar o novo incidente de desconsideração da personalidade jurídica, pois, neste caso, o redirecionamento da ação executiva se caracterizaria como ato processual praticado sob a sistemática do Código revogado.

Quando houver tentativa de redirecionamento da execução aos sócios já sob a vigência do Código de Processo Civil/2015 entendemos como plenamente aplicáveis as novas regras procedimentais nele previstas.

> *3.4 Em razão do disposto nos arts. 240 e 802 do CPC/2015, nos casos em que a demora na citação do executado não seja imputável exclusivamente ao Judiciário, mas à Fazenda exequente, pode-se dizer que a data da efetiva citação do executado passa a ser relevante para determinar a consumação, ou não, do prazo prescricional, independentemente de a inicial ter sido protocolada dentro deste prazo? Subsiste o entendimento firmado pelo STJ no REsp 1.120.295-SP?*

O STJ vem consagrando o entendimento firmado no precedente citado (REsp 1.120.295-SP – submetido à sistemática dos recursos repetitivos) ao reconhecer que

> os efeitos da interrupção da prescrição devem retroagir à data da propositura da demanda, de acordo com o disposto no art. 219, § 1º, do CPC, não podendo a parte exequente ser prejudicada pela demora atribuída exclusivamente ao Poder Judiciário.

No caso de execução fiscal há regra específica de interrupção da prescrição, a qual foi instituída pela Lei Complementar 118/2005, que conferiu nova redação ao inciso I do art. 174 do CTN para fins de estabelecer que interrompe a prescrição o "despacho do juiz que ordenar a citação em execução fiscal".

Não obstante, ainda sob o Código de Processo Civil/1973 alguns autores defendiam que o novo marco interruptivo introduzido no art. 174, I, do CTN deveria ser conjugado com as regras então dispostas no art. 219 do CPC/1973, as quais impunham ao autor o ônus de promover a citação no prazo de 10 dias, sob pena de não se considerar interrompida a prescrição na data da propositura da ação, ressalvada a demora imputável exclusivamente ao Poder Judiciário.[15] O STJ também parece ter aderido à mesma tese ao decidir que a interrupção da prescrição pelo despacho que ordena a citação somente retroage à data da propositura da execução fiscal caso a demora para promover o ato citatório não seja imputável exclusivamente ao Judiciário.[16] Entendemos que as mudanças promovidas no Código de Processo Civil//2015 (arts. 240 e 802) pouco alteram este quadro, e que, portanto, a data de efetiva citação continua a ter relevância quando houver demora que não seja imputável apenas ao Poder Judiciário.

3.5 Pode ser exemplo de demora não imputável ao Judiciário, mas à Fazenda, aquela decorrente de ter ela fornecido endereço errado ou desatualizado para a citação do executado?

15. Por todos: Renato Lopes Becho, "A interrupção do prazo de prescrição pela citação, na Lei Complementar 118/2005", *RDDT* 115/118, São Paulo, Dialética, abril/2005.

16. "Tributário e processual civil – Execução fiscal – Prescrição da pretensão executiva – Aplicação da Súmula n. 106/STJ – Reexame de matéria fático-probatória – Dissolução irregular – Redirecionamento aos sócios – Possibilidade – Súmula n. 435/STJ.

"1. Em recurso especial representativo da controvérsia, o REsp n. 1.120.295-SP, decidiu o STJ que, iniciado o prazo prescricional com a constituição do crédito tributário, o termo *ad quem* se dá com a propositura da execução fiscal. Outrossim, a interrupção da prescrição pela citação válida, na redação original do art. 174, I, do CTN, ou pelo despacho que a ordena, conforme a modificação introduzida pela Lei Complementar n. 118/2005, retroage à data do ajuizamento, em razão do que determina o art. 219, § 1º, do CPC, quando a demora na citação não for atribuída ao Fisco.

"2. A alteração das conclusões adotadas pela Corte de origem, no tocante à aplicação da Súmula n. 106/STJ, demandaria, necessariamente, novo exame do acervo fático-probatório constante dos autos, providência vedada em recurso especial, conforme o óbice previsto na Súmula n. 7/STJ.

"3. Nos termos da Súmula n. 435/STJ: 'Presume-se dissolvida irregularmente a empresa que deixar de funcionar no seu domicílio fiscal, sem comunicação aos órgãos competentes, legitimando o redirecionamento da execução fiscal para o sócio-gerente'.

"4. Agravo regimental a que se nega provimento" (STJ, 1ª Turma, REsp/AgR 1.566.030-SP, rel. Min. Sérgio Kukina, j. 15.12.2015, *DJe* 2.2.2016).

Em teoria sim, mas desde que o contribuinte tenha mantido atualizados seus cadastros perante os órgãos fazendários. É preciso atentar aos termos da Súmula 435/STJ:

> Presume-se dissolvida irregularmente a empresa que deixar de funcionar no seu domicílio fiscal, sem comunicação aos órgãos competentes, legitimando o redirecionamento da execução fiscal para o sócio-gerente.

3.6 O art. 803, parágrafo único, do CPC/2015 conteria um reconhecimento explícito do cabimento das chamadas "exceções de pré-executividade"? Seria essa admissão aplicável também às execuções fiscais, em face da supletividade referida no art. 15 do CPC/2015 e do disposto no art. 1º da própria Lei 6.830/1980?

Entendemos que os fundamentos legais da chamada exceção de pré-executividade (sem aqui adentrar a velha celeuma sobre qual a terminologia mais precisa para referir esta figura) estavam já bastante claros no sistema do Código de Processo Civil anterior, que estabelecia dentre as hipóteses de julgamento sem resolução de mérito (então arroladas no art. 267 do CPC/1973) a ausência de pressupostos mínimos de constituição e de desenvolvimento válido do processo – matéria que, inclusive, poderia ser conhecida de ofício e a qualquer tempo no processo (art. 267, § 2º, do CPC/1973). O cabimento das referidas "exceções" já estava razoavelmente consolidado na jurisprudência. Evidentemente, o art. 803 do CPC/2015, ao explicitar que este tipo de matéria poderá ser levantada até mesmo de ofício pelo juiz e independentemente da oposição de embargos à execução, apenas vem reforçar esta argumentação. Nesta perspectiva, é, sim, algo plenamente aplicável às execuções fiscais.

3.7 Teria o Código de Processo Civil/2015 revogado a Lei 6.830/1980, como se pode ver de seus arts. 779, VI, e 784, IX? Ou, em face do disposto em seu art. 1.046, § 2º, a dizer que "permanecem em vigor as disposições especiais dos procedimentos regulados em outras leis, aos quais se aplicará supletivamente este Código", podemos entender que a Lei de Execução Fiscal permanece em vigor?

Quanto ao art. 779, VI, do CPC/2015, note-se que a menção à inclusão do "responsável tributário, assim definido na legislação própria", já figurava na redação do dispositivo equivalente no Código de Processo Civil anterior, conforme se nota do art. 568, V, do CPC/1973. O mesmo se diga quanto à inclusão da Certidão da Dívida Ativa no rol dos títulos executivos extrajudiciais, o que também já se observava na redação do art. 585, VII, do CPC/1973. Talvez exatamente a técnica de repetição dos dispositivos da legislação processual anterior, que era cronologicamente anterior à Lei 6.830/1980, é que tenha levado à manutenção destes dispositivos no novo Código, o que não deixa de representar certa redundância.

Parece fora de dúvidas que o Código de Processo Civil/2015 não revogou a Lei de Execução Fiscal, lei especial que, portanto, ficou ressalvada pelo art. 1.046, § 2º, do CPC/2015. Além disso, a técnica legislativa de revogar tacitamente dispositivos encontra, atualmente, um obstáculo nos arts. 3º, III, e 9º da Lei Complementar 95/1998, que dispõe sobre a elaboração, redação, alteração e consolidação das leis.

4. Mandado de segurança

4.1 Aplica-se ao mandado de segurança a figura da "tutela de evidência" (art. 311 do CPC/2015)?

O mandado de segurança está previsto em lei especial (n. 12.016/2009), que continua em vigor, podendo haver aplicação supletiva ou subsidiária do Código de Processo Civil/2015 quanto às matérias não exaustivamente reguladas na lei específica, e naquilo que não contrariar expressamente as suas disposições. Quanto aos pressupostos para concessão de medidas liminares em mandado de segurança observamos que o art. 7º, § 1º, da Lei 12.016/2009 regulou exaustivamente a questão ao estabelecer como requisitos a existência de fundamentação relevante e o risco de ineficácia da medida caso concedida ao final do processo. Desse modo, entendemos que não é possível aplicar ao mandado de segurança os mesmos requisitos agora previstos no art. 311 do CPC/2015 (tutela de evidência), uma vez que este dispositivo permite a concessão da tutela independentemente de demonstração de risco ou perigo ao resultado final do processo, o que está em confronto com o disposto na legislação específica.

4.2 As liminares deferidas em sede de mandado de segurança submetem-se ao instituto da "estabilização" da tutela provisória previsto no art. 304 do CPC/2015?

Entendemos que não, pois, além de o mandado de segurança estar regulado por lei específica, a doutrina tradicionalmente reconheceu às sentenças proferidas em mandado de segurança os atributos daquelas relações jurídicas que, "dada a sua natureza, impõem a possibilidade de revisão, (...) de modo que as sentenças, nesses casos, são dadas *rebus sic stantibus* (segundo as condições da situação no momento em que são proferidas)".[17]

Efetivamente, há determinadas decisões judiciais que, apesar de protegidas pelo instituto da coisa julgada, podem vir a ser modificadas em um momento futuro, tendo em vista que a própria sentença é proferida levando em consideração o contexto fático do momento, de maneira que se sobrevier alteração na situação de fato que serviu de base para a sentença o conteúdo da sentença tem que ser alterado, o que não se dá por meio da alteração da decisão que transitou em julgado, mas por meio de um novo título judicial. É o que em boa parte dos casos ocorre com a sentença proferida em mandado de segurança – ressalvado o uso do mandado de segurança para assegurar compensação tributária, o que foi aceito pela jurisprudência, pois nestes casos o pronunciamento judicial que assegura o direito do contribuinte à compensação vem, via de regra, precedido por uma declaração de ilegalidade ou inconstitucionalidade do tributo, sendo que em tais casos os efeitos da coisa julgada em mandado de segurança se aproximam mais aos de um provimento declaratório concedido em outras espécies de ação.

Logo, se a própria coisa julgada em mandado de segurança possui, via de regra, estabilidade relativa, adstrita à manutenção das circunstâncias fáticas sob as quais proferida, então, menos ainda se poderá falar em estabilização da medida liminar concedida em caso de não interposição de recurso em mandado de segurança, nos moldes da agora positivada "tutela de evidência".

17. Vicente Greco Filho, *Direito Processual Civil Brasileiro*, 17ª ed., vol. 2, São Paulo, Saraiva, 2006.

COISA JULGADA EM MATÉRIA TRIBUTÁRIA: LIMITES E CONFORMAÇÕES

Paulo Ayres Barreto
Carla de Lourdes Gonçalves

I – Coisa julgada: radicação histórica. II – A coisa julgada na Constituição e na lei. III – Exceção à coisa julgada: a ação rescisória. IV – Coisa julgada, ação rescisória e prazo decadencial. V – Resposta às questões propostas.

O presente estudo visa a estabelecer os limites e as conformações da coisa julgada em matéria tributária. Objetiva, ainda, responder aos questionamentos apresentados, na seguinte conformidade:

1. Em face do art. 525, §§ 12 e 15, do CPC/2015, quais devem ser os efeitos de uma ação rescisória movida em razão da alteração da jurisprudência do STF sobre determinada questão tributária? É possível atribuir efeitos *ex tunc* à rescisão do julgado?

2. Quais os efeitos da decisão rescisória sobre o lapso decadencial? Imaginando-se um contribuinte que há mais de cinco anos não recolhe um tributo por conta de decisão judicial passada em julgado que o declarou inconstitucional, a posterior mudança no entendimento do STF sobre a validade de tal tributo poderia legitimar a propositura e a procedência de ação rescisória, com a posterior autuação do contribuinte relativamente a todo o período?

Para que as questões adrede mencionadas sejam respondidas com proficuidade faz-se necessária a análise de temas concernentes ao conceito de coisa julgada, sua conformação em nosso ordenamento jurídico bem como os valores que a informam, como a segurança jurídica e a estabilidade das relações.

I – Coisa julgada: radicação histórica

A importância da coisa julgada remonta ao Direito Romano. Chiovenda relembra que para os romanos a coisa julgada era pautada por razões práticas, de utilidade social, e tinha por objetivo o desenvolvimento da vida social de forma segura e pacífica, sendo necessário imprimir certeza ao gozo dos bens da vida e garantir o resultado do processo. Desta forma, observa-se que desde os primórdios da organização sistêmica processual havia a preocupação na manutenção da segurança e da estabilidade dentro do ordenamento vigente.

Liebman também esposou entendimento no sentido de que o instituto da coisa julgada encontra fundamento em motivos de política legislativa que visam a pôr fim à controvérsia processual, alcançando a segurança do direito e a pacificação social por intermédio da preclusão dos meios de recurso (coisa julgada formal) e da imutabilidade da sentença, protegendo-a de futura decisão contraditória (coisa julgada material).

A doutrina clássica é uníssona no que diz respeito à coisa julgada, que traduz o valor da segurança jurídica e da estabilidade das relações, ao passo que encontra como seu limite objetivo a existência do trânsito em julgado de determinada decisão. Sua aplicabilidade no direito tributário também foi enaltecida por Rubens Gomes de Souza.[1]

Portanto, a coisa julgada está intrinsecamente relacionada à ideia de imutabilidade e de estabilidade das relações jurídicas desde os primórdios do Direito.

II – A coisa julgada na Constituição e na lei

No ordenamento brasileiro o art. 5º, XXXVI, da Carta Constitucional estabelece que “a lei não prejudicará o direito adquirido, o ato jurídico perfeito e a coisa julgada”. Extrai-se, assim, do preceito constitucional que sequer à lei é outorgada a possibilidade de atingir a coisa julgada.

O STF, ao julgar o RE 146.331, de relatoria do Min. Marco Aurélio, decidiu ser a coisa julgada cláusula pétrea, na forma do art. 60, § 4º, IV, da

1. Rubens Gomes de Souza, in *Repertório Enciclopédico do Direito Brasileiro*, vol. 9, Rio de Janeiro, Borsói.

CF/1988.[2] Portanto, prestigiou o STF a segurança jurídica, denominada de "sobreprincípio" por Paulo de Barros Carvalho, que aduziu sobre o tema que "a estabilidade das relações jurídicas tributárias, diante das manifestações da nossa mais alta Corte de Justiça, torna-se assunto sobremaneira delicado, requerendo atenção especialíssima do intérprete, porquanto está em jogo o sobreprincípio da segurança jurídica".[3]

Não se pode negar, desta forma, o papel de destaque exercido pela coisa julgada. Sua radicação constitucional denota a preocupação com a estabilidade das relações jurídicas estabelecidas em decorrência de decisões transitadas em julgado. Conclui-se, assim, que a ausência da coisa julgada poderia conduzir à derrocada das instituições democráticas, delimitadas de forma clara e precisa na Carta Magna.

No âmbito legal, o art. 467 do CPC/1973 conceituou coisa julgada material como sendo "a eficácia que torna imutável e indiscutível a sentença não mais sujeita a recurso ordinário ou extraordinário". Por sua vez, o art. 502 do CPC/2015 consigna que "denomina-se coisa julgada material a autoridade que torna imutável e indiscutível a decisão de mérito não mais sujeita a recurso".

Observa-se a notória evolução do conceito de coisa julgada entre os dois estatutos processuais adjetivos. O atual Código de Processo Civil contempla conceito que traduz de modo mais adequado o instituto da coisa julgada, uma vez que a eficácia da sentença é sua aptidão para produzir efeitos, ao passo que a autoridade da sentença diz respeito à sua imutabilidade.[4] Considerando que a coisa julgada está intrinsecamente relacionada à imutabilidade, a redação atual apresenta-se muito mais adequada ao instituto da coisa julgada.

Portanto, o Código de Processo Civil/2015 consagra que a coisa julgada é dotada da característica da imutabilidade, conforme os ditames veiculados pelo art. 5º, XXXVIII, da Carta Constitucional.

2. É induvidoso que o instituto da coisa julgada, agasalhado sistemicamente pelas Cartas Constitucionais, revela-se possuidor de contornos inerentes a cláusulas pétreas, cujo afastamento do cenário jurídico pressupõe sentença proferida em ação rescisória.

3. Paulo de Barros Carvalho, *Direito Tributário: Linguagem e Método*, 5ª ed., São Paulo, Noeses, 2013, p. 277.

4. Sobre o tema, v.: José Carlos Barbosa Moreira, "La definizione di cosa giudicata sostanziale nel codice di procedura civile brasiliano", *Est. Tarzia*, vol. 2 n. 9, p. 988; Luiz Guilherme Marinoni *et alii*, in *Novo Código de Processo Civil Comentado*, 2ª ed., São Paulo, Ed. RT, 2016, p. 599.

Cravada a premissa de que a coisa julgada possui radicação constitucional e como traços característicos a qualificação de cláusula pétrea e sua imutabilidade, é imperioso analisarmos a questão envolvendo as exceções ao instituto em questão contempladas pelo ordenamento jurídico.

III – Exceção à coisa julgada: a ação rescisória

A despeito da característica da imutabilidade, muito se tem falado em "flexibilização da coisa julgada" quando se está diante de julgamento pelo STF – em sede de ação direta de inconstitucionalidade ou repercussão geral – que venha a consagrar posicionamento distinto daquele contemplado na decisão anterior, coberta pelo manto da coisa julgada.

Nosso ordenamento jurídico contempla uma única exceção à proteção da coisa julgada: a ação rescisória, cuja disciplina encontrava guarida no art. 485 do CPC/1973 e atualmente encontra-a no art. 966 do CPC/2015. Trata-se de rol taxativo, excepcionalíssimo, que estabelece situações nas quais podem ser revistas decisões que já eram consideradas imutáveis (transitadas em julgado).

O inciso V do art. 966 do CPC/2015 veicula hipótese autorizativa de ação rescisória quando se estiver diante de violação manifesta de norma jurídica. Trata-se de situação de nulidade processual, pois a ofensa a norma jurídica posta no ordenamento não pode ser perpetuada por decisão imutável.

Nota-se, assim, os valores prestigiados pelo legislador. De um lado, decisão albergada pelo manto da imutabilidade; de outro, a ofensa perpetrada pela mesma decisão, considerada até então como "imutável", a certa norma jurídica. Prestigiou – acertadamente – o legislador a norma jurídica violada. Assim, na escala de valores legislativa, a norma jurídica em questão se sobrepõe à decisão judicial que a afronte.

Deve-se, aqui, pontuar que a ofensa ensejadora da propositura de ação rescisória deve ser aquela aduzida de forma direta, inequívoca, e não a partir de interpretações possíveis extraídas do conteúdo de significação de determinada norma jurídica, notadamente quando há controvérsia sobre qual interpretação deverá prevalecer. Sob a égide do Código de Processo Civil/1939 foi editada Súmula pelo STF – de n. 343 – vedando a propositura de ação rescisória "por ofensa a literal dispositivo de lei, quando a decisão rescindenda se tiver baseado em texto legal de interpretação controvertida nos tribunais". A aplicabilidade desta Súmula se mantém incólume até os dias atuais pelo Pretório Excelso.[5]

Assim, a única conformação restritiva ao conceito de coisa julgada é a ação rescisória, veiculada pelos arts. 966 do CPC/2015 e 485 do CPC/1973. Isto significa dizer que o disposto nos arts. 741 do CPC/1973 e 525 do CPC/2015 não representam exceção ao conceito de coisa julgada, sendo sua aplicabilidade restrita aos casos em que os títulos judiciais não tem trânsito em julgado perpetrado antes da decisão do STF.

Primeiramente, pontue-se que na atual sistemática processual, notadamente na seara tributária, há firma tendência à formação definitiva de títulos judiciais apenas com pronunciamento do STF sobre a matéria. Com efeito, o CPC/2015, em seu art. 927, I e III, estabelece expressamente que os juízes e os tribunais observarão as decisões proferidas em controle concentrado de constitucionalidade bem como "os acórdãos em incidente de assunção de competência ou de resolução de demandas repetitivas e em julgamento de recursos extraordinário e especial repetitivos". Logo, estando os juízes e os tribunais jungidos às decisões a serem proferidas pelo STF em sede de controle concentrado bem como de repercussão geral, no mais das vezes a coisa julgada será formada apenas com o pronunciamento do Supremo sobre a matéria. Ademais, o art. 1035, § 5º, do CPC/2015 estabelece que, uma vez reconhecida a repercussão geral, todos os processos, individuais e coletivos, restarão sobrestados até que advenha o julgamento.

O próprio art. 1.035 do CPC/2015, em seu § 9º, determinou que os processos nos quais tenha ocorrido o reconhecimento da repercussão geral sejam julgados no prazo de um ano, com preferência sobre os demais feitos, exceto *habeas corpus* e *processos que envolvam réu preso*. A disposição que determinava a retomada do curso normal dos processos suspensos caso não houvesse o julgamento da repercussão geral no prazo de um ano (§ 10 do art. 1.035 do CPC/2015) foi revogada pela Lei 13.256/2016.

Logo, na maior parte dos casos envolvendo matéria tributária o título judicial definitivo somente será formado após a prolação de decisão vinculativa proferida pelo STF, excetuadas as hipóteses em que o Supremo não se debruçar sobre a questão. Assim, tendem a diminuir os casos de formação de coisa julgada em dissonância com a orientação do

5. V. STF, RE 590.809 e AR/Ag 1.415.

STF sobre o tema nos casos a serem julgados sob a égide do Código de Processo Civil/2015.

Ao se limitar as hipóteses de formação de título judicial fundado em dispositivo declarado inconstitucional pela Corte Suprema aos casos julgados antes do advento do Código de Processo Civil/2015 circunscrevemos os efeitos desta decisão ao ordenamento em vigor com o estatuto processual de 1973. O que significa concluir que a única hipótese em que se poderia reverter a coisa julgada – consistente, aqui, no título judicial transitado em julgado – era por intermédio de ação rescisória proposta no prazo de dois anos, contados do trânsito em julgado da decisão rescindenda, nos termos do art. 495 do CPC/1973. Sobre o tema o STF já decidiu, no RE 730.462-SP, de relatoria do Min. Teori Zavascki, sob o rito da repercussão geral, que

> a decisão do STF declarando a constitucionalidade ou a inconstitucionalidade de preceito normativo não produz a automática reforma ou rescisão das sentenças anteriores que tenham adotado entendimento diferente; para que tal ocorra, será indispensável a interposição do recurso próprio ou, se for o caso, a propositura da ação rescisória própria, nos termos do art. 485, V, do CPC, observado o respectivo prazo decadencial (CPC, art. 495), notadamente quando decide sobre relações jurídicas de trato continuado, tema de que aqui não se cogita.

Portanto, não há como escapar à inexorável conclusão de que as decisões formadas até 16.3.2016 só eram passíveis de ação rescisória no prazo de dois anos, contados a partir do trânsito em julgado. Para as decisões que transitarem em julgado após esta data (que coincide com a entrada em vigor do Código de Processo Civil/2015) o *dies a quo* para propositura da ação rescisória é o trânsito em julgado da decisão do STF que decidir determinado tema em caráter vinculativo (controle concentrado de constitucionalidade ou repercussão geral). Sobre o tema, o RE 730.462-SP aduziu, peremptoriamente, que "o novo Código de Processo Civil (Lei n. 13.105, de 16.3.2015), com vigência a partir de um ano de sua publicação, traz disposição explícita afirmando que, em hipóteses como a aqui focada, 'caberá ação rescisória, cujo prazo será contado do trânsito em julgado da decisão proferida pelo Supremo Tribunal Federal' (art. 525, § 12, e art. 535, § 8º). No regime atual não há, para essa rescisória, termo inicial especial, o qual, portanto, se dá com o trânsito em julgado da decisão a ser rescindida (CPC, art. 495)".

Contudo, se estivermos diante de título judicial ainda não transitado em julgado e sobrevier uma decisão do STF declarando inconstitucional o dispositivo no qual se fundou o referido título, o mesmo será considerado inexigível, nos termos do art. 741, parágrafo único, do CPC/1973 bem como do art. 535, § 12, do CPC/2015. E exatamente nesse sentido foi a decisão do STF na ADI 2.418, de relatoria do Min. Teori Zavascki, entendendo pela constitucionalidade da inexigibilidade de título judicial firmado em norma julgada inconstitucional pelo STF desde que a declaração de inconstitucionalidade tenha ocorrido antes do trânsito em julgado do título judicial. O referido julgamento está em consonância com a decisão proferida pelo STF no RE 730.462 no sentido de que é imprescindível o ajuizamento de ação rescisória para que seja desfeita a coisa julgada.[6]

Registre-se, ainda, que está em julgamento perante o STF o RE 611.503, sob o rito da repercussão geral, o qual tem por objeto a análise da constitucionalidade do art. 741, § 1º, do CPC/1973, no mesmo esteio da ação direta de inconstitucionalidade adrede mencionada. O Relator do feito, Min. Teori Zavascki, asseverou em seu voto que

> são constitucionais as disposições normativas do parágrafo único do art. 741 do CPC, do § 1º do art. 475-L, ambos do CPC/1973, bem como os correspondentes preceitos do CPC/2015 (art. 525, § 1º, III e §§ 12 e 14 e o art. 535, § 5º). São dispositivos que, buscando har-

6. Mais recentemente foram afetados à repercussão geral dois recursos extraordinários: o de n. 949.297, de relatoria do Min. Edson Fachin, e o de n. 955.227, de relatoria do Min. Roberto Barroso.

No primeiro recurso as razões expendidas pelo Min. Edson Fachin dizem respeito ao limite da coisa julgada em âmbito tributário na hipótese de o contribuinte ter em seu favor decisão judicial transitada em julgado que declare a inexistência de relação jurídico-tributária ao fundamento de inconstitucionalidade incidental de tributo, por sua vez declarado constitucional em momento posterior, na via do controle concentrado e abstrato de constitucionalidade exercido pelo STF. E argumenta que, sob o ponto de vista jurídico, o tema extrai sua relevância da compreensão que se dará aos limites da garantia da coisa julgada em seara tributária, à luz do princípio da segurança jurídica.

No segundo recurso, de relatoria do Min. Roberto Barroso, a manifestação aquiescida pelo Plenário Virtual consigna em seu item 8 que não se trata de decidir apenas controvérsia relativa aos limites objetivos da coisa julgada – esta, sim, dependente da análise de legislação infraconstitucional. Em verdade, deve-se aqui averiguar quais são os efeitos das decisões do STF sobre a coisa julgada formada nas relações tributárias de trato continuado. Vale dizer: naquelas que se sucedem no tempo, possuindo semelhantes elementos formadores e dando ensejo a consecutivas incidências da norma tributária.

> monizar a garantia da coisa julgada com o primado da Constituição, vieram, como já afirmado, apenas agregar ao sistema processual brasileiro um mecanismo com eficácia rescisória de certas sentenças inconstitucionais, em tudo semelhante às hipóteses de ação rescisória (art. 485, V do CPC/73 e art. 966, V do CPC/15). E não são todos nem são banais (mas apenas alguns, revestidos de gravidade qualificada pelo comprometimento da autoridade das decisões do STF), os vícios de inconstitucionalidade que permitem invocar a inexigibilidade da sentença exequenda, por embargos à execução ou por impugnação. A inexigibilidade do título executivo a que se referem os referidos dispositivos se caracteriza exclusivamente nas hipóteses em que (a) a sentença exequenda esteja fundada em norma reconhecidamente inconstitucional – seja por aplicar norma inconstitucional, seja por aplicar norma em situação ou com um sentido inconstitucionais; ou (b) a sentença exequenda tenha deixado de aplicar norma reconhecidamente constitucional; e (c) desde que, em qualquer dos casos, o reconhecimento dessa constitucionalidade ou a inconstitucionalidade tenha decorrido de julgamento do STF realizado em data anterior ao trânsito em julgado da sentença exequenda.

O julgamento ainda não foi finalizado, mas a maioria dos votos proferidos até o momento foi no sentido de considerar constitucional.

Portanto, é notório que a coisa julgada se reveste de imutabilidade, sendo que a única exceção permitida pelo ordenamento jurídico é a ação rescisória, nos termos do art. 966 do CPC/2015 (art. 485 do CPC/1973).

IV – Coisa julgada, ação rescisória e prazo decadencial

O termo inicial para a propositura de ação rescisória no Código de Processo Civil/1973 e no Código de Processo Civil/2015 apresentou substancial diferença. O antigo art. 495 estabelecia o prazo de dois anos contados do trânsito em julgado da decisão rescindenda; já, o CPC/2015 prevê, em seu art. 525, § 8º, que o *dies a quo* para a propositura da ação rescisória é o trânsito em julgado da decisão do STF que considerou inconstitucional ou constitucional disposição que fundamentou a decisão rescindenda, em sentido contrário.

Nota-se um grande deslocamento temporal do prazo inicial para a propositura da ação rescisória nos dois estatutos processuais adjetivos. No entanto, o CPC/2015 estabeleceu, em seu art. 1.057, regra de direito intertemporal, consagrando que o novo *dies a quo* só é aplicável para os processos nos quais se verificou o trânsito em julgado após o seu advento.

Contudo, há questão de fundamental relevo para as relações formadas sob a égide da decisão rescindenda, no que diz respeito ao alcance da ação rescisória sobre os eventos tributários ocorridos durante a vigência daquela. Indaga-se, assim, se há e qual seria o limite temporal para o alcance da decisão rescisória sobre os fatos jurídicos pretéritos.

A segurança jurídica é o valor prestigiado por excelência em nosso ordenamento. Trata-se de vetor observado para a formação da coisa julgada e o sobreprincípio que norteia a propositura da ação rescisória.

Assim, uma aligeirada análise da questão posta poderia conduzir a conclusões distorcidas, consagrando-se a possibilidade de se atingir todos os eventos tributários[7] formados sob os auspícios da decisão rescindenda. Mas o próprio ordenamento estabelece os limites a tal alcance.

Observa-se, assim, de um lado, norma de cunho processual que prevê a possibilidade de ajuizamento de ação rescisória após a decisão do STF; de outro, regra de direito material, insculpida pelo Código Tributário Nacional, estabelecendo prazos decadenciais visando, exatamente, à ausência de perpetuação de situações indefinidamente.

Nesta tensão de normas a axiologia deve ter vez e lugar. Se, por um lado, a norma processual visa a proteger o direito a rescindir decisão que esteja em desconformidade com julgamento do STF, de outro, o sistema impõe prazos para o alcance dos eventos tributários, fazendo com que possam se tornar fatos jurídicos devidamente constituídos em linguagem.

Assim, contrapõe-se o art. 525, § 8º, do CPC/2015 aos arts. 150, § 4º, e 173, I, do CTN, lei nacional e norma geral de direito tributário. E neste conflito, cujo primado da segurança jurídica deve ser prestigiado, o que deve prevalecer?

Paulo de Barros Carvalho[8] bem observa que

> o deparar-se com valores leva o intérprete, necessariamente, a esse mundo de subjetividade, até porque eles se entrelaçam formando redes cada vez mais complexas, que dificultam a percepção da hierarquia e tornam a análise uma função das ideologias dos sujeitos cognoscentes.

7. Trata-se de eventos tributários, na linguagem de Paulo de Barros Carvalho, uma vez que não houve a constituição em linguagem competente por intermédio de lançamento ou autolançamento.

8. Paulo de Barros Carvalho, *Direito Tributário: Linguagem e Método*, cit., 5ª ed., p. 179.

Logo, presente, a carga de subjetividade, cabe ao intérprete sobrepujar aqueles que entende mais caros aos vetores do ordenamento jurídico.

O ilustre jusfilósofo, ao identificar as características dos valores, nos traz importante trilha ao falar da historicidade.[9] Aduz que os valores

> vão sendo depositados, gradativamente, ao longo da trajetória existencial dos homens. O elemento da historicidade nos valores significa, portanto, que eles não aparecem do nada, de um momento para outro, tratando-se de uma particularidade importante que integra sua estrutura lógica.

Neste esteio, impõe-se interpretar os comandos veiculados pelo art. 525, § 8º, do CPC/2015 e as normas que estabelecem prazos decadenciais. Sua valoração deve perpassar à historicidade das definições insculpidas pelo STF, que prestigiam, nos julgados até hoje proferidos, a manutenção da segurança jurídica, a qualidade de cláusula pétrea da coisa julgada e a prevalência do Código Tributário Nacional para versar sobre prazos prescricionais e decadenciais, conforme sobejamente decidido e constante da Súmula Vinculante 8,[10] prestigiando o art. 146, III, "b", da CF/1988.

Portanto, emerge deste conjunto valorativo que é possível a propositura de ação rescisória no prazo de dois anos após a decisão do STF sobre determinado tema, em sede de repercussão geral. Contudo, havendo decisão rescindenda em sentido contrário, a segurança jurídica do contribuinte deve ser assegurada, mediante a observância dos prazos decadenciais e prescricionais de lançamento e cobrança do crédito tributário. Não poderá o Fisco, ao seu livre alvedrio, efetuar a cobrança de tributos que já estejam fulminados pela decadência, cujo prazo seria de cinco anos contados anteriormente à propositura da ação rescisória. O elemento da historicidade nos traz que as decisões proferidas anteriormente pelo STF consagram que os prazos decadenciais e prescricionais somente podem ser veiculados pelo Código Tributário Nacional,[11] em detrimento de qualquer outro diploma normativo no ordenamento jurídico, em caráter hierarquicamente inferior.

9. Idem, p. 178.

10. STF, Súmula Vinculante 8: "São inconstitucionais o parágrafo único do art. 5º do Decreto-lei n. 1.569/1977 e os arts. 45 e 46 da Lei n. 8.212/1991, que tratam da prescrição e decadência do crédito tributário".

11. Nesse sentido, v. a Súmula Vinculante 8.

Ademais, da perspectiva processual, o Código de Processo Civil/2015 estabelece também limites ao alcance da rescisão. Identifica-se como exemplo a prescrição veiculada pelo art. 975, § 2º, que estabelece o prazo máximo de cinco anos, no caso de ação rescisória fundada em prova nova, para que sejam rescindidas as relações formadas com base na decisão rescindenda. Trata-se, nitidamente, de comando que vem a prestigiar a segurança jurídica.

Assim, o ordenamento mantém assegurada a estabilidade das relações, prestigiando seu cânone mais caro: a segurança jurídica. Permite que decisões proferidas em desconformidade com a diretriz fixada pelo Pretório Excelso sejam revistas após o trânsito em julgado desta decisão. Contudo, não expõe o contribuinte ao recolhimento – se a decisão rescindenda tiver afastado anteriormente a cobrança de determinada exação – de tributos cujo prazo decadencial tenha excedido os parâmetros consagrados pelo Código Tributário Nacional.

Por outro giro, também em prestígio à estabilidade das relações jurídicas e à jurisprudência do STF, na hipótese de ter o contribuinte decisão transitada em julgada que determinava o recolhimento de certa exação posteriormente considerada inconstitucional pela Corte Suprema, poderá repetir o indébito ocasionado pelos recolhimentos indevidos nos últimos cinco anos, em prestígio ao disposto no art. 168, I, do CTN,[12] uma vez proposta a ação rescisória.

Desta forma, diante de decisão proferida pelo STF em caráter vinculativo, contrária à coisa julgada preexiste, tem-se que o fisco poderá lançar, diante da propositura de ação rescisória, os tributos concernentes aos 5 anos que antecederem à propositura da referida ação; já os contribuintes poderão repetir os tributos recolhidos nos últimos cinco anos que antecedem à propositura da ação rescisória. Cumpre-se, assim, o primado da segurança jurídica, dando azo à estabilidade das relações jurídicas.

V – Resposta às questões propostas

1. Os efeitos de ação rescisória movida em razão de alteração da jurisprudência do STF cingem-se à rescisão da decisão fundamentada em dispositivo considerado constitucional ou inconstitucional pela Corte Suprema. Para as decisões transitadas em julgado antes do advento do

12. STF, RE 566.621, j. 4.8.2011.

Código de Processo Civil/2015 o prazo para a propositura da ação é de dois anos, contados da data em que se verificou o trânsito em julgado da decisão rescindenda; para as ações transitadas em julgado após 18.3.2016 (data em que entrou em vigor o Código de Processo Civil/2015) o prazo é de dois anos, contados do trânsito em julgado da decisão do STF. Os efeitos desta decisão cingem-se ao prazo de cinco anos anteriores à sua propositura, tanto para o Fisco efetuar a cobrança como para o contribuinte repetir o indébito.

2. Como mencionado anteriormente, os efeitos da decisão rescisória só podem alcançar o período de cinco anos que antecederem a propositura da ação rescisória. Logo, em prestígio à segurança jurídica das relações, devem ser observados os prazos decadenciais previstos no Código Tributário Nacional. Assim, o Fisco só poderia efetuar o lançamento dos valores porventura devidos pelo contribuinte em virtude da rescisão da decisão anteriormente prolatada referente aos últimos cinco anos, nos termos dos arts. 150, § 4º, do CTN e 975, § 2º, do CPC/2015. Cumpre-se, assim, o primado da segurança jurídica.

O PROCESSO TRIBUTÁRIO E O CÓDIGO DE PROCESSO CIVIL/2015

DEBORAH SALES BELCHIOR
LARISSA DE CASTRO SILVEIRA
FELIPE SILVEIRA GURGEL DO AMARAL

1. Introdução. 2. Processo administrativo fiscal. 3. Aspectos gerais do processo judicial. 4. Processo de execução fiscal. 5. Mandado de segurança. 6. Coisa julgada. 7. O pagamento do Imposto de Transmissão Causa Mortis *e Doação/ITCMD e outras questões. 8. Considerações finais.*

1. *Introdução*

Em suas *Lições Preliminares de Direito* Miguel Reale conceitua o direito processual como o ramo da Ciência do Direito que objetiva

> o sistema de princípios e regras mediante os quais se obtém e se realiza a prestação jurisdicional do Estado necessária à solução dos conflitos de interesses surgidos entre particulares, ou entre esses e o próprio Estado".[1]

Por esse sempre atual conceito, depreende-se ser instrumento que regula a prestação jurisdicional do Estado, visando à resolução de litígios.

Esses conflitos podem ter origem em diversos ramos do direito substantivo, tais como direito penal, direito civil, direito do trabalho, direito administrativo ou direito tributário, que são subdivisões disciplinadas no meio científico para melhor compreensão e estudo, mas que não infirmam o basilar princípio da unidade do Direito e do ordenamento jurídico.

1. Miguel Reale, *Lições Preliminares de Direito*, 27ª ed., ajustada ao Código Civil de 2002, São Paulo, Saraiva, 2002.

O Código de Processo Civil, nesse contexto, foi veiculado no ordenamento jurídico brasileiro por meio de lei ordinária federal, tendo por finalidade positivar princípios e garantias processuais constitucionais, disciplinar regras gerais de direito processual e regular ritos e normas específicos a serem utilizados para a resolução de conflitos nele disciplinados.

Embora haja leis extravagantes e consolidações específicas de normas processuais a disciplinar determinadas matérias, como o Código de Processo Penal, a Consolidação das Leis do Trabalho ou a Lei de Execução Fiscal, a estes se aplicam, por expressa previsão legal, as regras gerais do Código de Processo Civil.

Com edição da Lei 13.105/2015, que entrou em vigor aos 18.3.2016, aprovou-se o novo Código de Processo Civil, alterando a forma de processamento das mais diversas demandas judiciais, inclusive as de natureza tributária.

A lei processual nova, embora passível de várias críticas, foi, de modo geral, modernizada, com o intuito de prestigiar maior celeridade processual e tornar mais efetiva a prestação jurisdicional, sem descuidar da segurança jurídica necessária para regular os atos processuais, assegurando também o respeito ao contraditório e à ampla defesa.

Assim, o presente estudo aborda alguns temas do Código de Processo Civil/2015 que afetam diretamente o processo tributário, com breves comentários sobre algumas inovações trazidas pela legislação vigente.

2. *Processo administrativo fiscal*

Sabe-se que o processo administrativo fiscal é regido por legislação própria no âmbito das esferas federal, estadual e municipal, na forma do art. 25 da CF. Afinal, são regras que regulam o processamento de pretensões visando ao exercício da autotutela por parte dos entes federativos e demais entidades de direito público.

Por outro lado, a CF, no art. 5º, LV, confere o direito ao devido processo legal, à ampla defesa e ao contraditório, a serem exercidos tanto em processos judiciais como administrativos. Sobre o tema, leciona Hely Lopes Meireles:

> (...). Ao falar em "litigantes" ao lado dos "acusados", a atual Carta Magna acabou por jurisdicionalizar o processo administrativo. Sem

dúvida, em relação aos "acusados" a garantia da ampla defesa e do contraditório já havia; porém, quanto aos "litigantes", não. Esta é, sem dúvida, uma das grandes novidades da Constituição Federal/1988. É o fenômeno da processualidade administrativa.[2]

Consoante o art. 22, I, da CF, coube à União legislar sobre direito processual, o que abrange a regulação do processo judicial assim como a conformação das garantias constitucionais processuais, que se aplicam aos processos administrativos. O Código de Processo Civil, nesse contexto, é lei nacional que deve ser obedecida por todos os entes federativos.

O CPC/2015 inova com o texto inserto no art. 15 quando explicita que as normas contidas no Código serão aplicadas supletiva e subsidiariamente às normas reguladoras dos processos eleitoral, trabalhista e administrativo:

> Art. 15. Na ausência de normas que regulem processos eleitorais, trabalhistas ou administrativos, as disposições deste Código lhes serão aplicadas supletiva e subsidiariamente.

Atuará supletivamente quando, apesar de o instituto processual estar previsto na norma específica, não for por esta suficientemente regulado, ao ponto de servir a lei geral para complementar ou aperfeiçoar sua aplicação. A aplicação será subsidiária quando o instituto não tiver previsão em lei específica, atraindo, quando compatível, a aplicação direta do Código de Processo Civil.

A aplicação do Código de Processo Civil no processo administrativo, no entanto, deve ocorrer com maior cautela, evitando que a lei nacional interfira na esfera de competência dos entes federados de se autorregularem por meio de leis. Assim, aplica-se a lei adjetiva, em especial, na qualidade de conformador das garantias constitucionais processuais, norteando a regulação processual de todos os entes federados.

Pode-se afirmar, portanto, que o Código de Processo Civil/2015 se aplica ao processo administrativo fiscal sempre quando as leis que o regem forem omissas ou incompletas acerca de determinado assunto, respeitadas as peculiaridades da seara administrativa, onde – repita-se – se visa ao exercício da autotutela, cujo poder de autorregulação é do próprio ente federativo.

2. Hely Lopes Meirelles, *Direito Administrativo Brasileiro*, 42ª ed., São Paulo, Malheiros Editores, 2016, p. 112.

Há regras contidas no Código de Processo Civil/2015 que norteiam e orientam a atuação do Estado em processos administrativos, embora sem vinculação jurídica com força cogente.

Merece destaque o art. 489, *caput* e § 1º, do CPC/2015, que elenca os elementos essenciais da sentença e exemplifica hipóteses em que a decisão judicial estaria carente de fundamentação:

> Art. 489. São elementos essenciais da sentença: I – o relatório, que conterá os nomes das partes, a identificação do caso, com a suma do pedido e da contestação, e o registro das principais ocorrências havidas no andamento do processo; II – os fundamentos, em que o juiz analisará as questões de fato e de direito; III – o dispositivo, em que o juiz resolverá as questões principais que as partes lhe submeterem.
>
> § 1º. Não se considera fundamentada qualquer decisão judicial, seja ela interlocutória, sentença ou acórdão, que: I – se limitar à indicação, à reprodução ou à paráfrase de ato normativo, sem explicar sua relação com a causa ou a questão decidida; II – empregar conceitos jurídicos indeterminados, sem explicar o motivo concreto de sua incidência no caso; III – invocar motivos que se prestariam a justificar qualquer outra decisão; IV – não enfrentar todos os argumentos deduzidos no processo capazes de, em tese, infirmar a conclusão adotada pelo julgador; V – se limitar a invocar precedente ou enunciado de súmula, sem identificar seus fundamentos determinantes nem demonstrar que o caso sob julgamento se ajusta àqueles fundamentos; VI – deixar de seguir enunciado de súmula, jurisprudência ou precedente invocado pela parte, sem demonstrar a existência de distinção no caso em julgamento ou a superação do entendimento.

Referido dispositivo dá regulação infraconstitucional ao art. 93, IX, da CF, o qual garante aos jurisdicionados que as decisões judiciais serão fundamentadas, sob pena de nulidade.

O mesmo tratamento, no entanto, não foi dado pelo constituinte às decisões administrativas quando se afirmou, no inciso X do aludido dispositivo, que as "as decisões administrativas dos tribunais serão motivadas" mesmo quando proferidas por juízes togados no exercício de competência administrativa.

Há um grau de exigência diverso entre a fundamentação das decisões proferidas em processos judiciais e das decisões prolatadas em processos administrativos, inclusive porque estas normalmente sequer são prolatadas por juízes de direito, sendo muitas vezes, proferidas por leigos em ciências jurídicas. O próprio art. 489 do CPC/2015 limita-se a impor tal exigência às decisões judiciais, nada obrigando sua aplicação por parte da Administração.

Isto não significa que as decisões proferidas em processos administrativos não devam ser fundamentadas, pois a motivação eficaz é inerente ao devido processo legal e à ampla defesa, muito embora, para os fins específicos de declaração de nulidade, tenha o rigor formal minorado com relação às decisões judiciais, às quais todos têm acesso por ocasião do controle judicial de legalidade de atos e decisões administrativas.

Nada obstante, as diretrizes do art. 499 norteiam a atuação da Administração e constituem fonte subsidiária a ser seguida, servindo como fundamento a que o administrado injustiçado possa melhor demonstrar, em sede recursal administrativa ou na via judicial, a insubsistência ou mesmo a desvinculação/incongruência entre o conteúdo do ato ou decisão e seus motivos determinantes, impondo sua anulação.

O Código de Processo Civil/2015 exalta também a importância das decisões bem fundamentadas e de as mesmas estarem em consonância com os precedentes e súmulas dos Tribunais Superiores, o que visa a desafogar o Judiciário e unificar interpretações acerca de leis federais e da Constituição, sendo certo que a própria Constituição Federal conferiu--lhes tal prerrogativa (arts. 102 e 105).

O CPC/2015 adota, nos arts. 926 e 927, o chamado *direito dos precedentes*, como "verdadeiro imperativo da segurança jurídica, que por sua vez pressupõe, para sua realização, dentre outros fatores, a continuidade da ordem jurídica, a clareza dos textos e o conhecimento das regras jurídicas".[3]

O dever de proporcionar unidade ao Direito e uniformidade à jurisprudência também deve ser invocado no processo administrativo fiscal, já que se busca tutelar a segurança jurídica também no processo administrativo, assegurando maior previsibilidade das decisões e igualdade entre os cidadãos e ao Direito, como um todo.

Pode-se, portanto, inferir que uma vez que a decisão proferida pelo órgão julgador administrativo seja contrária a algum precedente ou súmula de Tribunal Superior podem ser invocados os dispositivos insertos nos arts. 926 e 927 do CPC/2015 para buscar a revisão de tal decisão, como uma forma eficaz de assegurar a ampla defesa e a segurança jurídica do contribuinte.

3. Guilherme Rizzo Amaral, *Comentários às Alterações do Novo* Código de *Processo Civil*, São Paulo, Ed. RT, 2015, p. 945.

A lei vigente dá aos precedentes de tribunais *status* de fonte primária do Direito, tal como a lei formal, semelhantemente ao *stare decisis* comumente adotado no sistema da *Common Law*. Previu a lei adjetiva, inclusive, no § 1º do art. 985, a possibilidade de controle de decisões contrárias ao entendimento firmado em incidentes de resolução de demandas repetitivas por meio de reclamação.

Considerando que o STF e o STJ têm, respectivamente, a competência derradeira para interpretar a constituição e as leis federais, a interpretação por eles realizada agrega-se ao próprio texto normativo, vinculando o sentido da norma jurídica, em uma nova modalidade de interpretação autêntica.

Ressalva-se, entretanto, que, por ausência de previsão legal e em respeito ao princípio federativo, esta previsão de controle por meio de reclamação somente se aplica aos processos judiciais, apenas sendo possível o manejo de reclamação contra ato ou decisão administrativa quando estes contrariarem decisão dotada de efeito *erga omnes* e vinculante, tal como ocorre com as súmulas vinculantes e decisões proferidas em sede de controle concentrado de constitucionalidade.

Outro tema que clama ao debate é o questionamento sobre o cabimento, diante do que dispõe o art. 15 do CPC/2015, de embargos de declaração em face de decisão administrativa omissa, contraditória ou obscura, mesmo quando não houver previsão legal na norma que regula o processo administrativo, em especial nas esferas estadual ou municipal. Tratar-se-ia de clara aplicação da lei processual de forma supletiva.

Certamente, é desejável a existência de previsão na legislação local quanto ao cabimento de embargos de declaração em processo administrativo fiscal, tal como exemplificativamente previsto no art. 64 do Regimento Interno do Conselho Administrativo de Recursos Fiscais/CARF,[4] pois propicia esclarecimento necessário à própria compreensão do julgado, sendo inerente à ampla defesa, ao contraditório, ao exercício do direito de petição e ao dever de exercício da autotutela, sempre que defrontados com ato de ilegalidade.

Na ausência de previsão expressa, no entanto, essa aplicação supletiva somente deve ocorrer quando necessária a garantir o exercício dos direitos constitucionais ao devido processo legal, ao contraditório

4. Regimento Interno do CARF: "Art. 64. Contra as decisões proferidas pelos colegiados do CARF são cabíveis os seguintes recursos: I – embargos de declaração; (...)".

e à ampla defesa, englobado nestes o exercício do duplo grau e demais recursos inerentes.

Dessa forma, quando não há na legislação local previsão de interposição de embargos de declaração, porém resta prevista modalidade recursal com devolução ampla, tem-se que eventuais vícios podem ser nela suscitados, inexistindo ofensa ao direito de defesa ou ao devido processo legal. Logo, não se poderia impor à Administração, em fase primária, o obrigatório processamento desta específica modalidade recursal não contemplada em norma local. Ao contrário, sua oposição em detrimento do recurso legalmente previsto poderia eventualmente implicar preclusão.

Por outro lado, tratando-se de decisão administrativa de última instância, é inerente ao direito à ampla defesa a obtenção de resolução de conflito com clareza suficiente à exata compreensão da controvérsia, pelo quê, neste caso, mostra-se cabível a oposição de embargos de declaração, em aplicação supletiva do Código de Processo Civil.

Aplicar as inovações do Código de Processo Civil/2015 ao processo administrativo fiscal representa buscar com maior eficácia a proteção ao princípio do devido processo legal, visando a prevenir conflitos no âmbito do Poder Judiciário, uma vez que estes poderiam ser resolvidos ainda na seara administrativa, evitando-se o desgaste econômico e temporal do processo judicial.

Nesse campo, o CPC/2015 traz em seu art. 174[5] a previsão de criação de câmaras de mediação e conciliação no âmbito administrativo, pela União, Estados e Distrito Federal, que "ao trabalharem na solução consensual de conflitos no âmbito administrativo acabarão por prevenir a instauração de processos judiciais para dirimir os mesmos conflitos".[6]

Na esfera do processo administrativo tributário esta previsão é obstada pela indisponibilidade patrimonial do ente federativo e pela supremacia do interesse público, não podendo haver a renúncia de receita. Como comparativo, a Lei 9.307/1996, que dispões sobre a arbitragem, regula

5. CPC/2015: "Art. 174. A União, os Estados, o Distrito Federal e os Municípios criarão câmaras de mediação e conciliação, com atribuições relacionadas à solução consensual de conflitos no âmbito administrativo, tais como: I – dirimir conflitos envolvendo órgãos e entidades da Administração Pública; II – avaliar a admissibilidade dos pedidos de resolução de conflitos, por meio de conciliação, no âmbito da Administração Pública; III – promover, quando couber, a celebração de Termo de Ajustamento de Conduta".

6. Guilherme Rizzo Amaral, *Comentários às Alterações do Novo* Código de *Processo Civil*, cit., p. 263.

que "as pessoas capazes de contratar poderão valer-se da arbitragem para dirimir litígios relativos a direitos patrimoniais disponíveis". No caso, o direito tributário, especialmente pela indisponibilidade patrimonial, não se submete às regras de arbitragem, o que direciona à impossibilidade de utilização do instituto trazido pelo art. 174 do CPC/2015 ao processo administrativo tributário. Sobre a indisponibilidade do patrimônio público, relevantes são as lições de Paulo de Barros Carvalho:

> Os atos administrativos exarados pelos agentes públicos mantêm-se dentro de estritos termos da lei, assim os de competência vinculada, como os discricionários, em qualquer setor do vasto campo de sua atuação. Em matéria tributária, terreno sobremodo delicado, por tocar direitos fundamentais dos administrados, quais sejam, o direito de propriedade e o de liberdade, as normas que disciplinam a atividade administrativa são especialmente rígidas, (...). Nenhum ato pode ser praticado sem autorização expressa da lei e o funcionário não dispõe de liberdade de ação para inovar o quadro das providências legalmente possíveis.[7]

A indisponibilidade do patrimônio público, dentro de um conflito existente com o particular, todavia, pode ser relativizada em circunstâncias especiais previamente reguladas em lei. É que em demanda contenciosa há o risco natural de derrota da Administração, seja na esfera administrativa ou na judicial. Há também o interesse da Administração em dar efetividade à arrecadação de tributos.

Há no Código Tributário Nacional institutos legalmente previstos que, sob circunstâncias especiais, representam renúncia legal de receita ou permitem um meio alternativo para adimplemento por parte do contribuinte, tais como isenção, remissão, parcelamento, anistia e, de forma expressa, a transação, institutos que dependem de lei específica para sua instituição. Prevê o art. 171:

> Art. 171. A lei pode facultar, nas condições que estabeleça, aos sujeitos ativo e passivo da obrigação tributária celebrar transação que, mediante concessões mútuas, importe em determinação de litígio e consequente extinção de crédito tributário.

Em que pese a que seja atualmente inócua a instituição de câmaras de conciliação no processo administrativo tributário, visto inexistir regu-

7. Paulo de Barros Carvalho, *Curso de Direito Tributário*, 17ª ed., São Paulo, Saraiva, 2005, p. 534.

lação legal que permita ou discipline a transação nessas circunstâncias, vê-se como possível e desejável referida inclusão futura, visto representar resolução mais célere, eficiente e econômica dos conflitos, desafogando, ainda, o Poder Judiciário.

3. *Aspectos gerais do processo judicial*

Uma das maiores inovações do CPC/2015 é a contagem de prazos em dias úteis, conforme disciplina seu art. 219:

> Art. 219. Na contagem de prazo em dias, estabelecido por lei ou pelo juiz, computar-se-ão somente os dias úteis.
>
> Parágrafo único. O disposto neste artigo aplica-se somente aos prazos processuais.

A contagem de prazo em dias úteis, a partir da disposição da lei vigente, passou a regra geral a ser aplicada ao processo comum e subsidiariamente aos ritos específicos regulados no próprio Código de Processo Civil/2015 ou em legislações extravagantes, ressalvadas, neste último caso, as hipóteses em que a lei específica preveja meio diverso de contagem de prazo – como ocorre, por exemplo, no Código de Processo Penal.

Para os demais ritos regulados em leis extravagantes que não tragam regramento próprio quanto aos critérios para contagem de prazo, tais como a Lei do Mandado de Segurança (Lei 12.016/2009) ou a Lei de Execução Fiscal (Lei 6.830/1980), aplicam-se as regras gerais do Código de Processo Civil, devendo os prazos ser computados em dias úteis.

É importante destacar a ressalva contida no parágrafo único do art. 219, pois esta regra somente se aplica aos prazos processuais propriamente ditos, não vigendo, por exemplo, para o prazo decadencial de 120 dias para impetração de mandado de segurança previsto no art. 23 da Lei 12.016/2009, tampouco se aplicando aos prazos de cumprimento de ordem ou providência ordenada judicialmente.

Com a vigência do Código de Processo Civil/2015 houve também alteração no prazo para a Fazenda Pública responder à ação. Enquanto pelo Código de 1973 possuía prazo em quádruplo para contestar e em dobro para recorrer, agora ambos passaram a ser somente em dobro, mas computados em dias úteis. Essa contagem dobrada, no entanto, não se aplica quando há prazos próprios tipificados em leis especiais, como, por exemplo, o prazo de 10 dias previsto no art. 7º, I, do a Lei 12.016/2009, valendo apenas para o procedimento comum.

Inovação relevante no processo tributário ocorreu com a regulação legal de fixação de honorários advocatícios em desfavor da Fazenda Pública, visto que na forma antes prescrita pelo § 4º do art. 20 do CPC/1973 os honorários nessa hipótese eram "fixados consoante apreciação equitativa do juiz", não havendo qualquer vinculação ao benefício econômico advindo da vitória judicial.

Embora esse juízo de equidade tivesse por lei que se orientar nos parâmetros das alíneas "a", "b", e "c" do § 3º do art. 20 do CPC/1973, a prática revelou ser comum que critérios como a quantidade de atos praticados, a ausência de instrução processual ou a curta duração do processo acabassem preponderando em face de seu conteúdo econômico, que é fator primordial para valorar a importância da causa.

Assim, a reiterada fixação de honorários advocatícios em valor irrisório era praticada por força da omissão contida na antiga lei processual, a qual, desvinculada do benefício econômico obtido com a vitória judicial, deixava especificar o percentual mínimo a ser aplicado, contribuindo para o aviltamento dos honorários advocatícios nos processos tributários, em especial.

Além disso, revelava-se evidente a quebra de isonomia na fixação de honorários advocatícios nas causas em que a Fazenda Pública era parte, pois quando vencedora recebia honorários dentro dos limites de 10% e 20% regulados no § 3º do art. 20 do CPC/1973, porém quando vencida arcava com honorários sem qualquer limitação mínima.

Tal situação modifica-se com o advento do CPC/2015, que inova em seu art. 85 quando prevê a condenação em honorários advocatícios da Fazenda Pública com a necessária vinculação ao benefício econômico obtido pelo contribuinte, fixado em critérios objetivos.

Percebe-se que a sistemática adotada está em estrita consonância com o princípio da isonomia, sendo o arbitramento dos honorários advocatícios fixado nos moldes do § 3º do art. 85 tanto nas causas em que a Fazenda Pública for vencida como nas em que for vencedora, resguardando o direito dos advogados que litigam com o Fisco:

> Art. 85. A sentença condenará o vencido a pagar honorários ao advogado do vencedor.
>
> (...)

§ 3º. Nas causas em que a Fazenda Pública for parte, a fixação dos honorários observará os critérios estabelecidos nos incisos I a IV do § 2º e os seguintes percentuais: I – mínimo de 10 (dez) e máximo de 20% (vinte por cento) sobre o valor da condenação ou do proveito econômico obtido até 200 (duzentos) salários-mínimos; II – mínimo de 8 (oito) e máximo de 10% (dez por cento) sobre o valor da condenação ou do proveito econômico obtido acima de 200 (duzentos) salários-mínimos até 2.000 (dois mil) salários-mínimos; III – mínimo de 5 (cinco) e máximo de 8% (oito por cento) sobre o valor da condenação ou do proveito econômico obtido acima de 2.000 (dois mil) salários-mínimos até 20.000 (vinte mil) salários-mínimos; IV – mínimo de 3 (três) e máximo de 5% (cinco por cento) sobre o valor da condenação ou do proveito econômico obtido acima de 20.000 (vinte mil) salários-mínimos até 100.000 (cem mil) salários-mínimos; V – mínimo de 1 (um) e máximo de 3% (três por cento) sobre o valor da condenação ou do proveito econômico obtido acima de 100.000 (cem mil) salários-mínimos.

Assim, o Código de Processo Civil/2015 estabelece um escalonamento conforme o valor da condenação, como no quadro exemplificativo:

Inciso do art. 85, § 3º	**Valor da condenação**	**Percentual dos honorários**
Inciso I	Até 200 salários-mínimos	10 a 20%
Inciso II	Acima de 200 salários-mínimos até 2.000 salários-mínimos	8 a 10%
Inciso III	Acima de 2.000 salários-mínimos até 20.000 salários-mínimos	5 a 8%
Inciso IV	Acima de 20.000 salários-mínimos até 100.000 salários-mínimos	3 a 5%
Inciso V	Acima de 100.000 salários-mínimos	1 a 3%

A aplicação do percentual não será linear, e será aplicado de acordo com o valor do proveito econômico obtido no processo, segundo ensina Guilherme Rizzo Amaral:

Embora não o refira expressamente o § 3º do art. 85, a sua melhor interpretação é a de que as bases fixadas em salários-mínimos sejam entendidas como o valor da condenação, do proveito econômico obtido pela parte ou, não sendo possível mensurá-lo, do valor atualizado da causa (e não apenas sobre o valor da condenação, como optou o legislador), de modo a compatibilizar a redação do § 3º com a do § 2º do mesmo artigo. É o que se deduz, igualmente, da leitura do inciso III do § 4º do art. 85.[8]

Entende-se que a atual sistemática de fixação dos honorários advocatícios contra a Fazenda Pública já poderá ser imposta em processos em curso cujas sentenças sejam proferidas a partir da vigência do Código de Processo Civil/2015, eis que a lei processual tem aplicabilidade imediata, regendo-se pelo princípio *tempus regit actum*, e que o ato processual "sentença" seria praticado quando já vigente a nova lei. Além disso, não houve o surgimento de uma obrigação ou ônus antes inexistente, mas tão somente uma melhor regulação acerca da metodologia a ser utilizada no arbitramento de honorários, não representando violação ao direito das partes.

O § 11 do art. 85 também inova positivamente "ao possibilitar a fixação dos honorários advocatícios pelo trabalho desempenhado pelo advogado na instância recursal",[9] pois considera o trabalho desempenhado após a sentença como forma de melhor mensuração dos honorários devidos, ao passo que desestimula a interposição infundada de recursos com intuito procrastinatório.

É controvertida, por outro lado, a possibilidade de incidência de honorários em sede recursal nos recursos interpostos antes da vigência do Código de Processo Civil/2015. Embora a lei processual se aplique imediatamente aos processos em curso, a aplicação do direito intertemporal exige ponderação quando a nova lei implica ônus inexistente quando da prática do ato processual correspondente.

O Código de Processo Civil/2015, nesse ponto, não previu propriamente um ônus antes inexistente, pois o aumento de honorários em sede recursal permanece vinculado aos limites percentuais balizados. Permitiu, por outro lado, que os fatos ocorridos durante o processo (após a sentença) sejam utilizados como parâmetro para adequação da verba honorária – como, aliás, era a diretriz geral do art. 462 do CPC/1973, repetido no art. 493 do CPC/2015:

> Art. 493. Se, depois da propositura da ação, algum fato constitutivo, modificativo ou extintivo do direito influir no julgamento do

8. Guilherme Rizzo Amaral, *Comentários às Alterações do Novo* Código de *Processo Civil*, cit., p. 153.

9. Idem, p. 155.

mérito, caberá ao juiz tomá-lo em consideração, de ofício ou a requerimento da parte, no momento de proferir a decisão.

Importante também considerar que o Código de Processo Civil/2015 teve *vacatio legis* de um ano, para que as partes se adaptassem à nova regra, e que o julgamento de recursos, em regra, submete-se a prévia intimação da pauta de julgamento, cabendo aos jurisdicionados que optarem por não correr o risco de sucumbência empreender a correspondente desistência voluntária, não podendo, por outro lado, arguir o desconhecimento da nova lei.

Logo, a regra do § 11 do art. 85 do CPC/2015, que permite a adequação dos honorários em decorrência de sucumbência recursal, é aplicável aos recursos interpostos porém ainda não julgados antes da vigência da nova lei.

4. Processo de execução fiscal

Nos termos do art. 1º da Lei de Execução Fiscal, o Código de Processo Civil é aplicado subsidiariamente ao procedimento de execução fiscal – norma que encontra reciprocidade no art. 15 do CPC/2015. Logo, a alteração da regra processual geral influencia, imediatamente, nas execuções ficais.

Alteração importante ocorreu com a regulação legal do procedimento para proceder à desconsideração da pessoa jurídica. A jurisprudência pátria já reconhecia sob a égide do Código de Processo Civil/1973 a possibilidade de o pedido de desconsideração da personalidade jurídica, previsto na lei civil, ser apreciado incidentalmente no processo, o que gerava insegurança jurídica às partes, pois não havia previsão normativa que regulasse referido pleito, sendo comum haver a extrapolação dos limites subjetivos da lide ao permitir que uma decisão judicial venha a atingir terceiros que não são partes no processo.

Referido pleito, por força de omissão legislativa, muitas vezes era processado por procedimento que não respeitava os direitos constitucionais à ampla defesa e ao contraditório, não sendo, por exemplo, exigida a prévia citação da pessoa potencialmente atingida pela decisão judicial.

O CPC/2015 introduziu rito específico para se apreciar tal pedido, o qual, consoante os arts. 133 a 137, passou a ser processado incidentalmente, tornando imprescindível prévia citação do terceiro interessado.

O incidente de desconsideração da personalidade jurídica, previsto nos arts. 133 e ss. do CPC/2015, embora predominantemente destinado a apreciar pedido fundado no art. 50 do CC, aplica-se perfeitamente ao processo tributário, por representar conformação legal ao direito constitucional ao exercício do contraditório e da ampla defesa. A Lei de Execução Fiscal, inclusive, prevê expressamente em seu art. 1º que as regras do Código de Processo Civil lhe são aplicadas subsidiariamente.

Dessa forma, quando no curso de execução fiscal se pretende a desconsideração da pessoa jurídica ou o redirecionamento da execução aos sócios da pessoa jurídica executada, o rito previsto no Código de Processo Civil/2015 deve ser observado, sob pena de nulidade.

Para Betina Treiger Grupenmacher: "Diante da prática reiterada de desconsideração da personalidade jurídica operada por requerimento das Fazendas Públicas e acatada pelos juízes e tribunais pátrios, com a entrada em vigor do novo Código de Processo Civil a desconsideração da personalidade jurídica poderá ser requerida pela parte interessada ou pelo Ministério Público – quando lhe couber intervir no processo – na petição inicial ou, incidentalmente, em qualquer das fases do processo de conhecimento, no cumprimento da sentença e na execução de título extrajudicial – é extensível, portanto, à execução da CDA –, sendo aplicável, inclusive, para a desconsideração inversa da personalidade jurídica".[10]

Sobre a aplicação do incidente na execução fiscal, importante destacar três hipóteses fáticas diferenciadas: o sócio não consta na Certidão de Dívida Ativa/CDA; o sócio consta na CDA mas somente a pessoa jurídica foi alvo inicial da execução fiscal; o sócio consta na CDA e é indicado como executado.

Nesta última hipótese tem-se por desnecessária a instauração do incidente, uma vez que o sócio terá a oportunidade de apresentar embargos à execução fiscal, onde a matéria de defesa é ampla, podendo inclusive arguir nulidade de sua inclusão no título caso tenha sido constituído sem a necessária formação do contraditório e da ampla defesa na via administrativa.

Quando o sócio constar na CDA, porém não tendo sido indicado no processo como parte executada, pode o Fisco postular pelo redire-

10. Betina Treiger Grupenmacher, "A aplicação do incidente de desconsideração da personalidade jurídica, previsto no novo Código de Processo Civil, aos processos judiciais e administrativos em matéria tributária", artigo publicado pelo IBET, 2016.

cionamento da execução fiscal, devendo ocorrer a citação do sócio para que, no exercício do direito à ampla defesa, possa oferecer embargos à execução fiscal, com ampla matéria de defesa, incluindo a prescrição, que não é interrompida pelo despacho que ordena a citação da pessoa jurídica. Nesse caso, o processo para o sócio se inicia com o recebimento da citação, processando-se conforme o rito especial da Lei de Execução Fiscal.

O procedimento previsto nos arts. 135 e ss. do CPC/2015 será instaurado sempre que o Fisco postular pela responsabilização de sócio não constante no título executivo, cabendo-lhe, neste caso, o ônus de provar o "abuso da personalidade jurídica" (art. 50 do CC/2002) ou a prática de ato com excesso de poder (art. 135 do CTN). Nessas circunstâncias, em que o sócio não é parte no processo e sequer consta como devedor no título executivo, torna-se imprescindível a adoção do procedimento previsto na lei vigente, sob pena de nulidade.

Em matéria de direito tributário o incidente de desconsideração da personalidade jurídica pelo Código vigente significa importante avanço, com a possibilidade de prévio exercício do direito ao contraditório e à ampla defesa pelo contribuinte parte no processo judicial, permitindo que o mesmo demonstre ausência de responsabilidade em responder por obrigações contraídas pela pessoa jurídica.

O pedido de processamento do incidente de desconsideração da personalidade jurídica acarreta a suspensão do processo, somente podendo surtir efeitos após decisão judicial que acolher definitivamente o pedido da parte interessada, como uma verdadeira ação de conhecimento visando ao reconhecimento de responsabilidade pessoal dos sócios.

Em sentido contrário ao acima exposto, a Escola Nacional de Formação e Aperfeiçoamento de Magistrados/ENFAM aprovou o Enunciado 53, que dispõe que "o redirecionamento da execução fiscal para o sócio-gerente prescinde do incidente de desconsideração da personalidade jurídica previsto no art. 133 do CPC/2015". Entende-se, contrariamente, que o redirecionamento da execução somente dispensa o incidente previsto no art. 133 do CPC/2015 quando o sócio já constar no título executivo. Nessa hipótese, entretanto, o codevedor deverá ser citado para apresentação de embargos à execução fiscal, quando poderá plenamente exercer a ampla defesa, abordando toda a matéria de direito que reputar adequada.

Por se tratar de regramento processual, o procedimento previsto no art. 133 do CPC/2015 tem aplicação imediata e compulsória, sendo aplicável inclusive para as execuções fiscais em curso, ainda que ajuizadas antes da vigência da nova lei. A partir da vigência do novo marco processual todos os incidentes devem obedecer ao referido comando normativo, sob pena de nulidade, respeitadas "as situações jurídicas consolidadas sob a vigência da norma revogada", na forma do art. 14 do CPC/2015.

Tema que igualmente merece destaque no que tange à aplicação subsidiária do novo diploma legal refere-se à aplicação do Código de Processo Civil/2015 para regular o prazo prescricional no âmbito do processo tributário.

O CPC/2015 estabelece, em seu art. 802, que a interrupção da prescrição do feito executivo ocorre com o despacho que ordenar a citação, semelhantemente ao previsto no § 2º do art. 8º da Lei de Execução Fiscal. A lei processual geral vai além, prevendo que a interrupção retroage à data do ajuizamento da ação, condicionando tal fato, porém, a que o exequente adote "as providências necessárias para viabilizar a citação" (art. 240, § 2º, do CPC/2015).

Embora o art. 240 do CPC/2015 contenha obscuridade, o art. 312 faz concluir que, uma vez descumprida a obrigação imposta no art. 240, § 2º, a citação válida passará a ser o evento apto a interromper a prescrição, não havendo que se falar em retroação à data do ajuizamento da ação.

Para Guilherme Rizzo Amaral "não significa que a interrupção da prescrição não se verificará quando da efetiva realização da citação, porém sem efeito retroativo. Esclarece-se, assim, que a sanção para a não adoção das providências que cabiam à parte autora para a realização da citação será a perda do efeito retroativo de que trata o § 1º do art. 240".[11]

A discussão maior surge quanto à aplicação das regras dos arts. 240, 312 e 802 do CPC/2015 de forma subsidiária à Lei de Execução Fiscal, que apenas regula que "o despacho do juiz, que ordenar a citação, interrompe a prescrição". Não há na lei especial regra expressa que condicione a interrupção da prescrição à efetivação da citação em tempo razoável, muito embora, tratando-se de instituto que protege o devedor contra a existência de um prazo indefinido para cobrança, seja razoável que tal parâmetro seja aplicado, pois somente com a efetiva citação tem conhecimento do ajuizamento da demanda judicial.

A aplicação subsidiária do Código de Processo Civil, além do critério da especificidade, é contestada por força da reserva constitucional de lei

11. Guilherme Rizzo Amaral, *Comentários às Alterações do Novo Código de Processo Civil*, cit., p. 338.

complementar para regular prescrição tributária, nos termos do art. 146, III, "b", da CF:

> Art. 146. Cabe à lei complementar: (...); III – estabelecer normas gerais em matéria de legislação tributária, especialmente sobre: (...); b) obrigação, lançamento, crédito, prescrição e decadência tributários; (...).

Uma interpretação literal e restritiva desse dispositivo poderia impedir a aplicação da lei processual geral, aprovada como lei ordinária, sobre qualquer aspecto relacionado à prescrição no direito tributário. Nesse caso também não se poderiam aplicar às execuções fiscais, por exemplo, as normas do Código de Processo Civil que determinam que os efeitos da interrupção da prescrição retroagem à data da propositura da ação (art. 219, § 1º, do CPC/1973 e art. 240, § 1º, do CPC/2015).

Entende-se, nesse contexto, que a competência reservada à lei complementar corresponde à regulação do direito material envolvendo prescrição tributária, sendo possível que regras processuais assessórias disciplinem sua incidência dentro do processo judicial. É na lei processual, por exemplo, que se prevê e regula o *delay* existente entre os atos processuais, tal como o existente entre o protocolo da execução e o despacho que ordena a citação, e entre este e a efetiva citação do devedor – lapso procedimental que para o direito material *representa um ato único de constituição em mora*.

As regras gerais de prescrição tributária, portanto, têm sua aplicação no processo regulada pela lei processual, para a qual, na forma do art. 22, I, da CF, não se exige aprovação por lei complementar.

Nesse sentido, ainda sob a vigência do Código de Processo Civil/1973 o STJ firmou entendimento no sentido de que mesmo em sede de execuções fiscais, que buscam a satisfação de créditos tributários, se admite a aplicação subsidiária do art. 219, § 1º, do CPC/1973, um dispositivo de lei ordinária, conforme julgado no REsp 1.120.295-SP,[12] recurso submetido ao regime de julgamento do art. 543-C do CPC/1973. Sobre a matéria, pertinente transcrever o acórdão proferido no REsp 1.576.246-SP:

> Processual civil – Tributário – Execução fiscal – IPTU – Prescrição – Demora na citação da empresa – Inobservância do correto endereço da executada – Aplicação da Súmula n. 106/STJ.

12. STJ, 1ª Seção, REsp 1.120.295-SP, rel. Min. Luiz Fux, j. 12.5.2010, *DJe* 21.5.2010.

1. O STJ, no julgamento do REsp n. 1.120.295-SP, submetido à sistemática do art. 543-C do CPC, firmou o entendimento de que, na cobrança judicial do crédito tributário, a interrupção do lustro prescricional operada pela citação válida (redação original do Código Tributário Nacional) ou pelo despacho que a ordena (redação do Código Tributário Nacional dada pela Lei Complementar n. 118/2005) sempre retroage à data da propositura da ação (art. 219, § 1º, do CPC, c/c o art. 174, parágrafo único, I, do CTN).

2. Contudo, da detida análise do voto-condutor do recurso representativo da controvérsia extrai-se que a interrupção da prescrição só retroage à data da propositura da ação quando a demora na citação é imputada exclusivamente ao Poder Judiciário, nos termos da Súmula n. 106/STJ.

3. Pela análise da decisão depreende-se que o Poder Judiciário não foi o culpado pela demora na citação da empresa, mas a Fazenda Municipal, que deixou de observar o correto endereço da executada (fls. 44, e-STJ).

4. Recurso especial provido. [*STJ, 2ª Turma, REsp 1.576.246-SP, rel. Min. Herman Benjamin, j. 1.3.2016, DJe 19.5.2016*]

Acertado se revelou o entendimento do STJ em aplicar subsidiariamente as regras do Código de Processo Civil, reputando cabível a retroação da interrupção da prescrição à data do ajuizamento da ação.

Por simetria e equidade, as providências elencadas no art. 240, § 2º, do CPC/2015 também se aplicam, subsidiariamente, às execuções fiscais, exigindo-se da Fazenda a adoção das providências necessárias à citação do executado. Seria inconcebível a adoção de pesos e medidas diversos.

O instituto da prescrição confere para o credor prazo preclusivo para que exerça o direito de ação, tendo por finalidade conferir ao devedor a segurança jurídica de que não poderá ser acionado judicialmente por obrigação vencida por prazo além do fixado. Logo, o ajuizamento da ação, ato processual praticado pelo credor, e a citação do devedor, ato processual pelo qual o devedor toma ciência da demanda, são fatos processuais ligados à própria essência do instituto da prescrição, não podendo a análise de sua consumação deles se desvincular.

Deixar de condicionar a interrupção da prescrição à ciência futura do devedor em prazo razoável por meio do aperfeiçoamento da citação desnaturaria a própria finalidade do instituto, pois não efetivaria, para o destinatário da prescrição, a segurança jurídica de não mais poder ser acionado após o decurso do prazo previsto em lei.

Assim, respeitada a regra geral de que o despacho que ordena a citação interrompe a prescrição, o que é reservado à lei complementar na forma do art. 146, III, "b", da CF, tem-se por aplicáveis às execuções fiscais as normas processuais do Código de Processo Civil/2015 que disciplinam o instituto dentro do processo judicial, determinando a retroação da interrupção à data do ajuizamento da ação, respeitando a prática de ato processual do credor no prazo legal, porém condicionam tal efeito ao cumprimento dos atos necessários à efetivação da citação.

Certamente, somente não se aperfeiçoará a interrupção da prescrição quando a culpa pelo atraso for imputada à parte exequente, que não pode ser penalizada, conforme expressamente garantiu o § 3º do art. 240 do CPC/2015:

> Art. 240. A citação válida, ainda quando ordenada por juízo incompetente, induz litispendência, torna litigiosa a coisa e constitui em mora o devedor, ressalvado o disposto nos arts. 397 e 398 da Lei n. 10.406, de 10 de janeiro de 2002 (Código Civil).
>
> § 1º. A interrupção da prescrição, operada pelo despacho que ordena a citação, ainda que proferido por juízo incompetente, retroagirá à data de propositura da ação.
>
> § 2º. Incumbe ao autor adotar, no prazo de 10 (dez) dias, as providências necessárias para viabilizar a citação, sob pena de não se aplicar o disposto no § 1º.
>
> § 3º. A parte não será prejudicada pela demora imputável exclusivamente ao serviço judiciário.
>
> § 4º. O efeito retroativo a que se refere o § 1º aplica-se à decadência e aos demais prazos extintivos previstos em lei.

Assim, como o artigo menciona a culpa do exequente na demora na citação, entende-se por culpa da Fazenda Pública, por exemplo, quando esta fornece endereço errado ou desatualizado, ou até mesmo quando o juiz determina a substituição da CDA ou a emenda da inicial e a mesma não o faz no prazo fixado pelo juiz. A prescrição por culpa exclusiva da Fazenda Pública pode ser decretada de ofício pelo juiz.

Outra inovação trazida pelo CPC/2015 foi a positivação, no parágrafo único do art. 803, do direito do executado de apresentar defesa à execução baseada em sua nulidade, independentemente do ajuizamento de embargos à execução:

Art. 803. É nula a execução se: I – o título executivo extrajudicial não corresponder a obrigação certa, líquida e exigível; II – o executado não for regularmente citado; III – for instaurada antes de se verificar a condição ou de ocorrer o termo.

Parágrafo único. A nulidade de que cuida este artigo será pronunciada pelo juiz, de ofício ou a requerimento da parte, independentemente de embargos à execução.

A vigente lei processual explicitou o cabimento da exceção de pré-executividade, amplamente aceita pela doutrina e pela jurisprudência, pela qual se permite a arguição de matérias de ordem pública no exercício do direito de petição.

Considerando que Código de Processo Civil/2015 é aplicado supletiva e subsidiariamente ao processo tributário, conforme expressamente previsto no art. 15 do CPC e no art. 1º da Lei de Execução Fiscal, tem-se que a inovação legal representa fundamentação legal ao manejo da exceção de pré-executividade como defesa no processo de execução fiscal.

O Código de Processo Civil/2015 consolidou diversas inovações integradas ao processo de execução comum, tornando-o mais célere e eficaz, o que refletiu na seara da execução fiscal, tendo em vista que a lei geral se aplica subsidiariamente à Lei de Execução Fiscal.

Porém, há inovações do Código vigente que conflitam com os dispositivos da Lei 6.830/1980, sendo possível a identificação de antinomias, que devem ser resolvidas pelos critérios hermenêuticos da cronologia e da especialidade, prevalecendo, em regra, este último, segundo a máxima *lex posterior generalis non derogat priori speciali*[13] – sendo sempre recomendada, todavia, a análise no caso concreto.

A regra de que a lei geral posterior não revoga a lei especial anterior, além de prevista no § 2º do art. 2º da Lei de Introdução às Normas do Direito Brasileiro, é expressamente prevista no art. 1.046, § 2º, do CPC/2015[14] – donde se conclui que permanecem vigentes as disposições

13. Norberto Bobbio, *Teoria do Ordenamento Jurídico*, 10ª ed., trad. de Maria Celeste C. J. Santos, Brasília, UnB, 1997, p. 108.

14. CPC:

"Art. 1.046. Ao entrar em vigor este Código, suas disposições se aplicarão desde logo aos processos pendentes, ficando revogada a Lei n. 5.869, de 11 de janeiro de 1973. (...).

"§ 2º. Permanecem em vigor as disposições especiais dos procedimentos regulados em outras leis, aos quais se aplicará supletivamente este Código."

da Lei de Execução Fiscal, aplicando-se, subsidiária ou supletivamente, no que couber, as regras da lei vigente.

5. *Mandado de segurança*

A Lei 12.016/2009, que regula o processamento de mandado de segurança, prevê expressamente a possibilidade de deferimento de medida liminar que suspenda o ato ilegal praticado pela autoridade coatora:

> Art. 7º. Ao despachar a inicial, o juiz ordenará: (...); III – que se suspenda o ato que deu motivo ao pedido, quando houver fundamento relevante e do ato impugnado puder resultar a ineficácia da medida, caso seja finalmente deferida, sendo facultado exigir do impetrante caução, fiança ou depósito, com o objetivo de assegurar o ressarcimento à pessoa jurídica.

Aliás, tratando-se de remédio destinado à proteção de direito líquido e certo violado por ato de autoridade eivado de ilegalidade ou abuso de poder, a concessão de medida liminar é inerente à própria efetividade do *writ* constitucional.

O pedido liminar, por sua vez, pode ter caráter cautelar ou antecipatório, conforme a natureza da pretensão, sendo os requisitos correspondentes aquelas regulados pelo Código de Processo Civil, que se aplica subsidiariamente.

O Código de Processo Civil/2015 trouxe algumas modificações na regulação das tutelas liminares. Dentre elas, previu expressamente a tutela de evidência, no art. 311, que

> pode ser definida como tutela das posições jurídicas prováveis. É dizer: por meio de juízo de probabilidade, o juiz determinará, antes da sentença de mérito, quem provavelmente possui razão (...) permitirá que a parte que provavelmente detém o direito postulado em juízo o usufrua provisoriamente.[15]

> Art. 311. A tutela da evidência será concedida, independentemente da demonstração de perigo de dano ou de risco ao resultado útil do processo, quando: I – ficar caracterizado o abuso do direito de defesa ou o manifesto propósito protelatório da parte; II – as alegações de

15. Guilherme Rizzo Amaral, *Comentários às Alterações do Novo Código de Processo Civil*, cit., p. 415.

fato puderem ser comprovadas apenas documentalmente e houver tese firmada em julgamento de casos repetitivos ou em súmula vinculante; III – se tratar de pedido reipersecutório fundado em prova documental adequada do contrato de depósito, caso em que será decretada a ordem de entrega do objeto custodiado, sob cominação de multa; IV – a petição inicial for instruída com prova documental suficiente dos fatos constitutivos do direito do autor, a que o réu não oponha prova capaz de gerar dúvida razoável.

Parágrafo único. Nas hipóteses dos incisos II e III, o juiz poderá decidir liminarmente.

Para o deferimento da tutela de evidência é despicienda a comprovação de perigo de dano ou risco de perecimento do objeto da pretensão, emergindo o direito subjetivo à obtenção de decisão liminar quando houver abuso do direito de defesa ou quando a prova dos autos for suficientemente boa para fazer concluir por um elevado grau de certeza de procedência da ação.

A tutela de evidência privilegia a conformação do direito constitucional à razoável duração do processo, conferindo ao jurisdicionado antecipadamente a tutela de um direito cuja alta probabilidade de confirmação em sentença torna injusta sua privação no curso do processo. Enquanto para as tutelas cautelares prevalece a análise do requisito *periculum in mora*, para a tutela de evidência a demonstração do bom direito se sobrepõe, a ponto de conferir, ao provável titular, o usufruto imediato.

O Código de Processo Civil/2015 ampliou as hipóteses de tutela de evidência, antes apenas prevista quando caracterizado o abuso de direito de defesa ou quando houvesse pedidos cuja procedência fosse incontroversa (art. 273, II, e § 6º, do CPC/1973). Com o Código de Processo Civil/2015 a tutela de evidência poderá ser concedida quando as alegações de fato puderem ser comprovadas apenas com documentos e a tese do promovente estiver firmada em casos de julgamento de recursos repetitivos ou em casos editados em súmula vinculante.

Tal instituto pode ser plenamente aplicado no mandado de segurança, não havendo qualquer incompatibilidade com o rito especial. Ao contrário, tratando-se de procedimento que exige a prova pré-constituída de direito líquido e certo, a demonstração de elevado grau de certeza da procedência do *mandamus* permite o deferimento da ordem independentemente da demonstração de urgência.

O CPC/2015 prevê, em seu art. 1.059: "À tutela provisória requerida contra a Fazenda Pública aplica-se o disposto nos arts. 1º a 4º da Lei n. 8.437, de 30 de junho de 1992, e no art. 7º, § 2º, da Lei n. 12.016, de 7 de agosto de 2009". *A contrario sensu,* dada a ausência de restrição legal, interpreta-se que a tutela de evidência, regulada no "Livro V – Da Tutela Provisória" da Parte Geral do Código de Processo Civil/2015, também se aplica contra a Fazenda Pública, e especificamente em sede de mandado de segurança.

Outra inovação das tutelas de urgências previstas no Código de Processo Civil/2015 é o procedimento para deferimento de tutela antecipada antecedente e a possibilidade de sua estabilização, na forma prevista no art. 304. A tutela antecipada (satisfativa), nos termos do art. 303 do CPC/2015, pode ser estabilizada quando requerida pelo autor de forma expressa e em caráter antecedente, desde que contra a decisão não seja interposto recurso.

Com a estabilização da tutela antecipada a mesma não poderá ser revista ou reformada, exceto por meio de ação própria nova a ser ajuizada pela parte interessada, conforme previsão do art. 304, § 2º, do CPC/2015.

Entretanto, considerando ser requisito de processamento do mandado de segurança a prova pré-constituída de direito líquido e certo, a tutela antecedente de que trata o art. 303 do CPC/2015 revela-se incompatível com o procedimento especial. Consequentemente, não há falar em estabilização da liminar com base no art. 304 do CPC/2015, prevalecendo a regra geral segundo a qual as medidas liminares, cautelares ou antecipatórias, podem ser revistas a qualquer tempo.

6. Coisa julgada

A coisa julgada, instituto que, fundado na proteção da segurança jurídica, é direito constitucional garantido pelo art. 5º, XXXVI, vem sofrendo regulações no âmbito infraconstitucional que visam a mitigar sua prevalência em proveito da consolidação de uma decisão mais justa.

A invalidação da coisa julgada inconstitucional, nesse contexto, ganhou relevância quando a Lei 11.232/2005 introduziu o § 1º ao art. 475-L do CPC/1973, possibilitando a arguição, em sede de impugnação ao cumprimento de sentença, de inexigibilidade de título judicial fundado "em lei ou ato normativo *declarados inconstitucionais pelo Supremo Tribunal Federal, ou fundado em aplicação ou interpretação da lei ou ato normativo tidas pelo Supremo Tribunal Federal como incompatíveis com a Constituição Federal*".

Referido dispositivo, de constitucionalidade altamente questionável, teve redação semelhante repetida no CPC/2015, quando se previu:

> Art. 525. Transcorrido o prazo previsto no art. 523 sem o pagamento voluntário, inicia-se o prazo de 15 (quinze) dias para que o executado, independentemente de penhora ou nova intimação, apresente, nos próprios autos, sua impugnação.
>
> § 1º. Na impugnação, o executado poderá alegar: (...); III – inexequibilidade do título ou inexigibilidade da obrigação; (...).
>
> (...).
>
> § 12. Para efeito do disposto no inciso III do § 1º deste artigo, considera-se também inexigível a obrigação reconhecida em título executivo judicial fundado em lei ou ato normativo considerado inconstitucional pelo Supremo Tribunal Federal, ou fundado em aplicação ou interpretação da lei ou do ato normativo tido pelo Supremo Tribunal Federal como incompatível com a Constituição Federal, em controle de constitucionalidade concentrado ou difuso.
>
> § 13. No caso do § 12, os efeitos da decisão do Supremo Tribunal Federal poderão ser modulados no tempo, em atenção à segurança jurídica.
>
> (...).
>
> § 15. Se a decisão referida no § 12 for proferida após o trânsito em julgado da decisão exequenda, caberá ação rescisória, cujo prazo será contado do trânsito em julgado da decisão proferida pelo Supremo Tribunal Federal.

O Código de Processo Civil/2015 inovou ao explicitar que a declaração de inconstitucionalidade apta a tornar inexigível o título judicial pode ser proferida em sede de controle de constitucionalidade difuso ou concentrado.

Por outro lado, prevê que, para fins de aplicação do § 12 do seu art. 525, a decisão proferida pelo STF deve ser anterior ao trânsito em julgado. Caso a decisão de declaração de inconstitucionalidade seja proferida após o trânsito em julgado da decisão exequenda, a relativização da coisa julgada dependerá da procedência da ação rescisória, cujo prazo tem início da data do trânsito em julgado do acórdão proferido pelo STF.

Analisando o tema em matéria tributária, caso o STF decida de forma contrária à decisão transitada em julgado, tornando exigível tributo outrora declarado inconstitucional, estaria legitimando a Fazenda Pública a vir cobrar o contribuinte, antes amparado pela segurança jurídica decorrente da imutabilidade da coisa julgada.

Destaca-se que, nada obstante se tenha dilatado o prazo para ajuizamento da ação rescisória para além de dois anos após o trânsito em julgado da decisão rescindenda, os efeitos patrimoniais advindos da rescisão deverão respeitar o prazo prescricional e o decadencial aplicáveis à espécie, podendo ocorrer a própria prescrição do fundo de direito à rescisão do julgado.

Visando à consolidação das situações no tempo, preservando a segurança das relações jurídicas, previu o CPC/2015 no § 13 do art. 525 que, na hipótese de inexigibilidade do título judicial advindo de decisão do STF de inconstitucionalidade da norma na qual se fundava, poderá o juízo da execução ou o juízo rescisório, conforme o momento do trânsito em julgado, restringir sua aplicação no tempo.

Ou seja: além da previsão geral contida no art. 27 da Lei 9.868/1999, que permite ao STF modular os efeitos da declaração de inconstitucionalidade de norma em abstrato, permitiu-se ao próprio juízo ordinário promover, no caso concreto (execução ou ação rescisória), a modulação dos efeitos em face da coisa julgada, preservando a segurança das relações jurídicas executadas de boa-fé.

7. *O pagamento do Imposto de Transmissão* **Causa Mortis** *e Doação/ITCMD e outras questões*

O art. 654 do CPC/2015 dispõe sobre a necessidade de juntada aos autos de Certidão Negativa de Débitos para com a Fazenda Pública para que o juiz julgue por sentença a partilha em processo de inventário. Contudo, o parágrafo único do art. 654 inova ao prever a possibilidade de julgar a partilha ainda que existam débitos perante a Fazenda Pública, desde que o crédito tributário devido esteja garantido:

> Art. 654. Pago o imposto de transmissão a título de morte e juntada aos autos certidão ou informação negativa de dívida para com a Fazenda Pública, o juiz julgará por sentença a partilha.
>
> Parágrafo único. A existência de dívida para com a Fazenda Pública não impedirá o julgamento da partilha, desde que o seu pagamento esteja devidamente garantido.

Nesse sentido, o Código de Processo Civil/2015 autoriza a conclusão da partilha no processo de inventário ou execução de partilha antes da comprovação do pagamento integral do ITCMD.

Contudo, pela previsão do art. 656, a partilha, ainda depois de transitada em julgado a sentença, poderá ser emendada nos mesmos autos do inventário, convindo todas as partes, quando tenha havido erro de fato na descrição dos bens; o juiz, de ofício ou a requerimento da parte, poderá, a qualquer tempo, corrigir-lhe as inexatidões materiais, o que permite a retificação do pagamento do imposto devido, caso necessário:

> Art. 656. A partilha, mesmo depois de transitada em julgado a sentença, pode ser emendada nos mesmos autos do inventário, convindo todas as partes, quando tenha havido erro de fato na descrição dos bens, podendo o juiz, de ofício ou a requerimento da parte, a qualquer tempo, corrigir-lhe as inexatidões materiais.

Outra questão importante trazida pelo CPC/2015 é o incidente de resolução de demandas repetitivas/IRDR, previsto no art. 928, I, que dispõe que, uma vez firmada a tese na jurisprudência, deve-se aplicar tal decisão às ações similares, visando a uniformizar a jurisprudência pátria, com maior consagração do princípio da isonomia:

> Art. 928. Para os fins deste Código, considera-se julgamento de casos repetitivos a decisão proferida em: I – incidente de resolução de demandas repetitivas; (...).

O incidente poderá ser amplamente utilizado nas demandas tributárias, especialmente naquelas que envolvem teses jurídicas tributárias. Por meio do IRDR, o juiz, o tribunal, as partes e até o Ministério Público e a Defensoria Pública podem suscitar o incidente, que deve ser dirigido ao presidente do tribunal. Para que o IRDR possa ser aceito há de ser provado que há a efetiva repetição de processos que contenham controvérsia sobre a mesma questão unicamente de direito e deve coexistir simultaneamente risco de ofensa à isonomia e à segurança jurídica.

O tribunal analisa a matéria de direito invocada no IRDR, todos os processos que tratam do mesmo tema ficam sobrestados e, uma vez resolvido o incidente de uniformização, a tese jurídica definida nesse procedimento será aplicável a todos os processos individuais ou coletivos que versem sobre idêntica questão de direito e que tramitem na área de jurisdição do respectivo tribunal, assim como para os casos futuros que venham a discutir a mesma questão de direito já decidida no incidente.

Nesse sentido, havendo uma tese tributária, a própria parte interessada poderá suscitar sua submissão ao rito do IRDR, de forma que o julgamento de casos representativos da controvérsia seja aplicado a casos passados e futuros, com efeito vinculante, evitando as indesejáveis decisões conflitantes entre os órgãos dos tribunais.

Outro aspecto importante é a redução significativa na duração do processo tributário que envolve tese discutida pelo IRDR, uma vez que a decisão já consagrada em sede de incidente deverá ser aplicada imediatamente ao caso similar, sem maiores delongas e desgastes processuais.

8. Considerações finais

O estudo dos aspectos mais importantes do Código de Processo Civil/2015 e seus reflexos no processo tributário mostra um pouco das inovações e alterações do novo processo para os operadores do direito tributário.

Percebe-se que o Código de Processo Civil/2015 reflete evolução processual, com uma mudança de paradigma: a rigidez da segurança jurídica cedeu espaço à celeridade processual.

Alguns aspectos apresentados no presente estudo ainda serão colocados à prova na prática dos tribunais e algumas precisam aguardar manifestação dos Tribunais Superiores para estabelecer qual a aplicação prática de seus institutos, como as tutelas de urgência, por exemplo.

Por fim, acredita-se que apenas as alterações procedimentais e conceituais apresentadas pelo Código de Processo Civil/2015 não solucionam o problema enfrentado pelo Poder Judiciário. Há, contudo, uma esperança de que traga substancial melhora na efetividade da prestação jurisdicional brasileira.

A COISA JULGADA E O CÓDIGO DE PROCESSO CIVIL/2015 (MATÉRIA TRIBUTÁRIA)

SACHA CALMON NAVARRO COELHO

1. Prolegômenos. 2. A ação rescisória. 3. A irretroatividade da lei e a retrospectividade. 4. A irretroatividade da lei, da jurisprudência e da decisão administrativa definitiva. 5. Irretroatividade e ação rescisória. 6. Limites materiais em lei complementar da Constituição (Código Tributário Nacional) impedindo parcialmente ação rescisória em tema tributário.

O escopo do presente estudo é responder às duas seguintes indagações:

1. Em face do art. 525, §§ 12 e 15, do CPC/2015, quais devem ser os efeitos de uma ação rescisória movida em razão da alteração da jurisprudência do STF sobre determinada questão tributária? É possível atribuir efeitos *ex tunc* à rescisão do julgado?

2. Quais os efeitos da decisão rescisória sobre o lapso decadencial? Imaginando-se um contribuinte que há mais de cinco anos não recolhe um tributo por conta de decisão judicial passada em julgado que o declarou inconstitucional, a posterior mudança no entendimento do STF sobre a validade de tal tributo poderia legitimar a propositura e a procedência de ação rescisória, com a posterior autuação do contribuinte relativamente a todo o período?

1. Prolegômenos

1.1 A coisa julgada relativizada. Insegurança jurídica: o Código de processo Civil em desuso, no art. 467, dizia:

Denomina-se coisa julgada material a *eficácia*, que torna imutável e indiscutível a sentença, não mais sujeita a recurso ordinário ou extraordinário" (grifamos). Logo a seguir pontificava o art. 468: "A sentença que julgar total ou parcialmente a lide, tem *força de lei* nos limites da lide e das questões decididas (grifamos).

O CPC/2015, art. 502, proclama:

> Denomina-se coisa julgada material a *autoridade* que torna imutável e indiscutível a decisão de *mérito* não mais sujeita a recurso" (grifamos). Segue-se o art. 503, *verbis*: "A decisão que julgar total ou parcialmente o *mérito* tem força de lei nos limites da questão principal expressamente decidida" (grifamos).

O § 1º acrescenta que o acima disposto se aplica à resolução de questão prejudicial decidida expressa e incidentalmente no processo, se dela depender o julgamento do mérito, mas somente em caso de ter havido contraditório efetivo, excluída a hipótese de revelia. E o § 2º diz que o § 1º é inaplicável "se no processo houver restrições probatórias ou limitações à cognição que impeçam o aprofundamento da análise da questão prejudicial".

O Código vigente é palavroso, ou explicita o que já era e é logicamente aceitável? Como a lei ou a sentença não exaure a realidade multiforme, a lei ou o precedente judicial (*Common Law*) padecerão agora, como sempre, de insuficiência normativa. Jamais a norma legislada (feita pelo legislador) ou a norma gerada pelo juiz (precedente) abarcarão a facticidade pluriforme que existe no mundo. Uns casos são iguais, outros parecidos em graus diversos (envolvendo pontos nodais) – daí a complexidade e a dificuldade de colocar no enunciado dos legisladores e dos juízes a imensidão do mundo real ou a pluralidade dos aspectos fáticos presentes nas lides, tanto os objetivos quanto os subjetivos.

Mas isso não é, realmente, o que torna importantes as delimitações da coisa julgada (limites materiais, temporais, formais e subjetivos)? Em princípio a decisão judicial definitiva é lei *inter partes*, não podendo obrigar terceiros que não participaram da lide. E este é o *punctum dolens* que emerge quando se intenta mesclar demasiadamente sistemas jurídicos baseados na lei (*Civil Law*) com sistemas baseados nos precedentes judiciais (*Commow Law*), sem olvidar que o *stare decisis* norte-americano é-lhe peculiar e corresponde à nossa "jurisprudência mansa e pacífica", porém com força vinculante (como as súmulas vinculantes).

1.2 Pela força do art. 5º, XXXVI, da CF/1988, a "coisa julgada" assim como o "ato jurídico perfeito" e o "direito adquirido", com base em lei ou sentença, não podem ser alterados pela lei nova ou decisão judicial inovadora.

Essa é uma questão prévia, pois dela depende o exame da ação rescisória, aqui vistoriada pelo lado tributário.

Mas, de saída podemos afirmar que o Código de Processo Civil/2015 prestigia o desfazimento de sentença ou acordão viciado, ilegal ou contrário absurdamente às provas dos autos – como, de resto, ocorre universalmente (lógica jurídica). E vai além: autoriza a rescisão de coisa julgada baseada em lei declarada inconstitucional pelo STF (posterior). Aqui só o Fisco tem a perder.

Vai ainda mais longe. Simples alteração da jurisprudência enseja a rescisão parcial ou total da coisa julgada. Aqui é improvável prejuízo aos contribuintes.

Vejamos primeiro os dispositivos legais pertinentes comparativamente, afirmando que doravante inexiste pedido genérico e sentença sucinta baseados em apenas um fundamento dentre os alegados, e as razões de decidir devem referir-se necessariamente aos precedentes judiciais adequados, porque essa é a essência do Código de Processo Civil/2015.

CPC/2015	CPC/1973
Art. 322. O pedido deve ser certo. (...). § 2º. A interpretação do pedido considerará o conjunto da postulação e observará o princípio da boa-fé.	Art. 286. O pedido deve ser certo ou determinado. É lícito, porém, formular pedido genérico: (...).
Art. 489. São elementos essenciais da sentença: (...); III – o dispositivo, em que o juiz resolverá as questões principais que as partes lhe submeterem. § 1º. Não se considera fundamentada qualquer decisão judicial, seja ela interlocutória, sentença ou acórdão, que: (...); V – se limitar a invocar precedente ou enunciado de súmula, sem identificar seus fundamentos determinantes nem demonstrar que o caso sob julgamento se ajusta àqueles fundamentos; (...).	Art. 458. São requisitos essenciais da sentença: (...); III – o dispositivo, em que o juiz resolverá as questões, que as partes lhe submeterem.

CPC/2015	CPC/1973
§ 3º. A decisão judicial deve ser interpretada a partir da conjugação de todos os seus elementos em conformidade com o princípio da boa-fé.	
Art. 203. (...). § 1º. Ressalvadas as disposições expressas dos procedimentos especiais, sentença é o pronunciamento por meio do qual o juiz, com fundamento nos arts. 485 e 487, põe fim à fase cognitiva do procedimento comum, bem como extingue a execução.	

Trago à colação Rodrigo Massud:

"Deste modo, o dispositivo da decisão resolverá as questões principais submetidas pelas partes, não estando, portanto, adstrito à moldura estática do pedido formulado pelo autor, mas sim ao conjunto da postulação e aos fundamentos determinantes dos precedentes que embasam a resolução do caso. É a partir da conjugação de todos estes elementos, aliados à boa-fé e ao contraditório, que a coisa julgada passa a ser compreendida, de forma que, se antes a coisa julgada tinha força de lei nos limites do pedido, agora, terá força de lei nos limites das questões principais.

Ou seja, o conjunto da postulação, as questões principais, os fundamentos determinantes que embasam o julgado (*ratio decidendi*) e a boa-fé, agora, passam a interagir e compor a coisa julgada, revelando ampliação dos seus limites objetivos.

Com a racionalização e valorização dos precedentes, de igual maneira houve a ampliação dos limites subjetivos da coisa julgada, que antes não poderia nem prejudicar nem beneficiar terceiros; agora apenas não pode prejudicar terceiros, podendo, todavia, beneficiar."[1]

Vejamos:

1. Rodrigo Massud, *O Novo Código de Processo Civil*, São Paulo, Fisco Soft, 2015, p. 153.

CPC/2015	CPC/1973
Art. 506. A sentença faz coisa julgada às partes entre as quais é dada, não prejudicando terceiros.	Art. 472. A sentença faz coisa julgada às partes entre as quais é dada, não beneficiando, nem prejudicando terceiros. Nas causas relativas ao estado de pessoas, se houverem sido citados no processo, em litisconsórcio necessário, todos os interessados, a sentença produz coisa julgada em relação a terceiros.

E prossegue: Tal expansão dos limites da coisa julgada não foge muito do que já vinha sendo diagnosticado na própria doutrina e jurisprudência. (...)

Ainda que os motivos e a verdade dos fatos não façam coisa julgada (e nem poderia ser diferente, diante da complexidade da dinâmica social, como insistimos), os precedentes utilizados para justificar a resolução do caso concreto compõem a fundamentação jurídica da decisão, e, nesse sentido, vinculam a normatividade da coisa julgada. Ou seja, existe a coisa julgada formada no precedente que, por sua vez, imporá sua observância no caso decidendo, conformando a nova coisa julgada então produzida.

Vejamos o seguinte quadro comparativo:

CPC/2015	CPC/1973
Art. 504. Não fazem coisa julgada: I – os motivos, ainda que importantes para determinar o alcance da parte dispositiva da sentença; II – a verdade dos fatos, estabelecida como fundamento da sentença.	Art. 469. Não fazem coisa julgada: I – os motivos, ainda que importantes para determinar o alcance da parte dispositiva da sentença; II – a verdade dos fatos, estabelecida como fundamento da sentença; III – a apreciação da questão prejudicial, decidida incidentemente no processo.
Art. 489. (...). § 1º. Não se considera fundamentada qualquer decisão judicial, seja ela interlocutória, sentença ou acórdão, que: (...) V – se limitar a invocar precedente ou enunciado de súmula, sem identificar seus fundamentos determinantes nem demonstrar que o caso sob julgamento se ajusta àqueles fundamentos; (...).	

CPC/2015	CPC/1973
Art. 927. Os juízes e os tribunais observarão: I – as decisões do Supremo Tribunal Federal em controle concentrado de constitucionalidade; II – os enunciados de súmula vinculante; III – os acórdãos em incidente de assunção de competência ou de resolução de demandas repetitivas e em julgamento de recursos extraordinário e especial repetitivos; IV – os enunciados das súmulas do Supremo Tribunal Federal em matéria constitucional e do Superior Tribunal de Justiça em matéria infraconstitucional; V – a orientação do Plenário ou do Órgão especial aos quais estiverem vinculados. § 1º. Os juízes e os tribunais observarão o disposto no art. 10 e no art. 489, § 1º, quando decidirem com fundamento neste artigo. (...). § 4º. A modificação de enunciado de súmula, de jurisprudência pacificada ou de tese adotada em julgamento de casos repetitivos observará a necessidade de fundamentação adequada e especifica, considerando os princípios da segurança jurídica, da proteção da confiança e da isonomia. (...).	

Sendo assim, parece-me evidente que não apenas o dispositivo faz coisa julgada. Transitam em julgado todas as questões principais objeto da decisão, daí a possibilidade de ação rescisória parcial – outra novidade, a gerar infinitas complicações.

2. *A ação rescisória*

2.1 Se existir uma decisão transitada em julgado baseada em lei posteriormente declarada inconstitucional, a coisa julgada permanece válida e eficaz até que seja rescindida, assertiva que se esforça nos chamados "embargos rescisórios" do art. 535 do CPC/2015, que transcrevemos apenas para reforçar a tese:

Art. 535. A Fazenda Pública será intimada na pessoa de seu representante judicial, por carga, remessa ou meio eletrônico, para, querendo, no prazo de 30 (trinta) dias e nos próprios autos, impugnar a execução, podendo arguir: (...); III – inexequibilidade do título ou inexigibilidade da obrigação; (...).

§ 5º. Para efeito do disposto no inciso III do *caput* deste artigo, considera-se também inexigível a obrigação reconhecida em título executivo judicial fundado em lei ou ato normativo considerado inconstitucional pelo Supremo Tribunal Federal, ou fundado em aplicação ou interpretação da lei ou do ato normativo tido pelo Supremo Tribunal Federal como incompatível com a Constituição Federal, em controle de constitucionalidade concentrado ou difuso.

§ 6º. No caso do § 5º, os efeitos da decisão do Supremo Tribunal Federal poderão ser modulados no tempo, de modo a favorecer a segurança jurídica.

§ 7º. A decisão do Supremo Tribunal Federal referida no § 5º deve ter sido proferida antes do trânsito em julgado da decisão exequenda.

§ 8º. Se a decisão referida no § 5º for proferida após o trânsito em julgado da decisão exequenda, caberá ação rescisória, cujo prazo será contado do trânsito em julgado da decisão proferida pelo Supremo Tribunal Federal. (...).

Art. 966. A decisão de mérito, transitada em julgado, pode ser rescindida quando: I – se verificar que foi proferida por força de prevaricação, concussão ou corrupção do juiz; II – for proferida por juiz impedido ou por juízo absolutamente incompetente; III – resultar de dolo ou coação da parte vencedora em detrimento da parte vencida ou, ainda, de simulação ou colusão entre as partes, a fim de fraudar a lei; IV – ofender a coisa julgada; V – violar manifestamente norma jurídica; VI – for fundada em prova cuja falsidade tenha sido apurada em processo criminal ou venha a ser demonstrada na própria ação rescisória; VII – obtiver o autor, posteriormente ao trânsito em julgado, prova nova cuja existência ignorava ou de que não pôde fazer uso, capaz, por si só, de lhe assegurar pronunciamento favorável; VIII – for fundada em erro de fato verificável do exame dos autos.

§ 1º. Há erro de fato quando a decisão rescindenda admitir fato inexistente ou quando considerar inexistente fato efetivamente ocorrido, sendo indispensável, em ambos os casos, que o fato não represente ponto controvertido sobre o qual o juiz deveria ter se pronunciado.

§ 2º. Nas hipóteses previstas nos incisos do *caput*, será rescindível a decisão transitada em julgado que, embora não seja de mérito, impeça: I – nova propositura da demanda; ou II – admissibilidade do recurso correspondente.

§ 3º. A ação rescisória pode ter por objeto apenas 1 (um) capítulo da decisão.

§ 4º. Os atos de disposição de direitos, praticados pelas partes ou por outros participantes do processo e homologados pelo juízo, bem como os atos homologatórios praticados no curso da execução, estão sujeitos à anulação, nos termos da lei.

2.2 Norma e lei: a distinção entre "norma" e "lei" (e também entre norma jurídica e precedente judicial) me é cara desde a 1ª edição do meu *Curso*, como também desde o livro, reeditado em 2016, sob o título *O Controle de Constitucionalidade das Leis e do Poder de Tributar*, sem falar no *Teoria Geral do Tributo e da Exoneração Tributária*, todos editados pela Forense. O Código de Processo Civil/2015 fala muito em norma jurídica (que pode derivar de várias leis conjugadas). As leis são entes formais, e os precedentes também, mas as normas jurídicas são entes lógicos. Um exemplo basta. Dada lei diz: "matar alguém, pena *x*". Deduzimos que ali tem uma norma jurídica que diz "é proibido matar", mas outros artigos de leis também nos dizem: é lícito matar em legítima defesa real ou putativa inclusive de outrem, em estado de necessidade ou em estrito cumprimento de dever legal (o policial em ação, o soldado na guerra, o salva-vidas que mata um para salvar quatro, e assim por diante). A norma jurídica completa é: "É proibido matar, salvo em estado de necessidade vital, estrito cumprimento de dever legal prévio e em legítima defesa da vida própria ou de outrem".

Mas para o Código de Processo Civil/2015 "norma Jurídica" tanto vem da lei como dos "precedentes judiciais" – daí a importância semântica da expressão.

2.3 Voltemos ao cerne da questão rescisória. O feitio da obrigação tributária é o de dar coisa certa, dinheiro (e, pois, pecuniária), *ex lege* e de cunho continuativo. O fático muda pouco enquanto fato gerador da obrigação, mas alterações jurídicas são pensáveis e possíveis. O busílis do problema sob exame é saber se a coisa julgada, ao suposto de que a lei de regência do caso era constitucional e segundo ela inexistia o dever de pagar do contribuinte (coisa julgada), permanece íntegra após a declaração de sua inconstitucionalidade pelo STF. Permanece, já vimos, até que seja rescindida.

Indaga-se se a posterior declaração de inconstitucionalidade dessa mesma lei autoriza ação rescisória. Vimos já que sim, e o *dies a quo* para propô-la conta-se da data da publicação do acordão do STF (o prazo é de dois anos).

Mas o acordão que declarar a rescisão da lei de regência não terá efeitos retroativos concretos, ou seja, efeitos *ex tunc*, ante a majestade do princípio da irretroatividade do Direito, prestigiado pela Constituição (lei, ato administrativo e ato jurisdicional), mormente tratando-se de lei de trato continuativo e espectro coletivo, caso da lei tributária. Valerá para frente, e todos os que tinham o direito de não pagar direta ou indiretamente passarão a fazê-lo pelas razões particulares que veremos à frente.

Mas a recíproca não é verdadeira. Quem não pagava porque os tribunais *a quo* diziam que a lei era inconstitucional e o STF, com anos de defasagem, vir a dizer que o dispositivo da norma (na lei contida) é perfeitamente constitucional não autoriza ação rescisória, pois os dispositivos permissivos codificados em 2015 são *numerus clausus*, taxativos. No meu livro *Curso de Direito Tributário* já feri o assunto. Damos à estampa nosso pensamento escorado em Humberto Teodoro e Misabel Derzi.

3. A irretroatividade da lei e a retrospectividade

Alguns autores estão procurando introduzir em nosso Direito, sub-repticiamente, a retroatividade da lei fiscal, com elegantes citações de doutrinadores estrangeiros, em cujos Países o princípio da irretroatividade da lei tributária não tem consagração constitucional como no Brasil. Alhures o princípio é deduzido da legalidade e da capacidade contributiva, e se admite, em certos casos, a chamada retrospectividade da lei. Vejamos o que vem a ser tal coisa, como bem explica a professora Misabel Derzi:

> A retroatividade será imprópria ou "retrospectiva": "(...) se a lei não atuar nem sobre o passado nem também sobre o futuro, mas (...) em um presente ainda não concluído, porém em vias de formar o fato jurídico e as relações jurídicas (...) no caso dos impostos periódicos, ela é editada no curso do ano, antes do termo final do nascimento do direito. Na verdade, isso foi deduzido da técnica do § 38 AO e não da realidade dos fatos. Aumentos do Imposto de Renda e das Sociedades para o ano de 1980 são admitidos também ainda em 20.12.1980" (Klaus Tipke, *Steuerrecht*, Köln, Otto Schmidt KG, 1983, p. 46).
>
> Essa diferenciação entre retroatividade autêntica e imprópria ou "retrospectiva" é aceita pelo Tribunal Constitucional alemão, sob as críticas de grande parte da doutrina, porque, como diz Tipke, ela

não convence, especialmente se considerarmos que o princípio da irretroatividade visa à proteção da confiança (cf. ob. cit., p. 47). (...).

É preciso lembrar ainda que na Constituição alemã inexistem os princípios da irretroatividade, da anterioridade e da capacidade econômica de contribuir, os quais se põem como normas fundamentais entre nós.

Ora, a anterioridade, que leva ao adiamento da eficácia da norma tributária modificadora do Imposto sobre a Renda, para o exercício financeiro subsequente, por si só, impede em qualquer circunstância a adoção da tese que permite a retrospectiva ou retroatividade imprópria ao legislador. Não há possibilidade de uma lei nova, majoradora do tributo, sendo publicada no curso do período, desencadear efeitos no mesmo ano, graças ao citado princípio da anterioridade. Pode-se afirmar que, do ponto de vista da irretroatividade, se se aceitasse como correta a majoração do Imposto sobre a Renda por lei publicada no final do ano-base, mesmo assim a lei não haveria de ser aplicada, pois, estando seus efeitos necessariamente procrastinados para o exercício financeiro seguinte, somente a lei velha e anterior estaria a reger os fatos ao encerramento do período. É, assim, equivocado supor que o Código Tributário Nacional, ao se referir a fatos geradores "pendentes", estaria autorizando a aplicação de lei nova que entrasse em vigor antes do encerramento do período. Como observa, com sabedoria, Sacha Calmon (in *Código Tributário Nacional Comentado*, no prelo), fato gerador "pendente" é apenas fato sujeito a condição suspensiva que ainda não se deu; é fato futuro. O art. 105 do CTN, conjugado aos arts. 116 e 117, não se aplica aos tributos de período.[2]

A observação procede inteiramente. Os alemães, à falta de preceitos constitucionais expressos, extraem a irretroatividade do *Estado de Direito* e da *segurança jurídica*. Os italianos dizem que a lei tributária não pode ser retroativa porque a *capacidade contributiva* há de ser contemporânea à ocorrência de um fato que a revele previamente posto numa lei impositiva. A capacidade contributiva é sempre concebida de forma concreta. Só pode ser aferida com o fato concreto que ocorre conforme a previsão legal. Como alcançar, então, fatos já ocorridos, anteriores à lei fiscal? A propósito, ver o jovem professor, posto que já renomado, Augusto Fantozzi.[3]

Não é o caso do Brasil, onde o princípio, além de mencionado no capítulo dos direitos fundamentais, é enfaticamente repetido no capítulo

2. Misabel Derzi, in *Limitações Constitucionais ao Poder de Tributar*, de Aliomar Baleeiro, Rio de Janeiro, Forense, nota da atualizadora, pp. 191-193.

3. Augusto Fantozzi, *Diritto Tributario*, Turim, UTET, 1991, p. 151.

tributário da Constituição. Se uma situação começou sob a regência da lei "alfa", mas está em transcurso, a superveniência da lei "beta" não a alcança. Somente a lei anterior à situação tem vez. Não se admite a retroatividade em direito tributário.

Eis aí uma boa explicação da tal "retroatividade retrospectiva"′, que para nós é um nada. Aqui a irretroatividade tributária é total.

4. *A irretroatividade da lei, da jurisprudência e da decisão administrativa definitiva*

4.1 Em direito tributário, como já se sabe, a obrigação é *ex lege* ou heterônoma, para usar a terminologia de Kelsen.

A lei tributária não pode alcançar o ato jurídico perfeito, a coisa julgada e o direito adquirido (CF/1988, art. 5º, XXXVI). E o art. 150, III, prescreve que não se podem cobrar, ou seja, exigir, tributos em relação a fatos geradores ocorridos "antes do início da vigência da lei que os houver instituído ou aumentado".

Contudo, nosso direito tributário prescreve não apenas a irretroatividade da lei, mas também das *decisões administrativas e judiciais*, aplicativas da lei.

Entre nós, não apenas a lei, mas todo o direito tributário está marcado pela irretroatividade (legislação, administração e jurisdição) em prol dos justiçáveis, ao suposto de que o Direito muda continuamente, seja pela inovação legislativa, seja pela inovação de sua interpretação pelo Judiciário, seja pela alteração dos critérios de aplicação da lei pela Administração.

Com efeito, para nos lembrarmos de Kelsen, a lei é *geral* e *abstrata*. Projeta normas gerais em abstrato. Mais precisos são a sentença judicial e o ato administrativo. Ambos são *atos de aplicação da lei* com um teor de concreção muito maior. Por isso Kelsen dizia que eram normas individuais as que recaíam concretamente sobre certas e determinadas pessoas ou classes de pessoas, *normatizando condutas humanas*. Pois não se diz que o ato administrativo define ou ajuda a definir *situações jurídicas individuais*?

Por outro lado, é comum ouvirmos que "a sentença é lei entre as partes".

Pleno de sabedoria, nosso direito tributário impede a retroatividade da sentença e do ato tributário.

Dispõe o CTN, tratando da irretroatividade dos atos tributários decisórios, *verbis*:

> Art. 146. A modificação introduzida, de ofício ou em consequência de decisão administrativa ou judicial, nos critérios jurídicos adotados pela autoridade administrativa no exercício do lançamento somente pode ser efetivada, em relação a um mesmo sujeito passivo, quanto a fato gerador ocorrido posteriormente à sua introdução. (...).
>
> Art. 156. Extinguem o crédito tributário: (...);
>
> IX – a decisão administrativa irreformável, assim entendida a definitiva na órbita administrativa, que não mais possa ser objeto de ação anulatória;
>
> X – a decisão judicial passada em julgado.
>
> Parágrafo único. A lei disporá quanto aos efeitos da extinção total ou parcial do crédito sobre a ulterior verificação da irregularidade da sua constituição, observado o disposto nos arts. 144 e 149.

Extinto o crédito, como previsto no artigo acima transcrito, toda alteração judicial ou administrativa em sentido contrário ao entendimento anterior, que determinou a extinção do crédito, não o ressuscita. Juridicamente não há crédito, nem obrigação, nem exigibilidade, e tampouco autoexecutoriedade do mesmo.

4.2 Em parecer conjunto da professora Misabel Derzi e do professor Humberto Theodoro Jr. restou pensada e escrita a doutrina que ora se dá à estampa, negando ação rescisória porque o STF decide que a lei é constitucional, quando o pressuposto da "coisa julgada" foi o convencimento judicial de que a lei era inconstitucional, que não significa "alteração na jurisprudência do STF" mas simplesmente uma decisão nova.

> A *lei nova* ou a decisão judicial posterior, quer ao lançamento, quer à extinção do crédito tributário, só possuem eficácia *ex nunc* – ou, melhor, *ad futuram*. São peculiaridades do direito tributário, que, se é marcado pelos princípios da capacidade contributiva, da justiça e da igualdade no momento da elaboração de suas normas, é igualmente imantado pelos princípios da *previsibilidade*, da *certeza* e da *segurança do Direito* no concernente à *aplicação e aos efeitos dessas mesmas normas fiscais* relativamente aos contribuintes. Daí se extrai a força dos princípios da imutabilidade das decisões favoráveis transitadas em julgado, da anterioridade e da irretroatividade material (o que não pode retroagir, a rigor, não é apenas a lei geral ou a sentença – norma em sentido individual –, *mas o próprio Direito que venha a ser revelado*

pela lei nova, o ato administrativo e a decisão judicial posteriores a certos fatos ou atos já integralmente realizados).

O que dissemos a respeito da extinção da obrigação tributária por decisão administrativa, irreformável, da autoridade administrativa não mais passível de ação anulatória, pela própria Administração, há de ser repisado, com maior ênfase, no que se refere à extinção da obrigação tributária em razão de decisão judicial transitada em julgado (coisa julgada formal e material), favorável ao sujeito passivo.

Nessa hipótese, nem mesmo a ação rescisória – quando se tratar de interpretação da norma tributária, ou seja, de pura *quaestio juris* – tem o condão de fazer renascer um crédito tributário já extinto, pois a obrigação tributária (a relação jurídica) legalmente inexiste. Inexiste não porque a sentença rescindenda assim determinara, mas senão porque uma lei complementar da Constituição – lei material – determinou este efeito para a sentença definitiva: *o fim da obrigação e do crédito tributário correspondente*. Há, portanto, *limite material* em direito tributário oponível ao cabimento da ação rescisória. Pode-se dizer, sem medo de errar, que em matéria tributária, pelas mesmas razões que impedem o refazimento do lançamento por erro de direito e decretam a extinção da obrigação por autorrevisão administrativa (certa ou errada), inexiste pressuposto (carência de ação) para a ação rescisória de sentença transitada em julgado, em razão de interpretação diversa do Direito aplicada à espécie. Aqui, mais do que em qualquer outro ramo do Direito pátrio, têm cabimento as Súmulas 343 e 134 do STF e do STJ (ex-TFR).

Em página de grande sensibilidade, a professora Misabel Derzi leciona:

Têm razão os germânicos, que extraem do princípio do Estado de Direito, consagrado em sua Constituição, a irretroatividade do Direito (não apenas das leis, mas também dos atos administrativos e da jurisprudência). Ora, ao assegurar a Constituição brasileira que a lei não retroagirá, respeitando-se a coisa julgada, a expressão "lei", utilizada no art. 5º, XXXVI, tem alcance muito mais amplo, para significar a inteligência da lei em determinado momento, ou seja, certa leitura da lei, abrangendo, assim, os atos que a ela se conformam, emanados do Poder Judiciário e do Executivo. A lei posta pelo Poder Legislativo pode comportar mais de uma interpretação, de modo que a lei que vige em determinado momento é a lei segundo uma de suas interpretações possíveis. A certa altura, sem nenhuma mudança literal da fórmula legislativa, que conserva os mesmos dizeres, altera-se a interpretação que da mesma lei fazem os tribunais, os quais passam a decidir conforme outra interpretação. Surge, assim, sem lei nova como ato emanado do Poder Legislativo, espécie de lei nova proclamada pelo Poder Judiciário. A irretroatividade da lei alcança, portanto, a irretroatividade da inteligência da lei aplicada a certo caso concreto, que se cristalizou por meio da coisa julgada. A limitação imposta às leis novas quanto à irretroatividade abrange também os atos judiciais, uma vez que uma decisão judicial é sempre tomada segundo certa leitura ou interpretação da lei. Interpretação nova, ainda que mais razoável, não pode atingir uma sentença já transitada em julgado. Não podem retroagir as decisões judiciais, ainda que a título de uniformização jurisprudencial. O instituto da coisa julgada é necessária garantia de segurança e estabilidade das relações jurídicas como ainda de praticidade, pois tornar-se-ia inviável a aplicação do Direito se a cada evolução e mutação jurisprudencial devessem ser rescindidas as decisões anteriores, para que se proferissem novas decisões, com base na nova lei, simples nova inteligência da lei. Assim, no Direito nacional, como em todos os Países que se enquadram dentro do princípio do Estado de Direito, a decisão judicial nova que interpreta de maneira diferente uma norma jurídica não retroage, nem enseja rescisão de sentença transitada em julgado.

O texto o escolhi a dedo para "dançar" com o Código de Processo Civil/2015 que dá importância, ao meu sentir, desmesurada aos precedentes judiciais.

5. *Irretroatividade e ação rescisória*

5.1 Entre nós causou grande inquietação a questão da contribuição social sobre os lucros das pessoas jurídicas. Diversos TRFs consideraram inconstitucional a Lei 7.689, de 15.12.1988, que a instituíra, e inúmeros acórdãos transitaram formal e materialmente em julgado.

Mais tarde o STF considerou inconstitucionais partes da lei apenas, validando-a quase que inteiramente e mantendo, a partir de dada época, a tributação (fez valer o princípio da anterioridade, dizendo-a válida de dada data em diante).

Ocorre que vários contribuintes, pessoas jurídicas, deixaram, por anos a fio, de recolher o tributo, por isso que cobertos pela coisa julgada. De repente a Procuradoria da Fazenda Nacional se pôs a aforar *ações rescisórias* para anular ditos julgados e cobrar os tributos não pagos.[4]

4. Queremos consignar que é chegada a hora de a Suprema Corte brasileira começar, como fazem as Cortes Constitucionais europeias, a cogitar de declarações de inconstitucionalidade sem a pronúncia de nulidade no respeitante a determinadas questões que exigem certeza e segurança.

Mas é preciso distinguir entre as ações rescisórias propostas contra decisões anteriores à declaração de inconstitucionalidade pela Corte Suprema (essas, admissíveis) e as ações rescisórias que visam a fulminar sentenças anteriores ao reconhecimento da constitucionalidade da lei pelo STF (inadmissíveis). Para isso, convém examinar o conteúdo das Súmulas que se seguem:

> Súmula 343 do STF: "Não cabe ação rescisória por ofensa a literal dispositivo de lei, quando a decisão rescindenda se tiver baseado em texto legal de interpretação controvertida nos tribunais".
>
> Súmula 134 do TFR: "Não cabe ação rescisória por violação de literal disposição de lei se, ao tempo em que foi prolatada a sentença rescindenda, a interpretação era controvertida nos tribunais, embora posteriormente se tenha fixado favoravelmente à pretensão do autor".

Na hipótese da Lei 7.689/1988, cuja constitucionalidade foi reconhecida pelo STF, algumas premissas devem ser destacadas:

> (a) A coisa julgada, na hipótese, refere-se a assunto que envolve obrigação tributária, abrangendo interesses multitudinários, porque estabelecida em grande número de demandas iguais propostas nos mais variados pontos do território nacional.
>
> (b) O dissídio jurisprudencial em torno da constitucionalidade ou não da Lei n. 7.689/1988 foi notório e profundo.
>
> (c) O pronunciamento em favor do qual se operou a coisa julgada filiou-se à tese da inconstitucionalidade da Lei n. 7.689 e por isso liberou inúmeros contribuintes do encargo de recolher a contribuição por ela instituída.
>
> (d) O posicionamento do STF, pela inconstitucionalidade parcial da mesma lei, veio a dar-se, posteriormente, em feito entre partes diversas e sob a modalidade de controle constitucional difuso ou *incidenter tantum*.

Ora, desse quadro impõem-se, de plano, algumas conclusões relevantes, que não podem ser esquecidas.

Em primeiro lugar, o julgamento do STF, que se utilizou para lastrear a ação rescisória, é de eficácia restrita às partes do processo em que foi proferido.

Em segundo lugar, como já registramos, a Súmula 343 do STF afasta o cabimento da rescisória por violação de literal disposição de lei quando exista divergência interpretativa da lei nos tribunais (que é a hipótese de que tratamos concretamente). Não obstante, o STF também já firmou o entendimento de que a referida Súmula 343 não se aplica aos temas constitucionais, pois neste caso não se pode esvaziar a competência do STF. Tal entendimento, porém, é imprestável à situação cogitada. É curial distinguir entre rescisórias de sentença anterior à *declaração de constitucionalidade* pelo STF e rescisórias de sentença anterior à *declaração de inconstitucionalidade* pelo STF.

É que o Pretório Excelso tem decidido, realmente, que aquela Súmula não deve ser observada quando o acórdão rescindendo aplicou lei posteriormente declarada inconstitucional. Isto porque – afirmou o Pleno da Suprema Corte – "lei inconstitucional não produz efeito e nem gera direito, desde o seu início"; "assim sendo, perfeitamente comportável é a ação rescisória" (RE 89.108-GO, rel. Min. Cunha Peixoto, acórdão de 28.8.1980, *RTJ* 101/209).

5.2 Em outros termos: o afastamento da Súmula 343 ocorre quando o acórdão rescindendo tenha ofendido regra constitucional, mediante aplicação de norma inferior inconstitucional, e, então, a ação rescisória vise justamente a restabelecer a aplicação da regra maior objeto da ofensa (*RTJ* 114/361 e 125/267).

Na hipótese *sub cogitatione*, porém, o acórdão que se pretendia afirmar ofensivo à literalidade da lei não negou aplicação a nenhuma norma constitucional, mas, sim, a uma lei ordinária, por considerá-la inconstitucional.

Estabeleceu-se, assim, a coisa julgada não contra regra da Carta Magna, mas contra a lei infraconstitucional, a que se recusou aplicação. Não é esta a situação que, a nosso sentir, tem levado o STF a deixar de aplicar o Enunciado 343 de sua Súmula. Ao contrário, por ser o caso radicalmente distinto, lhe é integralmente aplicável a referida Súmula 343.

Acresce, ainda, que, no plano infraconstitucional, o Código Tributário Nacional atribui às decisões judiciais desfavoráveis à Fazenda Pública que transitam em julgado o caráter desconstitutivo ou extintivo do crédito tributário. Há, portanto, literal disposição de lei, considerada materialmente complementar à Constituição – o Código Tributário Nacional –, turbando a ação rescisória.[5]

5. Humberto Theodoro Jr., Misabel Derzi e Sacha Calmon, *Da Impossibilidade Jurídica de Ação Rescisória Anterior à Declaração de Constitucionalidade pelo STF – Parecer*.

Uma coisa é rescindir acórdão baseado em lei inconstitucional inexistente; outra, rescindir a coisa julgada embora contrária à lei considerada constitucional.

6. *Limites materiais em lei complementar da Constituição (Código Tributário Nacional) impedindo parcialmente ação rescisória em tema tributário*

6.1 Queremos dizer que o Código Tributário Nacional é lei complementar material da Constituição e o Código de Processo Civil/2015 é lei ordinária processual. Ao que sei, em nenhum outro ramo do Direito os tratados internacionais (relativamente ao Direito interno) e as obrigações de dar coisa certa possuem regramentos tão específicos como em nosso direito tributário.

(a) Os tratados prevalecem em face da lei interna e não podem ser revogados por ela. E:

(b) A coisa julgada extingue a obrigação tributária e a autoexecutoriedade do crédito constituído ou constituendo da Fazenda Pública, de tal modo que, na hipótese de rescisória bem-sucedida, com espeque em ulterior acordão do STF julgando inconstitucional a lei em que se fundou a decisão rescindida, não se devolve à Fazenda Pública o direito de cobrar o tributo automaticamente (repristinação legal e administrativa). Terá que o reconstituir, mediante novo lançamento, observados os prazos decadenciais do Código Tributário Nacional, o que na prática torna "vitória de Pirro" a decisão que rescinde a julgado, depois de 8 ou 12 anos após a ocorrência do fato gerador (seria, assim não fosse, criar ônus econômicos insuportáveis para os contribuintes – razão de ser da regra do Código Tributário Nacional que dá à sentença favorável a eles o condão de extinguir o crédito tributário).

Então, tanto como no direito penal pátrio há a "prescrição da pena em concreto", no direito tributário há que se verificar, como pressuposto da ação rescisória, se já existe a "caducidade em concreto" para nova constituição do crédito tributário, com o fito de ver a utilidade prática da rescisória, se o fundamento da razão de decidir da rescisão rescindida tiver lastro no convencimento de que a lei em que se fundava a exigência tributária era a sua, dela, inconstitucionalidade.

6.2 Afora a hipótese de inconstitucionalidade, não cabe rescindir a coisa julgada tributária favorável ao contribuinte em razão de alterações jurisprudenciais, as quais valerão com efeitos *ex nunc* (segurança jurídica tributária).

6.3 Diferente é a situação do contribuinte que pagou com base em lei posteriormente declarada inconstitucional pelo STF. Ele terá: (a) ação de repetição do indébito, se dentro do quinquênio do pagamento indevido; (b) Se tiver contra si coisa julgada, terá ação rescisória, a qualquer tempo, dentro de dois anos da publicação do acordão que decretou a inconstitucionalidade da ação em que se fundou a exigência do tributo. E mais: rescisória cumulada com repetição, como é do espírito do Código de Processo Civil/2015, o que tornará o legislador mais cuidadoso no mister de fazer leis conforme os ditames da Constituição.

A PROIBIÇÃO DE SE CRIAR TRIBUTO POR MEIO DE INTERPRETAÇÃO ANALÓGICA E A DECISÃO JUDICIAL ORIENTADA POR PRECEDENTES E JURISPRUDÊNCIA CONSOLIDADA

MISABEL ABREU MACHADO DERZI

1. Introdução. 2. Pressupostos: a incompletude do Direito, o papel criativo do juiz e a identidade como semelhança jurídico-normativa: 2.1 O Direito é um sistema incompleto – 2.2 O papel criativo do juiz é outro pressuposto de que partimos – 2.3 Finalmente, a identidade entre os casos confrontados é semelhança jurídico-normativa. 3. Razões adotadas pelo legislador para fortalecer e vincular precedentes e jurisprudência consolidada na ordem jurídica nacional. 4. A diferença essencial. A diferente vinculação vertical e horizontal, seus efeitos e eficácia, em relação ao raciocínio argumentativo por analogia. 5. Diferença essencial: a regra judicial. Vigência e eficácia da regra judicial. Sua estrutura lógica. 6. Considerações finais: por que razão o raciocínio argumentativo por analogia não se confunde com o raciocínio por precedente vinculante.

1. *Introdução*

Por ocasião da vigência do Código de Processo Civil/2015 (Lei 13.105, de 16.3.2015) e das comemorações aos 50 anos de publicação do Código Tributário Nacional vigente (Lei 5.172, de 25.10.1966), é interessante indagar sobre as bases teóricas do art. 489, § 1º, V e VI, e do art. 927 do CPC em confronto com o art. 108 do CTN, que veda o emprego da analogia de que resultar exigência de tributo não previsto em lei.

Tomemos em consideração a fundamentação necessária da sentença à luz de um precedente, quer para segui-lo em caso posterior, quer para afastá-lo por meio da diferenciação (art. 489, § 1º, V e VI). Tomemos em conta, ainda, os deveres dos juízes e dos tribunais – que correspondem a vedações a procedimentos diversos – disciplinados no art. 927 do CPC, a saber: acolhimento e observância das decisões do STF em controle concentrado de constitucionalidade; das súmulas e súmulas vinculantes dos Tribunais Superiores e mesmo as orientações do Plenário ou do Órgão Especial a que estiverem vinculados... Coloquemos tais dispositivos legais em confronto com o art. 108 do CTN, que veda o uso da analogia para a criação de tributo não previsto em lei mas adota o argumento por analogia, dentro de tais limitações. Uns e outros em confronto pressupõem a obrigação da observância da regra legal (Código Tributário Nacional) e da regra judicial anterior (Código de Processo Civil). A regra judicial, por sua vez, que se extrai dos precedentes e das súmulas apresenta-se como a especificação das normas constitucionais e legais, necessariamente mais gerais. Nesse sentido, os estudos de Hans Kelsen, no início do século XX, já apontavam o processo de concretização do Direito, que concebe uma estrutura escalonada de normas jurídicas em que os atos de positivação de normas jurídicas individuais, por parte da judicatura, são concebidos como atos de aplicação de normas jurídicas mais gerais, estatuídas na legislação. Segundo se depreende das lições do jurista austríaco, nunca superadas por completo por qualquer Teoria Geral do Direito contemporânea, tanto o processo de criação da legislação (a partir da aplicação das competências legislativas estabelecidas na Constituição) quanto o processo de criação de uma norma individual (para fins de aplicação do Direito a um caso concreto) possuem a mesma estrutura, uma vez que são simultaneamente atos de criação e aplicação do Direito. A única diferença relevante entre os processos de produção de normas pelos legisladores e pelos tribunais, para Kelsen, é o grau de generalidade de suas normas, uma vez que inexiste uma diferença qualitativa entre as duas espécies de produção do Direito.[1]

Nesse ciclo contínuo de generalização, abstração, determinação e especificação, em que os Poderes estatais diferenciam suas atividades umas das outras,[2] o intérprete do Direito e o juiz trabalham com essa dupla possibilidade: onde se veda a analogia criativa para criminalizar ou

1. Hans Kelsen, *Teoria Pura do Direito*, trad. de João Baptista Machado, São Paulo, Martins Fontes, 1998, especialmente Capítulo 5.

2. Na diferenciação entre os Poderes, Jean-Claude Milner valeu-se da simetria inversa da lógica dos conceitos, que opõe a extensão à compreensão. Em tese, uma lei tem uma extensão máxima (pode abranger um número indefinido de sujeitos e de objetos) e uma compreensão mínima (seus termos são muito gerais e abstratos); já, a

tributar o que a lei não previu haverá que diferenciar os casos posteriores que se *subsumam* naqueles precedentes e súmulas daqueles outros casos que, não registrando as mesmas notas essenciais da *ratio decidendi*, ou seja, da argumentação norteadora dos mesmos precedentes e súmulas, devam ser diferenciados. Enfim, o *distinguish* trabalha exatamente com essa possibilidade: a de que em um volume determinado de casos concretos posteriores à edição do precedente ou da súmula haja a subsunção, mas em outros a analogia extensiva – estando vedada – leve à diferenciação, ou seja, exatamente ao *distinguish*, raciocínio por meio do qual não incide o precedente. Nessa última hipótese a analogia criativa por extensão é usualmente utilizada como mero argumento de convencimento. E, como argumento de convencimento, poderá levar a uma decisão nova, *first impression*, ainda que incorporando o mesmo resultado constante do precedente (se não se tratar de tributo novo ou de crime não previsto em lei), porém não se dirá que se está a aplicar um precedente vinculante ao caso novo, perfeitamente desenhado dentro de uma lacuna da ordem jurídica. Sobre esse ponto já tivemos oportunidade de nos manifestar.[3]

O objeto desse estudo centra-se exatamente nesse ponto. O raciocínio jurídico de tomada de decisão por meio da aplicação de precedente ou súmula baseia-se em uma identificação de semelhança substancial ou identidade entre o caso anterior, que lhe é subjacente, e o caso posterior? É possível, então, fazer tal distinção, entre identidade, semelhança forte e diferenciação (analogia fraca ou não identidade)?

sentença tem extensão mínima, abrangendo apenas as partes do caso, porém uma compreensão máxima (cf. "Les Pouvoirs, d'un modèle à l'autre", Élucidation 6-7/9, 2002).

3. Cf. Misabel Abreu Machado Derzi, "O planejamento tributário e o buraco do real. Contraste entre a completabilidade do direito civil e a vedação da completude no direito tributário", in Eduardo Paz Ferreira, Heleno Taveira Tôrres e Clotilde Celorico Palma (orgs.), *Estudos em Homenagem ao Professor Dr. Alberto Xavier: Economia, Finanças Públicas e Direito Fiscal*, 1ª ed., vol. 2, Coimbra, Livraria Almedina, 2013, pp. 399-414. V. também: Thomas Bustamante, *Teoria do Precedente Judicial*, São Paulo, Noeses, 2012, item 4.3.3, onde se lê: "O argumento *a contrario* (...) não leva rigorosamente a lugar algum (García Amado 2001:97). Exatamente por isso é que está descartada, por exemplo, a argumentação analógica no direito penal para caracterização de uma conduta como criminosa, ou no direito tributário para a imposição de uma exação tributária, haja vista a previsão expressa, na Constituição Federal, do princípio da legalidade estrita nessas situações (art. 5º, XXXIX, e art. 150, I). Pode-se falar, portanto, que a não previsão expressa da conduta como crime constitui uma permissão em sentido forte da conduta em questão, tornando-se obrigatória a aplicação do argumento *a contrario sensu*, pois vigora uma *regra de clausura* que impõe tal tipo de conclusão".

Essas questões passam, necessariamente, por um estudo de duas formas de argumentação universalmente adotadas no âmbito da aplicação do Direito: a analogia e o argumento *a contrario*. Elas assumem imediata relevância no âmbito da aplicação de precedentes, pois o legislador nacional parece, na linha da teoria dominante sobre o precedente no mundo do *Common Law* (que supõe uma distinção nítida entre o Direito "estabelecido" – *settled* –, que encontramos nos casos "regulados", e o Direito "por estabelecer" – *unsettled* –, que encontramos nos casos "não regulados"[4]), estabelecer uma distinção entre a necessária utilização do modo de decidir por meio de súmulas e precedentes vinculantes daquele outro modo de argumentar *por analogia,* difuso tanto nas decisões de vida de qualquer natureza como ainda na atuação em juízo, como modo de convencimento.

A justificação da própria noção de precedente – que foi cristalizada definitivamente no sistema jurídico brasileiro pelo Código de Processo Civil/2015 – assume a possibilidade de diferenciação entre os casos lacunosos ou "não fixados" (*unsettled*), onde se pode cogitar da analogia como mecanismo de integração do Direito, e casos "estabelecidos" (*settled*), cuja solução pode ser encontrada ao apelar-se para uma norma jurídica estabelecida de maneira autoritativa em uma fonte do Direito.[5] "É ao decidirem nas situações em que o Direito está *estabelecido* (*settled*) que os juízes devem ser entendidos como utilizando as suas habilidades jurídicas para *aplicar* o Direito."[6]

Parece-nos que as bases teóricas e filosóficas do Código de Processo Civil e do Código Tributário Nacional repousam exatamente nessa possibilidade, a de que uma decisão por força de um precedente ou súmula é diferente de uma decisão tomada por meio de raciocínio meramente analógico.

4. V., nesse sentido: Joseph Raz, *The Authority of Law*, 2ª ed., Oxford, Oxford University Press, 2009.

5. Nesse sentido, o Positivismo Jurídico de Joseph Raz funda seu critério fundamental de identificação do Direito (a denominada "Tese das Fontes Sociais") nessa distinção entre o Direito "estabelecido" (*settled*) e o Direito "não estabelecido" (*unsettled*): "Todos os juristas sabem que em algumas questões o Direito não está estabelecido (*is unsettled*). Por vezes eles dizem em tais casos que ninguém sabe o que o Direito é – como se houvesse um Direito no caso em questão que é muito difícil de se descobrir. Mas na maior parte dos casos eles se expressam de maneira mais precisa, dizendo que essa é uma questão aberta, que o Direito não está estabelecido etc." (Joseph Raz, *The Authority of Law*, cit., 2ª ed., p. 49).

6. Joseph Raz, *The Authority of Law*, cit., 2ª ed., p. 49.

Na Lógica, na Filosofia e nas teorias psicológicas que analisam o fenômeno da tomada de decisões a questão será controvertida. Argumentos hauridos no raciocínio baseado em precedentes vinculantes são equiparados, sem mais, à argumentação por analogia em Holyoak,[7] sob as críticas de Alexander,[8] Schauer[9] ou Lamond.[10] Disso nos dá notícia Frederick Schauer. Alerta-nos o autor para o fato de que o mundo acadêmico é dominado por extensos estudos sobre analogia como "em Ashley, 1990; Brewer, 1996; Hunter, 1997; Levi, 1949; Sunstein, 1993; Weinreb, 2005, porque o uso da analogia para os casos do passado é mesmo uma característica comum do argumento jurídico". Mas alerta Schauer em seus estudos sobre precedentes que "o uso frequente do raciocínio analógico no Direito não acarreta a conclusão de que tomar decisões seguindo precedentes seja a mesma coisa". Nesse sentido, para Schauer, "o raciocínio analógico configura a maior parte do raciocínio jurídico, mas seguir obrigatoriamente precedentes de decisões anteriores é substancialmente diferente da seleção de uma analogia para iluminar ou informar uma decisão atual".[11] Não há dúvida de que o mundo dos casos difíceis, aqueles que não encontraram ainda uma decisão que, no sentido técnico, configure um precedente, é dominado por analogias de toda espécie como técnica de convencimento. E, embora uma decisão com base em precedente vinculante não seja propriamente uma questão de escolha ou de persuasão, na verdade a palavra "precedente" no Direito Norte-Americano passou a ser confundida com *fonte análoga*, um termo "guarda-chuva" a designar qualquer precedente judicial de qualquer tribu-

7. Cf. J. Keith Holyoak, "Analogy", in *The Cambridge Handbook of Thinking and Reasoning*, ed. Holyoak and Morrison, Cambridge University Press, 2005, pp. 117-141.

8. Cf. Larry Alexander, "Precedent", in *A Companion to Philosophy of Law and Legal Theory*, 2ª ed., Dennis Paterson, 2010, pp. 493-503.

9. Cf. Frederick Schauer, "Precedent", in *A Companion to Philosophy of Law and Legal Theory*, Londres, Andrei Marmor, 2011, pp. 123-136. Ainda: "Why precedent in Law (and elsewhere) is not totally (or even substancially) about analogy", *Perspectives on Psychological Science* 3/454-460, n. 6, novembro/2008; *Playing by the Rules. A Philosophical Examination of Rule-Based Decision Making in Law and in Life*, Oxford, Clarendon Press, 1991/2002.

10. Cf. Grant Lamond, *Precedent and Analogy in Legal Reasoning*, ed. Stanford Encyclopedia of Philosophy, 2014, pp. 1-46. V., ainda: Edward Hirsch Levi, "An introduction to legal reasoning", 15 *University of Chicago Law Review* 501, 1948.

11. Cf. Frederick Schauer, "Why precedent in Law (and elsewhere) is not totally (or even substancially) about analogy", cit., *Perspectives on Psychological Science* 3/454-455.

nal, mesmo não vinculante, como observa Schauer.[12] Isso nos lembra no Brasil o uso indiscriminado da expressão "jurisprudência dos tribunais". Não é raro ou inusitado que advogados e mesmo juízes invoquem, como mera técnica de convencimento, decisões de outros tribunais ou de juízes de forma alguma aplicáveis ou vinculantes para informar a decisão no caso concreto. Seria o caso de se utilizar jurisprudência consolidada ou mesmo súmula vinculante do STJ como instrumento de convencimento em questão a ser decidida pelo STF, ou de se invocar em julgamento de questões em certo Estado da Federação o entendimento de tribunal de outro Estado. Tais precedentes judiciais são utilizados como técnica de convencimento. Assemelham-se, com efeito, aos denominados precedentes "persuasivos", que não possuem o efeito vinculante próprio do precedente judicial em sentido estrito, que é o adotado tanto nos Países de *Common Law* quanto, especialmente, nos arts. 926 e 927 do CPC/2015.

Essa a matéria de que tratamos neste artigo, sem a profundidade que o tema suscita, esperando provocar discussões mais aguçadas para o futuro, evidentemente à luz da ordem jurídica nacional.

Antes, tracemos certos pressupostos. Em certas áreas do Direito, como no direito penal ou tributário, não se nega a existência de lacunas, muito menos o papel criativo do juiz. Nem mesmo se pode supor a identidade perfeita entre dois casos, o anterior que deu ensejo ao precedente ou súmula vinculante e o posterior que deverá ser submetido ao mesmo tratamento. Esses são três pressupostos dos quais partimos e, porque não são o objeto desse estudo, mencionaremos brevemente, a seguir.

2. *Pressupostos: a incompletude do Direito, o papel criativo do juiz e a identidade como semelhança jurídico-normativa*

2.1 O Direito é um sistema incompleto

Não há exceções quanto a isso. Embora a ordem jurídica não autorize o emprego do raciocínio analógico judicial para a criação de tributos ou de crimes sem lei prévia, todos os ramos do Direito, mesmo o penal e o tributário, são incompletos.

O que se pode dizer é outra coisa: apenas que certos domínios do Direito, como o direito penal e o tributário, são *incompletáveis* por meio

12. Cf. Frederick Schauer, "Precedent", cit., in *A Companion to Philosophy of Law and Legal Theory*, p. 127.

de atividade de integração do juiz. Outros sítios do Direito, não obstante, embora também incompletos, podem ser integrados por meio da atividade jurisdicional, como se sabe.

Na verdade, a questão do real persegue até mesmo toda ideia de sistema, sendo inegável o buraco do real.[13] Há sempre uma abertura do sistema em direção ao real. A coisidade da coisa provavelmente é indizível e informalizável.[14] E, como o sistema simplifica o real, é dele uma representação, será sempre incompleto em relação ao real.[15] Até mesmo a Matemática parte de axiomas ou postulados indemonstráveis e extrai sua consistência exatamente de sua incompletude. Por isso Karl Gödel fundou o enunciado matemático até o momento irrefutado: "Se a Aritmética é consistente, ela é incompleta".[16]

Como se sabe, a consistência está relacionada com o princípio da não contradição, ou seja, *X* não pode ser *A* e *não-A*. Em termos matemáticos, um sistema será inconsistente se a fórmula *A* for teorema e a fórmula *não--A* também o for. Assim, o sistema totalizante (completo) terá de abrigar *A* e *não-A*, o que leva à inconsistência. A completude é o todo, e o todo é verdade/mentira.[17] Portanto, se a consistência está relacionada com o

13. Cf. Misabel Abreu Machado Derzi, *Modificações da Jurisprudência no Direito Tributário*, São Paulo, Noeses, 2009, pp. 25-43.

14. Cf. Martin Heidegger, "La Chose", in *Essais et Conférences*, trad. de André Préau, Paris, Gallimard, 1958, p. 196.

15. Cf. Niklas Luhmann, *Sistema Giuridico e Dogmatica Giuridica*, trad. de Alberto Febbrajo, Bolonha, Il Molino, 1978.

16. Cf. Ernest Nagel e James R. Newman, *Prova de Gödel*, trad. de Gita K. Guinsburg, São Paulo, Perspectiva/EDUSP, Debates, 75, 1973, p. 83. Esses autores explicam o teorema de Gödel para não especialistas. Também no mesmo sentido, v.: Délia Elmer, *O Teorema de Gödel*, seminário proferido na Letra Freudiana, dezembro/1991, transcrição de Mônica Vasconcellos Soares de Souza. Esses são textos auxiliares para uma aproximação não técnica da difícil demonstração do teorema de Gödel, pois sua compreensão exigiria a pré-compreensão de 46 outros postulados matemáticos. Karl Gödel, da Universidade de Viena, em 1931, publicou um artigo com o seguinte título: "Sobre as proposições indecidíveis dos *principia mathematica* e sistemas correlatos", cujo conteúdo e até mesmo seu título eram ininteligíveis aos matemáticos da época, em sua maioria. O artigo, não obstante, é considerado hoje, pelos especialistas, um marco insuperável na história da Lógica e da Matemática. Em 1952 "a Universidade de Harvard concedeu-lhe um título honorífico e descreveu o trabalho como um dos mais importantes progressos da lógica nos tempos modernos" – dizem Nagel e Newman (*Prova de Gödel*, cit., p. 13).

17. Cf. Délia Elmer, *O Teorema de Gödel*, cit., p. 24. Ensina ainda a mesma autora que "axioma e postulados são quase sinônimos. A diferença sutil é que um postulado não tinha na Antiguidade, e até os séculos XVIII e XIX, nenhum suporte

princípio da não contradição, a completude relaciona-se com o princípio do terceiro excluído. Eu somente poderei dizer que *X* deve ser *A* ou então *não-A*, algo deve ser, uma terceira possibilidade não se dá. Mas Gödel demonstra que há verdades que não podem aparecer como teoremas, não podem aparecer escritas. Ele mostra que, "se a Aritmética é consistente, então é incompleta". Enfim, o sistema tem algo não demonstrável, nem refutável, que está na ordem do indecidível.

Diz Délia Elmer que, a rigor, Gödel provou que "houve buraco do sistema, e aqui situamos o real". Logicamente, o sistema consistente tem um furo, sua incompletude. Enfim, conclui: "dizemos desta impossibilidade de qualquer sistema recobrir o que é real. O buraco do sistema é o real".[18]

Desde logo, convém esclarecer que o fenômeno não se dá apenas na Matemática, mas todo sistema, pensado de forma autonômica, que opere independentemente, tem de ser aberto em seu sentido, ou cognitivamente, para superar o paradoxo tautológico, que comprometeria sua função e sua consistência. Também Hans Kelsen[19] previa dois pontos (injustamente criticados por muitos) como pontos de contato com a realidade: a norma fundamental, como pressuposto fundante do sistema, e a concepção de validade-eficácia social, pois a norma jurídica sem qualquer eficácia, ainda que mínima, medida por sua observância social, deixaria de ter validade. Ambos, em especial a norma fundamental, são furos do dever-ser para o mundo do ser. Acresça-se, ainda, que Hans Kelsen pensou o ato normativo (a lei, a sentença, o ato administrativo) tanto como ato de aplicação da norma superior como ato normativo produtivo do Direito, dentro dos espaços de sentido possíveis deixados ao operador. Todos esses são pontos do real não recobertos pelo sistema da Ciência pura.

Igualmente, Niklas Luhmann identifica o fechamento operacional do sistema, o seu funcionar recursivo e circular de forma autopoiética, como condição de independência, essencial ao Estado de Direito, mas, simul-

intuitivo como tinha o axioma. Eram verdades que não necessitavam de demonstrações, eram verdadeiras".

18. Cf. Délia Elmer, *O Teorema de Gödel*, cit., p. 44.

19. Cf. Hans Kelsen, *Teoria Pura do Direito*, 9ª ed., trad. de João Baptista Machado, Coimbra, Arménio Amado Editor, 1976; *Teoría General del Derecho y del Estado*, 2ª ed., trad. de Eduardo García Maynez, México, Imprenta Universitaria, 1958; Hans Kelsen e Klug, *Normas Jurídicas e Análise Lógica*, trad. de Paulo Bonavides, Rio de Janeiro, Forense, 1984.

taneamente, abre-o do ponto de vista cognitivo. Enfim, o ato legislativo, como ato político, vincula-se a fins, objetivos e programas condicionais. Por meio de procedimentos específicos, o ato configura a seleção e a escolha entre interesses e dissensos, projetados em normas (ainda não inteiramente prontas) para o interior do sistema. O ato jurisdicional, centrado no sistema, lê as normas a partir do *input* do sistema, orientando-se pelos programas finalísticos do legislador, mas selecionados e filtrados pelos conversores internos, em operações fechadas às heterodeterminações externas. Enfim, como esclarece Luhmann, *o direito constitui, em outras palavras, um sistema normativamente fechado, mas cognitivamente aberto.* A abertura para o real possibilita o aperfeiçoamento da ordem positiva, através das correções feitas pelo legislador nas leis que alimentam o sistema; igualmente, viabiliza as mudanças nos conceitos, substituídos que são, com o evoluir do Direito, por outros conceitos socialmente mais adequados, e, com isso, alteram-se os resultados das operações internas, inclusive da atividade jurisdicional, que podem ser medidos, no *output* do sistema. E mais: a observação do observador – para identificar o que o observador não pode ver, pois estamos falando do real, daquilo que é indizível, e indecidível – em outro momento revela certo aspecto relevante dos fatos sociais para o Direito, alterando o ambiente externo e o próprio sistema, ao selecioná-lo e projetá-lo para o interior. Repetindo Alfred Büllesbach, podemos novamente lembrar que a observação é um conceito fundamental da *teoria luhmaniana do sistema, de tal forma que a diferença entre sistema e meio ambiente é sempre mutável.*[20]

Essas as razões da complementariedade entre tais concepções diferentes. A funcional, de Niklas Luhmann, segundo a qual o juiz somente pode operar em obediência às determinações do próprio sistema (autorreferência). Mas, por meio de cognição volitiva, extrai conceitos socialmente adequados, axiologicamente montados e abertos à realidade. Está o juiz limitado pelas normas e pelas seleções pesadas e sopesadas

20. Alfred Büllesbach, "Princípios de teoria dos sistemas", in A. Kaufmann e W. Hassemer (coords.), *Introdução à Filosofia do Direito e à Teoria do Direito Contemporâneas*, trad. de Manuel Seca de Oliveira, Lisboa, Fundação Calouste Gulbenkian, 2002, p. 428.

Conexões podem ser feitas entre a diferença mutável entre sistema e ambiente a partir de um observador, e depois da observação do observador, proposta por Niklas Luhmann, e o teorema de Gödel, relativo ao ponto fora do sistema matemático. Também a misteriosa norma fundamental de Hans Kelsen, ao mesmo tempo dentro e fora do sistema, pode ser lembrada.

pelo legislador, pelos precedentes judiciais, pelos costumes. O legislador altera a matéria selecionada como o juiz, dentro das fronteiras impostas pelas leis, e, dentro da evolução do aparato conceitual formado, constitui o Direito.

Sem trabalhar o papel do juiz como Poder do Estado, e suas funções imprescindíveis, mas focando o tema apenas do ponto de vista axiológico e semântico, Canaris trabalha a ideia de sistema realçando sua unidade como realização do Direito e a natureza constituinte da decisão judicial. Para ele, "o papel do conceito de sistema é, no entanto, como se volta a frisar, o de traduzir e realizar a adequação valorativa e a unidade interior da ordem jurídica".[21] Somente admite a ideia de sistema como unidade e ordem, regido pelos princípios supremos da segurança e da justiça, que exclui todos os demais conceitos de sistema que não sejam aptos a desenvolver a adequação interna e a unidade valorativa de uma ordem jurídica. O sistema é ordem axiológica e teleológica. A Ciência do Direito converte-se, pois, em interpretação hermenêutica, em relação a um sistema aberto, que tem na sua incompletude, na sua modificabilidade histórica, a possibilidade de apreensão de sentido. A mobilidade e a incompletude do sistema, não obstante, para Canaris, convivem com as partes imóveis e fixas do mesmo sistema. Assim, a incompletude do sistema, mesmo do ponto de vista axiológico, é também realçada por Canaris, que em certas áreas do direito privado alemão as denomina de imóveis (como na parte dos direitos reais, da sucessão legal e outras).

Portanto não temos dúvida em afirmar que o sistema jurídico é incompleto no seu conjunto (não importa que estejamos nos referindo ao direito civil, comercial ou tributário). O real e o contingente impulsionam as operações internas do sistema, suas irritações e perturbações. Tal fenômeno explica as mutações sistêmicas e a relevância das técnicas de estabilização das expectativas. As mudanças no conteúdo das leis e na jurisprudência dos tribunais, decorrência dessa inaptidão para surpreendermos a "coisidade da coisa", o real, em contrapartida atraem a adoção de princípios e de técnicas que atenuam a imprevisibilidade, a fluidez evolutiva, como a irretroatividade, a boa-fé e a proteção da confiança. A adoção do raciocínio por meio de precedentes e súmulas vinculantes é uma dessas técnicas de controle da instabilidade, da imprevisibilidade e

21. Claus Canaris, *Pensamento Sistemático e Conceito de Sistema na Ciência do Direito*, 3ª ed., trad. de Menezes Cordeiro, Lisboa, Fundação Calouste Gulbenkian, 2002, pp. 128-129.

da inconsistência, não sem razão denominada de *stare decisis* em Países de *Common Law*.

Embora todo o sistema jurídico seja incompleto e aberto à cognição, o direito privado tende à completude em sua aplicação concreta, exceção feita àquelas áreas em que a segurança dita restrições à mobilidade da expansão analógica, como nos direitos reais, nos direitos creditórios e sucessórios. Tomemos o sistema jurídico, pensado por Claus-Wilhelm Canaris, como modelo "interno", destinado a apreender o Direito, através das significações de suas normas, pleno de valorações e de sentido e voltado à realização da segurança e da justiça. Enfim, o modelo aberto e incompleto, como interpretação hermenêutica. Nesse modelo as partes imóveis e rígidas convivem perfeitamente com as móveis e flexíveis. Na verdade, o sistema depende, para se manter coeso, ordenado e unitário, exatamente dessas partes imóveis.

A noção de mobilidade do sistema é próxima da ideia de tipo, embora a comparação com os tipos não tenha sido aventada por Canaris. O jurista vale-se do conceito de sistema móvel de Wilburg, que, por sua vez, construiu a teoria ao examinar as soluções do ordenamento positivo alemão em relação à responsabilidade indenizatória, que conjuga elementos ou forças móveis variáveis. Todos esses elementos ou requisitos são considerados móveis, porque a consequência jurídica somente ocorrerá por meio da conjugação complementar entre eles, de forma variável em número e peso. Pode bastar a presença de apenas um ou dois de tais elementos, compensada a ausência por meio da intensidade. Dá-se, então, a "substituibilidade mútua dos componentes, princípios ou critérios de igualdade".[22]

E pergunta: no sistema aberto, do ponto de vista da interpretação hermenêutica, todos os sistemas são móveis? Pode haver partes fixas e rígidas, enfim, imóveis? E assim responde: "Nos âmbitos onde exista uma necessidade de segurança jurídica mais elevada, deve-se preferir o último, e o próprio Wilburg não iria, por certo, dissolver as ordenações firmes do direito cambiário e dos direitos reais ou sequer dos direitos das sucessões ou das sociedades num sistema móvel".[23]

Enfim, o sistema móvel convive, dentro do Direito, com partes imóveis, inerentes àqueles setores em que prevalece a segurança jurídica em relação à justiça como equidade. Nos direitos reais, nos títulos de créditos e nas sucessões (diremos ainda no direito tributário e no direito penal),

22. Idem, ibidem.
23. Idem, pp. 143-144.

em que cresce a importância da segurança jurídica, avultam as previsões normativas rígidas.

Mas interessa, ainda, destacar que naqueles sítios, onde se impõem a igualdade por equidade e as diferenciações relevantes, a ordem jurídica autoriza o sistema móvel, em que os elementos se combinam em número e intensidade variável, tudo disponível para abarcar as fluidas transições de um caso concreto a outro. Mesmo assim – ressalta o jurista – o sistema móvel sofre limitações, pois os elementos que o compõem são limitados pela própria ordem jurídica, o que reduz a possibilidade de se atender até o fim às peculiaridades de cada caso concreto.

Acima de todas as discussões teóricas paira o fato inegável de que a eticização contemporânea do Direito corresponde à reintrodução da boa-fé como valor (honestidade, crença, fidelidade, lealdade, honra), como princípio, como conceito indeterminado e como cláusula geral. E mais: é movimento "universalizado", e dele não escapou o Código Civil brasileiro de 2002, que o erige como cláusula geral. Além disso, reza o art. 422: "Os contratantes são obrigados a guardar, assim na conclusão do contrato, como em sua execução, os princípios de probidade e boa-fé". O artigo não se refere expressamente à responsabilidade pós-contratual, que muitos juristas reconhecem e aplicam mesmo na ordem jurídica vigente. Também o art. 187 consagra a boa-fé como limite ao exercício dos direitos (cláusula antiabusiva), e o art. 113, como regra de interpretação. Mas antes dele o Código de Defesa do Consumidor, a Lei 8.078/1990, já trouxera a positivação do princípio da boa-fé objetiva como linha de interpretação, em seu art. 4º, III, e como cláusula geral, no art. 51, IV.

Em todo sistema jurídico o juiz é obrigado a decidir o conflito que está a seu encargo (*sub judice*). Mas em certas áreas do Direito ele deve decidir complementando o sistema, integrando-o. Essa a função integrativa da boa-fé no direito civil brasileiro, que atua não apenas como princípio, mas ainda como cláusula geral, em relação aos contratos. Mas mesmo dentro do direito privado, como alerta Canaris, há partes imóveis e fechadas em que a boa-fé não poderá atuar na sua função integrativa, por razões de segurança, como se dá nos direitos reais, nos títulos de crédito e nos direitos sucessórios, por exemplo.

Ora, o direito tributário está iluminado por valores e princípios como segurança jurídica (e seus desdobramentos no Estado de Direito), que impedem a completabilidade de suas normas pelo juiz, como se dá no direito dos contratos. Ao contrário, as normas tributárias são incompletas (em relação à realidade) e incompletáveis por meio do uso da analogia ou da extensão criativa. Razões de segurança jurídica inspiram esse tratamento diferente, de tal modo que a boa-fé objetiva não pode ser utilizada como cláusula geral, em detrimento dos direitos do contribuinte.

Se a boa-fé objetiva se desenvolve na proibição do *venire contra factum proprium*, nos institutos materiais da *supressio* e da *surrectio*, ou ainda no instituto processual anglo-saxão do *stoppel*, o fato é que no direito privado e, com mais razão, no direito público a proteção da confiança, das expectativas criadas e o respeito à lealdade transformam-se em importantes equivalentes funcionais ou em acopladores estruturantes e estabilizadores do sistema. A primeira diferenciação, não obstante, desde logo reside no fato de que a irretroatividade e a proteção da confiança são princípios unilateralmente utilizados em favor do contribuinte/cidadão e contra o Estado. Não se aplicam em favor dos órgãos públicos dos três Poderes.

2.2 *O papel criativo do juiz é outro pressuposto de que partimos*

Há um passado apropriado pela sentença e há aquilo de que a sentença se desapropria. Embora os horizontes temporais do passado e do futuro, *input* e *output* do sistema jurídico, sejam aceitos pela grande massa dos cientistas do Direito – a não ser, provavelmente, por aqueles que "unem" todos os sistemas, abrindo-os reciprocamente de modo incondicional –, existe questão decisiva e mais complexa do *ponto de vista do tempo da decisão judicial*, que devemos relembrar. Não adotamos a tese de que o juiz não cria Direito;[24] nem a de que o caso *sub judice* corresponde exatamente ao ente, em sua entidade do mundo do ser; ou de que a sentença seria puro ato de aplicação e repetição da lei; muito menos a tese de que a norma legal, na maioria das vezes, seria clara (*interpretatio cessat in claris*), o legislador falando pela boca do juiz, como já o disse Montesquieu.

Parece-nos ultrapassada a visão de que os fatos sociais, regidos pela lei, que os antecipa, juridicizando-os, ingressariam no sistema jurídico desde sempre, exatamente como são e exatamente no momento de sua ocorrência no mundo do ser. Segundo essa corrente, eles estariam previstos de forma antecipada, como pressuposto hipotético de alguma

24. Cf. Misabel Derzi, *Modificações da Jurisprudência no Direito Tributário*, cit., pp. 225 e ss.

expectativa normativa legal, mesmo antes de se darem no mundo do ser, de tal modo que a norma incidiria, automaticamente, no aqui e no "agora" do mundo do ser (*sein*) e, simultaneamente, no mundo do dever-ser (*sollen*). Isso é apenas meia verdade. É que os fatos sociais, em sua faticidade pura, bruta, não são e não podem ser antecipados pelo Direito. O que se antecipa é o fato jurídico (uma seleção, redução ou expansão conceitual, não raramente uma deformação do fato social). Assim, há um juízo operacional, interno ao sistema, *a posteriori*, para a recepção dos fatos e da filtragem lícito/ilícito. Uma vez ocorrido o fato real, em toda sua riqueza fática inapreensível pelo Direito (jamais se alcança a coisidade da coisa), há de se verificar se o que fora antecipado, em norma hipotética, realmente se enquadra no caso concreto *sub judice*, o que supõe interpretação. A recepção *a posteriori* dos conflitos – dos casos e das normas que os regem – a partir das fronteiras do *input* é, para nós, construção dirigida, controlada, bitolada do Direito, mas ainda assim constituição do Direito. Discordamos de todos aqueles que reduzem o fenômeno a um *mero reconhecimento de algo que já se encontra introjetado no sistema jurídico desde sempre*. Para essa corrente inexiste desconexão temporal entre os fatos sociais e os fatos jurídicos.

Estamos convencidos, não obstante, de que a sentença é ato de criação do Direito, embora o seja também, e ao mesmo tempo, de aplicação da norma legal. E nessa afirmativa inexiste algo de novo. Há tantas décadas Hans Kelsen já afirmava exatamente que toda norma seria ato de aplicação e, ao mesmo tempo, de criação do Direito.

Já invocamos diversas vezes as considerações de Riccardo Guastini para introduzir-lhes uma alteração.[25] Concluíra aquele jurista italiano que, *em sentido amplo*, a sentença cria a norma, como resultado da interpretação das leis, sendo, então, tanto ato de aplicação como de criação do Direito. A essa conclusão de Guastini ponderamos que a decisão judicial, no momento em que se firma em uma das alternativas possíveis de sentido dos enunciados legislativos, criando a norma específica e determinada do caso, e repetível para o mesmo grupo de casos, norma cabível dentro da norma legal, fecha as demais alternativas – antes possíveis. As demais alternativas não estarão mais disponíveis, sustentamos, exatamente porque foram afastadas pelo Poder Judiciário (e se o foram) em entendimento consolidado. Desde o momento em que tal

25. Riccardo Guastini, *Das Fontes às Normas*, "Apresentação" de Heleno Tôrres, São Paulo, Quartier Latin, 2005.

fechamento ocorra, o espaço discricionariamente deixado pelo legislador, e dotado de uma cadeia de signos e significados inúmeros, concretiza-se e fixa-se em certo sentido único, criando-se verdadeira expectativa normativa de comportamento para todos integrantes do mesmo grupo de casos. A norma judicial seleciona o significado adequado, o melhor para o caso ou grupo de casos.

Se, supervenientemente, o Poder Judiciário altera e muda sua decisão, escolhendo outra alternativa (antes possível, em razão do leque de significados da cadeia de signos), *cria nova norma*, específica e determinada. Tal norma nova, ao fixar um novo sentido para o texto que ela interpreta, equivale a uma *nova lei* (*evidentemente, não formalmente editada*), pois a lei anterior, ainda vigente no sentido formal, tinha sido dotada de um só conteúdo, unívoco, pois sofrera o esvaziamento dos demais sentidos alternativos por decisão do próprio Poder Judiciário. Exatamente tais hipóteses – de criação do Direito a partir de um vínculo meramente formal à lei, não material – terão especial interesse em relação à estabilização de expectativas normativas, confiança, segurança e igualdade.

Portanto, evocando Heidegger de modo livre, podemos dizer que a sentença é o alcançar iluminador que se dá no âmbito do tempo autêntico, quadridimensional (ou mesmo em quinta dimensão, como quer Norbert Elias). O ser (jurídico – acrescentamos nós) se dá na sentença, como acontecimento apropriador. E, "pensando a partir do acontecer apropriador, isto quer dizer: ele se des-apropria, no sentido mencionado, de si mesmo (...) mas guarda sua propriedade".[26] Em outro acontecimento apropriador presenta-se nova sentença, Direito novo, surgido de um texto de lei anterior, linguisticamente inalterado, para fatos também inalterados. A norma nova, que se cria, a partir do mesmo texto de lei anterior, que tinha recebido um sentido unívoco, por meio do isolamento dos demais, usa, como revelação, um dos significados abandonados na decisão anterior, ou saca sentido novo até então desconhecido. Novamente o Direito se desapropria daquele sentido mencionado, de si mesmo, mas também oculta, guarda e preserva sua propriedade. Ele sempre resiste a um desvelamento sem limites. Em todos esses movimentos o tempo autêntico da sentença é pluridimensional. E, ao mesmo tempo, persiste o papel criador do juiz, como escolha entre alternativas possíveis de sentido.

26. Cf. Martin Heidegger, "Tempo e ser", conferência proferida em 31.1.1962 na Universidade de Freiburg, in *Conferência e Escritos Filosóficos*, trad. de Ernildo Stein, Coleção "Os Pensadores", São Paulo, Abril Cultural, 1979, pp. 269-270.

Não se exige, em geral, nas ordens jurídicas contemporâneas (nem tampouco em nosso País), uma vez cristalizado o Direito em jurisprudência consolidada, a edição de uma lei nova para a mudança do entendimento judicial anterior, que tinha fechado a cadeia de significações possíveis. Embora a mudança do entendimento judicial relativamente ao mesmo diploma legal, especialmente nos casos em que os fatos não se alteraram, seja equivalente à edição de uma lei nova (tal lei inexiste formalmente). A lei velha, plurissêmica, vaga e ambígua, continua vigente. Isso leva o juiz a transitar, discricionariamente, de um sentido a outro, dentro daquele espaço semântico que lhe fora reservado pela lei, como se ele tivesse à sua disposição, sem nenhuma "responsabilidade" em relação aos jurisdicionados (o que não é verdadeiro, em razão da boa-fé, da proteção da confiança e, mesmo, da irretroatividade), várias alternativas que ele saca do quadro pré-constituído pela lei, pelo menos enquanto o legislador não alterar o teor daquela lei, com vistas a redirecionar o pensamento judicial (o que tem se tornado cada vez mais frequente).

Pode-se chamar a essa discricionariedade controlada de "politicismo", ou escolha entre alternativas deixadas em aberto, que tanto mais se intensifica quanto mais abstratos e indeterminados forem os conceitos, princípios e valores envolvidos pela fonte de produção das normas competentes. O exemplo mais representativo encontra-se na Constituição e nas funções do STF. Se o Poder Judiciário é um Poder, ou seja, se a tarefa de todo juiz é criativa, crescem as dificuldades na tarefa da Suprema Corte, eivada que está a Constituição de princípios vagos, de alternativas abertas de sentido, ambíguas ou obscuras, com que, semanticamente, o sistema jurídico se abre ao ambiente exterior ou se "acopla". A escolha entre alternativas controvertidas de política nacional no âmbito da Constituição – já se observou – faz da função judicante uma função também "política". Essa conclusão, não obstante, não guarda incompatibilidade com o modelo de Niklas Luhmann, a que nos referimos anteriormente.

O clássico artigo de Robert Dahl intitulado "Decidindo em uma Democracia: A Suprema Corte como geradora de políticas nacionais", editado pela primeira vez em 1957 e reimpresso honorariamente pela *Emory Law Journal* 50, 2001,[27] influenciou toda uma geração de juristas e analistas políticos: nele se enfrentou a imagem da Corte Suprema como instituição "política" (ainda que muitos dos cidadãos, ingenuamente, não acreditem nisso), que toma decisões em questões controvertidas de

27. Cf. pp. 536-581.

política nacional. O autor denomina de política aquela decisão que representa uma escolha efetiva entre alternativas, propositadamente pensadas para serem abertas, que pesa as consequências das alternativas eleitas; que considera o nível de probabilidade de tais consequências e o valor relativo de cada uma das preferências umas em face das outras. Nessas questões ainda se incluem os problemas inerentes às interpretações em geral (vagueza, ambiguidade da linguagem normativa, discordância entre os espertos da dogmática e precedentes judiciais opostos que poderiam fundamentar tanto um sentido como seu contrário).

O fato de se dizer, pois, que o juiz não poderá criar tributo ou crime sem lei não invalida a constatação de que toda decisão judicial, em si mesma, envolve *criatividade e escolha*, escolha entre alternativas possíveis de sentido e criatividade na solução do caso concreto à luz da melhor escolha. Aqui, no direito tributário ou no penal a solução judicial encontrará apenas uma limitação mais rígida: não deverá haver criação de tributo novo ou de crime sem lei prévia. Existente uma lacuna, não poderá o juiz integrar o sistema; ele somente poderá escolher entre as alternativas de sentido postas pela lei. Se a norma legal não coloca tais alternativas criadoras de novo tributo ou crime, o juiz não poderá sacar o melhor sentido, nem o sentido novo, já que ele deverá importá-los diretamente de princípios morais, econômicos ou sociais.

2.3 Finalmente, a identidade entre os casos confrontados é semelhança jurídico-normativa

O sistema jurídico, de características autonômicas, próprias do Estado de Direito, assenta-se em seu fechamento operacional, como condição de sua própria existência e cumprimento das funções que lhe são próprias e específicas. Mas os horizontes temporais do Direito, porém, não coincidem com os horizontes temporais do ambiente, nem tampouco o real – em si inapreensível – entra nessa condição dentro do sistema jurídico.

Comparar o caso concreto – fonte do precedente vinculante – ao caso *sub judice* posterior não é uma tarefa de identificação biológica, fisiológica, sociológica, política, temporal ou subjetiva etc., mas simplesmente jurídica. Por isso, os casos em confronto não são submetidos aos critérios da identidade, em sentido estrito, mas da semelhança ou identidade meramente jurídica.

Do ponto de vista formal, a Lógica Deôntica é indiferente à questão em análise. Não aceitamos que a Lógica seja capaz de dizer se os casos em confronto são ou não semelhantes ou se o fenômeno do modo de raciocinar para decidir pelo precedente é igual ou semelhante ao raciocínio analógico. A Lógica formal nada pode dizer sobre tipificação ou conceitualização, já que o fenômeno se passa ao nível da metodologia, da semântica e da interpretação do Direito, é questão material. Conceitos mais ou menos abstratos, generalização ou especificação, tipificação ou conceitualização, são estruturas de significação concreta – não formal – que ocorrem tanto na ciência jurídica, a qual generaliza em maior ou menor grau, como no direito positivo.

Tipo, tipificação, especificação, generalização, individualização, conceitualização, acontecem em nível diverso daquele próprio à formalização. Formalizo quando destaco a forma "desembaraçando-me da matéria que tal forma cobre. A matéria reside nos conceitos especificados, nas significações determinadas que as palavras têm como entidades identificáveis pela sua individualidade significativa".[28]

Se formalizarmos a norma jurídica, que é uma proposição prescritiva, encontraremos a mesma estrutura lógica dos juízos hipotéticos.[29] Formalizando, obteremos apenas estruturas reduzidas a variáveis e constantes lógicas (não tipos e conceitos, signos e significações dotadas de sentido).

A proposição prescritiva do Direito, formalizada, reduz-se à fórmula "Se *A* é, então, *B* deve ser", enquanto a descritiva da ciência jurídica equivale a "Se *A* é, então, *B* é".[30]

A proposição jurídica, enquanto norma do direito positivo, prescreve ou uma obrigação, ou uma proibição ou uma permissão. São apenas três, como quer Kalinowski, os modais deônticos.[31]

28. Cf. Lourival Vilanova, *As Estruturas Lógicas e o Sistema do Direito Positivo, São Paulo,* Ed. RT, 1977, p. 7.

29. Pensamos como Norberto Bobbio, para quem a teoria de Hans Kelsen segundo a qual a norma jurídica se resolve em um juízo hipotético não é uma teoria contrária à função prescritiva do Direito, "cioè un giudizio che nella sua seconda parte contiene una prescrizione ('... deve essere *B*')" (ob. cit., p. 169). Acrescente-se que em suas últimas obras Kelsen atenuou seu anti-imperativismo (v. *Teoría General del Derecho y del Estado*, cit., 2ª ed., pp. 28-45.

30. Hans Kelsen, *Teoria Pura do Direito*, 4ª ed., trad. de João Baptista Machado, Coimbra, Arménio Amado Editor, 1976, pp. 22-28.

31. Cf. von Wright, *Introducción a la Lógica Jurídica*, trad. de Juan A. Casaubon, Buenos Aires, Eudeba, 1973, pp. 80-89. von Wright assim se expressa: "The notions of some, no, and all are called quantifiers. The notions of the possible, im-

Mas, enquanto os juízos descritivos da ciência podem ser aferidos sob o critério do falso-verdadeiro, a proposição prescritiva pode apenas valer. Ela se sujeita ao critério de validade, e somente a esse.

Lourival Vilanova, contestando nesse ponto a Alf Ross, leciona que a norma jurídica carece de valor veritativo quer na hipótese (Se *A* é), quer na consequência (*B* deve ser).[32] A hipótese, como primeira parte da norma, é descritiva, referindo-se a um fato ou situação possível, embora não possa ser aferida pelo critério falso-verdadeiro. Tem caráter seletivo, no sentido de que se dá, aí, uma tipificação ou conceitualização dos fatos condicionantes.

A norma constrói classes, tipos. Quando ela o faz, enumerando as notas ou características dos indivíduos pertencentes à classe, ao conjunto, ela tipifica a realidade, ou a esquematiza. Mas – lembra Vilanova –, apesar de sua descritividade, é qualificação normativa do fático, é ato de valoração que incide na realidade, mas não coincide com ela. "Falta-lhe *status* semântico de enunciado veritativo." E, citando Pontes de Miranda: "A própria morte não é fato que entre nu, em sua rudeza, em sua definitividade no mundo jurídico".[33]

Decidir se o conceito do fato individual isolado identifica-se com a descrição normativa, enfim, se A é efetivamente, é questão extralógica e de fundo semântico, não sintático. "A decidibilidade de qualquer um dos possíveis métodos para encontrar a solução justa (indutivo, analógico, argumento *a contrario sensu*) é problema extralógico".[34]

Entretanto – anota Vilanova, com toda propriedade –, a relação entre hipótese e consequência não é unívoca e muito menos biunívoca. Considere-se, como pondera Vilanova, que o mesmo pressuposto pode ser deonticamente unido a várias consequências normativas, assim como uma única consequência pode se referir a várias hipóteses. É logicamente possível combinar:

- uma só hipótese para uma só consequência;
- uma só hipótese para várias consequências;

possible, and necessary are modal concepts. The notions of permission, prohibition, and obligation ('may', 'must not', and 'ought to') are deontic or normative concepts" ("An essay in Deontic Logic and The General Theory of Action", *Acta Philosophica Fennica* XXI/14, Amsterdã, North-Holland Publishing Co., 1968).

32. Lourival Vilanova, *As Estruturas Lógicas e o Sistema do Direito Positivo*, cit., pp. 57-61.

33. Idem, pp. 46-47.

34. Idem, p. 48.

- várias hipóteses para uma só consequência;
- várias hipóteses para várias consequências.

E conclui Vilanova: "O preferir do ato judicial implica uma tomada de decisão, uma valoração".[35]

A decisão entre tipo e conceito, a decisão sobre o sentido e a significação de um precedente e o enunciado de uma súmula e sua fundamentação, passa-se ao nível semântico, mas não sintático, e tal decisão corresponde aos movimentos de generalização, abstração, determinação, especificação e individualização, inerentes às significações e conteúdos fático-axiológicos, que são extralógicos.

Em resumo: a comparação entre as características e notas de um caso concreto posterior *sub judice* com o caso anterior do precedente pode ser uma indução que levanta as semelhanças essenciais, mas tal comparação envolverá não um juízo veritativo de falso/verdadeiro ou de verdade/mentira, mas uma constatação de semelhança extralógica, de valoração, que supõe, sobretudo, a qualificação normativa (por dedução) constante da regra judicial.

E mais: é verdade que os casos concretos são únicos e que quando nos referimos a casos "iguais" ou similares sempre pressupomos o caso ou fato jurídico, já despido de suas outras especificidades fáticas (econômicas, sociais, políticas, psicológicas, temporais...) que tornam cada caso um caso único. Os casos concretos comparáveis ou similares ("iguais") assim o são quando sejam reduzidos, por meio dos critérios jurídicos relevantes, postos no ordenamento (não importa quantas características diferenciais, não jurídicas, possam ter). O fático, na sua faticidade pura e integral, não é apreensível pelo Direito. Esses fatos, assim reduzidos, são postos sob a regência de uma norma judicial comum. Essa norma judicial comum tanto serve para a redução da complexidade de um grupo de casos como se presta a determinar-lhes as consequências – o complexo de deveres, direitos, obrigações, faculdades, enfim, a esfera jurídica na qual se inserem. Pois bem, o que é jurisprudência antiga ou nova, igual ou modificada, somente pode ser medido por meio daquela norma judicial concreta, extraída da sentença, que se presta a reduzir e acolher os fatos *a posteriori* para dentro do sistema. Não interessam as partes no processo, os casos mais ou menos complexos na ordem social, as peculiaridades "divergentes" de cunho extrajurídico. À vista de tal riqueza do mundo da

35. Idem, pp. 48 e 242.

vida, cada caso, embora único, e cada julgamento, sendo sempre solitário, serão comparáveis a outros ditos similares.

Se cada julgamento for considerado solitariamente, de forma única, então, toda sentença será paralela à outra – ainda que levem a resultados idênticos para problemas, questões e situações muito similares (do ponto de vista jurídico). Não poderíamos explicar a existência, em nossa ordem jurídica, das súmulas, muito menos das súmulas vinculantes, da qualificação de "repercussão geral", nem tampouco dos precedentes que se consolidam em repetição sistemática.

3. Razões adotadas pelo legislador para fortalecer e vincular precedentes e jurisprudência consolidada na ordem jurídica nacional

Em geral, tanto nos Países de Direito escrito e Canônico assim como naqueles de Direito Consuetudinário ou de *Common Law* a força dos precedentes judiciais se fez sentir por razões diversificadas, algumas mais ou menos prestigiadas pelos teóricos do Direito.

Examinar a justificação encontra raízes históricas que não nos cabe levantar neste espaço reduzido.[36] As mais citadas costumam ser a segurança jurídica (desdobrada em confiança e boa-fé), a previsibilidade, a consistência, a atribuição e a delimitação da competência dos órgãos de decisão e, finalmente, a praticidade.

A crença ingênua nas garantias exclusivas (como se bastantes fossem) trazidas pelas normas legais, genéricas e abstratas, abalou-se definitivamente em face da polissemia e ambiguidade dos conceitos de que se utilizam os enunciados legislativos, às vezes ganhando significado inesperado na aplicação a um caso concreto, ou até mesmo sendo invalidados por inconstitucionalidade. A regra judicial, formada no Poder Judiciário, passa a ser, nos Países, como no nosso, de legalidade estrita, nova garantia, complementar à lei (que se mostra insuficiente), pois ela configura, então, uma norma – pretensamente cabível dentro dos possíveis significados dos enunciados legislativos – mais concreta, de sentido mais determinado. Como roteiro, guia mais específico, comando de comportamento ao cidadão, que precisa prever para agir, a regra judicial consolidada nos Tribunais Superiores arrasta consigo mais segurança,

36. V. o estudo de Thomas da Rosa de Bustamante, *Teoria Geral do Precedente*, São Paulo, Noeses, 2010.

mais previsibilidade. Sobretudo acarreta para os órgãos judiciais prolatores de súmulas e precedentes vinculantes a *responsabilidade pela confiança gerada* (*pelos tribunais*), fenômeno contemporâneo que também não podemos aprofundar aqui,[37] mas que tem merecido acolhimento do legislador, como se dá claramente no art. 927, §§ 3º e 4o, do CPC.

A consistência dos julgados, que o modo de raciocinar e de decidir por meio de precedentes vinculantes protege, corresponde ao nobilíssimo valor da justiça e da equidade, de tal modo que os casos posteriores, em tudo semelhantes ao caso ou casos que ensejaram o precedente, se submetem à incidência daquele mesmo precedente. A proibição do arbítrio, como *um querer qualquer do julgador*, ao argumento de que *cada caso seria um caso diferente e único* (o que não é verdadeiro, do ponto de vista normativo), deve nortear as decisões judiciais. Afinal, o velho princípio aristotélico do tratamento igual aos iguais continua forte, apesar do tempo, porque está no centro da ideia de justiça.

Outro importante fundamento para a adoção entre nós do modelo de decisão por meio de precedentes vinculantes reside na função da delimitação de competência dos órgãos decisórios, de forma hierarquizada, ou seja, limitação e forma de controle da competência jurisdicional. Esse aspecto costuma ficar implícito nos estudos nacionais sobre o tema, a não ser na sensação de desconfiança dos juízes de hierarquia inferior, mas se revela claramente em Schauer ou Shapiro. Sendo o Direito plano e planificação da conduta, ou um programa de solução de conflitos, como tão fortemente colocou Luhmann, o sistema jurídico na atribuição de competência aos agentes e órgãos decisórios investirá na competência mais discricionária da cúpula de poder, nela depositando mais confiança, e tenderá a restringir a liberdade de escolha e de competência daqueles, muito mais numerosos, de hierarquia inferior, especificando-lhes critérios mais rígidos para a decisão, vinculando-os a padrões delimitados e obrigatórios, como seria o caso dos precedentes de Tribunais Superiores. Trata-se da economia da confiança em que ora se investe em confiança ora em desconfiança,[38] por meio de atribuição de maior espaço discricionário (confiança) ou de reduzido em diferentes graus (desconfiança).

37. Não somente a irretroatividade das súmulas vinculantes, como ainda a proteção da confiança e a boa-fé devem ser sopesadas nas modificações repentinas de jurisprudência consolidada (v. Misabel Derzi, *Modificações da Jurisprudência no Direito Tributário*, cit.).

38. Cf. Frederick Schauer, "Precedent", cit., in *A Companion to Philosophy of Law and Legal Theory*, pp. 123-136; ainda: "Why precedent in Law (and elsewhere) is

Não obstante, a identificação da força dos precedentes de hierarquia superior não pode ser analisada em separado. Ela corresponde a um fortalecimento da hierarquia judicial, isso é inegável, mas não pode ser supervalorizada ou isoladamente considerada. É que é constatação universal a *falibilidade humana*. Portanto, o duplo grau de jurisdição – por força do qual os órgãos decisórios se organizam em tribunais superiores e inferiores, em restrição material de poder, cabendo aos superiores uniformizar o entendimento, rever as decisões de juízes inferiores e dizer o direito material finalmente – corresponde também a um direito fundamental. A construção desse direito fundamental, sua eficiência e eficácia dependem da estruturação decisória em escala ascendente por função hierárquica que existiria de uma forma ou de outra, e que o fenômeno da vinculação aos precedentes, como forma de delimitação e controle dos órgãos decisórios, veio apenas fortalecer.

Finalmente, o que nós chamamos de praticidade ou de praticabilidade encontra forte expressão teórica e apelo, a ponto de absorver, para alguns, os fundamentos mais nobres da segurança e da justiça. O argumento pragmático, segundo o qual a superlotação do Poder Judiciário torna inviável a administração da justiça se não houver a vinculação aos precedentes, tem sido decisivo. O sistema jurídico, visto como um programa de solução de conflitos, ajusta-se a esse ideário pragmático, mesmo em detrimento da justiça para alguns. Infelizmente. Resumindo tal argumento, lembra Schauer a famosa expressão do *Justice* Brandeis: "Algumas vezes é mais importante que as coisas sejam decididas do que elas sejam decididas corretamente".[39]

Esse último fundamento e razão de ser da força dos precedentes – a praticidade ou praticabilidade –, decisivo a ponto de a Constituição da República expressa e literalmente disciplinar as súmulas vinculantes e sua cogência, guarda em si mesmo um germe perigoso, utilitário e pragmá-

not totally (or even substancially) about analogy", cit., *Perspectives on Psychological Science* 3/454-460, e ainda *Playing by the Rules. A Philosophical Examination of Rule-Based Decision Making in Law and in Life*, 1991/2002. V., ainda Scott Shapiro, *Legality*, Cambridge-EUA/Londres, The Belknap Press of Harvard University Press, 2011. V. também, para um estudo da confiança e da desconfiança: Niklas Luhmann, *Confianza*, trad. de Amada Flores, Santiago, Anthropos, Universidad Iberoamericana, 1996.

39. Cf. "Burnet *versus* Coronado Oil & Gas. Co.", 1932, p. 406, *apud* F. Schauer, "Why precedent in Law (and elsewhere) is not totally (or even substantially) about analogy", cit., *Perspectives on Psychological Science* 3/458.

tico, tendente a alargar as regras judiciais extraídas dos precedentes e a sacrificar a nobilíssima função judicial de fazer justiça no caso concreto. Regra judicial não é regra legislativa, sofre limitações e não se pode desprender da casuística que lhe deu origem. Assim, precedentes, súmulas e súmulas vinculantes não são equivalentes à extensão das leis, porque configuram escolhas e concreções judiciais a partir das leis e, presumivelmente, não contra elas, muito menos contra a integridade do sistema. Sobre esse aspecto já nos manifestamos em outras oportunidades,[40] mas o legislador do Código de Processo Civil também está atento à possibilidade de alargamento indevido ao estabelecer os requisitos e condições de fundamentação de toda e qualquer decisão judicial, no art. 489, § 1º. Não basta, segundo a norma legal citada, que o julgador se limite "a invocar precedente ou enunciado de súmula, sem identificar seus fundamentos determinantes, nem demonstrar que o caso sob julgamento se ajusta àqueles fundamentos".

Em decorrência, parece assentado em ordens jurídicas diferentes que os precedentes vinculantes, sejam sumulados ou não (a última hipótese podendo ocorrer entre nós), desempenham funções e papéis diversos na tomada de decisão judicial, tecnicamente inconciliáveis com a simples argumentação de convencimento por analogia. Além disso, o modo de raciocinar por meio de precedentes vinculantes pode responder a forças obrigatórias de diferentes graus. É o que veremos a seguir.

4. *A diferença essencial. A diferente vinculação vertical e horizontal, seus efeitos e eficácia, em relação ao raciocínio argumentativo por analogia*

Há interesse, entre nós e alhures (como preconiza Schauer em relação ao Direito Norte-Americano), em diferenciar o modo de decidir por meio de vinculação a precedentes e súmulas do modo de argumentar por analogia, quer em relação à obrigatoriedade, quer em relação aos efeitos no que tange ao desrespeito à observância da vinculação. Em três aspectos essenciais impõe-se a diferenciação estabelecida na ordem jurídica nacional, a saber:

(a) Os precedentes vinculantes, genericamente falando, exercem um constrangimento, criam o dever de observância em relação às decisões

40. Cf. Misabel Derzi, *Modificações da Jurisprudência no Direito Tributário*, cit., pp. 285-295.

futuras, uma vez identificados os fundamentos da decisão-modelo e uma vez estabelecida a identidade ou semelhança entre os casos, o caso que deu ensejo à formação do precedente e o novo *sub judice*; tal vinculação pode se dar dentro de um mesmo tribunal, órgão ou juiz monocrático ou entre tribunais superiores e inferiores, enquanto o argumento analógico é técnica de convencimento que não guarda efeitos em relação à validade e à eficácia da decisão.

(b) Tal vinculação constrangedora do precedente pode ser forte e decisiva, ensejando a nulidade da decisão contrária, se o órgão prolator infringente for hierarquicamente inferior àquele que editou o precedente ou súmula vinculante. Portanto, a inobservância do precedente vinculante ou cogente desencadeia efeitos de bloqueio da decisão, de nulidade ou de ineficácia; nenhum de tais efeitos será aplicável à rejeição (se bastante em si) de um argumento por analogia.

(c) Na hipótese de superação possível de um precedente vinculante pelo próprio tribunal que o proclamou, *overruling*, a segurança jurídica e a responsabilidade pela confiança gerada poderão ou deverão ser atendidas por meio da modulação dos efeitos da decisão, conforme dispõe o art. 927 em seus §§ 3º e 4º do CPC/2015. Tal fenômeno é absolutamente estranho ao modo de argumentar por analogia, como técnica de convencimento dos órgãos judicantes. Se não se constata a existência de um precedente vinculante a reger o caso em julgamento, a rejeição do argumento analógico para afastar a mesma solução havida em outro caso concreto anterior não desencadeará a responsabilidade pela confiança gerada pelos tribunais, por ausência de expectativas legítimas por parte dos prejudicados pela rejeição.

Tais diferenciações são relevantes e deveriam merecer, como reclama Schauer, também no sistema norte-americano, estudos e pesquisas mais aprofundados, quer do ponto de vista psicológico, sociológico e metodológico, sobre o modo de raciocinar por meio de precedentes vinculantes, sem qualquer equiparação indevida com o raciocínio analógico, disperso e esparso, existente tanto dentro do Direito como na vida.[41]

Pode-se falar ainda em diferentes espécies de vinculação e de obrigatoriedade. Em geral, na literatura especializada há referência ao precedente vinculante forte, que pressupõe o *status* do tribunal que o prolatou em

41. Cf. F. Schauer, "Why precedent in Law (and elsewhere) is not totally (or even substancially) about analogy", cit., *Perspectives on Psychological Science* 3/454 e ss.

relação aos juízes e tribunais inferiores (precedente gerador de vinculação vertical, na expressão de Schauer *et alii*), e ainda de vinculação no sentido horizontal, que constrange um mesmo tribunal a observar seus próprios precedentes. A mesma questão no Brasil, em face do sistema de controle de constitucionalidade muito mais complexo, enseja estudos em que a vinculação ganha graus muito mais ricos.

Uma vez consolidada uma jurisprudência, ela responderá a diferentes graus de obrigatoriedade. Nesse sentido, podemos elencar brevemente, de modo não exaustivo:

(a) As sentenças declaratórias de constitucionalidade ou inconstitucionalidade proferidas pelo STF, no controle em abstrato/concentrado, que se expandem *erga omnes*, são expectativas normativas judiciais de observância obrigatória, da qual decorre a proibição de divergência. Aqui o tempo pode ser ou não fator decisivo para a formação do Direito judicial. Nas sentenças declaratórias de constitucionalidade, por exemplo, certo decurso do tempo pode suscitar o "estado de conflito" generalizado, como pressuposto para a propositura da ação.

(b) As resoluções senatoriais que suspendem a execução da norma legal (inconstitucional) e as súmulas vinculantes, que expressam com evidência máxima seu caráter normativo, no controle de constitucionalidade difuso, *incidenter tantum*, também desencadeiam eficácia *erga omnes*, sendo, portanto, de observância obrigatória para todos. São ainda comandos de caráter vinculativo para os tribunais inferiores (o que significa proibição de entendimento divergente) e configuram normas de observância para todos, inclusive para os órgãos do Poder Executivo (o que significa proibição de comportamento contraditório). Havendo desrespeito à súmula vinculante por parte de tribunais inferiores ou por ação do Poder Executivo, é nula a decisão judicial, ou o ato administrativo, cabendo reclamação direta ao STF, conforme o art. 103-A, § 3º, introduzido pela Emenda Constitucional 45/2004.

(c) Configuram ainda expectativas normativas de observância obrigatória os precedentes e as súmulas (mesmo não vinculantes) tomadas pela Corte Suprema que possam ser qualificadas de repercussão geral. O art. 543-A, § 3º, introduzido pela Lei 11.418, consagra a presunção geral absoluta, ao dispor que "haverá repercussão geral sempre que o recurso impugnar decisão contrária a súmula ou jurisprudência dominante do Tribunal". Igualmente, deve ser citado o § 1º do art. 518 do CPC/1973, introduzido pela Lei 1.1276/2006, que prevê a "súmula impeditiva de recurso", nos seguintes termos: "O juiz não receberá o recurso de apelação quando a sentença estiver em conformidade com súmula do Superior Tribunal de Justiça ou do *Supremo Tribunal Federal*". Após o advento do CPC/2015 o art. 927 dá notícia mais completa dessa vinculação.

(d) Obrigam os tribunais inferiores, dentro de certos limites – conforme dispõe o direito positivo brasileiro –, e geram, igualmente, expectativas normativas de conduta para terceiros que não são partes no processo todas as decisões de uma Corte Superior, e final, do ponto de vista da competência específica do tribunal para a matéria e que a tenha pacificado. Não são mera "influência" a conduzir a conduta das pessoas. Assim, as decisões, qualificadas pela coisa julgada, do Plenário do STF ou da Corte Especial do STJ e dos Tribunais de Justiça dos Estados são legítimas expectativas normativas. Essa posição vem confirmada em decisões da própria Corte Suprema.

(e) Finalmente, configuram precedentes que não obrigam, mas são recomendações de observância, as sentenças constantes, que formem uma jurisprudência consolidada de uma Corte em relação às decisões futuras da mesma Corte que as proclamou. A possibilidade de superação da jurisprudência anterior é admitida, desde sempre, tanto na jurisprudência e na prática dos tribunais nacionais como nas leis, que tratam de disciplinar seus efeitos no que tange à irretroatividade, da proteção da confiança e da boa-fé.

Por fim, configura diferença essencial entre o modo de raciocinar por precedente judicial vinculante e o modo de argumentar por analogia o fato de que as súmulas e precedentes se convertem em regras judiciais, com vigência, validade e eficácia próprias. O mesmo fenômeno é inaplicável ao argumento por analogia, como estratégia de convencimento.

5. *Diferença essencial: a regra judicial. Vigência e eficácia da regra judicial. Sua estrutura lógica*

Qual o significado da regra judicial, como extraí-la dos julgados? Sobretudo, quando se iniciam sua vigência e sua eficácia? Regra judicial é sinônimo de súmula?

Tomemos a expressão "expectativa normativa-judicial consolidada" como sinônima de "jurisprudência estável". Pois bem, a lei em que se fundamenta a sentença pode conter (e via de regra contém) apenas "sinais" – expressão utilizada por Heiki Pohl – para designar a possibilidade de sentidos diferentes dentro da cadeia de signos utilizados pela lei. As considerações de Riccardo Guastini de que a sentença cria a norma (*apenas em sentido amplo*), como resultado da interpretação das leis, sendo, então, tanto ato de aplicação como de criação do Direito, não escondem o fato de que o juiz escolhe o melhor sentido, dentro do texto, do contexto e das técnicas de interpretação mais adequadas. Exatamente essa função de escolha judicial, afastando a polissemia da norma legal, para se firmar em uma das alternativas possíveis de sentido dos enunciados legislativos, criando a norma específica e mais concreta do caso, e repetível para o mesmo grupo de casos, norma cabível dentro da norma legal, é que denominamos de regra judicial. Temos, então, a partir dessa escolha judicial, um sentido selecionado para certo grupo de casos, sentido que preenche o conteúdo de uma norma muito mais concreta do que a norma legal, porém cabível dentro dela. Essa norma concreta (também chamada de "fundamentação" ou de *ratio decidendi*) não é individual, estritamente aplicável *inter partes*. Não configura o dispositivo da sentença. Nem tampouco o caso concreto. Tem vocação para aplicação aos demais casos "iguais" e futuros.

Tem razão Heiki Pohl quando pondera, com base no Direito Alemão, que em toda sentença em processo subjetivo há uma questão geral e uma questão individual. A questão individual diz respeito ao caso concreto e à extensão limitada da parte dispositiva da sentença, propriamente dita. Mas por detrás de toda sentença existe uma questão geral, uma norma concreta judicial, que se sacou da norma legal que a fundamenta. Assim leciona:

> A decisão judicial não tem como conteúdo apenas uma decisão litigiosa singular, e sim, além disso, a decisão de uma questão geral que se refere ao caso isolado. Essa resposta geral age de forma prejudicial para outros casos e desenvolve obrigatoriedade geral. A quantidade de respostas gerais é definida pelo direito judiciário. A diferenciação entre uma parte singular e uma parte geral, na decisão judicial, também pode ser encontrada na literatura e na jurisprudência, no que podem ser reconhecidos, para a parte geral, termos como "preceito legal" (*BGHZ* 18,81 (81), "princípio desenvolvido" (BAG, *BB* 1984, p. 1.426), "precedente" (Amberg), "regulamento legal" (Lubbe), "princípio legal abstrato" (Weis), "diretriz" (Kirchhof), "razões mais importantes para a decisão" (Viets), *ratio decidendi* (Schlüter), "opinião jurídica" (Viets) ou *obiter dictum* (Kisher)".[42]

42. Heiki Pohl, *Rechtsprechungsänderung und Rückanknüpfung*, trad. não autorizada pelo autor de Kirsten Lage, Berlim, Duncker & Humboldt, 2005, pp. 84-85.

E assim resume Heiki Pohl a própria tese sobre o conceito de jurisprudência: "Resumindo, pode-se dizer o seguinte: uma decisão judicial contém sempre uma pergunta geral com a sua resposta ao lado de uma pergunta singular com a sua resposta. Fazem parte da mesma jurisprudência as decisões que dão a mesma resposta a uma determinada pergunta geral".[43]

Como se observa, a questão individual, do caso *sub judice*, esconde sempre uma questão, um problema, uma pergunta geral. O que é decisivo para definir a jurisprudência, identificada como a mesma jurisprudência, será o fato de a pergunta geral (que se extrai de vários casos similares) obter a mesma resposta geral. Afirma Pohl que se a pergunta geral obtém a mesma resposta geral, então, estaremos em face de uma jurisprudência idêntica. Em resumo: uma jurisprudência consolidada, fixa ou precedente, firmada pelo STF será qualquer decisão, tomada em caráter definitivo pelo Plenário, que tenha dado resposta a uma questão jurídica geral, verdadeira norma judicial. Concordamos com Heiki Pohl quando diz que para o reconhecimento da jurisprudência como precedente é desnecessário considerar: (i) o tempo decorrido, mas antes é mais importante saber se a decisão é final, irreversível, e tomada por tribunal superior, instância máxima para exercer a jurisdição naquele campo de competência; (ii) também é irrelevante o número de decisões iguais, se única decisão ou repetidas em série.[44] O argumento mais importante prende-se ao raciocínio de que, uma vez pacificada a jurisprudência, o mesmo tribunal superior (entre nós, o STF) pode se recusar, tanto em nosso País como na Alemanha, a reexaminar a mesma questão jurídica em outros casos considerados similares. É possível que uma decisão final, transformada em verdadeiro precedente para todos os demais tribunais, possa se manter solitária. Portanto, é possível – o que já ocorreu em muitos casos – que as instâncias judiciais inferiores se ajustem imediatamente ao precedente.

Como resultado, pode ser considerada modificação da jurisprudência anterior a

> nova jurisprudência, que se caracteriza por mudar a resposta geral a uma pergunta jurídica geral, que também era base para a jurisprudência antiga (não necessariamente de forma expressa). A modificação

43. Idem, pp. 86-87.
44. Idem, pp. 94-95.

jurisprudencial é a modificação da jurisprudência antiga através de uma decisão que introduz a nova jurisprudência de forma repentina.[45]

Então, se a uma pergunta geral (que se estende a vários conflitos individuais) é encontrada uma nova resposta, diferente daquela dada pela jurisprudência anterior, teremos uma alteração, uma reviravolta jurisprudencial. Não é necessário que a "revogação" do entendimento anterior seja expressa, pode ser implícita. Para a configuração técnica da modificação temos o seguinte *objeto da modificação*: se toda jurisprudência se firma em torno da mesma questão ou problema, fixando uma norma judicial, uma "diretriz", uma *ratio decidendi*, para a solução de uma série de casos similares, estaremos em face de uma nova jurisprudência se aquela "diretriz" ou *ratio decidendi* (isto é, se aquela norma judicial concreta) da jurisprudência velha, anterior, for alterada. Enfim, "uma modificação de jurisprudência contém obrigatoriamente uma modificação da regra e não a avaliação de um caso singular".[46]

Portanto, é a resposta geral (a uma pergunta ou questão) que caracteriza a jurisprudência. Se ela se modifica, então, teremos uma jurisprudência nova. Não importa que denominemos essa resposta geral de regra judicial, norma concreta, diretriz ou *ratio decidendi.*

Não obstante, no Brasil essa resposta geral, ou regra judicial ou norma concreta não se torna facilmente perceptível, nem mesmo por meio da elaboração das súmulas. Na verdade, a tarefa das Cortes Superiores em elaborar súmulas pretende configurar o encontro da *ratio decidendi*, ou da regra judicial, pelo próprio tribunal, ou seja, por ato de autoridade. Mas as súmulas podem ser incompletas, ao mesmo tempo podem ir pouco além do dispositivo da sentença, por seu caráter excessivamente restrito. Nem todas as súmulas, embora revestindo a forma de normas judiciais concretas, contêm a *ratio decidendi*, propriamente dita, ou se prestam, como regras que deveriam ser, a uma aplicação a outros casos do mesmo grupo que não integraram o processo. A título ilustrativo, entre tantas outras, citemos por exemplo, a Súmula 77 do STF: "Está isenta de impostos federais a aquisição de bens pela Rede Ferroviária Federal"; a Súmula 132 do STF: "Não é devida a taxa de previdência social na importação de amianto bruto ou em fibra". Nem a fundamentação decisiva ou a *ratio*

45. Idem, pp. 109-110.

46. Essa a visão de Neumann, *ZStW* 103/331, 1991, cit. por Heiki Pohl, *Rechtsprechungsänderung und Rückanknüpfung*, cit., pp. 98-99.

decidendi podem ser vislumbradas no enunciado da súmula, que está mais próximo do dispositivo da sentença, para aplicação apenas naquele caso concreto que lhe deu origem. Tais súmulas citadas não configuram, assim, uma regra judicial – uma pergunta geral a que se dá uma resposta geral –, porque não têm vocação para cumprir a função do precedente, ou seja, de reger os casos futuros similares e integrantes do mesmo grupo de casos. Tais súmulas devem permanecer solitárias, aplicáveis a casos únicos, se delas, pela invocação dos precedentes, não se extrair a regra judicial, enfim, a *ratio decidendi*.

Não sem razão, o Código de Processo Civil proíbe ao juiz que, ao prolatar uma sentença, se limite a invocar precedente ou enunciado de súmula, ainda que vinculante, sem identificar seus fundamentos determinantes (art. 489, § 1º, V)... O que deixa claro que a *súmula* não configura a regra judicial aplicável, pelo menos ela não é bastante em si.

Ainda é de se observar que a vigência do precedente, como norma judicial, pode não coincidir com a eficácia específica da decisão para as partes, a saber:

(a) *A vigência geral do precedente, como norma judicial e expectativa normativa para terceiros que não integram o processo*, inicia como o trânsito em julgado da decisão que forma o precedente consolidado. Não importa se a sentença tem natureza declaratória, constitutiva ou condenatória *inter partes*; o marco separatório entre passado e futuro será exatamente o momento do trânsito em julgado. O precedente vigora para as partes, e, como precedente, cria legítimas expectativas de conduta para terceiros que integram o mesmo grupo de casos.

(b) *Isso significa que esse marco será considerado para definir se uma modificação jurisprudencial poderá, ou não, retroagir*. A partir desse marco, os atos praticados pelo contribuinte que não é parte no processo de que se originou o precedente com base na norma judicial firmada poderão ser examinados do ponto de vista dos princípios da irretroatividade, da proteção da confiança e da boa-fé.

(c) *A eficácia da decisão judicial, como expectativa normativa geral, coincide com sua vigência, para o futuro*. A vigência da decisão judicial sempre coincide com sua eficácia para o futuro, seja *inter partes*, seja para os demais que integram o mesmo grupo de casos. Mas a decisão poderá ainda ter eficácia retroativa. Também para terceiros que tiverem sua conduta passada, anterior, de alguma forma contemplada na decisão poderá haver retroação. Então, vigente a decisão, dela serão extraídos seus específicos efeitos: *ex tunc*, *ex nunc* limitados ou *pro futuro*, de modo que a eficácia atinja apenas os casos futuros, não ainda aquele *sub judice*.

Os mesmos critérios podem ser utilizados para a delimitação da existência, da vigência e da eficácia das modificações jurisprudenciais. Evidentemente, são pressupostos da modificação jurisprudencial: (a) que exista um precedente consolidado, anterior, em sentido contrário; (b) que o novo precedente tenha preenchido todos os requisitos em relação à existência, à vigência e à eficácia anteriormente estabelecidos.

No que tange à estrutura lógica da regra judicial, tema sobre o qual tem permanecido silente a Teoria Geral do Direito no Brasil, pode-se dizer que alguns juristas aplicam igualmente a Lógica Deôntica para descrever e descobrir a hipótese de incidência, quanto a seus critérios material, espacial e temporal, e as consequências derivadas das normas judiciais.[47] Especialmente no Brasil, a Dogmática desenvolveu, agudamente, esses desdobramentos lógicos (sem qualquer referência às normas judiciais). Por sua vez, as normas judiciais, quer sejam vistas como normas autônomas, quer como parcelas de outras normas, são normas efetivas, que enformam e conformam o conhecimento e a valoração de outras, em especial a norma individual da decisão do caso concreto. Mas têm uma peculiaridade restritiva: não podem se desprender dos casos que lhes deram origem.

6. Considerações finais: por que razão o raciocínio argumentativo por analogia não se confunde com o raciocínio por precedente vinculante

Com base nas considerações acima, já temos condições de responder às indagações colocadas no início desse trabalho e, com isso, fornecer um critério diferenciador entre o argumento por analogia e o precedente judicial.

As condições para a operação com precedentes aproximam o enquadramento do caso sob julgamento a uma subsunção, nos mesmos moldes da qualificação, da interpretação e da decisão de um caso qualquer, à norma posta pelo legislador. Não há entre esses dois movimentos – justificação e aplicação da norma legal a um caso concreto e a justificação e

47. Nesse sentido: Heiki Pohl, *Rechtsprechungsänderung und Rückanknüpfung*, cit., pp. 110-115. Também Weber-Dürler, *Vertrauensschutz im öffentlichen Recht*, Munique, Helbing & Lichtenhahn, 1983, pp. 239-244.

aplicação da regra judicial, extraída de um precedente a um caso posterior – nenhuma diferença substancial.

Não se dá o mesmo em relação ao argumento por analogia como convencimento. Alerta Schauer para o fato de que talvez a primeira e

> [a] mais forte diferença entre o constrangimento do precedente e o clássico caso do raciocínio por analogia é a típica ausência de liberdade do julgador para escolher a recuperação do exemplo do precedente. Aqueles que raciocinam por analogia são considerados livres para escolher entre vários candidatos a fonte analógica a ser considerada (...) enquanto a escolha da fonte de comparação é altamente restringida no caso do raciocínio por meio de precedentes.[48]

E completa no sentido de que o raciocínio analógico é totalmente sobre similaridades, se estruturais ou superficiais, entre atos, ou eventos ou exemplos que são considerados diferentes em alguns aspectos. Não obstante, no raciocínio por precedentes a questão prévia é a de estar o julgador vinculado por uma prévia resposta segundo a qual o caso em julgamento é virtualmente, em todos os aspectos, *o mesmo*, a *mesma questão*.[49]

Assim sendo, a recuperação do precedente, do caso que lhe deu origem e de seus fundamentos determinantes não é tratada como uma escolha no contexto do precedente vinculante ou da súmula, e nesse ponto "nós podemos encontrar a mais dramática diferença entre analogia e precedente. Enquanto no caso da analogia o julgador está buscando auxílio para alcançar a melhor decisão (ou para persuadir alguém mais da melhor decisão), no caso do precedente o efeito é justamente o oposto". E prossegue Schauer lembrando que o julgador, ao utilizar a analogia, está buscando uma fonte para auxiliá-lo a tomar a decisão correta, mas no caso do precedente "o julgador se sente constrangido e compelido a repetir o que ele agora acredita ser a decisão errada".[50]

Finalmente, a diferença decisiva. No raciocínio por analogia se reconhece a não identidade entre os casos (o do precedente e o caso-alvo) daí a necessidade de extensão da regra judicial anterior a um novo caso não disciplinado normativamente por alguma regra judicial. Este terceiro

48. F. Schauer, "Why precedent in Law (and elsewhere) is not totally (or even substantially) about analogy", cit., *Perspectives on Psychological Science* 3/547.
49. Idem, ibidem.
50. Idem, p. 548.

passo inexiste no modo de raciocinar por meio de precedentes. Conclui Schauer:

> E então tomar decisões baseadas em precedentes difere do raciocínio analógico não somente porque a recuperação da fonte é muito mais e diferentemente constrangedora no primeiro do que no segundo, mas também porque na hipótese do raciocínio por precedente a identidade essencial entre a fonte e o caso-alvo torna o processo de transferência – o terceiro passo no raciocínio analógico – essencialmente redundante".[51]

Na tomada de decisão por aplicação do precedente a questão é, como dissemos, próxima da subsunção, o que não ocorre no modo de raciocinar por analogia.

No mesmo sentido colocam-se diversos acadêmicos, mesmo quando criticam a força dos precedentes vinculantes.[52] Em geral a maioria concorda em que precedentes são diferenciáveis e sujeitos ao *overruling*, enquanto as analogias provêm razões não conclusivas para alcançar um resultado.[53]

Num modelo de precedentes vinculantes a aplicação do precedente é conceitualmente diferente da analogia. Só se pode falar de precedentes em casos que se podem classificar como "regulados" pelo Direito, ao passo que a analogia é necessária apenas em casos que *não se enquadram* na regra prevista por um precedente judicial.

Só se pode dizer, portanto, que se está tomando uma decisão por "vinculação a um precedente" diante de casos que, à luz de uma teoria positivista do Direito, como a de Shauer ou Raz, seriam caracterizados como "regulados". Em todos os outros casos o juiz não está adstrito ao precedente, e o processo de decisão não é baseado no precedente, embora este possa constituir um argumento adicional para a decisão. É no âmbito desses casos que se costuma falar em aplicação da analogia para comparação entre casos relevantes para fundamentar uma decisão judicial.

Essa conclusão só é válida, porém, caso se assuma que foi possível estabelecer uma identidade de situações entre o caso apontado como precedente e o caso que se pretende regular. É essa a premissa central que

51. Idem, ibidem.

52. Cf. Larry Alexander, "Precedent", cit., in *A Companion to Philosophy of Law and Legal Theory*, 2ª ed.

53. Cf. Grant Lamond, *Precedent and Analogy in Legal Reasoning*, cit., p. 38.

subjaz ao modelo de precedente vinculante assumido pelo Positivismo Jurídico anglo-saxão e recentemente importado pelo Direito Brasileiro.

É apenas segundo essa leitura que fazem sentido tanto o art. 927 do CPC/2015 (assim como as normas interpretativas previstas no art. 489, § 1º, V e VI) como o art. 108 do CT.

Sem essa diferenciação clara, assumida por Schauer e outros autores da tradição positivista na Teoria Geral do Direito, essa normas não fazem sentido, e o intérprete se veria diante de duas consequências indesejadas e perigosas: (a) o desenvolvimento do Direito por analogia se banalizaria, com grave prejuízo para o princípio da legalidade tributária (art. 150, I, da CF); e (b) a técnica do precedente judicial não encontraria limites, e os Tribunais Superiores se tornariam incapazes de cumprir a função constitucional que lhes foi atribuída, que é a de reduzir a incerteza do Direito e construir uma norma judicial capaz de permitir a coordenação social e a segurança jurídica através da construção da regra judicial.

O CÓDIGO DE PROCESSO CIVIL/2015 COMO FERRAMENTA PARA GARANTIR A SEGURANÇA JURÍDICA E A CELERIDADE NO PROCESSO TRIBUTÁRIO

MARÍLIA DE PRINCE RASI FAUSTINO
NATÁLIA AFFONSO PEREIRA

1. Introdução. 2. A segurança jurídica e o Código de Processo Civil/2015. 3. A uniformização da jurisprudência e as novas ferramentas trazidas pelo Código de Processo Civil/2015: 3.1 O incidente de resolução de demandas repetitivas/IRDR – 3.2 O incidente de assunção de competência/IAC. 4. Ampliação dos efeitos dos repetitivos no Código de Processo Civil/2015. 5. A aplicação do Código de Processo Civil/2015 ao processo administrativo tributário. 6. Considerações finais.

1. *Introdução*

A complexidade do sistema tributário, a demora na solução de litígios e a ausência de uniformidade das decisões resultam na insegurança do contribuinte brasileiro na atuação dos órgãos judicantes.

O Código de Processo Civil/2015, introduzido pela Lei 13.105/2015, trouxe mudanças significativas com a finalidade de restabelecer a confiabilidade dos cidadãos no ordenamento brasileiro e na prestação jurisdicional que, se bem aplicadas, conduzirão à celeridade do julgamento das demandas e garantirão a segurança jurídica.

Diversas foram as alterações, como a consagração da cooperação, da duração razoável do processo, da paridade de tratamento entre as partes, a criação da tutela de evidência e de procedimento específico para a desconstituição da personalidade jurídica. Mas, para o propósito deste artigo, trataremos apenas de algumas questões que entendemos serem de grande relevância para o processo tributário, como a criação de novos instrumentos para assegurar a valorização dos precedentes judiciais bem como o aprimoramento de mecanismos para a estabilização da jurisprudência, seja no plano judicial como no plano administrativo.

Com vistas a minimizar a insegurança jurídica, a litigiosidade e assegurar a celeridade nas demandas, o Código de Processo Civil/2015 inovou, criando o incidente de resolução de demandas repetitivas/IRDR e regulamentando o incidente de assunção de competência/IAC, assim como aperfeiçoou o rito dos recursos repetitivos.

O Código/2015 criou também a figura da tutela de evidência, que permite a concessão de decisão antecipatória independentemente da comprovação da urgência ou risco de lesão, bastando a demonstração da existência de tese firmada em julgamento de casos repetitivos ou súmula vinculante.

Além disso, ampliou sua aplicação no âmbito dos processos administrativos fiscais, diante da expressa previsão quanto à sua aplicação subsidiária e, especialmente, supletiva pelos órgãos judicantes administrativos, o que torna cada vez mais evidente o fato de que todos os tribunais devem aplicar os precedentes das Cortes Superiores.

Sem pretender esgotar o tema, o presente artigo tem como objetivo demonstrar que o Código de Processo Civil/2015, ao disciplinar a obrigatoriedade de observância dos precedentes (art. 489, § 1º, VI) assim como a determinação de que os tribunais mantenham a jurisprudência estável, coerente e íntegra (arts. 926 e 927), visou a garantir maior segurança jurídica, celeridade e confiança aos jurisdicionados no sistema jurídico processual.

2. A segurança jurídica e o Código de Processo Civil/2015

A segurança jurídica é condição básica para uma sociedade organizada, encontrando sua natureza aliada à ideia de previsibilidade, regularidade e estabilidade das relações jurídicas, sobretudo quando há participação do Estado no exercício de sua autoridade administrativa.

Ávila [2012:112] muito bem definiu a segurança como uma norma jurídica da espécie princípio, sendo vista como um dos pilares do Estado Democrático de Direito, destinado a afastar o arbítrio e, por outro lado, assegurar a igualdade e a confiabilidade dos administrados.

Não há como prevalecer um ordenamento jurídico sem que subsista uma garantia mínima de segurança. Os cidadãos esperam alguma certeza nas condutas sociais, sem variações ou mudanças constantes ao longo do tempo.

Como bem ensinou Canotilho [2002:257]:

> (...) considera-se que a segurança jurídica está conexionada com elementos objetivos da ordem jurídica – garantia de estabilidade jurídica, segurança de orientação e realização do direito –, enquanto a proteção da confiança se prende mais com os componentes subjetivos da segurança, designadamente a calculabilidade e previsibilidade dos indivíduos em relação aos efeitos dos actos (...).

No Brasil o princípio da segurança jurídica surgiu com a Constituição de 1824, cuja finalidade foi proteger a irretroatividade das leis e o direito adquirido, concepções diretamente relacionadas à defesa da segurança. Esta ideia permaneceu nas demais Constituições da República, sendo, contudo, efetivamente consagrada após a promulgação da Constituição de 1988:

> Art. 5º. Todos são iguais perante a lei, sem distinção de qualquer natureza, garantindo-se aos brasileiros e aos estrangeiros residentes no País a inviolabilidade do direito à vida, à liberdade, à igualdade, à segurança e à propriedade, nos termos seguintes: (...); II – ninguém será obrigado a fazer ou deixar de fazer alguma coisa senão em virtude de lei; (...); XXXV – a lei não excluirá da apreciação do Poder Judiciário lesão ou ameaça a direito; XXXVI – a lei não prejudicará o direito adquirido, o ato jurídico perfeito e a coisa julgada; (...).

A Magna Carta esculpe a segurança como garantia em diversas outras passagens, baseando-se na proteção de direitos fundamentais e sociais do cidadão, como estabilidade jurídica, segurança de orientação e realização do direito, transparência e previsibilidade dos atos do Poder Público, unidade do ordenamento jurídico, proteção ao princípio da legalidade e todos os seus desdobramentos normativos.

Outros foram também os diplomas que passaram a prever o princípio da segurança jurídica, especialmente nas diretrizes do processo judicial e administrativo. Cita-se como exemplo a Lei 9.868/1999,[1] que disciplina

1. Brasil, Congresso Nacional, Lei 9.868/1999: "Art. 12. Havendo pedido de medida cautelar, o relator, em face da relevância da matéria e de seu especial

o processo e o julgamento da ação direta de inconstitucionalidade e da ação declaratória de constitucionalidade perante o STF, bem como a Lei 9.784/1999,[2] que rege o processo administrativo no âmbito da Administração Pública Federal.

Dada a complexidade que envolve a definição, a fundamentação e o conteúdo da segurança jurídica, o objetivo deste trabalho não é desvendar os pormenores deste princípio, mas, sim, voltar-se para sua efetivação e seu desenvolvimento pelos tribunais, em especial diante das alterações trazidas pelo Código de Processo Civil/2015.

Ao julgador incumbe a tarefa de proteger a confiança do cidadão em relação à atuação do Estado como entidade julgadora e sua expectativa de realização do direito.

Assim, no âmbito jurisdicional, a efetivação da segurança jurídica manifesta-se por diversos fatores: interpretação e aplicação coerente das leis, motivação adequada das decisões, respeito ao devido processo legal e aos princípios basilares que o norteiam e, principalmente, alcance da estabilidade e uniformização da jurisprudência.

A Corte brasileira é rica em casos e discussões nos quais a segurança jurídica toma destaque. E o Código de Processo Civil/2015 teve a importante missão de efetivar a segurança jurídica nos processos judiciais e administrativos mediante a valorização dos precedentes e a criação de novos instrumentos voltados à uniformização da jurisprudência.

Para atingir este ideal, o constituinte expressamente impôs aos tribunais a função de estabilizar sua jurisprudência, mantendo-a coerente e íntegra (art. 926).

Determinou, ainda, aos tribunais inferiores, sejam eles judiciais ou administrativos, a obrigação de aplicar fundamentadamente a jurisprudência pacífica, o que inclui as decisões proferidas pelo STF em controle concentrado de constitucionalidade, enunciados de súmula vinculante e

significado para a ordem social e a segurança jurídica, poderá, após a prestação das informações, no prazo de 10 (dez) dias, e a manifestação do Advogado-Geral da União e do Procurador-Geral da República, sucessivamente, no prazo de 5 (cinco) dias, submeter o processo diretamente ao tribunal, que terá a faculdade de julgar definitivamente a ação".

2. Brasil, Congresso Nacional, Lei 9.784/1999: "Art. 2º. A Administração Pública obedecerá, dentre outros, aos princípios da legalidade, finalidade, motivação, razoabilidade, proporcionalidade, moralidade, ampla defesa, contraditório, *segurança jurídica*, interesse público e eficiência" (grifos acrescidos).

de súmulas das Cortes Supremas, orientação do Plenário ou Órgão Especial aos quais se vinculem e, especialmente, os acórdãos em incidente de assunção de competência ou de resolução de demandas repetitivas, assim como julgamentos submetidos ao rito dos recursos repetitivos ou com repercussão geral (art. 927).

Merece destaque o respeito à fundamentação e aos elementos e efeitos da sentença (art. 489), cujo comando impõe ao julgador motivar o enquadramento ou não de precedentes, súmulas e orientações ao caso *in concreto*. Por sua vez, não será considerada devidamente fundamentada a decisão que, mesmo invocando precedente, não mencionar seu enquadramento à hipótese em julgamento.

Notório é, pois, o avanço trazido pelo Código de Processo Civil/2015, com regras de estabilidade e coerência aos entes jurisdicionais, o que contribui para resguardar a segurança jurídica, promovendo maior confiança dos jurisdicionados no sistema jurídico como um todo.

3. A uniformização da jurisprudência e as novas ferramentas trazidas pelo Código de Processo Civil/2015

Embora já presente o rito dos recursos repetitivos no ordenamento jurídico pátrio, a jurisprudência no Brasil não tem qualquer uniformização, em razão dos diferentes e incompatíveis posicionamentos dos tribunais brasileiros a respeito do mesmo fato ou mesma norma, resultando, para a sociedade, perplexidade e insegurança jurídica.

As decisões, em sua grande maioria, não prezam pela uniformização, tampouco pela manutenção de entendimentos já sedimentados nas Cortes.

A uniformização da jurisprudência "é um expediente cujo objeto é evitar a desarmonia de interpretação de teses jurídicas, uniformizando, assim, a jurisprudência interna dos tribunais" [Wambier, Almeida e Talamini, 1999:742].

Trata-se de medida fundamental para garantir a segurança. E, com base nesta premissa, três foram os pilares utilizados pelo Código de Processo Civil/2015 para tentar alcançar tal objetivo: estabilidade, integridade e coerência (art. 926).

A estabilidade está relacionada à necessidade de se respeitar os precedentes firmados. É dizer que situações jurídicas iguais devem ser tratadas de modo equivalente, de sorte a eliminar posicionamentos incompatíveis dentro de um mesmo tribunal.

Para Canotilho [2002:264], com vistas a respeitar a estabilidade, as decisões "não devem poder ser arbitrariamente modificadas, sendo apenas razoável a alteração das mesmas quando ocorram pressupostos materiais particularmente relevantes". Assim, qualquer mudança de posicionamento deve ser justificada adequadamente, além de ter sua eficácia modulada em respeito à segurança jurídica, à proteção da confiança e à isonomia (art. 927, § 4º).

Alcança-se a coerência se os mesmos preceitos e princípios que foram aplicados nas decisões previamente proferidas também forem utilizados. Demandam-se constante análise e estudo da matéria decidida previamente e observância dos princípios então valorados. A coerência é, portanto, uma imposição do princípio da igualdade no uso dos princípios constitucionais.

A integridade, por sua vez, está relacionada com a ideia de unidade do Direito [Didier Jr., 2015:14]. Exige-se que os juízes construam seus argumentos de forma integrada ao ordenamento jurídico.

Dworkin [1997:228-229] aponta que um sistema judicial íntegro terá uma quantidade menor de recursos, menor nível de litigância, menor necessidade de acesso à Justiça e, consequentemente, maior segurança jurídica.

E, com fundamento em tais balizas, o Código de Processo Civil/2015 trouxe novos instrumentos como forma de uniformizar a jurisprudência nacional e homenagear a segurança jurídica.

3.1 O incidente de resolução de demandas repetitivas/IRDR

É sabido que, tratando-se de matéria tributária, grande parte do volume das ações que tramitam junto ao Poder Judiciário diz respeito às chamadas "teses tributárias". Ações muitas vezes individuais, mas cuja questão jurídica é constantemente analisada.

O ordenamento jurídico já prevê formas de solucionar a litigiosidade em massa, como é o caso das ações coletivas. No entanto, tal medida não se mostrou efetiva na contenção do fluxo crescente das demandas repetitivas.

Neste passo, as recentes alterações no Código de Processo Civil/2015 caminham no sentido de suprir tal deficiência e contribuir para a economia processual e a celeridade no processo tributário.

É o caso do incidente de resolução de demandas repetitivas/IRDR, que, a exemplo do rito dos recursos repetitivos, busca solucionar os conflitos de massa de modo a evitar soluções divergentes para mesmas questões.

É importante que os jurisdicionados saibam que seus conflitos serão solucionados não pela sorte em ter seu processo remetido a uma Vara determinada e cujo entendimento se mostra favorável à sua demanda, mas pela análise detida e corroborada da questão por uma Corte Superior. A sensação de justiça, confiança e segurança será, assim, alcançada.

O IRDR está previsto nos arts. 976 e ss. e será cabível sempre que atendidos dois pressupostos: a existência efetiva de repetição de processos que contenham controvérsia sobre a mesma questão de direito e o risco de ofensa à isonomia e à segurança jurídica.

O incidente faz com que determinadas questões de direito, assim como as questões "repetitivas", sejam submetidas ao Tribunal de Justiça de determinado Estado ou ao TRF de determinada Região, para a consagração do precedente. O requerimento pode ser realizado pelo próprio juiz (ou relator), pelas partes, Ministério Público e Defensoria Pública, sendo o pedido instruído com documentos comprobatórios dos requisitos (art. 977).

Sua instauração deverá ser comunicada ao Conselho Nacional de Justiça, para assegurar sua ampla divulgação e publicidade. Uma vez distribuído o incidente e confirmada sua admissibilidade, o relator suspenderá todos os processos em trâmite no Estado ou Região que tratem da mesma matéria, pelo prazo de um ano – prazo, esse, determinado para o julgamento do incidente.

Tão importante é o incidente, que seu julgamento terá preferência sobre os demais feitos, com exceção dos pedidos de *habeas corpus* e questões que envolvam réu preso (art. 980).

Poderá o relator que analisar o incidente requisitar informações ao órgão em que a demanda tramitava, facultando-se manifestação do Ministério Público. O relator também ouvirá as partes e demais interessados (pessoas, órgãos e entidades), que poderão, no prazo de 15 dias, requerer a juntada de documentos e até mesmo eventuais diligências para a elucidação da questão. Após, o Ministério Público deverá ser intimado para que, no mesmo prazo, apresente sua manifestação (art. 983).

Estando o incidente apto para julgamento, determinar-se-á sua inclusão em pauta, realizando-se sessão em que os interessados poderão se manifestar. O acórdão deverá fixar a tese, abrangendo a análise de todos os fundamentos suscitados, favoráveis ou não (art. 984, § 2º).

Referida decisão será aplicável a todos os processos, individuais ou coletivos, que versarem sobre a mesma questão de direito e que tramitem na jurisdição daquele tribunal julgador, incluindo-se também casos que tramitam junto aos Juizados Especiais ou demandas futuras que versem sobre a mesma questão (art. 985).

Vale lembrar que a tese jurídica poderá ser revista pelo próprio tribunal, de ofício ou mediante expresso requerimento do Ministério Público ou Defensoria (art. 986).

Da decisão proferida pelo órgão colegiado caberá recurso extraordinário ou recurso especial, com efeito suspensivo, presumindo-se a repercussão geral da questão constitucional eventualmente discutida (art. 987). Uma vez apreciado o mérito pela Corte Superior, a tese jurídica passará a vigorar em todo o território nacional, sendo que sua inobservância ensejará reclamação ao tribunal competente.

Como se pode verificar, o IRDR é mais uma técnica do Código de Processo Civil/2015 para assegurar a celeridade do processo, isonomia a todos os jurisdicionados, de modo a aumentar a previsibilidade das decisões. Trata-se de mais uma ferramenta que, aliada às demandas repetitivas, contribuirá para a uniformização da jurisprudência, trazendo igualdade, confiança e, acima de tudo, segurança aos jurisdicionados.

3.2 *O incidente de assunção de competência/IAC*

Com a intenção de prestigiar a estabilização da jurisprudência nacional, o Código/2015 trouxe mais uma ferramenta: trata-se do incidente de assunção de competência/IAC.

Referido instituto consiste no deslocamento da competência funcional de órgão fracionário que seria originariamente competente para apreciar determinado recurso, processo de competência originário ou remessa necessária para um órgão colegiado de maior composição que o regimento indicar, devendo a lide ser isolada e envolver situação de relevante questão de direito com repercussão social, mas sem repetição em múltiplos processos (art. 947).

O acórdão proferido em assunção de competência vinculará todos os juízes e órgãos fracionários, exceto se houver revisão da tese.

A situação jurídica ensejadora do incidente diz respeito a qualquer caso de relevância do ponto de vista jurídico que necessita de prevenção de órgão para julgamento ou, ainda, quando ocasiona ou poderá ocasionar divergência entre as Câmaras ou Turmas de determinado tribunal.

Embora referida medida não seja propriamente novidade no sistema processual,[3] o incidente criado pelo Código de Processo Civil/2015 trouxe maior participação das figuras atuantes no processo, pois permite que as partes, o Ministério Público e a Defensoria Pública possam requerer a instauração do incidente.

4. *Ampliação dos efeitos dos repetitivos no Código de Processo Civil/2015*

Muito embora o rito dos recursos repetitivos não seja uma novidade no sistema processual, é importante destacar que o Código de Processo Civil/2015 inovou com disposições legais tendentes a reforçar as decisões tomadas sob este rito e proporcionar agilidade na resolução dos litígios.

O art. 1.036 determina que sempre que houver multiplicidade de recursos extraordinários ou especiais, com fundamento em idêntica questão de direito, haverá a afetação para julgamento, observando-se não só as novas disposições do Código de Processo Civil, mas também os Regimentos Internos dos Tribunais Superiores.

Os recursos representativos da controvérsia, que serão encaminhados ao STF ou ao STJ para fins desta afetação, implicarão a suspensão do trâmite de todos os demais casos pendentes de análise e serão julgados no prazo de um ano, tendo preferência sobre os demais feitos, ressalvados os que envolvem réu preso ou pedido de *habeas corpus*.

Destaca-se que a lei vigente passou a permitir que todo e qualquer processo, independentemente da fase processual em que se encontra, seja suspenso, enquanto o antigo permissivo determinava tão somente o sobrestamento dos recursos interpostos perante os tribunais.

Outra novidade diz respeito ao cabimento de ação rescisória. A lei trouxe a possibilidade de propositura da ação rescisória contra decisão transitada em julgado baseada em enunciado de súmula ou acórdão proferido em julgamento de casos repetitivos que não tenha considerado a

3. O art. 555, § 1º, do CPC/1973 previa a afetação de julgamento a outro órgão colegiado.

existência de distinção entre a questão discutida no processo e o padrão decisório que lhe deu respaldo (art. 966, § 5º).

Demonstra-se, com a ampliação dos efeitos dos recursos repetitivos, cada vez mais a necessidade de as decisões proferidas serem devidamente fundamentadas, para evitar julgamentos incoerentes prejudicando sobremaneira aquilo que se visa a assegurar: uma jurisprudência estável, coerente e íntegra.

E, por fim, para festejar a celeridade na prestação jurisdicional e, ainda, evitar decisões conflitantes das Cortes Superiores, o Código de Processo Civil/2015 disciplinou a possibilidade de o STJ, vislumbrando tratar a lide de matéria constitucional, abrir prazo para o recorrente demonstrar a repercussão geral da matéria, de modo a remeter o processo ao STF para análise (art. 1.032).

O recurso especial, então, se versar sobre matéria constitucional, poderá ser "emendado" e julgado imediatamente, e tão somente pelo STF.

Este procedimento visa a impedir que sobre o mesmo tema haja decisões divergentes e conflitantes produzidas por dois órgãos distintos (STJ e STF).

5. *A aplicação do Código de Processo Civil/2015 ao processo administrativo tributário*

As normas processuais fiscais brasileiras não acompanharam, ao longo dos anos, a mesma evolução e o mesmo progresso que a regulamentação do direito tributário material, aperfeiçoado com a edição do Código Tributário Nacional.

No âmbito administrativo a relação processual permanece lacunosa e fragmentada, sem a presença de uma legislação que consolidasse os princípios, direitos e procedimentos entre todos os entes federados.

A ausência deste regramento nacional, certamente, dificulta em muito a atividade jurisdicional dos órgãos administrativos, não obstante o processo tributário estar contemplado por legislação e regulamentos esparsos que estabelecem muitas vezes normas de cunho material como também garantias e regras processuais mínimas.

É o caso, por exemplo, do Regulamento do IPI, cujo texto abriga questões ligadas ao próprio tributo (direito material) como normas regulamentadoras de impugnações e prazos (normas processuais).

No âmbito estadual o processo fiscal não encontra qualquer uniformidade, estando disciplinado individualmente por cada ente da Federação. No âmbito federal, por sua vez, por muitos anos inexistiu qualquer disciplina própria da matéria, o que se alterou com o advento do Decreto 70.235/1972, que passou a reger a relação processual tributária federal.

Ante as lacunas trazidas pelos atos normativos esparsos, passou-se a questionar a possibilidade de utilização do Código de Processo Civil em caráter subsidiário com o intuito de melhor disciplinar o processo administrativo fiscal.

No entanto, pelo fato de que o Código, em seu bojo, não trazia expressa previsão quanto à sua aplicabilidade, os tribunais administrativos muitas vezes deixavam de utilizar quaisquer preceitos nele previstos. Tomem-se como exemplo a não aplicação de decisões sedimentadas pelo rito de recursos repetitivos, sob a alegação de vinculação da Administração à lei ainda em vigor (art. 142 do CTN).

Não é por outra razão que a jurisprudência dos tribunais passou a permitir a aplicação subsidiária do Código de Processo Civil como forma de afastar a insegurança jurídica até então existente nas relações processuais administrativas. Inúmeros são os julgados emanados do Conselho Administrativo de Recursos Fiscais/CARF neste sentido, até porque, como leciona Cabral [1993:43], "há lacunas na lei, mas não no sistema jurídico de um País".

Com a edição do Código de Processo Civil/2015 foi disciplinada de forma expressa sua aplicação subsidiária e, ainda, supletiva aos processos eleitorais, trabalhistas e administrativos (art. 15).

Sendo assim, não há dúvida de que o regramento processual deverá ser utilizado não só em caso de lacunas no ordenamento jurídico, mas também para a complementação de matérias de cunho processual.

Nota-se o substancial avanço trazido pelo Código de Processo Civil, *a uma*, pois a atividade desenvolvida pelos órgãos administrativos de julgamento passou a ser definida como efetivamente jurisdicional, isto é, examinam a pretensão deduzida pelos contribuintes via instrumentos processuais próprios; *a duas*, pelo fato de que no exercício de sua jurisdição devem se utilizar de todo o arcabouço legal processual, especialmente das disposições contidas no Código de Processo Civil/2015, seja em caráter subsidiário, seja em caráter supletivo.

Conrado e Dalla Pria [2015:252] esclarecem que o Código de Processo Civil não pode ser negligenciado pela Administração, pois as técnicas, os princípios e regras nele incorporados têm a intenção de pragmatizar e realizar valores inerentes ao devido processo legal, sendo irrelevante se a legislação local que rege o processo administrativo é silente, ou não, sobre tais aspectos.

Ou seja: a aplicação do Código de Processo Civil deve ser, em regra, impositiva pelos órgãos julgadores administrativos, com a finalidade de garantir os princípios inerentes à relação processual, dentre eles a ampla defesa, o contraditório e a isonomia entre os jurisdicionados, e, por outro lado, minimizar a insegurança jurídica e a litigiosidade.

Independentemente de o julgamento se realizar no plano administrativo ou judicial, com base nas vigentes regras processuais, entende-se que todos os julgadores deverão se curvar aos precedentes jurisprudenciais e orientações sumulares que já pacificaram a matéria, sob pena de proferirem decisões conflitantes.

E o fato de que sua aplicação não se dará apenas de forma subsidiária, mas principalmente supletiva em relação aos processos administrativos, torna evidente a aplicação do art. 927 do *Codex*, de modo que os julgamentos administrativos passarão a se nortear pelas orientações jurisprudenciais e súmulas emanadas das Cortes Judiciais Superiores.

É dizer que a aplicação subsidiária e supletiva consagra a uniformização da jurisprudência, visto que os julgamentos administrativos serão fundamentados e embasados em precedentes e súmulas judiciais, invocando-se seu perfeito enquadramento ao caso *in concreto*, como forma de motivar devidamente a decisão proferida.

Como lecionam Faro e Moreira [2016:300], imperiosa é a uniformização da jurisprudência, para prestigiar o processo administrativo tributário, que não pode ser visto como uma mera instância a ser percorrida, mas, sim, instrumento de pacificação social.

Espera-se, assim, a solução célere dos conflitos ainda na esfera administrativa, evitando-se que o contribuinte leve ao Poder Judiciário questões já pacificadas pelas Cortes Superiores e cujo cunho decisório deverá ser aplicado pelos tribunais administrativos.

O resultado deste caminho é a garantia da confiabilidade do contribuinte em face das intervenções estatais, bem como a efetivação da segurança jurídica.

6. *Considerações finais*

Buscou-se, com o presente artigo, demonstrar os impactos de algumas das diversas alterações e inovações trazidas pelo Código de Processo Civil/2015, especialmente no que diz respeito aos mecanismos para promover a proteção da confiança do jurisdicionado e da sua expectativa de realização do direito.

A lei processual vigente, como bem esclareceu Hugo de Brito Machado [2010], certamente resolverá alguns problemas no plano do direito processual, mas, por outro lado, também resultará na criação de muitos outros, que só poderão ser evidenciados com a efetiva aplicação das novas regras.

Não obstante, pensamos que o Código de Processo Civil/2015 avançou ao conceder maior valor aos precedentes judiciais, aperfeiçoando o rito dos recursos repetitivos e introduzindo novo mecanismos voltados à uniformização e estabilização da jurisprudência, como é o caso do IRDR e do IAC, e primando pela celeridade na resolução das demandas.

Estes instrumentos e valores, se bem aplicados, poderão proporcionar e efetivar o princípio da segurança jurídica e a previsibilidade na atuação dos órgãos judicantes, sejam eles administrativos ou judiciais, restabelecendo a confiabilidade do cidadão brasileiro no ordenamento jurídico, na aplicação das leis tributárias e no respeito aos princípios basilares que norteiam o sistema processual como um todo.

Referências bibliográficas

ALMEIDA, Renato Correia de, TALAMINI, Eduardo, e WAMBIER, Luiz Rodrigues [1999]. *Curso Avançado de Processo Civil*. 2ª ed. São Paulo, Ed. RT.

ÁVILA, Humberto [2012]. *Segurança Jurídica. Entre Permanência, Mudança e Realização no Direito Tributário*. 2ª ed. São Paulo, Malheiros Editores.

CABRAL, Antônio da Silva [1993]. *Processo Administrativo Fiscal*. São Paulo, Saraiva.

CANOTILHO, José Joaquim Gomes [2002]. *Direito Constitucional e Teoria da Constituição*. Coimbra, Livraria Almedina.

CONRADO, Paulo César, e DALLA PRIA, Rodrigo [2015]. *Aplicação do Código de Processo Civil ao Processo Administrativo*. São Paulo, Fiscosoft Editora.

DALLA PRIA, Rodrigo, e CONRADO, Paulo César [2015]. *Aplicação do Código de Processo Civil ao Processo Administrativo*. São Paulo, Fiscosoft Editora.

DWORKIN, Ronald [1997]. *O Império do Direito*. São Paulo, Martins Fontes.

DIDIER Jr., Fredie Souza [2015]. *Sistema Brasileiro de Precedentes Judiciais Obrigatórios e os Deveres Institucionais dos Tribunais: Uniformidade, Estabilidade, Integridade e Coerência da Jurisprudência*. São Paulo.

FARO, Maurício Pereira, e MOREIRA, Bernardo Motta [2016]. *O Novo Código de Processo Civil e seus Reflexos no Processo Tributário Administrativo*. Disponível em *http://www.bmalaw.com.br/arquivos/Artigos/Novo%20CPC%20e%20o%20Processo%20Tribut%C3%A1rio.pdf* (acesso em junho/2016).

MACHADO, Hugo de Brito [2010]. "O novo Código de Processo Civil". Jornal *O Povo* de 30.6.2010. Disponível em *http://www.opovo.com.br/app/opovo/opiniao/2010/06/30/noticiasjornalopiniao,2015486/o-novo-cpc.shtml* (acesso em 6.6.2016).

MOREIRA, Bernardo Motta, e FARO, Maurício Pereira [2016]. *O Novo Código de Processo Civil e seus reflexos no Processo Tributário Administrativo*. Disponível em *http://www.bmalaw.com.br/arquivos/Artigos/Novo%20CPC%20e%20o%20Processo%20Tribut%C3%A1rio.pdf* (acesso em junho/2016).

TALAMINI, Eduardo, ALMEIDA, Renato Correia de, e WAMBIER, Luiz Rodrigues [1999]. Curso Avançado de Processo Civil. 2ª ed. São Paulo, Ed. RT.

WAMBIER, Luiz Rodrigues, ALMEIDA, Renato Correia de, e TALAMINI, Eduardo [1999]. *Curso Avançado de Processo Civil*. 2ª ed. São Paulo, Ed. RT.

O PROCESSO TRIBUTÁRIO E O CÓDIGO DE PROCESSO CIVIL/2015

MARCIANO SEABRA DE GODOI

> ***1. Processo administrativo fiscal***
>
> *1.1 Em razão do disposto no art. 15 do CPC/2015, pode-se dizer que suas disposições se aplicam aos processos administrativos tributários? O que significa* ***supletivo****, no contexto do artigo? O mesmo que* ***subsidiário****? Nesse caso, qual o sentido de se usarem as duas palavras, uma ao lado da outra?*

Sim, consta do Código de Processo Civil/2015 regra explícita, que não constava do diploma processual anterior, no sentido da aplicação supletiva ou subsidiária de suas disposições aos processos eleitoral, trabalhista ou administrativo, não havendo qualquer razão para considerar que o processo administrativo tributário não esteja contemplado na norma.

O significado de *supletivo* e *subsidiário* parece estar ligado à circunstância de a ausência de normas sobre determinado tema específico ser total ou parcial. Havendo omissão absoluta, a aplicação das disposições do Código de Processo Civil seria supletiva; havendo omissão parcial, a aplicação das disposições do Código de Processo Civil seria subsidiária [Nery Jr. e Nery, 2016:245].

Aparentemente simples e objetiva, na verdade é extremamente complexa e carregada de valores – e ideologia – a decisão de considerar que há omissão no regramento de determinado assunto por parte dos processos eleitoral, trabalhista ou administrativo, a justificar a aplicação supletiva ou subsidiária de disposições do direito processual civil. Exemplo disso é a histórica disputa entre juscivilistas e juslaboristas acerca de quando cabe e quando não cabe a aplicação subsidiária do Código de

Processo Civil ao processo do trabalho. Aliás, essa polêmica se aprofundou com o Código de Processo Civil/2015, visto que os juscivilistas sustentam que o art. 15 desse diploma revogou o art. 769 da CLT [Nery Jr. e Nery, 2016:266], o que é vivamente refutado pelo TST (Resolução 203/2016) e pelos membros do Fórum Nacional de Processo do Trabalho (Enunciado 1/2016).

No âmbito do processo judicial tributário a aplicação subsidiária do Código de Processo Civil à execução fiscal foi determinada pela própria Lei 6.830/1980 em seu art. 1º, podendo ser afirmado que a jurisprudência do STJ "não possui uma linha uniforme de interpretação do que seja aplicação subsidiária (...) mas com forte tendência a reduzir o campo de atuação da lei especial" [Lobato e Barros, 2016:95].

1.2 É invocável no processo administrativo, para esclarecer quando não se considera fundamentada uma decisão administrativa, o disposto no art. 489, § 1º, do CPC/2015?

A doutrina pátria,[1] a nosso ver com inteira razão, sempre manifestou sérias críticas contra a corrente jurisprudencial majoritária segundo a qual uma decisão *deficientemente* fundamentada ainda assim é uma decisão fundamentada, e, enquanto tal, não passível de ser declarada nula.

Ora, a fundamentação das decisões judiciais exigida pela Constituição (art. 93, IX) não traduz a exigência de que o juiz indique *um qualquer motivo* para ter decidido da maneira que decidiu. O juiz que afirma "julgo procedente o pedido porque assim determinou minha consciência" pode estar oferecendo uma motivação psicológica para sua sentença, mas não está apresentando às partes, e à sociedade em geral, um fundamento racional que justifique e legitime sua decisão.

Para combater a jurisprudência que dificilmente reconhecia que dada decisão judicial era nula por ausência de fundamentação, o Código de Processo Civil/2015 engendrou uma inteligente solução normativa: ao invés de simplesmente reafirmar que as decisões judiciais devem ser fundamentadas e que são cabíveis embargos de declaração contra as decisões omissas, obscuras e contraditórias, a lei previu casuisticamente uma série de situações em que as decisões não são consideradas fundamentadas. Essa casuística foi construída tomando-se as situações

1. Cf., por exemplo, Wambier [2014:276].

mais comuns na prática forense, nas quais a jurisprudência tradicional vislumbrava apenas decisões *deficientemente fundamentadas*, o que não bastava para declarar sua nulidade. Referida casuística está estabelecida principalmente no art. 489, § 1º, do CPC/2015, que se aplica não só às sentenças em sentido estrito, mas a "qualquer decisão judicial, interlocutória, sentença ou acórdão".

Vejamos o conteúdo do art. 489, § 1º:

> Art. 489. (...).
>
> § 1º. Não se considera fundamentada qualquer decisão judicial, seja ela interlocutória, sentença ou acórdão, que: I – se limitar à indicação, reprodução ou à paráfrase de ato normativo, sem explicar sua relação com a causa ou a questão decidida; II – empregar conceitos jurídicos indeterminados, sem explicar o motivo concreto de sua incidência no caso; III – invocar motivos que se prestariam a justificar qualquer outra decisão; IV – não enfrentar todos os argumentos capazes de, em tese, infirmar a conclusão adotada pelo julgador; V – se limitar a invocar precedente ou enunciado de súmula, sem identificar seus fundamentos determinantes, nem demonstrar que o caso sob julgamento se ajusta àqueles fundamentos; VI – deixar de seguir enunciado de súmula, jurisprudência ou precedente invocado pela parte, sem demonstrar a existência de distinção no caso em julgamento ou a superação do entendimento.

Os incisos I e V do § 1º do art. 489 são semelhantes. Ambos se referem a um *simulacro de fundamentação*, infelizmente muito comum na prática forense. Nesse simulacro de fundamentação o juiz se limita a afirmar que está aplicando ao caso determinada legislação ou determinado precedente ou súmula jurisprudencial, mas não fornece as razões pelas quais tal legislação ou tal jurisprudência seriam de fato aplicáveis ao caso concreto. Fundamentação genérica, descolada do caso concreto *sub judice*, não é vera fundamentação – eis o substrato fundamental dos incisos I e V.

O propósito do inciso II é similar ao dos incisos I e V: evitar que o juiz, ao decidir, faça menção a um conceito jurídico indeterminado contido na legislação ou na jurisprudência, sem, contudo, explicitar as razões pelas quais aquele conceito jurídico indeterminado tem efetiva aplicação ao caso concreto. Conceito jurídico indeterminado é aquele cujos contornos não são traçados de forma casuística e fechada pela norma, que prefere construir uma noção mais fluida, mais aberta, como a noção de "proceder de modo temerário" em qualquer incidente ou ato do processo, que, segundo o art. 80, V, do CPC/2015, caracteriza litigância de má-fé.[2] Condenar alguém por perdas e danos alegando simplesmente que o condenado litigou de má-fé "por ter procedido de modo temerário" não constitui uma decisão fundamentada. Somente haverá fundamentação caso o juiz explicite quais condutas específicas do condenado caracterizariam o agir de modo temerário.

O inciso III refere-se aos casos em que um simples arremedo retórico busca fazer as vezes de fundamentação. Se o juiz concede um pedido de medida liminar "visto que se encontram presentes seus pressupostos autorizadores", a decisão não está fundamentada. Fundamentar não é invocar motivos genéricos; fundamentar envolve necessariamente o trabalho de explicitar as circunstâncias do caso concreto que justificam a aplicação de determinada norma jurídica.

O inciso IV do § 1º do art. 489, ao determinar que não se considera fundamentada a decisão judicial que "não enfrenta todos os argumentos deduzidos no processo capazes de, em tese, infirmar a conclusão adotada pelo julgador", revela íntima relação com o direito ao contraditório e à ampla defesa (art. 5º, LV, da CF). Com efeito, se o autor apresenta três argumentos autônomos para fundamentar seu pedido e o juiz sentencia denegando o pedido e silenciando sobre um dos argumentos autônomos, como se pode considerar que houve respeito à ampla defesa e ao contraditório?

Esse inciso é uma resposta direta à tradicional jurisprudência segundo a qual o juiz não está obrigado a se manifestar sobre todas as alegações deduzidas pelas partes. Mas repare-se que a norma não exige que o juiz *sempre* se manifeste sobre *todos* os argumentos deduzidos pelas partes. Se o autor apresenta três argumentos autônomos e a sentença acolhe seu pedido com base em um dos argumentos, não há necessidade de análise dos outros dois, visto que esses dois outros argumentos não são capazes de infirmar a conclusão do julgador, que foi pela procedência do pedido. Mas se o autor apresenta três argumentos autônomos e a sentença denega seu pedido, então, é necessário analisar todos os três argumentos, pois todos eles são capazes, em tese, de infirmar a conclusão pela denegação do pedido. Não se trata de exigência caprichosa ou exagerada: trata-se simplesmente de não permitir que alguém seja privado de seus bens ou

2. Exemplo retirado de Didier Jr., Braga e Oliveira [2015:330].

direitos sem o devido processo legal – como pode haver devido processo se a autoridade que decide não se pronuncia sobre os argumentos que o sucumbente formulou em sua defesa?

O inciso VI do § 1º do art. 489 é bastante similar ao inciso IV. Se a parte sucumbente invoca a seu favor determinada súmula, jurisprudência ou precedente, a decisão judicial não pode fazer vistas grossas a tal argumento: deve seguir tais orientações jurisprudenciais ou, então, explicitar os motivos pelos quais tais orientações estão superadas ou são inaplicáveis à espécie.

O rol de situações previstas no art. 489, § 1º, não é naturalmente exaustivo. O dispositivo, obviamente, não pretende – o que nem seria, mesmo, possível – esgotar as situações em que uma decisão judicial carece da necessária fundamentação. O rol é exemplificativo,[3] é fruto de um esforço de reunir os casos ou tipos mais emblemáticos e encontradiços de deficiente fundamentação para, vencendo as resistências da atual jurisprudência, deixar expresso o juízo de que naqueles casos a decisão judicial não se considera fundamentada.

Respondendo objetivamente à pergunta formulada, aduzimos o seguinte: não se pode sustentar seriamente que uma decisão administrativa que, em sede de controle de legalidade, confirme um lançamento tributário limitando-se à "paráfrase de ato normativo" ou a "invocar motivos que se prestariam a justificar qualquer outra decisão" cumpra o devido processo legal garantido pela Constituição (art. 5º, LIV). Sendo assim, como na verdade o § 1º do art. 489 do CPC/2015 trata somente de explicitar didaticamente alguns casos em que ocorre ausência de fundamentação de decisões, respondemos positivamente à pergunta formulada, no sentido de que é, sim, invocável no processo administrativo, para esclarecer quando não se considera fundamentada uma decisão administrativa, o disposto no § 1º do art. 489 do CPC/2015.

1.3 No que tange ao chamado "direito dos precedentes", os arts. 926 e 927 do CPC/2015 aplicam-se ao processo administrativo tributário?

Vejamos, inicialmente, o conteúdo dos importantíssimos arts. 926 e 927 do CPC/2015. Se o art. 489, § 1º, reforça as exigências discursivas

3. No mesmo sentido: Didier Jr., Braga e Oliveira [2015:327].

com relação a cada uma das decisões judiciais individualmente consideradas, o art. 926 do CPC/2015 direciona tais exigências para o conjunto das decisões judiciais de cada tribunal do País, chamado a "uniformizar sua jurisprudência e mantê-la estável, íntegra e coerente". Para tanto, os tribunais devem editar "enunciados de súmula correspondentes à sua jurisprudência dominante" (§ 1º), mas ao fazê-lo devem sempre "ater-se às circunstâncias fáticas dos precedentes que motivaram sua criação" (§ 2º).

Aos deveres de uniformização, estabilidade, integridade e coerência de sua jurisprudência deve-se acrescentar o dever de os tribunais darem ampla publicidade aos seus precedentes, organizando-os por temas e divulgando-os amplamente pela Internet, conforme previsto no art. 927, § 5º.

O art. 926 do CPC/2015 reverbera as críticas doutrinárias que apontam para duas falhas graves na atuação dos tribunais brasileiros: ausência de uniformização de sua jurisprudência – sendo os arts. 476 a 479 do CPC/1973 uns dos dispositivos de menor eficácia prática de todo o Código[4] – e definição de enunciados de súmula de forma metodologicamente falha, desconsiderando-se a efetiva *ratio decidendi* contida nos precedentes de origem.

O objetivo do § 2º do art. 926 é evitar que os enunciados de súmula sejam construídos pelos tribunais sem atentar para a necessidade de refletir fielmente a *ratio decidendi* dos precedentes cuja reiteração levou à formação da jurisprudência dominante. Esse dispositivo está preocupado com a racionalidade discursiva no processo de criação dos enunciados de súmula, assim como o art. 489, § 1º, V e VI, se preocupam com a racionalidade discursiva no processo de aplicação dos precedentes.

Se o art. 926 inovou ao estabelecer deveres jurisprudenciais específicos para os tribunais do País, o art. 927 também inovou ao prever um rol expresso de precedentes obrigatórios.

Esse rol[5] deixa claro que em nosso ordenamento a chamada "vinculação aos precedentes" é expressão genérica, que pode significar:

> (a) Vinculação à *ratio decidendi* que emana de um único julgado, como se dá com as decisões do STF em controle concentrado de constitucionalidade (inciso I), com os acórdãos em incidente de assunção de competência, em incidente de resolução de demandas repetitivas,

4. Cf. Moreira [2005:7].
5. Cf. Didier Jr., Braga e Oliveira [2015:461-467].

em julgamento de recursos repetitivos (inciso III) e com os acórdãos emanados do Plenário ou do Órgão Especial dos tribunais em relação aos seus próprios membros e aos órgãos jurisdicionais a eles submetidos (inciso V).

(b) Vinculação à *ratio decidendi* que emana de uma jurisprudência (conjunto ou sucessão reiterada de vários julgados no mesmo sentido[6]), como se dá com os enunciados de súmula vinculante (inciso II) e com os enunciados das súmulas do STF em matéria constitucional e do STJ em matéria infraconstitucional (inciso IV).

A doutrina brasileira vem criticando de longa data o fato de os precedentes judiciais serem aplicados de forma mecânica, sem respeito ao contraditório e às especificidades de cada causa, num fenômeno por alguns chamado de "hiperintegração".[7] O § 1º do art. 927 do CPC/2015 visa exatamente a evitar esse fenômeno, obrigando os órgãos judiciais a procederem a uma aplicação discursivamente orientada dos precedentes. Segundo o dispositivo, ao decidirem com base em precedentes os juízes e tribunais devem observar o art. 489, § 1º (já comentado acima), e o art. 10, o qual constitui uma das normas fundamentais do vigente processo civil, segundo a qual "o juiz não pode decidir, em grau algum de jurisdição, com base em fundamento a respeito do qual não se tenha dado às partes oportunidade de se manifestar, ainda que se trate de matéria sobre a qual deva decidir de ofício".

Os §§ 2º, 3º e 4º do art. 927 constituem parte fundamental do novo sistema normativo aplicável aos precedentes judiciais. Se os tribunais devem "uniformizar sua jurisprudência e mantê-la estável, íntegra e coerente" (art. 926), é imperioso estabelecer um procedimento participativo/democrático legitimador e um ônus reforçado de argumentação (uma "fundamentação adequada e específica") para as decisões em que essa jurisprudência é afastada (*overruling*) ou parcialmente alterada (*overriding*), sob pena de se fazer tábua rasa dos princípios da segurança jurídica, da proteção da confiança no tráfego jurídico e da igualdade e da isonomia.

O procedimento participativo destinado a conferir a necessária legitimidade a uma iniciativa de alteração jurisprudencial é previsto no § 2º, que prevê a realização de audiências públicas e a participação de "pessoas, órgãos ou entidades que possam contribuir para a rediscussão da tese". A exigência de maior ônus argumentativo para as iniciativas

6. Taruffo [2011:142-145].
7. Cf. Nunes [2011].

de alteração jurisprudencial (em obediência ao chamado "princípio da inércia"[8]) é prevista no § 4º. Finalmente, numa disposição com objetivos semelhantes aos que motivaram a norma do art. 27 da Lei 9.868/1999, o § 3º do art. 927 dispõe que

> na hipótese de alteração de jurisprudência dominante do Supremo Tribunal Federal e dos Tribunais Superiores ou daquela oriunda de julgamento de casos repetitivos, pode haver modulação dos efeitos da alteração no interesse social e no da segurança jurídica.

É com base nesses §§ do art. 927 que se afirma corretamente que o Código de Processo Civil/2015 somente admite a superação expressa dos precedentes (*express overruling*), não se admitindo a prática da superação tácita de precedentes (*implied overruling*), em que os órgãos judiciais não assumem a mudança nem fundamentam de modo específico e adequado por que decidiram deixar de aplicar determinado precedente.[9]

Parece-nos que as normas dos arts. 926 e 927 do CPC/2015 são integralmente aplicáveis aos tribunais julgadores do processo administrativo tributário de cada ente federativo. Esses tribunais, que são órgãos *judicantes* mesmo não sendo órgãos *jurisdicionais* [Xavier, 2005:50], também devem produzir decisões de modo estável, íntegro e coerente, tal como se exige dos tribunais do Poder Judiciário. A jurisprudência dos tribunais administrativos, como o CARF por exemplo, exerce, da mesma forma que a jurisprudência dos tribunais do Poder Judiciário, importantíssima função de balizamento e orientação para os contribuintes e para a fiscalização tributária. No fundo, os arts. 926 e 927 exigem dos tribunais previsibilidade, transparência, clareza e racionalidade argumentativa – exigências integralmente aplicáveis à função judicante dos tribunais administrativos.

1.4 À míngua de previsão legal específica no âmbito da legislação específica de determinado Estado-membro ou Município, seria possível à parte manejar o recurso de embargos de declaração diante de decisão administrativa contraditória ou omissa?

Infelizmente é muito comum que a legislação de Estados e Municípios relativa ao processo tributário administrativo não contenha a previsão

8. Cf. Bustamante *et alii* (coords.) [2015:35].
9. Didier Jr., Braga e Oliveira [2015:494].

dos embargos de declaração como o meio recursal apto a sanar possíveis omissões e contradições contidas em suas decisões. No caso do CARF/MF há previsão expressa desse meio recursal. Parece-nos que a ausência completa de um meio recursal para sanar tais problemas compromete o devido processo legal, o que justifica que a parte tenha direito a pleitear a aplicação supletiva ao processo administrativo das normas do Código de Processo Civil/2015 relativas aos embargos de declaração.

Contudo, há que ser realista e reconhecer que, na prática, dificilmente os tribunais administrativos conhecerão de recursos não previstos nas leis locais reguladoras do seu ofício, motivo pelo qual a melhor maneira de pragmaticamente resolver o problema é pressionar o Executivo e o Legislativo de cada ente da Federação para que a legislação do processo tributário administrativo seja alterada, para contemplar e regular a figura dos embargos de declaração, inclusive com a previsão de regras que impeçam seu uso abusivo, com finalidades meramente protelatórias.

1.5 O art. 174 do CPC/2015 autorizaria a instituição de câmaras de mediação ou de conciliação no âmbito do processo tributário? Caso positivo, como conciliá-las com o caráter vinculado da atividade de cobrança de tributos e a natureza ***ex lege*** *da obrigação correspondente?*

A questão é importante e delicada. Por um lado, o estímulo a métodos de resolução consensual de conflitos foi alçado pelo Código de Processo Civil/2015 a uma das *normas fundamentais do processo civil* (art. 3º), e a extensão desses métodos ao âmbito da Administração Pública foi expressamente prevista por seu art. 174, que determinou que

> a União, os Estados, o Distrito Federal e os Municípios criarão câmaras de mediação e conciliação, com atribuições relacionadas à solução consensual de conflitos no âmbito administrativo, (...).

Por outro lado, o caráter vinculado do lançamento tributário e o caráter indisponível do crédito tributário são tradicionalmente erigidos a dogmas que afastariam por completo qualquer abertura do direito tributário para prever algum tipo de solução consensual de conflitos. No âmbito federal, guiando-se aparentemente por tal lógica férrea, o legislador decidiu que a autocomposição de conflitos, por meio da atuação de câmaras de prevenção e resolução de conflitos administrativos, não se aplicará a controvérsias jurídicas relativas a tributos administrados pela Secretaria da Receita Federal do Brasil ou a créditos inscritos em Dívida ativa da União (art. 38 da Lei 13.140/2015).

Parece-nos que os legisladores estaduais e municipais deveriam ser mais abertos à introdução de um sistema inovador que permitisse, em certa medida, a solução consensual de conflitos tributários. Desde que haja lei formal do ente federativo regulando cuidadosa e especificamente o tema, não nos parece que haja, em princípio, qualquer vedação constitucional para tanto, merecendo lembrança o fato de que o Código Tributário Nacional prevê expressamente que

> a lei pode facultar, nas condições que estabeleça, aos sujeitos ativo e passivo da obrigação tributária celebrar transação que, mediante concessões mútuas, importe em determinação [*sic*] de litígio e consequente extinção de crédito tributário" (art. 171 do CTN).

Com base nessa previsão expressa do Código Tributário Nacional autorizando a introdução, por lei, de mecanismos de transação que levem, mediante concessões mútuas, à extinção do crédito tributário, cremos que Estados e Municípios estão autorizados a instituir mecanismos que envolvam o funcionamento de câmaras de mediação e/ou conciliação no processo administrativo tributário. No Direito Comparado vale citar a exitosa experiência da Procuradoria da Defesa do Contribuinte do México, órgão governamental com autonomia técnica e funcional para, dentre outras funções, promover uma espécie de mediação entre a fiscalização e o contribuinte, realizando os chamados "acordos conclusivos", destinados a

> buscar un acercamiento (consenso) flexible y eficiente entre los contribuyentes y las autoridades fiscales, cuando aquellos consideren que algún hecho u omisión observado por estas se apreció de manera incorrecta.[10]

A arbitragem, ao contrário dos mecanismos de mediação e conciliação, não é uma técnica de autocomposição, e sim um mecanismo de heterocomposição de conflitos. A nosso ver, o art. 171 do CTN também respalda eventual iniciativa legislativa destinada a introduzir mecanismos de arbitragem como meio alternativo de solução de controvérsias

10. Para mais informações, cf. *http://imcp.org.mx/wp-content/uploads/2014/01/Fisco-enero-2014-02.pdf*.

tributárias,[11] cabendo citar no Direito Comparado a exitosa experiência de Portugal.[12]

Fredie Didier Jr. [2016:272], analisando o art. 174 do CPC/2015, parece apoiar a inclusão das questões tributárias em seu âmbito de aplicação, afirmando que "a criação de regras que permitem a autocomposição administrativa (por exemplo, a possibilidade de acordos de parcelamento envolvendo dívidas fiscais) e a instalação de câmaras administrativas de conciliação revelam bem esta tendência (...)". O parcelamento de dívidas tributárias é uma realidade no direito tributário brasileiro há muitas décadas, não configurando propriamente uma "solução consensual de conflitos" no sentido do art. 174 do CPC/2015, visto que as condições do parcelamento são previstas em lei e nele não há qualquer tipo de "concessões mútuas" relativamente ao mérito do lançamento tributário e do crédito correspondente.

2. Aspectos gerais do processo judicial

2.1 As alterações introduzidas pelo Código de *Processo Civil/2015 quanto aos prazos concedidos à Fazenda Pública aplicam-se às ações regidas por leis especiais, como o mandado de segurança, a execução fiscal e a cautelar fiscal?*

Não, neste caso há de prevalecer a regra especial sobre a regra geral, como, de resto, já se fazia na vigência do Código de Processo Civil revogado. A principal alteração, nesse particular, com o Código de Processo Civil/2015 foi a previsão de que o prazo para contestar será computado em dobro para os entes públicos e suas respectivas autarquias e fundações (art. 183), e não em quádruplo, como se determinava no Código revogado (art. 188).

O art. 183, § 2º, do CPC/2015 esclarece que "não se aplica o benefício da contagem em dobro quando a lei estabelecer, de forma expressa, prazo próprio para o ente público" – como ocorre, precisamente, com as leis citadas na pergunta acima.

11. Cf. Giannetti e Godoi [2015:307-326].

12. Cf. Villa-Lobos e Pereira (coords.) [2015]. Para mais detalhes sobre a arbitragem tributária portuguesa, cf. *https://www.caad.org.pt/tributario*. V. também a dissertação de Mestrado (USP) de Priscila Faricelli de Mendonça sobre arbitragem e transação em matéria tributária (*file:///C:/Users/Marciano/Downloads/dissertacao_mestrado_final_Priscila_Faricelli_de_Mendonca%20(2).pdf*).

2.2 Em face do Código de Processo Civil/1973 era comum a condenação da Fazenda Pública ao pagamento de honorários da sucumbência em quantia irrisória. Haveria alguma justificação para essa prática?

2.3 O que se pode dizer da inovação introduzida pelo Código de Processo Civil/2015 quanto à condenação da Fazenda Pública ao pagamento de honorários da sucumbência?

Não havia qualquer justificação para a condenação da Fazenda Pública a pagar honorários de sucumbência irrisórios, e não se pode dizer que o Código revogado induzia a essa prática. A condenação da Fazenda em honorários irrisórios era pura e simplesmente uma distorção jurisprudencial que o Código de Processo Civil/2015 buscou corrigir.

No Código de Processo Civil/1973 havia tão somente uma regra diferenciada (art. 20, § 4º) para os casos em que a Fazenda Pública fosse vencida, caso em que o juiz deveria decidir "por apreciação equitativa",[13] levando-se em conta os mesmos critérios[14] previstos para a aplicação da regra geral, mas não estava limitado pelo percentual mínimo (10%) e pelo percentual máximo (20%) sobre o valor da condenação, estabelecidos na regra geral (art. 20, § 3º).

O Código de Processo Civil/2015 continua a prever uma regra especial para a Fazenda Pública (art. 85, § 3º), mas inova em dois aspectos. O primeiro deles é que a regra especial se aplica tanto ao caso em que a Fazenda Pública é vencida quanto ao caso em que é vencedora – corrigindo, nesse particular, uma discriminação do Código anterior que para muitos doutrinadores se revelava inconstitucional. O segundo aspecto é que também na regra especial relativa aos honorários sucumbenciais nos casos em que a Fazenda Pública for parte o juiz deve necessariamente respeitar determinados percentuais, decrescentes à medida que aumenta o valor da condenação ou do proveito econômico obtido, percentuais que devem ser aplicados cumulativamente ou em cascata, tal como se dá com a aplicação dos percentuais da tabela progressiva do Imposto sobre a Renda das Pessoas Físicas.

13. O critério da "apreciação equitativa" permanece previsto no Código de Processo Civil/2015, mas agora tem lugar apenas para os casos de proveito econômico inestimável ou irrisório ou de valor da causa muito baixo (art. 85, § 8º, do CPC/2015).

14. Grau de zelo do advogado, lugar de prestação do serviço, natureza e importância da causa, trabalho realizado e tempo exigido para o serviço. Esses critérios foram preservados pelo Código de Processo Civil/2015 (art. 85, § 2º).

O Código de Processo Civil/2015 parece ter querido combater a lamentável distorção jurisprudencial de definir honorários irrisórios nas causas em que fosse vencida a Fazenda Pública exatamente com a introdução dessa obrigatoriedade de o juiz se ater a percentuais mínimos e máximos também na aplicação da regra especial para os casos em que a Fazenda Pública for parte. Como havia, na prática, uma tendência de a *apreciação equitativa* do juiz (art. 20, § 4º, do CPC/1973) levar à fixação de honorários irrisórios e aviltantes sempre que a Fazenda Pública era vencida, o Código de Processo Civil/2015 preferiu restringir a aplicação da *apreciação equitativa* do juiz a casos muito específicos (art. 85, § 8º) e obrigar o magistrado a respeitar percentuais mínimos e máximos inclusive na condenação da Fazenda Pública em honorários sucumbenciais. A alteração legislativa merece aplausos e, tal como se deu com o § 1º do art. 489 do CPC/2015, constitui engenhosa solução para corrigir de modo eficaz práticas jurisprudenciais viciadas.

Também merece aplauso a regra segundo a qual o tribunal, ao julgar recurso, majorará os honorários fixados anteriormente (art. 85, § 11, do CPC/2015), o que contribuirá para evitar recursos abusivos e protelatórios, lembrando-se que os honorários da fase recursal são cumuláveis com multas e outras sanções processuais (art. 85, § 12, do CPC/2015).

Parece-nos que as normas sobre honorários de sucumbência constituem direito material, não obstante sejam previstas no diploma processual. Desta forma, a sistemática do art. 85, § 3º, deve ser aplicada somente a ações ajuizadas após a entrada em vigor do Código de Processo Civil/2015. O STJ parece ter se guiado por essa lógica ao decidir, conforme seu Enunciado Administrativo 7/2016, que "somente nos recursos interpostos contra decisão publicada a partir de 18 de março de 2016 será possível o arbitramento de honorários sucumbenciais recursais, na forma do art. 85, § 11, do novo CPC".

4. Mandado de segurança

4.1 Aplica-se ao mandado de segurança a figura da "tutela de evidência" (art. 311 do CPC/2015)?

Pode-se definir a evidência como o estado processual em que as afirmações de fato estão comprovadas, o que justifica que se conceda uma tutela mediante técnica diferenciada. A criação de um procedimento especial como o mandado de segurança pode ser vista como técnica que serve à tutela definitiva, enquanto a norma do art. 311 do CPC/2015 constitui técnica a servir à tutela provisória, fundada em cognição sumária, antecipando-se os efeitos da tutela satisfativa [Didier Jr., Braga e Oliveira, 2016:630-6311].

Na legislação do mandado de segurança a tutela provisória prevista (art. 7º, III, da Lei 12.016/2009) é de urgência, não de evidência, e tem conteúdo cautelar. A medida liminar tem por conteúdo a suspensão do ato que deu motivo à ação, e não a antecipação do bem da vida pretendido,[15] e supõe que esteja configurado o perigo da demora ("do ato impugnado puder resultar a ineficácia da medida, caso seja finalmente deferida").

Aplicar o art. 311 do CPC/2015 ao mandado de segurança significaria a introdução de uma tutela provisória tipicamente satisfativa a um procedimento no qual a tutela provisória cabível sempre foi tida como tipicamente cautelar, sendo que o próprio legislador definiu regras com o objetivo de evitar o deferimento de medidas liminares de conteúdo nitidamente satisfativo (art. 7º, § 2º, da Lei 12.016/2009).

Por estes motivos, consideramos que a tutela provisória de evidência prevista no art. 311 do CPC/2015 não pode ser aplicada ao mandado de segurança, a não ser que o próprio legislador decida alterar o procedimento especial do *writ of mandamus*. Destaque-se mais uma vez que a técnica processual da evidência está presente no mandado de segurança, mas a serviço da tutela definitiva, e não da tutela provisória.

4.2 As liminares deferidas em sede de mandado de segurança submetem-se ao instituto da "estabilização" da tutela provisória previsto no art. 304 do CPC/2015?

Nossa resposta é negativa. Como afirmamos acima, na legislação do mandado de segurança a tutela provisória prevista (art. 7º, III, da Lei 12.016/2009) é de urgência e tem conteúdo cautelar. A medida liminar tem por conteúdo a suspensão do ato que deu motivo à ação, e não a antecipação do bem da vida pretendido. Além disso, a tutela provisória prevista no mandado de segurança deve necessariamente ser requerida em conjunto com a tutela definitiva, e não de modo antecedente.

O quadro é bem distinto daquele em que se inserem os arts. 303 e 304 do CPC/2015. Neste caso trata-se de tutela antecipada (de natureza

15. Em sentido contrário, v. Machado [2009:136, 145].

satisfativa) requerida em caráter antecedente. A estabilização prevista no art. 304, consistente numa "generalização da técnica monitória para situações de urgência e para a tutela satisfativa" [Didier Jr., Braga e Oliveira, 2016:617], supõe que o autor tenha feito opção expressa (art. 303, § 5º) pela tutela antecipada antecedente, o que não se revela possível no mandado de segurança. Com efeito, no *mandamus* o pedido de medida liminar não pode ser feito sem que o autor faça ao mesmo tempo (ou já tenha feito antes) o pedido principal. Lembre-se, finalmente, que a estabilização só faz sentido tratando-se de tutela satisfativa, ao passo que a tutela provisória prevista no procedimento do mandado de segurança (art. 7º, III, da Lei 12.016/2009) é de cunho tipicamente cautelar.

Há outro motivo para considerar que o art. 304 do CPC/2015 é incompatível com o mandado de segurança. É que o instituto da estabilização [Andrade e Nunes, 2015:19] coloca à disposição das partes, ao lado do processo de conhecimento clássico, mais longo e hábil a operar a coisa julgada material, procedimento mais célere, voltado para o dimensionamento adequado do conflito sem que se opere a coisa julgada, fundado em forma diversa de cognição, como a sumária.

Se a estabilização se justifica como alternativa ao processo de conhecimento ordinário mais longo e demorado, não cabe introduzi-la no bojo do mandado de segurança, ele mesmo um procedimento especial voltado a uma solução mais célere do conflito trazido a juízo.

5. Coisa julgada

5.1 Em face do art. 525, §§ 12 e 15, do CPC/2015, quais devem ser os efeitos de uma ação rescisória movida em razão da alteração da jurisprudência do STF sobre determinada questão tributária? É possível atribuir efeitos ***ex tunc*** *à rescisão do julgado?*

5.2 Quais os efeitos da decisão rescisória sobre o lapso decadencial? Imaginando-se um contribuinte que há mais de cinco anos não recolhe um tributo por conta de decisão judicial, passada em julgado, que o declarou inconstitucional, a posterior mudança no entendimento do STF sobre a validade de tal tributo poderia legitimar a propositura e a procedência de ação rescisória, com a posterior autuação do contribuinte relativamente a todo o período?

Antes de responder às perguntas é necessário fornecer um histórico normativo sobre o problema da *pendência de execução* de decisões judiciais transitadas em julgado cujo conteúdo contraria a jurisprudência do STF.

A partir de maio/2000 medidas provisórias sucessivamente reeditadas pelo Presidente da República introduziram um parágrafo único ao art. 741 do CPC/1973 para determinar que, para efeito de cabimento de embargos à execução movida contra a Fazenda Pública,

> considera-se também inexigível o título judicial fundado em lei ou ato normativo declarados inconstitucionais pelo Supremo Tribunal Federal, ou fundado em aplicação ou interpretação da lei ou ato normativo tidas pelo Supremo Tribunal Federal como incompatíveis com a Constituição Federal.[16]

Posteriormente, em 2005, a Lei 11.232 determinou que essa mesma regra, com pequena alteração textual, se aplicasse não só à execução de títulos judiciais contra a Fazenda Pública, mas também às execuções em geral de sentenças que tratam de obrigações por quantia certa. A Lei 11.232 incluiu no CPC/1973 o art. 475-L, cujo § 1º determinou que, para fins de impugnação à execução

> considera-se também inexigível o título judicial fundado em lei ou ato normativo declarados inconstitucionais pelo Supremo Tribunal Federal, ou fundado em aplicação ou interpretação da lei ou ato normativo tidas pelo Supremo Tribunal Federal como incompatíveis com a Constituição Federal.

Essas normas do parágrafo único do art. 741 e do § 1º do art. 475-L do CPC/1973 se inspiraram no Direito Alemão. Com efeito, a lei orgânica do Tribunal Constitucional alemão determina que, em princípio, fica preservada a integridade de sentença civil transitada em julgado baseada em leis posteriormente declaradas inconstitucionais pelo Tribunal; contudo, se ao tempo da declaração da inconstitucionalidade pelo Tribunal Constitucional a sentença ainda não houver sido executada, então, a execução dessa sentença passa a ficar inviabilizada. Essa inspiração da norma no Direito Alemão é afirmada por diversos doutrinadores,[17] o que se torna ainda mais plausível tendo em vista que o hoje Ministro do STF Gilmar

16. A partir da Medida Provisória 1.984-20, de 28.7.2000, essa foi a redação que passou a constar do dispositivo. Essa mesma redação consta do art. 10 da Medida Provisória 2.180-35/2001.

17. Talamini [2002]; Greco [2002].

Mendes, sabidamente o redator da maioria das medidas provisórias no período em que foi Advogado-Geral da União no governo Fernando Henrique Cardoso, defendeu em trabalho doutrinário a adoção de tal norma no Direito Brasileiro [Mendes, 1996:260].

Boa parte da doutrina defende a inconstitucionalidade dessas normas, que desrespeitariam a segurança jurídica e a incolumidade da coisa julgada.[18] Contudo, essas normas foram reafirmadas pelo Código de Processo Civil/2015. A norma do ant. art. 741, parágrafo único, consta, com alguns ajustes, do art. 535, §§ 5º-7º. A norma do antigo § 1º do art. 475-L consta, com alguns ajustes, do art. 525, §§ 12-14.

A OAB questionou em 2001, por meio da ADI 2.418, a constitucionalidade da norma do art. 741, parágrafo único, do CPC/1973. Após longos 15 anos de incompreensível omissão diante de questão tão sensível e impactante, o STF decidiu, por franca maioria, vencido somente o Min. Marco Aurélio, que o dispositivo é constitucional (ADI 2.418, rel. Min. Teori Zavascki, sessão de 4.5.2016, acórdão ainda não publicado).

O art. 741, parágrafo único, do CPC/1973, dispositivo questionado na ADI 2.418, já havia sido revogado pelo Código de Processo Civil/2015 quando da sessão de julgamento da ADI 2.418 (4.5.2016), o que, em tese, levaria à perda do objeto da ação. Contudo, argumentando que o conteúdo da norma fora, ainda que com alguns ajustes, repetido no Código de Processo Civil/2015 (art. 525, §§ 12-14, e art. 535, §§ 5º-7º), o STF decidiu não decretar a perda de objeto da ação.

O acórdão da ADI 2.418 ainda não foi publicado, mas consta do *Informativo STF* 824/2016 que os Ministros entenderam que:

> (...) a inexigibilidade do título executivo a que se refere o referido dispositivo se caracterizaria exclusivamente nas hipóteses em que: (a) a sentença exequenda estivesse fundada em norma reconhecidamente inconstitucional, fosse por aplicar norma inconstitucional, fosse por aplicar norma em situação ou com um sentido inconstitucionais; (b) a sentença exequenda tivesse deixado de aplicar norma reconhecidamente constitucional; e (c) desde que, em qualquer dos casos, o reconhecimento dessa constitucionalidade ou a inconstitucionalidade tivesse decorrido de julgamento do STF realizado em data anterior ao trânsito em julgado da sentença exequenda.

18. Sobre o tema, numa abordagem mais detalhada, cf. Godoi [2006].

Pode-se dizer, pois, que os arts. 525, §§ 12-14, e 535, §§ 5º-7º do CPC/2015 determinam, na mesma linha do que já constava do diploma processual anterior (arts. 475-L, § 1º, e 741, parágrafo único), que os precedentes do STF possuem uma espécie de efeito "deseficacizante"[19] sobre títulos executivos judiciais derivados de decisões transitadas em julgado posteriormente a esses precedentes e que tenham se baseado em norma declarada inconstitucional pelo STF, aplicado determinada norma em situação ou com um sentido tido por inconstitucionais pelo STF ou deixado de aplicar, por suposta inconstitucionalidade, norma reconhecida como constitucional pelo STF.

Uma das novidades do Código de Processo Civil/2015 é que se estabeleceu expressamente que o pronunciamento do STF capaz de tornar inexigível a obrigação ainda não executada deve ser anterior à decisão judicial no caso concreto, podendo o pronunciamento do STF ocorrer tanto no controle concentrado quanto no difuso (art. 525, §§ 12 e 14, e art. 535, §§ 5º e 7º, do CPC/2015). Não obstante os arts. 475-L, § 1º, e 741, parágrafo único, do CPC/1973 não afirmassem expressamente que o pronunciamento do STF deveria ser anterior ao trânsito em julgado da decisão exequenda, a interpretação dada pelo STF a tais dispositivos (ADI 2.418) foi nesse sentido.

O que se estabeleceu de forma mais radicalmente inovadora no Código de Processo Civil/2015 foi que, caso o pronunciamento do STF se dê após o trânsito em julgado da decisão exequenda, "caberá ação rescisória, cujo prazo será contado do trânsito em julgado da decisão proferida pelo Supremo Tribunal Federal" (arts. 525, § 15, e 535, § 8º). Nesse caso, mais que um efeito "deseficacizante", o precedente do STF desempenharia uma eficácia verdadeiramente rescindente.

Essa nova hipótese de ação rescisória provocou grandes perplexidades na doutrina;[20] afinal, significaria deixar em aberto, de forma indefinida, a possibilidade de desfazer uma coisa julgada formada sem qualquer mácula. Comentando o tema, Fredie Didier Jr. e Leonardo Carneiro da Cunha [2016:467] afirmam:

> (...) essa decisão superveniente do STF pode vir a ser proferida muitos anos depois da coisa julgada. Assim, toda coisa julgada seria intrinsecamente instável, já que há sempre a possibilidade de o STF

19. Didier Jr., Braga e Oliveira [2015:459].
20. Cf. Machado Segundo e Machado [2015:172-174].

vir a reconhecer a inconstitucionalidade do ato normativo em que se funda a decisão que transitou em julgado.

Parece-nos que a nova hipótese de ação rescisória é menos impactante do que a princípio parece, visto que somente será cabível enquanto a decisão judicial ainda não houver sido executada. Segundo o dispositivo legal, caberá ação rescisória se a decisão do STF for proferida após o trânsito em julgado "da decisão exequenda". Ou seja: não caberá cogitar desse tipo de ação rescisória em relação a títulos judiciais já executados, mesmo que posteriormente o STF venha a decidir de forma oposta ao conteúdo do título judicial executado. Não se trata, portanto, de condicionar a incolumidade da coisa julgada a uma espera aberta e indefinida com relação a possíveis decisões em contrário do STF. Não se deve esquecer que essa hipótese de rescisória está inserida no regramento das possíveis causas de impugnação ao cumprimento de sentença relativa a obrigação de pagar quantia certa.

Formulemos um exemplo prático. Passada em julgado uma decisão condenando a Fazenda Pública a restituir a contribuinte determinado tributo considerado inconstitucional, o título judicial será previsivelmente executado com rapidez pelo contribuinte. O normal será que até o cumprimento/execução do título judicial não ocorra pronunciamento do STF em sentido contrário. Caso o pronunciamento do STF ocorra somente depois do cumprimento/execução da sentença, não se poderá manejar a rescisória em análise, visto não haver mais uma "decisão exequenda". Além disso, cabe lembrar que, caso eventualmente ocorra um pronunciamento do STF em sentido contrário logo após o trânsito em julgado da decisão favorável ao contribuinte, de todo modo caberia à Fazenda sucumbente manejar, no prazo de até dois anos após o trânsito em julgado do título judicial, a rescisória prevista no art. 966, V, do CPC/2015 (decisão rescindenda que "violar manifestamente norma jurídica").

Até aqui, na análise das normas acima, estamos supondo que a coisa julgada não trata de relações continuativas. Estamos supondo, por exemplo, que a coisa julgada se refere a vícios de um lançamento tributário específico.

Caso a coisa julgada se refira, por exemplo, à própria constitucionalidade de um tributo permanente, então, os efeitos de uma posterior decisão do STF (controle concentrado ou difuso) em sentido contrário ao estabelecido na decisão judicial devem ser estudados à luz dos limites objetivos da coisa julgada,[21] e não à luz da rescindibilidade ou exequibilidade do título judicial.[22] A posição da Fazenda Nacional sobre essa questão está explicitada no Parecer PGFN-492/2011, já profundamente estudado e debatido pela doutrina.[23] A síntese da posição fazendária é bem conhecida: "Os precedentes objetivos e definitivos do STF constituem circunstância jurídica nova, apta a fazer cessar, prospectivamente, eficácia vinculante das anteriores decisões tributárias transitadas em julgado que lhes forem contrárias" (item 3 da ementa do parecer).

No âmbito do STJ, por força de incompreensíveis pedidos de vista "a perder de vista", a solução do tema dos limites objetivos da coisa julgada em relações tributárias continuativas frente a decisões do STF no controle difuso/concentrado ficou travada por anos a fio (v. andamento, ou "falta de andamento", dos EDv no REsp 841.818). Como sói ocorrer em questões tributárias, tudo que passa pelo STJ passa depois pelo STF. Nesse caso, antes mesmo de a questão ser decidida pelo STJ, o STF dela se assenhoreou, ao reconhecer por unanimidade a repercussão geral da discussão travada no RE 949.297 (rel. Min. Edson Fachin, *DJU* 13.5.2016) e no RE 955.227 (rel. Min. Luís Roberto Barroso, *DJU* 27.4.2016). No caso do RE 949.297 a decisão do STF que contrasta com a coisa julgada se deu no controle concentrado; no RE 955.227 a decisão do STF que contrasta com a coisa julgada se deu no controle difuso.

Feitas as considerações acima, voltemos às perguntas formuladas.

5.1 Em face do art. 525, §§ 12 e 15, do CPC/2015, quais devem ser os efeitos de uma ação rescisória movida em razão da alteração da jurisprudência do STF sobre determinada questão tributária? É possível atribuir efeitos ***ex tunc*** *à rescisão do julgado?*

O enunciado da pergunta refere-se a uma rescisória movida "em razão da alteração da jurisprudência do STF sobre determinada questão tributária". Se se trata de situação em que a sentença transitada em julgado seguiu a jurisprudência do STF tal como assentada à época, e posteriormente o STF alterou sua própria jurisprudência, o entendimento da Corte

21. Cf. Henriques [2016].

22. Para maior aprofundamento sobre nosso posicionamento quanto a este tema, cf. Godoi [2006].

23. Recente dissertação de Mestrado produzida no âmbito do Programa de Pós-Graduação em Direito da PUC/Minas tratou do tema [Murici, 2016].

Suprema é no sentido de que não cabe a rescisória, devendo ser aplicada ao caso a Súmula 343 do STF.[24] Isso foi decidido, por maioria, no RE 590.809 (Pleno, rel. Min. Marco Aurélio, *DJU* 24.11.2014).

Com base nesse acórdão do RE 590.809 pode-se dizer o seguinte: se a rescisória se dirige contra decisão judicial que adotou interpretação constitucional em tema sobre o qual o STF ainda não havia se posicionado à época da prolação da decisão rescindenda, então, não se aplica a Súmula 343 do STF e se admite a rescisória por "violação manifesta de norma jurídica" (art. 966, V, do CPC/2015), respeitando-se o prazo de dois anos a partir do trânsito em julgado da decisão rescindenda; se a rescisória se dirige contra decisão judicial que adotou a mesma interpretação constitucional que o STF adotava à época da sua prolação, eventual mudança de jurisprudência do STF não enseja ação rescisória fundada no art. 966, V, do CPC/2015, devendo ser aplicada ao caso a Súmula 343 do STF.

O enunciado da pergunta refere-se à norma do art. 535, § 12, do CPC/2015, que não trata de rescisória, e sim de caso de inexigibilidade de título judicial no bojo de cumprimento/execução de sentença. Como observam Fredie Didier Jr. e Leonardo Carneiro da Cunha [2016:497] em seus comentários sobre a norma do art. 525, § 12, "a impugnação não visa a desfazer ou rescindir a decisão sob cumprimento; destina-se apenas a reconhecer sua ineficácia, sua inexigibilidade".

Caso se esteja diante de ação rescisória movida com base no art. 966, V, do CPC/2015, contra uma decisão judicial que adotou interpretação constitucional em tema sobre o qual o STF ainda não havia se posicionado à época da prolação da decisão rescindenda, então, se deve respeitar o prazo de dois anos a partir do trânsito em julgado da decisão rescindenda, e a regra será a atribuição de efeitos *ex tunc*, como é próprio da rescisória.

O enunciado da pergunta também se refere ao art. 525, § 15, caso em que, de fato, se cogita de ação rescisória, cujo prazo, excepcionalmente, não se conta a partir do trânsito em julgado da decisão rescindenda, e sim a partir do trânsito em julgado do pronunciamento do STF que lhe é posterior e colide com o conteúdo da decisão rescindenda. A pergunta indaga se seria possível atribuir efeitos *ex tunc* à rescisão do julgado, dando a entender que se trata de coisa julgada relativa a relações de trato continuado.

24. Enunciado da Súmula 343 STF: "Não cabe ação rescisória por ofensa a literal disposição de lei quando a decisão rescindenda se tiver baseado em texto legal de interpretação controvertida nos tribunais".

Fredie Didier Jr. e Leonardo Carneiro da Cunha afirmam que se a coisa julgada disser respeito a uma relação jurídica de trato continuado a decisão posterior do STF em sentido contrário possuiria duplo efeito. Por um lado, a decisão do STF "autoriza a revisão da decisão judicial, conforme autoriza o art. 505, I, do CPC", com efeitos *ex nunc*. Além disso, a decisão do STF "autoriza a rescisão da decisão judicial", mediante o manejo da rescisória prevista no art. 525, § 15 [Didier Jr. e Cunha, 2016:469].

Quanto à primeira afirmação, estamos de acordo com os autores, sendo que o STF tem um encontro marcado com esse tema no julgamento do RE 949.297 e no do RE 955.227, em que terá que decidir também se, tratando-se de relação tributária continuativa, é necessário manejar a ação revisional ou se os efeitos do pronunciamento do STF são "automáticos", como sustenta o Parecer PGFN-492/2011.

Quanto à segunda afirmação, não nos parece acertada. Segundo pensamos, a ação rescisória prevista nos arts. 525, § 15, e 535, § 8º, do CPC/2015 não pode ser manejada contra decisões que digam respeito a relações continuativas. Como afirmamos antes, esse tipo de ação rescisória só tem cabida com relação a decisões que obriguem alguém a pagar quantia certa e estejam, no momento da propositura da rescisória, em procedimento de cumprimento/execução. Não esquecer que os arts. 525, § 15, e 535, § 8º, do CPC/2015 tratam da hipótese em que a decisão do STF é posterior à "decisão exequenda".

Figuremos o caso de uma empresa que tem a seu favor decisão judicial transitada soberanamente em julgado declarando que a lei que instituiu a Contribuição Social sobre o Lucro é inconstitucional e, por consequência, declarando a ausência de relação jurídica que obrigue a autora da ação a recolher o tributo. Trata-se de título judicial relativo a obrigação de pagar quantia certa? Não. Sobrevindo decisão do STF declarando a constitucionalidade do tributo, haveria alguma "decisão exequenda" a rescindir? Não. Portanto, não nos parece que em casos como este se poderia cogitar do manejo da rescisória prevista nos arts. 525, § 15, e 535, § 8º, do CPC/2015. Seria o caso, tão somente, de reconhecer que a decisão do STF promoveu a alteração das circunstâncias jurídicas presentes ao tempo da prolação da decisão, e, nesse caso, os efeitos da decisão do STF seriam naturalmente *ex nunc*, e nunca retroativos.

Agora, vejamos a hipótese em que a decisão rescindenda se refere a uma relação jurídica instantânea, a um caso concreto limitado no tempo. Fredie Didier Jr. e Leonardo Carneiro da Cunha [2016:469] afirmam o seguinte:

Se a coisa julgada disser respeito a uma relação jurídica instantânea, a decisão posterior do STF autoriza a ação rescisória, mas observado o regramento geral: respeitados os dois anos após o trânsito em julgado da decisão rescindenda. Não se aplica a regra especial de contagem do prazo. É que, nesse caso, não há razão que justifique tornar permanentemente instável – porque incerto o início do prazo para a ação rescisória – uma coisa julgada que diga respeito a uma relação jurídica instantânea, cujos efeitos já se produziram e, possivelmente, já se exauriram.

Como afirmamos antes, não nos parece haver razão para afirmar que a ação rescisória dos arts. 525, § 15, e 535, § 8º, do CPC/2015 provocaria uma instabilidade permanente em relação a coisas julgadas "cujos efeitos já se produziram, e possivelmente já se exauriram". Ora, se os efeitos da coisa julgada já se produziram e se exauriram, então, não há nenhuma "decisão exequenda" contra a qual se possa dirigir a ação rescisória, e, portanto, não têm aplicação as normas dos arts. 525, § 15, e 535, § 8º, do CPC/2015.

Segundo pensamos, caso a decisão do STF transite em julgado num momento em que o título judicial, referindo-se a uma relação jurídica instantânea e a uma obrigação de pagar quantia certa, ainda esteja em procedimento de cumprimento/execução, cabe manejar a rescisória prevista em referidos artigos, até o prazo de dois anos contados do pronunciamento do STF. Contudo, conforme mencionamos antes, dificilmente se terá um caso assim. Um exemplo: passada em julgado uma decisão condenando a Fazenda Pública a restituir a um contribuinte determinado tributo, em virtude de se ter considerado que não ocorreu o respectivo fato gerador, o título judicial será previsivelmente executado com rapidez pelo contribuinte. O normal será que até o cumprimento/execução do título judicial não ocorra pronunciamento do STF em sentido contrário. Se o pronunciamento do STF ocorrer somente depois do cumprimento/execução da decisão, não se poderá manejar a rescisória em análise, visto não haver mais uma "decisão exequenda".

5.2 Quais os efeitos da decisão rescisória sobre o lapso decadencial? Imaginando-se um contribuinte que há mais de cinco anos não recolhe um tributo por conta de decisão judicial, passada em julgado, que o declarou inconstitucional, a posterior mudança no entendimento do STF sobre a validade de tal tributo poderia legitimar a propositura e a procedência de ação rescisória, com a posterior autuação do contribuinte relativamente a todo o período?

O enunciado da pergunta refere a um caso típico de relação tributária continuativa. Na situação descrita tem-se um título judicial relativo a obrigação de pagar quantia certa? Não. A decisão do STF declarando a constitucionalidade do tributo prolatada mais de cinco anos após o trânsito em julgado da decisão que beneficia o contribuinte encontra alguma "decisão exequenda" a ser rescindida? Não. Portanto, não nos parece que em casos como esse se poderia cogitar do manejo da rescisória prevista nos arts. 525, § 15, e 535, § 8º, do CPC/2015. Seria o caso, tão somente, de reconhecer que a decisão do STF promoveu a alteração das circunstâncias jurídicas presentes ao tempo da prolação da decisão, e, então, os efeitos da decisão do STF seriam naturalmente *ex nunc*, e nunca retroativos.

Referências bibliográficas

ANDRADE, Érico, e NUNES, Dierle [2015]. *Os Contornos da Estabilização da Tutela Provisória de Urgência Antecipatória no Novo Código de Processo Civil e o "Mistério" da Ausência de Formação da Coisa Julgada*. Disponível em *http://www.tjmg.jus.br/data/files/D9/E6/05/4D/8D17D410B7C917D40D4E08A8/Tutela_Provisoria_e_estabilizacao.pdf* (acesso em 22.6.2016).

BARROS, Mônica de, e LOBATO, Valter de Souza [2016]. "Análise jurisprudencial sobre a aplicação subsidiária do Código de Processo Civil às execuções fiscais". In: BONITO, Rafhael Frattari, GODOI, Marciano Seabra de, HENRIQUES, Guilherme de Almeida, e LOBATO, Valter de Souza. *Os Impactos do Novo Código de Processo Civil sobre o Processo Judicial Tributário*. Belo Horizonte, D'Plácido.

BONITO, Rafhael Frattari, GODOI, Marciano Seabra de, HENRIQUES, Guilherme de Almeida, e LOBATO, Valter de Souza [2016]. *Os Impactos do Novo Código de Processo Civil sobre o Processo Judicial Tributário*. Belo Horizonte, D'Plácido.

BRAGA, Paula Sarno, DIDIER JR., Fredie, e OLIVEIRA, Rafael A. [2015]. *Curso de Direito Processual Civil*. 10ª ed., vol. 2. Salvador, Juspodivm.

BUSTAMANTE, Thomas da Rosa, *et alii* (coords.) [2015]. *A Força Normativa do Direito Judicial: uma Análise da Aplicação Prática do Precedente no Direito Brasileiro e dos seus Desafios para a Legitimação da Autoridade do Poder Judiciário*. Brasília, Conselho Nacional de Justiça.

CUNHA, Leonardo Carneiro da, e DIDIER JR., Fredie [2016]. *Curso de Direito Processual Civil*. 13ª ed., vol. 3. Salvador, Juspodivm.

DIDIER JR., Fredie [2016]. *Curso de Direito Processual Civil*. 18ª ed., vol. 1. Salvador, Juspodivm.

DIDIER JR., Fredie, BRAGA, Paula Sarno, e OLIVEIRA, Rafael A. [2015]. *Curso de Direito Processual Civil*. 10ª ed., vol. 2. Salvador, Juspodivm.

DIDIER JR., Fredie, e CUNHA, Leonardo Carneiro da [2016]. *Curso de Direito Processual Civil*. 13ª ed., vol. 3. Salvador, Juspodivm.

GIANNETTI, Leonardo Varella, e GODOI, Marciano Seabra de [2015]. "Arbitration and Brazilian tax law: overcoming the dogma of unwaivable tax liability". In: PEREIRA, Tânia Carvalhais, e VILLA-LOBOS, Nuno (coords.). *The Portuguese Tax Arbitration Regime*. Coimbra, Livraria Almedina.

GODOI, Marciano Seabra de [2006]. "Coisa Julgada – Constitucionalidade e legalidade em matéria tributária". In: MACHADO, Hugo de Brito (org.). *Coisa Julgada – Constitucionalidade e Legalidade em Matéria Tributária*. São Paulo/Fortaleza, Dialética/ICET (pp. 308-331).

GODOI, Marciano Seabra de, BONITO, Rafhael Frattari, HENRIQUES, Guilherme de Almeida, e LOBATO, Valter de Souza [2016]. *Os Impactos do Novo Código de Processo Civil sobre o Processo Judicial Tributário*. Belo Horizonte, D'Plácido.

GODOI, Marciano Seabra de, e GIANNETTI, Leonardo Varella [2015]. "Arbitration and Brazilian tax law: overcoming the dogma of unwaivable tax liability". In: PEREIRA, Tânia Carvalhais, e VILLA-LOBOS, Nuno (coords.). *The Portuguese Tax Arbitration Regime*. Coimbra, Livraria Almedina.

GRECO, Leonardo [2002]. "Eficácia da declaração *erga omnes* de constitucionalidade ou inconstitucionalidade em relação à coisa julgada anterior", In: ROCHA, Valdir de Oliveira (coord.). *Problemas de Processo Judicial Tributário*. 5º vol. São Paulo, Dialética.

HENRIQUES, Guilherme de Almeida [2016]. "Limites objetivos da coisa julgada material nas relações tributárias de trato continuado à luz do novo Código de Processo Civil". In: BONITO, Rafhael Frattari, GODOI, Marciano Seabra de, HENRIQUES, Guilherme de Almeida, e LOBATO, Valter de Souza. *Os Impactos do Novo Código de Processo Civil sobre o Processo Judicial Tributário*. Belo Horizonte, D'Plácido (pp. 127-142).

HENRIQUES, Guilherme de Almeida, BONITO, Rafhael Frattari, GODOI, Marciano Seabra de, e LOBATO, Valter de Souza [2016]. *Os Impactos do Novo Código de Processo Civil sobre o Processo Judicial Tributário*. Belo Horizonte, D'Plácido.

LOBATO, Valter de Souza, BONITO, Rafhael Frattari, GODOI, Marciano Seabra de, e HENRIQUES, Guilherme de Almeida [2016]. *Os Impactos do Novo Código de Processo Civil sobre o Processo Judicial Tributário*. Belo Horizonte, D'Plácido.

LOBATO, Valter de Souza, e BARROS, Mônica de [2016]. "Análise jurisprudencial sobre a aplicação subsidiária do Código de Processo Civil às execuções fiscais". In: BONITO, Rafhael Frattari, GODOI, Marciano Seabra de, HENRIQUES, Guilherme de Almeida, e LOBATO, Valter de Souza. *Os Impactos do Novo Código de Processo Civil sobre o Processo Judicial Tributário*. Belo Horizonte, D'Plácido.

MACHADO, Hugo de Brito [2009]. *Mandado de Segurança em Matéria Tributária*. 8ª ed. São Paulo, Dialética.

MACHADO, Hugo de Brito (org.) [2006]. *Coisa Julgada – Constitucionalidade e Legalidade em Matéria Tributária*. São Paulo/Fortaleza, Dialética/ICET.

MACHADO, Raquel Cavalcanti Ramos, e MACHADO SEGUNDO, Hugo de Brito [2015]. "O novo Código de Processo Civil e o processo tributário". In: ROCHA, Valdir de Oliveira (org.). *Grandes Questões Atuais do Direito Tributário*. vol. 19. São Paulo, Dialética (pp. 163-178).

MACHADO SEGUNDO, Hugo de Brito, e MACHADO, Raquel Cavalcanti Ramos [2015]. "O novo Código de Processo Civil e o processo tributário". In: ROCHA, Valdir de Oliveira (org.). *Grandes Questões Atuais do Direito Tributário*. vol. 19. São Paulo, Dialética (pp. 163-178).

MENDES, Gilmar Ferreira [1996]. *Jurisdição Constitucional*. São Paulo, Saraiva.

MOREIRA, José Carlos Barbosa [2005]. "Súmula, jurisprudência, precedente: uma escalada e seus riscos". *Revista Síntese de Direito Civil e Processual Civil* 35/5-16. Belo Horizonte, maio-junho/2005.

MURICI, Gustavo Lanna [2016]. *A Verificação da Cessação da Eficácia da Coisa Julgada em Matéria Tributária em Face da Alteração de Posicionamento Jurisprudencial pelo STF*. Dissertação de Mestrado/Área de Concentração Direito Público/Programa de Pós-Graduação em Direito. PUC-Minas.

NERY, Rosa Maria de Andrade, e NERY JUNIOR, Nelson [2016]. *Código de Processo Civil Comentado*. 16ª ed. São Paulo, Ed. RT/Thomson Reuters.

NERY JR., Nelson, e NERY, Rosa Maria de Andrade [2016]. *Código de Processo Civil Comentado*. 16ª ed. São Paulo, Ed. RT/Thomson Reuters.

NUNES, Dierle [2011]. "Processualismo constitucional democrático e o dimensionamento de técnicas para a litigiosidade repetitiva". *RePro* 199/41-82. São Paulo, Ed. RT.

NUNES, Dierle, e ANDRADE, Érico [2015]. *Os Contornos da Estabilização da Tutela Provisória de Urgência Antecipatória no Novo Código de Processo Civil e o "Mistério" da Ausência de Formação da Coisa Julgada*. Disponível em *http://www.tjmg.jus.br/data/files/D9/E6/05/4D/8D17D410B7C917D40D4E08A8/Tutela_Provisoria_e_estabilizacao.pdf* (acesso em 22.6.2016).

OLIVEIRA, Rafael A., BRAGA, Paula Sarno, e DIDIER JR., Fredie [2015]. *Curso de Direito Processual Civil*. 10ª ed., vol. 2. Salvador, Juspodivm.

PEREIRA, Tânia Carvalhais, e VILLA-LOBOS, Nuno (coords.) [2015]. *The Portuguese Tax Arbitration Regime*. Coimbra, Livraria Almedina.

ROCHA, Valdir de Oliveira (coord.) [2002]. *Problemas de Processo Judicial Tributário*. 5º vol. São Paulo, Dialética.

ROCHA, Valdir de Oliveira (org.) [2015]. *Grandes Questões Atuais do Direito Tributário*. vol. 19. São Paulo, Dialética.

TALAMINI, Eduardo [2002]. “Embargos à execução de título judicial eivado de inconstitucionalidade (CPC, art. 741, parágrafo único)”. *RePro* 106. São Paulo, Ed. RT.

TARUFFO, Michele [2011]. “Precedente e jurisprudência”. *RePro* 199/139-155. São Paulo, Ed. RT.

VILLA-LOBOS, Nuno, e PEREIRA, Tânia Carvalhais (coords.) [2015]. *The Portuguese Tax Arbitration Regime*. Coimbra, Livraria Almedina.

WAMBIER, Teresa Arruda Alvim [2014]. *Embargos de Declaração e Omissão do Juiz*. 2ª ed. São Paulo, Ed. RT.

XAVIER, Alberto [2005]. *Princípios do Processo Administrativo e Judicial Tributário*. Rio de Janeiro, Forense.

OS REFLEXOS DO CÓDIGO DE PROCESSO CIVIL/2015 NO PROCESSO TRIBUTÁRIO

JURACI MOURÃO LOPES FILHO

1. Introdução. 2. Processo administrativo tributário: sua dimensão principiológica e as disposições codificadas: 2.1 O disciplinamento dos precedentes administrativos – 2.2 O fomento da solução consensual pelo Código de Processo Civil e as câmaras de mediação e conciliação da Administração Pública. 3. O processo judicial tributário e o Código de Processo Civil/2015: 3.1 A interrupção da prescrição na execução fiscal – 3.2 Execução fiscal e o incidente de desconsideração da personalidade jurídica – 3.3 As inovações no mandado de segurança pela subsidiariedade do Código de Processo Civil/2015. 4. Novos contornos da coisa julgada em matéria tributária. 5. Aspectos diversos sobre o processo tributário em função do Código: 5.1 O pagamento de ITCMD e o processo de inventário – 5.2 Honorários sucumbenciais – 5.3 Prazos processuais da Fazenda Pública. 6. Respostas às questões propostas.

1. Introdução

A edição do Código de Processo Civil/2015 representa a mais relevante mudança legislativa ocorrida no Brasil nos últimos anos, pois afeta diretamente um número enorme de causas que tramitam e irão tramitar no Judiciário, não só na jurisdição comum, mas também nas especializadas, dada sua aplicação subsidiária e supletiva aos processos eleitoral e trabalhista, sem falar de sua influência sobre o processo administrativo.

No âmbito dos processos tributários o impacto não poderia ser diferente, porquanto são, por definição, de natureza cível, e, portanto, determinantemente regrados pelo referido diploma. É importante, pois, que, neste momento inicial de vigência e aplicação seus termos sejam esquadrinhados por diversas perspectivas e opiniões, porque ainda há muitas incertezas sobre a melhor interpretação dos enunciados recém-editados.

A falta de arraigamento temporal, angariado pela aplicação de suas normas a inúmeras situações concretas, certamente causa certa limitação em sua compreensão, sem falar do risco de se olhar o novo sob a perspectiva do velho. Expectativas sobre institutos inéditos ou revigorados muito provavelmente serão frustradas; assim ocorreu com disposições de seu antecessor de 1973. De igual maneira, dispositivos não muito atentados neste instante ganharão determinante relevância imposta pela realidade prática. Essa é a dinâmica do Direito.

O presente texto, com essas naturais limitações, busca apresentar, então, as primeiras impressões sobre o Código de Processo Civil/2015 na seara tributária. Sua estrutura seguirá a ordem de colocação das questões propostas, as quais serão respondidas ao final, a título conclusivo, mediante uma síntese das explicações postas ao longo do trabalho. Com isso espera-se descortinar o novo âmbito processual nacional, com seus inúmeros e específicos desafios.

2. *Processo administrativo tributário: sua dimensão principiológica e as disposições codificadas*

Para bem compreender como o Código de Processo Civil/2015 influencia o processo administrativo, incluído o tributário, é preciso considerar que uma das finalidades buscadas com sua edição foi um melhor alinhamento entre o direito processual civil e a Constituição Federal. Não se trata apenas de uma convergência textual ou para excluir antinomias evidentes, mesmo porque o Código anterior não teve disposições não recepcionadas pela nova ordem constitucional, embora a partir dos anos 1990, quando os ares constitucionais se fizeram mais presentes, foram necessárias sucessivas reformas. Buscou-se, mais precisamente, uma harmonia principiológica e teórica, de modo a dar maior efetividade às garantias processuais, sob o enfoque do novo constitucionalismo emergente.

O devido processo legal, o contraditório, a ampla defesa, a duração razoável do processo, a efetividade da tutela jurisdicional – todos renovados e fortalecidos pela teoria constitucional contemporânea –, exigiam disposições codificadas que intensificassem mais evidentemente suas forças normativa e hermenêutica.

Não se pode negar, de fato, que a proibição de decisões-surpresa, o detalhamento dos vícios que tornam uma decisão não fundamentada, a primazia do julgamento de mérito, a superação de vários entendimentos da jurisprudência defensiva (que prestigiava formalidades para extinguir recursos nos tribunais), a renovação dos princípios processuais, entre vários outros, aprofundam as garantias processuais e realizam a dimensão principiológica da Constituição, formando um conjunto normativo menos formalista e burocrático.

Desde a Exposição de Motivos do Projeto originariamente submetido ao Senado Federal se proclamava isto:

> A coerência substancial há de ser vista como objetivo fundamental, todavia, e mantida em termos absolutos, no que tange à Constituição Federal da República. Afinal, é na lei ordinária e em outras normas de escalão inferior que se aplica a promessa de realização dos valores encampados pelos princípios constitucionais.

Essa maior aproximação teórica e dogmática entre processo e Constituição é o fio condutor para mensurar o impacto dos novos enunciados normativos sobre o processo administrativo, pois este também é regido e orientado por muitas das mesmas garantias processuais fundamentais e pelos princípios constitucionais agora aprofundados e detalhados pelo diploma vigente. Afinal, não se põe em discussão, atualmente, a dimensão administrativa do devido processo legal ao se enunciar, no art. 5º, LV, da CF, que

> aos litigantes, em processo judicial ou administrativo, e aos acusados em geral são assegurados o contraditório e ampla defesa, com os meios e recursos a ela inerentes.

Só por trazer disposições que melhor evidenciam os preceitos maiores já seria possível propor a aplicação de disposições do atual Código de Processo Civil ao processo administrativo, mesmo porque a comunhão conceitual e teórica acerca do processo, independentemente do âmbito da realidade social e estatal em que operada, permite esse intercâmbio. Desde os anos 1970 Alberto Xavier, em obra pioneira sobre o processo administrativo, defende que "seriam, pois, os procedimentos ou processos em sentido amplo as sucessões coordenadas de atos que visam à emissão de um ato legislativo ou administrativo".[1] E para compreender

1. Alberto Xavier, *Do Procedimento Administrativo*, São Paulo, José Bushatsky Editor, 1975, p. 16.

o processo em seus vários campos o mesmo autor propõe como método seguro

> tomar como ponto de partida o processual judicial, como já salientamos, então, há que investigar mais de perto a função e a relevância que neste desempenha e representa a sucessão de atos e fatos, sem nos atermos à verificação formal de sua existência.[2]

Portanto, não se pode negar a influência do direito processual civil sobre o processo administrativo em geral. É o ramo mais desenvolvido do processo, com farto e antigo regramento legal, amplo leque de precedentes judiciais e assentado entendimento doutrinário, tudo a corroborar uma concretização dos direitos e garantias fundamentais, que, igualmente, devem ser satisfeitos no âmbito administrativo. Já por isso, como dito, se teria motivo suficiente para invocar as disposições do Código/2015.

A despeito disso, o Código atual foi além, e determinou expressamente a aplicação de suas disposições à seara administrativa. Seu art. 15 estatui que

> na ausência de normas que regulem processos eleitorais, trabalhistas ou administrativos, as disposições deste Código lhes serão aplicadas supletiva e subsidiariamente.

Diante desse enunciado, há que se destacar não ser toda e qualquer disposição que pode ser aplicada ao processo administrativo, incluído o tributário, mas apenas aquela que for compatível com a natureza não jurisdicional e, igualmente, sirva para satisfação direta de um preceito fundamental, nos limites estabelecidos também na Constituição.

No Distrito Federal, nos Estados-membros e Municípios, por exemplo, a aplicação do atual Código, que é lei nacional, deve respeitar o limite da autonomia federativa de que desfrutam esses entes periféricos para regrar os processos de sua máquina administrativa. Por isso, não se pode pretender aplicar ao processo administrativo regras sobre o rito procedimental, competência, valor da causa ou honorários, tanto por contrariarem a natureza não jurisdicional quanto por invadirem, no caso dos entes federados periféricos, campo próprio de procedimento, cuja competência para regrar cabe a esses entes autonomamente.

2. Idem, p. 17.

Por outro lado, ainda como exemplo, a vedação de decisões-surpresa, ou seja, aquelas embasadas em motivos sobre os quais as partes não se manifestaram, é perfeitamente aplicável não só em razão do art. 15, mas como uma decorrência mais evidente dos princípios do contraditório e da ampla defesa, o que autoriza sua incidência a despeito da previsão expressa de aplicação no processo administrativo. O mesmo deve ocorrer com as demais disposições codificadas que concretizam princípios constitucionais.

Além de se aplicarem na ausência de prescrição administrativa específica, deve ser buscada uma compatibilidade prática entre essas disposições substanciais do Código de Processo Civil e as normas de todo e cada processo administrativo estatuído nos diversos órgãos e entidades de todos os entes federados (União, Estados-membros, Distrito Federal e Municípios).

Assim, merecem atenção algumas dificuldades que podem emergir.

A primeira delas seria justamente quanto à competência da União para editar lei sobre processo que seja aplicável à Administração Pública do Distrito Federal, dos Estados-membros e dos Municípios, em razão da autolegislação decorrente da autonomia federativa.

O STF tem entendimento bem construído para definir a competência da União em legislar sobre processo, o que é ligado ao processo judicial, diferenciando da competência dos Estados-membros para legislar sobre procedimento e processo administrativo. Conforme já destacado em outra obra,[3] o STF entende que

> são normas de direito processual as relativas às garantias do contraditório, do devido processo legal, dos poderes, direitos e **ônus** que constituem a relação processual, como também as normas que regulem os atos destinados a realizar a *causa finalis* da jurisdição.[4]

Acrescentem-se, ainda, as disposições sobre condições da ação, pressupostos processuais e recursais e, no processo penal, as disposições inerentes à condução do inquérito policial.

3. Juraci Mourão Lopes Filho, *Competência Federativas na Constituição e nos Precedentes do STF*, Salvador, Juspodivm, 2012.

4. STF, Tribunal Pleno, ADI 2.970, rela. Min. Ellen Gracie, j. 20.4.2006, *DJU* 12.5.2006, *Ement.* 2231-01, p. 163, *RTJ* 200-01/56, *RDDP* 40/155-160, *Lex-STF* 28, n. 330/50-60, *RT* 95, 851/452-458.

Facilmente se percebe que todos esses precedentes versam sobre processo judicial. Embora não se consigne expressamente, a motivação comum neles se embasa na caracterização de assuntos processuais como aqueles relacionados à "*causa finalis* da jurisdição". Não se inclui, pois, na competência privativa da União legislar sobre processo administrativo.

Não poderia ser diferente. Mesmo tendo a Constituição Federal assegurado, de maneira inédita e expressa, o devido processo legal administrativo, a matéria ainda é intimamente ligada ao funcionamento, aos poderes e deveres da Administração Pública, o que a inclui no direito administrativo, e, portanto, na competência de todas as unidades federativas que legislarão obedecendo a esses princípios estabelecidos já no texto constitucional. Portanto, o direito processual constante no art. 22, I, da CF/1988 como de competência privativa da União é apenas o judicial.

É na medida da obediência aos princípios constitucionais e de uma harmonia ampla de todo o direito processual perante a Constituição Federal que se autoriza o intercâmbio das disposições processuais codificadas e os processos administrativos das diversas unidades federadas. O que não disser respeito a essa dimensão principiológica não pode ser intercambiado. Por essa razão é que, como dito, questões procedimentais, de rito, fases e demais aspectos eminentemente formais, não podem ser aplicadas diretamente, sem legislação local ou regional própria.

O STJ não encontra obstáculo na divisão de competências federativas e na autonomia dos Estados-membros e dos Municípios para aplicação supletiva (embora chame de subsidiária) da Lei federal 9.784/1999, justamente por vislumbrar nela uma instrumentalização de normas constitucionais de cogente observância em todas as unidades federativas:

> No âmbito estadual ou municipal, ausente lei específica, a Lei federal n. 9.784/1999 pode ser aplicada de forma subsidiária, haja vista tratar-se de norma que deve nortear toda a Administração Pública, servindo de diretriz aos seus órgãos.[5]

O *leading case* desse entendimento foi o julgamento do AgR no REsp 715.037-RS, em 11.10.2005, no qual o STJ entendeu aplicável no âmbito do Estado-membro o prazo decadencial de cinco anos previsto na Lei federal 9.784/1999 para a Administração Pública rever seus próprios

5. STJ, 5ª Turma, REsp/AgR 1.092.202-DF, rel. Min. Marco Aurélio Bellizze, j. 11.4.2013, *DJe* 18.4.2013.

atos. Para tanto, justificou exatamente na constatação de que a disposição dessa lei bem compunha os princípios constitucionais. É o que se infere do voto vencedor do Min. José Arnaldo da Fonseca ao consignar que

> a Lei n. 9.784/1999, ponderando os princípios da legalidade e da segurança jurídica, submeteu a prazo decadencial quinquenal o exercício da autotutela, no âmbito do Poder Público Federal.

Portanto, é possível a aplicação subsidiária e supletiva de uma lei processual federal ou nacional aos âmbitos estadual, distrital e municipal na medida em que bem realize e compatibilize os princípios constitucionais incidentes.

A segunda dificuldade consiste em definir o que sejam as aplicações subsidiária e supletiva, sobretudo porque parece haver uma tautologia no texto, pois inicia indicando que suas disposições serão aplicadas "na ausência de normas", o que poderia dispensar a menção ao supletivo e subsidiário, porquanto ambos os termos comportam gramaticalmente o entendimento de aplicação no caso de omissão normativa.

Há autores que bem negam essa tautologia e diferenciam o caráter supletivo do subsidiário. Alexandre Freire e Leonard Ziesemer Schmitz entendem que

> há uma diferença técnica importante entre o Código de Processo Civil ser supletivo e subsidiário a outras leis. Quando uma lei é simplesmente omissa em relação a uma situação concreta, é preciso superar essa lacuna normativa por meio da utilização supletiva de outra. Já, quando existe texto normativo para o caso, mas sua aplicação não conduz ao resultado adequado, pode-se falar em subsidiariedade.[6]

Segundo esse entendimento – que se apresenta correto –, a ideia de aplicação supletiva pressupõe plena ausência normativa, daí haver a suplementação integral naquilo que for compatível. Por sua vez, a subsidiariedade presume a existência de uma lei ou regra mas que, em um específico aspecto, não se mostra suficiente e constitucionalmente adequada para disciplinar o caso. Haveria, portanto, ausência parcial de norma. Portanto, em resumo, a aplicação supletiva demanda uma omissão, enquanto a subsidiária demanda uma insuficiência ou inadequação.

6. In Lenio Luiz Streck, Dierle Nunes e Leonardo Carneiro da Cunha, *Comentários ao Código de Processo Civil*, São Paulo, Saraiva, 2016, p. 63.

Um exemplo da aplicação supletiva são as disposições sobre a uniformização de precedentes, que não é tratada na quase totalidade das leis sobre processo administrativo, mas que no atual Código de Processo Civil encontra o dever de uniformização estável, íntegra e coerente em seu art. 926. Por sua vez, aplicação subsidiária se daria, por exemplo, da determinação do que seja uma decisão fundamentada, exigida genericamente em uma norma de processo administrativo, mas que é bem esquadrinhada mediante a descrição das hipóteses de má fundamentação no art. 489, § 1º, do mesmo Código.[7]

Nesse sentido – e adiantando a resposta a uma das indagações formuladas nesta obra –, é possível, por exemplo, o uso do recurso de embargos de declaração supletivamente caso não haja sua previsão na respectiva lei de processo administrativo, ou subsidiariamente caso seja previsto mas os pressupostos recursais e seu processamento não sejam tão bem esquadrinhados como na lei processual civil. Isso porque visa a suprir uma falha lógica da decisão, o que melhor realiza o dever fundamental de motivação dos atos decisórios.

Para recorrer ao Código de Processo Civil tanto supletiva quanto subsidiariamente, Guilherme F. Dias Reisdoefer bem destaca a necessidade de duas condições. A primeira é a lacuna normativa.

> A segunda, de definição mais complexa, diz respeito à compatibilidade das normas do novo Código de Processo Civil com a lógica específica da função administrativa para cujo exercício venha a ser constatada a lacuna.[8]

7. CPC/2015:

"Art. 489. (...).

"§ 1º. Não se considera fundamentada qualquer decisão judicial, seja ela interlocutória, sentença ou acórdão, que: I – se limitar à indicação, à reprodução ou à paráfrase de ato normativo, sem explicar sua relação com a causa ou a questão decidida; II – empregar conceitos jurídicos indeterminados, sem explicar o motivo concreto de sua incidência no caso; III – invocar motivos que se prestariam a justificar qualquer outra decisão; IV – não enfrentar todos os argumentos deduzidos no processo capazes de, em tese, infirmar a conclusão adotada pelo julgador; V – se limitar a invocar precedente ou enunciado de súmula, sem identificar seus fundamentos determinantes nem demonstrar que o caso sob julgamento se ajusta àqueles fundamentos; VI – deixar de seguir enunciado de súmula, jurisprudência ou precedente invocado pela parte, sem demonstrar a existência de distinção no caso em julgamento ou a superação do entendimento."

8. Guilherme F. Dias Reisdoefer, "A aplicação subsidiária do novo Código de Processo Civil aos processos administrativos", in Eduardo Talamini, *Processo e Administração Pública*, Salvador, Juspodivm, 2016, p. 579.

Por essa segunda condição, o processo administrativo para apuração de infração disciplinar, por exemplo, teria maior compatibilidade com o processo penal, e não com o civil, impedindo sua aplicação supletiva ou subsidiária. No processo administrativo tributário, por sua vez, há essa compatibilidade lógica, pelo quê é perfeitamente possível a aplicação da lei adjetiva civil no caso de omissão normativa específica.

Vale destacar que essa compatibilidade não é exigida apenas da natureza da atividade administrativa na qual será aplicada. Também se faz pertinente em relação às normas processuais que serão aplicadas. Conforme foi exposto mais de uma vez linhas atrás, não são todas as disposições do Código de Processo Civil passíveis de intercâmbio com o processo administrativo, mas apenas aquelas que melhor realizam ou concretizam preceitos constitucionais. Normas meramente formais ou procedimentais não se aplicam.

2.1 *O disciplinamento dos precedentes administrativos*

O Código de Processo Civil/2015 trouxe inédito disciplinamento sobre o trato dos precedentes judiciais. É algo novo, que não encontra similar nem mesmo na tradição jurídica anglo-saxã, que há muito reconhece a importância dos precedentes no Direito, mas cujo disciplinamento não é legislativo, e sim criado paulatinamente pelo próprio Judiciário. O Código não traz, é certo, um regramento exaustivo, pois não trata de todos os aspectos de como lidar com precedentes, sobretudo aqueles de índole material. Contudo, dispõe sobre pontos formais relevantes, mas que merecem a abordagem teórica correta.

Não se trata, ainda, de uma atitude legislativa isolada. Decorre de uma evolução iniciada com Emenda Constitucional 45/2004, que criou a figura da súmula vinculante, bem como de uma crescente abordagem teórica sobre o assunto. Conquanto o centro dessa evolução sejam os precedentes judiciais (sobretudo em razão da expansão nacional e, mesmo, global da atividade jurisdicional), a relevância teórica e hermenêutica também pode ser encontrada em pronunciamentos administrativos, sobretudo em processos administrativos, como os tributários, em que há uma controvérsia a ser solucionada mediante determinante incidência do contraditório e da ampla defesa.

Similarmente aos judiciais, os precedentes administrativos também enriqueceram o sistema jurídico com novos sentidos aos diversos enunciados normativos (constitucionais, legais e regulamentares), por viabilizarem uma intermediação entre Direito e realidade, exercida por uma análise dos argumentos das partes interessadas.[9] Propõe-se tal entendimento a partir do conceito que se adota de precedente judicial:

> Precedente, portanto, é uma resposta institucional a um caso (justamente por ser uma decisão), dada por meio de uma *applicatio*, que tenha causado um ganho de sentido para as prescrições jurídicas envolvidas (legais ou constitucionais), seja mediante a obtenção de novos sentidos, seja pela escolha de um sentido específico em detrimento de outros ou ainda avançando sobre questões não aprioristicamente tratadas em textos legislativos ou constitucionais. Essa resposta é identificada em função não só dos elementos de fato (abstratos ou concretos) e de direito (em suas mútuas influências) considerados no julgamento e obtidos da análise da motivação apresentada, mas também dos elementos amplos que atuaram no jogo de-e-para do círculo hermenêutico e que integram as razões subjacentes do julgamento. Essa resposta comporá a tradição institucional do Judiciário, merecendo consideração no futuro, inclusive por tribunais superiores, pois mesmo os escalões mais elevados não podem ignorar os outros elos do sistema em rede que formam. Sua utilidade na ordem jurídica é, adicionalmente, funcional, pois elide o desenvolvimento de outras decisões a partir de um grau zero, evitando subjetivismos, economizando tempo e garantindo uma igualdade de tratamento entre casos substancialmente iguais.[10]

O julgador de um processo administrativo tributário, de maneira semelhante a um juiz, coloca-se diante de um caso concreto e, analisando a controvérsia apresentada pela argumentação dos interessados, tanto do Fisco quanto do contribuinte, busca a interpretação dos vários dispositivos incidentes, segundo os aspectos fáticos e argumentativos concretos. Levanta, então, questionamentos, dúvidas, e busca soluções que somente as peculiaridades de uma situação real podem suscitar ao texto normativo. Trata-se da *applicatio* gadameriana, que é particularmente relevante quando exercida por autoridade estatal em um processo em contraditório. Essa resposta integra a tradição institucional do órgão administrativo, pelo quê, já por isso, não pode ser ignorada pelos julgadores posteriores,

9. Sobre os precedentes administrativos, cf. Juraci Mourão Lopes Filho e Bede, F. S., "A força vinculante dos precedentes administrativos e seu contributo hermenêutico para o Direito", *A&C. Revista de Direito Administrativo & Constitucional* (impresso), 2016.

10. Juraci Mourão Lopes Filho, *Os Precedentes Judiciais no Constitucionalismo Brasileiro Contemporâneo*, 2ª ed., Salvador, Juspodivm, 2016, p. 275.

sob pena de romper a integridade do Direito ou, mesmo, a igualdade e a impessoalidade.

Não se pode negar, com efeito, que a mediação entre Direito e realidade para solucionar controvérsias não é atividade exclusiva do Judiciário. A Administração Pública também a realiza, com o dever de adequada motivação, quando julga impugnações a autos de infração tributários, denegação de isenção ou não reconhecimento de imunidades, por exemplo. A fundamentação da decisão administrativa, que deve enfrentar todas as questões de fato e de direito (em suas mútuas interações) postas pelas partes, exerce especial papel, por trazer todo o "rastro" hermenêutico da *applicatio* ocorrida.

Esse conjunto de precedentes administrativos deve orientar e na realidade já orienta o comportamento de contribuintes e do Fisco, independentemente de qualquer obrigação formal assegurada por uma sanção institucional. Os precedentes devem ser observados por um dever de integridade (necessidade de uma convergência principiológica dos julgamentos da Administração Pública) e de coerência (não contradição com a linha de entendimento conhecido), de modo a manter as relações Fisco-contribuinte estáveis.

Não se pode negar que os precedentes do CARF, por exemplo, são considerados pelos contribuintes para guiar suas decisões, e mesmo pelo Poder Judiciário para enfrentar questões tributárias. Os precedentes administrativos, sem sombra de dúvidas, oferecem padrões de comportamento que não podem ser ignorados. Só não se teve reconhecimento disso há mais tempo porque o princípio da legalidade impôs de maneira severa a compreensão do agir público em torno da norma legislativa e sua regulamentação. Entretanto, a evolução da Teoria Geral do Direito impõe e, de fato, já realizou uma revisão desse entendimento.

Os julgamentos de órgãos administrativos tributários formam, portanto, um conjunto de precedentes aptos a regular as relações tributárias ao lado do sistema normativo, formado pelas normas constitucionais, legais e regulamentares. Para esse grupo de precedentes formar um sistema, ou seja, um todo logicamente estruturado, e não meramente um amontoado de partes, é preciso que haja algum disciplinamento a respeito dele. E é precisamente nesse ponto que o Código de Processo Civil se faz relevante, porquanto propõe uma maneira bem exposta de como se sistematizar precedentes judiciais, e que pode ser aplicada para a sistematização de precedentes administrativos.

O art. 926 do CPC prevê que "os tribunais devem uniformizar sua jurisprudência e mantê-la estável, íntegra e coerente". Essa uniformização estável, íntegra e coerente é plenamente aplicável aos precedentes administrativos, para que possam ser organizados em sistema, razão pela qual é perfeitamente possível de ser exigida dos órgãos administrativos de julgamento.

Para compreender o que seja estabilidade, integridade e coerência cabe recorrer às lições de Ronald Dworkin, não porque sejam as únicas possíveis segundo as quais se possa interpretar o enunciado, mas porque são as que mais profundidade emprestam a ele, harmonizando-o com várias outras prescrições de índole constitucional. Sobre a integridade, escreve o autor:

> A integridade exige que as normas públicas da comunidade sejam criadas e vistas, na medida do possível, de modo a expressar um sistema único e coerente de justiça e equidade na correta proporção. Uma instituição que aceite esse ideal às vezes irá, por essa razão, afastar-se da estreita linha das decisões anteriores, em busca de uma fidelidade aos princípios concebidos como mais fundamentais a esse sistema como um todo.[11]

É em razão da integridade que a força de um precedente não será aferida pelo arranjo canônico de suas palavras ou pela imposição de alguma obrigação formal segundo a qual deva ser entendida e possa vincular. Será igualmente em razão da sua capacidade de apresentar nova solução hermenêutica com essa harmonia principiológica existente no sistema jurídico como um todo, desde a Constituição Federal.

Dada essa relação principiológica mais abrangente, a integridade não se confunde com a coerência, embora se aproximem em alguma medida, conforme revela Dworkin: "Será a integridade apenas coerência (decidir casos semelhantes da mesma maneira), sob um nome mais grandioso?"[12] O próprio autor informa que isso merece cuidado, por depender do conceito de coerência que se utilize ou, mesmo, da noção que se tenha de "casos semelhantes". Contudo, assenta que, "se uma instituição política só é coerente quando repete suas próprias decisões o mais fiel ou precisamente possível, então, a integridade não é coerência; é, ao mesmo tempo, mais e menos".

11. Ronald Dworkin, *O Império do Direito*, trad. de Jefferson Luiz Camargo, São Paulo, Martins Fontes, 2005, p. 263.

12. Idem, ibidem.

A coerência, portanto, traduz-se tão somente na reprodução de uma linha de entendimento anterior. Sua referência é apenas o encadeamento prévio de julgados. Por sua vez, a integridade exige um comportamento adequado não apenas à linha de julgados prévios considerados em si, exige uma harmonização principiológica desde a constituição, perpassando leis e regulamentos.

Não se pode, porém, afirmar que a integridade importe uma incoerência, porque a integridade pressupõe sintonia com os princípios e demais disposições do sistema jurídico que também servem – ou deveriam servir – de parâmetro para a linha anterior. Seria, assim, uma coerência com o parâmetro mais amplo e, em especial, principiológico.

Seguindo Dworkin, é possível afirmar que a integridade é uma imposição mais dinâmica, pois incentiva o julgador a ser mais abrangente, a ir além da linha jurisprudencial estrita, do precedente isoladamente apreendido ou da literalidade da súmula. Impõe que vá à busca de uma convergência com o princípio fundamental que dá o tom de harmonia e liga os julgados autorizadores da súmula e que toque o ganho interpretativo do precedente; tudo em função do jogo hermenêutico verificado na origem e daquele exercido no momento de uso do precedente, súmula ou jurisprudência.

Quanto à estabilidade, ela é autorreferente, pois toma por parâmetro apenas o que foi decidido pela própria Administração Pública acrescido de um apriorístico compromisso de não alteração da linha de entendimento formada, a não ser que haja razões eficientes para tanto, como a mudança legislativa, a distinção fática substancial entre os casos, entre outros. Com isso, busca-se evitar alterações casuísticas de julgamentos ou de alguma maneira determinadas por preferências ou entendimentos meramente pessoais do julgador. Diante de precedentes e mesmo de normas jurídicas o julgador não tem uma liberdade de convicção meramente íntima e pessoal, mas de convergência com a integralidade do Direito.

Tem-se, portanto, que integridade, coerência e estabilidade são três deveres distintos para a uniformização do conjunto de precedentes. Tais deveres podem e devem ser exigidos da Administração Pública, não só porque está prescrito pelo atual Código de Processo Civil, mas, sobretudo, por representar uma maneira de dar lógica, sistematicidade e, portanto, tratamento jurídico adequado ao conjunto de precedentes que serve de padrão de conduta ao Fisco e aos contribuintes.

É em consideração à satisfação das exigências de integridade, coerência e estabilidade que algumas disposições do art. 927 também do atual CPC podem ser invocadas no processo administrativo tributário, embora uma maior necessidade de adaptação seja exigida. Diferentemente do art. 926, não traz apenas prescrições de ordem material, mas também formais e de rito, que, como já exposto, não podem ser transplantadas acriticamente para o âmbito administrativo. Há uma incompatibilidade de natureza.

Como o dever de integridade extravasa a ideia de harmonia para além da mera linha decisória do próprio órgão, demandando uma compatibilidade principiológica com todo o sistema jurídico, é claro que deve haver o dever de observar também os precedentes judiciais. Em verdade, há um dever mútuo, pois o Judiciário também não poderá ignorar o que os tribunais administrativos vêm julgando. Tanto é assim que efetivamente o fazem, como é comum se ver referência a precedentes do CARF em julgados dos TRFs.

Nesse tocante, vale ressaltar o acerto terminológico do art. 927 em mencionar que os precedentes devem ser *observados*. Isso é importante, porque *observar* equivale a atentar e analisar e se contrapõe a ignorar, desconsiderar ou desconhecer. Com efeito, um órgão aplicador posterior não tem a obrigação inarredável de reproduzir necessariamente o mesmo entendimento de um precedente. O que ele não pode é julgar como se o precedente não existisse, como se ele julgasse apenas e tão somente segundo sua convicção íntima a respeito das várias normas incidentes, desconsiderando o que se tenha produzido a respeito por outros julgadores.

É certo que, se não houver razões objetivas para divergir, deve haver a repetição da conclusão precedente. Se *observar* não significa obediência canina, também não significa uma plena liberdade de não seguir o precedente por razões individuais e não sistêmicas. É necessário realizar a distinção (demonstração de diferença entre os dois casos, mesmo que por mudança de circunstâncias sociais amplas), a superação (quando se tratar de um precedente abandonado pelo próprio órgão emissor) ou o desafio (demonstração de que o precedente não merece ser aplicado ao caso seguinte, ainda que substancialmente similar, por alguma fragilidade objetivamente apurada).

Não é qualquer exortação de novas alegações em prol de uma interpretação supostamente melhor ou mais adequada que autoriza um julgador ou tribunal a deixar de seguir uma linha jurisprudencial ou os precedentes e súmulas administrativas. Também não é a consciência do julgador, perscrutada em um mergulho íntimo em busca de estratos mentais de apreensão pura da situação, que o autoriza. Não é essa perspectiva individualista e egoística que fornece motivos relevantes para superar, distinguir ou desafiar precedentes. Devem ser enfrentadas as razões expressas e subjacentes do parâmetro anterior e cotejá-las com as distinções hermenêuticas (e não somente fáticas e jurídicas) entre os casos ou mudanças sociais, legislativas históricas ou de compreensões jurídicas, éticas e de justiça que porventura não foram enfrentadas ou foram superadas de um modo geral pelo Direito como um todo. Não se tratam esses parâmetros oriundos de julgamentos anteriores segundo a mera vontade ou conveniência do julgador seguinte.

Assim, a integridade e a coerência impõem aos julgadores administrativos uma concordância interna (a seus próprios precedentes e de outros órgãos administrativos julgadores) e externa (aos precedentes judiciais).

A integridade com precedentes judiciais não se limita àquele rol apresentado no *caput* do art. 927, pois os julgados e súmulas ali indicados não são os únicos veículos de precedentes judiciais. A indicação daquele rol tem pertinência apenas para o processo civil, pois o que faz uma decisão ou súmula constar nele é de ordem formal, pois se estabelece em relação a eles ou uma medida protetiva (possibilidade de ajuizamento de reclamação, que consiste em remédio célere para cassar eventual divergência) ou uma medida de incentivo (previsão de decisões monocráticas do relator de recurso, tutela provisória de evidência ou a improcedência liminar no primeiro grau, as quais estimulam o alinhamento ao precedente judicial).

Acontece que tais medidas de proteção ou incentivo não existem necessariamente no processo administrativo, nem podem ser transplantadas automaticamente, pois, como exposto acima, questões formais de procedimento não se ligam necessariamente à satisfação direta de um princípio, razão pela qual as disposições meramente procedimentais do Código de Processo Civil não podem ser aplicadas subsidiária ou supletivamente ao processo administrativo.

Em face disso, a integridade exige o respeito a todo e qualquer precedente judicial, o que, certamente, pode se dar com intensidade distinta, por razões materiais ou formais. Por exemplo, súmula vinculante possui uma força hermenêutica maior do que o precedente formado em um recurso extraordinário sem repercussão geral e decidido por maioria apertada e eventual, pois frui de uma proteção formal (possibilidade de reclamação) e mesmo material (decorrente justamente da maior pacificação em torno do entendimento). Um precedente assentado em decisão mal fundamentada possui menos vinculação do que aquele embasado em decisão bem motivada. Portanto, há um dever de consideração ampla, e não meramente formal, da relevância e vinculação de um precedente.

Ademais, os §§ do art. 927 também servem de norte interpretativo para o processo administrativo tributário, pois evitam as guinadas surpresas de entendimentos arraigados em jurisprudência. Com efeito, é necessário que se respeitem as legítimas expectativas, a boa-fé adotada por contribuintes quando pautam suas decisões privadas em precedentes do CARF ou de outros órgãos administrativos de julgamento. Por isso, quando alterarem sua linha de entendimento ou, mesmo, forem condensá-las em súmulas administrativas, não podem romper essas legítimas expectativas, ignorando simplesmente que elas existem e serviam de padrões jurídicos oficiais de comportamento.

Por fim, o art. 927, § 5º, do CPC deve ser cumprido também pelos órgãos de julgamento administrativo, por ser uma decorrência direta do princípio da publicidade, que, infelizmente, na maior parte das ocasiões é simplesmente ignorado. Conquanto o CARF exiba seus precedentes na rede mundial de computadores, é raro ver o mesmo ocorrer nos âmbitos estadual e municipal, o que dificulta o conhecimento, o controle e a observância dos precedentes formados.

2.2 *O fomento da solução consensual pelo Código de Processo Civil e as câmaras de mediação e conciliação da Administração Pública*

A busca pela satisfação de direitos perante o Judiciário elevou-se intensamente após a redemocratização do País e a retomada plena do Estado de Direito e gerou um choque com as estruturas teóricas, normativas, de pessoal e, mesmo, físicas do Judiciário nacional e na quase totalidade dos fóruns e tribunais do Brasil. O diploma processual anterior não se ocupava em maior medida com meios de tutela complementares à jurisdicional, pelo quê passou a ser a principal, se não a única, institucionalmente estruturada, ainda que com suas insuficiências. Por sua vez, e considerando essa realidade, o atual Código de Processo Civil busca reparar essa insuficiência normativa para enfrentar o congestionamento judicial mediante o estímulo à autocomposição, inclusive em ações que tenham como parte o Poder Público.

Já no art. 3º, § 2º, prescreve que "o Estado promoverá, sempre que possível, a solução consensual dos conflitos". O art. 174 prevê câmaras com esse fim a serem criadas pelos entes federativos, nos seguintes termos:

> Art. 174. A União, os Estados, o Distrito Federal e os Municípios criarão câmaras de mediação e conciliação, com atribuições relacionadas à solução consensual de conflitos no âmbito administrativo, tais como: I – dirimir conflitos envolvendo órgãos e entidades da Administração Pública; II – avaliar a admissibilidade dos pedidos de resolução de conflitos, por meio de conciliação, no âmbito da Administração Pública; III – promover, quando couber, a celebração de Termo de Ajustamento de Conduta.

Essa busca por soluções consensuais inclusive pelo Poder Público é perfeitamente compreensível. Ao se observarem as mais diversas estatísticas judiciárias, os órgãos e entidades da União, do Distrito Federal e dos vários Estados-membros e Municípios aparecem, normalmente, entre os maiores litigantes. Levar até o fim todas essas ações demanda, pois, amplo emprego de pessoas e recursos, bem como dispêndio de tempo, sem necessariamente resultar em um provimento jurisdicional satisfatório para a parte vencedora.

Essa litigiosidade pública é possibilitada indiretamente por uma indistinta compreensão de que a indisponibilidade do interesse público, por ter apriorística supremacia sobre o interesse particular, proibiria transações acerca de direitos ainda que em litígio. No mesmo sentido, o princípio da legalidade, entendido sob um vetusto enfoque oitocentista de que a lei seria capaz de exaurir todas as possibilidades de ação dos agentes públicos, sendo o centro de compreensão de todo o agir administrativo, sinalizaria que a vontade da Administração Pública seria a "vontade da lei", que se contraporia à vontade do agente, cujo tirocínio e cuja avaliação são indispensáveis às ponderações e às mútuas concessões próprias de uma conciliação ou mediação.

Ao lado dessas razões jurídicas, que se podem nominar de fisiológicas, é possível indicar o motivo patológico de muitos gestores verem na via judicial um meio para protelar a solução de problemas ou mesmo dispêndios, jogando para o futuro, em governo que talvez não seja mais o seu, o custo e o desgaste correspondentes. Ante a dificuldade ou inevitável deterioração política em face de um problema, fazer com que o particular "busque seus direitos na Justiça" é muitas vezes, e para vários gestores, solução sedutora em demasia.

Com relação aos motivos fisiológicos, novos aportes teóricos têm minado a facilitação da litigiosidade pública, por lhes retirar esses fundamentos que indiretamente a ensejam. Não se pode falar mais, por exemplo, de uma apriorística supremacia de um interesse público unilateralmente definido pelo Estado a ser sobreposto ao particular, de modo a proibir qualquer sorte de composição com ele ou colaboração mediada para definição do que seja e como satisfazer o interesse público, na eventualidade de uma lide administrativa.

Gustavo Binenbojm, em paradigmática obra, bem explica que

> a definição do que é o interesse público, e de sua propalada supremacia sobre os interesses particulares, deixa de estar ao inteiro arbítrio do administrador, passando a depender de juízos de ponderação proporcional entre os direitos fundamentais e outros valores e interesses metaindividuais.[13]

Como resume o autor, há uma constitucionalização do interesse público, o que demanda a concordância prática de vários princípios constitucionais concorrentes, o que pode muito bem ser atendido por uma solução mediada ou conciliada.

Ademais, como destacam Rafael Wallbach Schwind e Marina Kukiela,

> não existe apenas um único interesse público legítimo, eventualmente oponível aos interesses privados. Há, na realidade, uma fragmentação de interesses (públicos) no interior do Estado.[14]

Com efeito, há muitos interesses coletivos titularizados e reivindicados por particulares que podem se colocar no mesmo patamar da afirmação oficial do que seja interesse público.

Nesse contexto, a lei é substituída na centralidade do Direito pela Constituição, que, por sua vez, na realidade brasileira atual, traz o princípio da eficiência, cuja efetivação elide uma postura rígida e não negociável por parte do Poder Público.

13. Gustavo Binenbojm, *Uma Teoria do Direito Administrativo – Direitos Fundamentais, Democracia e Constitucionalização*, Rio de Janeiro, Renovar, 2006, p. 25.

14. Rafael Wallbach Schwind e Marina Kukiela, "Câmaras de conciliação e mediação na Administração Pública: comentários ao art. 174 do novo CPC", in Eduardo Talamini, *Processo e Administração Pública*, Salvador, Juspodivm, 2016, p. 331.

É certo que a eficiência não pode autorizar uma afronta à legalidade. Entretanto, nas controvérsias interpretativas, nas lacunas ou insuficiências legais e na definição de sua regulamentação é perfeitamente possível o surgimento de embates e choques com os particulares. Neles, é legítimo se pensar em solução negociada, mesmo tratando-se de matéria tributária.

Isso não é um fenômeno brasileiro, mas de todo o Ocidente, que experimentou a passagem do Estado de Direito Legislativo para o Estado Constitucional (ou de Direito Constitucional). Gustavo Zagrebelsky expõe, desde a realidade italiana, que

> a crise do prévio vínculo da Administração à lei deriva da superção da função predominantemente de 'ordem' do aparelho de Estado, ou seja, da garantia concreta da regra jurídica geral e abstrata, por meio de atos de aplicação individuais e concretos.

Por isso, o autor entende que o exercício das funções relacionadas a suas múltiplas tarefas exige do aparato organizacional operação de acordo com sua lógica própria, determinada pela eficiência, segundo os melhores padrões de empresas privadas.[15] Isso aproxima, portanto, o agir estatal a uma avaliação de seus conflitos segundo a busca de uma eficiência, a qual pode indicar – e muitas vezes realmente indica – o caminho de uma transação no lugar da insistência de realização de um direito litigioso.

É justamente nessa revisão dos conceitos do regime jurídico administrativo que se encontram instrumentos fisiológicos para indicar ser possível, sim, modificar essa postura do Poder Público em face de soluções conciliatórias.

O STF, em voto vencedor da Min. Helen Gracie, bem se pronunciou sobre o assunto, como se pode observar na ementa do RE 253.885:

15. No original: "La crisi del vincolo dell'Amministrazione alla previa legge deriva dal superamento della funzione prevalentemente 'di ordine' degli apparati dello Stato, cioè della garanzia concreta delle regole giuridiche generali e astratte attraverso atti applicativi individuali e concreti (divieti, autorizzazioni, abilitazioni, decisioni ecc.) e dall'assunzione di compiti di gestione diretta di grandi interessi pubblici. L'esercizio delle funzioni relative a questi compiti determina la necessità di imponenti apparati organizzativi i quali necessariamente operano secondo la loro logica intrinseca, determinata da regole aziendalistiche di efficienza, esigenze obiettive di funzionamento, interessi sindacali degli addetti (per non parlare delle regole informali, ma non per questo non reali, imposte dal padronaggio dei partiti politici)" (Gustavo Zagrebelsky, *Il Diritto Mite*, Turim, Giulio Einaudi Editore, 1992, p. 31).

> Poder Público – Transação – Validade. Em regra, os bens e o interesse público são indisponíveis, porque pertencem à coletividade. E, por isso, o administrador, mero gestor da coisa pública, não tem disponibilidade sobre os interesses confiados à sua guarda e realização. Todavia, há casos em que o princípio da indisponibilidade do interesse público deve ser atenuado, mormente quando se tem em vista que a solução adotada pela Administração é a que melhor atenderá à ultimação deste interesse. Assim, tendo o acórdão recorrido concluído pela não onerosidade do acordo celebrado, decidir de forma diversa implicaria o reexame da matéria fático-probatória, o que é vedado nesta instância recursal (Súmula n. 279/STF) – Recurso extraordinário não conhecido.[16]

No caso subjacente ao precedente, o Município de Santa Rita do Sapucaí interpôs o referido recurso contra acórdão que ratificara acordo celebrado em juízo com servidores locais. Conforme o relatório, alegava-se

> ofensa ao art. 37 da CF, dentre outros dispositivos constitucionais não prequestionados. Aduz*[ia]*, para tanto, que o princípio da legalidade, aplicado à Administração, explicita a subordinação da atividade administrativa à lei, e, portanto, não havendo lei a autorizar a transação, tal não poderia ter sido celebrada, ainda mais porque o Poder Público é mero executor do interesse público, que é fixado em lei, não podendo dele dispor.

No voto, além de destacar a parte constante na ementa e ressaltar passagens da decisão recorrida, a Ministra-Relatora destacou que "o acordo serviu a uma rápida e efetiva consecução do interesse público, não havendo, assim, que se falar em ofensa ao art. 37 da CF".

Portanto, a supremacia do interesse público e a estrita legalidade não são barreiras instransponíveis para a transação a ser realizada pela Administração Pública. Tais princípios são redimensionados tanto pela evolução teórica quanto pela constatação empírica de que a simples litigiosidade em muitas ocasiões depõe, em verdade, contra o interesse público.

Bem sintonizado com esses novos tempos, portanto, o atual Código de Processo Civil ao promover a conciliação e indicar, inclusive, a criação de câmaras administrativas para esse fim.

16. STF, 1ª Turma, RE 253.885, rela. Min. Ellen Gracie, j. 4.6.2002, *DJU* 21.6.2002, *Ement.* 2074-04/796.

A realidade tributária não é diferente desse contexto amplo da litigiosidade administrativa. Muitos lançamentos de tributos são embasados em controvérsia fática específica ou em consideração a entendimento jurídico em discussão generalizada. No mesmo sentido, há inúmeros aspectos das obrigações tributárias acessórias que geram questionamentos, dúvidas e litígios. É certo que há o instrumento da consulta fiscal, bem regrada no plano federal, por exemplo, pelo Decreto 70.235/1972. Entretanto, na condição de uma resposta meramente unilateral e não dialogada, não há caminhos procedimentais próprios para uma construção conjunta da solução ou composição de eventual controvérsia. Volta-se a expor de maneira segura e transparente o entendimento do Fisco sobre determinado assunto, mas esse entendimento é erigido unilateralmente, nas entranhas do órgão fiscal. Daí ser perfeitamente possível – e mesmo aconselhável – o desenvolvimento de estruturas e procedimentos para a autocomposição, cujo melhor modelo seria de mediação, por envolver partes normalmente com relações continuadas.

Mesmo quanto à obrigação tributária principal não há uma barreira teórica ou mesmo normativa para soluções negociadas. O art. 156, III, do CTN prevê como modalidade de extinção do crédito tributário a transação, e o art. 171 estatui que "a lei pode facultar, nas condições que estabeleça, aos sujeitos ativo e passivo da obrigação tributária celebrar transação que, mediante concessões mútuas, importe em determinação de litígio e consequente extinção de crédito tributário". Necessária será, pois, lei específica para tratar do assunto.

Conforme leciona Hugo de Brito Machado, há autores que entendem incoerente com o Sistema Tributário Nacional a existência de transação no direito tributário. Enxergam, especificamente, uma antinomia do art. 3º do CTN, que conceitua tributo como algo cobrado por atividade administrativa plenamente vinculada, com o aludido art. 171 do mesmo Código, porquanto a transação exige, necessariamente, uma atuação da vontade do agente para aquilatar as concessões mútuas a serem realizadas, porquanto da essência do instituto essa avaliação e essa disposição.

Hugo de Brito Machado reconhece que, de fato, "a vontade é elemento formador essencial desse instituto".[17] Mesmo assim, não vê qualquer incoerência entre os dois enunciados do CTN, porquanto encontra no art. 3º uma regra geral sobre como deve se operar a cobrança dos tributos,

17. Hugo de Brito Machado, *Comentários ao Código Tributário Nacional*, vol. III, São Paulo, Altas, 2005, p. 514.

enquanto o art. 156, III, e o art. 171 estabelecem uma exceção específica, aplicável para a hipótese de extinção do crédito tributário. Daí arremata os contornos básicos da transação tributária:

> No direito tributário brasileiro pode-se dizer, em síntese, que a transação: (a) depende sempre de previsão legal; (b) não pode ter o objetivo de evitar litígio, só sendo possível depois da instauração deste. Mas no direito tributário não há de se entender necessariamente a existência de uma ação judicial para a caracterização do litígio, como adiante será explicado.[18]

A explicação posterior dada pelo autor sobre a instauração dos litígios é que ela pode se dar na instância administrativa, mediante impugnação do lançamento por auto de infração ou de outra decisão que contrarie um alegado direito do contribuinte.

Se a indisponibilidade do interesse público e a legalidade não representam obstáculos intransponíveis para a autocomposição, outros princípios constitucionais da Administração Pública, como impessoalidade, moralidade, eficiência e motivação, devem, ainda, ser observados. Será justamente uma lei que exercerá a composição em abstrato desses princípios estabelecendo um rito procedimental que assegure a transparência e a licitude dessas medidas. Deve-se ter bastante cuidado, por outro lado, para que não seja apenas uma válvula de escape para sonegadores contumazes.

Importante perceber também quanto à prescrição do art. 174 do atual CPC que, apesar de sua dicção no sentido de que os estes federativos "criarão" tais câmaras, não é possível obrigá-los a tanto. Não há meios jurídicos para exigir essa criação. Fica, porém, a certeza de sua relevância, mesmo para resolver conflitos entre órgãos da própria Administração, cuja interação é necessária, mas nem sempre harmoniosa, para a exação fiscal.

No âmbito federal, a Lei 13.140/2015 prevê a solução conciliada entre o Poder Público e os particulares, com destacado papel para a Advocacia Pública em seu Capítulo II, inclusive com a suspensão da prescrição (excetuada em relação às matérias tributárias, que exigem uma das hipóteses estatuídas no Código Tributário Nacional). Também versa sobre controvérsias entre órgãos e entidades da Administração Pública, evidenciando o que é facilmente perceptível na prática, que seu interior não é sempre harmonioso e concordante.

18. Idem, p. 518.

A existência desses espaços administrativos de diálogo perene mostra-se, ao menos no plano teórico, melhor que os conhecidos programas de parcelamentos especiais, que são normalmente acompanhados de remissões de créditos antigos ou de pequena monta, cuja recuperação é difícil pelas vias executivas tradicionais ou, mesmo, extremamente onerosa. Não é raro muitos contribuintes aguardarem ansiosamente, cercados de um ambiente de especulações e pura discricionariedade, por cada novo programa.

Essa instância de funcionamento perene e regrado de mediação tem a capacidade de combater as medidas patológicas acimas indicadas, que corroboram a litigiosidade estatal perante o Judiciário, pois retirará da simples vontade do gestor da ocasião determinar a solução consensual de litígios. Evita também que sejam decisões tomadas apenas e tão somente no âmbito dos gabinetes de Ministérios e Secretarias, muitas vezes influenciadas por pressões político-partidárias. Cria-se, portanto, um meio institucional para lidar com a questão.

3. *O processo judicial tributário e o Código de Processo Civil/2015*

3.1 A interrupção da prescrição na execução fiscal

É na execução fiscal que se verifica a forma mais corriqueira de interrupção da prescrição do crédito tributário: mediante o despacho que determina a citação do executado, nos termos do art. 174, parágrafo único, I, do CTN, segundo a redação dada pela Lei Complementar 118/2005. Antes dessa alteração legislativa somente a efetiva citação pessoal do devedor possuía esse efeito interruptivo do lapso prescricional. A Lei 6.830/1980, por sua vez, sempre previu a interrupção pelo despacho da citação, mas não se considerava aplicável às execuções de créditos tributários, por ser matéria reservada à lei complementar. A regra dessa lei especial incidia apenas nas execuções fiscais de créditos não tributários.

Muitos dos questionamentos que existiam sob a égide da redação original do Código Tributário Nacional foram solucionados com a redação dada pela lei complementar, sobretudo a investigação sobre se a demora na realização da citação era imputável, ou não, exclusivamente ao Judiciário. Ainda subsistem, contudo, zonas de incertezas, especialmente quando o ajuizamento da ação executiva se dá dentro do quinquênio exigido mas o despacho e a citação se operam posteriormente a esse prazo. Isso em razão da incidência, ou não, do efeito retroativo à data do ajuizamento da ação que possui o ato citatório.

O CPC/1973, na redação dada pela Lei 8.052/1994, dispunha no art. 219, § 1º, que a interrupção da prescrição realizada pela citação válida retroagiria à data da propositura da ação. Na redação original do Código, o § 1º dispunha que a interrupção seria suspensa com o despacho que determinasse a citação. Ademais, o § 2º do mesmo artigo exigia que o autor promovesse a citação em 10 dias, prorrogáveis por mais 90 dias, nos termos do § 3º. Não se operando a citação nesses prazos, a prescrição não se interrompia (§ 4º). A Lei 6.830/1980 não trazia a previsão de retroação dos efeitos da interrupção da prescrição à data da citação, e muitos só admitiam a aplicação subsidiária das normas do Código (lei ordinária) aos créditos não tributários, chegando a haver entendimento pela não retroação nas execuções de créditos tributários, dada a exigência de lei complementar para tanto.

A essas várias disposições legais somava-se ao trato do assunto a Súmula 106 do STJ: "Proposta a ação no prazo fixado para o seu exercício, a demora na citação, por motivos inerentes ao mecanismo da Justiça, não justifica o acolhimento da arguição de prescrição ou decadência". Essa Súmula foi editada em 3.6.1994, e consolida, por óbvio, julgados proferidos sob a égide da redação original do § 1º do art. 219 do CPC/1973, quando a interrupção da prescrição era pelo despacho que determinava a citação.

Diante desse emaranhado de disposições, claro, o trato da execução fiscal ajuizada dentro do prazo prescricional mas com despacho e citação posteriores a ele era bastante controvertido. Adveio, então, o julgamento do REsp 1.120.295, julgado sob o rito dos recursos repetitivos, gerando jurisprudência no sentido de que

> os efeitos da interrupção da prescrição devem retroagir à data da propositura da demanda, de acordo com o disposto no art. 219, § 1º, do CPC, não podendo a parte exequente ser prejudicada pela demora atribuída exclusivamente ao Poder Judiciário.[19]

O Min. Luiz Fux, Relator, após perscrutar a Súmula 106/STJ, consigna em seu voto vencedor:

19. STJ, 2ª Turma, REsp/AgR 1.374.265-CE, rela. Min. Diva Malerbi (Desembargadora convocada do TRF-3ª Região), j. 17.3.2016, *DJe* 31.3.2016.

> Desta sorte, com o exercício do direito de ação pelo Fisco, ante o ajuizamento da execução fiscal, encerra-se a inação do credor, revelando-se incoerente a interpretação segundo a qual o fluxo do prazo prescricional continua a escoar-se, desde a constituição definitiva do crédito tributário, até a data em que se der o despacho ordenador da citação do devedor (ou até a data em que se der a citação válida do devedor, consoante a anterior redação do inciso I do parágrafo único do art. 174 do CTN).
>
> Ademais, o *Codex* Processual, no § 1º do art. 219, estabelece que a interrupção da prescrição, pela citação, retroage à data da propositura da ação, o que, na seara tributária, após as alterações promovidas pela Lei Complementar n. 118/2005, conduz ao entendimento de que o marco interruptivo atinente à prolação do despacho que ordena a citação do executado retroage à data do ajuizamento do feito executivo, a qual deve ser empreendida no prazo prescricional.

Esse precedente fez uma congruência das disposições das normas codificadas com a lei específica de execução fiscal e a Súmula 106/STJ. Resumidamente, tem-se por importante a data do ajuizamento da ação de execução, que, se ocorrer após o quinquênio prescricional, o crédito estará irremediavelmente prescrito. Por outro lado, sendo ajuizada dentro dos cinco anos, não importa que o despacho ou a citação ocorra depois por demora exclusivamente imputável ao Judiciário, pois haverá a retroação para a data do ajuizamento. Naturalmente, era e é possível questionar se a demora era devida, ou não, com exclusividade ao Judiciário, de modo a elidir a retroação.

Com esse quadro posto, adveio o Código de Processo Civil/2015. É lícito afirmar que, de certa forma, a redação de dois de seus dispositivos confirmou a solução contida no precedente formado pelo REsp 1.120.295. Seu art. 240 possui o seguinte teor:

> Art. 240. A citação válida, ainda quando ordenada por juízo incompetente, induz litispendência, torna litigiosa a coisa e constitui em mora o devedor, ressalvado o disposto nos arts. 397 e 398 da Lei n. 10.406, de 10 de janeiro de 2002 (Código Civil).
>
> § 1º. A interrupção da prescrição, operada pelo despacho que ordena a citação, ainda que proferido por juízo incompetente, retroagirá à data de propositura da ação.
>
> § 2º. Incumbe ao autor adotar, no prazo de 10 (dez) dias, as providências necessárias para viabilizar a citação, sob pena de não se aplicar o disposto no § 1º.

§ 3º. A parte não será prejudicada pela demora imputável exclusivamente ao serviço judiciário.

§ 4º. O efeito retroativo a que se refere o § 1º aplica-se à decadência e aos demais prazos extintivos previstos em lei.

A respeito do processo de execução, o art. 802 traz:

Art. 802. Na execução, o despacho que ordena a citação, desde que realizada em observância ao disposto no § 2º do art. 240, interrompe a prescrição, ainda que proferido por juízo incompetente.

Portanto, para operar a retroação, que será importante no caso de a citação ser determinada e realizada após o quinquênio legal, é necessário que o autor adote, no prazo de 10 dias, as providências necessárias para viabilizar a citação, não podendo ser prejudicado por eventual demora imputável exclusivamente ao Judiciário.

Deve ser atentado que, na prática, o advogado interessado na realização da citação diligencia perante a Vara para ter uma pronta elaboração do pertinente mandado, procura apressar o cumprimento por parte do oficial de justiça, entre outros expedientes práticos. Mas não são essas as providências exigidas pelo art. 240, § 2º. Nos 10 dias cabíveis o autor deve fornecer o endereço correto ou informar sua impossibilidade, requerer a citação pela forma correta (edital ou oficial de justiça) no caso de frustração da citação por carta, postular pela pronta determinação da citação, caso o juiz entenda por adotar outras medias antes disso – enfim, trata-se da promoção de medidas jurídico-processuais, e não materiais. A realização dos expedientes cabe ao Judiciário, cujos servidores podem ser responsabilizados caso, "sem justo motivo, se recusarem a cumprir no prazo os atos impostos pela lei ou pelo juiz a que estão subordinados" (art. 155, I, do CPC).

A retroação não ocorrerá, então, se for fornecido endereço errado para citação, mesmo tendo o autor a informação correta (é ônus seu, imposto pelo art. 319, II, do CPC, indicar na inicial referido endereço), ou caso requeira a citação de maneira equivocada ou incapaz de operá-la no prazo prescricional, ante a frustração da citação por carta, como, por exemplo, requerer a citação de representante por carta precatória quando poderia, desde já, requerer a citação por edital. Conquanto mais difícil, também é possível a culpa por omissão, quando deixa de requer a citação para apenas pedir o bloqueio de bens ante a frustração da citação por carta.

Nesse sentido já decidiu o STJ, o que é perfeitamente válido sob o Código/2015:

> Processual civil e tributário – Agravo regimental no recurso especial – Execução fiscal – Prescrição – Acórdão do Tribunal de origem que atribui à exequente a responsabilidade pela demora na citação – Art. 219, § 1º, do CPC e Súmula n. 106/STJ – Inaplicabilidade – Observância da orientação firmada pela 1ª Seção do STJ.
>
> I – A 1ª Seção do STJ, ao julgar, sob o rito do art. 543-C do CPC, o REsp n. 1.120.295-SP (rel. Min. Luiz Fux, *DJe* 21.5.2010), proclamou que o CPC, no § 1º de seu art. 219, estabelece que a interrupção da prescrição, pela citação, retroage à data da propositura da ação, o que significa dizer que, em execução fiscal para a cobrança de créditos tributários, o marco interruptivo da prescrição atinente à citação pessoal feita ao devedor (quando aplicável a redação original do inciso I do parágrafo único do art. 174 do CTN) ou ao despacho do juiz que ordena a citação (após a alteração do art. 174 do CTN pela Lei Complementar n. 118/2005) retroage à data do ajuizamento da execução, a qual deve ser proposta dentro do prazo prescricional. No supracitado recurso repetitivo, a 1ª Seção do STJ também deixou assentado que, nos termos do § 2º do art. 219 do CPC, "incumbe à parte promover a citação do réu nos 10 (dez) dias subsequentes ao despacho que a ordenar, não ficando prejudicada pela demora imputável exclusivamente ao serviço judiciário".
>
> (...).
>
> IV – No caso, o acórdão de segundo grau entendeu inaplicável a Súmula n. 106/STJ, e, examinando o contexto fático dos autos, consignou que, "ante a iminência de cumprir-se o prazo de prescrição, a Fazenda Pública poderia ter solicitado a citação do executado via edital, o que interromperia o lustro prescricional, porém deixou de tomar esta providência". Assim, o Tribunal de origem concluiu que "a demora na citação não pode ser imputada exclusivamente ao Poder Judiciário". (...).[20]

De fato, o art. 8º, III, da Lei 6.830/1980 é expresso em estatuir que, "se o aviso de recepção não retornar no prazo de 15 (quinze) dias da entrega da carta à agência postal, a citação será feita por oficial de justiça ou por edital". A Súmula 414/STJ, por sua vez, também é no sentido de autorizar, no caso, a citação por edital, ao assentar que "a citação por edital na execução fiscal é cabível quando frustradas as demais modalidades".

20. STJ, 2ª Turma, REsp/AgR 1.343.153-RS, rela. Min. Assusete Magalhães, j. 12.8.2014, *DJe* 22.8.2014.

Deve ser destacado na linha de entendimento acima que a parte tem o dever de tomar as medidas necessárias à citação, dentro do prazo prescricional estabelecido na legislação tributária, bem como em observância ao prazo de 10 dias, nos termos do Código vigente. Isso estabelece, portanto, ônus processual para a parte exequente para diligenciar com acuidade em prol da citação do executado.

Portanto, o atual Código consagra e explicita entendimento formado a muito custo em precedentes forjados sobre o plexo de lei e súmulas, harmonizando, então, o trato da matéria, perfeitamente aplicável às execuções fiscais, pela subsidiariedade do Código de Processo Civil à Lei 6.830/1980.

3.2 Execução fiscal e o incidente de desconsideração da personalidade jurídica

Uma das mais festejadas invocações do atual Código de Processo Civil consiste no disciplinamento da desconsideração da personalidade jurídica, suprimindo, assim, grave omissão legislativa, que ocasionava uma série de instabilidades e incertezas.

Já por sua colocação topográfica, no Título III da Parte Geral, que versa sobre a intervenção de terceiros no processo, Capítulo IV, percebe-se o rigor dado ao assunto, pois demonstra que a desconsideração é instrumento para se trazer ao processo quem originalmente não seria parte, exigindo, assim, contraditório e ampla defesa para tanto. De fato, a regra em nossa ordem jurídica é a eficácia da personificação da sociedade, que será relevada apenas em hipóteses excepcionais, a serem apuradas na forma do Código vigente.

Caso não seja requerida desde logo na petição inicial, a desconsideração deve ser tratada em incidente próprio, pelo quê demanda decisão autônoma e específica, precedida de manifestação do interessado e possibilidade de dilação probatória. Até então havia grandes questionamentos sobre como se proceder, acarretando, muitas vezes, decisões tomadas sem a prévia oitiva dos afetados, que eram surpreendidos mesmo com medidas restritivas a seu patrimônio.

É importante destacar que a inovação é apenas relacionada ao rito processual da desconsideração. O Código não trata dos requisitos autorizadores ou dos contornos da medida, o que continua a ser objeto das leis substanciais. O art. 133, § 1º, é expresso em estabelecer que "o pedido de desconsideração da personalidade jurídica observará os pressupostos previstos em lei". Portanto, não é o Código de Processo Civil/2015 que determina quando é possível a desconsideração; apenas traz o regramento de como será processada. Ele prevê a suspensão do processo ante sua instauração a requerimento da parte ou do Ministério Público, a possibilidade da desconsideração inversa e uma decisão interlocutória impugnável por agravo de instrumento. Não avança, repita-se, sobre os requisitos autorizadores.

O Código Civil, mais precisamente seu art. 50, continua a ser, então, a regra geral que traz os requisitos para desconsideração, ao preconizar que, "em caso de abuso da personalidade jurídica, caracterizado pelo desvio de finalidade, ou pela confusão patrimonial, pode o juiz decidir, a requerimento da parte, ou do Ministério Público quando lhe couber intervir no processo, que os efeitos de certas e determinadas relações de obrigações sejam estendidos aos bens particulares dos administradores ou sócios da pessoa jurídica".

Vale lembrar que existem normas especiais sobre o assunto, como o Código de Defesa do Consumidor. Contudo, aqui atentaremos para os requisitos do art. 50 do CC, por ser a norma invocável na seara tributária, que não possui regra específica. No direito tributário, portanto, a desconsideração da personalidade jurídica se dá nos termos dessa norma geral do direito privado. Além disso, não se pode confundir as hipóteses de responsabilidade dos sócios e administradores com a desconsideração da personalidade jurídica. São institutos distintos, com requisitos também diferentes.

Nesse sentido, Marçal Justen Filho ensina, com bastante acuidade, que "é perfeitamente cabível que o próprio Direito determine que, em certas relações jurídicas, a personificação societária será ignorada de modo total ou relativo".[21] O autor exemplifica tal hipótese com a responsabilidade dos sócios por débitos trabalhistas, mas o entendimento também pode ser aplicado aos casos de responsabilidade tributária, exaustivamente tratados na respectiva legislação. Em seguida, arremata:

> Em tal hipótese, nem caberia aludir propriamente a "desconsideração" da personalidade societária. Assim se passa porque a ordem

21. Marçal Justen Filho, "O novo regimente da desconsideração da personalidade societária e seus reflexos no âmbito do direito administrativo", in Eduardo Talamini, *Processo e Administração Pública*, Salvador, Juspodivm, 2016, p. 604.

jurídica estabelece, de modo absoluto, a ausência de eficácia da personalidade societária. Ou seja, não se trata de promover o afastamento dos efeitos da personificação, que, não fosse essa providência, teria prevalecido. Quando o Direito desde logo estabelece que a personificação societária não produzirá efeitos, não haverá propriamente "desconsideração" da pessoa jurídica.

Em seguida, acrescenta:

> Cogita-se de desconsideração da personalidade societária como uma providência excepcional, destinada a ser aplicada em face de uma situação concreta e específica. Então, trata-se de suspender, de modo anômalo, a eficácia da personificação societária. Isso significa que, não fosse a incidência da doutrina da desconsideração, a personificação seria admitida e produziria a sua eficácia própria.

A apuração da responsabilidade tributária não demanda, realmente, a "doutrina da desconsideração", nem é uma hipótese excepcional de responsabilizar quem não poderia, a princípio, ser responsabilizado. O Código Tributário Nacional indica o responsável como um dos possíveis sujeitos passivos tributários. Por via de consequência, tomando-se essa noção apropriada e estrita, o incidente não é exigível para as hipóteses de responsabilidade tributária, mesmo porque o correto é sua apuração prévia na instância administrativa, quando do lançamento do tributo, sendo os motivos autorizadores da responsabilidade tributária contemporâneos a esse procedimento.

Não é preciso, portanto, haver desconsideração da personalidade jurídica na via judicial para sujeição passiva tributária por responsabilidade. A coercibilidade administrativa, exercida nos termos do Código Tributário Nacional, autoriza o Fisco a lançar o tributo contra o responsável tributário, bastando a apuração administrativa de seus requisitos próprios pelo procedimento de lançamento, que é, por definição legal, o meio próprio para tanto. O art. 142 do CTN preceitua justamente que nele será identificado o sujeito passivo da relação tributária, que poderá, perfeitamente, ser o responsável tributário.

Assim, por exemplo, se o sócio administrador agiu com excesso de poderes ou infração à lei (que não inclui a simples falta de pagamento do tributo, nos termos da Súmula 430/STJ[22]), é possível, no lançamento,

22. "O inadimplemento da obrigação tributária pela sociedade não gera, por si só, a responsabilidade solidária do sócio-gerente."

apurar essa falta e colocá-lo, desde já, como sujeito passivo do crédito tributário constituído.

Fosse a responsabilidade tributária fruto da desconsideração da personalidade jurídica pela *doctrine of disregard of legal entity*, seria legítimo exigir da autoridade fazendária a via judicial e o procedimento agora criado pelo Código de Processo Civil/2015.

Não é raro, no entanto, encontrar quem se refira genericamente à desconsideração da personalidade jurídica mesmo na hipótese de responsabilidade tributária. É o que se observa no AgR no REsp 1.484.148, cuja ementa traz que "a *desconsideração da personalidade jurídica*, com a consequente invasão no patrimônio dos sócios para fins de satisfação de débitos da empresa, é medida de caráter excepcional, apenas admitida nas hipóteses expressamente previstas no art. 135 do CTN ou nos casos de dissolução irregular da empresa, que nada mais é que infração à lei".[23]

É possível, então, falar, em um sentido mais genérico (dir-se-ia impreciso) de desconsideração e um sentido mais específico (preciso). Repita-se: a responsabilidade tributária é hipótese comum de sujeição passiva tributária, a ser apurada no lançamento segundo as regras dos arts. 129 a 138 do CPC. Não é necessário haver abuso da personalidade jurídica, caracterizado pelo desvio de finalidade ou pela confusão patrimonial, conforme exigido pelo art. 50 do CC, a ser apurado na via judicial pelo novo incidente criado ou já na petição inicial de ação voltada para a exigência da dívida. Mencionar que é hipótese de desconsideração da personalidade societária é se valer de um conceito mais amplo, e que pode levar a confusões.

O conceito estrito parece ser o mais adequado. Tanto é assim que o redirecionamento da execução fiscal demanda a prévia apuração da responsabilidade tributária na instância administrativa, constando os nomes dos responsáveis na Certidão da Dívida Ativa/CDA. São, dessa forma, partes do processo, pelo quê dispensável um incidente para intervenção de terceiro ou o pedido de desconsideração na inicial. Não por outro motivo, o art. 779, VI, do CPC prevê expressamente que a execução pode ser promovida contra o responsável tributário, sem trazer qualquer exigência de ineficácia da personalidade jurídica. Por isso, o título executivo (CDA) já deve ser formado em face do responsável.

23. STJ, 2ª Turma, REsp/AgR 1.484.148-SP, rel. Min. Humberto Martins, j. 9.12.2014, *DJe* 15.12.2014.

Com efeito, o STJ entende que "é possível o redirecionamento da execução fiscal contra o sócio-gerente, cujo nome consta do título, desde que ele tenha agido com excesso de poderes, infração à lei ou estatuto, contrato social, ou na hipótese de dissolução irregular da empresa, não se incluindo o simples inadimplemento da obrigação tributária (art. 135 do CTN)".[24] O excesso de poderes, a infração à lei ou estatuto devem ser, como dito, previamente apurados na instância administrativa, sendo justamente o que autoriza a inserção do nome dos responsáveis na CDA e o ajuizamento da ação executiva contra eles.

Não se pode aleatoriamente inserir o nome dos sócios na CDA. Há, inclusive, regulamento da Procuradoria-Geral da Fazenda Nacional nesse sentido, pela Portaria PGFN-180/2010:

> Art. 2º. A inclusão do responsável solidário na Certidão de Dívida Ativa da União somente ocorrerá após a declaração fundamentada da autoridade competente da Secretaria da Receita Federal do Brasil (RFB) ou da Procuradoria-Geral da Fazenda Nacional (PGFN) acerca da ocorrência de ao menos uma das quatro situações a seguir: I – excesso de poderes; II – infração à lei; III – infração ao contrato social ou estatuto; IV – dissolução irregular da pessoa jurídica.
>
> Parágrafo único. Na hipótese de dissolução irregular da pessoa jurídica, os sócios-gerentes e os terceiros não sócios com poderes de gerência à época da dissolução, bem como do fato gerador, deverão ser considerados responsáveis solidários.
>
> (...).
>
> Art. 4º. Após a inscrição em Dívida Ativa e antes do ajuizamento da execução fiscal, caso o procurador da Fazenda Nacional responsável constate a ocorrência de alguma das situações previstas no art. 2º, deverá juntar aos autos documentos comprobatórios e, após, de forma fundamentada, declará-las e inscrever o nome do responsável solidário no anexo II da Certidão de Dívida Ativa da União.

Caso a inserção do nome do responsável na CDA não tenha obedecido a essas exigências, é possível mesmo questioná-la em juízo. Foi o que se observou no caso da seguinte ementa:

> Processual civil e tributário – Agravo regimental no recurso especial – Ofensa ao art. 535 do CPC não configurada – Redirecionamento

24. STJ, AgRg no AREsp 831298-SP, 2ª Turma, rela. Desa. Diva Malerbi, convocada do TRF-3ª Região, j. 5.4.2016, *DJe* 13.4.2016.

> de execução fiscal contra sócio da pessoa jurídica originalmente executada – Ausência de ilícito atribuível ao sócio, a fim de lhe impor responsabilidade pelas dívidas da sociedade empresária – Inclusão ilegítima de terceiro na CDA – Simples inadimplência que não equivale aos ilícitos previstos no art. 135 do CTN – Súmula n. 430/STJ – Reexame de fatos e provas – Inviabilidade diante do óbice da Súmula n. 7/STJ – Agravo regimental desprovido.
>
> 1. Diante da comprovação da ausência de dolo do sócio gestor, foi afastada a sua responsabilidade por dívidas tributárias da pessoa jurídica, impondo-se rejeitar a tese de ofensa ao art. 535 do CPC, que se funda na omissão do Tribunal de origem por deixar de se manifestar expressamente sobre a presunção de certeza e liquidez de que goza a CDA, a teor do art. 204 do CTN, porquanto irrelevante na hipótese em análise.
>
> 2. Conforme se depreende da Súmula n. 430/STJ, o inadimplemento da obrigação tributária pela sociedade não gera, por si só, a responsabilidade solidária do sócio-gerente.
>
> 3. No caso destes autos, esclareça-se, é inaplicável a orientação firmada sob o rito do art. 543-C do CPC no acórdão do REsp n. 1.104.900-ES, rela. Min. Denise Arruda, *DJe* 1.4.2009 – de que, se o nome do sócio consta da CDA, a ele incumbe o ônus da prova de que não ficou caracterizada nenhuma das circunstâncias previstas no art. 135 do CTN –, porque no caso sob análise se considerou ilegítima a própria inclusão do sócio na CDA, dada a ausência de ilícito atribuível à pessoa física, a fim de impor-lhe responsabilidade pelas dívidas da pessoa jurídica.
>
> 4. E pontue-se, por fim, que reexaminar os autos para concluir que a parte ora recorrida não teria demonstrado a inocorrência de ilícito, nos termos do art. 135 do CTN, é medida inviável no âmbito do recurso especial, a teor da orientação firmada na Súmula n. 7/STJ.
>
> 5. Agravo regimental desprovido.[25]

No entanto, surge uma dificuldade no caso de dissolução irregular da sociedade aferida pela frustração da citação no endereço de sua sede. Há entendimento firmado no STJ e inserto na Súmula 435 segundo o qual

> presume-se dissolvida irregularmente a empresa que deixar de funcionar no seu domicílio fiscal, sem comunicação aos órgãos competentes, legitimando o redirecionamento da execução fiscal para o sócio-gerente.

25. STJ, 1ª Turma, REsp/AgR 1.268.688-DF, rel. Min. Napoleão Nunes Maia Filho, j. 21.6.2016, *DJe* 29.6.2016.

Tem-se, então, situação distinta das anteriormente tratadas, em que a causa de responsabilidade tributária é anterior ao ajuizamento da execução fiscal, de modo a ser apurada no procedimento de lançamento, em que o indivíduo será intimado e poderá impugná-lo, exercendo, assim, o contraditório e a ampla defesa, ainda que na via administrativa.

Na situação da Súmula 435 há uma constatação posterior ao lançamento, precisamente por ocasião da frustração da citação na execução fiscal. A dificuldade aumenta ao se conjugar isso com outro entendimento, também do STJ, segundo o qual não cabe exceção de pré-executividade para demonstrar não ser caso de responsabilidade tributária, por demandar dilação probatória. Isso em razão da Súmula 393 do mesmo Tribunal:

> A exceção de pré-executividade é admissível na execução fiscal relativamente às matérias conhecíveis de ofício que não demandem dilação probatória.

É preciso, então, compreender a questão em conjunto. Inicialmente se deve ter em mente que é necessária a apuração da responsabilidade tributária, com a cientificação daquele que será, por esse motivo, colocado no polo passivo da relação tributária. Normalmente isso se dá na via administrativa, por ocasião do lançamento de ofício, que autoriza a impugnação pelo contribuinte, exercendo, assim, o contraditório e a ampla defesa. Não logrando êxito, seu nome será devidamente inserido na CDA, sendo parte passiva na execução fiscal, que poderá ser contra ele direcionada. Caso o contribuinte queira questionar essa responsabilidade apurada na instância administrativa, o meio próprio serão os embargos do devedor, por ser ação de conhecimento na qual se poderá realizar a propícia dilação probatória, pois não se tratará de simples vício formal, constatado documentalmente.

Por sua vez, caso a inserção do nome do sócio ou administrador na CDA não tenha sido precedida da devida apuração administrativa, o meio adequado é a exceção de pré-executividade, pois será fácil sua demonstração, por bastar a juntada de cópia do processo administrativo em que se evidenciará a omissão suficiente para elidir o redirecionamento. O mesmo se dá na situação de citação frustrada que presume a dissolução irregular, pois a prova mediante exceção de pré-executividade também será simples, não demandando maior dilação probatória.

Esse entendimento pela adequação da exceção de pré-executividade nesses casos já era possível sob o regime do Código anterior. Agora, é reforçado pelo art. 803, parágrafo único, cuja redação é a seguinte:

Art. 803. É nula a execução se: I – o título executivo extrajudicial não corresponder a obrigação certa, líquida e exigível; II – o executado não for regularmente citado; III – for instaurada antes de se verificar a condição ou de ocorrer o termo.

Parágrafo único. A nulidade de que cuida este artigo será pronunciada pelo juiz, de ofício ou a requerimento da parte, independentemente de embargos à execução.

Caso o nome do sócio ou gerente não esteja na CDA, tenha sido indevidamente inserido ou a presunção de dissolução irregular seja elidida por prova documental que demonstre o funcionamento da empresa ou outro motivo para não estar mais no domicílio fiscal informado, tem-se título inexigível em relação aos mesmos, e demonstrável de plano, pelo quê independe de embargos à execução, podendo a matéria ser suscitada via exceção.

Com isso, deve ser reconsiderado o alcance do precedente formado no REsp 1.110.925, cuja ementa é a seguinte:

Tributário – Execução fiscal – Sócio-gerente cujo nome consta da CDA – Presunção de responsabilidade – Ilegitimidade passiva arguida em exceção de pré-executividade – Inviabilidade – Precedentes.

1. A exceção de pré-executividade é cabível quando atendidos simultaneamente dois requisitos, um de ordem material e outro de ordem formal, ou seja: (a) é indispensável que a matéria invocada seja suscetível de conhecimento de ofício pelo juiz; e (b) é indispensável que a decisão possa ser tomada sem necessidade de dilação probatória.

2. Conforme assentado em precedentes da Seção, inclusive sob o regime do art. 543-C do CPC (REsp n. 1.104.900, Min. Denise Arruda, sessão de 25.3.2009), não cabe exceção de pré-executividade em execução fiscal promovida contra sócio que figura como responsável na Certidão de Dívida Ativa/CDA. É que a presunção de legitimidade assegurada à CDA impõe ao executado que figura no título executivo o ônus de demonstrar a inexistência de sua responsabilidade tributária, demonstração, essa, que, por demandar prova, deve ser promovida no âmbito dos embargos à execução.

3. Recurso especial provido – Acórdão sujeito ao regime do art. 543-C do CPC.[26]

Com efeito, conforme exposto, não é sempre que a exceção de pré-executividade não é cabível, mas tão somente quando tenha havido a

26. STJ, 1ª Seção, REsp 1.110.925-SP, rel. Min. Teori Albino Zavascki, j. 22.4.2009, *DJe* 4.5.2009.

devida e prévia apuração na instância administrativa, pois não haverá um vício formal ou apurável de plano, demandando ampla dilação probatória, viável de se operar apenas pelos embargos à execução.

Surge, ainda, dúvida sobre a possibilidade de manejo do incidente de desconsideração da personalidade jurídica caso o motivo autorizador da responsabilidade tributária – nos termos do Código Tributário Nacional – tenha sido levantando ou apurados indícios no curso da execução fiscal. É nesse ponto que a distinção entre o sentido estrito e o sentido amplo de desconsideração da personalidade jurídica se faz relevante.

Tomando-se o sentido estrito, não é possível o incidente, pois ele não se presta a esse fim, devendo ser procedido o lançamento tributário, se ainda não houver se verificado a decadência, com a constituição de novo título e o ajuizamento da respectiva execução. Por outro lado, tomando-se o sentido amplo, será possível, pois, tomando-se a responsabilização do sócio ou gerente nos termos do Código Tributário Nacional como caso de ineficácia excepcional da personalidade societária, o incidente se apresenta cabível. Advirta-se que a adoção do sentido genérico pode até facilitar a responsabilização nessa hipótese, pois prescindirá de novo lançamento no prazo decadencial, mas poderá importar dificuldades caso se queira aplicar amplamente o conceito, pois será coerente exigir, sempre, essa via judicial, mesmo quando a conduta do sócio ou gerente esteja sendo aferida em procedimento de fiscalização.

Acredita-se que o incidente de desconsideração da personalidade jurídica terá especial relevância e efetivamente suprime uma lacuna no direito tributário no caso de apuração da responsabilidade de grupos econômicos estruturados com o intuito de elidir o pagamento de tributos. Nessas hipóteses parece realmente pertinente o incidente ou o pedido na inicial para apurar os requisitos do art. 50 do CC.

Maria Rita Ferragut, em artigo específico sobre o assunto, explica que "para a configuração do grupo econômicos 'de fato' é necessário que (i) uma das sociedades tenha influência significativa na outra, sem controlá-la (coligada), ou (ii) uma das empesas seja titular de direitos de sócios sobre as outras que lhe assegurem, de modo permanente, preponderância nas deliberações sociais, em especial o de eleger a maioria dos administradores (art. 116, 'a'), hipótese em que será considerada sociedade controladora".[27] Esse grupo de fato tem que estar urdido para

27. Maria Rita Ferragut, "Grupos econômicos e solidariedade tributária", *RDDT* 229/88-101, São Paulo, Dialética, outubro/2014.

o fim de se evadir do pagamento de tributos, preenchendo as exigências do art. 50 do CC.

A simples constatação de um grupo econômico de fato, mesmo com esse ilícito intuito, não é suficiente para autorizar a responsabilidade tributária solidária criada pelo art. 124, I, do CTN, ao dispor que são solidariamente obrigadas "as pessoas que tenham interesse comum na situação que constitua o fato gerador da obrigação principal". Para configurar essa hipótese é necessário que todas as empresas pratiquem, em conjunto, o fato gerador do tributo. "Nos termos da jurisprudência pacífica do STJ, existe responsabilidade tributária solidária entre empresas de um mesmo grupo econômico apenas quando ambas realizem conjuntamente a situação configuradora do fato gerador, não bastando o mero interesse econômico na consecução de referida situação."[28] Outro julgado faz expressa referência à doutrina:

> Processual civil – Tributário – Recurso especial – ISS – Execução fiscal – Legitimidade passiva – Empresas pertencentes ao mesmo conglomerado financeiro – Solidariedade – Inexistência – Violação do art. 124, I, do CTN – Não ocorrência – Desprovimento.
>
> 1. "Na responsabilidade solidária de que cuida o art. 124, I, do CTN não basta o fato de as empresas pertencerem ao mesmo grupo econômico, o que, por si só, não tem o condão de provocar a solidariedade no pagamento de tributo devido por uma das empresas" (Harada, Kiyoshi, "Responsabilidade tributária solidária por interesse comum na situação que constitua o fato gerador").
>
> 2. Para se caracterizar responsabilidade solidária em matéria tributária entre duas empresas pertencentes ao mesmo conglomerado financeiro é imprescindível que ambas realizem conjuntamente a situação configuradora do fato gerador, sendo irrelevante a mera participação no resultado dos eventuais lucros auferidos pela outra empresa coligada ou do mesmo grupo econômico.
>
> 3. Recurso especial desprovido.[29]

Portanto, a desconsideração da personalidade jurídica é importante nas situações de grupos econômicos de fato fraudulentos, nos termos do art. 50 do CC, e que não tenham praticado conjuntamente o fato gera-

28. STJ, 2ª Turma, REsp/AgR 1.433.631-PE, rel. Min. Humberto Martins, j. 10.3.2015, *DJe* 13.3.2015.

29. STJ, 1ª Turma, REsp 834.044-RS, rela. Min. Denise Arruda, j. 11.11.2008, *DJe* 15.12.2008.

dor. Nessa hipótese não pode haver a constituição direta do crédito pelo lançamento, cabendo o pedido em juízo da ineficácia da personalidade jurídica, assegurados nessa instância o contraditório e a ampla defesa.

3.3 *As inovações no mandado de segurança pela subsidiariedade do Código de Processo Civil/2015*

Assunto que sempre ensejou uma série de discussões em torno do mandado de segurança diz respeito aos limites da aplicação subsidiária das normas processuais gerais codificadas, porquanto não há menção expressa nesse sentido. A atual norma de regência (Lei 12.016/2009) repetiu o erro da anterior (Lei 1.533/1951), prevendo, em seu art. 24, a aplicação subsidiária apenas das disposições sobre litisconsórcio. Em outras passagens alude ao agravo de instrumento, ao caos de denegação e às vedações da medida liminar. Em verdade, a lei atual é ainda pior, pois, em vez de mencionar o "Código de Processo Civil" ou a "legislação processual" de maneira ampla, indica a Lei 5.869/1973, que então veiculava o Código de Processo Civil. Conquanto não represente maiores barreiras hermenêuticas, tem-se uma técnica legislativa que não se encontra entre as melhores.

Nesse sentido, Eurico Ferraresi, recorrendo às lições de Cassio Scarpinella Bueno, escreve:

> O preceito é desnecessário. Apenas razões históricas justificam sua manutenção. O texto já era criticado na legislação anterior. Agora, ainda mais. Com efeito: "O dispositivo justifica-se muito mais por razões históricas do que por qualquer outra razão. A bem da verdade, ele é totalmente desnecessário nos dias atuais, dada a evidente e necessária aplicação subsidiária do Código de Processo Civil a toda e qualquer lei processual civil extravagante, ressalvadas, apenas, eventuais incompatibilidades funcionais que desvirtuariam a razão de ser da regulação de dado procedimento por lei especial".[30]

De fato, não se pode pôr seriamente em dúvidas a aplicação subsidiária ampla do Código de Processo Civil/2015 ao rito especial do mandado de segurança. Não fosse assim, seria mesmo inviável processar e julgar os muitos *writs* ajuizados diariamente, pois a lei específica não exaure o

30. Eurico Ferraresi, *Do Mandado de Segurança*, Rio de Janeiro, Forense, 2010, p. 132.

disciplinamento do processo e do procedimento, como seus pressupostos, tempo e forma dos atos processuais, requisitos da sentença – entre muitos outros. Dessa forma, é inevitável recorrer à legislação processual codificada.

O limite que se tem para essa aplicação subsidiária é a própria natureza do mandado de segurança como um rito sumário e especial voltado a debelar ato inválido perpetrado por autoridade pública contra direito líquido e certo, o que afasta a aplicação de preceitos que atentem contra essas características, quebrando, por via de consequência, o conjunto sistemático estruturado para tanto pela lei específica.

Celso Agrícola Barbi, em sua clássica obra sobre o tema, ensina que "o mandado de segurança é ação de cognição, que se exerce através de um procedimento especial da mesma natureza, de caráter documental, pois só admite prova dessa espécie, e caracterizado também pela forma peculiar de execução do julgado".[31] Mais estritamente, Hely Lopes Meirelles bem ressalta que o mandado de segurança

> distingue-se das demais ações apenas pela especificidade de seu objeto e pela sumariedade de seu procedimento, que lhe é próprio, aplicando-se, subsidiariamente, as regras do Código de Processo Civil. (...).[32]

É necessário haver, é certo, a compatibilidade com outros princípios constitucionais que sejam condensados pelo Código vigente. Por isso, o princípio da primazia do julgamento de mérito, ínsito à efetividade da tutela jurisdicional, por exemplo, com todos os seus consectários regrados no Código, é plenamente compatível com o mandado de segurança, pois não atenta contra a natureza processual célere desse remédio constitucional.

Ao se considerar, portanto, a magnitude que a presteza na prestação da tutela jurisdicional assume nessa ação constitucional, emerge a questão de saber se as novas disposições sobre tutela provisória se aplicariam a ele, de modo a redimensionar mesmo sua antiga medida liminar.

Como sabido, o Código de Processo Civil/2015 abandonou a antecipação de tutela e sua fungibilidade com as liminares cautelares em prol de uma tutela provisória contida no Livro V da Parte Geral, arts. 294-311.

31. Celso Agrícola Barbi, *Do Mandado de Segurança*, 10ª ed., Rio de Janeiro, Forense, 2002, p. 44.

32. Hely Lopes Meirelles, *Mandado de Segurança* e Ações Constitucionais, 36ª ed., São Paulo, Malheiros Editores, 2014, p. 31.

Divide-se em tutela de urgência (arts. 300-310) e tutela de evidência (art. 311). A tutela provisória de urgência, com natureza cautelar ou antecipatória, pode ser antecedente (arts. 303-310) ou incidental.

Em rápidas linhas, a tutela provisória de urgência em caráter antecedente permite o ajuizamento dessa medida apenas para debelar a situação premente, previamente ao pedido principal ou final da tutela jurisdicional. No caso da tutela antecipada, sendo concedida (art. 303[33]), ela se torna estável se não for interposto recurso contra a decisão que a conceder.

É fácil perceber que essa medida não se compatibiliza com o rito do mandado de segurança, pois o subverte plenamente, viabilizando a extinção da ação sem uma apreciação meritória, que, por natureza, deve ser célere e sem maiores óbices procedimentais.

Não se desconhece prática equivocada de muitos julgadores que proporciona efeito prático similar ao da estabilização de uma tutela provisória de urgência concedida em caráter antecedente, consistente na extinção do mandando de segurança por perda do objeto após a satisfação da medida liminarmente deferida.[34] No entanto, não se pode proceder dessa forma,

33. CPC/2015:

"Art. 303. Nos casos em que a urgência for contemporânea à propositura da ação, a petição inicial pode limitar-se ao requerimento da tutela antecipada e à indicação do pedido de tutela final, com a exposição da lide, do direito que se busca realizar e do perigo de dano ou do risco ao resultado útil do processo.

"§ 1º. Concedida a tutela antecipada a que se refere o *caput* deste artigo: I – o autor deverá aditar a petição inicial, com a complementação de sua argumentação, a juntada de novos documentos e a confirmação do pedido de tutela final, em 15 (quinze) dias ou em outro prazo maior que o juiz fixar; II – o réu será citado e intimado para a audiência de conciliação ou de mediação na forma do art. 334; III – não havendo autocomposição, o prazo para contestação será contado na forma do art. 335.

"§ 2º. Não realizado o aditamento a que se refere o inciso I do § 1º deste artigo, o processo será extinto sem resolução do mérito.

"§ 3º. O aditamento a que se refere o inciso I do § 1º deste artigo dar-se-á nos mesmos autos, sem incidência de novas custas processuais.

"§ 4º. Na petição inicial a que se refere o *caput* deste artigo, o autor terá de indicar o valor da causa, que deve levar em consideração o pedido de tutela final.

"§ 5º. O autor indicará na petição inicial, ainda, que pretende valer-se do benefício previsto no *caput* deste artigo.

"§ 6º. Caso entenda que não há elementos para a concessão de tutela antecipada, o órgão jurisdicional determinará a emenda da petição inicial em até 5 (cinco) dias, sob pena de ser indeferida e de o processo ser extinto sem resolução de mérito."

34. "Apelação cível – Mandado de segurança – Realização de feira de Ibitinga em São Luiz Gonzaga – Perda de objeto – Inocorrência. 1. O deferimento de liminar

porquanto, ainda assim, a autoridade impetrada tem o direito de perseguir, mesmo nas instâncias recursais, provimento jurisdicional distinto, nem que seja para formar um precedente a ser alegado a seu favor no futuro.

Diferentemente ocorre com a tutela provisória de evidência, que não só bem se compatibiliza com a natureza do mandado de segurança como também incrementa sua principal característica de viabilizar pronto provimento jurisdicional. O art. 311 do CPC assim dispõe:

> Art. 311. A tutela da evidência será concedida, independentemente da demonstração de perigo de dano ou de risco ao resultado útil do processo, quando: I – ficar caracterizado o abuso do direito de defesa ou o manifesto propósito protelatório da parte; II – as alegações de fato puderem ser comprovadas apenas documentalmente e houver tese firmada em julgamento de casos repetitivos ou em súmula vinculante; III – se tratar de pedido reipersecutório fundado em prova documental adequada do contrato de depósito, caso em que será decretada a ordem de entrega do objeto custodiado, sob cominação de multa; IV – a petição inicial for instruída com prova documental suficiente dos fatos constitutivos do direito do autor, a que o réu não oponha prova capaz de gerar dúvida razoável.
>
> Parágrafo único. Nas hipóteses dos incisos II e III, o juiz poderá decidir liminarmente.

O inciso III, transcrito, não possui qualquer pertinência com o mandado de segurança, e quanto ao inciso I é difícil imaginar sua incidência em um mandando de segurança, porquanto não se consegue admitir, ao menos teoricamente, abuso de direito de defesa ou manifesto caráter

não implica, necessariamente, em perda do objeto do mandado de segurança e não impossibilita a apreciação de mérito, embora se afigure desnecessário o enfrentamento de mérito do mandado de segurança no que tange à realização da feira e à definição do seu horário de funcionamento, pois, no ponto, a liminar é satisfativa. Todavia, ainda assim, afigura-se descabida a extinção do feito por perda de objeto. De um lado, porque a cognição exarada em sede de liminar/antecipação de tutela é sumária e enseja juízo provisório. De outro lado, há manifesto interesse da parte impetrada, no mínimo, quanto ao enfrentamento da pretensão de declaração de ilegalidade da legislação municipal invocada. 2. Aplicação do art. 515, § 3º, do CPC, uma vez que se trata de matéria unicamente de direito e o feito está maduro para julgamento. 3. Sob o escopo de deter competência para legislar sobre assuntos de interesse local (art. 30 da CF) e com o intuito de proteção do varejo local, não pode o Município impor restrições ao exercício de atividade econômica, a partir de exigências excessivas que ferem o livre comércio – Apelação parcialmente provida" (TJRS, 2ª Câmara Cível, Serviço de Apoio Jurisdição, ACi 70041354028, rel. Des. Ricardo Torres Hermann, j. 14.8.2013).

protelatório no rito mandamental sumário. Na resposta da autoridade e possível manifestação do ente público, e mesmo após ambas, não se consegue ver oportunidade de realizar expedientes protelatórios e exorbitantes à regular defesa.

Por sua vez, os incisos II e IV trazem previsões perfeitamente compatíveis com a natureza processual do mandando de segurança, inclusive com sua mais peculiar característica da exclusividade da prova documental. Portanto, é, sim, cabível e, mesmo, necessária a aplicação subsidiária dessas disposições ao mandando de segurança em matéria tributária.

4. *Novos contornos da coisa julgada em matéria tributária*

Em trabalho anterior,[35] também sob a organização do professor Hugo de Brito Machado, teve-se a oportunidade de realizar mais detida análise sobre a coisa julgada em matéria tributária, incluindo suas hipóteses de relativização.

Naquela oportunidade examinaram-se as várias espécies de decisões transitadas em julgado sobre matéria constitucional em controle de constitucionalidade difuso ou concentrado. Foram apontados:

> (a) Julgado que ofende diretamente a Constituição, seja por seu dispositivo, seja por fundamentos que tratam diretamente de matéria constitucional: (a.1) julgado que foi confirmado pelo STF mediante entendimento que não foi modificado posteriormente; (a.2) julgado que foi confirmado pelo STF mediante entendimento que foi modificado posteriormente; (a.3) julgado que aplicou norma contida em emenda constitucional posteriormente declarada inconstitucional em controle abstrato com efeito *ex nunc*; (a.4) julgado que aplicou norma contida em emenda constitucional posteriormente declarada inconstitucional em controle abstrato com efeito *ex tunc*; (a.5) julgado que deixou de aplicar norma contida em emenda constitucional, sob o fundamento de inconstitucionalidade, e que posteriormente é declarada constitucional.
>
> (b) Decisão que aplica norma infraconstitucional que posteriormente é declarada inconstitucional em controle abstrato com efeito *ex tunc*.

35. Juraci Mourão Lopes Filho, "Relativização da coisa julgada no direito processual tributário", in Hugo de Brito Machado (org.), *Coisa Julgada – Constitucionalidade e Legalidade em Matéria Tributária*, São Paulo/Fortaleza, Dialética/ICET, 2006, pp. 227-261.

(c) Decisão que aplica norma infraconstitucional que posteriormente é declarada inconstitucional em controle abstrato com efeito *ex nunc*.

(d) Decisão que não aplica norma sob o fundamento de inconstitucionalidade, mas posteriormente a norma é declarada constitucional pelo controle abstrato.

(e) Decisão que aplica norma infraconstitucional que posteriormente é declarada inconstitucional em controle difuso, sem resolução do Senado Federal.

(f) Decisão que aplica norma infraconstitucional que posteriormente é declarada inconstitucional em controle difuso, com resolução do Senado Federal.

(g) Decisão que não aplica norma sob o fundamento de inconstitucionalidade, mas posteriormente a norma é declarada constitucional pelo controle difuso.

O art. 525, §§ 12-15, trata justamente dessas hipóteses, permitindo a revisão da coisa julgada, segundo critérios que disciplina e que eram inexistentes naquela oportunidade. O Código também soluciona o maior problema identificado à época, consistente no meio processual adequado e no prazo para impugnar coisa julgada inconstitucional aferida por divergência de entendimento com o STF, pois bem disciplina o prazo da rescisória para tanto, indicando-a como o meio específico para esse fim. Tem-se, então, que o Código confirmou algumas das conclusões ali contidas, mesclou umas e inviabilizou outras. Dispõem seus enunciados:

Art. 525. (...).

§ 12. Para efeito do disposto no inciso III do § 1º deste artigo, considera-se também inexigível a obrigação reconhecida em título executivo judicial fundado em lei ou ato normativo considerado inconstitucional pelo Supremo Tribunal Federal, ou fundado em aplicação ou interpretação da lei ou do ato normativo tido pelo Supremo Tribunal Federal como incompatível com a Constituição Federal, em controle de constitucionalidade concentrado ou difuso.

§ 13. No caso do § 12, os efeitos da decisão do Supremo Tribunal Federal poderão ser modulados no tempo, em atenção à segurança jurídica.

§ 14. A decisão do Supremo Tribunal Federal referida no § 12 deve ser anterior ao trânsito em julgado da decisão exequenda.

§ 15. Se a decisão referida no § 12 for proferida após o trânsito em julgado da decisão exequenda, caberá ação rescisória, cujo prazo será contado do trânsito em julgado da decisão proferida pelo Supremo Tribunal Federal.

Necessária, então, uma comparação do que se apresentou anteriormente com o que se pode entender válido sob o Código de Processo Civil/2015.

Tratando-se de julgado sobre matéria constitucional que foi confirmado pelo STF mediante entendimento que não foi modificado posteriormente, entendia-se que seria impossível a revisão da coisa julgada, por se carecer de um dado objetivo consistente justamente na modificação de orientação jurisprudencial. Vale destacar que aqui não se admite desafiar o precedente formado pelo Supremo por entendê-lo, por alguma razão de coerência, integridade ou justificação, inaplicável a um julgamento posterior, mas de rever julgamento já ocorrido no passado e acobertado pela coisa julgada e que segue orientação superior. Assim, não se pode recorrer ao desafio de que se trata de medida para não se aplicar precedente a novo julgamento. O CPC atual encampa essa proposta ao exigir, no art. 525, § 12, que haja uma decisão posterior da Corte Maior em sentido contrário àquele contido na decisão transitada em julgado.

Por sua vez, o julgado sobre matéria constitucional mediante entendimento que foi modificado posteriormente pelo STF se amolda exatamente ao que dispõe o art. 525, § 12, do CPC/2015, apresentando conclusões diferentes a algumas que foram apresentadas. No trabalho de 2006 se entendia não ser possível a revisão do julgado quando a orientação posterior se firmava em controle difuso, por não ter o precedente eficácia *erga omnes* e efeito vinculante. Fundamentou-se isso mediante a análise dos textos legais então vigentes.

Em função da entrada em vigor das disposições acima citadas, há de se entender diversamente. O § 12 é explícito em autorizar a revisão do julgado, inclusive propondo sua ineficácia como título executivo, mesmo tratando-se de precedente formado em controle difuso, independentemente de resolução do Senado Federal. O § 13 ainda prevê a possibilidade de modular os efeitos da rescisão ou ineficácia do julgado, ou seja, permite-se o ataque à decisão pretérita, autorizando, ainda, verificar que o novo precedente será utilizado para reger as relações que antes estavam cobertas pela decisão transitada em julgado.

Sendo um julgamento que aplicou norma contida em emenda constitucional (item "a.3", acima) ou lei (item "c", acima) posteriormente declarada inconstitucional em controle abstrato com efeito *ex nunc*, concluía-se que admitir a impugnação do trânsito em julgado por ação própria é emprestar incondicional efeito retroativo à decisão para a qual o Supremo não o deferiu. De fato, se a inconstitucionalidade somente opera a partir de então é porque o STF julgou que era melhor à ordem pública admitir a persistência de atos praticados sob a égide de norma inconstitucional. O próprio art. 27 da Lei 9.868/1999 deixa evidente a delimitação dos efeitos da ação direta de inconstitucionalidade ou da ação declaratória de constitucionalidade em casos relevantes ao prescrever que,

> ao declarar a inconstitucionalidade de lei ou ato normativo, e tendo em vista razões de segurança jurídica ou de excepcional interesse social, poderá o Supremo Tribunal Federal, por maioria de dois terços de seus membros, restringir os efeitos daquela declaração ou decidir que ela só tenha eficácia a partir de seu trânsito em julgado ou de outro momento que venha a ser fixado.

Esse entendimento não parece mais ser válido, porque o § 12 é expresso em determinar a rescisão do julgado com a simples superveniência do julgamento em controle de constitucionalidade em sentido contrário. A irretroatividade do efeito *ex nunc* dirá respeito aos atos jurídicos praticados sob o manto da decisão rescindida, que continuarão por ela regidos; ou seja: colherá apenas e tão somente atos do novo precedente em diante.

No que toca a julgado que aplicou norma contida em emenda constitucional (item "a.4", acima) ou lei (item "b") posteriormente declarada inconstitucional em controle abstrato com efeito *ex tunc* a solução atual harmoniza-se com a que foi apresentada anteriormente, cabendo os mesmos destaques anteriores, mesmo porque se teve em mente o art. 741 do CPC/1973, que prescrevia:

> Para efeito do disposto no inciso II deste artigo, [*inexigibilidade do título*] considera-se também inexigível o título judicial fundado em lei ou ato normativo declarados inconstitucionais pelo Supremo Tribunal Federal ou em aplicação ou interpretação tidas por incompatíveis com a Constituição Federal.

Em função desse dispositivo, semelhante, embora mais restrito, ao § 12 do atual art. 525, defendeu-se que o efeito *ex tunc* desconstituía a coisa julgada, mas se deveria atentar para como regular as situações praticadas sob o manto da decisão rescindida.

Assim, mesmo considerando que o efeito retroativo infirma a coisa julgada, temos que assentar o seguinte: ele autoriza a rescisão do julgado, porém a sentença procedente dessa segunda ação não terá efeito retroativo, sobretudo tratando-se de matéria tributária que importe o pagamento retroativo de tributos no caso de declaração e inconstitucionalidade de uma norma de isenção, por exemplo. Seria realmente nefasto defender que a rescisão de julgados, somada ao efeito retroativo das ações constitucionais, teria o condão de também anular atos praticados com base em sentença transitada em julgado, até mesmo porque tais atos foram praticados com fundamento de validade, digamos, dúplice, pois, além da disposição normativa (até então válida), havia outro ato estatal (decisão jurisdicional) validando sua prática e determinando seus efeitos.

No caso de gerar retroativamente o dever de pagar tributo, repita-se, é ainda mais absurdo, porque infirma princípio do Sistema Tributário Nacional, o qual o controle de constitucionalidade tem como fim preservar. Sobre a impossibilidade de o efeito *ex tunc* prejudicar os particulares, Hugo de Brito Machado já proferiu parecer:

> (...) podemos chegar às seguintes conclusões: (1º) A decisão do STF que declara inconstitucional uma lei ou outro ato normativo, no controle concentrado, tem natureza de ato legislativo negativo ou revogador, porque exclui do ordenamento jurídico a norma inconstitucional. (2º) Excluída do sistema jurídico a lei declarada inconstitucional, fica restabelecida a norma, seja de lei ou de outro ato normativo, por aquela revogada. (3º) No plano do direito intertemporal, portanto, os efeitos da decisão que declara a inconstitucionalidade devem ser os mesmos de qualquer norma jurídica nova. (4º) Assim, quando o restabelecimento da norma que fora revogada pela lei declarada inconstitucional implica gravame para o contribuinte, atribuir efeitos retroativos à decisão que declara a inconstitucionalidade de lei ou outros atos normativos, é de se esperar que a Corte Maior, valendo-se da ressalva feita pelo art. 27 da referida lei, negue esse efeito retroativo sempre que o mesmo signifique a criação ou a majoração de tributo ou, ainda, de um modo geral, imponha gravame ao cidadão.[36]

Assim sendo, figuremos duas hipóteses: (a) a emenda ou lei aplicada importava pagamento de obrigação tributária mais elevada; (b) a emenda ou lei constitucional trazia uma regra que diminuía o montante recolhido. Na primeira hipótese (descrita em "a"), se contribuinte havia ajuizado

36. Hugo de Brito Machado, "Declaração de inconstitucionalidade e direito intertemporal", *RDDT* 57/82, São Paulo, Dialética, junho/2000.

uma ação em que combatia esse aumento e teve a ação julgada improcedente, sobrevindo posterior decisão que considerou inconstitucional a norma majorante, a sentença que vier a anular essa primeira decisão (que entendeu válida a norma majorante) poderá retroagir, porque não há qualquer princípio tributário a impedir, pelo quê pode o contribuinte pleitear a repetição de indébito. Por outro lado, na segunda hipótese a retroação da segunda decisão ocasionaria a criação retroativa de obrigação tributária (já que a norma minorante desapareceria), o que é impedido pelos princípios tributários.

Por sua vez, em relação a julgado que deixou de aplicar norma contida em emenda constitucional (item "a.5"), sob o fundamento de inconstitucionalidade, e que posteriormente é declarada constitucional, acredita-se que o Código/2015 autoriza o entendimento de ser impugnável a decisão, porque, indubitavelmente, houve uma decisão que nega vigência a norma constitucional. Aqui não se trata de perquirir acerca de efeito retroativo ou não, porquanto a declaração de constitucionalidade somente confirma a presunção de constitucionalidade que a norma possuía, é um pronunciamento certeza.

No caso de decisão que julgou inconstitucional lei posteriormente declarada constitucional por controle difuso, tem-se, em verdade, hipótese de ilegalidade, cabendo ação rescisória nos moldes gerais, valendo apenas a aplicação analógica da contagem do prazo previsto no § 15 do art. 525.

Por fim, entende-se que o atual Código tornou plenamente impertinentes as conclusões apresentadas que apontam a impossibilidade de revisão da coisa julgada quando o entendimento posterior e divergente é veiculado por decisão em controle difuso de constitucionalidade, porquanto o § 12 do art. 525 é expresso em autorizar isso. Assim, entende-se aplicáveis a essa situação as soluções apontadas acima de quando o precedente é veiculado por precedente em controle concentrado com efeito *ex tunc*, pois será a lei declarada válida a regular os atos pretéritos, conforme deveria ter ocorrido, não fosse a decisão rescindida, sendo, porém, aqui, relevante a modulação prevista no § 13 do mesmo artigo.

5. *Aspectos diversos sobre o processo tributário em função do Código*

5.1 *O pagamento de ITCMD e o processo de inventário*

No concernente à comprovação do recolhimento do ITCMD no processo de inventário, o art. 654, parágrafo único, assim dispõe:

Art. 654. Pago o imposto de transmissão a título de morte e juntada aos autos certidão ou informação negativa de dívida para com a Fazenda Pública, o juiz julgará por sentença a partilha.

Parágrafo único. A existência de dívida para com a Fazenda Pública não impedirá o julgamento da partilha, desde que o seu pagamento esteja devidamente garantido.

A literalidade do dispositivo autoriza o julgamento da partilha a despeito do pagamento do respectivo imposto *causa mortis*, desde que o valor esteja garantido. Conforme ensina Pedro Alexandre Moreira, "a inovação visa a resolver uma situação frequente nos processos de inventário regidos pelo antigo diploma processual, que permitia interpretações no sentido de que a sentença de partilha estaria condicionada ao pagamento do Imposto de Transmissão e à presença da respectiva certidão".[37]

Possível se entender, portanto, que, sendo informado pelo Fisco o valor tido por devido, é possível a extinção do processo de inventário mediante o depósito da quantia exigida, continuando o contribuinte a discutir na via administrativa o valor que entende correto, se for o caso. Com o julgamento converte-se o total do depósito em renda, no caso de prevalecer o entendimento inicial, ou apenas a parte tida por devida, levantando o contribuinte a quantia maior a seu favor.

5.2 *Honorários sucumbenciais*

Grave preocupação durante a tramitação do Projeto de Lei que originou o atual Código foi a fixação de regras sobre os honorários sucumbenciais. Tanto é assim que o número de disposições a respeito aumentou bastante, se comparado a seu anterior. E nesse tocante a mudança das regras sobre os parâmetros de condenação das ações envolvendo a Fazenda Pública foi ainda mais determinante.

Infelizmente a prática forense demonstrava reiterada postura de condenação em honorários irrisórios, tanto quando o Poder Público restava sucumbente quando restava vencedor. Não havia qualquer motivo para tanto, carecendo as decisões, mesmo, de fundamentação nesse tocante, que constava em passagem final e sintética na sentença. A esse respeito, destacando especialmente o caso de a Fazenda Pública ser sucumbente, Hugo de Brito Machado Segundo muito bem leciona que,

37. In Lenio Luiz Streck, Leonardo Carneiro da Cunha e Dierle Nunes, *Comentários ao Código de Processo Civil*, cit., p. 886.

> sob o argumento de que a Fazenda Pública "é a própria comunidade", muitos juízes praticamente a eximem do pagamento da verba honorária de sucumbência, valendo-se do poder, aparentemente amplo, que lhes confere o art. 20, § 4o, do CPC.[38]

Justamente para pôr fim a essa criticada amplitude de avaliação judicial sobre os honorários sucumbenciais, o atual Código de Processo Civil trouxe faixas de percentuais nas quais a margem de variação é bem menor. É o que se observa no art. 85, § 3º:

> Art. 85. A sentença condenará o vencido a pagar honorários ao advogado do vencedor. (...).
>
> § 3º. Nas causas em que a Fazenda Pública for parte, a fixação dos honorários observará os critérios estabelecidos nos incisos I a IV do § 2º e os seguintes percentuais: I – mínimo de 10 (dez) e máximo de 20% (vinte por cento) sobre o valor da condenação ou do proveito econômico obtido até 200 (duzentos) salários-mínimos; II – mínimo de 8 (oito) e máximo de 10% (dez por cento) sobre o valor da condenação ou do proveito econômico obtido acima de 200 (duzentos) salários-mínimos até 2.000 (dois mil) salários-mínimos; III – mínimo de 5 (cinco) e máximo de 8% (oito por cento) sobre o valor da condenação ou do proveito econômico obtido acima de 2.000 (dois mil) salários-mínimos até 20.000 (vinte mil) salários-mínimos; IV – mínimo de 3 (três) e máximo de 5% (cinco por cento) sobre o valor da condenação ou do proveito econômico obtido acima de 20.000 (vinte mil) salários-mínimos até 100.000 (cem mil) salários-mínimos; V – mínimo de 1 (um) e máximo de 3% (três por cento) sobre o valor da condenação ou do proveito econômico obtido acima de 100.000 (cem mil) salários-mínimos.

A utilização desses critérios é proporcional, ou seja, o valor maior, que se enquadre no inciso V, é distribuído pelas várias faixas, segundo o respectivo valor, não sendo utilizado tão somente o percentual deste último inciso.

Por óbvio, a fixação do percentual dentro dos limites de cada faixa deve ser fundamentada, expondo o juiz as razões para tanto, percorrendo todos os aspectos disposto no mesmo artigo, como o grau de zelo do profissional, o lugar da prestação do serviço, a natureza e a importância

38. Hugo de Brito Machado Segundo, *Processo Tributário*, 6ª ed., São Paulo, Atlas, 2012, p. 489.

da causa, o trabalho realizado pelo advogado e o tempo exigido para seu serviço.

Nas execuções fiscais em cuja Certidão da Dívida Ativa/CDA sejam incluídos encargos de cobrança, eles substituem os honorários sucumbenciais, elidindo a incidência desse dispositivo. Nesse sentido é pacífico o entendimento do STJ, como é possível aferir da seguinte ementa:

> Processo civil – Recurso especial representativo de controvérsia – Art. 543-C do CPC – Embargos à execução fiscal promovida pela Fazenda Nacional – Desistência, pelo contribuinte, da ação judicial para fins de adesão a programa de parcelamento fiscal – Honorários advocatícios (art. 26 do CPC) – Descabimento – Verba honorária compreendida no encargo de 20% previsto no Decreto-lei n. 1.025/1969.
>
> 1. A condenação, em honorários advocatícios, do contribuinte que formula pedido de desistência dos embargos à execução fiscal de créditos tributários da Fazenda Nacional, para fins de adesão a programa de parcelamento fiscal, configura inadmissível *bis in idem*, tendo em vista o encargo estipulado no Decreto-lei n. 1.025/1969, que já abrange a verba honorária (precedentes da 1ª Seção: EREsp n. 475.820-PR, rel. Min. Teori Albino Zavascki, j. 8.10.2003, *DJU* 15.12.2003; EREsp n. 412.409-RS, rela. Min. Eliana Calmon, j. 10.3.2004, *DJU* 7.6.2004; EREsp n. 252.360-RJ, rel. Min. Herman Benjamin, j. 13.12.2006, *DJU* 1.10.2007; e EREsp n. 608.119-RS, rel. Min. Humberto Martins, j. 27.6.2007, *DJU* 24.9.2007. Precedentes das Turmas de Direito Público: REsp n. 1.006.682-RJ, rela. Min. Eliana Calmon, 2ª Turma, j. 19.8.2008, *DJe* 22.9.2008; AgR no REsp n. 940.863-SP, rel. Min. José Delgado, 1ª Turma, j. 27.5.2008, *DJe* 23.6.2008; REsp n. 678.916-RS, rel. Min. Teori Albino Zavascki, 1ª Turma, j. 15.4.2008, *DJe* 5.5.2008; AgR nos ED no REsp n. 767.979-RJ, rela. Min. Eliana Calmon, 2ª Turma, j. 9.10.2007, *DJU* 25.10.2007; REsp n. 963.294-RS, rel. Min. Teori Albino Zavascki, 1ª Turma, j. 2.10.2007, *DJU* 22.10.2007; e REsp n. 940.469-SP, rel. Min. Castro Meira, 2ª Turma, j. 11.9.2007, *DJU* 25.9.2007).
>
> 2. A Súmula n. 168 do TFR cristalizou o entendimento de que: "O encargo de 20%, do Decreto-lei n. 1.025, de 1969, é sempre devido nas execuções fiscais da União e substitui, nos embargos, a condenação do devedor em honorários advocatícios".
>
> 3. Malgrado a Lei n. 10.684/2003 (que dispôs sobre parcelamento de débitos junto à Secretaria da Receita Federal, à Procuradoria-Geral da Fazenda Nacional e ao Instituto Nacional do Seguro Social) estipule o percentual de 1% do valor do débito consolidado a título de verba de sucumbência, prevalece o entendimento jurisprudencial de que a fixa-

ção da verba honorária nas hipóteses de desistência da ação judicial para adesão a programa de parcelamento fiscal revela-se casuística, devendo ser observadas as normas gerais da legislação processual civil.

4. Consequentemente, em se tratando de desistência de embargos à execução fiscal de créditos da Fazenda Nacional, mercê da adesão do contribuinte a programa de parcelamento fiscal, descabe a condenação em honorários advocatícios, uma vez já incluído, no débito consolidado, o encargo de 20% previsto no Decreto-lei n. 1.025/1969, no qual se encontra compreendida a verba honorária.

5. *In casu*, cuida-se de embargos à execução fiscal promovida pela Fazenda Nacional em que o embargante procedeu à desistência da ação para fins de adesão a programa de parcelamento fiscal (Lei n. 10.684/2003), razão pela qual não merece reforma o acórdão regional que afastou a condenação em honorários advocatícios, por considerá-los "englobados no encargo legal de 20% previsto no Decreto-lei n. 1.025/1969, o qual substitui, nos embargos, a condenação do devedor em honorários advocatícios".

6. Recurso especial desprovido – Acórdão submetido ao regime do art. 543-C do CPC e da Resolução STJ n. 8/2008.[39]

Mesmo sendo execução contra massa falida, em que, a princípio, não caberia condenação em honorários, o STJ entendeu devidos os encargos:

Direito processual civil e tributário – Recurso especial – Execução fiscal – Encargo de 20% previsto no Decreto-lei n. 1.025/1969 – Massa falida – Exigibilidade – Precedentes da 1ª Seção – Recurso representativo de controvérsia – Art. 543-C do CPC e Resolução n. 8/STJ.

1. Hipótese em que se discute a exigibilidade do encargo de 20% previsto no Decreto-lei n. 1.025/1969 nas execuções fiscais propostas contra massa falida, tendo em vista o disposto no art. 208, § 2º, da antiga Lei de Falências, segundo o qual: "A massa não pagará custas a advogados dos credores e do falido".

2. A 1ª Seção consolidou entendimento no sentido de que o encargo de 20%, imposto pelo art. 1º do Decreto-lei n. 1.025/1969, pode ser exigido da massa falida – Precedentes: EREsp n. 668.253-PR, rel. Min. Herman Benjamin; EREsp n. 466.301-PR, rel. Min. Humberto Martins; EREsp n. 637.943-PR, rel. Min. Castro Meira; e EREsp n. 448.115-PR, rel. Min. José Delgado.

39. STJ, 1ª Seção, REsp 1.143.320-RS, rel. Min. Luiz Fux, j. 12.5.2010, *DJe* 21.5.2010.

3. Recurso afetado à Seção, por ser representativo de controvérsia, submetido ao regime do art. 543-C do CPC e da Resolução n. 8/STJ.

4. Recurso especial provido.[40]

Naturalmente, nas demais ações, que não a execução fiscal, os honorários sucumbenciais serão fixados em favor da Fazenda Pública nos termos do art. 85, § 3º, porquanto sua literalidade impõe seus parâmetros tanto na vitória quanto na derrota do ente público.

Outra novidade do Código de Processo Civil/2015 é a possibilidade de agravamento do percentual dos honorários sucumbenciais na instância recursal. O § 11 do mesmo art. 85 prescreve que

> o tribunal, ao julgar recurso, majorará os honorários fixados anteriormente levando em conta o trabalho adicional realizado em grau recursal, observando, conforme o caso, o disposto nos §§ 2º a 6º, sendo vedado ao tribunal, no cômputo geral da fixação de honorários devidos ao advogado do vencedor, ultrapassar os respectivos limites estabelecidos nos §§ 2º e 3º para a fase de conhecimento.

Por fim, vale destacar que essas disposições obedecem ao critério da aplicação imediata da lei processual nova, expressamente consignado no art. 1.046 do texto legal. Necessário, então, verificar qual é o ato que deve ser considerado para aplicação da verba honorária sucumbencial. Especificamente sobre o tema, escreve Bruno Vasconcelos Carrilho Lopes:

> Diante dessas premissas, enquanto a sentença não for proferida não haverá uma situação jurídica consolidada quanto ao direito aos honorários ou um direito adquirido do advogado, e os arts. 5º, XXXVI, da CF e 14 do novo CPC não protegem situações pendentes e meras expectativas de direito, apenas situações consolidadas e direito adquiridos. Ou seja, a condenação em honorários deve ser proferida à luz da legislação vigente na data da sentença, não havendo qualquer direito adquirido à aplicação da lei da data em que a demanda foi proposta. De solução diversa decorreria o resguardo de uma mera expectativa das partes e dos advogados, o que é inadmissível.
>
> Pelas mesmas razões, aplica-se aos honorários sucumbenciais a lei vigente na data do julgamento do recurso. Ou seja, se o recurso for julgado na vigência do novo Código de Processo Civil, deve haver o

40. STJ, 1ª Seção, REsp 1.110.924-SP, rel. Min. Benedito Gonçalves, j. 10.6.2009, *DJe* 19.6.2009.

> arbitramento de honorários recursais, pouco importando o fato de o recurso ter sido interposto na vigência do Código de Processo Civil de 1973.[41]

Portanto, os dois atos processuais importantes em termos de fixação de honorários são a sentença e o julgamento do recurso, sendo aplicável a lei vigente à época desses atos.

5.3 *Prazos processuais da Fazenda Pública*

A Fazenda Pública teve alterado o regramento sobre seus prazos processuais. Aboliu-se a previsão em quádruplo para contestar, o que seria, realmente, exorbitante no atual Código, cujos prazos determinados em dias só se contam em dias úteis. Por outro lado, todos os seus prazos são dobrados, não mais apenas os de recurso. O art. 183 é literal em prever: "A União, os Estados, o Distrito Federal, os Municípios e suas respectivas autarquias e fundações de direito público gozarão de prazo em dobro para todas as suas manifestações processuais, cuja contagem terá início a partir da intimação pessoal".

Em face disso, para as contrarrazões recursais, por exemplo, cujo prazo era o mesmo do particular, agora o prazo é especial em face do Poder Público, sendo contado em dobro. Contudo, a dobra de prazo se dá apenas nos prazos comuns, são havendo naqueles prazos especificamente estatuídos para a Fazenda Pública. É o que determina o § 2º do mesmo art. 183: "Não se aplica o benefício da contagem em dobro quando a lei estabelecer, de forma expressa, prazo próprio para o ente público".

Essa prescrição afasta a dobra de prazo em procedimentos especiais que têm por parte necessariamente o ente público, como a execução fiscal, a cautelar fiscal e o mandado de segurança. Todos os prazos previstos especificamente para autoridades e representantes do Poder Público são simples, não sendo contados em dobro. Diversamente se dá com os prazos de atos exercidos não com base em dispositivo específico da lei extravagante, mas nos termos do Código de Processo Civil, como recursos, por exemplo, em que se aplica a regra geral codificada que impõe o dobro.

41. Bruno Vasconcelos Lopes, "O direito intertemporal e as novidades do novo Código de Processo Civil em tema de honorários advocatícios", in Luiz Flávio Yarshell e Fábio Guidi Tabosa Pessoa, *Direito Intertemporal*, Salvador, Juspodivm, 2016, p. 108.

6. *Respostas às questões propostas*

> ***1. Processo administrativo fiscal***
>
> *1.1 Em razão do disposto no art. 15 do CPC/2015, pode-se dizer que suas disposições se aplicam aos processos administrativos tributários? O que significa **supletivo**, no contexto do artigo? O mesmo que **subsidiário**? Nesse caso, qual o sentido de se usarem as duas palavras, uma ao lado da outra?*

As disposições do Código de Processo Civil/2015 aplicam-se ao processo administrativo tributário não só por imposição de art. 15, mas, sobretudo, em razão de uma convergência principiológica, desde a Constituição Federal, do trato do devido processo legal em seus vários âmbitos. Por isso, não são todas as disposições do Código que podem ser trasladadas para a seara administrativa. Apenas as normas que efetivem ou concretizem, de maneira mais determinante, algum direito ou garantia fundamental. Normas meramente procedimentais ou de rito não são intercambiáveis, especialmente para a seara administrativa do Distrito Federal, Estados-membros e Municípios, dada a autonomia legislativa que possuem para disciplinar com exclusividade sobre seus processos administrativos.

A aplicação das disposições do Código de Processo Civil/2015 pode ser supletiva ou subsidiária. A ideia de aplicação supletiva pressupõe plena ausência normativa, daí haver a suplementação integral naquilo que for compatível. Por sua vez, a subsidiariedade presume a existência de uma lei ou regra mas que, em um específico aspecto, não se mostra suficiente e constitucionalmente adequada para disciplinar o caso. Haveria, portanto, uma ausência parcial de norma. Portanto, em resumo, a aplicação supletiva demanda uma omissão, enquanto a subsidiária demanda uma insuficiência ou inadequação.

> *1.2 É invocável no processo administrativo, para esclarecer quando não se considera fundamentada uma decisão administrativa, o disposto no art. 489, § 1º, do CPC/2015?*

Sim. Conforme respondido no item anterior, é possível aplicar no processo administrativo, supletiva ou subsidiariamente, as disposições sobre o atendimento do dever fundamental de adequada fundamentação das decisões, por trazerem uma realização mais clara das garantias do contraditório e da ampla defesa.

1.3 No que tange ao chamado "direito dos precedentes", os arts. 926 e 927 do CPC/2015 aplicam-se ao processo administrativo tributário?

Sim. As decisões em processo administrativo também formam precedentes, por mediarem o Direito e a realidade, trazendo um ganho hermenêutico para o sistema, que pode servir de parâmetro para a conduta do Fisco ou dos contribuintes. Por essa razão, devem ser sistematizados de maneira íntegra, coerente e estável, conforme determina o art. 926 do CPC/2015.

Ademais, o dever de integridade impõe também o respeito a precedentes judiciais, consoante prescrito pelo art. 927, mas não somente daquelas súmulas e julgados arrolados em seu *caput*. Também é possível recorrer analogicamente às medidas de modulação de efeitos na criação ou superação de precedentes.

1.4 À míngua de previsão legal específica no âmbito da legislação específica de determinado Estado-membro ou Município, seria possível à parte manejar o recurso de embargos de declaração diante de decisão administrativa contraditória ou omissa?

Também deve ser respondida afirmativamente esta indagação. Como os embargos de declaração visam a sanar decisão deficiente, que, por defeito lógico ou incompletude, não presta a devida tutela ao caso, ofendendo o contraditório e a ampla defesa, é possível, sim, a aplicação supletiva ou subsidiária, conforme for o caso, da legislação regional ou local. Será a maneira mais eficiente, e às vezes a única (no caso de decisão de última instância administrativa), para assegurar o devido processo legal.

1.5 O art. 174 do CPC/2015 autorizaria a instituição de câmaras de mediação ou de conciliação no âmbito do processo tributário? Caso positivo, como conciliá-las com o caráter vinculado da atividade de cobrança de tributos e a natureza ***ex lege*** *da obrigação correspondente?*

Conquanto não crie diretamente referidas câmaras de mediação e conciliação ou, mesmo, imponha alguma sorte de obrigação para tanto, sendo necessária lei de cada ente federado nesse sentido, entende-se válida a criação de órgãos voltados à solução consensual na instância administrativa tributária. Tanto é assim que no plano federal há previsão de mediação administrativa em matéria tributária pela Lei 13.140/2015. O próprio Código Tributário Nacional prevê a possibilidade de extinção do crédito tributário por transação, não representando qualquer sorte de burla à legalidade tributária, porquanto deve ser exercida nos termos de lei especial para o tema.

1.6 Há alguma outra disposição do Código de Processo Civil/2015 cuja aplicação seria pertinente no âmbito do processo administrativo tributário, de forma inédita àquelas já invocáveis à luz do Código de Processo Civil/1973?

Entende-se que as principais questões já foram abordadas.

2. Aspectos gerais do processo judicial

2.1 As alterações introduzidas pelo Código de Processo Civil/2015 quanto aos prazos concedidos à Fazenda Pública aplicam-se às ações regidas por leis especiais, como o mandado de segurança, a execução fiscal e a cautelar fiscal?

O Código de Processo Civil/2015 extinguiu o prazo em quádruplo para a Fazenda Pública para contestação, mas estatui prazo dobrado sempre para se pronunciar nos autos. Por sua vez, o art. 183, § 2º, ao consignar que "não se aplica o benefício da contagem em dobro quando a lei estabelecer, de forma expressa, prazo próprio para o ente público", impede a dobra de prazo em procedimentos especiais em que uma das partes é necessariamente o Poder Público e neles há previsão específica do prazo e não remissão a ato geral, praticado nos termos do Código de Processo Civil. Por essa razão, os prazos previstos especificamente em mandado de segurança, execução fiscal e cautelar fiscal não comportam contagem diferenciada, dada a incidência do art. 183, § 2º, do CPC/2015. Já, os atos que não são regrados por prazos previstos estritamente nessas leis extravagantes são regidos pelo Código e com prazo em dobro – como recursos, por exemplo.

2.2 Em face do Código de Processo Civil/1973 era comum a condenação da Fazenda Pública ao pagamento de honorários da sucumbência em quantia irrisória. Haveria alguma justificação para essa prática?

Não havia qualquer razão para essa prática, sobretudo porque as decisões, via de regra, não eram fundamentadas. O Código de Processo Civil/2015 busca solucionar essa postura desarrazoada, estabelecendo faixas mais específicas de percentuais, dentro das quais a margem de avaliação caso a caso do magistrado é menor. Naturalmente, a fixação dos honorários deve se dar de maneira fundamentada.

2.3 O que se pode dizer da inovação introduzida pelo Código de Processo Civil/2015 quanto à condenação da Fazenda Pública ao pagamento de honorários da sucumbência? O art. 85, § 3º, do CPC/2015 aplica-se a condenações havidas após o início de sua vigência ou apenas a processos iniciados depois dessa data? E o art. 85, § 11, aplica-se a recursos julgados a partir do início da vigência do Código de Processo Civil/2015 mesmo que decisão recorrida tenha sido anterior?

A incidência das regras referentes aos honorários sucumbenciais segue o critério geral da imediata aplicação, mesmo para os processos em tramitação. Considerando, então, o isolamento dos atos processuais, tem-se que por ocasião da prolação da sentença ou decisão do recurso é aplicável a lei vigente nesses instantes. São esses os atos em que se dá aplicação da verba honorária sucumbencial ou sua majoração.

3. Processo de execução fiscal

3.1 Qual a natureza dos encargos legais previstos no Decreto-lei 1.025/1969? Caso eles tenham natureza de honorários, como sugere a Súmula 168 do extinto TFR, como conciliar sua aplicação, nos dias de hoje, com o art. 85, § 3º, do CPC/2015? E com o art. 827, § 1º, também do mesmo Código?

Segundo pacífico entendimento do STJ, os encargos legais regidos pelo Decreto-lei 1.025/1969 têm o caráter substitutivo dos honorários sucumbenciais. Assim, não se pode falar de qualquer conflito com as disposições do Código de Processo Civil nesse tocante, pois elidem sua incidência.

3.2 O incidente de desconsideração da personalidade jurídica, previsto no art. 133 do CPC/2015, aplica-se às execuções fiscais? Apenas nas hipóteses de o nome dos corresponsáveis não constar previamente na Certidão de Dívida Ativa ou em qualquer hipótese? Ou em nenhuma hipótese, sendo a regra inaplicável à Fazenda Pública exequente?

A desconsideração da personalidade jurídica é aplicável à execução fiscal, mas não pode ser confundida com o redirecionamento aos responsáveis tributários, nos casos autorizados pelo Código Tributário Nacional.

Os responsáveis tributários são partes do processo de execução, sobretudo porque o título executivo deve ser formado em face deles, mediante a prévia apuração administrativa das hipóteses autorizadoras e a inserção de seus nomes na respectiva CDA.

Caso se queira utilizar a desconsideração para alcançar responsável que não tenha seu nome inserido na CDA ou a responsabilidade apurada previamente na instância administrativa, estar-se-á tomando um conceito mais abrangente e menos preciso da *disregard theory*, a qual trará muito mais obstáculos do que facilitação para a Fazenda Pública, pois a via judicial, pelo recém-disciplinado instrumento, será sempre exigida, não podendo o Fisco constituir o crédito diretamente contra o responsável, o que sequer se concilia com os institutos tributários, conforme estatuídos no Código Tributário Nacional, pois é o lançamento tributário, atividade por definição administrativa, o meio adequado de identificar o sujeito passivo tributário.

Por isso, a desconsideração da personalidade societária na execução fiscal se faz pertinente em situações de abuso, conforme determinado pelo art. 50 do CC, como na persecução de grupos econômicos de fatos cujos indícios foram identificados no curso da execução ou outras atitudes que importem abuso dessa personalidade em prejuízo do credor público.

3.3 Caso aplicável às execuções fiscais, ele pode ser instaurado naquelas que já estavam em curso quando teve início a vigência do Código de Processo Civil/2015, ou somente àquelas iniciadas depois de 18.3.2016?

Dados a aplicação imediata do CPC/2015 assegurada por seu art. 1.046 e o isolamento dos atos processuais que a permite, é possível, sim, a instauração do incidente em processos já em curso.

3.4 Em razão do disposto nos arts. 240 e 802 do CPC/2015, nos casos em que a demora na citação do executado não seja imputável exclusivamente ao Judiciário, mas à Fazenda exequente, pode-se dizer que a data da efetiva citação do executado passa a ser relevante para determinar a consumação, ou não, do prazo prescricional, independentemente de a inicial ter sido protocolada dentro deste prazo? Subsiste o entendimento firmado pelo STJ no REsp 1.120.295-SP?

Sim. Na hipótese de a ação ter sido ajuizada dentro do prazo quinquenal mas o despacho de citação e sua efetivação se darem após esse lapso temporal é importante que o autor forneça adequadamente os meios para tanto, pois caso contrário não haverá a retroação para a data do ajuizamento, ensejando a prescrição. As disposições do Código/2015 evidenciam, em verdade, algumas premissas que não estavam expressamente enfrentadas no precedente formado pelo REsp 1.120.295-SP.

3.5 Pode ser exemplo de demora não imputável ao Judiciário, mas à Fazenda, aquela decorrente de ter ela fornecido endereço errado ou desatualizado para a citação do executado?

O fornecimento incorreto do endereço é exemplo pertinente de erro que pode imputar ao exequente a demora pela efetivação da citação, desde que, claro, o Fisco tenha em seu poder o endereço correto, não tendo o contribuinte descumprido obrigação acessória de manter seu cadastro fiscal atualizado. Outro exemplo seria o requerimento equivocado da forma de citação, ante a frustração da citação por carta, de modo a promover o ato dentro do prazo prescricional, ou seja: em vez de requerer a citação editalícia, por exemplo, requerer carta precatória, naturalmente mais demorada que a citação por edital. No mesmo sentido, requerer o bloqueio dos bens dos sócios sem buscar a citação dos mesmos.

3.6 O art. 803, parágrafo único, do CPC/2015 conteria um reconhecimento explícito do cabimento das chamadas "exceções de pré-executividade"? Seria essa admissão aplicável também às execuções fiscais, em face da supletividade referida no art. 15 do CPC/2015 e do disposto no art. 1º da própria Lei 6.830/1980?

Atualmente não se questiona mais o cabimento de exceção de pré--executividade em execução fiscal, estando tratado por vasta jurisprudência e, mesmo, súmulas. A isso se soma o art. 803, parágrafo único, que, embora sem nominar expressamente, disciplina claramente hipótese em que é cabível a exceção, independentemente do nome que se dê à petição.

3.7 Teria o Código de Processo Civil/2015 revogado a Lei 6.830/1980, como se pode ver de seus arts. 779, VI, e 784, IX? Ou, em face do disposto em seu art. 1.046, § 2º, a dizer que "permanecem em vigor as disposições especiais dos procedimentos regulados em outras leis, aos quais se aplicará supletivamente este Código", podemos entender que a Lei de Execução Fiscal permanece em vigor?

Sem dúvidas alguma, a Lei 6.830/1980 está em vigor. As disposições do Código de Processo Civil/2015 sobre execução fiscal têm caráter meramente subsidiário.

4. Mandado de segurança

4.1 Aplica-se ao mandado de segurança a figura da "tutela de evidência" (art. 311 do CPC/2015)?

É possível no mandado de segurança a tutela de evidência prevista no atual CPC, em especial pelos fundamentos dos incisos II e III do art. 311, pois se amoldam à perfeição a seus pressupostos processuais e corroboram sua finalidade de ofertar célere prestação jurisdicional.

4.2 As liminares deferidas em sede de mandado de segurança submetem-se ao instituto da "estabilização" da tutela provisória previsto no art. 304 do CPC/2015?

Não é possível a estabilização de tutela provisória em mandado de segurança, pois conflita com o rito previsto em lei especial.

5. Coisa julgada

5.1 Em face do art. 525, §§ 12 e 15, do CPC/2015, quais devem ser os efeitos de uma ação rescisória movida em razão da alteração da jurisprudência do STF sobre determinada questão tributária? É possível atribuir efeitos ***ex tunc*** *à rescisão do julgado?*

Há duas hipóteses: (a) o julgamento a ser rescindido aplicou emenda ou lei que importava pagamento de obrigação tributária mais elevada; (b) o julgamento a ser rescindido aplicou emenda ou lei constitucional que trazia regra que diminuía o montante recolhido. Na primeira hipótese (descrita em "a"), se contribuinte havia ajuizado uma ação em que combatia esse aumento e teve a ação julgada improcedente, sobrevindo posterior decisão que considerou a norma majorante inconstitucional, a sentença que vier a anular essa primeira decisão (que entendeu válida a norma majorante) poderá retroagir, porque não há qualquer princípio tributário a impedir, pelo quê pode o contribuinte pleitear a repetição de indébito. Por outro lado, na segunda hipótese a retroação da segunda decisão ocasionaria a criação retroativa de obrigação tributária (já que a norma minorante desapareceria), o que é impedido pelos princípios tributários.

5.2 Quais os efeitos da decisão rescisória sobre o lapso decadencial? Imaginando-se um contribuinte que há mais de cinco anos não recolhe um tributo por conta de decisão judicial, passada em julgado, que o declarou inconstitucional, a posterior mudança no entendimento do STF sobre a validade de tal tributo poderia legitimar a propositura e a procedência de ação rescisória, com a posterior autuação do contribuinte relativamente a todo o período?

Não é possível a cobrança retroativa do tributo, por violar os princípios constitucionais tributários, conforme exposto no item anterior, não havendo possibilidade de se cogitar, de qualquer sorte, de novo lapso decadencial para lançar tributo que não foi recolhido por sentença até então transitada em julgado.

6. O pagamento do ITCMD e outras questões

6.1 Em face do disposto no parágrafo único do art. 654 do CPC/2015, é permitida a conclusão do processo de inventário e execução da partilha antes de julgada a validade da cobrança do respectivo ITCMD?

Sendo informado pelo Fisco o valor tido por devido, é possível a extinção do processo de inventário mediante o depósito da quantia exigida, continuando o contribuinte a discutir na via administrativa, se for o caso, o valor que entende correto. Com o julgamento converte-se o total do depósito em renda, no caso de prevalecer o entendimento inicial, ou apenas a parte tida por devida, levantando o contribuinte a quantia maior a seu favor.

6.2 Existem outras questões relativas ao processo tributário decorrentes do advento do Código de Processo Civil/2015? Quais?

Entende-se que as principais questões sobre o tema, possíveis de serem exploradas neste espaço, foram todas suscitadas e enfrentadas.

Referências bibliográficas

BARBI, Celso Agrícola. *Do Mandado de Segurança*. 10ª ed. Rio de Janeiro, Forense, 2002.

BEDE, F. S., e LOPES FILHO, Juraci Mourão. "A força vinculante dos precedentes administrativos e seu contributo hermenêutico para o Direito". *A&C. Revista de Direito Administrativo & Constitucional* (impresso). 2016.

BINENBOJM, Gustavo. *Uma Teoria do Direito Administrativo – Direitos Fundamentais, Democracia e Constitucionalização*. Rio de Janeiro, Renovar, 2006.

CUNHA, Leonardo Carneiro da, NUNES, Dierle, e STRECK, Lenio Luiz. *Comentários ao Código de Processo Civil*. São Paulo, Saraiva, 2016.

DWORKIN, Ronald. *O Império do Direito*. Trad. de Jefferson Luiz Camargo. São Paulo, Martins Fontes, 2005.

FERRAGUT, Maria Rita. "Grupos econômicos e solidariedade tributária". *RDDT* 229/88-101. São Paulo, Dialética, outubro/2014.

FERRARESI, Eurico. *Do Mandado de Segurança*. Rio de Janeiro, Forense, 2010.

JUSTEN FILHO, Marçal. "O novo regimente da desconsideração da personalidade societária e seus reflexos no âmbito do direito administrativo". In: TALAMINI, Eduardo. *Processo e Administração Pública*. Salvador, Juspodivm, 2016.

KUKIELA, Marina, e SCHWIND, Rafael Wallbach. "Câmaras de conciliação e mediação na Administração Pública: comentários ao art. 174 do novo CPC". In: TALAMINI, Eduardo. *Processo e Administração Pública*. Salvador, Juspodivm, 2016.

LOPES, Bruno Vasconcelos. "O direito intertemporal e as novidades do novo Código de Processo Civil em tema de honorários advocatícios". In: PESSOA,

Fábio Guidi Tabosa, e YARSHELL, Luiz Flávio. *Direito Intertemporal*. Salvador, Juspodivm, 2016.

LOPES FILHO, Juraci Mourão. *Competência Federativas na Constituição e nos Precedentes do STF*. Salvador, Juspodivm, 2012.

________. *Os Precedentes Judiciais no Constitucionalismo Brasileiro Contemporâneo*. 2ª ed. Salvador, Juspodivm, 2016.

________. "Relativização da coisa julgada no direito processual tributário". In: MACHADO, Hugo de Brito (org.). *Coisa Julgada – Constitucionalidade e Legalidade em Matéria Tributária*. São Paulo/Fortaleza, Dialética/ICET, 2006 (pp. 227-261).

LOPES FILHO, Juraci Mourão, e BEDE, F. S. "A força vinculante dos precedentes administrativos e seu contributo hermenêutico para o Direito". *A&C. Revista de Direito Administrativo & Constitucional* (impresso). 2016.

MACHADO, Hugo de Brito. *Comentários ao Código Tributário Nacional*. vol. III. São Paulo, Altas, 2005.

________. "Declaração de inconstitucionalidade e direito intertemporal". *RDDT* 57. São Paulo, Dialética, junho/2000.

________ (org.). *Coisa Julgada – Constitucionalidade e Legalidade em Matéria Tributária*. São Paulo, Dialética, 2006.

MACHADO SEGUNDO, Hugo de Brito. *Processo Tributário*. 6ª ed. São Paulo, Atlas, 2012.

MEIRELLES, Hely Lopes. *Mandado de Segurança e Ações Constitucionais*. 36ª ed. São Paulo, Malheiros Editores, 2014.

NUNES, Dierle, CUNHA, Leonardo Carneiro da, e STRECK, Lenio Luiz. *Comentários ao Código de Processo Civil*. São Paulo, Saraiva, 2016.

PESSOA, Fábio Guidi Tabosa, e YARSHELL, Luiz Flávio. *Direito Intertemporal*. Salvador, Juspodivm, 2016.

REISDOEFER, Guilherme F. Dias. "A aplicação subsidiária do novo Código de Processo Civil aos processos administrativos". In: TALAMINI, Eduardo. *Processo e Administração Pública*. Salvador, Juspodivm, 2016.

SCHWIND, Rafael Wallbach, e KUKIELA, Marina. "Câmaras de conciliação e mediação na Administração Pública: comentários ao art. 174 do novo CPC". In: TALAMINI, Eduardo. *Processo e Administração Pública*. Salvador, Juspodivm, 2016.

STRECK, Lenio Luiz, CUNHA, Leonardo Carneiro da, e NUNES, Dierle. *Comentários ao Código de Processo Civil*. São Paulo, Saraiva, 2016.

TALAMINI, Eduardo. *Processo e Administração Pública*. Salvador, Juspodivm, 2016.

XAVIER, Alberto. *Do Procedimento Administrativo*. São Paulo, José Bushatsky Editor, 1975.

YARSHELL, Luiz Flávio, e PESSOA, Fábio Guidi Tabosa. *Direito Intertemporal*. Salvador, Juspodivm, 2016.

ZAGREBELSKY, Gustavo. *Il Diritto Mite*. Turim, Giulio Einaudi Editore, 1992.

O PROCESSO TRIBUTÁRIO E O CÓDIGO DE PROCESSO CIVIL/2015

HUGO DE BRITO MACHADO

1. Introdução. 2. Processo administrativo fiscal: 2.1 Aplicabilidade do Código de Processo Civil/2015 aos processos administrativos fiscais – 2.2 A fundamentação das decisões e o Código de Processo Civil/2015 – 2.3 O chamado "direito dos precedentes" e o Código de Processo Civil/2015 – 2.4 Previsão legal específica e os embargos de declaração – 2.5 O Código de Processo Civil/2015 e as câmaras de mediação ou de conciliação no âmbito do processo tributário – 2.6 Inovação do Código de Processo Civil/2015 quanto à sua aplicação ao processo administrativo tributário – 2.7 Respostas às questões formuladas. 3. Aspectos gerais do processo judicial: 3.1 Prazos concedidos à Fazenda Pública – 3.2 Condenação da Fazenda Pública ao pagamento de honorários da sucumbência em face do Código de Processo Civil/1973 – 3.3 Inovação introduzida pelo Código de Processo Civil/2015 quanto à condenação da Fazenda Pública ao pagamento de honorários da sucumbência – 3.4 Respostas às questões formuladas. 4. Processo de execução fiscal: 4.1 Os encargos legais previstos no Decreto-lei 1.025/1969 – 4.2 A desconsideração da personalidade jurídica e as execuções fiscais – 4.3 Desconsideração da personalidade jurídica e as execuções fiscais em curso – 4.4 Demora na citação do executado imputável à exequente – 4.5 Fornecimento pela exequente de endereço errado do executado – 4.6 Exceções de pré-executividade – 4.7 O Código de Processo Civil/2015 e a Lei 6.830/1980 – 4.8 Respostas às questões formuladas. 5. O Código de Processo Civil/2015 e o mandado de segurança: 5.1 O mandado de segurança e a tutela de evidência – 5.2 O mandado de segurança e a "estabilização" da tutela provisória – 5.3 Respostas às questões formuladas. 6. Questões relacionadas à coisa julgada: 6.1 Ação rescisória em face de alteração na jurisprudência do STF – 6.2 Ação rescisória e lapso decadencial – 6.3 Respostas às questões formuladas. 7. O pagamento do ITCMD e outras questões: 7.1 O ITCDM questionado e seu pagamento antes da execução da partilha – 7.2 Outras questões relativas ao processo tributário.

1. Introdução

O Instituto Cearense de Estudos Tributários/ICET, que temos a honra de presidir, dando seguimento à atividade que vem adotando já faz algum tempo, decidiu realizar uma pesquisa entre os juristas que cuidam de questões concernentes ao direito tributário, ou, mais exatamente, desta vez, ao direito processual tributário, submetendo a estes diversas questões inerentes ao tema escolhido.

Acolhendo sugestões de alguns companheiros do ICET, escolhemos para nossa pesquisa jurídica o tema *O Processo Tributário e o Código de Processo Civil/2015*, que tem suscitado controvérsias entre os doutrinadores, e muitas certamente ainda vai suscitar, até porque isto acontece com toda nova lei.

Trata-se de tema dos mais relevantes, porque de grande interesse prático, cuja abordagem adequada e segura exige a incursão nos domínios do direito processual e da Teoria Geral do Direito. Além disto, trata-se de tema duradouro, que enseja elaboração doutrinária com proveito não apenas para a atual geração de juristas, mas também para as futuras, que por certo se dedicarão a seu aperfeiçoamento valendo-se das considerações que a seu respeito hoje possamos desenvolver.

Como tem sido feito em anos anteriores, o assunto será aqui abordado em função das questões formuladas para os autores convidados a participar desta pesquisa do ICET, questões que servirão para nomearmos cada um dos itens deste estudo, e serão transcritas tal como foram formuladas e dirigidas aos diversos convidados.

Não temos a pretensão de oferecer doutrina pronta, suficientemente elaborada para resolver adequadamente essas questões. Nem pretendemos que nossas teses sejam incontestáveis. Aliás, a nosso ver, não existe uma única ideia contra a qual não se possa suscitar, fundamentadamente, outra ideia, daí por que a verdade, a nosso ver, realmente é apenas aquilo do que conseguimos convencer a maioria das pessoas.

Também não nos move a pretensão de convencer ninguém dos pontos de vista que adotamos, e vamos nos considerar plenamente satisfeitos se conseguirmos, com nosso modesto texto, de algum modo contribuir para o debate do assunto nele abordado.

2. *Processo administrativo fiscal*

2.1 *Aplicabilidade do Código de Processo Civil/2015 aos processos administrativos fiscais*

O CPC/2015 estabelece:

> Art. 15. Na ausência de normas que regulem processos eleitorais, trabalhistas ou administrativos, as disposições deste Código lhes serão aplicadas supletiva e subsidiariamente.

Em face desse dispositivo, dúvida não pode haver de que o Código de Processo Civil aplica-se, sim, aos processos administrativos. Resta-nos verificar o que devemos entender por "*supletiva* e *subsidiariamente*".

Em seu excelente *Dicionário de Tecnologia Jurídica*, Pedro Nunes registra:

> *Supletório ou supletivo* – Subsidiário; que supre, completa ou preenche a falta de: o direito comercial é supletório do civil; lei supletiva; verba supletiva etc.[1]

Como se vê, para Pedro Nunes *supletivo* e *subsidiário* são sinônimos.

Entretanto, Aurélio Buarque de Holanda Ferreira, autor do melhor dicionário da língua portuguesa que conhecemos, registra as palavras "supletivo" e "subsidiário" com significados diferentes, assim:

> *Supletivo* – Que supre ou se destina a suprir, supletório.
>
> *Subsidiário* – Diz-se de um elemento secundário que reforça outro de maior importância ou para que este converge.[2]

Para explicarmos os significados das expressões "aplicação supletiva" e "aplicação subsidiária" poderíamos invocar também os questionamentos havidos no Congresso Nacional quando votado o Projeto de Lei do qual resultou o CPC/2015, mas o que importa a final é que se tenha seu art. 15 como uma indicação no sentido de que as regras desse Código não revogam as regras que tratam do processo administrativo tributário,

1. Pedro Nunes, *Dicionário de Tecnologia Jurídica*, 8ª ed., vol. II, Rio de Janeiro/São Paulo, Livraria Freitas Bastos, 1974, p. 1.163.

2. Aurélio Buarque de Holanda Ferreira, *Novo Aurélio – O Dicionário da Língua Portuguesa*, 3ª ed., Rio de Janeiro, Nova Fronteira, 1999, respectivamente pp. 1.906 e 1.895.

mas se aplicam tanto para suprir lacunas como para reforçar determinado significado destas, e sempre para fazer valer os princípios constitucionais, que se projetam sobre todo o ordenamento jurídico, até porque estão situados em patamar hierarquicamente superior.

2.2 A fundamentação das decisões e o Código de Processo Civil/2015

A fundamentação como condição de validade das decisões judiciais decorre de dispositivo expresso da vigente Constituição Federal, segundo o qual todos os julgamentos serão públicos e fundamentadas todas as decisões, sob pena de nulidade.[3] E nem seria necessário explicar em que consiste a fundamentação de uma decisão judicial, não houvesse a prática adotada por muitos julgadores, infelizmente, consagrado entendimentos inadmissíveis a respeito do assunto.

Assim, visando a afastar entendimentos inaceitáveis a respeito da questão de saber o que é a fundamentação, o CPC/2015, em seu art. 489, ao estabelecer os elementos essenciais da sentença, inseriu regras dizendo expressamente os casos nos quais não se considera fundamentada qualquer decisão judicial. Assim:

> Art. 489. São elementos essenciais da sentença: I – o relatório, que conterá os nomes das partes, a identificação do caso, com a suma do pedido e da contestação, e o registro das principais ocorrências havidas no andamento do processo; II – os fundamentos, em que o juiz analisará as questões de fato e de direito; III – o dispositivo, em que o juiz resolverá as questões principais que as partes lhe submeterem.
>
> § 1º. Não se considera fundamentada qualquer decisão judicial, seja ela interlocutória, sentença ou acórdão, que: I – se limitar à indicação, à reprodução ou à paráfrase de ato normativo, sem explicar sua relação com a causa ou a questão decidida; II – empregar conceitos jurídicos indeterminados, sem explicar o motivo concreto de sua incidência no caso; III – invocar motivos que se prestariam a justificar qualquer outra decisão; IV – não enfrentar todos os argumentos deduzidos no processo capazes de, em tese, infirmar a conclusão adotada pelo julgador; V – se limitar a invocar precedente ou enunciado de súmula, sem identificar seus fundamentos determinantes nem demonstrar que o caso sob julgamento se ajusta àqueles fundamentos; VI – deixar de seguir enunciado de súmula, jurisprudência ou precedente invoca-

3. CF/1988, art. 93, IX.

do pela parte, sem demonstrar a existência de distinção no caso em julgamento ou a superação do entendimento.

§ 2º. No caso de colisão entre normas, o juiz deve justificar o objeto e os critérios gerais da ponderação efetuada, enunciando as razões que autorizam a interferência na norma afastada e as premissas fáticas que fundamentam a conclusão.

Como se vê, o Código de Processo Civil/2015, ao exigir os fundamentos como parte essencial da sentença e indicar expressamente as hipóteses nas quais qualquer decisão judicial, seja ela interlocutória, sentença ou acórdão, se considera não fundamentada, deixou fora de qualquer dúvida que os equívocos consagrados pela prática jurisdicional a esse respeito não podem continuar a ser praticados.

Dizem que alguns magistrados manifestaram insatisfação com essa novidade no Código de Processo Civil. Aliás, noticia-se que entidades de magistrados encaminharam à Presidente Dilma Rousseff ofícios solicitando vetos a dispositivos do Código de Processo Civil/2015, e entre as principais preocupações dos juízes está a questão da fundamentação das decisões judiciais.[4]

Não obstante o respeito que temos pelas opiniões divergentes da nossa, entendemos que as regras do Código de Processo Civil/2015 sobre casos nos quais não se considera fundamentada qualquer decisão judicial, seja ela interlocutória, sentença ou acórdão, são meramente explicitantes do que na verdade se deve entender, com ou sem elas. E compreendemos as manifestações de insatisfação dos magistrados, pois a observância dessas novas regras certamente exige deles um pouco mais de atenção e de trabalho.

Seja como for, a inclusão de regras no Código de Processo Civil/2015 explicitando o que não pode ser considerado uma decisão fundamentada é mais uma etapa no processo evolutivo do princípio da motivação, e não podemos deixar de dizer que se trata de inovação legislativa das mais importantes, pela valiosa contribuição que presta aos valores justiça e segurança, tornando mais efetiva a garantia de prestação jurisdicional em nosso País.

Na verdade, não se justifica uma decisão na qual o juiz simplesmente cita precedente sem esclarecer porque no caso em exame a regra no mes-

4. Marcos de Vasconcellos e Tadeu Rover, "Juízes, pedem veto a artigo que traz regras para a fundamentação de decisões" (revista *Consultor Jurídico/CONJUR* 4.3.2015).

mo adotada é aplicável. Nem a decisão que acolhe o pedido, do autor ou do réu, por um fundamento que destaca, sem examinar os fundamentos do pedido oposto. Não temos dúvida de que as regras do artigo 489 e seus §§ do CPC/2015 reforçam a garantia constitucional de jurisdição e simplesmente explicitam o que na verdade é uma efetiva fundamentação, como condição de validade da decisão judicial.

Por outro lado, a questão de saber se o disposto no art. 489, § 1º, do CPC/2015 é invocável no processo administrativo, para esclarecer quando não se considera fundamentada uma decisão administrativa, deve ter a mesma resposta. A fundamentação ou motivação dos atos administrativos é indispensável para a efetividade do direito à jurisdição e constitui, por isto mesmo, um direito fundamental que decorre da Constituição e independe de qualquer dispositivo legal específico. Celso Antônio Bandeira de Mello nos ensina de forma clara e irrefutável que:

> O fundamento constitucional da obrigação de motivar está – como se esclarece de seguida – implícito tanto no art. 1º, II, que indica a cidadania como um dos fundamentos da República, quanto no parágrafo único deste preceptivo, segundo o qual todo o poder emana do povo, como ainda no art. 5º, XXXV, que assegura o direito à apreciação judicial nos casos de ameaça ou lesão de direito. É que o princípio da motivação é reclamado quer como afirmação do direito político dos cidadãos ao esclarecimento do "porquê" das ações de quem gere negócios que lhes dizem respeito por serem titulares últimos do poder, quer como direito individual a não se assujeitarem a decisões arbitrárias, pois só têm que se conformar às que forem ajustadas às leis.[5]

Assim, como indiscutivelmente a fundamentação é condição de validade das decisões no processo administrativo, entendemos que o § 1º do art. 489 do CPC/2015 é invocável, sim, para evitar decisões não fundamentadas. A razão de ser do § 1º do art. 489 do CPC/2015 justifica plenamente sua invocação no processo administrativo.

2.3 *O chamado "direito dos precedentes" e o Código de Processo Civil/2015*

O CPC/2015 estabelece:

5. Celso Antônio Bandeira de Mello, *Curso de Direito Administrativo*, 32ª ed., São Paulo, Malheiros Editores, 2015, pp. 115-116.

Art. 926. Os tribunais devem uniformizar sua jurisprudência e mantê-la estável, íntegra e coerente.

§ 1º. Na forma estabelecida e segundo os pressupostos fixados no regimento interno, os tribunais editarão enunciados de súmula correspondentes à sua jurisprudência dominante.

§ 2º. Ao editar enunciados de súmula, os tribunais devem ater-se às circunstâncias fáticas dos precedentes que motivaram sua criação.

Art. 927. Os juízes e os tribunais observarão: I – as decisões do Supremo Tribunal Federal em controle concentrado de constitucionalidade; II – os enunciados de súmula vinculante; III – os acórdãos em incidente de assunção de competência ou de resolução de demandas repetitivas e em julgamento de recursos extraordinário e especial repetitivos; IV – os enunciados das súmulas do Supremo Tribunal Federal em matéria constitucional e do Superior Tribunal de Justiça em matéria infraconstitucional; V – a orientação do Plenário ou do Órgão Especial aos quais estiverem vinculados.

§ 1º. Os juízes e os tribunais observarão o disposto no art. 10 e no art. 489, § 1º, quando decidirem com fundamento neste artigo.

§ 2º. A alteração de tese jurídica adotada em enunciado de súmula ou em julgamento de casos repetitivos poderá ser precedida de audiências públicas e da participação de pessoas, órgãos ou entidades que possam contribuir para a rediscussão da tese.

§ 3º. Na hipótese de alteração de jurisprudência dominante do Supremo Tribunal Federal e dos tribunais superiores ou daquela oriunda de julgamento de casos repetitivos, pode haver modulação dos efeitos da alteração no interesse social e no da segurança jurídica.

§ 4º. A modificação de enunciado de súmula, de jurisprudência pacificada ou de tese adotada em julgamento de casos repetitivos observará a necessidade de fundamentação adequada e específica, considerando os princípios da segurança, da proteção da confiança e da isonomia.

§ 5º. Os tribunais darão publicidade a seus precedentes, organizando-os por questão jurídica decidida e divulgando-os, preferencialmente, na rede mundial de computadores.

Esses dispositivos não existiam no Código/1973 e constituem, portanto, inovações introduzidas no direito processual civil. Inovações, aliás, de grande importância na realização de princípios jurídicos que devem ser otimizados.

O art. 926, a nosso ver, aplica-se supletivamente ao processo administrativo tributário, pois as normas nele contidas contribuem decisivamente para a realização dos princípios que a vigente Constituição consagra ao tratar do Sistema Tributário Nacional.

O art. 927, todavia, não nos parece aplicável supletivamente ao processo administrativo tributário. É que ele estabelece a vinculação expressa apenas dos juízes e tribunais, e não deve o intérprete estender essa vinculação à Administração Pública a pretexto de uma suposta aplicação subsidiária ou supletiva, pois nem a literalidade desse dispositivo nem os princípios constitucionais amparam tal conclusão.

Aliás, quando o constituinte pretendeu vincular a Administração Pública às decisões judiciais fez isto expressamente, como é o caso das súmulas vinculantes e do controle concentrado de constitucionalidade. Assim, apenas em tais casos nos parece que a regra do art. 927 do CPC/2015 se aplica subsidiariamente ao processo administrativo tributário, vale dizer: salvo quanto a seus incisos I e II, o art. 927 do CPC/2015 não se aplica subsidiariamente ao processo administrativo tributário.

2.4 *Previsão legal específica e os embargos de declaração*

Não conhecemos a legislação reguladora do procedimento administrativo tributário de todos os Estados e Municípios brasileiros, e por isto não podemos afirmar que em toda essa legislação esteja ausente a previsão dos embargos de declaração, mas realmente não conhecemos nenhuma lei estadual, nem municipal, que contemple essa espécie de recurso.

Seja como for, coloca-se a questão de saber se, à *mingua de previsão legal no âmbito da legislação específica de determinado Estado-membro ou Município, seria possível à parte manejar o recurso de embargos de declaração, diante de decisão administrativa contraditória ou omissa.* E, a nosso ver, essa questão deve ser respondida afirmativamente.

Decisão contraditória ou omissa deve ser considerada portadora de vício de fundamentação. Assim, como a fundamentação é elemento essencial em todo julgamento, sendo sua ausência causa de nulidade, nos termos dos arts. 11 e 489 do CPC/2015, temos que a decisão omissa ou contraditória é decisão nula por defeito de fundamentação.

Por outro lado, a vigente Constituição Federal assegura que "aos litigantes, em processo judicial ou administrativo, e aos acusados em geral são assegurados o contraditório e ampla defesa, com os meios e recursos a ela inerentes".[6] E uma decisão que contenha omissão ou contradição evidentemente não é compatível com essa garantia constitucional, sendo os embargos de declaração o meio mais direto e eficaz para a superação desse seu defeito.

A decisão que contém omissão ou contradição é nula, e evitar a nulidade em um lançamento tributário é do interesse da própria entidade pública que o realiza, sendo do interesse, pois, dessa entidade a interposição dos embargos de declaração.

Por tais razões, não temos dúvida de que em face de omissão da legislação específica a parte interessada pode, sim, utilizar o recurso de embargos de declaração.

2.5 *O Código de Processo Civil/2015 e as câmaras de mediação ou de conciliação no âmbito do processo tributário*

Em seu art. 174, o CPC/2015 estabelece que:

> Art. 174. A União, os Estados, o Distrito Federal e os Municípios criarão câmaras de mediação e conciliação, com atribuições relacionadas à solução consensual de conflitos no âmbito administrativo, tais como: I – dirimir conflitos envolvendo órgãos e entidades da Administração Pública; II – avaliar a admissibilidade dos pedidos de resolução de conflitos, por meio de conciliação, no âmbito da Administração Pública; III – promover, quando couber, a celebração de Termo de Ajustamento de Conduta.

Coloca-se, então, a questão de saber se este dispositivo autorizaria a instituição de câmaras de mediação ou de conciliação no âmbito do processo tributário; e, em caso positivo, como conciliá-las com o caráter vinculado da atividade de cobrança de tributos e a natureza *ex lege* da obrigação correspondente.

Ressaltamos que o dispositivo legal em questão refere-se à possibilidade de conciliação entre órgãos e entidades da Administração Pública, e abrange a União, os Estados, o Distrito Federal e os Municípios. Não diz respeito, portanto, apenas à relação Fisco-contribuinte. E, ainda, que são frequentes os conflitos de competência tributária entre Estados e entre Municípios.

6. CF/1988, art. 5º, LV.

Nesse contexto, então, parece-nos que o art. 174 do CPC/2015 autoriza, sim, a instituição de câmaras de mediação e de conciliação para a solução de conflitos de competência entre Estados e entre Municípios. Conflitos que, embora não se situem propriamente na relação tributária, vale dizer, não sejam propriamente conflitos na relação Fisco-contribuinte, nela têm implicação.

No âmbito do Imposto sobre Serviços de Qualquer Natureza/ISS conhecemos muitos casos de conflito de competência. Dois Municípios pretendendo arrecadar o imposto sobre o mesmo fato. Na construção de estradas, por exemplo, conhecemos esse conflito, com um Município afirmando que o imposto é devido no local em que o serviço é prestado, enquanto outro afirma que o imposto é devido no local em que o serviço é contratado.

A nosso ver, portanto, o art. 174 do CPC/2015 autoriza, sim, a instituição de câmaras de mediação e de conciliação para a solução de conflitos de competência entre entidades tributantes.

2.6 *Inovação do Código de Processo Civil/2015 quanto à sua aplicação ao processo administrativo tributário*

Quanto à questão de saber se há alguma outra disposição do Código de Processo Civil/2015 cuja aplicação seria pertinente no âmbito do processo administrativo tributário, de forma inédita àquelas já invocáveis à luz do Código/1973, só o passar do tempo e a vivência de questões nesse âmbito nos dirão.

Até o momento não conhecemos, mas na medida em que uma lei nova é aplicada geralmente surgem questões que ninguém havia previsto.

2.7 *Respostas às questões formuladas*

1. Processo administrativo fiscal

*1.1 Em razão do disposto no art. 15 do CPC/2015, pode-se dizer que suas disposições se aplicam aos processos administrativos tributários? O que significa **supletivo**, no contexto do artigo? O mesmo que **subsidiário**? Nesse caso, qual o sentido de se usarem as duas palavras, uma ao lado da outra?*

Respondemos: Sim, as disposições do Código de Processo Civil aplicam-se aos processos administrativos tributários, e a palavra "supletivo", no contexto do seu art. 15, pode significar o mesmo que "subsidiário", tendo o uso das duas palavras o sentido de reforçar os termos dessa aplicação, evitando controvérsias a respeito do alcance de uma e da outra, que a rigor se completam.

> *1.2 É invocável no processo administrativo, para esclarecer quando não se considera fundamentada uma decisão administrativa, o disposto no art. 489, § 1º, do CPC/2015?*

Respondemos: Sim, o art. 489, § 1º, do CPC/2015 é invocável no processo administrativo, porque sua razão de ser, que o justifica no âmbito do processo civil, é exatamente a mesma que se faz presente também no processo administrativo.

> *1.3 No que tange ao chamado "direito dos precedentes", os arts. 926 e 927 do CPC/2015 aplicam-se ao processo administrativo tributário?*

Respondemos: Sim, quanto ao art. 926 e quanto aos incisos I e II do art. 927. E não, quanto ao art. 927, salvo quanto a seus incisos I e II.

> *1.4 À míngua de previsão legal específica no âmbito da legislação específica de determinado Estado-membro ou Município, seria possível à parte manejar o recurso de embargos de declaração diante de decisão administrativa contraditória ou omissa?*

Respondemos: Sim, à míngua de previsão legal específica, pode a parte manejar o recurso de embargos de declaração diante de decisão administrativa contraditória ou omissa.

> *1.5 O art. 174 do CPC/2015 autorizaria a instituição de câmaras de mediação ou de conciliação no âmbito do processo tributário? Caso positivo, como conciliá-las com o caráter vinculado da atividade de cobrança de tributos e a natureza* ***ex lege*** *da obrigação correspondente?*

Respondemos: Em princípio, não. Entretanto, a nosso ver, o art. 174 do CPC/2015 autoriza, sim, a instituição de câmaras de mediação e de conciliação para a solução de conflitos de competência entre entidades tributantes.

> *1.6 Há alguma outra disposição do* Código de *Processo Civil/2015 cuja aplicação seria pertinente no âmbito do processo administrativo tributário, de forma inédita àquelas já invocáveis à luz do Código de Processo Civil/1973?*

Respondemos: Até o momento não conhecemos, mas só com passar do tempo e a vivência de questões nesse âmbito saberemos. O tempo nos dirá.

3. *Aspectos gerais do processo judicial*

3.1 Prazos concedidos à Fazenda Pública

Para sabermos se as alterações introduzidas pelo Código de Processo Civil/2015 quanto aos prazos concedidos à Fazenda Pública se aplicam às ações regidas por leis especiais, como o mandado de segurança, a execução fiscal e a cautelar fiscal, temos de revisitar questões de direito intertemporal envolvendo leis gerais e leis especiais.

No contexto da Teoria Geral do Direito é sabido, e está expressamente estabelecido na denominada Lei de Introdução às Normas do Direito Brasileiro, que a lei geral não revoga a lei especial, nem esta revoga aquela, mas a lei especial prevalece sobre a lei geral sempre que estejam presentes as circunstâncias específicas ausentes na lei geral.

Assim, devemos entender que o Código de Processo Civil/2015, como lei geral que é, não revogou dispositivos das leis que tratam do mandado de segurança, da execução fiscal e da cautelar fiscal, o que somente ocorreria se o dissesse expressamente. E só é aplicável ao mandado de segurança, à execução fiscal e à cautelar fiscal de forma subsidiária ou supletiva, vale dizer, nos casos em que a lei reguladora de tais procedimentos seja omissa. Aliás, isto está expressamente estabelecido no art. 1.046, § 2º, do CPC/2015, a saber:

> Art. 1.046. (...).
>
> (...).

> § 2º. Permanecem em vigor as disposições especiais dos procedimentos regulados em outras leis, aos quais se aplicará supletivamente este Código.

Ocorre que as leis reguladoras do mandado de segurança, da execução fiscal e da cautelar fiscal não dizem se os prazos nelas estabelecidos devem ser contados em dias corridos ou em dias úteis. Assim, é razoável entendermos que os prazos processuais estabelecidos nessas leis, que eram contados em dias corridos, passem a ser contados em dias úteis, por aplicação do estabelecido no art. 219 e seu parágrafo único do CPC/2015.

Ressalte-se que o prazo de 120 dias para impetração do mandado de segurança não é um prazo processual, mas um prazo de decadência do direito à impetração, e por isto mesmo a ele não se aplica a norma do Código de Processo Civil/2015, de sorte que esse prazo deve continuar a ser contado em dias corridos.

No que diz respeito aos prazos concedidos à Fazenda Pública, é importante notarmos que o CPC/2015 introduziu novidade, ao estabelecer:

> Art. 183. A União, os Estados, o Distrito Federal, os Municípios e suas respectivas autarquias e fundações de direito público gozarão de prazo em dobro para todas as suas manifestações processuais, cuja contagem terá início a partir da intimação pessoal.
>
> § 1º. A intimação pessoal far-se-á por carga, remessa ou meio eletrônico.
>
> § 2º. Não se aplica o benefício da contagem em dobro quando a lei estabelecer, de forma expressa, prazo próprio para o ente público.

A nosso ver, esse dispositivo aplica-se nos processos de mandado de segurança, de execução fiscal e de cautelar fiscal.

3.2 Condenação da Fazenda Pública ao pagamento de honorários da sucumbência em face do CPC/1973

O CPC/1973, em seu art. 20, §§ 3º e 4º, estabelecia:

> Art. 20. A sentença condenará o vencido a pagar ao vencedor as despesas que antecipou e os honorários advocatícios. Essa verba honorária será devida, também, nos casos em que o advogado funcionar em causa própria.
>
> (...).

> § 3º. Os honorários serão fixados entre o mínimo de 10% (dez por cento) e o máximo de 20% (vinte por cento) sobre o valor da condenação, atendidos: a) o grau de zelo profissional; b) o lugar de prestação do serviço; c) a natureza e importância da causa, o trabalho realizado pelo advogado e o tempo exigido para o seu serviço.
>
> § 4º. Nas causas de pequeno valor, nas de valor inestimável, naquelas em que não houver condenação ou for vencida a Fazenda Pública, e nas execuções, embargadas ou não, os honorários serão fixados consoante apreciação equitativa do juiz, atendidas as normas das alíneas "a", "b" e "c" do parágrafo anterior.

Assim, nas causas em que era vencida a Fazenda Pública os juízes, valendo-se dessa relativa liberdade que a lei lhes conferia para fixarem os honorários advocatícios fora dos limites de 10 a 20%, tornou-se prática frequente a fixação de honorários da sucumbência, a serem pagos pela Fazenda Pública, em valores muito pequenos, irrisórios, que realmente não remuneravam o trabalho dos advogados, de modo que a parte vencedora terminava suportando esse ônus, porque os advogados não podiam prestar serviços profissionais sem a remuneração compatível.

Os defensores dessa prática a defendiam, alegando que a Fazenda Pública representa a sociedade, e, assim, o interesse público justifica não seja ela onerada com o pagamento de honorários da sucumbência.

3.3 *Inovação introduzida pelo Código de Processo Civil/2015 quanto à condenação da Fazenda Pública ao pagamento de honorários da sucumbência*

O Código de Processo Civil/2015 introduziu importantes inovações no que diz respeito à condenação ao pagamento de honorários da sucumbência. Merece especial destaque a denominada sucumbência recursal, de grande importância para inibir a interposição de recursos que a parte recorrente sabe sem possibilidade alguma de provimento. Prática que geralmente ocorria com a Fazenda Pública, que pretendia ganhar tempo, pois a expedição do correspondente precatório depende do trânsito em julgado da decisão.

A mais importante das inovações introduzidas pelo Código/2015 no que concerne à condenação da Fazenda Pública ao pagamento de honorários da sucumbência consiste, em primeiro lugar, na igualdade do tratamento. Enquanto no Código/1973 a referência era a causas nas quais for vencida a Fazenda Pública, no Código/2015 a norma se refere a causas em que a Fazenda Pública for parte. Assim, o tratamento diferenciado no que concerne à condenação ao pagamento de honorários da sucumbência é aplicável tanto nas causas em que a Fazenda Pública seja perdedora como nas causas em que ela for vencedora. E o juiz não tem mais a liberdade que tinha, pois o Código/2015 estabelece que nessas causas os honorários da sucumbência devem ser fixados nos seguintes percentuais: (a) mínimo de 10 e máximo de 20% sobre o valor da condenação ou do proveito econômico obtido até 200 salários-mínimos; (b) mínimo de 8 e máximo de 10% sobre o valor da condenação ou do proveito econômico obtido acima de 200 salários-mínimos até 2.000 salários-mínimos; (c) mínimo de 5 e máximo de 8% sobre o valor da condenação ou do proveito econômico obtido acima de 2.000 salários-mínimos até 20.000 salários-mínimos; (d) mínimo de 3 e máximo de 5% sobre o valor da condenação ou do proveito econômico obtido acima de 20.000 salários-mínimos até 100.000 salários-mínimos; (e) mínimo de 1 e máximo de 3% sobre o valor da condenação ou do proveito econômico obtido acima de 100.000 salários-mínimos.

Infelizmente ainda resta a questão de direito intertemporal que consiste em saber se o novo critério para a fixação dos honorários da sucumbência nas causas em que é parte a Fazenda Pública se aplica, ou não, aos processos em curso na data em que o Código de Processo Civil/2015 entrou em vigor. É sabido que a lei processual tem aplicação imediata, mas alguns juízes estão sustentando que o novo critério somente será aplicado nas ações iniciadas depois do início da vigência do Código.

O próprio Código de Processo Civil/2015 diz expressamente que, ao entrar em vigor, suas disposições se aplicarão desde logo aos processos pendentes (art. 1.046). Assim, se a condenação da Fazenda Pública ao pagamento dos honorários da sucumbência ainda não ocorreu, ou se ocorreu mediante recurso da parte contrária, ainda não julgado na data em que se iniciou a vigência do Código, não há dúvida de que suas disposições relativas ao tema são aplicáveis pelo órgão que venha a apreciar o recurso.

3.4 Respostas às questões formuladas

> ***2. Aspectos gerais do processo judicial***
>
> *2.1 As alterações introduzidas pelo* Código de *Processo Civil/2015 quanto aos prazos concedidos à Fazenda Pública apli-*

cam-se às ações regidas por leis especiais, como o mandado de segurança, a execução fiscal e a cautelar fiscal?

Respondemos: Aplicam-se supletivamente, como está expressamente estabelecido em seu art. 1.046, § 2º.

2.2 Em face do Código de Processo Civil/1973 era comum a condenação da Fazenda Pública ao pagamento de honorários da sucumbência em quantia irrisória. Haveria alguma justificação para essa prática?

Respondemos: Sim, era comum, e não havia nada que o justificasse, embora os defensores dessa prática a defendessem invocando o interesse público, posto que a Fazenda Pública seria a sociedade.

2.3 O que se pode dizer da inovação introduzida pelo Código de Processo Civil/2015 quanto à condenação da Fazenda Pública ao pagamento de honorários da sucumbência?

Respondemos: Tal inovação foi excelente, pois retira do juiz a liberdade para a prática arbitrária que geralmente era exercida em detrimento dos advogados.

4. *Processo de execução fiscal*

4.1 Os encargos legais previstos no Decreto-lei 1.025/1969

Temos afirmado repetidas vezes que nas relações de tributação o Poder Público não tem nenhum interesse pelo Direito. Seu interesse é apenas pelo dinheiro, e a única coincidência está nas duas primeiras e na última letra dessas palavras.

A instituição, pelo Decreto-lei 1.025, de 21.10.1969, desse adicional de 20% suscitou divergências em torno de sua natureza jurídica. Uma corrente entendeu tratar-se de honorários de advogado, enquanto outra sustentou tratar-se de um tributo. Entretanto, tributo não nos parece ser, posto que o fato tomado como pressuposto para sua cobrança não nos parece configurar fato gerador de nenhum dos tributos existentes em nosso sistema jurídico. Parece-nos que realmente tais "encargos" constituem honorários de advogado, como a final sugere a Súmula 168 do extinto TFR.

Realmente, a Súmula 168 do extinto TFR estabelecia:

> O encargo de 20% do Decreto-lei n. 1025, de 1969, é sempre devido nas execuções fiscais da União, e substitui, nos embargos, a condenação do devedor em honorários advocatícios.

Assim, entendendo que o encargo de 20% instituído pelo Decreto-lei 1.025/1969 tem a natureza de honorários advocatícios, resta-nos verificar se é possível, ou não, conciliar esse encargo com os arts. 85, § 3º, e 827, § 1º, todos do CPC/2015.

Em seu art. 85, § 3º, o CPC/2015 estabelece que a sentença condenará o vencido a pagar honorários ao advogado do vencedor e que nas causas em que a Fazenda Pública for parte a fixação dos honorários observará os critérios estabelecidos nos incisos I a IV do § 2º e os percentuais que expressamente indica em cinco incisos.

Vê-se, portanto, que esses dispositivos do Código de Processo Civil/2015 são absolutamente incompatíveis com a cobrança dos encargos instituídos pelo Decreto-lei 1.025/1969.

Já, o art. 827 e seu § 1º do CPC/2015, estabelecem:

> Art. 827. Ao despachar a inicial, o juiz fixará, de plano, os honorários advocatícios de 10% (dez por cento), a serem pagos pelo executado.
>
> § 1º. No caso de integral pagamento no prazo de 3 (três) dias, o valor dos honorários advocatícios será reduzido pela metade.

Assim, mesmo que se entenda que as execuções fiscais são agora regidas pelo Código de Processo Civil, mesmo assim temos de ver que o art. 827 e seu § 1º são incompatíveis com os encargos instituídos pelo Decreto-lei 1.025/1969.

Não nos resta a menor dúvida de que não é possível conciliar a aplicação do Decreto-lei 1.025/1969 com o art. 85, § 3º, do CPC/2015 Nem com o art. 827, § 1º, também do mesmo Código.

4.2 *A desconsideração da personalidade jurídica e as execuções fiscais*

O CPC/2015 estabelece:

> Art. 133. O incidente de desconsideração da personalidade jurídica será instaurado a pedido da parte ou do Ministério Público, quando lhe couber intervir no processo.

Diante desse dispositivo podem ser colocadas as questões de saber se o incidente de desconsideração da personalidade jurídica, nele previsto, é aplicável às execuções fiscais, se essa aplicabilidade ocorre em qualquer hipótese ou apenas naquelas em que não consta previamente da Certidão de Dívida Ativa/CDA o nome dos corresponsáveis.

Ressalte-se desde logo que na hipótese em que na CDA Ativa consta o nome dos corresponsáveis a execução fiscal pode ser promovida contra estes e contra a pessoa jurídica, não sendo cabível, portanto, cogitar de desconsideração da personalidade jurídica.

Quando na CDA não consta o nome dos corresponsáveis, aí, sim, se poderá cogitar da desconsideração da personalidade jurídica. E neste caso nos parece aplicável o art. 133 do CPC/2015, devendo a Fazenda exequente, ou o Ministério Público, formular pedido neste sentido.

Há quem sustente ser desnecessária a instauração de tal incidente, invocando em apoio dessa tese o Enunciado 53 aprovado pela Escola Nacional de Formação e Aperfeiçoamento de Magistrados/ENFAM, segundo o qual "o redirecionamento da execução fiscal para sócio-gerente prescinde do incidente de desconsideração da personalidade jurídica previsto no art. 133 do CPC/2015". E, ainda, o Enunciado 6 aprovado pelo Fórum de Execuções Fiscais da Segunda Região/FOREXEC, edição 2015, reunindo juízes federais atuantes nas Varas Federais especializadas em execuções fiscais, a dizer que "a responsabilidade tributária regulada pelo art. 135 do CTN não constitui hipótese de desconsideração da personalidade jurídica, não se submetendo ao incidente previsto no art. 133 do CPC/2015".[7]

Não nos parece que seja assim. Não obstante existam diversas decisões judiciais, inclusive do STJ, admitindo o redirecionamento da execução fiscal, seguimos pensando que é necessária a prévia apuração da responsabilidade das pessoas contra as quais uma execução fiscal é redirecionada. Neste sentido, escrevemos:

7. Ricardo de Lima Souza Queiroz, "Incidente de desconsideração de personalidade jurídica deve ser afastado em execução fiscal", revista *Consultor Jurídico/CONJUR*, 8.2.2016 (disponível em *www.conjur.com.br*).

Realmente, admitir-se que essa apuração vai ocorrer no processo de embargos à execução é negar aos supostamente responsáveis o direito de defesa na via administrativa, onde o crédito há de ter sido apurado, defesa pertinente à própria existência do crédito, e também pertinente às circunstâncias geradoras de sua responsabilidade. Portanto, implica violação de dispositivos da própria lei ordinária.

O dispositivo da lei ordinária que estabelece a possibilidade de execução fiscal contra o responsável, nos termos da lei, por dívida tributária (Lei de Execução Fiscal, art. 4º, V) não diz que a execução pode ser promovida contra o diretor, mas contra o responsável tributário, e a qualificação do diretor como responsável tributário pressupõe a ocorrência de atos praticados por este com excesso de poderes, infração da lei, do contrato ou dos estatutos. Assim, admitir-se a execução fiscal promovida contra o sócio, ou contra este redirecionada, sem a prova dessa prática constitui violação do dispositivo legal referido. Violação que se configura pela inadmissível ampliação de seu alcance.

O mesmo pode ser dito quanto ao próprio art. 135, III, do CTN, que atribui responsabilidade ao diretor não pela simples condição de diretor, e sim como decorrência da prática de atos com excesso de poderes, infração da lei, do contrato ou dos estatutos. Assim, considerar-se como responsável um diretor pelo simples fato de ser diretor é violar esse dispositivo legal.

Registre-se, ainda, que o diretor, diante da simples possibilidade de vir a ser responsabilizado pelo crédito tributário, qualifica-se como interessado e assim tem direito de ser pessoalmente cientificado da instauração de processo administrativo de apuração e exigência daquele crédito. A lei estabelece como direito dos administrados ter ciência da tramitação dos processos administrativos em que tenham a condição de interessados, ter vista dos autos, obter cópias de documentos neles contidos e conhecer as decisões proferidas (Lei 9.784, de 29.1.1999, art. 3º, II). E define como interessados aqueles que, sem terem iniciado o processo, têm direitos ou interesses que possam ser afetados pela decisão a ser adotada (Lei 9.784, de 29.1.1999, art. 9º, II).

3.3.4 *Violação de garantias constitucionais*

A interpretação das leis ordinárias adotada nas decisões que admitem o redirecionamento da execução fiscal para atingir bens de diretores cujos nomes não figuram na correspondente certidão de inscrição na Dívida Ativa viola de modo flagrante as garantias constitucionais do contraditório e da ampla defesa.

Como decorrência da garantia constitucional do contraditório e de ampla defesa com os meios e recursos a ela inerentes, tem-se que é indispensável para a atribuição de responsabilidade aos responsáveis tributários, sempre que se trate de créditos tributários apurados em procedimento administrativo instaurado contra a pessoa jurídica, seja assegurada a eles oportunidade de impugnarem a exigência na via administrativa.

A certidão de inscrição do crédito tributário em Dívida Ativa da Fazenda Pública, como título executivo extrajudicial, justifica a propositura da execução fiscal porque a dívida regularmente inscrita goza da presunção de certeza e liquidez e tem o efeito de prova pré-constituída (CTN, art. 204). E assim é porque a inscrição pressupõe regular apuração da dívida, que sendo feita em processo administrativo assegura ao interessado o direito ao contraditório e à ampla defesa, direito hoje alçado ao plano constitucional (CF/1988, art. 5º, LV).

Essa presunção, porém, exatamente porque decorre de haver sido o crédito apurado em regular processo no qual à pessoa jurídica foi assegurado o contraditório e a ampla defesa, produz efeitos contra a pessoa jurídica. Não contra o diretor, que não tenha sido chamado ao processo para defender-se e cujo nome, por isto mesmo, não consta da certidão respectiva.

Ressalte-se que ao diretor deve ser assegurado o direito de defesa tanto no que diz respeito à existência mesma do crédito tributário como também no que diz respeito à sua responsabilidade. Em outras palavras, o diretor tem direito de defender-se também quanto à imputação a ele da responsabilidade tributária, posto que esta não decorre pura e simplesmente de sua condição de diretor, mas da prática de atos com excesso de poderes ou infração da lei, do contrato social ou dos estatutos.[8]

Agora, em face do art. 133 do CPC/2015, tem-se uma regra processual que abre oportunidade para questionar a responsabilidade tributária. Entretanto, mesmo assim, resta a questão de saber se as pessoas que sejam responsabilizadas pela dívida tributária da pessoa jurídica realmente têm o direito ao questionamento no processo administrativo de constituição do crédito tributário. E nos parece que sim, constituindo excelente argumento a ser sustentado no incidente de desconsideração da personalidade jurídica.

4.3 Desconsideração da personalidade jurídica e as execuções fiscais em curso

Como nos parece que o incidente de desconsideração da personalidade jurídica se aplica às execuções fiscais, coloca-se a questão de saber

8. Hugo de Brito Machado, *Comentários ao Código Tributário Nacional*, 2ª ed., vol. II, São Paulo, Atlas, pp. 610-613.

ele pode ser instaurado naquelas que já estavam em curso quando teve início a vigência do Código de Processo Civil/2015 ou somente naquelas iniciadas depois de 18.3.2016.

Nossa resposta neste caso é muito simples. Entendemos que sim, pois a lei processual tem aplicação imediata, e isto está expresso no próprio Código de Processo Civil/2015.

4.4 *Demora na citação do executado imputável à exequente*

O CPC/2015 estabelece, no art. 240, que a citação válida, ainda quando ordenada por juízo incompetente, induz litispendência, torna litigiosa a coisa e constitui em mora o devedor. Faz ressalva relativa ao Código Civil, que no caso é impertinente. E estabelece, no § 2º desse art. 240, que incumbe ao autor adotar, no prazo de 10 dias, as providências necessárias para viabilizar a citação, sob pena de não se aplicar o disposto no § 1º, segundo o qual a interrupção da prescrição operada pelo despacho que ordena a citação, ainda que proferido por juízo incompetente, retroagirá à data da propositura da ação. E estabelece também, no art. 802, que na execução o despacho que ordena a citação, desde que realizada em observância ao disposto no § 2º do art. 240, interrompe a prescrição, ainda que proferido por juízo incompetente.

Assim, entende-se que incumbe ao autor – vale dizer, à Fazenda Pública exequente – adotar, no prazo de 10 dias, as providências necessárias para viabilizar a citação, sob pena de o despacho que a determinou não interromper a prescrição.

O STJ, todavia, deu provimento a recurso da Fazenda Nacional por entender que incumbe à parte promover a citação do réu nos 10 dias subsequentes ao despacho que a ordenar, não ficando prejudicada pela demora imputável exclusivamente ao serviço judiciário.

Coloca-se, então, a questão de saber se, em razão do disposto nos arts. 240 e 802 do CPC/2015, nos casos em que a demora na citação do executado não seja imputável exclusivamente ao Judiciário, mas à Fazenda exequente, se pode dizer que a data da efetiva citação do executado passa a ser relevante para determinar a consumação, ou não, do prazo prescricional, independentemente de a inicial ter sido protocolada dentro deste prazo.

E, ainda, a questão de saber se subsiste o entendimento firmado pelo STJ no REsp 1.120.295-SP.

A nosso ver, se a demora na citação do executado não for imputável exclusivamente ao Judiciário, mas à Fazenda exequente, pode-se dizer que a data da efetiva citação do executado passa a ser relevante para determinar a consumação do prazo prescricional, independentemente de a inicial ter sido protocolada dentro do prazo legal.

4.5 Fornecimento pela exequente de endereço errado do executado

Outra questão que vamos aqui examinar consiste em saber se pode ser exemplo de demora não imputável ao Judiciário, mas à Fazenda, aquela decorrente de ter ela fornecido endereço errado ou desatualizado para a citação do executado.

E não temos a menor dúvida de que a resposta deve ser afirmativa. Se a Fazenda promove execução fiscal e fornece o endereço errado, ou desatualizado, do executado, isto pode implicar demora na citação, demora que não pode, de nenhum modo, ser atribuída ao Poder Judiciário.

4.6 Exceções de pré-executividade

Outra questão a ser aqui examinada consiste em saber se o art. 803, parágrafo único, do CPC/2015 conteria um reconhecimento explícito do cabimento das chamadas "exceções de pré-executividade". E, ainda, se seria essa admissão aplicável também às execuções fiscais, em face da supletividade referida no art. 15 do CPC/2015 e do disposto no art. 1º da própria Lei 6.830/1980.

O CPC/2015 estabelece:

> Art. 803. É nula a execução se: I – o título executivo extrajudicial não corresponder a obrigação certa, líquida e exigível; II – o executado não for regularmente citado; III – for instaurada antes de se verificar a condição ou decorrer o termo.
>
> Parágrafo único. A nulidade de que cuida este artigo será pronunciada pelo juiz, de ofício ou a requerimento da parte, independentemente de embargos à execução.

Por outro lado, em seu art. 15 o CPC/2015 estabelece que, na ausência de normas que regulem processos administrativos, entre outros, suas disposições serão aplicadas supletiva e subsidiariamente. E a Lei

6.830/1980, Lei de Execução Fiscal, estabelece que a execução judicial para a cobrança da Dívida Ativa da União, dos Estados, do Distrito Federal e dos Municípios será regida por ela e subsidiariamente pelo Código de Processo Civil.

Seja como for, mesmo sem previsão específica no CPC/2015, a nosso ver, a regra do seu art. 803, parágrafo único, a dizer que "a nulidade de que cuida este artigo será pronunciada pelo juiz, de ofício ou a requerimento da parte, independentemente de embargos à execução", nos permite entender que o requerimento da parte, independentemente de embargos à execução, enseja o cabimento das exceções de pré-executividade. E, em face da aplicabilidade supletiva, legalmente estabelecida, esse instrumento de defesa do executado pode ser utilizado também nas execuções fiscais.

4.7 O Código de Processo Civil/2015 e a Lei 6.830/1980

Por último, neste item de nosso estudo coloca-se a questão de saber se o CPC/2015 teria revogado a Lei 6.830/1980, como se poderia entender de seus arts. 779, VI, e 784, IX, ou se, em face do disposto em seu art. 1.046, § 2º, a dizer que "permanecem em vigor as disposições especiais dos procedimentos regulados em outras leis, aos quais se aplicará supletivamente este Código", podemos entender que a Lei de Execução Fiscal permanece em vigor.

A nosso ver, prevalece aqui a regra geral, fartamente conhecida, segundo a qual a lei geral não revoga a lei especial.

O art. 779 do CPC/2015 contém regras iguais às já existentes no Código/1973, que conviviam com as regras da Lei 6.830/1980, salvo apenas a de seu inciso V, que inclui entre aqueles contra os quais a execução pode ser promovida *o responsável titular do bem vinculado por garantia real ao pagamento do débito.* Mas essa inovação, como facilmente se vê, não diz respeito à Lei de Execução Fiscal.

Já, o art. 1.046, § 2º, a dizer que "permanecem em vigor as disposições especiais dos procedimentos regulados em outras leis, aos quais se aplicará supletivamente este Código", deixa clara a subsistência da Lei 6.830/1980, não restando dúvida, portanto, de que a Lei de Execução Fiscal permanece em vigor.

4.8 Respostas às questões formuladas

> ***3. Processo de execução fiscal***
>
> *3.1 Qual a natureza dos encargos legais previstos no Decreto-lei 1.025/1969? Caso eles tenham natureza de honorários, como sugere a Súmula 168 do extinto TFR, como conciliar sua aplicação, nos dias de hoje, com o art. 85, § 3º, do CPC/2015? E com o art. 827, § 1º, também do mesmo Código?*

Respondemos: O encargo de 20% previsto no Decreto-lei 1.025/1969 tem a natureza de honorários da sucumbência e sua aplicação nos dias de hoje não se concilia com o art. 85, § 3º, nem com o art. 827, § 1º, do CPC/2015.

> *3.2 O incidente de desconsideração da personalidade jurídica, previsto no art. 133 do CPC/2015, aplica-se às execuções fiscais? Apenas nas hipóteses de o nome dos corresponsáveis não constar previamente na Certidão de Dívida Ativa ou em qualquer hipótese? Ou em nenhuma hipótese, sendo a regra inaplicável à Fazenda Pública exequente?*

Respondemos: Sim, apenas nas hipóteses de o nome dos corresponsáveis não constar previamente na CDA.

> *3.3 Caso aplicável às execuções fiscais, ele pode ser instaurado naquelas que já estavam em curso quando teve início a vigência do Código de Processo Civil/2015, ou somente àquelas iniciadas depois de 18.3.2016?*

Respondemos: Pode, sim, ser instaurado nas execuções fiscais que já estavam em curso no início de sua vigência.

> *3.4 Em razão do disposto nos arts. 240 e 802 do CPC/2015, nos casos em que a demora na citação do executado não seja imputável exclusivamente ao Judiciário, mas à Fazenda exequente, pode-se dizer que a data da efetiva citação do executado passa a ser relevante para determinar a consumação, ou não, do prazo prescricional, independentemente de a inicial ter sido protocolada dentro deste prazo? Subsiste o entendimento firmado pelo STJ no REsp 1.120.295-SP?*

Respondemos: Se a demora na citação do executado não for imputável exclusivamente ao Judiciário, mas à Fazenda exequente, pode-se dizer que a data da efetiva citação do executado passa a ser relevante para determinar a consumação do prazo prescricional, independentemente de a inicial ter sido protocolada dentro do prazo legal.

Assim, não subsiste o entendimento firmado pelo STJ no REsp 1.120.295-SP.

3.5 Pode ser exemplo de demora não imputável ao Judiciário, mas à Fazenda, aquela decorrente de ter ela fornecido endereço errado ou desatualizado para a citação do executado?

Respondemos: Sim. Não temos a menor dúvida de que a resposta deve ser afirmativa. Se a Fazenda promove execução fiscal e fornece o endereço errado, ou desatualizado, do executado, isto pode implicar demora na citação, demora que não pode, de modo algum, ser atribuída ao Poder Judiciário.

3.6 O art. 803, parágrafo único, do CPC/2015 conteria um reconhecimento explícito do cabimento das chamadas "exceções de pré-executividade"? Seria essa admissão aplicável também às execuções fiscais, em face da supletividade referida no art. 15 do CPC/2015 e do disposto no art. 1º da própria Lei 6.830/1980?

Respondemos: Mesmo sem previsão específica no CPC/2015, a nosso ver, a regra do seu art. 803, parágrafo único, a dizer que "a nulidade de que cuida este artigo será pronunciada pelo juiz, de ofício ou a requerimento da parte, independentemente de embargos à execução", nos permite entender que o requerimento da parte, independentemente de embargos à execução, enseja o cabimento das exceções de pré-executividade. E, em face da aplicabilidade supletiva, legalmente estabelecida, esse instrumento de defesa do executado pode ser utilizado também nas execuções fiscais.

3.7 Teria o Código de *Processo Civil/2015 revogado a Lei 6.830/1980, como se pode ver de seus arts. 779, VI, e 784, IX? Ou, em face do disposto em seu art. 1.046, § 2º, a dizer que "permanecem em vigor as disposições especiais dos procedimentos regulados em outras leis, aos quais se aplicará supletivamente este Código", podemos entender que a Lei de Execução Fiscal permanece em vigor?*

Respondemos: O CPC/2015 não revogou a Lei 6.830/1980. Sendo claro, neste sentido, seu art. 1.046, § 2º, a dizer que "permanecem em vigor as disposições especiais dos procedimentos regulados em outras leis, aos quais se aplicará supletivamente este Código", podemos entender que a Lei de Execução Fiscal permanece em vigor

5. O Código de Processo Civil/2015 e o mandado de segurança

5.1 O mandado de segurança e a tutela de evidência

Com o advento do CPC/2015 coloca-se a questão de saber se a figura da "tutela de evidência", prevista em seu art. 311, se aplica ao mandado de segurança.

O CPC/2015 estabelece:

> Art. 311. A tutela de evidência será concedida, independentemente de demonstração de perigo de dano ou de risco ao resultado útil do processo, quando: I – ficar caracterizado o abuso do direito de defesa ou o manifesto propósito protelatório; II – as alegações de fato puderem ser comprovadas apenas documentalmente e houver tese firmada em julgamento de casos repetitivos ou em súmula vinculante; III – se tratar de pedido reipersecutório fundado em prova documental adequada do contrato de depósito, caso em que será decretada a ordem de entrega do objeto custodiado, sob cominação de multa; IV – a petição inicial for instruída com prova documental suficiente dos fatos constitutivos do direito do autor, a que o réu não oponha prova capaz de gerar dúvida razoável.
>
> Parágrafo único. Nas hipóteses dos incisos II e III, o juiz poderá decidir liminarmente.

A tutela de evidência, prevista no inciso I, acima transcrito, em tese pode ser aplicável, embora não se possa vislumbrar, em regra, a prática de abuso do direito de defesa ou o manifesto propósito no âmbito do mandado de segurança. As previstas nos incisos II e IV são perfeitamente compatíveis com o processo no mandado de segurança, sendo cabível e até necessária sua aplicação. Já, a tutela de evidência, prevista no inciso III, não tem qualquer pertinência ao mandado de segurança.

Em síntese, portanto, parece-nos que a tutela de evidência, prevista no art. 311 do CPC/2015, aplica-se ao mandado de segurança.

5.2 O mandado de segurança e a "estabilização" da tutela provisória

Outra questão que pode ser colocada quanto ao surgimento do Código de Processo Civil/2015 em face da lei que trata do mandado de segurança é a de saber se as liminares deferidas em sede de mandado de segurança se submetem ao instituto da "estabilização" da tutela provisória previsto no art. 304 do CPC/2015.

Ocorre que a tutela provisória, prevista no art. 304 do CPC/2015, pode ser contrária aos interesses das pessoas em geral, enquanto a medida liminar em mandado de segurança se dirige a presentante de entidade pública, vale dizer, pode afetar o que seja um direito da entidade pública, razão pela qual a sentença que defere o mandado de segurança é sempre submetida ao duplo grau de jurisdição. Assim, podemos considerar que as medidas liminares em mandado de segurança quando confirmadas pela sentença que concede a segurança estão também submetidas ao duplo grau de jurisdição.

Assim, como a "estabilização" depende da não interposição de recurso, é razoável entender que ela não se aplica ao mandado de segurança.

5.3 Respostas às questões formuladas

> ***4. Mandado de segurança***
>
> *4.1 Aplica-se ao mandado de segurança a figura da "tutela de evidência" (art. 311 do CPC/2015)?*

Respondemos: Parece-nos que a tutela de evidência, prevista no art. 311 do CPC/2015, se aplica ao mandado de segurança.

> *4.2 As liminares deferidas em sede de mandado de segurança submetem-se ao instituto da "estabilização" da tutela provisória previsto no art. 304 do CPC/2015?*

Respondemos: Como a "estabilização" depende da não interposição de recurso, é razoável entender que ela não se aplica ao mandado de segurança.

6. *Questões relacionadas à coisa julgada*

6.1 Ação rescisória em face de alteração na jurisprudência do STF

Com o início da vigência do CPC/2015, no que diz respeito à coisa julgada coloca-se a questão de saber, em face do art. 525, §§ 12 e 15, quais devem ser os efeitos de uma ação rescisória movida em razão da alteração da jurisprudência do STF sobre determinada questão tributária. E, ainda, a questão de saber se é possível atribuir efeitos *ex tunc* à rescisão do julgado.

O CPC/2015 estabelece:

> Art. 525. Transcorrido o prazo previsto no art. 523 sem o pagamento voluntário, inicia-se o prazo de 15 (quinze) dias para que o executado, independentemente de penhora ou nova intimação, apresente, nos próprios autos, sua impugnação.
>
> (...).
>
> § 12. Para efeito do disposto no inciso III do § 1º deste artigo, considera-se também inexigível a obrigação reconhecida em título executivo judicial fundado em lei ou ato normativo considerado inconstitucional pelo Supremo Tribunal Federal, ou fundado em aplicação ou interpretação da lei ou ato normativo pelo Supremo Tribunal Federal como incompatível com a Constituição Federal, em controle de constitucionalidade concentrado ou difuso.
>
> (...).
>
> § 15. Se a decisão referida no § 12 for proferida após o trânsito em julgado da decisão exequenda, caberá ação rescisória, cujo prazo será contado do trânsito em julgado da decisão proferida pelo Supremo Tribunal Federal.

O inciso III do § 1º, referido no § 12, acima transcrito, estabelece que na impugnação o executado poderá alegar *inexequibilidade do título ou inexigibilidade da obrigação*.

Vejamos, então, a questão de saber quais devem ser os efeitos de uma ação rescisória movida em razão da alteração da jurisprudência do

STF sobre determinada questão tributária. E, ainda, a questão de saber se é possível atribuir efeitos *ex tunc* à rescisão do julgado.

O STF vinha decidindo que um tributo é devido, e mudou sua jurisprudência, passando a decidir que aquele tributo não é devido. O contribuinte que havia ficado vencido na questão, cuja decisão transitou em julgado entra com ação rescisória e ganha. Fica, então, desobrigado de continuar pagando aquele tributo. Assim, coloca-se a questão de saber se a decisão que julga procedente a rescisória pode ter efeito *ex tunc*. Em outras palavras: coloca-se a questão de saber se o contribuinte tem direito à restituição do que pagou indevidamente antes da decisão proferida na ação rescisória.

Entendemos que sim, porque a decisão que julgou procedente a ação rescisória retirou do mundo jurídico a decisão que afirmara ser devido o tributo. Em outras palavras: a decisão que julgou procedente a ação rescisória disse que o tributo foi pago indevidamente.

6.2 Ação rescisória e lapso decadencial

Outra questão importante consiste em saber quais os efeitos da decisão rescisória sobre o lapso decadencial. Imaginando-se um contribuinte que há mais de cinco anos não recolhe um tributo por conta de decisão judicial, passada em julgado, que o declarou inconstitucional, a posterior mudança no entendimento do STF sobre a validade de tal tributo poderia legitimar a propositura e a procedência de ação rescisória, com a posterior autuação do contribuinte relativamente a todo o período.

Parece-nos que a decisão proferida na ação rescisória retirou do mundo jurídico a decisão que afirmara ser o tributo indevido. Tem, assim, efeitos equivalentes aos de uma lei que institui um tributo.

Assim, imaginando-se um contribuinte que há mais de cinco anos não recolhe um tributo por conta de decisão judicial, passada em julgado, que o declarou inconstitucional, a posterior mudança no entendimento do STF sobre a validade de tal tributo legitima a propositura e a procedência de ação rescisória. Aliás, há quem sustente que, tratando-se de uma relação jurídica continuativa, nem é necessária a ação rescisória, pois o efeito da mudança de entendimento do STF opera automaticamente. Seja como for, certo é que não legitima a autuação do contribuinte relativamente a todo o período, porque isto equivaleria a admitir a retroatividade do novo entendimento, o que não é possível, porque a lei não retroage em prejuízo do contribuinte.

Realmente, se uma lei nova não retroage, é razoável entender que uma nova interpretação dada à lei pelo STF também não produza efeitos retroativos. E, mesmo que se admita a retroatividade desse novo entendimento, é indiscutível que essa retroatividade não pode ultrapassar o lapso decadencial de cinco anos.

6.3 Respostas às questões formuladas

> ***5. Coisa julgada***
>
> *5.1 Em face do art. 525, §§ 12 e 15, do CPC/2015, quais devem ser os efeitos de uma ação rescisória movida em razão da alteração da jurisprudência do STF sobre determinada questão tributária? É possível atribuir efeitos* ***ex tunc*** *à rescisão do julgado?*

Respondemos: Entendemos que sim, porque a decisão que julgou procedente a ação rescisória disse que o tributo foi pago indevidamente.

> *5.2 Quais os efeitos da decisão rescisória sobre o lapso decadencial? Imaginando-se um contribuinte que há mais de cinco anos não recolhe um tributo por conta de decisão judicial, passada em julgado, que o declarou inconstitucional, a posterior mudança no entendimento do STF sobre a validade de tal tributo poderia legitimar a propositura e a procedência de ação rescisória, com a posterior autuação do contribuinte relativamente a todo o período?*

Respondemos: Entendemos que não. Assim como a lei não retroage em desfavor do contribuinte, esse novo entendimento também não pode retroagir. E, se retroagir, é indiscutível que essa retroatividade não pode ultrapassar o lapso decadencial de cinco anos.

7. ***O pagamento do ITCMD e outras questões***

7.1 O ITCDM questionado e seu pagamento antes da execução da partilha

O CPC/2015 estabelece:

Art. 654. Pago o imposto de transmissão a título de morte e juntada aos autos certidão ou informação negativa de dívida para com a Fazenda Pública, o juiz julgará por sentença a partilha.

Parágrafo único. A existência de dívida para com a Fazenda Pública não impedirá o julgamento da partilha, desde que o seu pagamento esteja devidamente garantido.

Em face do estabelecido no parágrafo único do art. 654, acima transcrito, coloca-se a questão de saber se são permitidas a conclusão do processo de inventário e a execução da partilha antes de julgada a validade da cobrança do respectivo ITCMD. E a resposta nos parece que está claramente colocada na mencionada regra, a dizer que a existência de dívida para com a Fazenda Pública não impedirá o julgamento da partilha, desde que seu pagamento esteja devidamente garantido.

Assim, é possível que um dos herdeiros deposite o valor do ITCMD que esteja sendo questionado ou preste outra garantia admitida pelo Fisco, e assim o julgamento da partilha poderá ser feito. O risco envolvido na questão de saber se o imposto é devido, ou não, é assumido pelo herdeiro.

7.2 *Outras questões relativas ao processo tributário*

Finalmente, coloca-se a questão de saber se existem outras questões relativas ao processo tributário decorrentes do advento do Código de Processo Civil/2015, e quais são essas questões.

Sempre que surge uma lei, surgem questões relacionadas à aplicação desta, em face do ordenamento jurídico em que é encartada. Especialmente quando a lei nova alberga muitas regras, é muito abrangente, como é o caso de um Código de Processo Civil, que tem enorme abrangência.

Assim, pensamos que, além das colocadas neste estudo, muitas outras questões surgirão como decorrência do advento do Código de Processo Civil/2015. O tempo dirá, e a jurisprudência enfrentará tais questões, estabelecendo, a final, o que devemos ter como aplicação correta da nova lei.

7.3 *Respostas às questões formuladas*

6. O pagamento do ITCMD e outras questões

6.1 Em face do disposto no parágrafo único do art. 654 do CPC/2015, é permitida a conclusão do processo de inventário e execução da partilha antes de julgada a validade da cobrança do respectivo ITCMD?

Respondemos: Sim, desde que um herdeiro assuma o risco envolvido na questão de saber se o ITCMD é devido, ou não.

6.2 Existem outras questões relativas ao processo tributário decorrentes do advento do Código de Processo Civil/2015? Quais?

Respondemos: Certamente, sim. O tempo dirá quais são, e a jurisprudência dirá como devem ser resolvidas.

O CÓDIGO DE PROCESSO CIVIL/2015 E O PROCESSO TRIBUTÁRIO

SCHUBERT DE FARIAS MACHADO

1. Introdução. 2. Autonomia do processo tributário. 3. Respostas aos questionamentos.

1. Introdução

Mantendo o compromisso com a pesquisa e o estudo científico de questões jurídicas, o Instituto Cearense de Estudos Tributários/ICET apresenta tema relativo aos reflexos do Código de Processo Civil/2015 no processo tributário.

As perguntas elaboradas pelo professor Hugo de Brito Machado Segundo indicam os pontos mais relevantes dessa temática, despertando o interesse, inclusive, para a ideia de autonomia do processo tributário.

O direito processual é, por natureza, instrumental. Estabelece a maneira pela qual os conflitos na relação regulada pelo direito material devem ser dirimidos.

Não há dúvida de que a relação jurídica tributária e a relação jurídica civil são distintas. Nesta o Direito traz a solução para o conflito de interesses entre os cidadãos, assumindo o Estado uma posição desinteressada. Já, na relação regulada pelo direito tributário o conflito a ser resolvido tem o Estado como parte diretamente interessada.

É precisamente o interesse do Estado em que a relação conflituosa seja solucionada a seu favor que acarreta a reflexão sobre a necessidade de dar ao processo tributário distinto tratamento em relação do processo civil, levando a uma abordagem própria de seus institutos.

Assim, apresentaremos considerações preliminares sobre a autonomia do processo tributário, com enfoque nas inovações trazidas pelo Código de Processo Civil/2015, e em seguida nossas respostas às questões que nos foram trazidas.

2. *Autonomia do processo tributário*

A História nos ensina que para cobrar tributos os governantes não precisam de lei, basta o exercício da soberania estatal, tal como ocorreu nos reinados absolutistas, até porque arrecadar é necessário e interessa a quem governa, inclusive, para manter as atividades essenciais ao bem-estar da coletividade. Ensina, também, que a incansável busca dessa "arrecadação necessária" leva ao cometimento de diversos e repetidos abusos contra as liberdades do cidadão.

Tais abusos, por sua vez, motivaram os limites jurídicos formais ao poder de tributar, que são conquistas da Civilização, obtidas depois de revoluções e séculos de amadurecimento social. As origens desses limites podem ser lembradas com trecho da *Magna Charta Libertatum*, na qual João-Sem-Terra acatou a imposição de contenção ao seu poder de tributar, nos seguintes termos: "Não lançaremos taxas ou tributos, sem o consentimento do Conselho-Geral do Reino, [*commune conclium regni*] a não ser para resgate da nossa pessoa, para armar cavaleiro o nosso filho mais velho e para celebrar, mas uma única vez, o casamento da nossa filha mais velha; e esses tributos não excederão limites razoáveis. De igual maneira se procederá quanto aos impostos da cidade de Londres".[1] Foram necessários um rei fraco e um grupo de barões com a tolerância esgotada para inaugurar o princípio da legalidade.

A evolução social levou ao surgimento do Estado Democrático de Direito, partindo de uma Constituição na qual firma o compromisso de respeitar os limites legais de sua própria ação e de proteger determinados direitos subjetivos em função de tais limites.[2]

1. *Constituições do Japão e da Grã-Bretanha*, Rio de Janeiro, Edições Trabalhistas, 1987, p. 24.

2. Conforme registra Victor Uckmar: "A Revolução Francesa e a Americana, em grande parte consequências do descontentamento do povo pela opressão fiscal, conduziram à determinação dos princípios que são basilares do direito constitucional" (*Princípios Comuns de Direito Constitucional Tributário*, 2ª ed., trad. e notas de Marco Aurélio Greco, São Paulo, Malheiros Editores, 1999, p. 31).

Dentre as garantias constitucionais conferidas ao cidadão, destacamos aqui a *legalidade tributária*, que no Brasil é estrita e alcança todos os atos que levem à cobrança do tributo. Está positivado no art. 150, I, da CF/1988,[3] bem como no art. 97 do CTN,[4] observando que o tributo somente estará validamente criado quando a lei estabelecer todos os elementos necessários à sua cobrança: (a) hipótese de incidência; (b) base de cálculo; (c) alíquota; (d) identificação do sujeito passivo; e (e) sujeito ativo da relação, quando for diverso daquela pessoa jurídica de direito público que editar a lei.

A garantia da estrita legalidade tributária envolve toda a atividade da Administração Fazendária, inclusive, e especialmente, o lançamento e a posterior cobrança do tributo. Por isso, é mais adequado identificá-la como princípio/regra da *garantia da reserva absoluta de lei tributária*, uma vez que é muito mais ampla que o princípio da legalidade e não admite qualquer ponderação com outros princípios, nem abre o menor espaço para atos discricionários.

Nesse contexto é que deve ser feita a abordagem ao *processo tributário*, que não se desprende do direito tributário. É o instrumento utilizado para a aplicação do direito material na busca de soluções para os conflitos instaurados entre o Fisco e o cidadão, sendo inegável o interesse do Estado, como parte, na solução de tais conflitos.

Por essa perspectiva, não pode ser regulado, sem a necessária crítica de adequação, pelas regras do processo civil, uma vez que este foi concebido como instrumento de aplicação do direito privado, fincado na autonomia da vontade e na igualdade entre as partes, sem os necessários cuidados em relação ao poder estatal.

Hugo de Brito Machado Segundo explicita a necessidade de se tratar de forma apartada o processo tributário ao dizer que

> a realidade em face da qual se desenvolve o processo tributário é diferente daquela subjacente a um processo no qual litigam sócio e sociedade, servidor público e Administração, contratante e contratado. É o que basta para justificar, à saciedade, o estudo autônomo do

3. CF/1988: "Art. 150. Sem prejuízo de outras garantias asseguradas ao contribuinte, é vedado à União, aos Estados, ao Distrito Federal e aos Municípios: I – exigir ou aumentar tributo sem lei que o estabeleça; (...)".

4. CTN: "Art. 97. Somente a lei pode estabelecer: I – a instituição de tributos, ou a sua extinção; II – a majoração de tributos, ou sua redução, ressalvado o disposto nos arts. 21, 26, 39, 57 e 65; (...)".

> processo tributário e do sistema jurídico em face dele considerado. A necessidade de os cientistas do Direito se dedicarem a esse estudo é inequívoca, e demonstra o acerto daqueles que veem na doutrina o papel de fonte do Direito, pois a ausência de uma doutrina específica pode fazer surgir, na prática, um processo tributário disforme, desigual e iníquo, que inutilizará as conquistas obtidas pelos contribuintes nos últimos séculos no campo do direito material.[5]

O *processo tributário* mostra-se, portanto, ontologicamente distinto do *processo civil*, sujeito a normas que devem – necessariamente – atender a todas as garantias constitucionais conferidas ao cidadão.

Mesmo quando estamos diante de um texto de lei, e da lei processual em particular, podemos dele extrair mais de uma norma, em decorrência da tridimensionalidade do fenômeno jurídico, que envolve, além de normas, fatos e valores, que podem ser – e geralmente o são – bem diversos em questões tributárias daqueles verificados em conflitos familiares ou societários, por exemplo.[6]

Desse modo, não é necessário um diploma legal apartado com normas formalmente específicas de *processo tributário*. Tais normas estão nas leis especiais e no corpo do Código de Processo Civil. O que lhes confere singularidade é o método de interpretação ao qual estão sujeitas. Como observa Paulo César Conrado, se é correto dizer que

> o Código de Processo Civil/2015 seguirá servindo de esteio normativo para o 'processo tributário' (como ocorre(ia) como diploma que lhe antecede(u)), não é menos certo que a única forma de fazê-lo 'tributariamente' instrumental (e efetivo) é seguir considerando-o em consórcio com o plano material.[7]

Para demonstrar algumas peculiaridades do processo tributário, tomamos aqui como exemplo a ação de execução fiscal, que é a última parte da atividade de cobrança do tributo. Por força da garantia de acesso

5. Hugo de Brito Machado Segundo, *Processo Tributário*, 8ª ed., São Paulo, Atlas, 2015, p. 12.

6. Hugo de Brito Machado Segundo e Raquel C. Ramos Machado, in Valdir de Oliveira Rocha (coord.), *Grandes Questões Atuais do Direito Tributário*, vol. 19, São Paulo, Dialética, 2015, p. 165.

7. Paulo César Conrado, *Perspectiva do Contencioso Tributário, Judicial e Administrativo, em Vista do Novo Código de Processo Civil* (disponível em *http://www.ibet.com.br/wp-content/uploads/2016/03/Paulo-Cesar-Conrado.pdf*, acesso em 11.8.2016).

à jurisdição, deve ser processada sempre em juízo, conferindo ao cidadão a oportunidade de apontar ao juiz as eventuais ilegalidades cometidas na constituição e cobrança do crédito tributário. Regulada pela Lei 6.830/1980, a execução fiscal também está sujeita à aplicação subsidiária e suplementar das normas postas no Código de Processo Civil e, em qualquer caso, submetida aos ditames postos no Estatuto Constitucional do Contribuinte, permitindo ao executado obter uma resposta útil do juiz sobre a validade, ou não, da cobrança à qual está submetido, sem o quê restarão esvaziadas todas essas garantias.

Assim, enquanto a obrigação civil é contratual e, por isso, decorre da vontade do devedor, a obrigação tributária tem origem direta e exclusivamente na lei, sendo irrelevante para seu surgimento a vontade das partes. Além disso, quando um cidadão promove uma ação de execução forçada contra outro cidadão, sabe que o executado poderá se utilizar dos mesmos instrumentos processuais com os quais foi alcançado. Existe a paridade de armas. Ao contrário, quando o cidadão é vítima de uma execução fiscal ilegal não dispõe do mesmo instrumento processual para agir contra a Fazenda Pública. Os precatórios têm se mostrado ineficazes, especialmente no âmbito dos Estados e Municípios, que simplesmente não os pagam. A desigualdade é flagrante.

A necessidade de o Fisco se utilizar da ação de execução fiscal, por sua vez, decorre da garantia conferida ao cidadão de que a lei não excluirá da apreciação do Poder Judiciário lesão ou ameaça a direito (CF/1988, art. 5º, XXXV). A garantia da universalidade da jurisdição, portanto, é conferida aos cidadãos, e não ao Estado. Quando a Administração Pública ingressa em juízo com uma ação de execução fiscal o faz em respeito à garantia conferida ao indivíduo de que não será expropriado de seus bens sem o *devido processo judicial*. Assim, não terá valia a interpretação da lei processual tendente a diminuir a garantia do cidadão à jurisdição, mesmo que tenha o propósito de conferir maior efetividade ao executivo fiscal.

Hugo de Brito Machado desenvolveu esse tema na sua tese de Doutorado, asseverando que

> a efetividade dos direitos e garantias fundamentais depende, sobretudo, do direito à jurisdição; ou, mais exatamente, depende da efetividade da jurisdição. Por isso mesmo, podemos dizer que o direito à jurisdição pode ser considerado o direito de ter direito; ou, se preferirmos dizer que a jurisdição é uma garantia, diremos que ela é garantia das garantias. Se o Estado não estiver adequadamente

aparelhado para prestar uma jurisdição efetiva, tudo ficará reduzido a peça de retórica.[8]

Em síntese: o processo tributário é a porta de acesso do cidadão ao Poder Judiciário, e deve permitir o completo e exaustivo controle da legalidade do ato administrativo de lançamento tributário, exigindo tratamento autônomo e apartado do processo civil.

Desse modo, ao falar das inovações trazidas pelo Código Processual brasileiro/2015 adotaremos uma abordagem mais específica ao processo tributário, sem a qual incorreríamos no equívoco de considerar genericamente o processo civil.

3. *Respostas aos questionamentos*

Com base nessas premissas, apresentamos nossas respostas aos questionamentos formulados pelo ICET.

> ***1. Processo administrativo fiscal***
>
> *1.1 Em razão do disposto no art. 15 do CPC/2015, pode-se dizer que suas disposições se aplicam aos processos administrativos tributários? O que significa* ***supletivo****, no contexto do artigo? O mesmo que* ***subsidiário****? Nesse caso, qual o sentido de se usarem as duas palavras, uma ao lado da outra?*

O art. 15 do CPC/2015 trouxe inovação extremamente útil, deixando fora de dúvida sua aplicação ao processo administrativo, inclusive o tributário.

Antes dependíamos de construção jurisprudencial ou de norma que regulasse o processo administrativo tributário prevendo a aplicação subsidiária do Código de Processo Civil.

Agora, as normas do Código de Processo Civil devem ser aplicadas aos processos administrativos de forma supletiva e subsidiária, independentemente do que digam as leis especiais, sempre que isso for útil para o deslinde da questão posta e de modo a assegurar ao cidadão a efetividade das garantias constitucionais.

8. Hugo de Brito Machado, *Direitos Fundamentais do Contribuinte e a Efetividade da Jurisdição*, São Paulo, Atlas, 2009, p. 35.

Os dicionaristas não colocam "supletivo" como sinônimo de "subsidiário". Conforme Houaiss, supletivo é o que completa, enquanto subsidiário é o que ajuda, socorre, reforça, aumenta, contribui.[9] Até porque não faria sentido o legislador colocar essas duas palavras lado a lado se as estivesse tratando como sinônimos. Ao contrário, o uso das duas serve para alargar a possibilidade e o âmbito de aplicação do Código de Processo Civil/2015 ao processo administrativo, e ao tributário em particular.

A aplicação supletiva do Código de Processo Civil/2015, portanto, completará o Decreto 70.235/1972 e o Regimento Interno do CARF, com aplicação, no que couber, dos institutos processuais antes ausentes no regramento administrativo. Da mesma forma em relação à legislação que regula o processo administrativo tributário nos Estados, Municípios e Distrito Federal. Exemplo de aplicação supletiva é o cabimento de embargos de declaração no processo administrativo, o que inclusive já vinha sendo admitido[10] mesmo quando não previstos na legislação es-

9. Antônio Houaiss, *Novo Dicionário Houaiss da Língua Portuguesa.*

10. "*Ementa*: Processo administrativo – Embargos de declaração – Cabimento – Prazo – Vícios inexistentes – Recurso conhecido e desprovido. 1. Silente a Resolução n. 30/2007 do CNJ quanto ao cabimento de embargos de declaração quando houver obscuridade, omissão ou contradição nas decisões proferidas nos processos administrativos, em observância aos princípios constitucionais do acesso à Justiça, do devido processo legal, da ampla defesa e da motivação das decisões e ao princípio do informalismo que rege o processo administrativo, admite-se a sua oposição como instrumento de colmatação da decisão recorrida, no prazo de cinco dias e apenas com efeitos devolutivo e interruptivo, eis que é da essência dos recursos administrativos a ausência do efeito suspensivo, ressalvada a hipótese excepcional em que o relator, atendendo a requerimento da parte, atribua-lhe o efeito suspensivo – Questão de ordem acolhida. 2. A contradição que constitui hipótese de cabimento dos embargos de declaração 'verifica-se quando no acórdão se incluem proposições inconciliáveis' (Moreira, José Carlos Barbosa, *Comentários ao Código de Processo Civil*, vol. V, 14ª ed., Rio de Janeiro, Editora Forense, 2008, p. 557), e não entre a fundamentação, o dispositivo e/ou a ementa da decisão embargada e o Direito aplicável ao caso, segundo a exegese que lhe for conferida pelo recorrente, hipóteses, essas, que revelam tão somente a sua insatisfação com o resultado do julgamento. 3. Não há omissão quando o confronto entre as razões dos embargos de declaração e as razões de decidir adotadas no acórdão embargado revela que todas as indicações de omissão traduzem, em verdade, mera insatisfação quanto ao resultado do julgamento e manifesta pretensão de provocar a reapreciação das razões aduzidas pela defesa e novo julgamento. 4. Recurso conhecido e desprovido.

"ACÓRDÃO – Vistos, relatados e discutidos estes autos: Acordam os Desembargadores que integram o Tribunal Pleno do Tribunal de Justiça do Estado do Espírito Santo, em conformidade da ata e as notas taquigráficas, à unanimidade, conhecer e negar provimento ao recurso, nos termos do voto do Relator" (TJES, Tribunal Pleno,

pecífica; ou a necessidade de um novo julgamento por órgão com membros suficientes a inverter o resultado de decisão anterior não unânime (CPC/2015, art. 942).

Já, a aplicação subsidiária deve ocorrer quando as normas do Código de Processo Civil/2015 permitirem melhor detalhar algum instituto processual já previsto na lei do processo administrativo. É o caso da produção de provas, mais especificamente da perícia técnica. O STJ admitia a aplicação subsidiaria do Código de Processo Civil/1973 à Lei de Improbidade Administrativa.[11]

Processo Administrativo Disciplinar/ED 100080046863, rel. Des. Fábio Clem de Oliveira, j. 30.6.2011, *DJE* 12.7.2011)).

11. "Administrativo – Recurso especial – Ação civil pública – Improbidade administrativa – Juntada de documentos – Ausência de manifestação da parte contrária – Aplicação subsidiária do Código de Processo Civil – Microssistema de tutela coletiva – Art. 19 da Lei da Ação Civil Pública – Art. 90 do CDC – Violação dos arts. 326 e 398 do CPC – *Dies a quo* do prazo prescricional – Data em que o fato se torna conhecido para a Administração Pública – Art. 23, II, da Lei n. 8.429/1992 – Fato ilícito – Prazo – Cinco anos – Recurso parcialmente conhecido e, nessa extensão, parcialmente provido. 1. Não há conhecer de matéria não analisada pelas instâncias ordinárias, em face da ausência do necessário prequestionamento da questão suscitada – Incidência das Súmulas ns. 282 e 356 do Supremo Tribunal. 2. Os arts. 21 da Lei da Ação Civil Pública e 90 do CDC, como normas de envio, possibilitaram o surgimento do denominado microssistema ou minissistema de proteção dos interesses ou direitos coletivos amplo senso. 3. Aplica-se subsidiariamente o Código de Processo Civil nas ações de improbidade administrativa, apesar da ausência de norma expressa na Lei n. 8.429/1992, nos termos dos arts. 19 da Lei n. 7.347/1985 e 90 da Lei n. 8.078/1990. 4. O reconhecimento da prescrição sem a prévia oitiva do autor da ação civil pública implica ofensa aos arts. 326 e 398 do CPC. 5. Cumpre ao magistrado, em observância ao devido processo legal, assegurar às partes paridade no exercício do contraditório, é dizer, no conhecimento das questões e provas levadas aos autos e na participação visando a influir na decisão judicial. 6. O *dies a quo*, nos termos do art. 142, § 1º, da Lei n. 8.112/1990 é a data em que a Administração Pública tomou ciência do fato. 7. O art. 23, II, da Lei n. 8.429/1992 estabelece o 'prazo prescricional previsto em lei específica para faltas disciplinares puníveis com demissão a bem do serviço público, nos casos de exercício de cargo efetivo ou emprego'. 8. '(...) havendo ação penal e ação de improbidade administrativa ajuizadas simultaneamente, impossível considerar que a aferição do total lapso prescricional nesta última venha a depender do resultado final da primeira demanda (quantificação final da pena aplicada em concreto), inclusive com possibilidade de inserção, no âmbito cível-Administração, do reconhecimento de prescrição retroativa' (REsp n. 1.106.657-SC). 9. Recurso parcialmente conhecido e, nessa extensão, parcialmente provido para, afastando a prescrição, determinar o regular curso do processo" (STJ, 1ª Turma, REsp 1098669-GO, 2008/0225509-9, rel. Min. Arnaldo Esteves Lima, j. 4.11.2010, *DJe* 12.11.2010). No mesmo sentido: STJ, 2ª Turma, AREsp/ED 649.094-AM, rel. Min. Humberto Martins, j. 1.10.2015, *DJe* 8.10.2015).

1.2 É invocável no processo administrativo, para esclarecer quando não se considera fundamentada uma decisão administrativa, o disposto no art. 489, § 1º, do CPC/2015?

A norma do § 1º do art. 489 do CPC/2015 explicita para dar mais efetividade à garantia constitucional de que as decisões judiciais devem ser fundamentadas (CF/1988, art. 93, IX). As decisões administrativas em matéria tributária, com mais razão, devem ser necessária e suficientemente fundamentadas, não só porque a motivação dos atos administrativos é imprescindível à sua validade mas, sobretudo, por força da garantia constitucional da estrita legalidade tributária.

Mesmo que não houvesse a expressa determinação de aplicação subsidiária do CPC/2015 ao processo administrativo tributário, o mencionado § 1º é aplicável em relação a qualquer processo, na medida em que apenas aclara o que se deve entender por "decisão fundamentada". É orientação conferida ao intérprete que estiver diante de situação na qual uma decisão (judicial ou administrativa) for questionada em face de sua fundamentação.

1.3 No que tange ao chamado "direito dos precedentes", os arts. 926 e 927 do CPC/2015 aplicam-se ao processo administrativo tributário?

Outra importante inovação foi introduzida pelos arts. 926 e 927 do CPC/2015, em especial quando aplicada supletivamente ao processo administrativo.

Não tratamos aqui da vinculação dos órgãos administrativos de julgamento aos precedentes judiciais, que é abordada por Alexandre Ávalo Santana e Marcelo Barbosa Alves Vieira.[12]

Nosso foco está na aplicação das normas do Código de Processo Civil/2015 mas respeitando a estrutura das instâncias administrativas de julgamento.

12. Alexandre Ávalo Santana e Marcelo B. Alves Vieira, "Do processo administrativo tributário e o novo Código de Processo Civil", in *Novo* Código de *Processo Civil e o Processo Tributário, Impactos da Nova Lei Processual*, Campo Grande, Contemplar, 2016, p. 98.

Entendemos que valorizar as decisões dos órgãos de julgamento de superior hierarquia é primar pela segurança e economia processuais, ao mesmo tempo em que muito contribui para tornar mais ágil o andamento dos processos. Afinal de contas, cabe a esses órgãos superiores de julgamento uniformizar o entendimento sobre determinado tema no âmbito administrativo, não havendo razão para os julgadores de inferior hierarquia se insurgirem contra tal orientação interpretativa do Direito.

Esse é o fundamento da norma contida nos artigos supracitados, inteiramente aplicáveis ao processo administrativo, por força da supletividade indicada no seu art. 15, ou mesmo em razão da lógica e segurança jurídicas.

Assim, os julgadores de inferior instância administrativa não poderão se furtar a observar as súmulas e a orientação do Plenário ou Órgão Especial de julgamento a que estiverem vinculados. As Delegacias de Julgamento da SRFB, por exemplo, deverão atender às súmulas e à orientação das Câmaras Superiores de Recursos Fiscais do CARF.

1.4 À míngua de previsão legal específica no âmbito da legislação específica de determinado Estado-membro ou Município, seria possível à parte manejar o recurso de embargos de declaração diante de decisão administrativa contraditória ou omissa?

A aplicação supletiva do Código de Processo Civil/2015 ao processo administrativo, por si só, justifica e autoriza o cabimento dos embargos de declaração quando a decisão atacada trouxer obscuridade, contradição, omissão ou erro material.

Devemos considerar, também, que o devido processo legal não admite decisões obscuras, contraditórias, omissas ou eivadas de erro material, que, eivadas de tais vícios, não estarão adequadamente fundamentadas (CF/1988, art. 5º, LV).

A norma do Código de Processo Civil/2015 que regula os declaratórios, portanto, deve ser vista como a forma estabelecida por lei para que a parte obtenha a integração de uma decisão, judicial ou administrativa, de forma a dar efetividade à garantia constitucional do devido processo legal.

1.5 O art. 174 do CPC/2015 autorizaria a instituição de câmaras de mediação ou de conciliação no âmbito do processo tributário? Caso positivo, como conciliá-las com o caráter vinculado da atividade de cobrança de tributos e a natureza ***ex lege*** *da obrigação correspondente?*

A Constituição Federal/1988 garante que a criação e o aumento do tributo devem, necessariamente, decorrer da lei. É a positivação do princípio-regra da legalidade tributária.

A natureza jurídica da obrigação tributária, que sempre decorre da lei, impede que a vontade das partes interessadas, Fisco e contribuinte, interfira na sua conformação.

Somente a lei pode definir a quantificação do crédito tributário, cuja formação decorre de atividade administrativa plenamente vinculada (CTN, arts. 3º e 142).

Dessa forma, não há como admitir que a vontade das partes manifestada em uma conciliação possa vir a interferir na formação do crédito tributário, até porque sua natureza *ex lege* é uma garantia conferida ao cidadão, que integra o conjunto de garantias contido no Estatuto Constitucional do Contribuinte, reconhecido como cláusula pétrea pelo STF.[13]

13. "*Ementa*: Direito constitucional e tributário – Ação direta de inconstitucionalidade de emenda constitucional e de lei complementar –Imposto Provisório sobre a Movimentação ou a Transmissão de Valores e de Créditos e Direitos de Natureza Financeira/IPMF – Arts. 5º, § 2º, 60, § 4º, incisos I e IV, 150, incisos III, 'b', e VI, 'a', 'b', 'c' e 'd', da CF. 1. Uma emenda constitucional, emanada, portanto, de Constituinte derivada, incidindo em violação à Constituição originária, pode ser declarada inconstitucional, pelo STF, cuja função precípua é de guarda da Constituição (art. 102, I, 'a', da CF). 2. *A Emenda Constitucional n. 3, de 17.3.1993, que, no art. 2º, autorizou a União a instituir o IPMF, incidiu em vício de inconstitucionalidade, ao dispor, no § 2º desse dispositivo, que, quanto a tal tributo, não se aplica 'o art. 150, III, 'b', e VI', da Constituição, porque, desse modo, violou os seguintes princípios e normas imutáveis (somente eles, não outros): (1) o princípio da anterioridade, que* é *garantia individual do contribuinte (art. 5º, § 2º, art. 60, § 4º, inciso IV, e art. 150, III, 'b', da Constituição); (2) o princípio da imunidade tributária recíproca (que veda* à *União, aos Estados, ao Distrito Federal e aos Municípios a instituição de impostos sobre o patrimônio, rendas ou serviços uns dos outros) e que* é *garantia da Federação (art. 60, § 4º, inciso I, e art. 150, VI, 'a', da CF)*; (3) a norma que, estabelecendo outras imunidades, impede a criação de impostos (art. 150, III) sobre: b) templos de qualquer culto; c) patrimônio, renda ou serviços dos partidos políticos, inclusive suas fundações, das entidades sindicais dos trabalhadores, das instituições de educação e de assistência social, sem fins lucrativos, atendidos os requisitos da lei; e d) livros, jornais, periódicos e o papel destinado à sua impressão. 3. Em consequência, é inconstitucional, também, a Lei Complementar n. 77, de 13.7.1993, sem redução de texto, nos pontos em que determinou a incidência do tributo no mesmo ano (art. 28) e

Admitimos, contudo, a conciliação em processo judicial tributário, desde que permita redução apenas das multas e demais encargos acrescidos ao crédito tributário e esteja regulada por lei de forma objetiva e com generalidade, alcançando todos os contribuintes que estejam na mesma situação. O âmbito da vontade a caracterizar a transação ficaria restrito à adesão por parte do contribuinte, com a presença do juiz como agente controlador da legalidade e generalidade de tratamento. Os parcelamentos especiais de débitos tributários (REFIS) trouxeram modalidades de transação.[14] Afinal, remissões parciais condicionadas à adesão dos contribuintes, que se sujeitam a atender a determinadas condições, nada mais são que verdadeiras transações.

1.6 Há alguma outra disposição do Código de Processo Civil/2015 cuja aplicação seria pertinente no âmbito do processo administrativo tributário, de forma inédita àquelas já invocáveis à luz do Código de Processo Civil/1973?

O art. 10 do CPC/2015 trouxe importante inovação, aplicável ao processo administrativo tributário, com o seguinte teor:

> Art. 10. O juiz não pode decidir, em grau algum de jurisdição, com base em fundamento a respeito do qual não se tenha dado às partes oportunidade de se manifestar, ainda que se trate de matéria sobre a qual deva decidir de ofício.

Essa norma positiva um elemento do devido processo legal diretamente ligado ao contraditório, em resposta a uma atitude muito comum por parte de julgadores, inclusive administrativos, que é adotar como fundamento para sua decisão algo que até então não fora discutido no processo. Tal proceder passa agora a ser proibido por lei. É medida de efetivação da garantia constitucional ao contraditório (CF/1988, art. 5º, LV),

deixou de reconhecer as imunidades previstas no art. 150, VI, 'a', 'b', 'c' e 'd' da CF (arts. 3º, 4º e 8º do mesmo diploma, Lei Complementar n. 77/1993). 4. Ação direta de inconstitucionalidade julgada procedente, em parte, para tais fins, por maioria, nos termos do voto do Relator, mantida, com relação a todos os contribuintes, em caráter definitivo, a medida cautelar, que suspendera a cobrança do tributo no ano de 1993" (STF, Tribunal Pleno, ADI 939, rel. Min. Sydney Sanches, j. 15.12.1993, *DJU* 18.3.1994, *Ement.* 1737-02/160; *RTJ* 151-03/755) (grifamos).

14. Fernando Facury Scaff, disponível em *http://www.conjur.com.br/2014-dez-02/contas-vista-refis-transacao-tributaria-nao-renuncia-fiscal*.

que não pode deixar de ser aplicada, não só ao processo administrativo tributário como a todo e qualquer processo, administrativo ou judicial.

Importante perceber que o contraditório não se limita ao debate entre as partes. Mesmo em relação às matérias que podem ser decididas de ofício, ou seja, quando o julgador não depende de provocação para apreciá-las, as partes devem ter oportunidade para se manifestar. Alexandre Ávalo Santana e Marcelo Barbosa Alves Vieira lembram que o Código de Processo Civil/2015 erigiu a cooperação como norma fundamental do processo, reflexa da garantia do contraditório, implicando garantia de influência das partes envolvidas na solução do litígio.[15]

2. Aspectos gerais do processo judicial

2.1 As alterações introduzidas pelo Código de Processo Civil/2015 quanto aos prazos concedidos à Fazenda Pública aplicam-se às ações regidas por leis especiais, como o mandado de segurança, a execução fiscal e a cautelar fiscal?

Destacamos a diferença estabelecida pela lei processual em relação à Advocacia Pública quanto aos prazos fixados para as partes de uma maneira geral e aqueles prazos próprios para os entes públicos.

Diante de um prazo processual fixado para as partes, não só a Advocacia Pública mas também o Ministério Público e a Defensoria Pública têm a prerrogativa de sua contagem em dobro (CPC/2015, arts. 180, 183 e 186). O tratamento diferenciado não é novo, já estava previsto no diploma processual anterior (CPC/1973, art. 188). Justifica-se tal concessão diante da quantidade de litígios e das dificuldades decorrentes dos controles internos aos quais está submetido o Poder Público, que não poderia ter os mesmos prazos dados ao particular.

Tal prerrogativa não se aplica, contudo, quando o prazo é fixado por lei para a prática do ato pelo ente público (prazos próprios), uma vez que o legislador, ao conferir um prazo para a prática de ato especificamente pelo agente público, já leva em conta todas as circunstâncias que o cercam, não comportando ampliações. É o caso, por exemplo, do prazo de 10 dias para que a autoridade impetrada preste informações no mandado de segurança (Lei 12.016/2009, art. 7º, I).

15. Alexandre Ávalo Santana e Marcelo B. Alves Vieira, "Do processo administrativo tributário e o novo Código de Processo Civil", cit., in *Novo Código de Processo Civil e o Processo Tributário, Impactos da Nova Lei Processual*, p. 88.

2.2 Em face do Código de Processo Civil/1973 era comum a condenação da Fazenda Pública ao pagamento de honorários da sucumbência em quantia irrisória. Haveria alguma justificação para essa prática?

O CPC/1973 prescrevia que:

> Art. 20. A sentença condenará o vencido a pagar ao vencedor as despesas que antecipou e os honorários advocatícios. Essa verba honorária será devida, também, nos casos em que o advogado funcionar em causa própria.
>
> § 1º. O juiz, ao decidir qualquer incidente ou recurso, condenará nas despesas o vencido.
>
> § 2º. As despesas abrangem não só as custas dos atos do processo, como também a indenização de viagem, diária de testemunha e remuneração de assistente técnico.
>
> § 3º. Os honorários serão fixados entre o mínimo de 10% (dez por cento) e o máximo de 20% (vinte por cento) sobre o valor da condenação, atendidos: a) o grau de zelo do profissional; b) o lugar de prestação do serviço; c) a natureza e importância da causa, o trabalho realizado pelo advogado e o tempo exigido para o seu serviço.
>
> § 4º. Nas causas de pequeno valor, nas de valor inestimável, naquelas em que não houver condenação ou for vencida a Fazenda Pública, e nas execuções, embargadas ou não, os honorários serão fixados consoante apreciação equitativa do juiz, atendidas as normas das alíneas "a", "b" e "c" do parágrafo anterior.
>
> (...).

Como se nota, o § 4º do art. 20 do CPC/1973 "insere mera possibilidade de serem fixados os honorários em percentual inferior a 10%, se assim o recomenda a equidade em função das circunstâncias do processo, ainda que por vezes se tenha optado pela fixação de honorários em quantia certa. O critério da equidade, porém, impõe obrigatoriamente a redução do percentual para aquém do limite de 10%, que, de resto, tem sido observado; não sendo de excluir-se, até mesmo, sempre em sede de arbitramento equitativo, sejam os honorários advocatícios fixados em até 20%".[16]

16. Yussef Said Cahali, *Honorários Advocatícios*, 3ª ed., São Paulo, Ed. RT, 1997, pp. 490-491.

A jurisprudência majoritária, todavia, nas causas nas quais restava vencida a Fazenda Pública, interpretava o § 4º do art. 20 do CPC/1973 como permissão para fixar os honorários de advogado em valores irrisórios, meramente simbólicos, aviltando o trabalho desenvolvido com todo o zelo pelo advogado dos contribuintes, ao mesmo tempo em que premiando o Estado por ter efetuado uma ilegal cobrança.

Não havia fundamento consistente para o aviltamento dos honorários instaurado na jurisprudência, até porque,

> qualquer que seja a formula adotada pelo juiz, não se lhe permite, contudo, sob o pálio da equidade, o arbitramento da honorária em quantia simbólica, irrisória, insignificante, que, além de afrontosa à nobre atividade dos profissionais do Direito, implicaria a própria negação do princípio inserto no § 4º do art. 20.[17]

A distorção agravava-se com o tratamento inverso dado pelos tribunais à Fazenda Pública quando restava vencedora nas demandas, com a condenação do particular a pagar honorários fixados em percentuais sobre o valor da demanda.

Devemos considerar, ainda, que o art. 133 da CF reconhece que é indispensável a participação do advogado na administração da justiça e não pode a lei, ou a decisão judicial, criar situação tendente a obstaculizar a livre atuação desse profissional do Direito, como o fez a orientação jurisprudencial antes referida.

Comentando o art. 133 da CF, Pinto Ferreira destaca o seguinte escrito de Douxchamp: "O advogado sofreu a evolução que está no destino das coisas deste mundo e que o espírito democrático soprou com uma força irresistível em todas as nossas instituições. Não tem mais somente deveres a cumprir, possui também direitos. O advogado moderno é, antes de tudo, o obreiro do Direito, não procurando nem ambicionando essa qualidade senão pelos proventos que ela lhe dá".[18]

O que move o advogado como profissional do Direito, como toda e qualquer pessoa que vive do seu trabalho, é a obtenção dos meios necessários e indispensáveis à sua sobrevivência, tendo os honorários, por isso, reconhecida natureza alimentar. Fixando os honorários advocatícios devidos pela Fazenda Pública em irrisório valor, a mencionada corrente

17. Idem, p. 496.

18. Luiz Pinto Ferreira, *Comentários à Constituição Brasileira*, 5º vol. (arts. 127-162), São Paulo, Saraiva, 1992, p. 171.

jurisprudencial estabelecia importante obstáculo ao digno exercício da profissão de advogado em causas contra o Poder Público, esvaziando a garantia prevista no art. 133 da CF e dando aos governantes a liberdade para agir sem a incômoda atuação dos advogados. O Código de Processo Civil/2015 faz cessar tal distorção.

2.3 O que se pode dizer da inovação introduzida pelo Código de Processo Civil/2015 quanto à condenação da Fazenda Pública ao pagamento de honorários da sucumbência? O art. 85, § 3º, do CPC/2015 aplica-se a condenações havidas após o início de sua vigência ou apenas a processos iniciados depois dessa data? E o art. 85, § 11, aplica-se a recursos julgados a partir do início da vigência do Código de Processo Civil/2015 mesmo que decisão recorrida tenha sido anterior?

A inovação introduzida pelo § 3º do art. 85 do CPC/2015 veio reparar o equívoco interpretativo dos tribunais referido na resposta à pergunta anterior, estabelecendo um critério objetivo para a fixação dos honorários na causas em que a Fazenda Pública for parte. Impedindo a fixação de honorários irrisórios, a nova lei processual, sobretudo quando deixou de distinguir as causas em que restava vencida a Fazenda Pública, restabeleceu o tratamento isonômico e reconheceu a importância do advogado que atua contra o interesse do Poder Público.

Sobre a aplicação da lei processual no tempo, não há diferença fundamental em relação às leis em geral, que se aplicam apenas para o futuro, vedada a retroatividade. Processos findos permanecem regulados pela lei antiga. Processos que se instaurem depois da mudança, pela lei nova. Restaria a dúvida em relação aos processos em curso, para os quais a doutrina de Chiovenda aponta três possibilidades: (a) *unidade do processo*, que levaria à aplicação apenas da lei antiga; (b) *fases processuais*, a lei nova regula apenas os períodos (fases) do processo que forem inaugurados depois de sua vigência; e (c) *autonomia dos atos processuais*, com a aplicação da lei nova aos atos do processo praticados depois de sua entrada em vigor, desde que compatíveis com os efeitos já verificados dos atos anteriormente praticados.[19]

19. Giuseppe Chiovenda, *Instituições de Direito Processual Civil*, 2ª ed., vol. I, trad. de J. Guimarães Menegale, com notas de Enrico Tullio Liebman, São Paulo, Saraiva, 1965, pp. 94-95.

No caso, o legislador optou pela terceira forma, ou seja, considerou a autonomia dos atos processuais e determinou que as normas do novo estatuto processual fossem aplicadas aos processos em curso, regulando os atos neles praticados a partir de sua vigência (CPC/2015, art. 1.046).

Registramos aqui o Enunciado Administrativo 4 do STJ, que tem a seguinte redação:

> Nos feitos de competência civil originária e recursal do STJ, os atos processuais que vierem a ser praticados por julgadores, partes, Ministério Público, procuradores, serventuários e auxiliares da Justiça a partir de 18.3.2016 deverão observar os novos procedimentos trazidos pelo Código de Processo Civil/2015, sem prejuízo do disposto em legislação processual especial.

Dessa forma, o ato processual no qual for fixado o valor dos honorários de advogado será regulado pela lei em vigor na data em que for praticado, ou seja, nas sentenças proferidas depois de 18.3.2016, nas ações nas quais for parte a Fazenda Pública, os magistrados devem, necessariamente, aplicar o § 3º do art. 85 do CPC/2015.

Com relação ao julgamento dos recursos a orientação da jurisprudência do STJ é no sentido de aplicar os critérios previstos no Código de Processo Civil/2015 para a fixação dos honorários recursais apenas quando a decisão recorrida tiver sido publicada depois de 18.3.2016.[20]

20. "Processual civil – Agravo interno nos embargos de declaração no recurso especial – Decisão agravada, publicada na vigência do Código de Processo Civil/1973, que deu provimento ao recurso especial, para julgar procedentes os embargos à execução, e determinou a inversão dos ônus da sucumbência – Agravo interno em que se alega a necessidade de majoração dos honorários de advogado, fixados na origem – Questão não suscitada no recurso especial – Inovação recursal, em sede de agravo interno – Impossibilidade – Preclusão consumativa – Agravo regimental improvido. I – Agravo interno interposto, em 25.2.2016, contra decisão publicada no dia 9.11.2015, complementada por decisão, referente aos embargos de declaração, publicada em 19.2.2016, na vigência do Código de Processo Civil/1973. II – Na forma da jurisprudência firmada pelo STJ, sob a vigência do Código de Processo Civil/1973, quando a alegação de necessidade de majoração ou redução dos honorários de advogado fixados na origem não era ventilada nas razões do recurso especial, cuja decisão apenas invertia os ônus da sucumbência, em decorrência da reforma do acórdão recorrido, a posterior impugnação, por recurso interposto nesta Corte, do *quantum* fixado, na origem, a título de verba honorária encontrava óbice no art. 473 do CPC/1973, que dispunha sobre a preclusão processual – Precedentes: ED no REsp n. 1.143.736-DF, rel. Min. Mauro Campbell Marques, 2ª Turma, *DJe* 16.2.2011; ED no REsp n. 116.311-MG, rel. Min. Francisco Peçanha Martins, 2ª Turma, *DJU*

12.3.2001; AgR no AgR no REsp n. 734.344-SP, rel. Min. Francisco Falcão, 1ª Turma, *DJU* 13.3.2006. III – Nos presentes autos de embargos à execução fiscal, ao interpor o recurso especial, a parte autora, ora agravante, além de discutir matérias relacionadas ao mérito da causa, ainda questionou a distribuição dos ônus da sucumbência, sob a alegação de contrariedade ao art. 21, parágrafo único, do CPC/1973. Contudo, nas razões do especial a agravante deixou de impugnar o *quantum* fixado, na origem, a título de honorários de advogado, requerendo apenas que fosse desonerada do pagamento da verba honorária, afastando-se a aplicação do art. 21 do CPC/1973. Daí por que na decisão agravada – na qual o recurso especial foi provido, para julgar procedentes os embargos à execução – apenas houve inversão dos ônus da sucumbência. Nesse contexto, a alegação de necessidade de majoração dos honorários de advogado configura indevida inovação recursal, além de a matéria estar acobertada pela preclusão consumativa. IV – Impende salientar que transitou em julgado, no âmbito do STJ, a decisão proferida no REsp n. 1.240.431-SC – interposto na ação anulatória conexa à presente ação de embargos à execução –, inclusive no que se refere à inversão dos ônus da sucumbência, que abrangem os honorários de advogado fixados, naquela ação anulatória, no mesmo *quantum* arbitrado nesta ação de embargos de devedor. V – Em sessão realizada no dia 9.3.2016 (ata publicada em 11.3.2016) o Plenário desta Corte deliberou que 'somente nos recursos interpostos contra decisão publicada a partir de 18.3.2016 será possível o arbitramento de honorários sucumbenciais recursais, na forma do art. 85, § 11, do novo CPC' (Enunciado Administrativo n. 7). VI – Agravo interno improvido" (STJ, 2ª Turma, REsp/ED/AgR 1.256.997-SC, rela. Min. Assusete Magalhães, j. 9.6.2016, *DJe* 21.6.2016).

"Civil – Processual civil – Agravo regimental no recurso especial – Responsabilidade civil – Ação de reparação de danos – Acidente de trânsito – Morte – (1) Recurso manejado sob a égide do Código de Processo Civil/1973 – (2) Ofensa aos arts. 458, II, e 535 do CPC – Omissão e falta de fundamentação inexistentes – (3) Dano moral – *Quantum* – Majoração – Desnecessidade – Valor fixado com razoabilidade – Reforma – Súmula n. 7/STJ – (4) Dissídio jurisprudencial – Dano material (pensionamento) – Dependência econômica não comprovada – Vítima que não exercia atividade laborativa – Divergência fundada nos fatos da causa – Súmula n. 7/STJ – (5) Honorários advocatícios – Sucumbência recíproca – Caracterização – Decaimento de parte dos pedidos – Precedentes. 1. As disposições do novo Código de Processo Civil no que se refere aos requisitos de admissibilidade dos recursos são inaplicáveis ao caso concreto, ante os termos do Enunciado n. 2 aprovado pelo Plenário do STJ na sessão de 9.3.2016: 'Aos recursos interpostos com fundamento no Código de Processo Civil/1973 (relativos a decisões publicadas até 17.3.2016) devem ser exigidos os requisitos de admissibilidade na forma nele prevista, com as interpretações dadas até então pela jurisprudência do STJ'. 2. Inexiste violação dos arts. 131, 458 e 535 do CPC quando o tribunal *a quo* se manifesta clara e fundamentadamente acerca dos pontos indispensáveis para o desate da controvérsia, sendo desnecessário rebater uma a uma as razões suscitadas pelas partes 3. O Tribunal local, soberano na análise do suporte fático-probatório dos autos, e com base nos princípios da razoabilidade e da proporcionalidade, fixou a indenização por dano moral na quantia de R$ 50.000,00, por reconhecer que tal verba atende ao dúplice caráter punitivo/reparatório da medida. Reformar tal entendimento atrai o óbice da Súmula n. 7 desta Corte. 4. Não é possível o conhecimento do recurso especial interposto pela divergência jurisprudencial na hipótese em que o dissídio é apoiado em fatos e não na interpretação da lei. Isso porque a Súmula n. 7/STJ também se aplica aos recursos especiais interpostos pela alínea

Para os recursos pendentes de julgamento o STJ tem aplicado o Código de Processo Civil/1973.[21]

Notamos que, mesmo quando reconhece que os honorários foram fixados em valor irrisório, por decisão proferida na vigência do Código de Processo Civil/1973, o STJ tem dado provimento ao especial para es-

'c' do permissivo constitucional. 5. Havendo sucumbência recíproca, em que cada parte decaiu de parcelas consideráveis de seus pedidos, não se justifica a aplicação do parágrafo único do art. 21 do CPC – Precedentes. 6. Eventual recurso interposto contra este acórdão estará sujeito às normas do novo Código de Processo Civil, inclusive no que tange ao cabimento de multa (arts. 1.021, § 4º, e 1.026, § 2º) e honorários recursais (art. 85, § 11). 7. Agravo regimental não provido" (STJ, 3ª Turma, REsp/AgR 1.475.007-DF, rel. Min. Moura Ribeiro, j. 23.6.2016, *DJe* 1.7.2016).

"Agravo interno – Agravo em recurso especial – Responsabilidade civil – Art. 535 do CPC/1973 – Não impugnação dos fundamentos da decisão agravada – Súmula n. 283/STF – Requisitos da responsabilidade civil objetiva e danos morais – Súmula n. 7/STJ – Honorários recursais – Art. 85, § 11, do CPC/2015. 1. Tendo o juízo de admissibilidade utilizado dois fundamentos suficientes por si sós para inadmitir o recurso especial, deve a parte recorrente impugná-los, sob pena de incidência do óbice previsto na Súmula n. 283/STF. 2. Inviável rever o entendimento firmado na instância de origem quando a análise demandar a incursão pelo acervo fático-probatório dos autos. 3. O § 11 do art. 85 CPC/2015 tem dupla funcionalidade, devendo atender à justa remuneração do patrono pelo trabalho adicional na fase recursal e inibir recursos provenientes de decisões condenatórias antecedentes. 4. Atendidos os limites legais dos §§ 2º e 3º do art. 85 do CPC/2015, a majoração da verba honorária a título de honorários recursais é medida que se impõe. 5. Agravo interno conhecido em parte e desprovido" (STJ, 3ª Turma, AREsp/AgInt 370.579-RJ, rel. Min. João Otávio de Noronha, j. 23.6.2016, *DJe* 30.6.2016).

21. "Agravo regimental no agravo em recurso especial – Negativa de seguimento ao recurso por ausência de procuração do advogado subscritor do agravo – Decisão prolatada sob a égide do Código de Processo Civil revogado – Aplicação da teoria do isolamento dos atos processuais – Agravo regimental improvido. 1. A ausência da cadeia completa de procurações impossibilita o conhecimento do recurso interposto para as instâncias superiores, sendo incabível a juntada posterior do instrumento procuratório, em razão da preclusão consumativa. 2. Não tem aplicação ao caso examinado a dinâmica processual estabelecida pelo novo Código de Processo Civil, como pretende a agravante, pois à época de interposição do agravo em recurso especial ainda não vigia o novo Código de Processo Civil. Há que se prestigiar a teoria do isolamento dos atos processuais, segundo a qual, sobrevindo lei processual nova, os atos ainda pendentes dos processos em curso sujeitar-se-ão aos seus comandos, respeitada, porém, a eficácia daqueles já praticados de acordo com a legislação revogada. 3. No caso evidenciado nos autos, o agravo em recurso especial foi interposto sob a égide da lei revogada e deveria estar instruído com a procuração outorgada ao seu subscritor nos termos assinalados no art. 13 do CPC. 4. Agravo regimental a que se nega provimento" (STJ, 3ª Turma, AREsp/AgR 825.061-MG, rel. Min. Marco Aurélio Bellizze, j. 26.4.2016, *DJe* 29.4.2016).

tabelecer os honorários que veio a considerar adequados, mas sem aplicar os critérios previstos no Código de Processo Civil/2015.[22]

O Enunciado Administrativo 4 do STJ, ao orientar seja aplicado o Código de Processo Civil/2015 aos atos praticados nos processos em curso, aparenta contradição com o Enunciado Administrativo 7, ao dizer que "somente nos recursos interpostos contra decisão publicada a partir de 18.3.2016 será possível o arbitramento de honorários sucumbenciais recursais, na forma do art. 85, § 11, do novo CPC" – ou seja: deve ser aplicado o Código/1973 aos acórdãos que, mesmo proferidos agora, apreciem recursos interpostos na sua vigência.

Devemos ponderar, todavia, que o ato de recorrer, ao ser praticado, não estava sujeito ao ônus dos honorários recursais, projetando esses efeitos até o julgamento do respectivo recurso, o que afasta a aplicação da nova regra que trata dos honorários recursais. Tem a parte o direito adquirido de ver apreciado seu recurso sem se submeter aos ônus que vieram a ser previstos em lei posterior.

3. Processo de execução fiscal

3.1 Qual a natureza dos encargos legais previstos no Decreto-lei 1.025/1969? Caso eles tenham natureza de honorários, como sugere a Súmula 168 do extinto TFR, como conciliar sua aplicação, nos dias de hoje, com o art. 85, § 3º, do CPC/2015? E com o art. 827, § 1º, também do mesmo Código?

O Decreto-lei 1.025/1969 tem a seguinte redação:

22. "Processual civil – Tributário – Agravo interno no agravo em recurso especial – Código de Processo Civil/2015 – Aplicabilidade – Argumentos insuficientes para desconstituir a decisão atacada – Honorários advocatícios – Majoração – Possibilidade – Recurso especial parcialmente provido. I – Consoante o decidido pelo Plenário desta Corte na sessão realizada em 9.3.2016, o regime recursal será determinado pela data da publicação do provimento jurisdicional impugnado. Assim sendo, *in casu*, aplica-se o Código de Processo Civil/2015. II – Este Tribunal Superior aplica, em regra, a Súmula n. 7/STJ aos recursos que objetivam a revisão da verba honorária. Excetuadas, contudo, as hipóteses em que o *quantum* arbitrado revela-se irrisório ou exorbitante. III – No caso, tratando-se de execução no valor de R$ 537.417,61, revela-se ínfima a verba honorária fixada pelo Tribunal de origem em R$ 1.000,00. IV – Verba honorária majorada para R$ 5.000,00. V – A agravante não apresenta, no agravo, argumentos suficientes para desconstituir a decisão recorrida. VI – Agravo interno improvido" (STJ, 1ª Turma, AREsp/AgInt 897.039-SP, rela. Min. Regina Helena Costa, j. 16.6.2016, *DJe* 27.6.2016).

Os Ministros da Marinha de Guerra, do Exército e da Aeronáutica Militar, usando das atribuições que lhes confere o art. 3º do Ato Institucional n. 16, de 14 de outubro de 1969, combinado com o § 1º do art. 2º do Ato Institucional n. 5, de 13 de dezembro de 1968, decretam:

Art. 1º. É declarada extinta a participação de servidores públicos na cobrança da Dívida da União, a que se referem os arts. 21 da Lei n. 4.439, de 27 de outubro de 1964, e 1º, inciso II, da Lei n. 5.421, de 25 de abril de 1968, passando a taxa, no total de 20% (vinte por cento), paga pelo executado, a ser recolhida aos cofres públicos, como renda da União.

Art. 2º. Fica fixada em valor correspondente até a 1 (um) mês do vencimento estabelecido em lei, e será paga mensalmente com este, a parte da remuneração, pela cobrança da Dívida Ativa e defesa judicial e extrajudicial da Fazenda Nacional, dos cargos de Procurador da República e Procurador da Fazenda Nacional, observado o limite de retribuição fixado para os servidores civis e militares.

§ 1º. É fixada no valor correspondente a 1 (um) mês do vencimento do cargo de Procurador da República de 1ª categoria a parte variável da remuneração dos cargos de Procurador-Geral da Fazenda Nacional, Procurador-Geral da República e Subprocurador-Geral da República.

§ 2º. Para efeito do cálculo de proventos da aposentadoria ou disponibilidade, será computada a parte variável de que trata este artigo.

Art. 3º. As parcelas de percentagem pela cobrança da Dívida Ativa da União, incorporadas aos proventos da inatividade dos procuradores da República e dos procuradores da Fazenda Nacional, nos termos da legislação vigente, somente serão reajustadas quando houver aumento do funcionalismo, na mesma base percentual atribuída para majoração da parte fixa, e será calculada, em relação aos que forem aposentados ou requererem aposentadoria até o dia 30 de outubro de 1969, tomando-se por base a média percebida nos últimos 12 (doze) meses, devendo ser observados, no tocante ao total dos proventos, os tetos previstos em lei.

Art. 4º. Da execução deste Decreto-lei não poderá decorrer aumento de despesa.

Art. 5º. Este Decreto-lei entrará em vigor a 30 de outubro de 1969, salvo o art. 3º, que entrará em vigor na data de sua publicação.

Brasília, 21 de outubro de 1969; 148º da Independência e 81º da República.

A norma posta no art. 1º deixa claro que a anterior remuneração dos advogados públicos, devida nas execuções fiscais da União Federal, passou a ser recolhida aos cofres da União, com o nome de *taxa* e pela alíquota de 20%.

O Decreto-lei 1.645/1978 explicitou que tal *encargo legal* "substitui a condenação do devedor em honorários de advogado e o respectivo produto será, sob esse título, recolhido integralmente ao Tesouro Nacional".[23]

A Lei 7.711/1988 alterou a destinação da verba arrecadada com aqueles honorários, que passou a integrar o Fundo Especial de Desenvolvimento e Aperfeiçoamento das Atividades de Fiscalização/FUNDAF, que custeia as despesas da União Federal com o reaparelhamento e reequipamento da Secretaria da Receita Federal/SRF e atende aos demais encargos específicos inerentes ao desenvolvimento e ao aperfeiçoamento das atividades de fiscalização dos tributos federais e, especialmente, a intensificar a repressão às infrações relativas a mercadorias estrangeiras e a outras modalidades de fraude fiscal ou cambial, inclusive mediante a instituição de sistemas especiais de controle do valor externo de mercadorias e de exames laboratoriais (Lei 7.711/1988, art. 3º, parágrafo único).

O Código de Processo Civil/1973 trazia norma geral regulando a fixação do valor dos honorários advocatícios com a baliza entre o mínimo de 10% e o máximo de 20% sobre o valor da condenação (art. 20, § 3º). Havia, ainda, norma especial excepcionando a obrigatoriedade daqueles limites para algumas causas, entre as quais aquelas em que fosse vencida a Fazenda Pública, passando a determinação do valor dos honorários a depender unicamente da apreciação equitativa do juiz (CPC/1973, art. 20, § 4º).

O *encargo legal* previsto no art. 1º do Decreto-lei 1.025/1969 incide apenas nas ações de execução fiscal promovidas pela União Federal. Não é o caso, portanto, de causa na qual a Fazenda Pública reste vencida (CPC/1973, § 4º do art. 20). Tal *encargo legal* passou a ser considerado

23. Decreto-lei n. 1.645, de 11.12.1978:

"Art. 3º. Na cobrança executiva da Dívida Ativa da União, a aplicação do encargo de que tratam o art. 21 da Lei n. 4.439, de 27 de outubro de 1964, o art. 32 do Decreto-lei n. 147, de 3 de fevereiro de 1967, o art. 1º, inciso II, da Lei n. 5.421, de 25 de abril de 1968, o art. 1o do Decreto-lei n. 1.025, de 21 de outubro de 1969, e o art. 3º do Decreto-lei n. 1.569, de 8 de agosto de 1977, substitui a condenação do devedor em honorários de advogado e o respectivo produto será, sob esse título, recolhido integralmente ao Tesouro Nacional.

"Parágrafo único. O encargo de que trata este artigo será calculado sobre o montante do débito, inclusive multas, monetariamente atualizado e acrescido dos juros de mora."

outra exceção à regra geral posta no § 3º do art. 20 do CPC/1973, substituindo os honorários de sucumbência na execução fiscal federal e nos respectivos embargos (Súmula 368/TFR).[24]

O Código de Processo Civil/2015, por sua vez, repetiu a disciplina, por inteiro, da maneira pela qual deve ser fixado o valor dos honorários advocatícios, e manteve a tradicional baliza entre o mínimo de 10% e máximo de 20% sobre o valor da condenação, acrescendo de forma didática a referência ao proveito econômico obtido ou, não sendo possível mensurá-lo, sobre o valor atualizado da causa (CPC/2015, art. 85).

Da mesma forma que o anterior, o diploma processual vigente contém norma especial excepcionando as causas de interesse da Fazenda Pública, mas desta feita não apenas naquelas em que restar vencida, e sim em *todas* nas quais for parte. A fixação dos honorários nas causas em que a Fazenda Pública forma parte passou a ficar submetida a uma tabela específica e regressiva, sem exceção alguma (CPC/2015, art. 85, § 3º).

Surgiu, então, uma antinomia entre a norma contida no mencionado § 3º do art. 85 e aquela posta no art. 1º do Decreto-lei 1.025/1969. Não podem conviver essas duas formas de fixação dos honorários advocatícios da União Federal, quando a primeira diz que nas *execuções fiscais* será de sempre de 20% e a segunda diz que nas *causas em que for parte a Fazenda Pública* decorrerá da aplicação de tabela específica. Assim, levando em conta que são duas normas de igual hierarquia e que regulam a mesma matéria especial, o critério temporal faz prevalecer a posterior,

24. Ressalvamos nosso pensamento de que essa forma máxima, genérica e inflexível de fixação do valor dos honorários devidos à União Federal em 20% resulta: (a) desproporcional, pois não são levadas em conta a efetiva atuação dos Procuradores da Fazenda Nacional ou a complexidade dos casos; (b) anti-isonômica, uma vez que não é dada a possibilidade de igual condenação a favor do contribuinte; e (c) excessiva, diante do elevado montante da Dívida Ativa da União. Enfim, inconstitucional, ou, melhor, não foi recepcionada pela Constituição Federal/1988. Não aprofundamos, todavia, o exame da matéria neste estudo, remetendo o leitor a uma decisão do STF que não conheceu dessa questão por considerá-la infraconstitucional: "Agravo regimental no recurso extraordinário com agravo – Tributário – Execução fiscal – Cobrança de encargo legal (art. 1º do Decreto-lei n. 1.025/1969): matéria infraconstitucional – Ausência de ofensa constitucional direta – Agravo regimental ao qual se nega provimento" (STF, 2ª Turma, ARE/AgR 882.423, rela. Min. Carmen Lúcia, j. 26.4.2016, Processo Eletrônico, *DJe*-092, divulg. 6.5.2016, publ. 9.5.2016). E a uma outra que afastou semelhante encargo criado pelo Estado de São Paulo: "É inconstitucional o art. 1º da Lei n. 10.421, de 3.12.1971, do Estado de São Paulo, que institui acréscimo pela inscrição do débito fiscal – Recurso extraordinário parcialmente conhecido e provido" (STF, Plenário, RE 84.994-SP, rel. Min. Xavier de Albuquerque, j. 13.4.1977).

ou seja, o § 3º do art. 85 do CPC, passando o encargo legal devido nas execuções fiscais promovidas pela União Federal a ser fixado mediante a aplicação da tabela contida no § 3º do art. 85 do CPC/2015, mantida a destinação prevista na legislação pertinente.

A Lei 13.327, de 29.7.2016, tratou dos honorários advocatícios que compõem a remuneração dos advogados públicos e determinou que honorários advocatícios de sucumbência incluem até 75% do produto do encargo legal acrescido aos débitos inscritos na Dívida Ativa da União, previsto no art. 1º do Decreto-lei 1.025, de 21.10.1969.[25]

Essa alteração da destinação, contudo, não interfere na forma de fixação do referido encargo legal, que continua a ser aquela decorrente da aplicação da tabela prevista no § 3º do art. 85 do CPC/2015. Antes integralmente revertidos ao Tesouro Nacional, depois compondo o FUNDAF, agora, em sua maior parte, integram a remuneração dos próprios advogados públicos.

Não há mais espaço para tratamento diferenciado na fixação dos honorários advocatícios devidos à União Federal.

Vale registrar que o STJ, interpretando a legislação anterior ao Código de Processo Civil/2015, já havia uniformizado seu entendimento sobre a natureza jurídica do mencionado *encargo legal* através de duas importantes decisões, proferidas no regime dos recursos repetitivos. Na primeira, em 12.5.2010, ao apreciar o REsp 1.143.320-RS, considerou que o *encargo legal* previsto no Decreto-lei 1.025/1969 já abrange a verba honorária em favor da União e afasta a condenação em honorários nos embargos à execução fiscal. Manteve a antiga orientação da Súmula 168/TFR.[26] Na segunda, em 12.6.2013, julgando o REsp 1.353.826-SP, consi-

25. Lei 13.327/2016:

"Art. 30. Os *honorários advocatícios de sucumbência incluem*: I – o total do produto dos honorários de sucumbência recebidos nas ações judiciais em que forem parte a União, as autarquias e as fundações públicas federais; II – *até 75% (setenta e cinco por cento) do produto do encargo legal acrescido aos débitos inscritos na Dívida Ativa da União, previsto no art. 1º do Decreto-lei n. 1.025, de 21 de outubro de 1969*; III – o total do produto do encargo legal acrescido aos créditos das autarquias e das fundações públicas federais inscritos na Dívida Ativa da União, nos termos do § 1º do art. 37-A da Lei n. 10.522, de 19 de julho de 2002.

"Parágrafo único. O recolhimento dos valores mencionados nos incisos do *caput* será realizado por meio de documentos de arrecadação oficiais" (grifamos).

26. "Processual civil e tributário – Decisão que parte de premissa equivocada – Necessidade de reanálise – Violação do art. 535 do CPC – Alegação genérica – Súmula n. 284/STF – Débito de natureza previdenciária – Adesão a parcelamento – Lei

derou válida a fixação de honorários em favor da União Federal diante da desistência do contribuinte de ação declaratória na qual discutia a existên-

n. 11.941/2009 – Inclusão de honorários de 20% sobre o valor do débito na consolidação – Ausência de execução fiscal ou desistência a embargos à execução – Migração de programas de parcelamento anterior (PAES) – Ausência de verba honorária fixada em juízo na forma do art. 20 do CPC.

"1. A decisão agravada partiu de premissa fático-jurídica equivocada, o que justifica a necessidade de reanálise. 2. No presente debate não se controverte, por quaisquer das partes, que os benefícios fiscais previstos no art. 1º, § 3º, e no art. 3º, § 2º, da Lei n. 11.941/2009, quando mencionam a redução do 'encargo legal', estão a se referir ao encargo legal previsto no art. 1º do Decreto-lei n. 1.025/1969, devido quando da inscrição em Dívida Ativa da União e cobrado nas respectivas execuções fiscais, e não aos honorários advocatícios previstos no art. 20 do CPC. 3. A essência da controvérsia diz respeito à possibilidade da inclusão de honorários – ditos 'advocatícios' pela Fazenda Nacional e ditos 'previdenciários' pela empresa contribuinte –, no patamar de 20%, incidentes sobre o montante dos débitos previdenciários parcelados com base na Lei n. 11.941/2009. 4. A 1ª Seção, ao apreciar o REsp n. 1.143.320-RS, sob o rito do art. 543-C do CPC, *DJe* 21.5.2010, reafirmou que a orientação da Súmula n. 168/TFR ('O encargo de 20%, do Decreto-lei n. 1.025, de 1969, é sempre devido nas execuções fiscais da União e substitui, nos embargos, a condenação do devedor em honorários advocatícios') não pode ser ampliada, pois tem aplicação específica às hipóteses de embargos à execução fiscal da União, em que o encargo de 20% do Decreto-lei n. 1.025/1969 compõe a dívida. Inaplicável, portanto, nos embargos à execução fiscal para a cobrança de valores inscritos em Dívida Ativa pelo INSS, situação que se afigura legítima a condenação em honorários de sucumbência pelo Judiciário. 5. A jurisprudência do STJ sinaliza que: 'Nos débitos tributários que estavam inscritos em Dívida Ativa do Instituto Nacional do Seguro Social/INSS antes de 1.5.2007 e que migraram para a Dívida Ativa da União em 1.4.2008 (art. 16, *caput* e § 1º, da Lei n. 11.457/2007) permanece a incidência da verba honorária fixada apenas em juízo, a teor do art. 20 do CPC, entre 10% e 20% do valor do débito em cobrança' (REsp n. 1.408.647-AL, rel. Min. Mauro Campbell Marques, 2ª Turma, j. 26.11.2013, *DJe* 4.12.2013). 6. No caso dos autos, o montante objeto do parcelamento instituído pela Lei n. 11.941/2009 não advém de desistência de embargos à execução fiscal, após o advento da lei, para adesão ao programa, nem se discute honorários advocatícios devidos em execução fiscal de crédito previdenciário referente à parte da Dívida Ativa do INSS que se convolou em Dívida Ativa da União. Logo, não se cuida de honorários arbitrados pelo Judiciário, com base nos arts. 20 e 26 do CPC, tampouco contempla situação onde o contribuinte quer estender à verba honorária a remissão exclusiva do encargo legal prevista no art. 1º, § 3º, e do art. 3º, § 2º, da Lei n. 11.941/2009. Cuida-se de inclusão de débitos de natureza previdenciária decorrentes da migração de saldos remanescentes de parcelamento anterior (PAES). 7. A exigência de honorários de 20% sobre a consolidação do débito parcelado afigura-se cobrança de honorários em duplicidade: nas ações desistidas para inclusão do débito em parcelamento anterior, que já sofreram a incidência da verba honorária, e novamente no momento da consolidação da adesão ao novo programa – Agravo regimental provido para negar provimento ao recurso especial da Fazenda Nacional" (STJ, 2ª Turma, REsp/AgR 1.444.990-AL, rel. Min. Humberto Martins, j. 19.8.2014, *DJe* 26.8.2014).

cia de crédito tributário relativo a IRPJ e CSLL, constituído por auto de infração, com base no art. 26 do CPC/1973. Para tanto, afastou a dispensa de honorários prevista no § 1º do art. 6º da Lei 11.941/2009, considerada como uma exceção aplicável apenas nas demandas nas quais se requer o restabelecimento de opção ou reinclusão em outros parcelamentos. Negou, ainda, o argumento de que o *encargo legal* (Decreto-lei 1.025/1969) cobrado na execução fiscal relativa ao mesmo crédito tributário bastaria a atender integralmente aos honorários de sucumbência fixados naquela ação de rito ordinário, reafirmando que o referido *encargo legal* diz respeito a honorários, mas com aplicação exclusiva nas execuções fiscais e respectivos embargos, nos termos da Súmula 168/TFR.[27]

Vistas em conjunto, essas decisões evidenciam que o STJ validou a cobrança do *encargo legal* previsto no Decreto-lei 1.025/1969, por se tratar de fixação legal dos honorários devidos à União Federal nas execuções fiscais.

Registramos, ainda, que existem decisões do STJ, dentre as quais destacamos aquela proferida no REsp 1.538.950-RS, que poderiam gerar alguma dúvida quanto ao tratamento a ser dado ao mencionado *encargo legal* diante da ênfase conferida ao fato de sua arrecadação ser destinada ao custeio da máquina fiscal como um todo,[28] com o que discordamos veementemente.

A destinação dos recursos arrecadados com o *encargo legal* não interfere na sua natureza de honorários de advogado.

Primeiro porque os valores arrecadados pela União Federal como honorários de advogado devem – necessariamente – custear despesas da União Federal, sendo no todo adequado que revertam em favor do

27. Súmula 168/TRF: "O encargo de 20% do Decreto-lei n. 1.025/1969 é sempre devido nas execuções fiscais da União e substitui, nos embargos, a condenação do devedor em honorários advocatícios".

28. "Processual civil – Execução fiscal em desfavor da Fazenda Estadual – Incidência do encargo legal previsto no Decreto-lei n. 1.025/1969 – Recurso especial não provido. 1. O encargo previsto no Decreto-lei n. 1.025/1969 engloba honorários sucumbenciais e verbas destinadas ao aparelhamento e desenvolvimento da arrecadação fiscal, nos termos dos arts. 3º, parágrafo único, e 4º da Lei n. 7.711/1988, c/c o Decreto-lei n. 1.437/1975. 2. Em razão do caráter especial deste encargo frente ao art. 20, § 4º, do CPC, prevalece, por critério de especialidade, o teor do art. 1º do Decreto-lei n. 1.025/1969 quando se tratar de execução fiscal proposta pela União em face de outras pessoas jurídicas de direito público. 3. Recurso especial não provido" (STJ, 2ª Turma, REsp 1.538.950-RS, rel. Min. Mauro Campbell Marques, j. 19.11.2015, *DJe* 27.11.2015).

Tesouro Nacional ou abasteçam o "Fundo Especial de Desenvolvimento e Aperfeiçoamento das Atividades de Fiscalização – FUNDAF".[29] Merecendo destaque a destinação aos próprios advogados públicos conferida pela Lei 13.327/2016 em seu art. 30.

Além disso, as exações estatais não encontram fundamento de validade apenas na destinação dada aos recursos com as mesmas arrecadados. Ao contrário, a razão de ser de tais exações é decisiva para definição de sua natureza jurídica. O *encargo legal* não é produto dos bens e das empresas do Estado; não é empréstimo e nem produção de papel-moeda. Para motivar a cobrança imposta ao cidadão restam, tão somente, tributos ou penalidades.

Examinemos primeiro a hipótese tributária. O Decreto-lei 1.025/1969 refere-se expressamente a uma *taxa*. Para se configurar como taxa uma exação somente pode incidir diante do exercício do poder de polícia ou da prestação de serviço público (CF/1988, art. 145, II). No caso do *encargo legal*, a prévia existência de crédito fiscal ou sua inscrição em Dívida Ativa da União não corresponde ao exercício do poder de polícia e nem à prestação de um serviço público ao contribuinte devedor. Taxa, portanto, não pode ser.

Os impostos, por sua vez, estão todos previstos na Constituição, e o *encargo legal* não se enquadra no âmbito de incidência de qualquer um deles. Não seria o caso nem mesmo de imposto criado no exercício da competência residual, pois o *encargo legal* não atende aos requisitos previstos no art. 154 da CF/1988, ao que se acresce o fato de inexistir qualquer sinal de capacidade contributiva na cobrança realizada pela União través da execução fiscal. Ao contrário, a inadimplência leva a se presumir que, se não existem recursos para o pagamento do tributo, muito menos haverá para o *encargo legal* a ele acrescido.

De contribuição também não se trata, pois o *encargo legal* foge inteiramente ao perfil traçado pela Constituição para as contribuições.

Enfim, tributo o *encargo legal* não é. Veremos se pode ser considerado como pena.

A aplicação de penalidades exige, necessariamente, o cometimento de um ilícito. No caso, o que faz surgir a obrigação de pagar o *encargo legal* é a inscrição de débito em Dívida Ativa da União, que é praticada pela Procuradoria da Fazenda Nacional, dando forma ao título necessário

29. Lei 7.711/1988, art. 3º.

à propositura da ação de execução fiscal, ou seja, a ação estatal ocorre no interesse da própria União Federal. Não há ato ilícito praticado pelo contribuinte, que, por isso mesmo, não pode ser punido com o *encargo legal*. A inadimplência do contribuinte, que provocou o movimento do aparato estatal de cobrança, não pode ser apontada como o ilícito causador da cobrança do tal *encargo*. Essa inadimplência já está prevista em lei como motivo para aplicação de sansão própria, consistente na multa de mora. Por conta da inadimplência, o devedor sofrerá, ainda, a incidência de juros moratórios e a execução forçada. Não é o momento nem há espaço para mais uma pena travestida de *encargo legal*.

Outra possível consequência relacionada à inadimplência é o dever de o devedor indenizar as despesas em que o credor vier a incorrer com a propositura da ação de cobrança. A condenação do vencido a pagar honorários advocatícios e custas judiciais ao vencedor é o meio legal de se obter essa reparação. Os valores arrecadados com o *encargo legal*, por força de lei, destinam-se precisamente a pagar o custo com o aparato estatal de cobrança, o que apenas confirma sua natureza única de honorários de advogado, sobretudo agora, que são destinados aos próprios advogados públicos.

Em conclusão, o *encargo legal* previsto no Decreto-lei 1.025/1969 detinha a natureza de honorários advocatícios e seu critério fixo de 20% foi substituído pela aplicação dos percentuais previstos no § 3º art. 85 do CPC/2015, que passou a regular o dimensionamento dos honorários advocatícios nas causas em que a Fazenda Pública for parte. A vigente lei processual não deixa o menor espaço para o tratamento diferenciado anterior dado à União.

3.2 O incidente de desconsideração da personalidade jurídica, previsto no art. 133 do CPC/2015, aplica-se às execuções fiscais? Apenas nas hipóteses de o nome dos corresponsáveis não constar previamente na Certidão de Dívida Ativa ou em qualquer hipótese? Ou em nenhuma hipótese, sendo a regra inaplicável à Fazenda Pública exequente?

Tornou-se banal o deferimento dos constantes pedidos da Fazenda Pública para que a execução fiscal promovida contra uma pessoa jurídica fosse redirecionada aos seus sócios ou administradores. Para tanto, a orientação da jurisprudência do STJ exige tão somente que os nomes desses chamados corresponsáveis constem da Certidão de Dívida Ativa.

Afastando a aplicação do art. 133 do CPC/2015, o TRF-4ª Região ofereceu o seguinte fundamento:

> A responsabilização tributária do sócio-gerente em razão da dissolução irregular da sociedade devedora não depende de desconsideração da personalidade jurídica, pois é responsabilidade tributária pessoal atribuída na condição de administrador, razão pela qual o pedido de redirecionamento não se submete ao incidente previsto no Código de Processo Civil.[30]

Não aceitamos essa posição.

Dizer que a responsabilidade tributária dos administradores prevista no art. 135 do CTN não exige a desconsideração da pessoa jurídica não basta para validar o redirecionamento da execução fiscal. Sendo certo que o inciso III do art. 135 do CTN exige apenas a condição de o administrador praticar ato ilícito para lhe atribuir responsabilidade pessoal pelo pagamento de tributo devido pela empresa, é igualmente certo que a Fazenda Pública, quando não alcança bens da pessoa jurídica, passa simplesmente a ignorá-la e pede o redirecionamento da execução contra seus administradores, sem qualquer preocupação em determinar a conduta de cada um a justificar tal deslocamento da obrigação de pagar o débito.

Para que a responsabilidade pessoal prevista no mencionado art. 135 possa vir a ser exigida na execução fiscal promovida contra a pessoa jurídica sem a desconsideração desta é necessário que na peça inicial dessa mesma execução fiscal esteja demonstrada a ocorrência dos fatos a partir dos quais houve a atribuição da responsabilidade, ou a referência ao processo administrativo no qual isso se deu.

A indicação dos nomes dos corresponsáveis na CDA, por si só, não basta para atender às exigências contidas no art. 135. A CDA goza de presunção de liquidez e certeza exatamente porque decorre – ou deveria decorrer – de prévia apuração administrativa da ocorrência do fato gerador da obrigação tributária através do lançamento (CTN, art. 142), que inclui a responsabilização de terceiros. Sem a referida apuração não é possível, simplesmente com a indicação de um nome, deslocar a responsabilidade tributária para terceiro.

30. TRF-4ª Região, AI 5020620-37.2016.4.04.0000 (publicação em 7.7.2016).

A prática de atos ilícitos, inclusive a dissolução irregular da pessoa jurídica, pode motivar sua desconsideração e, consequentemente, a responsabilização dos administradores que realizaram tais atos.

Sendo assim, a inovação contida no art. 133 do CPC/2015 é perfeitamente aplicável às execuções fiscais, na medida em que explicita a necessidade de atenção ao princípio-regra da legalidade tributária, que somente faz sentido se houver oportunidade de controle da validade do ato administrativo de lançamento do tributo, inclusive na extensão da responsabilidade a terceiros. É norma de processo tributário.

3.3 Caso aplicável às execuções fiscais, ele pode ser instaurado naquelas que já estavam em curso quando teve início a vigência do Código de Processo Civil/2015, ou somente àquelas iniciadas depois de 18.3.2016?

Cabe aqui o mesmo raciocínio desenvolvido na resposta à pergunta 2.3, que nos leva a concluir pela aplicação da lei nova aos processos pendentes, alcançando os atos processuais que vierem a ser praticados no futuro, desde que compatíveis com os efeitos daqueles já realizados.

Dessa forma, caso ainda não exista decisão sobre a validade do redirecionamento da execução fiscal, para tanto será necessária a instauração do incidente de desconsideração da personalidade da pessoa jurídica, salvo se essa questão houver sido objeto de processo administrativo no qual o responsável tenha sido chamado a participar.

3.4 Em razão do disposto nos arts. 240 e 802 do CPC/2015, nos casos em que a demora na citação do executado não seja imputável exclusivamente ao Judiciário, mas à Fazenda exequente, pode-se dizer que a data da efetiva citação do executado passa a ser relevante para determinar a consumação, ou não, do prazo prescricional, independentemente de a inicial ter sido protocolada dentro deste prazo? Subsiste o entendimento firmado pelo STJ no REsp 1.120.295-SP?

No REsp 1.120.295-SP, proferido no âmbito dos recursos repetitivos, o STJ decidiu que a interposição da ação de execução fiscal interrompe a prescrição, aplicando o § 1º do art. 219 do CPC/1973.[31] Naquela decisão,

31. "Processual civil – Recurso especial representativo de controvérsia – Art. 543-C do CPC – Tributário – Execução fiscal – Prescrição da pretensão de o Fisco

cobrar judicialmente o crédito tributário – Tributo sujeito a lançamento por homologação – Crédito tributário constituído por ato de formalização praticado pelo contribuinte (*in casu*, Declaração de Rendimentos) – Pagamento do tributo declarado – Inocorrência – Termo inicial – Vencimento da obrigação tributária declarada – Peculiaridade: Declaração de Rendimentos que não prevê data posterior de vencimento da obrigação principal, uma vez já decorrido o prazo para pagamento – Contagem do prazo prescricional a partir da data da entrega da Declaração.

"1. O prazo prescricional quinquenal para o Fisco exercer a pretensão de cobrança judicial do crédito tributário conta-se da data estipulada como vencimento para o pagamento da obrigação tributária declarada (mediante DCTF, GIA, entre outros), nos casos de tributos sujeitos a lançamento por homologação, em que, não obstante cumprido o dever instrumental de declaração da exação devida, não restou adimplida a obrigação principal (pagamento antecipado), nem sobreveio quaisquer das causas suspensivas da exigibilidade do crédito ou interruptivas do prazo prescricional (precedentes da 1ª Seção: EREsp n. 658.138-PR, rel. Min. José Delgado, rela. para o acórdão Min. Eliana Calmon, j. 14.10.2009, *DJe* 9.11.2009; REsp n. 850.423-SP, rel. Min. Castro Meira, j. 28.11.2007, *DJU* 7.2.2008; e AgR nos EREsp n. 638.069-SC, rel. Min. Teori Albino Zavascki, j. 25.5.2005, *DJU* 13.6.2005).

"2. A prescrição, causa extintiva do crédito tributário, resta assim regulada pelo art. 174 do CTN, *verbis*:

"'Art. 174. A ação para a cobrança do crédito tributário prescreve em 5 (cinco) anos, contados da data da sua constituição definitiva.

"'Parágrafo único. A prescrição se interrompe: [I – pela citação pessoal feita ao devedor] I – pelo despacho do juiz que ordenar a citação em execução fiscal; *[redação dada pela Lei Complementar n. 118, de 2005]* II – pelo protesto judicial; III – por qualquer ato judicial que constitua em mora o devedor; IV – por qualquer ato inequívoco, ainda que extrajudicial, que importe em reconhecimento do débito pelo devedor.'

"3. A constituição definitiva do crédito tributário, sujeita à decadência, inaugura o decurso do prazo prescricional quinquenal para o Fisco exercer a pretensão de cobrança judicial do crédito tributário.

"4. A entrega de Declaração de Débitos e Créditos Tributários Federais/DCTF, de Guia de Informação e Apuração do ICMS/GIA ou de outra declaração dessa natureza prevista em lei (dever instrumental adstrito aos tributos sujeitos a lançamento por homologação) é modo de constituição do crédito tributário, dispensando a Fazenda Pública de qualquer outra providência conducente à formalização do valor declarado (precedente da 1ª Seção submetido ao rito do art. 543-C do CPC: REsp n. 962.379-RS, rel. Min. Teori Albino Zavascki, j. 22.10.2008, *DJe* 28.10.2008).

"5. O aludido entendimento jurisprudencial culminou na edição da Súmula n. 436/STJ, *verbis*: 'A entrega de declaração pelo contribuinte, reconhecendo o débito fiscal, constitui o crédito tributário, dispensada qualquer outra providência por parte do Fisco'.

"6. Consequentemente, o *dies a quo* do prazo prescricional para o Fisco exercer a pretensão de cobrança judicial do crédito tributário declarado, mas não pago, é a data do vencimento da obrigação tributária expressamente reconhecida.

"7. *In casu*: (i) cuida-se de créditos tributários atinentes a IRPJ (tributo sujeito a lançamento por homologação) do ano-base de 1996, calculado com base no lucro presumido da pessoa jurídica; (ii) o contribuinte apresentou Declaração de Rendimentos em 30.4.1997, sem proceder aos pagamentos mensais do tributo no ano anterior; e (iii) a ação executiva fiscal foi proposta em 5.3.2002.

"8. Deveras, o Imposto sobre a Renda das Pessoas Jurídicas, independentemente da forma de tributação (lucro real, presumido ou arbitrado), é devido mensalmente, à medida que os lucros forem auferidos (Lei n. 8.541/1992 e Regulamento do Imposto de Renda vigente à época – Decreto n. 1.041/1994).

"9. De acordo com a Lei n. 8.981/1995, as pessoas jurídicas, para fins de Imposto de Renda, são obrigadas a apresentar, até o último dia útil do mês de março, Declaração de Rendimentos demonstrando os resultados auferidos no ano-calendário anterior (art. 56).

"10. Assim sendo, não procede a argumentação da empresa no sentido de que: (i) 'a Declaração de Rendimentos ano-base de 1996 é entregue no ano de 1996, em cada mês que se realiza o pagamento, e não em 1997'; e (ii) 'o que é entregue no ano seguinte, no caso, 1997, é a Declaração de Ajuste Anual, que não tem efeitos jurídicos para fins de início da contagem do prazo seja decadencial, seja prescricional', sendo certo que 'o Ajuste Anual somente tem a função de apurar crédito ou débito em relação ao Fisco' (fls. e-STJ 75/76).

"11. Vislumbra-se, portanto, peculiaridade no caso *sub examine*, uma vez que a Declaração de Rendimentos entregue no final de abril/1997 versa sobre tributo que já deveria ter sido pago no ano-calendário anterior, inexistindo obrigação legal de declaração prévia a cada mês de recolhimento, consoante se depreende do seguinte excerto do acórdão regional: 'Assim, conforme se extrai dos autos, a formalização dos créditos tributários em questão se deu com a entrega da Declaração de Rendimentos pelo contribuinte, que, apesar de declarar os débitos, não procedeu ao devido recolhimento dos mesmos, com vencimentos ocorridos entre fevereiro/1996 a janeiro/1997 (fls. 37-44)'.

"12. Consequentemente, o prazo prescricional para o Fisco exercer a pretensão de cobrança judicial da exação declarada, *in casu*, iniciou-se na data da apresentação do aludido documento, vale dizer, em 30.4.1997, escoando-se em 30.4.2002, não se revelando prescritos os créditos tributários na época em que ajuizada a ação (5.3.2002).

"13. Outrossim, o exercício do direito de ação pelo Fisco, por intermédio de ajuizamento da execução fiscal, conjura a alegação de inação do credor, revelando-se incoerente a interpretação segundo a qual o fluxo do prazo prescricional continua a escoar-se, desde a constituição definitiva do crédito tributário, até a data em que se der o despacho ordenador da citação do devedor (ou até a data em que se der a citação válida do devedor, consoante a anterior redação do inciso I do parágrafo único do art. 174 do CTN).

"14. O *Codex* Processual, no § 1º do art. 219, estabelece que a interrupção da prescrição, pela citação, retroage à data da propositura da ação, o que, na seara tributária, após as alterações promovidas pela Lei Complementar n. 118/2005, conduz ao entendimento de que o marco interruptivo atinente à prolação do despacho que ordena a citação do executado retroage à data do ajuizamento do feito executivo, a qual deve ser empreendida no prazo prescricional.

"15. A doutrina abalizada é no sentido de que:

"'Para Câmara Leal, como a prescrição decorre do não exercício do direito de ação, o exercício da ação impõe a interrupção do prazo de prescrição e faz que a ação perca a 'possibilidade de reviver', pois não há sentido *a priori* em fazer reviver algo que já foi vivido (exercício da ação) e encontra-se em seu pleno exercício (processo). Ou seja, o exercício do direito de ação faz cessar a prescrição. Aliás, esse é também o diretivo do Código de Processo Civil:

todavia, foi simplesmente ignorado o disposto nos §§ 3º e 4º do mesmo art. 219.[32] Para tal omissão não foi dada qualquer justificativa.

Sendo assim, não vemos razão alguma para as normas contidas no § 2º do art. 240 e no art. 802 do CPC/2015[33] deixarem de ser aplicadas às

""'Art. 219. A citação válida torna prevento o juízo, induz litispendência e faz litigiosa a coisa; e, ainda quando ordenada por juiz incompetente, constitui em mora o devedor e interrompe a prescrição.

""'§ 1º. A interrupção da prescrição retroagirá à data da propositura da ação.'

"'Se a interrupção retroage à data da propositura da ação, isso significa que é a propositura, e não a citação, que interrompe a prescrição. Nada mais coerente, posto que a propositura da ação representa a efetivação do direito de ação, cujo prazo prescricional perde sentido em razão do seu exercício, que será expressamente reconhecido pelo juiz no ato da citação. Nesse caso, o que ocorre é que o fator conduta, que é a omissão do direito de ação, é desqualificado pelo exercício da ação, fixando-se, assim, seu termo consumativo. Quando isso ocorre, o fator tempo torna-se irrelevante, deixando de haver um termo temporal da prescrição' (Eurico Marcos Diniz de Santi, in *Decadência e Prescrição no Direito Tributário*, 3ª ed., ed. Max Limonad, São Paulo, 2004, pp. 232-233).

"16. Destarte, a propositura da ação constitui o *dies ad quem* do prazo prescricional e, simultaneamente, o termo inicial para sua recontagem sujeita às causas interruptivas previstas no art. 174, parágrafo único, do CTN.

"17. Outrossim, é certo que 'incumbe à parte promover a citação do réu nos 10 (dez) dias subsequentes ao despacho que a ordenar, não ficando prejudicada pela demora imputável exclusivamente ao serviço judiciário' (art. 219, § 2º, do CPC).

"18. Consequentemente, tendo em vista que o exercício do direito de ação deu-se em 5.3.2002, antes de escoado o lapso quinquenal (30.4.2002), iniciado com a entrega da Declaração de Rendimentos (30.4.1997), não se revela prescrita a pretensão executiva fiscal, ainda que o despacho inicial e a citação do devedor tenham sobrevindo em junho/2002.

"19. Recurso especial provido, determinando-se o prosseguimento da execução fiscal – Acórdão submetido ao regime do art. 543-C do CPC e da Resolução STJ n. 8/2008" (STJ, 1ª Seção, REsp 1.120.295-SP, rel. Min. Luiz Fux, j. 12.5.2010, *DJe* 21.5.2010).

32. CPC/1973:

"Art. 219. (...).

"§ 3º. Não sendo citado o réu, o juiz prorrogará o prazo até o máximo de 90 (noventa) dias.

"§ 4º. Não se efetuando a citação nos prazos mencionados nos parágrafos antecedentes, haver-se-á por não interrompida a prescrição.

"§ 5º. O juiz pronunciará, de ofício, a prescrição."(...).

"Art. 220. O disposto no artigo anterior aplica-se a todos os prazos extintivos previstos na lei."

33. CPC/2015:

"Art. 240. A citação válida, ainda quando ordenada por juízo incompetente, induz litispendência, torna litigiosa a coisa e constitui em mora o devedor, ressalvado o disposto nos arts. 397 e 398 da Lei n. 10.406, de 10 de janeiro de 2002 (Código Civil).

execuções fiscais. Ao contrário, o princípio da isonomia exige o tratamento igualitário das partes. Mesmo que fosse necessário um prazo especial para a Fazenda Pública promover a citação do executado, este deveria ser definido. A completa ausência desse prazo é tratamento diferenciado que não se sustenta, estando mais uma vez presentes as razões que identificam as normas de processo tributário.

> *3.5 Pode ser exemplo de demora não imputável ao Judiciário, mas à Fazenda, aquela decorrente de ter ela fornecido endereço errado ou desatualizado para a citação do executado?*

Quando a demora na citação decorrer de informação incorreta prestada pela Fazenda Pública é da maior evidência que não poderá ser imputada ao Judiciário. O endereço do executado é informação básica e indispensável para que o agente do Judiciário possa efetuar a citação. Ao mesmo tempo, saber o endereço do contribuinte é o mínimo que se espera da Fazenda Pública ao promover a ação de execução fiscal, até porque ao efetuar o lançamento deve, entre outras providências, identificar o sujeito passivo (CTN, art. 142).

> *3.6 O art. 803, parágrafo único, do CPC/2015 conteria um reconhecimento explícito do cabimento das chamadas "exceções de pré-executividade"? Seria essa admissão aplicável também às execuções fiscais, em face da supletividade referida no art. 15 do CPC/2015 e do disposto no art. 1º da própria Lei 6.830/1980?*

"§ 1º. A interrupção da prescrição, operada pelo despacho que ordena a citação, ainda que proferido por juízo incompetente, retroagirá à data de propositura da ação.

"§ 2º. Incumbe ao autor adotar, no prazo de 10 (dez) dias, as providências necessárias para viabilizar a citação, sob pena de não se aplicar o disposto no § 1º.

"§ 3º. A parte não será prejudicada pela demora imputável exclusivamente ao serviço judiciário.

"§ 4º. O efeito retroativo a que se refere o § 1º aplica-se à decadência e aos demais prazos extintivos previstos em lei. (...).

"Art. 802. Na execução, o despacho que ordena a citação, desde que realizada em observância ao disposto no § 2º do art. 240, interrompe a prescrição, ainda que proferido por juízo incompetente.

"Parágrafo único. A interrupção da prescrição retroagirá à data de propositura da ação."

Em estudo publicado ainda em 1990 sustentamos a tese de cabimento da defesa do executado nos próprios autos da ação de execução, no qual demonstramos que a ausência dos requisitos legais do título executivo deveria ser verificada de ofício pelo juiz, que deveria, se fosse o caso, rejeitar a inicial. Sendo causa de nulidade absoluta, poderia ser apontada pelo devedor independentemente dos embargos. Tudo decorre das exigências da lei para conferir executividade ao título extrajudicial, que devem estar presentes por ocasião da propositura da ação.[34]

O parágrafo único do art. 803 veio positivar o direito já reconhecido pelos tribunais, deixando fora de qualquer dúvida o cabimento da chamada *exceção de pré-executividade*, inclusive nas execuções fiscais, nas quais os requisitos legais da CDA devem ser verificados de ofício pelo juiz, e, quando isso não ocorre, eventual vício pode ser apontado pelo executado. A prescrição é o mais comum.[35]

3.7 Teria o Código de Processo Civil/2015 revogado a Lei 6.830/1980, como se pode ver de seus arts. 779, VI, e 784, IX? Ou, em face do disposto em seu art. 1.046, § 2º, a dizer que "permanecem em vigor as disposições especiais dos procedimentos regulados em outras leis, aos quais se aplicará supletivamente este Código", podemos entender que a Lei de Execução Fiscal permanece em vigor?

O Código de Processo Civil/2015 trata das normas gerais de processo, inclusive aquelas relativas à ação de execução para cobrança de crédito, estabelecendo algumas regras especificas para as execuções fiscais. Não revogou, todavia, toda a Lei 6.830/1980, que traz normas especiais que perduram em vigor, como está indicado na segunda parte da pergunta. A aplicação supletiva e subsidiária da vigente lei processual, por sua vez, é indiscutível.

Remetemos o leitor às considerações que fizemos no início deste estudo, onde nos posicionamos no sentido de identificar as normas de processo tributário, que, em face da pergunta, estão presentes tanto no

34. Schubert de Farias Machado, "Execução forçada. Defesa antes da penhora. Interpretação dos arts. 618 e 737 do CPC", *Repertório IOB de Jurisprudência*, 2ª quinzena de novembro/1990, n. 22/90, p. 456.

35. STJ, 1ª Seção, REsp 1.104.900-ES, rela. Min. Denise Arruda, j. 25.3.2009, *DJe* 1.4.2009; e 1ª Seção, REsp 1.136.144-RJ, rel. Min. Luiz Fux, j. 9.12.2009, *DJe* 1.2.2010.

Código de Processo Civil/2015 como na Lei 6.830/1980 e devem ser aplicadas de forma a dar a máxima efetividade às garantias contidas no Estatuto Constitucional do Contribuinte, especialmente a estrita legalidade tributária.

> ***4. Mandado de segurança***
>
> *4.1 Aplica-se ao mandado de segurança a figura da "tutela de evidência" (art. 311 do CPC/2015)?*

A garantia constitucional ao mandado de segurança deve ter sua efetividade maximizada. Embora a Lei 12.016/2009, em seu art. 7º, III, não refira expressamente a possibilidade de afastar liminarmente o ato impugnado diante da evidência de procedência do pedido, a regra estabelecida pelos arts. 311 e ss. do CPC/2015 não só pode como deve ser aplicada subsidiariamente ao mandado de segurança, até porque compatível com a lei que o regula.

Além disso, não há o menor sentido em negar a tutela de evidência ao mandado de segurança quando ela está acessível através de ação de rito ordinário.

Aceitar a tutela de evidência no mandado de segurança é medida que se impõe! Sobretudo diante do princípio geral da estrita legalidade tributária, que orienta a interpretação das normas de processo tributário.

> *4.2 As liminares deferidas em sede de mandado de segurança submetem-se ao instituto da "estabilização" da tutela provisória previsto no art. 304 do CPC/2015?*

Não há como considerar estabilizada uma liminar deferida em sede de mandado de segurança quando pendente a sentença que irá definir se a segurança será, ou não, concedida.

> ***5. Coisa julgada***
>
> *5.1 Em face do art. 525, §§ 12 e 15, do CPC/2015, quais devem ser os efeitos de uma ação rescisória movida em razão da alteração da jurisprudência do STF sobre determinada questão tributária? É possível atribuir efeitos* ***ex tunc*** *à rescisão do julgado?*

A alteração da jurisprudência do STF cria Direito novo, e, como tal, deve ser aplicado apenas para o futuro.

Todavia, uma lei instituidora de tributo antes considerada constitucional pelo STF mas que em momento posterior passa a ter declara sua inconstitucionalidade deve ser afastada do ordenamento, e os efeitos por ela já produzidos não justificam a cobrança do tributo antes ocorrida. Pode o contribuinte pleitear, se for o caso, a respectiva restituição do tributo que pagou com base em lei inconstitucional.

Nesse caso, o Direito novo introduzido pelo STF beneficiou o cidadão, e, por isso memso, deve ser aplicado de forma retroativa. Funciona como uma lei de anistia ou remissão. O Estado, por seu órgão de controle da constitucionalidade das leis (STF), decide que determinada lei não é compatível com a Constituição e não pode gerar qualquer efeito contra o cidadão.

Quando ocorre o contrário, ou seja, o STF considera válida a cobrança de tributo que antes afastara por inconstitucional, por ser Direito novo, somente pode ser aplicado para o futuro. Restabelecida a lei, como lei nova deve ser recebida, vigendo apenas para o futuro.

> *5.2 Quais os efeitos da decisão rescisória sobre o lapso decadencial? Imaginando-se um contribuinte que há mais de cinco anos não recolhe um tributo por conta de decisão judicial, passada em julgado, que o declarou inconstitucional, a posterior mudança no entendimento do STF sobre a validade de tal tributo poderia legitimar a propositura e a procedência de ação rescisória, com a posterior autuação do contribuinte relativamente a todo o período?*

Nesse caso é importante destacar a relação jurídica continuativa. Os fatos já ocorridos na vigência da decisão judicial transitada em julgado, mesmo que venha a ser rescindida, não podem vir a sofrer a incidência da lei antes afastada.

Os fatos posteriores, contudo, devem ser regulados pelo Direito então vigente. Depois de rescindida a decisão judicial deve ser aplicado o Direito conforme a decisão rescisória. A partir daquele momento a norma que passa a regular a relação jurídica estabelecida entre o contribuinte e o Fisco é outra, é aquela definida como válida pela decisão da rescisória.

6. O pagamento do ITCMD e outras questões

6.1 Em face do disposto no parágrafo único do art. 654 do CPC/2015, é permitida a conclusão do processo de inventário e execução da partilha antes de julgada a validade da cobrança do respectivo ITCMD?

Sim. O Código de Processo Civil/2015 trouxe norma que facilita o encerramento do processo de inventário mesmo diante de pendência relativa à validade da cobrança do ITCMD.

Na vigência do Código anterior era muito comum o juiz, presidindo o processo de inventário, deixar para julgar a partilha depois da solução das pendências relativas ao ITCDM, negando, algumas vezes, até mesmo sua competência para decidir sobre esse assunto e remetendo o contribuinte às Varas da Fazenda Pública. Discutir a validade da cobrança do ITCDM representava significativo atraso na conclusão do inventário.

A regra contida no art. 1.026 do CPC/1973 representava verdadeira sanção política, que levava muitos herdeiros a pagar o ITCDM mesmo quando cobrado de forma indevida, apenas para obterem o julgamento da partilha.

A vigente lei processual abre a possibilidade para a discussão da validade do ITCDM sem o inconveniente de atrasar a partilha, dando maior efetividade à garantia da estrita legalidade tributária.

6.2 Existem outras questões relativas ao processo tributário decorrentes do advento do Código de Processo Civil/2015? Quais?

No momento não temos outras considerações a fazer.

O PROCESSO TRIBUTÁRIO E O CÓDIGO DE PROCESSO CIVIL/2015

Hugo de Brito Machado Segundo
Raquel Cavalcanti Ramos Machado

Introdução

Muito relevante e atual o tema escolhido para este volume da coleção de estudos organizada pelo professor Hugo de Brito Machado, no âmbito do Instituto Cearense de Estudos Tributários/ICET. A edição de um novo Código de Processo Civil traz uma série de inovações nos mecanismos de solução de conflitos, que suscitam dúvidas e perplexidades, as quais se tornam ainda mais acentuadas em setores nos quais há legislação específica, não codificada, a tratar do assunto. Com efeito, em casos assim, além dos problemas gerados pela nova lei, suscitam-se questões adicionais, ligadas às suas relações com o subsistema normativo mais específico. Isso, por sinal, reflete-se na maior parte das perguntas formuladas, as quais, como em volumes anteriores da mesma coleção, no presente texto serão respondidas diretamente, na ordem indicada pelo Coordenador. Acredita-se que dessa maneira o leitor tem facilitada a tarefa de comparar os diferentes pontos de vista sobre as mesmas questões, propósito maior da coleção.

1. Processo administrativo fiscal

1.1 Em razão do disposto no art. 15 do CPC/2015, pode-se dizer que suas disposições se aplicam aos processos administrativos tributários? O que significa ***supletivo****, no contexto do artigo? O mesmo que* ***subsidiário****? Nesse caso, qual o sentido de se usarem as duas palavras, uma ao lado da outra?*

Sim. O Código de Processo Civil contém, além de normas de processo judicial civil, normas que consistem em decorrência direta de princípios constitucionais processuais, sendo aplicáveis a todos os tipos de processo, notadamente àqueles que visam à solução de litígios, ainda que no âmbito administrativo, sem a prestação da tutela jurisdicional. Disposições como as que tratam de impedimento e suspeição, por exemplo, ou da fundamentação das decisões podem ser consideradas como meramente explicitantes do princípio do devido processo legal, veiculando condutas que deveriam ser observadas ainda que elas, as tais normas explicitantes, não existissem.

Assim já ocorria sob a vigência do Código de Processo Civil/1973. O art. 15 do CPC/2015, porém, amplia essa aplicabilidade, explicitando o alcance de suas normas sobre tais processos outros, o qual tem como limite tão somente a existência de disposições expressas e mais específicas em sentido contrário. Por isso, responde-se, aqui, de forma positiva: as disposições do Código de Processo Civil/2015 aplicam-se de forma supletiva e subsidiária aos processos administrativos tributários, seja no âmbito federal, no estadual ou municipal.

Antes de adentrar a questão de saber o significado que têm no art. 15 do CPC/2015 as palavras "supletiva" e "subsidiária", é importante lembrar que as palavras não têm um significado único, dado de forma *a priori* pela Natureza, a ser descoberto da mesma forma como um astrônomo procura um novo planeta ou um químico tenta desvendar a composição de uma substância recém-encontrada. Mas elas tampouco têm o significado que cada um quiser atribuir a elas, sob pena de não ser possível a comunicação. O sentido das palavras é dado pelo contexto em que elas são usadas. É por isso que nenhum termo ou expressão tem apenas um sentido correto, mas vários significados possíveis. É pela mesma razão que mesmo os significados preexistentes, hauridos a partir do estudo dos contextos e dos sentidos em que a palavra fora anteriormente empregada, não exaurem suas possibilidades no futuro. Essa é a razão, enfim, pela qual as línguas evoluem e, com elas, as palavras nascem, se modificam e, eventualmente, morrem.

Dito isso, pode-se, então, responder que a palavra "supletiva" no contexto do art. 15 do CPC/2015 não parece ter o mesmo significado de "subsidiária", pois do contrário não teria sido necessário mencioná-las ambas. Embora elas possam ser utilizadas como sinônimas,[1] seu em-

1. De Plácido e Silva, *Vocabulário Jurídico*, 8ª ed., vol. 4, Rio de Janeiro, Forense, 1984, p. 301.

prego uma ao lado da outra sugere que por *subsidiário* se deve entender aquilo que preenche omissões ou lacunas, enquanto que por *supletivo* se compreende o que acrescenta, aumenta ou adiciona, ampliando.[2] Metaforicamente, no primeiro caso ter-se-ia o preenchimento de furos em uma parede, e no segundo a adição de tijolos adicionais, para torná-la mais alta, ou mais extensa.

É preciso recordar, para compreender melhor a distinção, o que é uma *lacuna*, pois é de seu preenchimento que a aplicação subsidiária trata. Já, a aplicação supletiva acontece nas situações em que, apesar de não existirem lacunas, tampouco existem normas no subsistema específico (dentro do qual a aplicação supletiva ocorrerá) que impeçam, por incompatibilidade, a invocação das prescrições do sistema mais geral.

Sabe-se que do ponto de vista lógico é possível edificar um ordenamento jurídico desprovido de incompletudes. Para toda e qualquer situação haverá um tratamento prescrito pelo Direito. Basta editar uma norma geral estabelecendo que para toda situação não prevista expressamente em outras normas específicas a consequência jurídica devida será "x". É, em linhas gerais, o que ocorre em ordens jurídicas que consagram o princípio da legalidade, em face do qual se costuma dizer que para o cidadão é lícito fazer tudo o que a lei não expressamente proíbe, e para a autoridade só é lícito fazer aquilo expressamente previsto no âmbito de suas competências. Nesse cenário não existiriam lacunas.

O problema é que muitas vezes a aplicação da referida "norma geral" a situações não expressamente previstas em normas específicas conduz a um *momento de incongruência*, pois a solução assim obtida mostra-se contrária a valores positivados na ordem jurídica, seja em normas com estrutura de princípio, seja de forma subjacente a regras que prescrevem condutas específicas a serem adotadas em hipóteses semelhantes. Diz-se, nesse contexto, que, embora pleno do ponto de vista lógico, o ordenamento não o é sob o prisma axiológico.[3] Surgem, então, as lacunas, que são as omissões consideradas *indesejáveis*, não por uma vontade subjetiva do intérprete, mas por dever de coerência com os valores adotados pela própria ordem jurídica de cuja aplicação se cogita.

2. Aurélio Buarque de Holanda Ferreira, *Novo Dicionário da Língua Portuguesa*, 2ª ed., Rio de Janeiro, Nova Fronteira, 1986, p. 1.631.

3. Karl Engisch, *Introdução ao Pensamento Jurídico*, 8ª ed., trad. de J. Baptista Machado, Lisboa, Fundação Calouste Gulbenkian, 2001, p. 281.

No caso da aplicação subsidiária, visa-se a colmatar lacunas. Mas o art. 15 do CPC/2015 parece ir além, determinando a aplicação das normas ali codificadas também em situações nas quais, ainda que não havendo lacuna, tampouco há norma específica em sentido contrário. Ou seja: mesmo sem a criação de um "momento de incongruência" pela não aplicação das normas do Código de Processo Civil, estas podem ser invocadas para ampliar o edifício formado pelas normas processuais administrativas, em tudo aquilo em que a elas não forem contrárias.

1.2 É invocável no processo administrativo, para esclarecer quando não se considera fundamentada uma decisão administrativa, o disposto no art. 489, § 1º, do CPC/2015?

Sim. Trata-se de típico caso de aplicação supletiva, visto que não existe – e, se existisse, seria inválida – norma de processo administrativo, seja no âmbito da União, seja no plano estadual ou municipal, reputando válida decisão que se enquadre em quaisquer dos incisos do art. 489, § 1º, do CPC/2015, que apenas enuncia o óbvio. Tal disposição, portanto, não propriamente "colmata uma lacuna", mas complementa o teor das normas processuais administrativas.

A exigência de que as decisões administrativas sejam fundamentadas validamente é decorrência dos princípios do Estado de Direito, da legalidade, do devido processo legal e, mais especificamente, do direito de petição, o qual envolve, evidentemente, o direito a uma resposta racionalmente motivada nas normas aplicáveis.

1.3 No que tange ao chamado "direito dos precedentes", os arts. 926 e 927 do CPC/2015 aplicam-se ao processo administrativo tributário?

Sim. Trata-se de outro exemplo de aplicação supletiva. Os artigos referidos na pergunta, a propósito, dispõem:

> Art. 926. Os tribunais devem uniformizar sua jurisprudência e mantê-la estável, íntegra e coerente.
>
> § 1º. Na forma estabelecida e segundo os pressupostos fixados no regimento interno, os tribunais editarão enunciados de súmula correspondentes à sua jurisprudência dominante.

> § 2º. Ao editar enunciados de súmula, os tribunais devem ater-se às circunstâncias fáticas dos precedentes que motivaram sua criação.
>
> Art. 927. Os juízes e os tribunais observarão: I – as decisões do Supremo Tribunal Federal em controle concentrado de constitucionalidade; II – os enunciados de súmula vinculante; III – os acórdãos em incidente de assunção de competência ou de resolução de demandas repetitivas e em julgamento de recursos extraordinário e especial repetitivos; IV – os enunciados das súmulas do Supremo Tribunal Federal em matéria constitucional e do Superior Tribunal de Justiça em matéria infraconstitucional; V – a orientação do Plenário ou do Órgão Especial aos quais estiverem vinculados.
>
> § 1º. Os juízes e os tribunais observarão o disposto no art. 10 e no art. 489, § 1º, quando decidirem com fundamento neste artigo.
>
> § 2º. A alteração de tese jurídica adotada em enunciado de súmula ou em julgamento de casos repetitivos poderá ser precedida de audiências públicas e da participação de pessoas, órgãos ou entidades que possam contribuir para a rediscussão da tese.
>
> § 3º. Na hipótese de alteração de jurisprudência dominante do Supremo Tribunal Federal e dos tribunais superiores ou daquela oriunda de julgamento de casos repetitivos, pode haver modulação dos efeitos da alteração no interesse social e no da segurança jurídica.
>
> § 4º. A modificação de enunciado de súmula, de jurisprudência pacificada ou de tese adotada em julgamento de casos repetitivos observará a necessidade de fundamentação adequada e específica, considerando os princípios da segurança jurídica, da proteção da confiança e da isonomia.
>
> § 5º. Os tribunais darão publicidade a seus precedentes, organizando-os por questão jurídica decidida e divulgando-os, preferencialmente, na rede mundial de computadores.

Naturalmente, aplicando-se ao órgão administrativo, suas Turmas ou Câmaras estarão vinculadas aos precedentes de seu respectivo Plenário, Corte Especial ou Câmara Superior, conforme o caso.

A obediência aos precedentes é uma decorrência do princípio da igualdade e do dever de fundamentação das decisões, sejam elas judiciais ou administrativas, independentemente do que diga expressamente a legislação infraconstitucional. Em virtude de tais princípios, os órgãos de julgamento não podem dar a situações iguais soluções diferentes, a menos que apontem motivos para tanto, que justifiquem a superação do entendimento anterior ou sua inaplicabilidade ao novo caso, em virtude de particularidades que precisam ser devidamente explicitadas.

> *1.4 À míngua de previsão legal específica no âmbito da legislação específica de determinado Estado-membro ou Município, seria possível à parte manejar o recurso de embargos de declaração diante de decisão administrativa contraditória ou omissa?*

Sim, trata-se de evidente hipótese de lacuna. Com efeito, caso se entenda que, diante da ausência da previsão dos embargos de declaração na lei estadual ou municipal que cuida do processo administrativo tributário, se aplica a regra geral implícita segundo a qual esse recurso não é admissível, criar-se-á um momento de incongruência, pois uma decisão administrativa fundamentada de maneira contraditória ou omissa, na verdade, não atende ao dever constitucional de motivação das decisões, também aplicável no âmbito administrativo.

> *1.5 O art. 174 do CPC/2015 autorizaria a instituição de câmaras de mediação ou de conciliação no âmbito do processo tributário? Caso positivo, como conciliá-las com o caráter vinculado da atividade de cobrança de tributos e a natureza* ***ex lege*** *da obrigação correspondente?*

Em princípio, sim. A possibilidade de transação no direito tributário é igualmente prevista no art. 171 do CTN.

Sendo a obrigação tributária *ex lege* e vinculada à atividade administrativa de cobrança do tributo (CTN, art. 3º), não pode a autoridade administrativa livremente decidir os critérios e os parâmetros do acordo que poderá fazer com este ou aquele contribuinte. Haveria mágoa, ainda, aos princípios da igualdade e da impessoalidade se isso pudesse acontecer. Mas isso não significa que não possa acontecer a conciliação de que trata a pergunta.

A lei de cada ente tributante pode estabelecer, de forma objetiva, os requisitos que o contribuinte deve preencher, e as concessões que deve fazer, para ter direito à transação. À autoridade caberia aferir o preenchimento desses requisitos e conceder as diminuições e descontos previstos em lei para pôr fim ao litígio, levando à "conciliação" referida no Código de Processo Civil.

> *1.6 Há alguma outra disposição do* Código *de* Processo Civil/2015 *cuja aplicação seria pertinente no âmbito do processo*

administrativo tributário, de forma inédita àquelas já invocáveis à luz do Código de Processo Civil/1973?

Sim. Caso não haja disposição expressa em sentido contrário na legislação processual administrativa específica, parece invocável no processo administrativo o art. 219 do CPC, segundo o qual os prazos processuais devem ser contados apenas em *dias úteis*.

2. Aspectos gerais do processo judicial

2.1 As alterações introduzidas pelo Código de Processo Civil/2015 quanto aos prazos concedidos à Fazenda Pública aplicam-se às ações regidas por leis especiais, como o mandado de segurança, a execução fiscal e a cautelar fiscal?

Sim, até por se tratar de disposições gerais de processo, aplicando-se ao mandado de segurança, à execução fiscal e à cautelar fiscal. Assim, também nesses processos os prazos devem ser contados em dias úteis (CPC, art. 219), e em dobro no caso da Fazenda Pública, a menos que se trate de disposição já aplicável apenas a ela, como o prazo para prestar informações no mandado de segurança, por exemplo (CPC, art. 183, § 2º).

2.2 Em face do Código de Processo Civil/1973 era comum a condenação da Fazenda Pública ao pagamento de honorários da sucumbência em quantia irrisória. Haveria alguma justificação para essa prática?

Sim, com suposto amparo no art. 20, § 4º, do CPC/1973[4] era comum a condenação da Fazenda Pública vencida ao pagamento de honorários advocatícios sucumbenciais em valores muito baixos, inteiramente divor-

4. Os §§ 3º e 4º do art. 20 do CPC/1973 dispunham:

"Art. 20. A sentença condenará o vencido a pagar ao vencedor as despesas que antecipou e os honorários advocatícios. Essa verba honorária será devida, também, nos casos em que o advogado funcionar em causa própria.

"(...).

"§ 3º. Os honorários serão fixados entre o mínimo de 10% (dez por cento) e o máximo de 20% (vinte por cento) sobre o valor da condenação, atendidos: a) o grau de zelo do profissional; b) o lugar de prestação do serviço; c) a natureza e importância da causa, o trabalho realizado pelo advogado e o tempo exigido para seu serviço.

ciados do valor em disputa, da responsabilidade do profissional que atuou no processo e do trabalho por ele desenvolvido. E, pior que isso, sem nenhuma fundamentação. Apenas se referia o dispositivo legal, e em seguida se indicava o valor, fixado pelo magistrado, desacompanhado de razões para justificá-lo. Tudo ficava, ainda, na maioria das vezes, a critério dos juízes de primeiro grau e dos tribunais de segundo grau de jurisdição (TJs e TRFs), pois o STJ entendia que o reexame das particularidades que teriam levado à fixação dos honorários pelas instâncias ditas ordinárias não seria possível no âmbito do recurso especial (Súmula 7/STJ).[5]

Note-se, porém, que o 20, § 4º, do CPC/1973 não preconizava a condenação da Fazenda vencida em valores módicos. Ele apenas se reportava às causas em que a Fazenda fosse vencida, ao lado de outras hipóteses (lides em torno de valores inestimáveis, ou muito baixos, ou nas quais não houvesse condenação), para afirmar que o juiz estaria autorizado a fixar honorários equitativamente, sem a vinculação aos percentuais mínimos e máximos (10% a 20%) referidos no parágrafo anterior. Apreciação equitativa, por sua vez, não significa "que se tem de decidir com caridade, misericórdia, benevolência ou comiseração: a despeito da porta que se abre ao juiz, não se lhe confere o poder de decidir sem levar em conta a realidade, as circunstâncias".[6]

O fato é que, diante da regra constante do Código de Processo Civil/1973, a fixação dos honorários se dava de maneira absolutamente arbitrária, e não raro em montantes irrisórios. O advogado poderia receber R$ 1.000,00, R$ 50.000,00 ou R$ 500.000,00 por um mesmo trabalho, a depender do juiz ou do desembargador-relator que apreciasse o assunto ou, mesmo, do humor do julgador na ocasião. Igual arbitrariedade poderia ser observada na jurisprudência do STJ, que admitia rever os honorários fixados nas instâncias ordinárias, mas apenas quando fossem "irrisórios" ou "exorbitantes", havendo forte subjetividade e inconstân-

"§ 4º. Nas causas de pequeno valor, nas de valor inestimável, naquelas em que não houver condenação ou for vencida a Fazenda Pública, e nas execuções embargadas ou não, os honorários serão fixados consoante apreciação equitativa do juiz, atendidas as normas das alíneas 'a', 'b' e 'c' do parágrafo anterior."

5. Hugo de Brito Machado Segundo e Raquel Cavalcanti Ramos Machado, "O art. 20, § 4º, do CPC, e a sucumbência da Fazenda Pública", *RDDT* 86/60-76, São Paulo, Dialética, 2002.

6. F. C. Pontes de Miranda, *Comentários ao Código de Processo Civil*, 3ª ed., t. II, com notas de atualização de Sérgio Bermudes, Rio de Janeiro, Forense, 2000, p. 375.

cia na apreciação do significado dessas expressões. Apenas a título de exemplo, julgando o REsp 933.507-RJ, o STJ considerou "irrisórios" os honorários fixados em R$ 100,00 pelas instâncias ordinárias, admitindo excepcionar sua jurisprudência e rever o *quantum* da verba sucumbencial. Ao estabelecer o novo valor, contudo, quantificou-o em R$ 1.000,00. Saliente-se que se tratava de execução fiscal cujo valor oscilava em torno dos R$ 11.000.000,00.

2.3 O que se pode dizer da inovação introduzida pelo Código de Processo Civil/2015 quanto à condenação da Fazenda Pública ao pagamento de honorários da sucumbência?

A alteração é louvável, por vários aspectos. Em primeiro lugar, por fazer remissão às causas em que a Fazenda Pública "for parte", e não apenas àquelas em que ela for vencida. Assim, também naquelas em que a Fazenda for vencedora os honorários deverão ser fixados com atenção aos mesmos critérios, em respeito ao princípio da igualdade. Corrigiu-se a distorção de ter o contribuinte vencido pela Fazenda de lhe pagar honorários de no mínimo 10% do valor em disputa (ou, nas execuções fiscais movidas pela Fazenda Nacional, o valor preestabelecido de 20%, a título de "encargos legais") mas quando vencedor o contribuinte ser a Fazenda condenada a pagar R$ 500,00 ou R$ 1.000,00 ao seu advogado, ainda que este tenha trabalhado por anos em processo complexo que culminou com a desconstituição de crédito tributário de vários milhões de Reais.

Em segundo lugar, o Código de Processo Civil/2015 mantém o estabelecimento de percentuais mínimos e máximos. O fato de a Fazenda ser parte apenas faz com que sejam regressivos, vale dizer, sofram reduções paulatinas, a depender da expressão econômica da sucumbência, o que parece mais compatível com a finalidade para a qual o § 4º do art. 20 do CPC/1973 se reportava à Fazenda Pública. Além de ser muito demandada, as causas que envolvem a Fazenda podem ter valores muito elevados, o que pode ocorrer com qualquer outra pessoa, mas em relação aos entes públicos é mais frequente. Assim, justifica-se uma preocupação em que os honorários não sejam submetidos apenas e tão somente aos limites gerais de 10% e 20%. A regressividade dos percentuais, contudo, além de preservar tais limites para as questões até 200 salários-mínimos, tem como parâmetro o valor da sucumbência, de forma objetiva. Por outro lado, a previsão de que os honorários serão majorados na esfera recursal fará com que a postura da Fazenda de recorrer sempre e até as últimas instâncias em todos os processos seja repelida ou, pelo menos, leve a alguma compensação ao cidadão que com ela litiga.

Quanto ao direito intertemporal, é importante notar que o art. 85, § 3º, do CPC/2015 poderia ser aplicado até mesmo no período anterior à sua vigência, durante a *vacatio legis*. Os critérios ali previstos estão longe de ser considerados "iníquos". Pelo contrário. Assim, servem de excelente baliza para a aplicação do art. 20, § 4º, do CPC/1973. No que tange ao período posterior à sua vigência não há dúvida de que sua aplicação é imediata.

O suporte fático da regra jurídica contida no art. 85, § 3º, do CPC é a condenação. Dessa forma, se a condenação ocorre sob a vigência do CPC/2015, é o seu art. 85, § 3º, que deve ser aplicado, pouco importando se o processo se iniciou antes disso. Quanto aos honorários adicionais, na esfera recursal, o regime jurídico aplicável ao recurso deve ser aquele vigente no momento da publicação da decisão recorrida. Assim, se se trata de recurso apresentado contra sentença ou acórdão prolatados depois do início da vigência do Código de Processo Civil/2015 aplica-se a nova regra da sucumbência recursal. Se, contudo, publicada a decisão recorrida ainda sob a vigência do Código de Processo Civil/1973 essa regra não deverá ser aplicada, ainda que o julgamento do recurso se dê posteriormente.

3. Processo de execução fiscal

3.1 Qual a natureza dos encargos legais previstos no Decreto-lei 1.025/1969? Caso eles tenham natureza de honorários, como sugere a Súmula 168 do extinto TFR, como conciliar sua aplicação, nos dias de hoje, com o art. 85, § 3º, do CPC/2015? E com o art. 827, § 1º, também do mesmo Código?

Conquanto antiga, a questão da natureza jurídica dos "encargos legais" não conta até hoje com solução satisfatória por parte da literatura especializada ou da jurisprudência. Ora são considerados pelo Judiciário como "taxa", ora como "honorários de sucumbência", a depender do argumento usado em sua impugnação. Como não correspondem, validamente, a nenhuma dessas figuras, quando são impugnados sob o argumento de que não são uma delas se decide que ostentam a natureza da outra, e vice-versa.

Os encargos não são validamente uma "taxa", porque o fato que gera o dever de pagá-los não corresponde ao exercício do poder de polícia sobre o devedor, tampouco à prestação de um serviço público específico e divisível, de forma efetiva ou potencial. Quem se beneficia com a cobrança do tributo é o Fisco, não o contribuinte executado.

Como honorários sua validade é também duvidosa, pois são fixados ainda no âmbito administrativo, e pelo teto máximo previsto no Código de Processo Civil para a generalidade das demandas, sem qualquer ingerência da autoridade julgadora. De qualquer modo, essa parece ter sido a classificação que prevaleceu na jurisprudência, como se depreende da Súmula 168 do extinto TFR, citada na pergunta.

Diz-se "prevaleceu" em virtude de ter sido a mais frequente nos julgados, mas até hoje subsiste a obscuridade nessa definição. O STJ, por exemplo, ao julgar o REsp 1.110.924-SP, decidiu que os encargos não têm natureza de honorários, porque "receita do Fundo Especial de Desenvolvimento e Aperfeiçoamento das Atividades de Fiscalização/ FUNDAF". Já, no REsp 153.850-RS voltou-se a afirmar que sua natureza é de honorários, embora eles "englobem" também "verbas destinadas ao aparelhamento e desenvolvimento da arrecadação fiscal".

É preciso esclarecer, primeiro, que o fato de toda ou parte da receita arrecadada com os tais "encargos legais" ser destinada ao aparelhamento ou ao desenvolvimento da fiscalização não altera sua natureza jurídica, no caso. Não os transforma em taxa, por isso, como há muito se consolidou na literatura especializada, antes mesmo da referência didática contida no art. 4º, II, do CTN.[7] Da mesma forma como cliente e parte podem pactuar o destino dos honorários de sucumbência, a lei pode dar a esses honorários, quando recebidos pelo ente público, o destino que quiser, sem transformá-los em taxa por isso.

Como seriam "honorários", o STJ entendeu, ao apreciar o já referido REsp 153.850-RS, que as regras que tratam dos encargos legais constariam de legislação "mais específica", a qual, por isso mesmo, prevaleceria sobre as disposições do Código de Processo Civil. Isso, inclusive, para forçar Estados e Municípios, quando executados pela União, a pagar os

7. CTN: "Art. 4º. A natureza jurídica específica do tributo é determinada pelo fato gerador da respectiva obrigação, sendo irrelevantes para qualificá-la: I – a denominação e demais características formais adotadas pela lei; II – a destinação legal do produto da sua arrecadação".

encargos no percentual máximo de 20%, apesar do art. 20, § 4º, do CPC então vigente.

Esse entendimento, porém, é equivocado. Não se sustentava sob a vigência do Código de Processo Civil/1973, tornando-se ainda mais inadmissível diante do Código de Processo Civil/2015.

De início, é preciso atenção para o fato de que o Código de Processo Civil/2015 é diploma mais recente que todos os que cuidam dos "encargos legais" e disciplinou de maneira ampla e abrangente o tema dos honorários advocatícios de sucumbência, *inclusive nas demandas em que a Fazenda Pública for parte*.

Mas, além disso, como norma mais específica, a dar tratamento completamente diferente à Fazenda Nacional – e só a ela –, o Decreto-lei 1.025/1969 precisaria de uma *justificativa* para sua especificidade. Afinal, por qual razão os honorários seriam fixados na generalidade das questões em que a Fazenda Pública é parte nos termos do art. 85 do CPC/2015, e só nas execuções fiscais da Fazenda Nacional eles seriam estabelecidos *sempre* no percentual máximo de 20%, pouco importando o valor em disputa, a quantidade de recursos interpostos, o fato de ter havido pagamento dentro do prazo do art. 827, § 1º, do CPC/2015? A desigualdade de tratamento entre União, Estados e Municípios, sem nenhuma razão que a justifique, é, inclusive, contrária ao princípio federativo, central à ordem jurídica brasileira.

Não basta, em suma, o argumento formal. O fato de o Decreto-lei 1.025/1969 ser mais específico faria com que ele prevalecesse sobre as disposições do Código de Processo Civil/2015 se existissem razões materiais que amparassem esse tratamento distinto e peculiar. Como inexistem essas razões, a alternativa à conclusão de que o Código de Processo Civil/2015 revogou o tal "encargo" é a de que ele se tornou – ainda mais claramente – inconstitucional diante da vigente sistemática, por ofensa flagrante ao princípio da igualdade, seja pela irrazoável discriminação entre a execução fiscal movida pela União e todas as outras execuções fiscais (que têm Estados-membros e Municípios como autores), seja pela irrazoável discriminação entre as execuções fiscais movidas pela União e todas as outras ações em que a Fazenda (inclusive a União) é parte, seja pela irrazoável discriminação entre a situação em que a Fazenda Nacional se sagra vitoriosa em uma execução (obtendo 20% de "encargos") e aquela outra na qual o cidadão contribuinte é o vencedor, que será submetida aos limites do art. 85, § 3º, do CPC/2015.

3.2 O incidente de desconsideração da personalidade jurídica, previsto no art. 133 do CPC/2015, aplica-se às execuções fiscais? Apenas nas hipóteses de o nome dos corresponsáveis não constar previamente na Certidão de Dívida Ativa ou em qualquer hipótese? Ou em nenhuma hipótese, sendo a regra inaplicável à Fazenda Pública exequente?

Sim, aplica-se. O incidente presta-se a instrumentalizar discussões de natureza cognitiva em situações nas quais o nome daquele que se pretende responsabilizar não consta do título executivo. Por isso, sua invocação é pertinente mesmo quando não é o caso, propriamente, de se desconsiderar a personalidade da sociedade executada.

Em matéria tributária não era raro, em situações nas quais da Certidão de Dívida Ativa/CDA constava apenas o nome da pessoa jurídica executada, a Fazenda exequente pleitear a responsabilização das pessoas físicas integrantes da sociedade. Em tais casos a jurisprudência admitia o chamado "redirecionamento" da execução fiscal, para que em seu polo passivo fossem alojadas também as pessoas físicas, desde que a Fazenda exequente provasse a ocorrência dos fatos ensejadores dessa responsabilização. O problema é que isso implicava tornar o processo de execução, viável em relação àquela pessoa constante do título executivo, um processo de conhecimento relativamente àqueles que deveriam ser nele inseridos como réus.[8]

O incidente de desconsideração da personalidade jurídica resolve, do ponto de vista processual, esse problema, sendo importante lembrar que o Código de Processo Civil não trata dos requisitos necessários à desconsideração de uma pessoa jurídica ou à responsabilização de terceiros, os quais constam das normas de direito material. Em matéria tributária constam dos arts. 128 e ss. do CTN, especialmente dos arts. 134 e 135. Assim, na execução fiscal o incidente pode ser utilizado tanto quando for o caso, realmente, de desconsideração da personalidade jurídica, nos termos do art. 50 do CC, como nas hipóteses de responsabilidade tributária. Nas palavras de Leonardo José Carneiro da Cunha,

> o aludido incidente é uma forma de intervenção de terceiro, que, como todas elas, tem por finalidade fazer com que um terceiro passe a atuar

8. Para essa crítica, v. Hugo de Brito Machado Segundo, *Processo Tributário*, São Paulo, Atlas, 2004, p. 237.

no processo, adquirindo a condição de parte. Para que passe a ter responsabilidade e sofra as consequências disso, é preciso que se assegure o contraditório ao terceiro para, somente então, passar a inseri-lo como parte, sobretudo quando se está diante de um processo de execução.[9]

Frise-se que em relação àqueles cujo nome consta da CDA não há que se cogitar do incidente. Tais pessoas, sejam elas físicas ou jurídicas, constando da CDA como devedoras, são potencialmente rés da execução (devendo, é claro, ser citadas nessa condição), pois o título executivo assim as indica. Caberá a elas, se for o caso, em sede de embargos ou, excepcionalmente, de exceção de pré-executividade, demonstrar que não podem ser responsabilizadas pela dívida executada. O incidente, que permite adequadamente a cognição em relação à responsabilidade de terceiros, é pertinente apenas em relação àqueles que não constam originalmente do título.

3.3 Caso aplicável às execuções fiscais, ele pode ser instaurado naquelas que já estavam em curso quando teve início a vigência do Código de *Processo Civil/2015, ou somente àquelas iniciadas depois de 18.3.2016?*

Como regra de natureza processual, o incidente pode ser aplicado em qualquer execução fiscal em curso, independentemente da data de seu início. Caso, porém, a responsabilidade do terceiro já tenha sido suscitada nos autos da própria execução e tenha sido rejeitada definitivamente pelo juiz, a questão não poderá mais ser suscitada, não por aspectos ligados à aplicação da lei processual no tempo, mas por força da preclusão.

3.4 Em razão do disposto nos arts. 240 e 802 do CPC/2015, nos casos em que a demora na citação do executado não seja imputável exclusivamente ao Judiciário, mas à Fazenda exequente, pode-se dizer que a data da efetiva citação do executado passa a ser relevante para determinar a consumação, ou não, do prazo prescricional, independentemente de a inicial ter sido protocolada dentro deste prazo? Subsiste o entendimento firmado pelo STJ no REsp 1.120.295-SP?

9. Leonardo José Carneiro da Cunha, *A Fazenda Pública em Juízo*, 13ª ed., Rio de Janeiro, Forense, 2016, p. 413.

Sim, quando a citação não acontece no prazo de 10 dias, contados do despacho que a determina, e a demora para sua consumação não decorre do funcionamento inerente ao Judiciário, o prazo prescricional deverá continuar fluindo até que se consume a citação.

É preciso compreender em seus devidos termos a sistemática idealizada pelo Código de Processo Civil/2015, que, em linhas gerais, já tinha perfil semelhante no Código de Processo Civil/1973.

De forma simples, pode-se dizer que o prazo prescricional tem início com a lesão ao direito de cuja pretensão se cogita ou com a resistência a essa pretensão, considerando-se que a pretensão foi devidamente deduzida em juízo quando proposta a ação *dentro* desse prazo.

O problema é que a relação processual é triangular, e a data em que uma ação é "proposta" não é a mesma para o autor e para o réu. Para o autor a ação parece já devidamente proposta quando protocolada a petição inicial. Mas isso só chegará ao conhecimento do réu, que terá, então, a consciência de que a demanda foi ajuizada, quando de sua citação. Se tudo acontecesse em uma mesma data, ou, ainda, com lapso temporal curto entre um evento e outro, com ambos situados dentro do lapso prescricional, não haveria problema. A questão que se coloca é a de uma ação cuja inicial é apresentada no fórum nos últimos dias do prazo e a citação do réu acontece apenas depois de sua consumação. Em uma situação assim surgiria a inusitada situação de para o autor a demanda ter sido formulada no prazo, mas para o réu ela só haver surgido depois de consumada a prescrição.

Nesse cenário, é elogiável a solução do Código de Processo Civil. Se a citação ocorrer nos 10 dias seguintes ao despacho da inicial a interrupção da citação retroage à data da propositura da ação. Importa, então, a data do protocolo constante da inicial. Mas se a citação ocorrer mais de 10 dias depois do despacho que a determina, e essa demora não for imputável à morosidade do Poder Judiciário, considera-se relevante, para que deixe de correr o prazo de prescrição, a data da efetiva citação, que será quando o réu tomará conhecimento da demanda. Do contrário uma ação proposta nos últimos dias de um prazo prescricional poderia ser levada ao conhecimento do réu muitos anos depois, quando este já estivesse certo da prescrição e, por isso, já nem dispusesse mais de documentos relativos ao fato a ser eventualmente discutido no feito.

No julgado referido na pergunta (REsp 1.120.295-SP), o STJ ignorou esse disciplinamento, decidindo, na sistemática dos "recursos repetitivos", que se revela "incoerente a interpretação segundo a qual o fluxo do prazo prescricional continua a escoar-se, desde a constituição definitiva do crédito tributário, até a data em que se der o despacho ordenador da citação do devedor (ou até a data em que se der a citação válida do devedor, consoante a anterior redação do inciso I do parágrafo único do art. 174 do CTN)".

No mesmo acórdão o STJ chegou a mencionar o art. 219 do CPC/1973, mas apenas o seu § 1º, segundo o qual a interrupção da prescrição retroage à data da propositura da ação. Foram completamente esquecidos os demais, em especial o § 4º. Talvez a mesma conclusão pudesse ter sido apoiada em outros fundamentos (*v.g.*, de demora imputável ao Poder Judiciário), mas o fato é que o julgado em referência deitou por terra toda a sistemática construída pelo Código de Processo Civil, tornando suficiente a protocolização da inicial no último dia do prazo prescricional e irrelevante tudo o que suceder depois disso.

Como não era isso o que constava do art. 219, § 4º, do CPC/1973,[10] tampouco o que consta do art. 240, § 2º, do CPC/2015, esse entendimento não poderá ser mantido, sob pena de se fazer invocável a Súmula Vinculante 10 e se submeter a questão ao STF, inclusive por conta das sérias e fortes consequências dessa compreensão sobre a eficácia do princípio da segurança jurídica. Outra solução é o STJ explicitar, no julgamento de questões posteriores relativas ao mesmo assunto, que no REsp 1.120.295-SP não se ventilou a possibilidade de a demora posterior à propositura da ação não ser imputável exclusivamente ao Poder Judiciário, hipótese que, se presente, atrairá a incidência da regra contida no § 2º do art. 240 do CPC.

3.5 Pode ser exemplo de demora não imputável ao Judiciário, mas à Fazenda, aquela decorrente de ter ela fornecido endereço errado ou desatualizado para a citação do executado?

A demora na citação do executado decorrente de o exequente não indicar corretamente seu endereço não é, em absoluto, imputável ao Judiciário, sendo típico exemplo de situação na qual, decorrido o prazo de

10. V., a propósito, Renato Lopes Becho, "A interrupção da prescrição pelo ajuizamento da execução fiscal: questões constitucionais", in Valdir de Oliveira Rocha (coord.), *Grandes Questões Atuais do Direito Tributário*, vol. 17, São Paulo, Dialética, 2013, pp. 249 e ss.

10 dias, contados do despacho que determina a citação, a interrupção do prazo prescricional por ele causada *não retroagirá à data da propositura da ação*, operando-se apenas quando da efetiva citação. Aliás, o § 2º do art. 240 é bastante claro ao afirmar que cabe ao autor da ação diligenciar para que a citação aconteça no prazo indicado, sendo o fornecimento de um endereço correto o mínimo que se espera nesse sentido.

3.6 O art. 803, parágrafo único, do CPC/2015 conteria um reconhecimento explícito do cabimento das chamadas "exceções de pré-executividade"? Seria essa admissão aplicável também às execuções fiscais, em face da supletividade referida no art. 15 do CPC/2015 e do disposto no art. 1º da própria Lei 6.830/1980?

As exceções de pré-executividade eram admitidas já sob a vigência do Código de Processo Civil/1973, inclusive em sede de execução fiscal. Aliás, depois da reforma operada pela Lei 11.382/2006, que possibilitou a oposição de embargos independentemente de garantia do juízo nas execuções por quantia certa regidas pelo Código de Processo Civil, a exceção de pré-executividade perdeu muito de sua relevância na maior parte das execuções, mas a manteve nas execuções fiscais, em virtude da subsistência do art. 16, § 1º, da Lei 6.830/1980.[11]

Nessa ordem de ideias, pode-se dizer que o art. 803 do CPC/2015 não trouxe propriamente uma inovação, tendo apenas consolidado entendimento jurisprudencial preexistente, ao dispor:

> Art. 803. É nula a execução se: I – o título executivo extrajudicial não corresponder a obrigação certa, líquida e exigível; II – o executado não for regularmente citado; III – for instaurada antes de se verificar a condição ou de ocorrer o termo.
>
> Parágrafo único. A nulidade de que cuida este artigo será pronunciada pelo juiz, de ofício ou a requerimento da parte, independentemente de embargos à execução.

Tais disposições aplicam-se, sem dúvida, às execuções fiscais, em situações nas quais, por exemplo, faltar liquidez e certeza à CDA, por

11. Lei 6.030/1980:

"Art. 16. O executado oferecerá embargos, no prazo de 30 (trinta) dias, contados: (...).

"§ 1º. Não são admissíveis embargos do executado antes de garantida a execução."

ausência de informações essenciais ou por representar ela a exigência de exação já declarada inconstitucional pelo STF – para apenas citar dois exemplos.

> *3.7 Teria o* Código de *Processo Civil/2015 revogado a Lei 6.830/1980, como se pode ver de seus arts. 779, VI, e 784, IX? Ou, em face do disposto em seu art. 1.046, § 2º, a dizer que "permanecem em vigor as disposições especiais dos procedimentos regulados em outras leis, aos quais se aplicará supletivamente este Código", podemos entender que a Lei de Execução Fiscal permanece em vigor?*

A teor do art. 1.046, § 2º, do CPC/2015, a Lei 6.830/1980 continua em vigor, aplicando-se sempre que contiver disposições válidas mais específicas e incompatíveis com aquelas veiculadas no Código vigente. As remissões dos arts. 799, VI, e 784, IX, do CPC, destinadas a dar maior coerência e completude às normas gerais de execução ali contidas, que *também* são aplicáveis às execuções fiscais, não parecem suficientes para autorizar a conclusão de que todo o regramento contido na Lei 6.830/1980 teria sido superado.

> ***4. Mandado de segurança***
>
> *4.1 Aplica-se ao mandado de segurança a figura da "tutela de evidência" (art. 311 do CPC/2015)?*

Sim. A previsão da "tutela de evidência" parece ser muito mais um *esclarecimento didático* de ideias que já poderiam ser, como vinham sendo, extraídas do texto do Código de Processo Civil/1973, sendo certo que o correto é vislumbrar os requisitos da "fumaça do bom direito" e do "perigo da demora" como passíveis de uma "calibragem", de modo a que a maior intensidade com que um se apresenta pode, em princípio, suprir a menor intensidade do outro, e vice-versa. Afinal, são elementos indicativos da forma de se proceder à conciliação de princípios constitucionais em tensão na prestação da tutela jurisdicional, alguns a demandar o decurso de tempo, para assim conduzir a uma decisão correta, e outros a impelir a que ela seja proferida de forma mais célere, sob pena de perder sua utilidade.

Mesmo antes do Código de Processo Civil/2015, em situações nas quais a "fumaça do bom direito" era muito evidente, o Judiciário concedia medidas liminares mesmo que não houvesse perigo da demora tão claro, e vice-versa, situação que não deve se modificar com a explicitação, no Código vigente, de que nesse caso a tutela seria batizada como "de evidência".

> *4.2 As liminares deferidas em sede de mandado de segurança submetem-se ao instituto da "estabilização" da tutela provisória previsto no art. 304 do CPC/2015?*

Não. A estabilização da tutela provisória consiste em uma inovação, do ponto de vista procedimental, que não parece compatível com as disposições da Lei 12.016/2009, que continua se reportando à necessidade de se proferir a sentença, independentemente de ter havido, ou não, recurso em face da decisão concessiva da medida liminar.

> ***5. Coisa julgada***
>
> *5.1 Em face do art. 525, §§ 12 e 15, do CPC/2015, quais devem ser os efeitos de uma ação rescisória movida em razão da alteração da jurisprudência do STF sobre determinada questão tributária? É possível atribuir efeitos **ex tunc** à rescisão do julgado?*

Caso uma ação rescisória tenha fundamento na mudança da orientação jurisprudencial, nos moldes dos §§ 12 e 15 do art. 525 do CPC, seus efeitos devem ser necessariamente *ex nunc*, em respeito ao princípio da segurança jurídica, devidamente explicitado, no que tange ao assunto, no art. 146 do CTN. Em regra, não será possível atribuir efeitos *ex tunc* a uma rescisória fundada em alteração jurisprudencial, pois a nova orientação sequer existia à época em que prolatada a decisão rescindenda.

Seriam admissíveis, em tese, os efeitos *ex tunc* em casos nos quais a orientação prevalecente, que dá fundamento à pretensão rescisória, já existisse à época em que prolatado o acórdão rescindendo. Entretanto, o § 12 destaca, de forma expressa, que a mencionada rescisória somente seria cabível no caso de a modificação jurisprudencial ser posterior ao trânsito em julgado, o que afasta essa possibilidade.

É importante, porém, lembrar como essa mesma questão vinha sendo enfrentada sob a vigência do Código de Processo Civil/1973, a fim de melhor compreender as razões pelas quais se oferece essa resposta ao questionamento.

Devem ser diferenciadas, primeiro, a situação que diz respeito a um fato isolado no tempo, situado no passado, e aquela que versa o que se tem chamado de relação "continuativa".

Imagine-se, por exemplo, que um contribuinte sofre lançamento tributário no qual se lhe imputa a prática de um fato específico e se aplica uma penalidade. Ele questiona em juízo a aplicação da penalidade, considerada excessiva, e ganha. Paga o tributo sem a imposição da tal multa exagerada. A aplicação da multa consistiu em um fato isolado no passado. Com o trânsito em julgado da sentença que afirmou a multa indevida, a posterior alteração jurisprudencial, motivada, por exemplo, por uma mudança no posicionamento do STF, que passa a considerá-la válida, não poderá motivar a Fazenda a rever a coisa julgada operada no referido processo. Se estivesse presente um dos vícios do art. 485 do CPC/1973, os quais deveriam ser passíveis de aferição já na data do trânsito em julgado, seria possível o manejo de ação rescisória, no prazo de dois anos contados do trânsito em julgado. Ausentes tais requisitos, a decisão não poderia mais ser modificada, e o fato, havido no passado, não poderia mais receber outro tratamento, ficando definitivamente resolvida a questão.

Tratando-se, porém, de relação continuativa as coisas não seriam de solução tão simples. Entende-se por continuativa a relação jurídica originada de fatos que se renovam, ou se repetem, nos mesmos moldes, periodicamente. É o caso de um contribuinte que todos os dias vende mercadorias em seu estabelecimento comercial, submetendo-se à obrigação de recolher o ICMS. Caso esse contribuinte promova ação com a finalidade de discutir a existência ou a razão de ser da própria relação continuativa, a sentença que equacionar a questão terá efeitos que serão projetados para o futuro, pela própria natureza da relação posta em juízo.

Suponha-se, assim, que o comerciante contribuinte do ICMS ajuíza ação para ver declarado seu direito de calcular o imposto devido excluindo de sua base de cálculo os descontos dados de forma incondicional ou o valor adicional pago pelos seus consumidores pela contratação de uma "garantia estendida". Saindo-se vitorioso na ação, esse contribuinte passará a calcular o imposto devido, mês a mês, nos termos definidos na sentença. Tanto poderá pleitear a restituição de eventuais valores pagos indevidamente no passado, como deixará de recolher em relação ao futuro as quantias nos termos considerados indevidos pela decisão passada em julgado. Enquanto subsistirem (e se repetirem) os mesmos fatos apreciados pela sentença, e estiverem em vigor as mesmas normas, os efeitos da sentença continuarão devendo ser observados, inclusive em relação ao período posterior à sua prolação. Tanto o STF como o STJ já tiveram a oportunidade de reiterar isso, afastando a aplicação da Súmula 239/STF a tais casos e esclarecendo que meras mudanças no número da lei ou de aspectos procedimentais ou formais inerentes ao pagamento, que não implicam mudança na norma em que se baseou a sentença, não são suficientes para sustar a produção de seus efeitos.

É em tais casos que se torna problemática a questão da mudança na orientação jurisprudencial. De fato, se houvesse mudança na lei ou no fato, de forma inequívoca, sequer seria colocada a questão da subsistência dos efeitos da sentença aos fatos supervenientes. O mesmo poderia ser dito de uma alteração jurisprudencial veiculada no âmbito do controle concentrado de constitucionalidade, com efeitos *erga omnes*. A questão torna-se mais grave quando há, na verdade, apenas a prolação de novo julgado pelo STF, no âmbito do controle difuso, com efeitos apenas entre as partes. Foi o que ocorreu com a Contribuição Social sobre o Lucro Líquido/CSLL, considerada indevida por alguns TRFs no início dos anos 1990 mas depois declarada constitucional pelo STF, no âmbito de um recurso extraordinário (RE 138.284-CE, *RTJ* 143-01/313). Até o julgamento da ADI 15-DF, que para esse efeito equivale a uma lei nova, não seria possível ao Fisco exigir a contribuição daqueles beneficiados por decisões, já transitadas em julgado, afirmando sua inconstitucionalidade.

Não tivesse havido a ADI 15-DF, a solução, para o Fisco, não deveria ser a ação rescisória. Primeiro, porque não se poderia afirmar que a decisão declaratória da inconstitucionalidade estaria viciada, incorrendo em literal violação de lei, apenas porque divergente de um entendimento firmado pelo STF algum tempo depois. O vício, a ensejar a propositura da rescisória, há de ser contemporâneo e inerente à decisão rescindenda. Segundo, porque, fosse a rescisória o remédio adequado, ter-se-ia a impossibilidade de solução naqueles casos em que a mudança no entendimento se desse mais de dois anos depois do trânsito em julgado. Daí por que se preconizava, nesse cenário ainda anterior ao Código de Processo Civil/2015, que o Fisco ajuizasse ação destinada a revisar os efeitos da coisa julgada, com amparo no art. 471 do CPC/1973, a qual teria efeitos necessariamente *ex nunc*. A impossibilidade de retroação de um novo entendimento quanto a ser devido um tributo antes considerado indevido, ainda que esteja o novo entendimento calcado em pronunciamento judicial, é reforçada pelo disposto no art. 146 do CTN.[12]

Quanto à questão dos efeitos da coisa julgada no que tange à CSLL, seu deslinde definitivo será certamente de competência do STF, mas no âmbito do STJ proferiu-se acertada decisão, sob a sistemática dos "recursos repetitivos", a qual porta a seguinte ementa:

> (...). 1. Discute-se a possibilidade de cobrança da Contribuição Social sobre o Lucro/CSLL do contribuinte que tem a seu favor decisão judicial transitada em julgado declarando a inconstitucionalidade formal e material da exação conforme concebida pela Lei n. 7.689/1988, assim como a inexistência de relação jurídica material a seu recolhimento. 2. O STF, reafirmando entendimento já adotado em processo de controle difuso, e encerrando uma discussão conduzida ao Poder Judiciário há longa data, manifestou-se, ao julgar ação direta de inconstitucionalidade, pela adequação da Lei n. 7.689/1988, que instituiu a CSLL, ao texto constitucional, à exceção do disposto no art. 8º, por ofensa ao princípio da irretroatividade das leis, e no art. 9º, em razão da incompatibilidade com os arts. 195 da CF e 56 do Ato das Disposições Constitucionais Transitórias/ADCT (ADI n. 15-DF, rel. Min. Sepúlveda Pertence, Tribunal Pleno, *DJU* 31.8.2007). 3. O fato de o STF posteriormente manifestar-se em sentido oposto à decisão judicial transitada em julgado em nada pode alterar a relação jurídica estabilizada pela coisa julgada, sob pena de negar validade ao próprio controle difuso de constitucionalidade. 4. Declarada a inexistência de relação jurídico-tributária entre o contribuinte e o Fisco, mediante declaração de inconstitucionalidade da Lei n. 7.689/1988, que instituiu a CSLL, afasta-se a possibilidade de sua cobrança com base nesse diploma legal, ainda não revogado ou modificado em sua essência. 5. Afirmada a inconstitucionalidade material da cobrança da CSLL, não tem aplicação o Enunciado n. 239 da Súmula do STF, segundo o qual "a decisão que declara indevida a cobrança do imposto em determinado exercício não faz coisa julgada em relação aos posteriores" (AgR no AgR nos EREsp n. 885.763-GO, rel. Min. Hamilton Carvalhido, 1ª Seção, *DJU* 24.2.2010). 6. Segundo um dos precedentes que deram origem à Súmula n. 239/STF, em matéria tributária, a parte não pode invocar a existência de coisa julgada no tocante a exercícios posteriores quando, por exemplo, a tutela jurisdicional obtida houver

12. CTN: "Art. 146. A modificação introduzida, de ofício ou em consequência de decisão administrativa ou judicial, nos critérios jurídicos adotados pela autoridade administrativa no exercício do lançamento somente pode ser efetivada, em relação a um mesmo sujeito passivo, quanto a fato gerador ocorrido posteriormente à sua introdução".

> impedido a cobrança de tributo em relação a determinado período, já transcorrido, ou houver anulado débito fiscal. Se for declarada a inconstitucionalidade da lei instituidora do tributo, não há falar na restrição em tela (E/AgPet n. 11.227, rel. Min. Castro Nunes, Tribunal Pleno, *DJU* 10.2.1945). 7. "As Leis ns. 7.856/1989 e 8.034/1990, a Lei Complementar n. 70/1991 e as Leis ns. 8.383/1991 e 8.541/1992 apenas modificaram a alíquota e a base de cálculo da contribuição instituída pela Lei n. 7.689/1988, ou dispuseram sobre a forma de pagamento, alterações que não criaram nova relação jurídico-tributária. Por isso, está impedido o Fisco de cobrar a exação relativamente aos exercícios de 1991 e 1992 em respeito à coisa julgada material" (REsp n. 731.250-PE, rela. Min. Eliana Calmon, 2ª Turma, *DJU* 30.4.2007). 8. Recurso especial conhecido e provido – Acórdão sujeito ao regime do art. 543-C do CPC e da Resolução n. 8/STJ.[13]

O julgado é emblemático, porque deslinda uma série de questões relevantes no que tange à coisa julgada nas relações continuativas, como a da inaplicabilidade da Súmula 239/STF, que tem seus contornos devidamente definidos, e a da irrelevância de alterações normativas que não modificam a estrutura normativa que serviu de base à decisão passada em julgado. Espera-se que essa compreensão seja também a do STF, consolidando-se a compreensão de que no período sujeito à vigência do Código de Processo Civil/1973 a solução para situações assim residia no emprego da ação de que cuida o art. 471 do CPC então vigente.

O Código de Processo Civil/2015, nesse contexto, parece ter ido por caminho um pouco diferente no que tange aos aspectos procedimentais, insistindo no uso da ação rescisória, como se depreende dos §§ do seu art. 525. Para contornar o problema decorrente de se estar diante de causa ensejadora da rescisão que pode ser bastante posterior ao próprio trânsito em julgado, estabeleceu-se que o prazo tem início com a prolação do novo entendimento, impondo-se o uso da ação rescisória para aquelas hipóteses antes reservadas pela literatura especializada, à luz do art. 741 do CPC/1973, à ação de revisão da coisa julgada (no CPC/2015 trata-se do art. 505, I). Não há prejuízo ou, mesmo, mudança substancial caso se preserve a ideia de que a rescisória, nesse caso, há de receber, caso tenha seus pedidos julgados procedentes, efeitos *ex nunc*, e não *ex tunc*. Essa é a forma correta e equilibrada para se conciliar o princípio da igualdade, que repeliria a preservação de tratamentos diferentes para situações equi-

13. STJ, 1ª Seção, REsp 1.118.893-MG, *DJe* 6.4.2011.

valentes (por exemplo, um contribuinte livre de um ônus tributário que todos os demais, inclusive seus concorrentes, pagam), com o princípio da segurança, que tampouco toleraria que se revolvessem situações passadas, já consumadas sob a proteção de uma sentença transitada em julgado.[14]

5.2 Quais os efeitos da decisão rescisória sobre o lapso decadencial? Imaginando-se um contribuinte que há mais de cinco anos não recolhe um tributo por conta de decisão judicial, passada em julgado, que o declarou inconstitucional, a posterior mudança no entendimento do STF sobre a validade de tal tributo poderia legitimar a propositura e a procedência de ação rescisória, com a posterior autuação do contribuinte relativamente a todo o período?

A procedência dos pedidos formulados no âmbito de uma ação rescisória não produz qualquer efeito sobre a contagem do prazo decadencial do direito de lançar. Assim, na situação imaginada na pergunta, mesmo que a rescisória seja julgada com atribuição de efeitos *ex tunc* à rescisão, somente será possível ao Fisco lançar os períodos não abrangidos pela decadência.

6. O pagamento do ITCMD e outras questões

6.1 Em face do disposto no parágrafo único do art. 654 do CPC/2015, é permitida a conclusão do processo de inventário e execução da partilha antes de julgada a validade da cobrança do respectivo ITCMD?

Sim. O art. 654, a propósito, dispõe:

> Art. 654. Pago o imposto de transmissão a título de morte e juntada aos autos certidão ou informação negativa de dívida para com a Fazenda Pública, o juiz julgará por sentença a partilha.
>
> Parágrafo único. A existência de dívida para com a Fazenda Pública não impedirá o julgamento da partilha, desde que o seu pagamento esteja devidamente garantido.

14. Hugo de Brito Machado Segundo e Raquel Cavalcanti Machado, "Coisa julgada, constitucionalidade e legalidade em matéria tributária", in Hugo de Brito Machado (coord.), *Coisa Julgada, Constitucionalidade e Legalidade em Matéria Tributária*, São Paulo/Fortaleza, Dialética/ICET, 2006, pp. 181-182.

Como se percebe, em regra o pagamento do Imposto de Transmissão *Causa Mortis* é condição para que se conclua o processo de inventário. Entretanto, se se garantir que esse pagamento ocorrerá no futuro, o inventário poderá ser concluído desde logo.

Imagine-se, por exemplo, que no curso de um processo de inventário, quando do pagamento do Imposto de Transmissão, surge divergência entre o sujeito passivo da relação tributária e a Fazenda Pública, a qual pode dizer respeito ao valor dos bens, à possível incidência de norma isentiva, à alíquota aplicável ou a qualquer outro elemento relacionado à existência ou ao montante da dívida. A exigência é, então, objeto de questionamento, seja na via administrativa, seja na via judicial. Para que o processo de inventário não fique parado, à espera do desfecho da controvérsia quanto ao ITCMD, poderá ser feita a garantia do valor (*v.g.*, depositando-se junto ao processo de impugnação do crédito tributário o valor considerado pelo Fisco como devido), e, com a apresentação da certidão positiva com efeito de negativa no processo de inventário, possibilitar-se sua conclusão.

6.2 Existem outras questões relativas ao processo tributário decorrentes do advento do Código de Processo Civil/2015? Quais?

Certamente existem, muitas. Como ocorre quando se está diante de toda realidade complexa, não é possível prever todos os desdobramentos de uma mudança. Como lembra Portalis, "qu'il faut être sobre de nouveautés en matière de législation, parce que s'il est possible, dans une institution nouvelle, de calculer les avantages que la théorie nous offre, il ne l'est pas de connaître tous les inconvénients que la pratique seule peut découvrir".[15] Muitas questões ainda surgirão, mostradas pela prática da aplicação do Código de Processo Civil/2015 e pela rica e abundante realidade, a qual propiciará o surgimento de situações em face das quais a aparente clareza de muitas das disposições codificadas desaparecerá.

15. Jean-Étienne-Marie Portalis, *Discours Préliminaire du Premier Projet de Code Civil*, disponível em *http://www.justice.gc.ca/fra/apd-abt/gci-icg/code/civil.pdf*. Tradução livre: "Se é possível, numa instituição nova, calcular as vantagens que a teoria nos oferece, não o é conhecer todos os inconvenientes que apenas a prática pode descobrir".

O CÓDIGO DE PROCESSO CIVIL/2015 E OS PROCESSOS ADMINISTRATIVOS FISCAIS

James Marins

1. Introdução. 2. Aplicação supletiva e aplicação subsidiária do Código de Processo Civil. 3. Da aplicação supletiva ou subsidiária do Código de Processo Civil na fundamentação das decisões administrativas. 4. Da aplicação supletiva ou subsidiária do Código de Processo Civil no recurso especial no âmbito do Conselho Administrativo de Recursos Fiscais/ CARF. 5. Da aplicação dos precedentes aos processos administrativos fiscais. 6. Conclusão.

1. Introdução

A entrada em vigor do Código de Processo Civil/2015 tem movimentado a comunidade jurídica, notadamente os processualistas, gerando opiniões das mais diversas. No âmbito do processo tributário inúmeros são os temas a serem estudados, tornando esta obra, fruto da iniciativa do Instituto Cearense de Estudos Tributários, liderado pelo ilustre professor Hugo de Brito Machado, oportuna e essencial.

O direito processual tributário, como defendemos desde a 1ª edição do nosso *Direito Processual Tributário Brasileiro: Administrativo e Judicial*,[1] merece disciplina jurídica apropriada. Temos apresentado, vezes sucessivas, as especificidades da matéria e a razão que assistia a Carnelutti,[2] já na década de 1930, ao demonstrar que as premissas do

1. James Marins, *Direito Processual Tributário Brasileiro: Administrativo e Judicial*, 9ª ed., São Paulo, Ed. RT, 2016.

2. Carnelutti, "Introduzione allo studio del diritto processuale tributario", *Rivista di Diritto Processuale Civile* 2/112, 1932.

direito processual civil não se preocupavam com as lides envolvendo o direito público, particularmente a lide que afeta o contribuinte.

Com a edição do Código de Processo Civil/2015, mais uma vez, renovamos nossa crítica de que – com a vênia que merece a parte inovadora que trouxe – as questões importantes do direito público passaram despercebidas.

Observamos, sim, o nascedouro da regulação quanto aos processos administrativos, que, no que couber, terão as regras do Código de Processo Civil/2015 aplicadas. Entretanto, as questões que afetam as lides envolvendo a Fazenda Pública permanecem praticamente intactas, mantendo-se a mesma regulação construída dia a dia ao gosto da jurisprudência e de legislações ultrapassadas.

De fato, os estudos de processo civil permanecem atados à sua secular prioridade histórica, voltados que são para as lides meramente civis. Remanesce claro que os diplomas processuais impõem autênticos maus-tratos às lides de direito público, sobretudo as tributárias, mesmo sabendo-se que assomam aos milhões em nossos tribunais.

Por essa razão, neste estudo trazemos nossa visão acerca da aplicação do mais recente diploma ao processo administrativo fiscal, ainda que saibamos que não apenas no âmbito do direito processual tributário administrativo se restringe a aplicação do Código de Processo Civil/2015, pelo contrário.

Revisitamos, é verdade, vários dos temas já tratados em nosso direito processual tributário brasileiro, já que antes, ainda que inexistente a previsão contida no art. 15 do CPC/2015, já advogávamos que os princípios norteadores do *processo "lato sensu"*, em grande parte recebidos pela Constituição Federal, já eram de observância obrigatória no âmbito do processo administrativo fiscal.

Notadamente, neste estudo, nos propomos a trazer nossa visão acerca (i) do caráter supletivo e subsidiário do Código de Processo Civil/2015 às lides administrativas em matéria tributária; (ii) da aplicação das disposições sobre fundamentação no Código de Processo Civil/2015 às decisões administrativas; e, por fim, (iii) da viabilidade dos precedentes administrativos diante do Código vigente. Certos de que não é tarefa empreendida com a pretensão de esgotamento do tema, esperamos contribuir para as ricas discussões que cercam o novo quadro processual civil.

Destaque-se, ainda, que – embora abordemos a matéria a partir da óptica do processo administrativo fiscal no âmbito federal – entendemos como plenamente aplicáveis as disposições contidas no Código de Processo Civil/2015 também aos processos administrativos nas esferas estaduais e municipais, posto que as garantias asseguradas aos cidadãos como expressão política, democrática e jurídica do devido processo legal, como ampla defesa, contraditório e direito recursal, consagradas no art. 5º, LV da CF/1988, são de observância obrigatória e incontornável nos processos administrativos fiscais, seja no âmbito federal, no estadual ou municipal.

2. *Aplicação supletiva e aplicação subsidiária do Código de Processo Civil*

Além do Decreto 70.235/1972 e da Lei 9.784/1999, também o Código de Processo Civil deve servir de fonte supletiva e subsidiária ao processo administrativo tributário, seja federal, estadual ou municipal. Diferentemente do Código de Processo Civil/1973, que não continha previsão nesse sentido, a lei processual civil de 2015 incorporou comando que prevê a possibilidade de aplicação do Código de Processo Civil aos processos administrativos sempre que houver lacuna.

O art. 15 do CPC/2015, topograficamente inserido no capítulo que cuida da aplicação das normas processuais, prescreve que: "Na ausência de normas que regulem processos eleitorais, trabalhistas ou administrativos, as disposições deste Código lhes serão aplicadas supletiva e subsidiariamente".

A dicção do art. 15 é de que na "ausência de normas" as disposições do Código de Processo Civil/2015 serão aplicadas. Necessário esclarecer que a locução empregada não quer significar que as normas do Código de Processo Civil somente serão aplicadas ao processo administrativo tributário quando não houver norma alguma que dirija o rito processual, mas, sim, quando houver alguma situação processual ausente de normas – lacuna normativa de natureza processual.

Exatamente por isso o dispositivo legal se refere à aplicação supletiva e subsidiária do Código de Processo Civil aos processos administrativos. Hipóteses, por sua vez, distintas. Ainda que pareçam similares, trata-se de institutos que merecem a devida diferenciação.

A aplicação supletiva do Código de Processo Civil/2015 ao processo administrativo fiscal deverá ocorrer sempre que houver omissão do sistema processual administrativo que possa ser suprida pelo diploma processual civil. Já, a aplicação subsidiária vai mais além, pois enseja que, mesmo não havendo omissão da lei processual administrativa, possa servir o Código de Processo Civil como vetor capaz de subsidiar o processo administrativo, complementando ou, mesmo, se sobrepondo à norma existente, inclusive de modo a enriquecer seu sentido com o escopo de ajustá-la aos melhores cânones constitucionais do processo.

Isso já reconhece a doutrina processual civil ao ensinar que é a aplicação supletiva que supõe a omissão, ao passo que, a seu turno, "a aplicação subsidiária ocorre também em situações nas quais não há omissão".[3]

3. Da aplicação supletiva ou subsidiária do Código de Processo Civil na fundamentação das decisões administrativas

Cientes do novo comando, chamamos atenção para a dicção do art. 489, § 1º, do CPC/2015, que estabelece o seguinte:

> § 1º. Não se considera fundamentada qualquer decisão judicial, seja ela interlocutória, sentença ou acórdão, que: I – se limitar à indicação, à reprodução ou à paráfrase de ato normativo, sem explicar sua relação com a causa ou a questão decidida; II – empregar conceitos jurídicos indeterminados, sem explicar o motivo concreto de sua incidência no caso; III – invocar motivos que se prestariam a justificar qualquer outra decisão; IV – não enfrentar todos os argumentos deduzidos no processo capazes de, em tese, infirmar a conclusão adotada pelo julgador; V – se limitar a invocar precedente ou enunciado de súmula, sem identificar seus fundamentos determinantes nem demonstrar que o caso sob julgamento se ajusta àqueles fundamentos; VI – deixar de seguir enunciado de súmula, jurisprudência ou precedente invocado pela parte, sem demonstrar a existência de distinção no caso em julgamento ou a superação do entendimento.

A fundamentação é elemento basilar de qualquer decisão, seja no âmbito administrativo ou judicial. A decisão administrativa ausente de fundamentação está claramente maculada pela nulidade, diante da garantia constitucional do devido processo legal, ampla defesa e contraditório, de tal sorte que não se afigura válida em nenhuma das instâncias administrativas a decisão carente da devida justificação. Nessas hipóteses é

3. Teresa Arruda Alvim Wambier *et alii*, *Primeiros Comentários ao Novo Código de Processo Civil*, São Paulo, Ed. RT, 2015, p. 75; J. S. Fagundes Cunha (coord.), *Código de Processo Civil Comentado*, São Paulo, Ed. RT, 2016, p. 127.

plenamente aplicável o dispositivo mencionado, não apenas pela previsão contida no art. 15 do CPC/2015, mas pelo dever de observância do devido processo legal.

O remédio recursal nessas hipóteses é o mesmo no processo judicial e no administrativo. Deve o contribuinte manejar embargos de declaração, posto que se afiguram espécie recursal que tem o escopo específico de aclarar obscuridade, eliminar contradição, omissão ou sanar erro material eventualmente presentes nos acórdãos proferidos pelos órgãos julgadores administrativos.

Nessa esteira deve ser aplicado o art. 1.022, *caput*, do CPC/2015, que prescreve que todas as espécies de decisões adotadas pelo julgador podem ser objeto de embargos de declaração. Aliás, tal é o relevo do tema, que a doutrina processual adverte – corretamente – que as limitações legais à possibilidade de utilização dos embargos de declaração se afiguram "escandalosamente inconstitucionais".[4]

No âmbito do processo administrativo federal, o art. 65 do Regimento Interno do Conselho Administrativo de Recursos Fiscais/CARF estabelece que "cabem embargos de declaração quando o acórdão contiver obscuridade, omissão ou contradição entre a decisão e os seus fundamentos, ou for omitido ponto sobre o qual devia pronunciar-se a Turma".

O termo "acórdão", utilizada no dispositivo, engloba as decisões proferidas pelas Turmas ordinárias de julgamento que integram as Câmaras que compõem as Seções de julgamento do CARF e também os acórdãos e resoluções exarados pelas Turmas e pelo Pleno da CSRF. Por outras palavras: o art. 65 do Regimento Interno do CARF prevê que qualquer decisão colegiada do CARF, seja corporificada em acórdão ou resolução, pode ser vulnerada pela via dos embargos de declaração. Este artigo do Regimento, no entanto, é omisso quanto ao cabimento de embargos de declaração de decisão monocrática, especialmente aquela que rejeite, total ou parcialmente, a admissibilidade do recurso especial.

Ocorre que sempre que houver obscuridade, contradição ou omissão na decisão monocrática esta deve, necessariamente, ser aclarada, para que possa efetivamente ser cumprida. E, nesse aspecto, o meio apropriado para essa finalidade é a oposição dos embargos de declaração. Como a

4. Teresa Arruda Alvim Wambier *et alii*, *Primeiros Comentários ao Novo Código de Processo Civil*, cit., p. 1.466. Sobre a aplicação do Código de Processo Civil/2015 ao Regimento Interno do CARF, v., item 4.

clareza, a completude e a coerência de quaisquer decisões, sejam colegiadas ou monocráticas, representam requisitos essenciais para sua eficácia, deve-se interpretar sistemática e extensivamente o art. 65 do Regimento Interno do CARF, para que seja admitida também a oposição de embargos de declaração de qualquer manifestação com conteúdo decisório, mesmo monocrática, com atenção para a importante decisão que rejeita a admissibilidade do recurso especial, pela sua especial relevância no processo administrativo.

4. *Da aplicação supletiva ou subsidiária do Código de Processo Civil no recurso especial no âmbito do Conselho Administrativo de Recursos Fiscais/CARF*

Ainda no âmbito do processo administrativo federal, a aplicação do Código de Processo Civil, seja de forma supletiva ou subsidiária, pode ser vislumbrada em casos específicos, que já se mostram evidentes em análise prévia.

Exemplo que emerge de imediato é o *juízo de admissibilidade do recurso especial* interposto perante a Câmara Superior de Recursos Fiscais/CSRF, que merece análise à luz do diploma processual vigente. A CSRF é órgão pertencente ao CARF, que, por sua vez, recebe regulamentação especial editada pelo Ministério da Fazenda.

Em 2015 (e já alterado por três portarias ministeriais[5]) foi publicado novo Regimento Interno do CARF, que, além de regular o órgão, delimita procedimentos atinentes aos recursos nele julgados.

Pois bem, até a alteração trazida pela Portaria MF-152/2016 os arts. 68 a 71 do Regimento Interno do CARF/2015, que disciplinavam a interposição do recurso especial e estabeleciam o rito a ser seguido quando da apreciação de sua admissibilidade, previam que caberia ao presidente da Câmara recorrida – em despacho fundamentado – admitir ou negar seguimento ao recurso.

Admissibilidade que poderia ser total ou parcial, na hipótese de matérias autônomas. Previa o Regimento que, sempre que o juízo de admissibilidade fosse negativo, a decisão que negou total ou parcialmente

5. Portaria MF-39/2016; Portaria MF-152/2016; Portaria MF-169/2016.

o seguimento ao recurso especial seria objeto de reapreciação pelo Presidente da CSRF.[6]

Não haverá reapreciação, e assim se mantém mesmo após as recentes alterações, nas hipóteses em que a fundamentação do despacho se assente (i) na intempestividade do recurso e (ii) na absoluta falta de indicação do acórdão-paradigma. Em tais casos – de ostensiva imprestabilidade recursal – o despacho terá caráter definitivo, conforme o § 3º do art. 68, com redação dada pela Portaria MF-343, de 9.6.2015 (*DOU* 10.6.2015).

Pela previsão original o reexame da inadmissibilidade deveria ocorrer obrigatoriamente, independentemente de petição do contribuinte ou da Procuradoria fazendária. Acerca da questão revisitamos nossa mais recente obra,[7] na qual destacamos observações que nos pareceram da maior importância.

Em primeiro lugar, defendemos que restava imprescindível e obrigatória a intimação do contribuinte da decisão que houvesse negado parcial ou totalmente seguimento ao recurso especial, para que este possa acompanhar o trâmite do reexame (arts. 27 e 28 da Lei 9.784/1999).

Em segundo lugar, essa intimação deveria permitir que tanto a Fazenda como o contribuinte formulassem arrazoado por escrito no qual explicitassem os motivos pelos quais entendiam que deveria ser revisto o despacho que negou seguimento ao recurso.

Como até a publicação da Portaria 152/2016 inexistia previsão regimental para o protocolo desse arrazoado (que correspondia ao recurso de agravo no Regimento anterior) deveria ser aplicado o art. 24 da Lei 9.784/1999, que prescreve que, "inexistindo disposição específica, os atos do órgão ou autoridade responsável pelo processo e dos administrados que

6. Regimento Interno do CARF:

"Art. 71. O despacho que rejeitar, total ou parcialmente, a admissibilidade do recurso especial será submetido à apreciação do Presidente da CSRF.

"§ 1º. Na hipótese de o presidente da CSRF entender presentes os pressupostos de admissibilidade, o recurso especial terá a tramitação prevista nos arts. 69 e 70, dependendo do caso.

"§ 2º. Será definitivo o despacho do presidente da CSRF que negar ou der seguimento ao recurso especial.

"§ 3º. No caso do § 2º, será dada ciência ao contribuinte do despacho que negar total ou parcialmente seguimento ao seu recurso."

7. James Marins, *Direito Processual Tributário Brasileiro: Administrativo e Judicial*, cit., 9ª ed., 2016.

dele participem devem ser praticados no prazo de 5 (cinco) dias, salvo motivo de força maior".

Destacamos também, como argumento adicional, a regra processual civil que proíbe ao julgador decidir com base em fundamento sobre o qual não foi oportunizado à parte o direito de se manifestar.

Vejamos a clareza da norma processual do art. 10: "O juiz não pode decidir, em grau algum de jurisdição, com base em fundamento a respeito do qual não se tenha dado às partes oportunidade de se manifestar, ainda que se trate de matéria sobre a qual deva decidir de ofício".

Esta regra tornou-se aplicável a partir da entrada em vigor do Código de Processo Civil/2015, que prevê aplicação supletiva e subsidiária ao processo administrativo das normas de processo civil (art. 15).

Por essa razão defendíamos a aplicação do Código de Processo Civil, que cuida de assegurar o direito ao recurso para a decisão que inadmite o seguimento do apelo especial no âmbito do processo civil. Tais regras referentes à recorribilidade da decisão de admissibilidade, previstas no *caput*, incisos, alíneas e §§ do art. 1.030 do CPC, devem, *mutatis mutandis*, informar o Regimento Interno do CARF para fins de permitir a interposição do recurso de agravo.

Dessa forma, na redação original do Regimento Interno do CARF/2015, caso ao contribuinte não fosse concedida a oportunidade de se manifestar sobre o reexame da decisão que negou seguimento ao recurso especial – intimando-o do despacho e conferindo-lhe prazo de cinco dias –, aquela deverá ser considerada nula, por incidir em cerceamento de defesa a decisão de reexame que mantenha o despacho de inadmissibilidade.

Entretanto, em alteração recente, datada de 5.5.2016, por meio da Portaria MF-152/2016, em linha convergente com a crítica que fizemos, foi alterado o art. 71, que passa a prever que, sempre que o juízo de admissibilidade for negativo, a decisão que negou total ou parcialmente o seguimento ao recurso especial será recorrível por meio de agravo, no prazo de cinco dias (art. 71).

Contudo, ainda assim, no § 1º do art. 71 permanece a previsão de que não é cabível o referido recurso nas hipóteses em que a fundamentação do despacho se assente (i) na intempestividade do recurso; (ii) na falta de juntada do inteiro teor do acórdão ou cópia da publicação da ementa que comprove a divergência; (iii) na utilização de acórdão da própria Câmara do Conselho de Contribuintes, de Turma de Câmaras e de Turma Especial do CARF que apreciou o recurso; (iv) na utilização de acórdão que já tenha sido reformado; (v) na falta de prequestionamento da matéria, no caso de recurso interposto pelo sujeito passivo; ou na falta de observância, pelo acórdão recorrido, de súmula de jurisprudência dos Conselhos de Contribuintes, da CSRF ou do CARF, bem como das decisões de que tratam os incisos I a III do § 12 do art. 67, salvo nos casos em que o recurso especial verse sobre a não aplicação, ao caso concreto, dos enunciados ou dessas decisões.

Em nosso sentir, referidas vedações estabelecidas no Regimento são ilegais e ainda não solucionam a questão. O reexame da inadmissibilidade deve ser oportunizado obrigatoriamente. Essa providência processual no sentido de assegurar ao recorrente o direito de se manifestar sobre a inadmissibilidade evita o grave erro de processo – que enseja a existência de nulidade processual – consistente em o julgador decidir com base em fundamento sobre o qual a parte não teve a oportunidade de se pronunciar.

No caso do Regimento Interno do CARF, ora em comento, há tanto a necessidade de aplicação supletiva como subsidiária do Código de Processo Civil em diversas questões que tocam à disciplina do juízo de admissibilidade do recurso especial. Isso se justifica porque decisões administrativas que impliquem cerceamento do direito ao recurso não podem se afigurar insuscetíveis de manifestação da parte, e muito menos irrecorríveis, pois – nunca é excessivo lembrar – o tema toca à garantia individual prevista no art. 5º da CF/1988, que assegura aos litigantes, tanto no processo judicial como no administrativo, o direito ao recurso. Tal ordem de argumentação torna-se ainda mais evidente quando a norma processual administrativa tem caráter meramente infralegal, como é o caso do Regimento Interno do CARF, permanecendo, dessa forma, a possibilidade de aplicação do art. 1.030 do CPC/2015, tornando essas matérias recorríveis por meio da interposição do recurso de agravo.

Além disso – ainda na esteira da aplicação supletiva e subsidiária do Código de Processo Civil ao Regimento Interno do CARF –, não deve haver inadmissibilidade recursal por falhas formais que não impeçam o conhecimento do recurso especial, e nem mesmo pode a decisão de inadmissibilidade utilizar-se de fórmulas genéricas para recusar a existência da divergência. Veja-se o teor do § 2º do art. 1.029 do CPC/2015:

> Quando o recurso estiver fundado em dissídio jurisprudencial, é vedado ao tribunal inadmiti-lo com base em fundamento genérico de

que as circunstâncias fáticas são diferentes, sem demonstrar a existência da distinção.

De todo modo, caso ao contribuinte não seja concedida a oportunidade de se manifestar sobre o reexame da decisão que negou seguimento ao recurso especial – intimando-o do despacho e conferindo-lhe prazo de cinco dias –, aquela deverá ser considerada nula, por incidir em cerceamento de defesa a decisão de reexame que mantenha o despacho de inadmissibilidade.

Ademais, de acordo com o § 3º do art. 71 do Regimento, a decisão (despacho) do presidente da CSRF que negar seguimento ao recurso especial será definitiva, dela não cabendo qualquer recurso administrativo. No entanto, segundo entendemos, poderá o contribuinte, quando configurada ilegalidade ou abuso de autoridade, impetrar mandado de segurança para que seja suspensa a decisão que impede a apreciação do recurso especial e, conforme o caso, seja determinado o prosseguimento de seu julgamento pela CSRF. Como se observa, existe aqui direito líquido e certo do recorrente de se pronunciar sobre os fundamentos da decisão de inadmissibilidade do recurso especial administrativo, como decorrência da aplicação conjugada do art. 5º, LV, da CF com o art. 24 da Lei 9.784/1999 e os arts. 15 e 10 do CPC/2015.

5. *Da aplicação dos precedentes aos processos administrativos fiscais*

Outro tema de relevo que se reapresenta à discussão com o mais recente diploma processual civil diz respeito à uniformização jurisprudencial, marcadamente pelas disposições trazidas pelos arts. 926 e 927 do CPC/2015.[8]

8. CPC/2015:

"Art. 926. Os tribunais devem uniformizar sua jurisprudência e mantê-la estável, íntegra e coerente.

"§ 1º. Na forma estabelecida e segundo os pressupostos fixados no regimento interno, os tribunais editarão enunciados de súmula correspondentes à sua jurisprudência dominante.

"§ 2º. Ao editar enunciados de súmula, os tribunais devem ater-se às circunstâncias fáticas dos precedentes que motivaram sua criação.

"Art. 927. Os juízes e os tribunais observarão: I – as decisões do Supremo Tribunal Federal em controle concentrado de constitucionalidade; II – os enunciados de súmula vinculante; III – os acórdãos em incidente de assunção de competência ou

Com redação semelhante – ainda no âmbito do processo administrativo federal –, dispõe o art. 72 do Regimento Interno do CARF/2009 que "as decisões reiteradas e uniformes do CARF serão consubstanciadas em súmula, de observância obrigatória pelos membros do CARF". No Regimento Interno do CARF/2015 esse artigo foi mantido, restando suprimido apenas o § 4º, que tratava das súmulas aprovadas pelos 1º, 2º e 3º Conselhos de Contribuintes – hoje extintos.

O art. 75, por sua vez, prescreve que, por intermédio de proposta formulada pelas pessoas indicadas no Regimento, o Ministro de Estado da Fazenda poderá atribuir à súmula efeito vinculante em relação à Administração Tributária Federal. Da conjugação desses dois dispositivos pode-se deduzir o seguinte: (i) não existe mais a súmula ordinária, de enunciado meramente indicativo da jurisprudência dominante do Conselho, que pode ou não ser observada nos julgamentos; (ii) de acordo com o Regimento, toda súmula do CARF é de observância obrigatória pelos seus membros; e (iii) o Ministro da Fazenda poderá atribuir à súmula obrigatória efeitos vinculantes para toda a Administração Tributária Federal.

Entretanto, em nosso sentir, a aplicação obrigatória ou vinculante das súmulas deve ser vislumbrada com reservas, na medida em que sua adoção indiscriminada possa representar o engessamento dos tribunais

de resolução de demandas repetitivas e em julgamento de recursos extraordinário e especial repetitivos; IV – os enunciados das súmulas do Supremo Tribunal Federal em matéria constitucional e do Superior Tribunal de Justiça em matéria infraconstitucional; V – a orientação do Plenário ou do Órgão Especial aos quais estiverem vinculados.

"§ 1º. Os juízes e os tribunais observarão o disposto no art. 10 e no art. 489, § 1º, quando decidirem com fundamento neste artigo.

"§ 2º. A alteração de tese jurídica adotada em enunciado de súmula ou em julgamento de casos repetitivos poderá ser precedida de audiências públicas e da participação de pessoas, órgãos ou entidades que possam contribuir para a rediscussão da tese.

"§ 3º. Na hipótese de alteração de jurisprudência dominante do Supremo Tribunal Federal e dos tribunais superiores ou daquela oriunda de julgamento de casos repetitivos, pode haver modulação dos efeitos da alteração no interesse social e no da segurança jurídica.

"§ 4º. A modificação de enunciado de súmula, de jurisprudência pacificada ou de tese adotada em julgamento de casos repetitivos observará a necessidade de fundamentação adequada e específica, considerando os princípios da segurança jurídica, da proteção da confiança e da isonomia.

"§ 5º. Os tribunais darão publicidade a seus precedentes, organizando-os por questão jurídica decidida e divulgando-os, preferencialmente, na rede mundial de computadores."

administrativos, através do perigoso expediente de bloqueio automático a recursos.

Aliás, as alterações promovidas no processo administrativo fiscal pela Lei 11.941/2009 no tormentoso setor das "súmulas administrativas vinculantes" expressam com perfeição a inconsistência jurídica de sua adoção. Antes mesmo de evidenciarmos a ausência de fundamento de validade dos dispositivos regimentais que tocam o tema, convém dedicarmos algumas linhas com o intuito de expressar a perspectiva que temos sobre os riscos institucionais – e ao sistema jurídico – associados a essas reiteradas tentativas de criação de enunciados vinculantes.

O que se observa no âmbito administrativo é uma precária intenção de reproduzir no âmbito do CARF o arriscado modelo de estandardização das decisões. De fato, assim como a legislação processual civil, pouco a pouco, incorporou mecanismos como a súmula vinculante, a súmula impeditiva de recursos e os recursos repetitivos, o vigente Regimento Interno do CARF criou mecanismos semelhantes com o propósito de conferir celeridade aos processos e atribuir estabilidade às interpretações jurisprudenciais administrativas.

Contudo, *mutatis mutandis*, os mesmos problemas que acometem o sistema processual civil contaminam o processo administrativo, isto é:

> O risco desse modelo, como já vimos acima ao examinar o princípio da razoável duração do processo, aloja-se no conflito permanente entre os valores celeridade/estabilidade e garantia/justiça. Isto é, o grande desafio do modelo idealizado está na capacidade de assegurar que o prestigiamento da celeridade dos processos e da estabilidade das decisões não se dê com o sacrifício das garantias processuais constitucionais e da realização da justiça. Nesse campo – o da estandardização –, diante da frequente homogeneidade qualitativa das lides tributárias, aflora a vulnerabilidade do contribuinte em face da Fazenda Pública. (...). Ao trocar as decisões individuais e concretas por enunciados gerais e abstratos, o Poder Judiciário assume nova feição e logo deve adotar novos critérios de segurança em suas decisões. Por esse motivo, na exata medida em que tais enunciados sumulares, enunciados de repetitividade ou enunciados de repercussão geral possam exalar efeitos gerais e abstratos, é imprescindível a adoção de critérios gerais que atribuam segurança e razoabilidade à sua adoção".[9]

9. Sobre o conteúdo desses quatro critérios para a validade de enunciados gerais, escrevemos o seguinte: "(a) Primeiro critério: debate jurisprudencial quantitativa e geograficamente representativo. Especificamente para os enunciados sumulares, a

atividade pretoriana sobre determinada matéria deve ser suficientemente numerosa para permitir que tenha debatido acórdãos de tribunais a quo de todo o País, de modo que a produção jurisprudencial dos tribunais de todas as regiões geográficas seja objeto de exame e debate suficientes para justificar qualquer enunciação que assuma caráter geral e abstrato. Isso é necessário para que o labor jurisprudencial dos diversos Estados e das diversas Regiões jurisdicionais (representadas por tribunais) seja respeitado – e que, portanto, a própria Federação seja respeitada –, evitando-se, assim, que a súmula com o efeito extraordinário, vinculante ou impeditivo de recurso espelhe tão somente a construção pretoriana de apenas um ou poucos Estados ou apenas uma ou outra Região. O enunciado que for o resultado apressado de poucos acórdãos que não sejam nem quantitativa nem geograficamente representativos não pode vincular nem obstar a recursos, sob pena de ingressar no campo da inconstitucionalidade, ao se afigurar promotor do cerceamento da defesa do jurisdicionado. De modo muito semelhante deve ser observada a legitimidade dos enunciados de repetitividade ou mesmo o enunciado de repercussão geral, já que ambos os atos jurisdicionais assumem caráter de declaração com efeitos gerais e abstratos. (b) Segundo critério: debate jurídico qualitativamente completo. Deve-se poder concluir com segurança que os diversos argumentos doutrinários e jurisprudenciais foram considerados adequadamente, refutados ou acatados expressamente nos acórdãos que formam os paradigmas do enunciado sumular, de repetitividade ou de repercussão geral. O bloqueio recursal não pode ser levado a efeito a partir de acórdãos – ou peças recursais – com fundamentação parcial ou 'recursos representativos' de menor leque argumentativo. Em se tratando de decisões que estejam amparando enunciados gerais e abstratos, seu conteúdo deve ser qualitativamente exaustivo, de modo a que todas as formulações de direito utilizadas pelas partes sejam expressamente consideradas e suas refutações sejam articuladas e expressamente declinadas. É necessário, portanto, que o enunciado que promane efeitos gerais encontre sua gênese em conteúdos dotados de completude técnica, capazes, de antemão, de assegurar que os argumentos recursais dos jurisdicionados foram efetivamente apreciados e descartados. Isso é imprescindível para que a prescrição enunciativa vinculante, impeditiva ou suspensiva de recurso, ou declaratória da qualidade da repercussão, não esbarre no cerceamento de defesa e, logo, na inconstitucionalidade por violação ao devido processo legal. (c) Terceiro critério: debate jurisprudencial temporalmente maduro. Os enunciados gerais somente podem ser adotados se seu conteúdo estiver suficientemente sedimentado no tempo, ou seja, devidamente consolidado através de sucessivas apreciações pelo mesmo tribunal, em lapso de tempo adequado para o amadurecimento da posição pretoriana que se pretende enunciar com caráter geral. Nesse sentido, o tempo é elemento da segurança jurídica, especialmente quando se trata de decisões que deverão amparar súmula com efeito vinculante ou capaz de gerar o bloqueio recursal ou, ainda, capaz de descartar a repercussão geral de certa matéria, e, desse modo, com potencial para afetar o modo de julgamento de milhares ou mesmo milhões de relações jurídicas conflituosas. O debate jurisprudencial imaturo, utilizado como fundamento para prescrições enunciativas gerais, desafia o princípio da razoabilidade do tempo no processo, invadindo irremediavelmente o campo da inconstitucionalidade. (d) Quarto critério: adequação prescritiva do enunciado. Deve haver perfeito ajuste entre o teor do texto geral enunciado e o conteúdo dos acórdãos – ou declaração de repetitividade sobre peças recursais – que o fundamentam. O enunciado geral deve representar a síntese exata do conteúdo analítico e prescricional dos precedentes. Deve guardar, portanto, estrita pertinência com o decidido. Além disso, a interpretação do enunciado

Por tais razões, qualquer enunciado geral de estandardização das decisões do CARF, seja de natureza obrigatória ou pretensamente vinculante ou, mesmo, bloqueadora de recurso, deve, assim como no processo judicial, reunir as características gerais de representatividade quantitativa e geográfica, completude qualitativa, maturidade temporal e adequação prescritiva.

Além disso, no regime sumular vinculante administrativo detecta-se incontornável vício de origem. Em primeiro lugar, porque a adoção de súmula vinculante é prerrogativa excepcional do STF, disciplinada pela Lei 11.417/2006 em estrita conformidade com o permissivo do art. 103-A da CF/1988, incluído pela Emenda Constitucional 45/2004. Ou seja: não basta o microssistema de julgamentos administrativos fiscais federais emular o sistema processual enquanto remanescer ao desabrigo de autorização constitucional para tanto.

Como se não bastasse o evidente carecimento de amparo constitucional, a súmula obrigatória ou a súmula vinculante administrativa sequer encontra fundamento de validade em lei, o que conduz para o campo da ilegalidade todos os dispositivos do Regimento Interno do CARF que prescrevem efeitos vinculantes para as súmulas administrativas.

Convém demonstrarmos cabalmente esta ausência de fundamento de validade através do seguinte quadro legal, decorrente do "jogo executivo-parlamentar":

(a) A previsão legal para a súmula obrigatória ou vinculante administrativa apareceu com o § 3º do art. 26-A do Decreto 70.235/1972, dispositivo de discutível constitucionalidade, inserido pela Lei 11.196/2005 (que foi a lei de conversão da Medida Provisória 255/2005), e que preceituava a obrigatoriedade de sua observância aos contribuintes no âmbito do processo administrativo.

(b) A Medida Provisória 449/2008 transferiu a previsão do art. 26-A para o art. 26, com nova redação, mas mantendo a previsão legal para a expedição de súmula administrativa com efeito vinculante.

geral, com efeito vinculante, bloqueador de recurso, ou definidor de repercussão, diferentemente da interpretação das normas jurídicas em geral, deve estar vinculada ao teor e sentido dos acórdãos ou peças processuais que o suportam. Não é lícito ao tribunal aprovar enunciados que – ainda que minimamente – destoem do conteúdo dos acórdãos. Ou seja, o ato jurisdicional de aprovação do enunciado não é instrumento apropriado, à luz do devido processo legal, para o aperfeiçoamento normativo ou conteudístico dos precedentes. Qualquer desvio entre o decidido e o enunciado deve conduzir à sua invalidade" (James Marins, Defesa e Vulnerabilidade do Contribuinte, São Paulo, Dialética, 2009, Capítulo II, item 5, pp. 71-73).

(c) A Lei 11.941/2009, que é a lei de conversão da Medida Provisória 449/2008, suprimiu do Decreto 70.235/1972 qualquer previsão autorizativa para a edição de súmulas administrativas vinculantes; repristinou, sem qualquer eficácia, a redação original do art. 26 (sobre recurso hierárquico) e substituiu a redação do art. 26-A, que passou a disciplinar a proibição de conhecimento de inconstitucionalidade.

(d) A Portaria 256/2009 ignorou a supressão da previsão legal e prescreveu em seu art. 72, *caput* e § 4º, o efeito vinculante interno, que prevê a obrigatoriedade da observância das súmulas pelos membros do CARF, inclusive das súmulas dos extintos Conselhos de Contribuintes. A Portaria MF-343/2015, por sua vez, suprimiu a previsão contida no parágrafo mencionado, mas manteve a obrigatoriedade da observância da súmula pelos membros do CARF, como anteriormente disposto, alterando apenas o quórum para aprovação do enunciado sumular. No art. 75 cria-se o efeito vinculante externo e preceitua a possibilidade de se atribuir a obrigatoriedade de sua observância à Administração Tributária Federal; e no art. 76, § 3º, são atribuídos efeitos vinculantes às resoluções de uniformização de decisões divergentes da CSRF adotadas pelo Pleno do CARF.

Ora, os enunciados sumulares, por sua própria natureza, são meramente orientativos do entendimento predominante em determinado órgão julgador de composição colegiada. Decorrem da reiteração de julgamentos idênticos sobre determinada matéria, sobre a qual o órgão emitiu diversas normas individuais e concretas. Esta mera reiteração de julgamentos administrativos, individuais e concretos, não tem o condão de se converter em norma geral e abstrata pelo simples fato de ter sido sumulada. O mesmo pode ser dito das "resoluções do Pleno", que, embora apreciadoras de "questões jurídicas em tese", não passam de manifestações de natureza jurisprudencial e não são suscetíveis de se converter em normas gerais e abstratas. No nosso Estado de Direito é função ordinária do Parlamento (no caso, o Congresso Nacional) produzir normas gerais e abstratas, ou seja, produzir leis. Qualquer exceção precisa estar devidamente prevista pela própria Constituição – como na hipótese do art. 103-A, que autoriza o STF a produzir normas gerais e abstratas através do instituto da súmula vinculante. Se o STF necessita de autorização constitucional expressa para produzir enunciados gerais e abstratos vinculantes, não menos se deve exigir para o CARF, sob pena de perigosa subversão do sistema constitucional de produção de normas. A admissão de que conselhos administrativos, sem qualquer amparo constitucional, possam emitir normas gerais e abstratas, seja sob a forma de súmulas ou de resoluções, faz ruir nosso modelo constitucional, republicano e democrático.

Em suma: além da ausência de fundamento constitucional para o instituto da súmula administrativa obrigatória ou da súmula administrativa vinculante, inexiste dispositivo vigente no Decreto 70.235/1972 que autorize o CARF, por qualquer de seus órgãos, a expedir súmula com efeito obrigatório ou vinculante, interno ou externo. Assim, além de ferir a Constituição, os arts. 72, *caput* e § 4º, e 75 do Regimento Interno, aprovados pela Portaria 256/2009 do Ministro da Fazenda, com as alterações promovidas pelas Portarias MF-446/2009, 586/2010 e 226/2011 e, mais recentemente, substituídos pela Portaria MF-343/2015, restaram carentes de fundamento de validade, tornando-se inteiramente ineficazes. Nessa condição, as súmulas administrativas do CARF ou dos extintos Conselhos de Contribuintes ou as resoluções do Pleno operam tão somente efeito ordinário, orientativo da jurisprudência dominante, e não podem ser aplicadas como de observância obrigatória, seja para seus conselheiros ou para terceiros. Além disso, o desrespeito ao enunciado de súmulas ou de resoluções não pode, por si só, impedir o conhecimento do recurso especial ou gerar quaisquer penalidades administrativas para os conselheiros.

A nova fisionomia do processo administrativo fiscal, assim como do processo judicial, busca, a qualquer preço, a celeridade. Mas há que se ter cautela, pois nem sempre a generalização, a estandardização ou a massificação das decisões atendem harmonicamente ao indivíduo. Do mesmo modo, raramente o imediato, o célere, o instantâneo, o eletrônico ou digital, se coadunam inteiramente com os valores humanos que permeiam as relações, materiais ou processuais. Em ambos os territórios, judicial ou administrativo, a celeridade desprovida de razoabilidade conspira contra a Constituição e amplia a vulnerabilidade do contribuinte em face do Estado.

A extensão da inteligência atribuída pelo STF às garantias constitucionais inerentes ao processo valoriza e promove ao adequado patamar de garantia individual do contribuinte a atividade do Estado quando exerce no âmbito administrativo função julgadora de conflitos fiscais. A criação, pela Fazenda Pública, de quaisquer espécies de obstáculos materiais ao recurso administrativo, seja sob a veste de depósito ou mesmo com a feição de mero arrolamento de bens, transgride a norma constitucional, na exata medida em que opera como fator de inibição ou impedimento à fruição da garantia constitucional, fraturando a integridade conceitual do direito democrático à ampla defesa no processo administrativo fiscal, além de violar o *procedural due process* protetor do princípio republicano da propriedade.

6. Conclusão

Ainda que recentes, as alterações tanto no CARF como no Código de Processo Civil permitem concluir de plano que as principais inovações processuais – em ambos os diplomas – se concentram na celeridade: julgamento em massa de recursos repetitivos, súmulas vinculantes, prazos rigorosos para julgamentos, vedação de apreciação de inconstitucionalidade etc., muitas vezes prestigiando a forma dos julgamentos sobre seu conteúdo – a celeridade sobre a segurança – ou, mesmo, preferindo a portaria à lei, com intolerável risco para o *due process of law* e para a legalidade.

De todo modo, a inovação trazida pelo recente diploma processual civil, com a determinação de sua aplicação supletiva e subsidiária aos processos administrativos, pretende garantir maior efetividade à tutela administrativa e melhor controle da legalidade dos atos administrativos, carregando as garantias do processo judicial ao processo administrativo. Renovando nossas expectativas de que venham para proporcionar maior efetividade à tutela dos direitos dos contribuintes no delicado campo em que aparece a figura do "Estado-juiz-de-sua-própria-causa".

PROCESSO TRIBUTÁRIO E O CÓDIGO DE PROCESSO CIVIL/2015

Ricardo Mariz de Oliveira
Henrique Coutinho de Souza
Marcos Engel Vieira Barbosa

Introdução

O presente artigo tem por objeto analisar os impactos do Código de Processo Civil/2015 sobre o processo tributário.

O estudo será divido em três grandes temas centrais: (i) na Parte I será analisado o impacto do Código de Processo Civil/2015 sobre os processos administrativos fiscais; (ii) na Parte II analisaremos o incidente de desconsideração da personalidade jurídica e seus impactos nos executivos fiscais; (iii) por fim, analisaremos os reflexos do regime de tutelas instituído pelo Código de Processo Civil/2015 no mandado de segurança.

Em cada uma dessas divisões abordaremos algumas das questões propostas pela organização científica desta coletânea do Instituto Cearense de Estudos Tributários/ICET.

Parte I – ***O CÓDIGO DE PROCESSO CIVIL/2015 E O PROCESSO ADMINISTRATIVO FISCAL***

Com o advento do Código de Processo Civil/2015 muito se discute sobre os impactos no que concerne aos processos administrativos fiscais. As discussões são intensificadas pela norma contida no art. 15 do vigente *Codex* processual, por meio da qual, "na ausência de normas que regulem processos eleitorais, trabalhistas ou administrativos, as disposições deste Código lhes serão aplicadas supletiva e subsidiariamente".

A esse dispositivo legal soma-se o art. 13 do CPC/2015, que estabelece que "a jurisdição civil será regida pelas normas processuais brasileiras, ressalvadas as disposições específicas previstas em tratados, convenções ou acordos internacionais de que o Brasil seja parte". No entendimento de Paulo César Conrado e Rodrigo Dalla Pria,[1] os tribunais administrativos exerceriam atividade jurisdicional – ao examinarem a pretensão deduzida pelos contribuintes – e, também por essa razão, a eles se estenderiam as disposições contidas na vigente legislação processual.

Por vezes as leis especiais que regem os processos administrativos fiscais de diferentes entes tributantes já remetem para a aplicação subsidiária do Código de Processo Civil. Ademais, a própria jurisprudência administrativa sempre reconhecera a aplicação subsidiária do Código de Processo Civil aos processos administrativos fiscais. Seja como for, a introdução dos arts. 13 e 15 evidencia o claro intuito do legislador de tornar as disposições do diploma legal aplicáveis inclusive aos processos administrativos, engendrando o que se pode conceber como uma nova ordem processual.

Essa nova ordem processual encontra-se consentânea com os valores albergados pela Constituição Federal. É preciso lembrar que o antigo Código processual revogado datava de 11.1.1973 e que suas sucessivas modificações não lograram refletir, no campo processual, a inteireza das diretrizes constitucionais emanadas da Carta Magna de 1988.

A nota 1 da Exposição de Motivos no vigente *Codex* processual deixa claro o propósito de realizar os valores constitucionais:

> A necessidade de que fique evidente a harmonia da lei ordinária em relação à Constituição Federal da República fez com que se incluíssem no Código, expressamente, princípios constitucionais, na sua versão processual.

Igualmente, os arts. 1º a 11 do CPC/2015, que constam do título "Das Normas Fundamentais e da Aplicação das Normas Processuais", apresentam os princípios que informam essa nova ordem processual,

1. Paulo César Conrado e Rodrigo Dalla Pria, "A aplicação do Código de Processo Civil ao processo administrativo tributário", in Paulo César Conrado e Juliana Furtado Costa Araújo (coords.), *O Novo Código de Processo Civil e seu Impacto no Direito Tributário*, São Paulo, Fiscosoft, 2015, p. 250.

muitos dos quais apenas reiteram normas previstas implícita ou explicitamente no texto constitucional.[2] É sabido que os princípios, como aponta Humberto Ávila,[3] são normas finalísticas e com pretensão de complementaridade, já que se prestam a promover a realização de um fim juridicamente relevante. Eles contribuem, ao lado de outras razões, para o processo de tomada de decisão. A relação de complementaridade dos princípios que regem a legislação processual espraia-se por toda a legislação esparsa, complementando-a, mas não para tornar afastáveis as disposições das leis especiais, e sim para conformá-las às diretrizes constitucionais.

Assim, por exemplo, os princípios do contraditório e da ampla defesa sempre estiveram albergados pela ordem jurídica, por força expressa de mandamento constitucional.[4] Nesse contexto, o art. 9º do CPC/2015, ao determinar que nenhuma decisão será proferida contra uma das partes sem sua prévia oitiva, não introduz propriamente um elemento novo na ordem jurídica. Apenas corporifica, com caráter de complementaridade, um fim juridicamente relevante que já era reconhecido expressamente pelo constituinte por força de princípios constitucionais.

O mesmo se observa em relação aos arts. 9º e 10 do vigente diploma processual, pelos quais o julgador não pode decidir com base em fundamento a respeito do qual as partes não se manifestaram, devendo, ainda, fundamentar todas as decisões, sob pena de nulidade. Não se pode cogitar que se trate propriamente de elementos novos na ordem jurídica, que não podiam, de alguma forma, ser extraídos implicitamente das diretrizes constitucionais. Apenas impedem que o intérprete – sobretudo aqueles investidos de funções jurisdicionais – restrinja indevidamente uma garantia já plasmada na Carta Magna, por meio dos princípios do contraditório, da ampla defesa, do devido processo legal e do dever de fundamentação das decisões.

Desse modo, a existência desses princípios constitucionais já identifica valores juridicamente relevantes albergados pelo texto constitu-

2. A título ilustrativo, podem ser invocados os arts. 1º, 3º e 4º do CPC/2015.

3. Humberto Ávila, *Teoria dos Princípios. Da Definição à Aplicação dos Princípios Jurídicos*, 17ª ed., São Paulo, Malheiros Editores, 2016, pp. 225-226.

4. CF, art. 5º, LV: "aos litigantes, em processo judicial ou administrativo, e aos acusados em geral são assegurados o contraditório e ampla defesa, com os meios e recursos a ela inerentes".

cional.[5] Tendo em vista a força normativa da Constituição,[6] o Código de Processo Civil/2015 apenas materializa diversos elementos jurídicos que já integravam o ordenamento jurídico, introduzindo uma nova ordem processual mais consentânea com a Constituição Federal de 1988 comparativamente à legislação processual revogada.

Para os fins do presente estudo importa-nos a análise das disposições do Código de Processo Civil/2015 aplicáveis aos processos administrativos fiscais. Ademais, a partir das respostas às indagações formuladas buscaremos propor um modelo teórico que possibilite a identificação das normas aplicáveis aos processos administrativos.

> ***1. Processo administrativo fiscal***
>
> *1.1 Em razão do disposto no art. 15 do CPC/2015, pode-se dizer que suas disposições se aplicam aos processos administrativos tributários? O que significa* ***supletivo****, no contexto do artigo? O mesmo que* ***subsidiário****? Nesse caso, qual o sentido de se usarem as duas palavras, uma ao lado da outra?*

As disposições do CPC/2015 podem ser aplicadas aos processos administrativos tributários de forma supletiva e subsidiária, como reconhece o art. 15. De fato, a jurisprudência administrativa sempre admitira a aplicação subsidiária do Código de Processo Civil, inclusive do revogado Código de Processo Civil/1973.[7]

É mister esclarecer que a redação original do Projeto de Lei que resultou no Código de Processo Civil/2015 previa apenas a aplicação supletiva das disposições do novo *Codex* processual aos processos administrativos, eleitorais ou trabalhistas. A introdução da aplicação subsidiária somente ocorreu com a Emenda Parlamentar 80, de 21.9.2011, do

5. Nesse contexto, como aponta Robert Alexy, os princípios são mandamentos de otimização e devem ser realizados na maior medida possível, diante das possibilidades fáticas e jurídicas presentes (*Teoría de los Derechos Fundamentales*, Madri, Centro de Estudios Constitucionales, 1993, p. 75).

6. Sobre o tema, cf.: Konrad Hesse, *A Força Normativa da Constituição*, trad. de Gilmar Ferreira Mendes, Porto Alegre, Sérgio Antônio Fabris Editor, 1991.

7. A título meramente ilustrativo, pode-se mencionar o Acórdão 2201-001980 do CARF, em que se reconheceu a aplicação subsidiária do art. 333 do CPC/1973, que disciplinava sobre ônus da prova; pode-se ainda invocar o Acórdão 105-17274 do 1º Conselho de Contribuintes, em que se reconheceu a aplicação subsidiária do art. 214, § 1º, do CPC/1973, que disciplinava a intimação da parte que comparecia espontaneamente no processo, para a prática de atos processuais.

deputado federal Reinaldo Azambuja. A alteração para a redação atual do dispositivo foi assim justificada:

> Justifica-se a alteração redacional do citado dispositivo porque, como é do pleno conhecimento dos operadores do Direito, que o processo trabalhista é lacunoso, em especial, no cumprimento (execução) da sentença e/ou acórdão; sendo que neste caso específico tem sido utilizada a Lei n. 6.830/1980 (Lei de Execução Fiscal, que causa, com frequência, muita celeuma e confusão).
>
> Acrescentamos o termo "subsidiariamente", visando a uma maior aplicabilidade e eficácia do dispositivo, em especial, quanto ao exposto acima.
>
> Com frequência, os termos "aplicação supletiva" e "aplicação subsidiária" têm sido usados como sinônimos, quando, na verdade, não o são.
>
> *Aplicação subsidiária significa a integração da legislação subsidiária na legislação principal, de modo a preencher os claros e as lacunas* da lei principal.
>
> *Já, a aplicação supletiva ou complementar ocorre quando uma lei completa a outra.* [*Grifos nossos*]

Como se nota, embora com preocupações notadamente voltadas aos processos trabalhistas, com a inclusão da previsão de aplicação supletiva e subsidiária buscou-se dar a máxima efetividade às disposições do Código de Processo Civil/2015. É nesse contexto, portanto, que se faz necessário distinguir a aplicação subsidiária da aplicação supletiva.

Como bem exposto na aludida emenda parlamentar, a aplicação supletiva ocorre mediante a *complementação de uma norma existente* por outra, desde que, naturalmente, seus preceitos não sejam conflitantes. Por outro lado, a aplicação subsidiária tem espaço na hipótese de integração de *lacuna*[8] ou seja, quando inexistente uma norma disciplinando determinada situação. A concepção moderna de lacuna, a ensejar a aplicação subsidiária do Código de Processo Civil/2015, exige não apenas a ausência de dispositivos legais versando sobre determinada matéria. Como

8. Entendemos válidas as lições de Karl Engisch, para quem somente há lacuna jurídica diante de uma incompletude insatisfatória do direito, de modo que se faz necessário seu preenchimento, à luz dos demais valores e princípios insculpidos no ordenamento jurídico (*Introdução ao Pensamento Jurídico*, Lisboa, Fundação Calouste Gulbenkian, 1968, p. 223).

ensina Karl Larenz,[9] o legislador possui um plano, identificado por uma teleologia regulamentadora. Só há lacuna quando houver um caráter de incompletude indesejável, ou seja, quando havia um plano de regulamentação e este se revelou frustrado. O plano de regulamentação deve ser descoberto por meio de métodos hermenêuticos históricos e teleológicos.

Desse modo, pela norma contida no art. 15, as disposições do *Codex* processual/2015 são aplicáveis aos processos administrativos de forma supletiva e subsidiária. *A contrario sensu*, suas disposições não se aplicam quando existentes normas específicas regulando determinada matéria no âmbito do processo administrativo e, mais ainda, quando a norma existente não carecer de complementação que justifique sua aplicação supletiva. Cabe ao intérprete, portanto, identificar a existência da norma específica aplicável e, mais ainda, verificar se a norma existente é dotada de completude. Voltaremos ao tema adiante.

A análise meramente semântica desse dispositivo não permite muitas conclusões. A interpretação do art. 15 do CPC/2015 também não pode ser divorciada da Lei de Introdução às Normas do Direito Brasileiro (Decreto-lei 4657, de 4.9.1942).

Acerca da colmatação de lacunas, o art. 4º da referida lei determina que, "quando a lei for omissa, o juiz decidirá o caso de acordo com a analogia, os costumes e os princípios gerais de Direito". No âmbito tributário a norma deve ser lida em conjunto com o art. 108 do CTN, por meio do qual, "na ausência de disposição expressa, a autoridade competente para aplicar a legislação tributária utilizará sucessivamente, na ordem indicada: I – a analogia; II – os princípios gerais do direito tributário; III – os princípios gerais de direito público; IV – a equidade".

À luz dessas considerações, não há dúvidas de que quando a lei que rege o processo administrativo fiscal for omissa sobre determinada matéria o CPC/2015 deverá ser aplicado de forma subsidiária, por força do aludido art. 15. No âmbito federal, por exemplo, os processos administrativos fiscais são regidos pelo Decreto 70.235, de 6.3.1972, recepcionado como lei ordinária pela Constituição Federal. Mais recentemente sobreveio a Lei 9.784, de 29.1.1999, que regula o processo administrativo no âmbito da Administração Pública Federal. O art. 69 prevê a aplicação subsidiária da Lei 9.784 aos processos administrativos fiscais. Cabe ao

9. Karl Larenz, *Metodologia da Ciência do Direito*, 6ª ed., Lisboa, Fundação Calouste Gulbenkian, 2012, pp. 526-531.

intérprete, portanto, analisar as disposições dessas leis e, verificando a inexistência de normas versando sobre determinada matéria, aplicar o Código de Processo Civil/2015 de forma subsidiária.

A dificuldade, contudo, está na identificação das hipóteses de aplicação supletiva do Código de Processo Civil/2015. Para tanto, não se pode olvidar da análise do art. 2º, § 2º, do Decreto-lei 4.657, que determina que "a lei nova, que estabeleça disposições gerais ou especiais a par das já existentes, não revoga nem modifica a lei anterior".

Trata-se, pois, da positivação do critério hermenêutico da especialidade. O Código de Processo Civil/2015, enquanto norma geral em matéria processual, não revoga nem modifica as leis especiais que regem os processos administrativos dos diferentes entes tributantes. Como aponta Norberto Bobbio,[10] por meio de leis especiais o legislador identifica situações ou categorias especiais que necessitam de tratamento diferenciado, o que justifica a prevalência sobre as leis gerais.

No que concerne ao critério da especialidade, Carlos Maximiliano sustenta que "a disposição especial afeta a geral, apenas com restringir o campo da sua aplicabilidade; porque introduz uma exceção ao alcance do preceito amplo, exclui da ingerência deste algumas hipóteses. Portanto o derroga só nos pontos em que lhe é contrária. Na verdade, a regra especial posterior só inutiliza em parte a geral anterior, e isto mesmo quando se refere ao seu assunto, implícita ou explicitamente, para alterá-la. Derroga a outra naquele caso particular e naquela matéria especial a que provê ela própria".[11]

Diante dessas considerações, inexiste dúvida quanto à preponderância do critério da especialidade. As leis especiais que regem os processos administrativos fiscais prevalecem sobre as disposições processuais da lei geral, ou seja, do Código de Processo Civil/2015.

Contudo, a superveniência de uma lei geral repercute sobre a lei especial, por meio de uma relação que nem sempre é tão clara. Sobre o tema são lapidares as lições de Tércio Sampaio Ferraz Jr.:

> Os ordenamentos modernos contêm uma série de regras ou critérios para a solução de conflitos normativos historicamente corporifi-

10. Norberto Bobbio, *Teoria do Ordenamento Jurídico*, trad. de Ari Marcelo Solon, São Paulo, EDIPRO, 2011, p. 96.

11. Carlos Maximiliano, *Hermenêutica e Aplicação do Direito*, 20ª ed., Rio de Janeiro, Forense, 2011, p. 294.

cados, como os critérios hierárquicos (*lex superior derogat inferior*), de especialidade (*lex specialis derogat generalis*), cronológicos (*lex posterior derogat priori*), além da regra *lex favorabilis derogat odiosa*, hoje em desuso. Isto nos permite dizer que, se esses critérios são aplicáveis, a posição do sujeito não é insustentável, pois ele tem uma saída. Ou seja, poderíamos reconhecer que, por exemplo, seriam emanadas contraditoriamente num mesmo contexto, mas não configurariam uma antinomia.

Esta surgiria apenas quando houve *conflito entre os critérios* [Bobbio, 1960:253, Capella, 1968:285], ou seja: (1) o conflito entre critérios hierárquico e cronológico (antinomia entre normas, uma anterior-superior e outra posterior-inferior); (2) *entre critérios de especialidade e cronológico (uma norma anterior-especial e outra posterior-geral)*; e (3) entre critérios hierárquico e de especialidade (uma norma superior-geral e outra inferior-especial).

Para esses casos a doutrina elaborou metacritérios, dizendo que para o caso 1 valeria a metarregra *lex posteriori inferior non derogat priori superiori*, e *para o caso 2 a metarregra "lex posteriori generalis non derogat priori speciali", embora essas metarregras tenham, na verdade, aplicação restrita à experiência concreta e sejam de generalização difícil*. Para o caso 3, inclusive, não há nem mesmo uma metarregra geral, pois a opção pelo critério hierárquico ou de especialidade contraria a própria necessidade prática do direito de adaptabilidade: teoricamente deveríamos optar pelo critério hierárquico (lei constitucional geral prevalece sobre uma lei ordinária especial), mas, na prática, a exigência de adotar os princípios gerais de uma Constituição a situações novas leva, com frequência, a fazer triunfar uma lei especial, ainda que ordinária, sobre a lei constitucional [Bobbio, 1960:256].[12]

Se o critério da especialidade é insuficiente para identificar as hipóteses de aplicação subsidiária e supletiva do Código de Processo Civil/2015, a nosso ver a questão perpassa pela análise da teleologia e da *ratio* que levou o legislador a promover as alterações na legislação processual.

Como foi exposto anteriormente, com o novo *Codex* processual buscou-se adequar a legislação processual às diretrizes do texto constitucional. A nosso ver, esse é o motivo pelo qual o legislador buscou conferir a máxima eficácia a essa nova ordem jurídica processual, mediante

12. Tércio Sampaio Ferraz Jr., *Introdução ao Estudo do Direito: Técnica, Decisão, Dominação*, 3ª ed., São Paulo, Atlas, 2001, p. 207.

a aplicação supletiva e subsidiária das disposições do vigente Código processual inclusive aos processos administrativos.

Não por outro motivo que diversos mandamentos constitucionais foram repetidos na parte introdutória do Código de Processo Civil/2015. Como aponta Humberto Theodoro Jr., essa preocupação do legislador

> tem o duplo propósito de: (i) fazer amarração pedagógica entre a lei processual e sua matriz constitucional, levando o intérprete e aplicador a se afeiçoar a uma leitura das normas procedimentais segundo os princípios maiores que as dominam e as explicam; e (ii) ressaltar que ao Estado Democrático de Direito não basta apenas assegurar a liberdade das pessoas; pois que dele se exige também a realização das promessas imiscuídas nos direitos fundamentais e princípios constitucionais. Daí a necessidade de uma interpretação jurídica a ser praticada à luz desses princípios constitucionais e direitos fundamentais que, dentre outras consequências, moldam um novo conceito de jurisdição.[13]

Assim, as normas do Código de Processo Civil/2015 aplicáveis aos processos administrativos fiscais são todas aquelas que: (i) suprem vazios legislativos das leis especiais que regem os processos administrativos, caso em que estaremos diante da aplicação subsidiária; e (ii) complementam as disposições das leis especiais, sobretudo no que concerne à maximização e à otimização dos princípios e garantias constitucionais, caso em que estaremos diante da aplicação supletiva.

A ideia de que a norma especial sempre afasta a aplicação da norma geral não nos parece verdadeira. Karl Larenz[14] ensina que as normas possuem uma relação lógica de especialidade quando o âmbito de aplicação da lei especial se confunde totalmente com o âmbito de aplicação da lei geral, de modo que todos os casos da norma especial são também casos da norma mais geral. Contudo, aponta o jurista alemão que somente quando as consequências jurídicas sejam excludentes entre si é que a relação lógica de especialidade conduz necessariamente ao afastamento da norma mais geral, já que, no caso contrário, a norma especial não teria qualquer âmbito de aplicação.

Por óbvio que as leis especiais que regem o processo administrativo fiscal não podem contrariar as normas constitucionais. Essas leis devem

13. Humberto Theodoro Jr., *Curso de Direito Processual Civil*, 56ª ed., vol. 1, Rio de Janeiro, Forense, 2015, p. 137.

14. Karl Larenz, *Metodologia da Ciência do Direito*, cit., 6ª ed., p. 374.

conferir a máxima eficácia aos princípios da ampla defesa, devido legal, contraditório, da motivação dos atos administrativos, da segurança jurídica, ao dever de fundamentação das decisões – dentre outros.

Nesse contexto, todas as disposições do Código de Processo Civil/2015 que buscam atribuir a máxima eficácia a essas diretrizes constitucionais – um dos intuitos do legislador, expressamente reconhecidos na Exposição de Motivos – devem ser aplicadas aos processos administrativos fiscais. É que, nessas hipóteses, o vigente *Codex* processual estará suprindo uma incompletude indesejável do legislador que instituiu a lei especial, porquanto havia um plano de regulamentação que se revelou frustrado, ao não lograr refletir em sua plenitude os princípios expressamente consagrados no texto constitucional.

Esses dispositivos do Código de Processo Civil/2015 atribuem consequências jurídicas às partes processuais que não colidem com as normas das leis especiais, e, nas lições de Karl Larenz, anteriormente expostas, não afastam a aplicação da norma geral. De fato, essas disposições do Código de Processo Civil/2015 que otimizam os princípios constitucionais poderiam se enquadrar no que Karl Larenz[15] intitula de "proposições jurídicas aclaratórias". Para o jurista alemão essas normas buscam delimitar em pormenor um conceito ou tipo empregados em outras proposições jurídicas, especificando ou completando o conteúdo de um termo utilizado no seu significado geral.

Assim é que, ao vedar a decisão-surpresa (art. 10 do CPC/2015), o legislador não criou uma norma jurídica nova, mas, sim, conferiu maior eficácia e aclarou o conteúdo do devido processo legal, da segurança jurídica, da ampla defesa e do contraditório. Não se poderia conceber uma lei especial autorizando o julgador, na esfera administrativa, a proferir decisões com base em fundamentos sobre os quais as partes jamais se manifestaram. Essa norma por certo seria reputada inconstitucional. Nesse contexto, o art. 10 do CPC/2015 introduz uma norma proibitiva ao julgador, cujo teor já poderia ser implicitamente extraído do texto constitucional. Essa norma impossibilita qualquer tentativa tendente a amesquinhar garantias constitucionais do jurisdicionado, e por tal razão deve ser plenamente aplicável aos processos administrativos fiscais. Assim, considerando que a "decisão-surpresa" sempre implica a violação aos referidos princípios constitucionais, seja na esfera judicial ou

15. Idem, pp. 360-361.

administrativa, ela deve ser expurgada do ordenamento pátrio, por meio da aplicação do art. 10 do CPC/2015.

É tarefa do intérprete identificar as hipóteses em que a lei geral exerce a função de complementaridade, sem afastar as disposições da lei especial. Nesse sentido são precisas as lições de Caio Mário, para quem

> não significa isto, entretanto, que uma lei geral nunca revogue uma lei especial, ou vice-versa, porque nela poderá haver dispositivo incompatível com a regra especial, da mesma forma que uma lei especial pode mostrar-se incompatível com dispositivo inserto em lei geral. (...) a generalidade dos princípios numa lei desta natureza não cria incompatibilidade com regra de caráter especial. A disposição especial irá disciplinar o caso especial, sem colidir com a normatividade genérica da lei geral, e, assim, em harmonia, poderão simultaneamente vigorar. *Ao intérprete cumpre verificar, entretanto, se uma lei geral tem o sentido de abolir disposições preexistentes*[16] (grifos nossos).

E nem se cogite que as leis especiais que regulam o processo administrativo fiscal, por versarem sobre processos que envolvem relações jurídico-tributárias, demandariam do legislador um tratamento diferenciado, a justificar o afastamento da lei geral. De fato, é justamente em razão das peculiaridades da relação jurídico-tributária que se impõe a máxima observância às disposições do Código de Processo Civil/2015 que visem a prestigiar os princípios constitucionais do devido processo legal, do contraditório, da ampla defesa, dentre outros.

A CF impõe, no art. 150, I, a observância do princípio da legalidade para a instituição e a cobrança de tributos. Como aponta Humberto Ávila,[17] a legalidade deve ser entendida como uma garantia capaz de limitar o poder do ente tributante, como pretendeu estabelecer o constituinte na seção destinada às limitações do poder de tributar. Assim, a cobrança de tributos pressupõe o efetivo preenchimento dos requisitos jurídicos e fáticos previstos em lei. A garantia da legalidade pode ser violada tanto na interpretação da norma quanto na qualificação dos fatos.[18] O contri-

16. Caio Mário da Silva Pereira, *Instituições de Direito Civil*, vol. 1, Rio de Janeiro, Forense, 2004, p. 129.

17. Humberto Ávila, *Sistema Constitucional Tributário*, 4ª ed., São Paulo, Saraiva, 2010, p. 122.

18. Humberto Ávila, "Ágio com fundamento em rentabilidade futura. Empresas do mesmo grupo. Aquisição mediante conferência em ações. Direito à amortização. Licitude formal e material do planejamento", *RDDT* 205/172, São Paulo, Dialética, outubro/2012.

buinte que não preenche os requisitos de uma lei que institui um encargo fiscal age no *âmbito legal de liberdade,* dentro do qual pode exercer de maneira protegida e confiável seus direitos fundamentais à liberdade e à propriedade.

Ora, é justamente em razão da necessidade de controle da legalidade que se faz imperiosa a observância – pela lei especial que rege o processo administrativo – dos princípios do devido processo legal e do contraditório, viabilizando a ampla defesa. O contribuinte deve ser dotado de mecanismos que possibilite sua insurgência contra eventuais ilegalidades cometidas pela autoridade fazendária, seja na aplicação da norma jurídica tributária ou na subsunção dos fatos à hipótese normativa. Somente nesse contexto é que o princípio da legalidade opera em sua plenitude.

Por tais razões, as peculiaridades da relação jurídico-tributária, ao invés de afastarem a aplicação da lei geral, também justificam a aplicação supletiva das disposições do Código de Processo Civil/2015 que ofereçam a máxima eficácia aos princípios constitucionais, como objetivado pelo legislador do vigente *Codex* processual.

Em face de tais considerações, entendemos que o Código de Processo Civil/2015 deve ser aplicado aos processos administrativos fiscais: (i) subsidiariamente, sempre que omissa a lei especial que rege a matéria; e (ii) supletivamente, sempre que as disposições da nova legislação processual buscarem conferir a máxima eficácia aos princípios constitucionais, tal como expressamente colimado pelo legislador por meio do art. 15 do CPC/2015.

1.2 É invocável no processo administrativo, para esclarecer quando não se considera fundamentada uma decisão administrativa, o disposto no art. 489, § 1º, do CPC/2015?

O art. 489, § 1º, do CPC/2015 impõe ao julgador o dever de fundamentação de qualquer decisão judicial. Por força do art. 11 do CPC/2015, a decisão que não seja devidamente fundamentada é nula, podendo ainda ser atacada por embargos de declaração, por força do art. 1.022, parágrafo único, II, do mesmo Código.

Esses dispositivos evidenciam o claro intuito do legislador de repelir da ordem jurídica, entre outras, as decisões que: (i) reproduzem ato normativo sem explicar relação com a causa; (ii) empregam conceitos jurídicos indeterminados, sem explicar a incidência no caso concreto;

(iii) invocam motivos que se prestariam a justificar qualquer outra decisão; (iv) não enfrentam todos os argumentos capazes de informar a conclusão do julgador; (v) invocam precedente sem identificar a aplicação ao caso concreto; e (vi) deixam de seguir jurisprudência invocada pela parte sem demonstrar distinção com o caso analisado.

Entendemos plenamente aplicável o aludido dispositivo aos processos administrativos. Para alcançar tais conclusões é necessário rechaçar o argumento de que o art. 489, § 1º, do CPC/2015 seria aplicável apenas aos processos judiciais, sob o pretexto de que, à luz do art. 93, X, da CF, o dever de fundamentação se limitaria às decisões judiciais.

Esse argumento é falacioso, por dois motivos: (i) primeiro, porque o dever de fundamentação não se limita aos processos judiciais; e (ii) segundo, porque o art. 489, § 1º, do CPC/2015 não é uma garantia decorrente unicamente do dever de fundamentação das decisões judiciais (art. 93, X, da CF[19]), mas, sim, decorre também de outras garantias constitucionais, como o devido processo legal, o contraditório e a ampla defesa, esses expressamente aplicáveis aos processos administrativos, por força do art. 5º, LIV e LV, da CF.

No que concerne ao primeiro ponto acima elencado, não desconhecemos as controvérsias jurídicas entre os administrativistas[20] acerca do dever de motivação dos atos administrativos. Se existem dúvidas acerca do dever de motivação dos atos administrativos, outras controvérsias podem ser suscitadas acerca do dever de fundamentação desses atos, o que poderia, em uma primeira análise, levar à inaplicabilidade do art. 489, § 1º, do CPC/2015 aos processos administrativos.

19. CF, art. 93, X: "todos os julgamentos dos órgãos do Poder Judiciário serão públicos, e fundamentadas todas as decisões, sob pena de nulidade, podendo a lei limitar a presença, em determinados atos, às próprias partes e a seus advogados, ou somente a estes, em casos nos quais a preservação do direito à intimidade do interessado no sigilo não prejudique o interesse público à informação".

20. Para uma corrente minoritária o constituinte não quis assegurar, ainda que implicitamente, o princípio da motivação dos atos realizados pela Administração Pública (v. José dos Santos Carvalho Filho, *Manual de Direito Administrativo*, 14ª ed., Rio de Janeiro, Lumen Juris, 2005, p. 98). Para outra corrente o princípio da motivação dos atos administrativos estaria implícito no texto constitucional (v. Celso Antônio Bandeira de Mello, *Curso de Direito Administrativo*, 32ª ed., São Paulo, Malheiros Editores, 2015, p. 410). Outras correntes adotam critérios híbridos: José Cretella Jr. entende dispensável a motivação dos atos administrativos discricionários e dos vinculados precedidos por parecer fundamentado de órgão consultivo (*Curso de Direito Administrativo*, 17ª ed., Rio de Janeiro, Forense, 2001, p. 278).

Perfilhamos o entendimento de que os atos administrativos devem ser motivados, como reconhece a jurisprudência pátria,[21-22] tratando-se de princípio implícito no texto constitucional. A ausência de previsão expressa na Carta Magna não infirma sua existência. Cabe lembrar que o art. 5º, § 2º, da CF reconhece a existência de outros direitos e garantias não previstos na Constituição.

Ademais, como bem salienta Lúcia Valle Figueiredo[23] ao analisar o art. 93, X, da CF,[24] "se, quando o Judiciário exerce função atípica – a administrativa –, deve motivar, como conceber esteja o administrador desobrigado da mesma conduta?". Mais ainda: a legislação esparsa reconhece a necessidade de observância do princípio da motivação pela Administração Pública. A título ilustrativo, o art. 50 da Lei 9.784/1999, que rege os processos administrativos no âmbito federal, impõe a obrigatoriedade de motivação dos atos administrativos, com indicação dos fatos e fundamentos jurídicos.

Igualmente, também entendemos que o dever de fundamentação é de observância obrigatória aos atos administrativos, sobretudo no que concerna às decisões proferidas pelos tribunais administrativos. A função judicante desempenhada no âmbito dos processos administrativos fiscais encontra-se diretamente relacionada ao controle dos atos de cobrança de tributos, que, por expressa previsão constitucional, somente podem ocorrer no âmbito da estrita legalidade. Nesse contexto, para que possa alcançar sua finalidade de controle de legalidade, o processo adminis-

21. A título ilustrativo, nos autos do HC 126.292 assim asseverou a Ministra-Relatora, Maria Thereza de Assis Moura, do STJ, invocando as lições de Antônio Magalhães Gomes Filho: "O dever de motivar se estende a todas as decisões, como prescreve textualmente a Constituição (...) a falta de motivação não ocorre somente na apontada situação de absoluta omissão de um discurso justificativo mínimo: até de repercussões mais sérias, porque enganosos, são os casos em que, sob a aparência de motivação, são apresentados textos que nada dizem, ou até mesmo dolosamente ocultam as efetivas razões de decidir".

22. Cf. também, dentre outros: STF, Pleno, ADI 1.923, rel. Min. Luiz Fux, *DJU* 17.12.2015; STJ, 1ª Turma, REsp 1.457.255, rel. Min. Napoleão Nunes, *DJU* 20.8.2014; STJ, 3ª Seção, MS 11.124, rel. Min. Nilson Naves, *DJU* 12.11.2007; TRF-1ª Região, 5ª Turma, AMS n. 20000100011434-8, rel. Des. João Batista Moreira, *DJ* 29.2.2008.

23. Lúcia Valle Figueiredo, *Curso de Direito Administrativo*, 9ª ed., São Paulo, Malheiros Editores, 2008, p. 53.

24. CF, art. 93, X: "X – as decisões administrativas dos tribunais serão motivadas e em sessão pública, sendo as disciplinares tomadas pelo voto da maioria absoluta de seus membros; (...)".

trativo deve revestir-se de todas as garantias processuais elencadas na Carta Magna.

Tanto é assim que o *caput* do art. 37 da CF[25] determina que a Administração Pública obedecerá aos princípios da legalidade, impessoalidade, moralidade, publicidade e eficiência. O art. 2º da Lei 9.784 acrescenta, ainda, os princípios da finalidade, motivação, razoabilidade, proporcionalidade, ampla defesa, contraditório, segurança jurídica e interesse público.

Seja como for, entendemos que o art. 489, § 1º, do CPC/2015 se encontra diretamente relacionado a outros princípios constitucionais. Diversas garantias processuais podem ser encontradas no texto constitucional, como o devido processo legal, o contraditório, a ampla defesa, a inafastabilidade do Poder Judiciário, a duração razoável do processo, as proteções ao direito adquirido, ao ato jurídico prefeito e à coisa julgada – dentre outras.

O art. 489, § 1º, encontra-se diretamente relacionado ao devido processo legal e ao princípio do contraditório, por impor um diálogo genuíno entre os participantes do processo e, por consequência, o julgador. Esse dispositivo do Código de Processo Civil/2015 evidencia uma preocupação do legislador não apenas em aclarar o conteúdo do dever de fundamentação das decisões judicias (art. 93, X, da CF), mas também de conferir a máxima eficácia aos princípios do contraditório e da ampla defesa (art. 5º, LV, da CF).

A decisão passa a ser concebida como o resultado de um processo dialogal, com a participação das partes do processo, o que se revela plenamente aplicável aos processos administrativos, que devem viabilizar a máxima participação dos contribuintes no controle da legalidade – enquanto limitação ao poder de tributar – dos atos do ente tributante. Tendo em vista que o resultado do julgamento administrativo poderá levar à constituição definitiva do crédito tributário, somente a ampla defesa do contribuinte pode revestir o ato de liquidez e certeza, de modo a viabilizar a inscrição na Dívida Ativa do ente tributante.

25. Acerca do *caput* do art. 37 da CF, o STF, nos autos do RE 579.951, assim se posicionou: "Haja vista que os princípios constitucionais, que não configuram meras recomendações de caráter moral ou ético, consubstanciam regras jurídicas de caráter prescritivo, hierarquicamente superiores às demais e positivamente vinculantes, sendo sempre dotados de eficácia, cuja materialização, se necessário, pode ser cobrada por via judicial. Assim, tendo em conta a expressiva densidade axiológica e a elevada carga normativa que encerram os princípios contidos no *caput* do art. 37 da CF, (...)".

Assim, a fundamentação das decisões é uma manifestação do devido processo legal, por legitimar a atividade judicante. Somente mediante a fundamentação é que se verifica a legalidade da decisão, bem como sua conformidade com o ordenamento jurídico. No contexto das relações jurídico-tributárias é a fundamentação que impede arbitrariedades e permite o controle da legalidade, sem a qual não se torna possível a cobrança de tributos. Nesse contexto, José Carlos Barbosa Moreira[26] sustenta que a possibilidade de identificar a correção da atividade jurisdicional não constitui apenas um privilégio das partes processuais, mas, antes, estende-se aos membros da comunidade. Nesse contexto, há que se ressaltar que a Administração Fazendária atua no interesse público quando constitui o crédito tributário que ingressará no Erário, razão pela qual suas decisões precisam ser intersubjetivamente controláveis, mediante justificação aos membros da sociedade em nome da qual atua.

O referido dispositivo do Código de Processo Civil/2015 também visa a conferir a máxima eficácia ao princípio do contraditório. Como aponta Karl Larenz,[27] a missão dos tribunais é decidir os conflitos submetidos à sua apreciação de modo justo, mediante análise dos argumentos apresentados pelas partes. Para o jurista alemão a obrigação de fundamentação da decisão exige um processo intelectual ordenado, em que cada argumento seja devidamente confrontado, de modo a conduzir a determinada inferência silogística. Assim, a atividade judicante não se limita à aplicação do Direito ao caso concreto, sendo encarada como o resultado de uma atividade discursiva dos sujeitos do processo. Somente a partir da efetiva análise dos argumentos jurídicos apresentados pelas partes – mediante observância do princípio do contraditório – é que a discussão é reconduzida ao ordenamento jurídico, sendo juridicamente justificada.

À luz dos princípios da ampla defesa e do contraditório, a decisão precisa ser justificada como jurídico-racional. Há um nexo intrínseco entre o Direito e sua aptidão de justificação racional. O julgador procura na lei a solução para um caso determinado, sendo conduzido de modo determinante a um resultado, que possa considerá-lo como justificado. A interpretação do ordenamento pelo julgador só pode ser considerada

26. José Carlos Barbosa Moreira, "A motivação das decisões judiciais como garantia inerente ao Estado de Direito", in *Temas de Direito Processual: Segunda Série*, 2ª ed., São Paulo, Saraiva, 1988, p. 90.

27. Karl Larenz, *Metodologia da Ciência do Direito*, cit., 6ª ed., p. 204.

correta quando resolve a controvérsia de um modo suscetível de ser justificado.

Sustenta ainda Karl Larenz[28] que a decisão é considerada como justificada – tanto pela perspectiva do julgador como também do legislador, quando concebeu a norma aplicada pelo julgador – quando confere prevalência a um interesse e, mais ainda, quando aponta os argumentos jurídicos que respaldam sua conclusão. As partes invocam normas jurídicas que lhes são favoráveis, buscando persuadir os julgadores. O julgador deve realizar ponderações que o conduzam a um resultado. O princípio do contraditório, para atingir seu fim, tem de ser conformado com uma decisão que convença os participantes da discussão.[29]

Assim, o art. 489, § 1º, do CPC/2015 não se limita a atribuir maior eficácia ao dever de fundamentação das decisões judiciais, previsto no art. 93, X, da CF. De fato, esse comando legal confere ampla dimensão aos princípios do contraditório e da ampla defesa, exigindo do julgador o enfrentamento dos argumentos articulados pelas partes, como medida de legitimação da própria atividade judicante. Por todos esses motivos, e em linha com as premissas adotadas na resposta anterior, esse comando legal deve ser aplicado aos processos administrativos fiscais.

1.3 No que tange ao chamado "direito dos precedentes", os arts. 926 e 927 do CPC/2015 aplicam-se ao processo administrativo tributário?

Entendemos que o estudo da aplicação aos processos administrativos dos arts. 926 e 927 do CPC/2015 comporta análise separada.

O primeiro dispositivo impõe aos tribunais o dever de manutenção de jurisprudência estável, íntegra e coerente, e sempre que possível editando súmulas sobre sua jurisprudência dominante, que atenda às circunstâncias fáticas que motivaram sua criação. O CPC/1973 previa, no art. 479, uma recomendação da uniformização da jurisprudência. Com o Código de Processo Civil/2015 fica evidente o intuito do legislador de impor uma obrigação aos tribunais.

Importante destacar que em sua redação original o atual art. 926 do CPC/2015 previa apenas a valorização da estabilidade da jurisprudência.

28. Idem, pp. 206-207.
29. Idem, p. 212.

Os atributos da coerência e integridade foram incluídos por sugestão do professor Lenio Luiz Streck à Comissão Especial da Câmara dos Deputados.

A inclusão da coerência encontra-se diretamente relacionada ao tratamento isonômico aos litigantes que discutam matérias semelhantes. Para Streck,

> em casos semelhantes, deve-se proporcionar a garantia da isonômica aplicação principiológica. Haverá coerência se os mesmos princípios que foram aplicados nas decisões o forem para os casos idênticos. A coerência assegura a igualdade, isto é, que os diversos casos terão a igual consideração por parte dos juízes.[30]

No que concerne à integridade, valendo-se das lições de Ronald Dworkin,[31] Streck aponta que essa qualidade

> é duplamente composta: um princípio legislativo, que pede aos legisladores que tentem tornar o conjunto de leis moralmente coerente, e um princípio jurisdicional, que demanda que a lei, tanto quanto possível, seja vista como coerente nesse sentido. A integridade exige que os juízes construam seus argumentos de forma integrada ao conjunto do Direito. Trata-se de uma garantia contra arbitrariedades interpretativas.

Fica evidente, portanto, que pela previsão da estabilidade, integridade e coerência o legislador pretendeu atribuir a máxima eficácia, no campo processual, aos princípios da igualdade, da proteção da confiança e da segurança jurídica. Considerando que o processo é um instrumento (meio) para a tutela de um direito material (fim), buscou-se suprimir "decisionismos e arbitrariedades", como expressamente reconhecido por Lenio Streck.[32]

Desde o advento da Emenda Constitucional 45, de 30.12.2004, ficou evidenciado o intuito do constituinte de promover tratamento equânime

30. Lenio Luiz Streck, "Por que agora dá para apostar no Projeto do novo Código de Processo Civil", revista *Consultor Jurídico/CONJUR*, 21.10.2013 (disponível em *http://www.conjur.com.br/2013-out-21/lenio-streck-agora-apostar-projeto-cpc*).

31. V.: Ronald Dworkin, *O Império do Direito*, São Paulo, Quartier Latin, 2008, p. 213.

32. Lenio Luiz Streck, "Novo Código de Processo Civil terá mecanismos para combater decisionismos e arbitrariedade", revista *Consultor Jurídico/CONJUR*, 18.12.2014 (disponível em *http://www.conjur.com.br/2014-dez-18/senso-incomum-cpc-mecanismos-combater-decisionismos-arbitrariedades*).

aos jurisdicionados, mediante a introdução das súmulas com caráter vinculante aos órgãos do Poder Judiciário e à Administração Pública. A introdução do art. 926 do CPC/2015 reforça a necessidade de tratamento isonômico àqueles que ingressam no Poder Judiciário, não apenas no que concerne ao resultado do seu processo, mas mediante uma aplicação coerente do ordenamento jurídico.

É dizer: mesmo que uma matéria sequer tenha sido levada à discussão no Poder Judiciário, os jurisdicionados devem ser capazes de se orientar perante a órbita jurídica a partir do comportamento anterior dos tribunais do País, prevendo, com algum grau de cognoscibilidade, a interpretação que poderá vir a ser conferida a determinada questão juridicamente controvertida. Trata-se de medida que orienta não apenas os contribuintes, mas o próprio legislador, quando da instituição de tributos.

Nesse contexto, entendemos que o art. 926 deve ser aplicado supletivamente aos processos administrativos fiscais, porquanto otimiza os princípios da segurança jurídica, da isonomia e da proteção da confiança. Cabe destacar que em matéria tributária tais princípios são reforçados pelo texto constitucional. A título ilustrativo, a observância do princípio da igualdade configura uma limitação ao poder de tributar, à luz do art. 150, II, da CF. Ademais, o constituinte repele distorções concorrenciais, o que também impede tratamentos díspares entre contribuintes. Já, os princípios da segurança jurídica e da proteção da confiança são reforçados pelas regras da anterioridade, irretroatividade das leis, legalidade – entre outras.

Desse modo, o art. 926 deve ser aplicado no contencioso administrativo fiscal, de modo a que os tribunais administrativos sejam obrigados a manter uma jurisprudência íntegra, coerente e estável. Ademais, sempre que possível os tribunais devem editar súmulas com seus entendimentos dominantes, embora o dever de estabilidade, integridade e coerência transcenda a edição de súmulas, devendo ser observado em qualquer decisão proferida pelos tribunais administrativos. De fato, tal dever já se encontrava implicitamente no texto constitucional, de forma que a aplicação do dispositivo do Código de Processo Civil/2015 apenas impõe um dever aos tribunais administrativos, consentâneo com os valores albergados pelo constituinte no Sistema Tributário Nacional.

Por outro lado, o art. 927 do CPC/2015 determina que os juízes e tribunais do País observem determinados precedentes que, no entendimento do legislador, serão de aplicação obrigatória pelo Poder Judiciário.

Não há dúvidas de que por trás desse dispositivo legal também repousam os mesmos princípios constitucionais anteriormente apontados. Contudo, a par da existência de princípios constitucionais, não se pode prescindir da análise das regras contidas no texto constitucional, que, como ensina Humberto Ávila,[33] também envolvem valores e carecem de ponderação, podendo, em determinadas circunstâncias excepcionais, ser superadas, mas que em situações normais devem ser obedecidas, porque sua obediência promove a solução previsível, eficiente e geralmente equânime dos conflitos. O jurista reconhece possibilidade de superação das regras quando, eventualmente, contrariarem princípios constitucionais.

No que concerne à aplicação do art. 927 do CPC/2015 aos processos administrativos, não se pode prescindir da análise do art. 103-A da CF, introduzido pela Emenda Constitucional 45. Nesse dispositivo fica expresso que o constituinte autorizou o STF – mediante dois terços dos seus membros e somente após reiteradas decisões sobre matéria constitucional – a editar súmulas com caráter vinculante aos demais órgãos do Poder Judiciário e à Administração Pública direta e indireta. Pelo § 1º do dispositivo, a súmula vinculante visa a atribuir validade e eficácia à interpretação conferida a determinadas normas acerca das quais haja controvérsia entre órgãos judiciários, ou entre eles e a Administração Pública, acarretando grave insegurança jurídica e relevante multiplicação de processos sobre questão idêntica.

Essa norma constitucional evidencia o intuito do constituinte de atribuir eficácia vinculante para a Administração Pública apenas a algumas decisões do STF (*proferidas após reiteradas decisões e mediante aprovação de no mínimo dois terços dos seus membros*) e em determinadas circunstâncias (*quando haja controvérsias interpretativas que acarretem grave insegurança jurídica e relevante multiplicação de processos sobre questão idêntica*). Somam-se à hipótese das súmulas vinculantes também (art. 103-A da CF) as decisões proferidas pelo STF em controle concentrado de constitucionalidade, que, por força do art. 102, § 2º, da CF, também são vinculantes para a Administração Pública.

Por expressa opção do constituinte, as demais decisões proferidas pelo Poder Judiciário não irradiam qualquer eficácia vinculante para a Administração Pública. Tampouco se pode arguir que a omissão constitucional resultaria em vulneração aos princípios da isonomia, da segurança

33. Humberto Ávila, *Teoria dos Princípios. Da Definição à Aplicação dos Princípios Jurídicos*, cit., 17ª ed., p. 141.

jurídica ou da proteção da confiança, porquanto todos se encontram expressamente consagrados pelo texto constitucional, sem que haja qualquer colisão de valores.

Ademais, a própria literalidade do art. 927 do CPC/2015 revela apenas a vinculação expressa dos juízes e tribunais. Assim, não pode o intérprete pretender estendê-las à Administração Pública – excetuadas as hipóteses dos incisos I e II, contempladas na Constituição – a pretexto de uma suposta aplicação subsidiária ou supletiva, haja vista que nem a literalidade do dispositivo nem as demais regras e princípios constitucionais amparam tal conclusão. Pelo contrário: quando o constituinte almejou a vinculação da Administração Pública às decisões judiciais, expressamente o fez, como no caso das súmulas vinculantes e do controle concentrado de constitucionalidade.

Contudo, não se nega a possibilidade de as leis especiais que regem os processos administrativos preverem tal vinculação. É o que se observa, por exemplo, do art. 62 do Regimento Interno do CARF, que adiciona às hipóteses constitucionais a necessidade de observância dos recursos repetitivos do STJ e do STF. Tal medida revela-se plenamente consentânea com o princípio da eficiência que rege a Administração Pública, evitando dispêndios com a manutenção de um contencioso administrativo fadado a um desfecho previsível caso a discussão seja levada ao Poder Judiciário.

No entanto, diante da omissão do texto constitucional, trata-se de medida que se encontra no âmbito da política legislativa de cada ente tributante, não podendo o intérprete conferir tamanha abrangência ao art. 927, a ponto de impor ao julgador administrativo a observância de decisões que não possuem eficácia vinculante para a Administração Pública.

Em face de tais considerações, excetuadas as hipóteses dos incisos I e II do art. 927 do CPC/2015 (súmulas vinculantes e decisões em controle concentrado de constitucionalidade), tal dispositivo não deve ser aplicado supletiva ou subsidiariamente aos processos administrativos fiscais.

1.4 À míngua de previsão legal específica no âmbito da legislação específica de determinado Estado-membro ou Município, seria possível à parte manejar o recurso de embargos de declaração diante de decisão administrativa contraditória ou omissa?

As leis especiais que regem os processos administrativos fiscais de alguns entes tributantes não possuem previsão expressa acerca do cabimento dos embargos declaratórios em face de decisões administrativas contraditórias ou omissas. Nesse caso, entendemos aplicável o emprego subsidiário do Código de Processo Civil/2015, de modo a viabilizar o manejo do recurso.

Decisões contraditórias ou omissas padecem de vício de fundamentação, e, por tal razão, podem ser anuladas, como anteriormente analisado, tendo em vista a aplicação dos arts. 11 e 489, § 1º, do CPC/2015. Ademais, como exposto alhures, os princípios da ampla defesa e do contraditório exigem que uma decisão, administrativa ou judicial, seja justificada do ponto de vista jurídico-racional. Nesse contexto, não se pode admitir decisões que contenham vícios de contradição ou omissão.

De fato, os embargos de declaração prestam-se a aclarar o conteúdo da decisão atacada. Tanto é assim que, como reconhece a Corte Especial do STJ,[34] a decisão proferida em sede de embargos declaratórios possui eficácia integrativa, de modo que seus fundamentos passam a integrar a decisão embargada.

Uma vez reconhecida a necessidade de fundamentação das decisões, como imperativo dos princípios do contraditório e do devido processo legal, as partes devem dispor de mecanismos que possibilitem a correção de eventuais vícios e inconsistências. Negar o cabimento de embargos de declaração pode significar a manutenção de decisões contraditórias e omissas, o que se revela plenamente incompatível com o texto constitucional.

Por tal razão, e em linha com as premissas adotadas nas respostas anteriores, entendemos que o Código de Processo Civil/2015 deve ser aplicado subsidiariamente aos processos administrativos fiscais, para suprir lacunas das leis especiais, no que concerne à omissão quanto ao cabimento dos embargos declaratórios. A omissão do legislador, nesse caso, revela uma incompletude indesejável do ordenamento, porquanto impossibilita aos litigantes o exercício de sua ampla defesa, mediante a correção de decisões que apresentem vícios em sua fundamentação.

Cabe destacar que o Código de Processo Civil/2015 é expresso em reconhecer a nulidade de decisões que apresentem vícios de fundamentação. Assim, o manejo dos embargos declaratórios atende aos princípios constitucionais anteriormente expostos, viabilizando a correção

34. STJ, Corte Especial, EREsp 67.495, rel. Min. Fernando Gonçalves, *DJU* 10.4.2000.

de distorções de uma decisão que se revela incompatível com a ordem constitucional. Desse modo, deve-se reconhecer a aplicação subsidiária do Código de Processo Civil/2015 também para assegurar aos contribuintes a interposição desse recurso nos processos administrativos fiscais.

PARTE II – *PROCESSO DE EXECUÇÃO FISCAL*

> ***3. Processo de execução fiscal***
>
> *(...)*
>
> *3.2 O incidente de desconsideração da personalidade jurídica, previsto no art. 133 do CPC/2015, aplica-se às execuções fiscais? Apenas nas hipóteses de o nome dos corresponsáveis não constar previamente na Certidão de Dívida Ativa ou em qualquer hipótese? Ou em nenhuma hipótese, sendo a regra inaplicável à Fazenda Pública exequente?*

O incidente referido nas três indagações apresenta-se como meio de processamento da aplicação da norma substantiva constante do art. 50 do CC em vigor. Destarte, como o art. 133 do CPC é mera norma processual, seu cabimento pressupõe haver razão jurídica para a desconsideração. O próprio art. 133, em seu § 1º, reconhece expressamente que o pedido de desconsideração deve observar os pressupostos previstos em lei, que são os do art. 50 do CC.

Sendo assim, antes de adentrar as questões propostas, necessário se faz abordar o cabimento da desconsideração segundo o direito material, observando seu verdadeiro significado[35] e a possibilidade de aplicá-lo em litígios relativos a tributos, os quais podem ser objeto de execução fiscal.[36]

35. *Nota do Autor:* O presente tema de direito material foi objeto do II Fórum Brasileiro de Direito Tributário promovido pela Editora Fórum, para o qual foi escrito texto mais detalhado e completo: Ricardo Mariz de Oliveira, "Observações sobre a desconsideração da personalidade jurídica perante o direito tributário", *Revista Fórum de Direito Tributário* 28/85, Belo Horizonte, 2007. Alguns aspectos são aqui apreciados diferentemente, devido à evolução na compreensão da matéria.

36. Execuções fiscais podem ter por objeto outros créditos públicos não tributários, mas aqui vamos nos ater aos relativos a tributos. Assim, não será abordado o art. 28 do CDC, que permite a desconsideração da personalidade jurídica nas relações de consumo e sob as circunstâncias que descreve. O mesmo quanto a outras hipóteses legisladas de desconsideração, como a Lei 8.884, de 11.6.1994, que dispõe sobre a repressão às infrações da ordem econômica (art. 18), e a Lei 9.605, de 12.9.1995, que

Incorporando ao ordenamento civil a teoria anglo-saxônica da *disregard of legal entity*, que no Brasil já era exposta em doutrina e adotada em jurisprudência (nem sempre corretamente), o art. 50 da codificação de 2002 estabelece que, "em caso de abuso da personalidade jurídica, caracterizado pelo desvio de finalidade, ou pela confusão patrimonial, pode o juiz decidir, a requerimento da parte, ou do Ministério Público quando lhe couber intervir no processo, que os efeitos de certas e determinadas relações de obrigações sejam estendidos aos bens particulares dos administradores ou sócios da pessoa jurídica".

Emana claramente da norma legal que a desconsideração da personalidade jurídica não representa, como muitas vezes se pensa e se afirma, declarar a inexistência da pessoa jurídica. Embasado solidamente em conceitos doutrinários, o Código não incorreu neste equívoco. Pelo contrário, a desconsideração pressupõe a existência de uma personalidade jurídica, e cabe quando administradores ou sócios da respectiva pessoa jurídica pratiquem os abusos descritos no antecedente da norma.

Tanto é assim que o consequente da norma não é a nulidade, invalidade ou qualquer outra consequência relativa aos atos constitutivos da pessoa jurídica, mas a extensão aos agentes do abuso e aos seus bens particulares dos efeitos de determinadas obrigações por eles contraídas abusivamente. E a extensão não significa necessariamente a exclusão da responsabilidade da pessoa jurídica perante terceiros, a qual, dependendo das circunstâncias de cada caso, pode ser mantida ao lado da determinada extensivamente aos autores do abuso.

Neste sentido, os entes protegidos pelo art. 50 tanto podem ser a própria pessoa jurídica e seus outros sócios quanto terceiros (no caso, a Fazenda Pública), observando-se que a pessoa jurídica e, consequentemente seu quadro social são sempre vítimas da ação abusiva, motivo pelo qual sempre têm direito de haver dos agentes do abuso praticado contra ela a devida reparação, inclusive no caso de ela ser condenada conjuntamente com estes em benefício de terceiros.

Neste passo, não se deve falar em desconsideração de personalidade jurídica em situações como a tratada em determinados processos tributários nos quais se pretendia caracterizar a própria inexistência da pessoa jurídica. Estes casos podem representar abuso no exercício do

dispõe sobre as sanções penais e administrativas derivadas de condutas e atividades lesivas ao meio ambiente (art. 4º).

direito de contratar por excesso em relação à função social do contrato de sociedade, conforme o art. 421 do CC, ou abuso no exercício de direitos em geral por manifesto excesso em relação ao fim econômico ou social desse direito (art. 187), ou mesmo simulação, se a situação couber nos termos do art. 167.

Entretanto, em relação a estes defeitos dos atos ou negócios jurídicos não ocorre apenas a extensão da responsabilidade por obrigações contraídas em nome da pessoa jurídica, mas a prática de ato ilícito suscetível de indenização civil ou da própria nulidade do ato ou negócio. Outrossim, as razões que conduzem a estas consequências podem ser diversas das razões que desencadeiam a consequência prescrita pelo art. 50, que são o desvio de finalidade da pessoa jurídica e a confusão patrimonial.

Em suma: a desconsideração da personalidade jurídica é cabível não quando haja algum vício jurídico na constituição ou na existência da respectiva pessoa jurídica, mas, sim, quando haja abuso na manipulação da sua personalidade e da sua autonomia patrimonial.

No caso de créditos tributários, em que a desconsideração da personalidade jurídica também somente poderia caber numa das hipóteses legais – desvio de finalidade ou confusão patrimonial –, há que se ter em conta, inicialmente, que a matéria de sujeição passiva tributária e de responsabilidade tributária está regulada pelo Código Tributário Nacional e é sujeita à reserva de lei complementar, segundo a norma do art. 146, III, da CF. Portanto, por uma ou por outra razão, a norma do art. 50 do CC, por ser de lei ordinária, não poderia se aplicar aos créditos tributários.

É verdade que a alínea "a" do inciso III do art. 146 alude apenas a "contribuintes", mas uma intepretação teleológica da norma constitucional justifica estender a exigência de lei complementar a outros sujeitos passivos, inclusive por responsabilidade.

Para a mesma conclusão, e inclusive considerando a restrição da alínea "a" aos impostos, além da literalidade do seu texto quanto a "contribuintes", deve-se observar que o inciso III reserva à lei complementar as "normas gerais em matéria de legislação tributária, especialmente sobre: (...)". Neste contexto, a palavra "especialmente" denota que as hipóteses relacionadas na disposição constitucional não são exclusivas, mas, embora obrigatoriamente sujeitas à lei complementar, o são sem exclusão de outras.

Destarte, desde que a matéria possa ser compreendida no elenco de normas gerais sobre matéria tributária, também está subjugada ao art. 146, e é isto que justifica a intelecção teleológica da dicção da alínea "a", até porque, não fosse assim, a necessidade de lei complementar para definir apenas os contribuintes deixaria ao alvedrio do legislador ordinário estender a sujeição passiva a outras pessoas.

Ademais, a questão da responsabilidade de terceiros também é questão pertinente à obrigação tributária ou ao crédito tributário. Realmente, quando no polo passivo da obrigação tributária a lei coloca um terceiro que não o contribuinte (exemplo, a fonte pagadora da renda), o que ela está fazendo é definir o aspecto pessoal da hipótese de incidência da norma relativa à obrigação tributária. E quando ela não disciplina o polo passivo (seja do contribuinte, seja do responsável por substituição), mas atribui a responsabilidade a um terceiro por motivo alheio ao próprio nascimento da obrigação tributária (exemplo, o administrador que age com excesso de poderes), sua disposição visa à proteção do crédito tributário.

Portanto, como a obrigação tributária e o crédito tributário são igualmente relacionados na lista exemplificativa do inciso III do art. 146, constando da sua alínea "b", inequivocamente representam matéria típica de norma geral, que somente pode ser editada por lei complementar.

Neste sentido, pois, o art. 50 é inaplicável aos créditos tributários.

Por outro lado, ainda que se possa discordar da intepretação abrangente do art. 146, e limitá-la apenas a contribuintes e imposto previstos na Constituição, portanto, atribuindo-se às normas do Código Tributário Nacional sobre responsabilidade a natureza de lei ordinária, tais normas se apresentariam como normas de lei especial, que afastariam a aplicação de qualquer outra norma geral, inclusive a do art. 50 do CC.

Destarte, a prevalecer este entendimento, também não há que se cogitar do art. 50 em execuções fiscais sobre tributos e demais cobranças a eles relacionadas.

Ainda no plano da lei substantiva, é importante notar que o art. 50 mira a proteção da pessoa jurídica e de terceiros, tanto quanto determinados artigos do Código Tributário Nacional, dos quais impende destacar:

– O art. 134, segundo o qual, nos casos de impossibilidade de exigência do cumprimento da obrigação principal pelo contribuinte, respondem solidariamente com este, nos atos em que intervierem ou pelas omissões de que forem responsáveis: os pais, pelos tributos devidos por seus filhos menores; os tutores e curadores, pelos tributos devidos por seus tutelados ou curatelados; os administradores de bens de terceiros, pelos tributos devidos por estes; o inventariante, pelos tributos devidos pelo espólio; o síndico e o comissário, pelos tributos devidos pela massa falida ou pelo concordatário; os tabeliães, escrivães e demais serventuários de ofício, pelos tributos devidos sobre os atos praticados por eles, ou perante eles, em razão do seu ofício; os sócios, no caso de liquidação de sociedade de pessoas.

– O art. 135, segundo o qual são pessoalmente responsáveis pelos créditos correspondentes a obrigações tributárias resultantes de atos praticados com excesso de poderes ou infração de lei, contrato social ou estatutos: as pessoas referidas no art. 134; os mandatários, prepostos e empregados; os diretores, gerentes ou representantes de pessoas jurídicas de direito privado;

– O art. 137, que determina a responsabilidade pessoal do agente quanto às infrações conceituadas por lei como crimes ou contravenções, salvo quando praticadas no exercício regular de administração, mandato, função, cargo ou emprego, ou no cumprimento de ordem expressa emitida por quem de direito, quanto às infrações em cuja definição o dolo específico do agente seja elementar ou quanto às infrações que decorram direta e exclusivamente de dolo específico das pessoas referidas no art. 134, contra aquelas por quem respondem, dos mandatários, prepostos ou empregados contra seus mandantes, preponentes ou empregadores e dos diretores, gerentes ou representantes de pessoas jurídicas de direito privado contra estas.

Recordando-se que as hipóteses em que incide o art. 50 do CC são apenas o desvio de finalidade e a confusão patrimonial praticados por administradores e sócios da pessoa jurídica, nota-se que são situações possivelmente distintas daquelas que compõem as hipóteses de incidência dos art. 134, 135 e 137 do CTN.

Na verdade, praticamente não há possibilidade de se vislumbrar relação entre o art. 50 do CC e o art. 134 do CTN, uma vez que quase todas as hipóteses envolvem representação de pessoas físicas. Mesmo no caso de liquidação irregular de sociedade de pessoas não há uma sociedade cuja personalidade precise ser desconsiderada para se responsabilizar os sócios. E, por fim, a responsabilidade legal prevista no art. 134 é em nível de solidariedade, portanto, responsabilidade idêntica à das pessoas representadas, a qual não pressupõe desconsiderar a personalidade de outro coobrigado solidariamente.

Quanto aos art. 135 e 137 do CTN, estabelecem a responsabilidade pessoal dos sujeitos que praticarem os atos neles descritos, quer dizer, ela é independente da sujeição passiva que seria da entidade atingida por tais atos. Sendo pessoal a responsabilidade, não se trata de estender ao agente do ato irregular a responsabilidade da entidade, após desconsideração da sua personalidade jurídica.

Nesta linha, também não se cogita do art. 50 do CC para implementar a responsabilidade estatuída nos art. 135 e 137 do CTN, a qual se manifesta de pleno direito.

Entretanto, se por hipótese for entendido que a responsabilidade de que tratam os art. 135 e 137 do CTN não é pessoal e não se cinge aos autores dos atos neles descritos, isto é, se o entendimento for no sentido de que os representados também conservam sua sujeição passiva, pode mudar o enfoque do art. 50 do CC.

Realmente, os fatos descritos nas hipóteses de incidência do art. 135 do CTN – obrigações tributárias resultantes de atos praticados com excesso de poderes ou infração de lei, contrato social ou estatutos – podem caracterizar-se também como desvio de finalidade da pessoa jurídica, e em situações mais extremas como confusão patrimonial, ou seja, também se subsumindo à norma do art. 50 do CC.

O mesmo pode ser dito quanto às infrações conceituadas por lei como crimes ou contravenções, que correspondem às contidas na hipótese de incidência do art. 137 do CTN.

Ainda que se queira estabelecer uma distinção teórica entre as situações que constituem as hipóteses normativas dos dispositivos do Código Tributário Nacional e a situação do art. 50 do CC, a verdade é que não há como fugir da observação de que este também descreve atos que, por suas características (confusão dos patrimônios e desvio de finalidade), são contrários à lei ou ao estatuto social.

Não obstante, um ponto relevante a ser observado é que, embora as ações abusivas alcançadas pelo art. 50 do CC representem condutas contrárias à lei e aos poderes estatutários do agente, tanto quanto nos dois referidos dispositivos legais do Código Tributário Nacional, estes abarcam qualquer tipo de ação ilegal ou em excesso ao estatuto social, ao passo que o art. 50 colhe apenas os atos realizados com confusão patrimonial ou desvio de finalidade.

Em conclusão, é possível determinada situação estar alcançada tanto pelo art. 50 do CC quanto pelos dispositivos do Código Tributário

Nacional, embora a atenta interpretação destes e a sua confrontação com o art. 50 do CC conduzam à conclusão de que este último pode ter seu alcance muito limitado quanto a obrigações tributárias, ainda que não possa ser excluído totalmente quanto a elas, assim mesmo se ultrapassado o obstáculo representado pelo art. 146 da CF.

De fato, no âmbito tributário o art. 50 do CC perde grande parte da sua utilidade, porque a responsabilidade (e consequência) já está disciplinada no Código Tributário Nacional, inclusive com responsabilidade pessoal do administrador ou do sócio que aja contra a lei ou com excesso de poderes.[37]

Tendo em vista o exposto, as indagações propostas quanto ao incidente processual regido pelos arts. 133 e ss. do CPC somente podem ser respondidas sob as premissas de (1) que se trate de situação cabente na descrição da hipótese do art. 50 do CC, (2) o fato de este ser norma de lei ordinária não contraria o art. 146 da CF, porque os art. 135 e 137 do CTN são abrangentes dele (ou quando o forem), (3) que não se aceite que a responsabilidade prescrita nas duas normas do Código Tributário Nacional é pessoal e exclusiva do agente dos atos por elas referidos.

Por evidente, estas considerações afastam-se da discussão sobre se o processo de execução fiscal, por estar regulado em lei especial, está regido pelas disposições do Código de Processo Civil, pois se não estiver toda a discussão aqui travada e os arts. 133 e ss. somente se aplicarão a outras ações.

Enfim, preenchidas estas premissas, a desconsideração teria que ser necessariamente requerida ao juiz, pois está colocada sob reserva jurisdicional do Poder Judiciário. E aí as indagações devem ser assim respondidas:

– O incidente de desconsideração da personalidade jurídica, previsto nos arts. 133 e ss. do CPC, aplica-se às execuções fiscais relativas a tributos.

– O incidente não se aplica apenas no caso em que o nome do corresponsável constar previamente da Certidão de Dívida Ativa/CDA, podendo ser requerido no curso da ação, enquanto não prescrita a pretensão, e sendo ele necessário para a inclusão do terceiro na posição de executado.

37. O mesmo ocorre quanto a algumas obrigações de direito privado para as quais a lei contém disposições de responsabilização pessoal nas mesmas situações (CC, arts. 1.015 e 1.016; Lei 6.404/1976, art. 158; no passado, Decreto 3.708/1919, art. 10).

– Como a desconsideração está submetida, pelo art. 50 do CC, a decisão judicial, e, segundo o *caput* do art. 134 do CPC, o incidente de desconsideração é cabível em todas as fases do processo de conhecimento, ou no cumprimento de sentença ou na execução fundada em título executivo extrajudicial, a propositura do incidente e a decretação da desconsideração podem ocorrer em qualquer dessas fases processuais, significando que o nome do responsável não precisa estar na CDA; evidência complementar disto está em que a decisão do incidente cabe ao juiz ou ao relator (art. 136, parágrafo único).

– É possível a inclusão do nome do responsável na CDA, tendo em vista que o § 2º do art. 134 do CPC dispensa a instauração do incidente se a desconsideração da personalidade jurídica for requerida na petição inicial, mas ainda assim a desconsideração deve ser decretada pelo juiz, para atender à reserva de jurisdição estatuída pelo art. 50 do CC.

Parte III – APLICABILIDADE DA "TUTELA DE EVIDÊNCIA" AO MANDADO DE SEGURANÇA

A Emenda Constitucional 45/2004, com o propósito de empreender verdadeira "reforma do Judiciário", aprimorou os direitos fundamentais ao incluir o inciso LXXVIII no art. 5º da CF, vez que assegurou aos jurisdicionados o direito à "razoável duração do processo e os meios que garantam a celeridade de sua tramitação".[38]

Muito embora o preceito constitucional da duração razoável tenha sido introduzido expressamente com o advento da Emenda Constitucional 45/2004, a busca por uma ordem jurídica justa e tempestiva encontrava respaldo, ainda que implicitamente, no art. 5º, XXXV (direito fundamental de ação), da Carta de 1988,[39] motivo pelo qual a modificação realizada pelo legislador derivado poderia ser dispensada.[40]

38. Dispositivo a respeito da célere tramitação dos processos estava previsto na Constituição de 1934 no art. 113, n. 35, o qual dispunha que "a lei assegurará o rápido andamento dos processos nas repartições públicas (...)". Esse dispositivo foi reproduzido no art. 141, § 36, I, do texto constitucional de 1946, mas não foi mantido na Constituição de 1988.

39. CF, art. 5º, XXXV: "XXXV – a lei não excluirá da apreciação do Poder Judiciário lesão ou ameaça a direito; (...)."

40. Cândido Rangel Dinamarco, *Instituições de Direito Processual Civil*, 8ª ed., vol. I, revista e atualizada segundo o novo Código de Processo Civil, São Paulo, Malheiros Editores, 2016, p. 262.

Nota-se que a garantia constitucional da duração razoável do processo constitui corolário do princípio contido no art. 5º, XXXV, na medida em que a tutela jurisdicional deve ser prestada de forma *eficaz*[41] a fim de que o Poder Judiciário possa viabilizar a realização do direito material reservado às partes. Contudo, não se pode afirmar que os operadores do Direito tivessem extraído do direito de ação a compreensão clara da tutela efetiva e, consequentemente, da duração razoável.

Por esse motivo se fez necessário incluir entre os direitos fundamentais um dispositivo autônomo que irradiasse efeitos não só sobre o Poder Judiciário, mas também sobre o Executivo e o Legislativo, na tentativa de afastar qualquer dúvida sobre a necessidade de observância do direito fundamental à razoável duração do processo e às técnicas necessárias para lhe outorgar agilidade.[42]

No plano internacional a prestação jurisdicional célere e efetiva já estava consagrada em tratados internacionais de direitos humanos como, por exemplo, o *Pacto de San José da Costa Rica* (arts. 7º, 5, 8º, 1, 25, 1) e a *Convenção Europeia de Direitos Humanos* (art. 6º, 1), tendo a doutrina produzido farto material a respeito do tema.

A tendência de que o direito processual deve dar *efetividade* ao direito com a *eficiência* desejada e no tempo *razoável* para atender aos ditames constitucionais fez com que o *Codex* processual anterior fosse alterado, com a adoção de técnicas até então desconhecidas pelo legislador pátrio. A generalização da antecipação de tutela (art. 273 do CPC/1973); a autorização para que o juiz julgue, desde logo, um dos pedidos, permitindo a continuidade do processo com relação ao outro (art. 273, § 6º, do CPC/1973); a previsão de julgamento imediato do processo quando no juízo já houverem sido proferidas sentenças de improcedência (art. 285-A do CPC/1973); a necessidade de demonstração da repercussão geral (art. 102, § 3º, da CF/1988); a sistemática dos recursos repetitivos (art. 543-C do CPC/1973); as súmulas vinculantes (art. 103-A da CF/1988); a autorização para que o tribunal negue seguimento a recurso em desconformidade com a jurisprudência dominante (art. 557 do CPC/1973),

41. Ao analisarem o princípio da duração razoável do processo, José Miguel Garcia Medida e Teresa Arruda Alvim Wambier ressaltam que "eficaz é a tutela jurisdicional prestada tempestivamente, e não tardiamente" (*Processo Civil Moderno 1 – Parte Geral e Processo de Conhecimento*, 4ª ed., São Paulo, Ed. RT, 2014, p. 72).

42. Luiz Guilherme Marinoni, *Abuso de Defesa e Parte Incontroversa da Demanda*, 2ª ed., São Paulo, Ed. RT, 2011, p. 27.

são exemplos clássicos da tentativa do legislador de reduzir os efeitos danosos da demora na prestação jurisdicional definitiva.

Atento às constantes modificações no direito processual civil e no direito constitucional, o insigne processualista José Roberto Bedaque ressaltava que "*processo* não é, nem poderia ser, somente forma. Toda a organização e a estrutura desse mecanismo encontram sua razão de ser nos valores e princípios constitucionais por ele incorporados. A técnica processual, em última análise, destina-se a assegurar o justo processo, ou seja, aquele desejado pelo legislador ao estabelecer o modelo constitucional ou devido processo constitucional".[43]

Os ensinamentos de Bedaque mostram-se ainda mais atuais se confrontados com a Exposição de Motivos do Anteprojeto do Código de Processo Civil/2015, o qual explicitou a importância da *harmonia* da ordem processual com a Constituição Federal e a necessidade de inclusão expressa de princípios constitucionais entre as normas de natureza processual, além de criar técnicas específicas para dar concretude aos desígnios constitucionais.

Nesse passo, o Código de Processo Civil/2015 mantém a convergência com o direito constitucional ao estabelecer, logo no art. 4º, que "as partes têm direito de obter em prazo razoável a solução integral do mérito, incluída a atividade satisfativa". Mais adiante, ao tratar dos deveres dos magistrados, o Código estabelece, no art. 139, II, que o juiz deve "velar pela duração razoável do processo".

Como se vê, o *princípio da duração razoável* do processo foi expressamente incorporado ao Código vigente, mas não se pode interpretar "o direito de obter em prazo razoável a solução integral da lide" sem levar em consideração o risco de afronta à segurança jurídica, pois uma decisão excessivamente célere e sem a adequada análise dos fundamentos fáticos e jurídicos do caso concreto contradiz não só a segurança jurídica, como também o devido processo legal, os quais representam valores caros para o direito processual e que o legislador buscou preservar ao longo de todo o Código.[44]

43. José Roberto dos Santos Bedaque, *Efetividade do Processo e Técnica Processual*, 3ª ed., São Paulo, Malheiros Editores, 2010, p. 26.

44. Alexandre Ávalo Santana, "Os princípios do novo Código de Processo Civil e a tutela eficiente em tempo razoável", in *Novas Tendências do Processo Civil*, vol. 2, Salvador/BA, Juspodivm, 2014, p. 18.

Assim, nas diretrizes estabelecidas pelo Anteprojeto e adotadas pelo Código há um verdadeiro equilíbrio entre os princípios da duração razoável, segurança jurídica e devido processo legal, devendo estes ser observados para que não haja afronta à Constituição, bem como às regras processuais.[45]

É nesse contexto que se insere o estudo sobre a técnica da antecipação dos efeitos da tutela, em relação à qual o Código/2015, no Livro V da Parte Geral, inovou o regime das tutelas de urgência e sistematizou a tutela de evidência.

Dentre as novas disposições do Código de Processo Civil, o presente estudo, com o objetivo de responder às questões formuladas, analisará a aplicabilidade da *tutela provisória de evidência*, prevista no art. 311, ao mandado de segurança. Além disso, analisaremos a possibilidade de as liminares proferidas em sede mandamental se submeterem ao instituto da "estabilização" da tutela provisória a que se refere o art. 304.

4. Mandado de segurança

4.1 Aplica-se ao mandado de segurança a figura da "tutela de evidência" (art. 311 do CPC/2015)?

O Código de Processo Civil/2015 procurou redimensionar os mecanismos até então disponíveis para abreviar o andamento do processo sem deixar de se preocupar com a preservação da segurança jurídica. Dentre as inovações empreendidas para tal desiderato, o legislador aperfeiçoou as espécies de tutelas jurisdicionais diferenciadas, as denominadas tutelas de urgência e de evidência. Daí decorre a importância de se ter presente a estrutura organizacional estabelecida pelas novas regras processuais.

No Livro V da Parte Geral do Código o legislador cuidou da chamada *tutela provisória*, desmembrando em três títulos a sistematização do instituto, sendo que o primeiro trata das disposições gerais sobre a tutela de urgência e evidência; o segundo contém capítulo específico sobre as disposições gerais da tutela de urgência (antecipada e cautelar), bem como dois capítulos destinados à regulamentação da tutela antecipada antecedente e tutela cautelar antecedente. Por fim, o Título III tratou da tutela de evidência, que, como se verá adiante, não se trata de figura processual totalmente nova.

45. Idem, ibidem.

As cautelares típicas do Código de Buzaid foram extintas, ficando a cargo do art. 301 a previsão legal sobre arresto, sequestro, arrolamento de bens e registro de protesto contra alienação de bem. Ao longo da Parte Especial do Código foram regulamentados os outros procedimentos cautelares específicos do Código/1973. Já, as medidas cautelares inominadas, até então admitidas como subsidiárias das cautelares típicas, passam a constituir a regra geral na redação do art. 296, o qual confere ao juiz o amplo e polêmico poder de "determinar as medidas que considerar adequadas para efetivação da tutela provisória".

Não obstante as inúmeras novidades do Código vigente, todo o arcabouço doutrinário da época do Código/1973 deve ser utilizado para a correta compreensão das espécies de tutela provisória, pois o diploma legal vigente não logrou êxito em dirimir os conflitos existentes a respeito da natureza jurídica das tutelas de urgência: antecipada e cautelar.

Segundo o entendimento dominante após a reforma processual de 1994, empreendida pela Lei 8.952/1994, a tutela antecipada engloba a noção de *satisfatividade* do pedido formulado pelo autor, dada a alta probabilidade do direito apresentado, aliada às provas produzidas e aos fundamentos de fato. Ou seja: haveria uma antecipação provisória do provimento final pleiteado, em virtude do alto grau de probabilidade do direito, podendo a tutela, no momento da decisão final de cognição exauriente, ser confirmada, alterada ou revogada.

Por sua vez, o conteúdo da tutela cautelar engloba a noção de provimento instrutório do processo, visando a assegurar a eficácia da decisão final no processo principal (o direito acautelado). O provimento cautelar, a todo rigor, não tem o mesmo conteúdo do pedido principal, na medida em que não antecipa o provimento final, mas apenas assegura sua eficácia.[46]

Assim, o Código/2015 não rompe com a diferenciação estabelecida até então, mas procura sistematizar as espécies de tutela entre cautelares e

46. Essa assertiva deve ser lida com temperamentos, na medida em que processualistas consagrados propõem diferentes critérios para a identificação da tutela, ora plasmados na natureza do direito postulado e seus efeitos para a própria preservação do processo, ora pautados nos efeitos práticos colimados. Cassio Scarpinella Bueno (*Tutela Antecipada*, São Paulo, Saraiva, 2004, pp. 23-24) aponta técnica interessante para distinção entre as tutelas: "Deve-se analisar se os efeitos práticos que a tutela gera se confundem – total ou parcialmente – com os efeitos que serão criados com o resultado final do processo. Havendo tal coincidência, a tutela de urgência será antecipada, e no caso contrário será cautelar".

antecipadas, além de classificá-las, pelo critério da natureza, em urgência e evidência.[47]

Para a correta compreensão da tutela de evidência é preciso ter em mente que a evidência orbita a seara dos fatos, constituindo pressuposto para a tutela jurisdicional diferenciada da evidência. Em outras palavras: pode-se dizer que a evidência não constitui um tipo de tutela jurisdicional, mas, sim, um fato que pode ser levado à apreciação do Poder Judiciário para que seja concedida ao requerente, mediante técnica específica ou diferenciada, a tutela de evidência.[48]

Portanto, na hipótese em que o direito se mostra evidente, inequívoco e manifesto não se pode postergar a satisfação daquele que o demonstra, de plano, já que "o tempo do processo deve ser visto como um ônus, devendo ser dividido entre as partes para que a jurisdição possa se desincumbir do seu dever de prestar a tutela jurisdicional de forma isonômica";[49] afinal, como visto linhas cima, a efetividade da jurisdição apenas é obtida por meio da celeridade.

Embora o Código de Processo Civil/2015 contenha dispositivo específico a respeito da tutela da evidência, no antigo sistema já se podia identificar, ainda que com terminologia diversa, a previsão da antecipação satisfativa em virtude da evidência pelo abuso do direito de defesa ou manifesto propósito protelatório do réu (art. 273, II, do CPC/1973) e, ainda, pela incontrovérsia parcial (art. 273, § 6º, do CPC/1973). Tratando ainda da tutela dos direitos evidentes, em procedimentos especiais, estão a liminar de manutenção e reintegração de posse, a decisão antecipada em ação monitória e em embargos de terceiro.

No Código vigente a tutela de evidência é anunciada no art. 294 e sistematizada no art. 311,[50] de modo que passa a ter aplicação expressa

47. CPC/2015: "Art. 294. A tutela provisória pode fundamentar-se em urgência ou evidência".

48. Fredie Didier Jr., Paula Sarno Braga e Rafael Alexandria de Oliveira, *Curso de Direito Processual Civil*, 10ª ed., vol. 2, Salvador, Juspodivm, 2015, p. 617.

49. Luiz Guilherme Marinoni, *Abuso de Defesa e Parte Incontroversa da Demanda*, cit., 2ª ed., p. 11.

50. CPC/2015:

"Art. 311. A tutela de evidência será concedida, independentemente da demonstração de perigo de dano ou de risco ao resultado útil do processo, quando: I – ficar caracterizado o abuso do direito de defesa ou o manifesto propósito protelatório da parte; II – as alegações de fato puderem ser comprovadas apenas documentalmente e houver tese firmada em julgamento de casos repetitivos ou em súmula vinculante;

às relações jurídicas que não demandem ritos ou atos diferenciados para a análise e a satisfação do direito material levado à apreciação do Poder Judiciário, valendo ressaltar que a concessão da tutela de evidência prescinde da demonstração do perigo de dano ou de risco ao resultado útil do processo. Basta que o requerente da medida demonstre que seu pedido se enquadra entre um dos incisos do art. 311 e apresente as provas das alegações de fato e da demonstração de probabilidade do direito pleiteado.

Não há dúvida a respeito da aplicabilidade da tutela provisória de evidência para as lides regidas pelo chamado *procedimento comum*, o qual englobou a divisão do Código anterior, que o dividia em *sumário* e *ordinário* (art. 272 do CPC/1973). Eventuais questionamentos a respeito do cabimento deste instituto aos procedimentos especiais[51] e ao processo de execução[52] também não se justificam, pois o parágrafo único do art. 318[53] não deixa margem para interpretações divergentes. A ausência de previsão de concessão de tutela de evidência para os procedimentos especiais e de execução enseja a aplicação subsidiária das regras do rito comum, desde que estas não conflitem com a natureza daquelas.[54]

Das quatro hipóteses elencadas pelo art. 311, a contida no inciso II é a de maior relevância para as relações jurídicas tributárias materializadas no âmbito do mandado de segurança. Tal dispositivo é claro ao autorizar a concessão de tutela provisória de evidência quando "as alegações de fato puderem ser comprovadas apenas documentalmente e houver tese firmada em julgamento de casos repetitivos".

Contudo, para a plena compreensão da aplicabilidade da tutela de evidência ao mandado de segurança e, por consequência, aos procedimentos especiais previstos em leis extravagantes faz-se crucial a absorção das

III – se tratar de pedido reipersecutório fundado em prova documental adequada do contrato de depósito, caso em que será decretada a ordem de entrega do objeto custodiado, sob cominação de multa; IV – a petição inicial for instruída com prova documental suficiente dos fatos constitutivos do direito do autor, a que o réu não oponha prova capaz de gerar dúvida razoável.

"Parágrafo único. Nas hipóteses dos incisos II e III, o juiz poderá decidir liminarmente."

51. Previstos no Título III do Livro I da Parte Especial do Código de Processo Civil/2015.

52. Previsto no Livro II da Parte Especial do Código de Processo Civil/2015.

53. CPC/2015: "Art. 318. (...). Parágrafo único. O procedimento comum aplica-se subsidiariamente aos demais procedimentos especiais e ao processo de execução."

54. Fredie Didier Jr., Paula Sarno Braga e Rafael Alexandria de Oliveira, *Curso de Direito Processual Civil*, cit., 10ª ed., vol. 2, p. 619.

premissas estabelecidas na parte inicial deste texto. Isto porque, dadas a organicidade e harmonia do ordenamento jurídico, a norma não produz os efeitos a que se propõe pelo simples fato de constar neste ou naquele diploma normativo. É imprescindível que o dispositivo em exame (art. 311 do CPC/2015) seja conjugado com os preceitos constitucionais, bem como com o espírito da lei processual.[55]

A intenção do legislador ordinário de expandir a aplicação das novas regras às leis especiais de todo o ordenamento está manifestada no art. 13, o qual é enfático ao prescrever que "a *jurisdição civil* será regida pelas normas processuais brasileiras, (...)". Estando as relações jurídicas de natureza tributária submetidas ao Código de Processo Civil, toda e qualquer restrição deve se dar apenas quando as consequências jurídicas da lei especial contradisserem com as da lei geral. Somem-se a isso as regras de subsidiariedade e supletividade consagradas no art. 15 do CPC/2015, as quais visam a conferir eficácia aos mandamentos constitucionais, consoante explicitado no início deste estudo.

Em reforço à aplicação supletiva do *Codex* vigente e com a nítida preocupação com a duração razoável do processo, o legislador ordinário, ao tratar das disposições finais, foi expresso ao pontuar no § 2º do art. 1.046: "Permanecem em vigor as disposições especiais dos procedimentos regulados em outras leis, aos quais se aplicará *supletivamente* este Código".

Identificados os dispositivos aplicáveis às leis especiais e estabelecidas as premissas necessárias, relevante transcrever o dispositivo da Lei 12.016/2009 que disciplina a concessão de medida liminar em mandado de segurança:

> Art. 7º. Ao despachar a inicial, o juiz ordenará: (...); III – que se suspenda o ato que deu motivo ao pedido, quando houver fundamento

55. Mais uma vez se mostram oportunas as lições de Carlos Maximiliano, *Comentários à Constituição Brasileira de 1946*, 5ª ed., vol. I, pp. 133-134, *apud* Roque Antonio Carrazza, *Curso de Direito Constitucional Tributário*, 30ª ed., São Paulo, Malheiros Editores, 2015, p. 1.093: "O todo deve ser examinado com o intuito de obter o verdadeiro sentido de cada uma das partes. 'A Constituição não destrói a si própria. Em outros termos, o poder que ela confere com a mão direita não retira, em seguida, com a esquerda'. Conclui-se deste postulado não poder a garantia individual, a competência, a faculdade ou a proibição encerrada num dispositivo ser praticamente anulada por outro; não procede a exegese incompatível com o espírito do estatuto, nem com a índole do regime".

> relevante e do ato impugnado puder resultar a ineficácia da medida, caso seja finalmente deferida, sendo facultado exigir do impetrante caução, fiança ou depósito, com o objetivo de assegurar o ressarcimento à pessoa jurídica.

A regra deve ser lida em conjunto com os dispositivos que tratam das "tutelas provisórias", pois só assim será possível concluir que as medidas liminares em mandado de segurança podem ser concedidas sem a necessidade de urgência (*periculum in mora*). Conforme já mencionado, o art. 294 do CPC/2015 autoriza a concessão da tutela provisória com base no direito evidente, desde que preenchidos os pressupostos do inciso II do art. 311.[56]

Ao tratar dos "direitos evidentes" sob a égide do Código/1973 o Min. Luiz Fux já traçava interessante paralelismo entre *evidência* e *fumus boni iuris*.[57] Para o autor a evidência manifestada e acompanhada de prova documental justificaria, inclusive, a cognição rápida e exauriente, pois

> a evidência exclui a cognição sumária, porque é o próprio objeto litigioso que se oferece completo ao juízo. A margem de erro é aquela que se verifica em todo provimento mesmo de cognição dita exauriente e como consectário da humanidade do julgador.[58]

No entanto, o Código de Processo Civil/2015 optou por adotar posição mais restritiva do que a que fora vislumbrada por Fux, até porque exigências decorrentes do princípio do contraditório, traço marcante do Código vigente, impedem que se confira efeito definitivo à tutela concedida nas hipóteses do art. 311.

De qualquer maneira, a alta probabilidade da existência do direito afirmado pelo autor atrai para o *fumus boni iuris* os motivos para a concessão da liminar em mandado de segurança, deixando o *periculum in mora* de ser um pressuposto para seu deferimento. É como se a expressa autorização legal para que a tutela de evidência seja concedida *independentemente da demonstração de perigo de dano ou de risco ao resultado*

56. Cassio Scarpinella Bueno, "O mandado de segurança e o novo Código de Processo Civil", in *Novo Código de Processo Civil: Impactos na Legislação Extravagante e Interdisciplinar*, vol. 1, São Paulo, Saraiva, 2016, p. 200.

57. "*Mutatis mutandis* poder-se-ia aplicar à evidência a doutrina da 'liquidez e certeza' que informa o mandado de segurança e a execução."

58. Luiz Fux, *Tutela de Segurança e Tutela de Evidência (Fundamentos da Tutela Antecipada)*, São Paulo, Saraiva, 1996.

útil do processo desfigurasse o campo de gravidade das liminares em mandado de segurança, deslocando o *periculum in mora* do eixo central das ações mandamentais.

A despeito da letra fria do art. 7º, III, da Lei 12.016/2009, a medida liminar poderá ser deferida, *inaudita altera parte*, com fundamento na evidência, desde que haja tese firmada em julgamento de casos repetitivos ou em súmula vinculante e os fatos possam ser provados apenas documentalmente.

A necessidade da apresentação de prova pré-constituída para propiciar a verificação da certeza dos fatos a ela relacionados, justamente para tornar evidente o direito líquido e certo, acaba por aproximar a natureza da tutela veiculada no art. 311 e a tutela da Lei especial do Mandado de Segurança, revelando mais um ponto favorável ao deferimento da liminar em mandado de segurança com base nos preceitos da tutela provisória de evidência, os quais estão manifestados no art. 311.

Conclusão em sentido contrário, além de atentar ao próprio espírito de celeridade que a Constituição procurou empreender ao mandado de segurança, deixaria este remédio constitucional em patamar inferior ao de outras modalidades de provimento jurisdicional. Se considerarmos que o direito processual civil está cada vez mais alinhado com o direito constitucional, o entendimento pela incompatibilidade de tutelas que estão em harmonia por puro apego a minúcias processuais, em essência, retira do ordenamento mecanismo salutar para toda a sociedade.

Portanto, da análise sistemática, teleológica e extensiva das regras processuais é possível concluir pela possibilidade da concessão da medida liminar prevista no art. 7º, III, da Lei 12.016/2009 sob o regime da tutela de evidência do art. 311, II, do CPC/2015. Ou seja: desde que provados os fatos alegados pelo impetrante e o *fumus boni iuris* decorrer de fundamento abarcado em tese jurídica firmada em enunciado de súmula vinculante (art. 927, II) ou em julgamento de casos repetitivos (arts. 927, III, e 928),[59] a tutela de evidência em ações mandamentais poderá ser concedida liminarmente e sem a necessidade de demonstração do *periculum in mora*.

59. A proposta de estender a concessão da tutela de evidência para outros precedentes obrigatórios listados no art. 927 do CPC vem ganhando força na doutrina e deve ser objeto de reflexões pelos operadores do Direito, para que este instituto cumpra seu propósito de tutelar o chamado "direito evidente" sem que a parte que o demonstre tenha que suportar o ônus do tempo do processo (Lucas Buril Macêdo, *Precedentes Judiciais e o Direito Processual Civil*, Salvador, Juspodivm, 2015, pp. 544 e ss.).

4.2 As liminares deferidas em sede de mandado de segurança submetem-se ao instituto da "estabilização" da tutela provisória previsto no art. 304 do CPC/2015?

Conforme visto linhas acima, o CPC/2015 tratou da chamada "tutela provisória" nos arts. 294 a 311, organizando-a em tutelas de urgência (subdivididas em cautelar e antecipada) e de evidência. Ao lado da unificação dos pressupostos para a concessão da tutela de urgência (*probabilidade do direito* e *perigo de dano ou o risco ao resultado útil ao processo*), a grande inovação na parte destinada aos provimentos de cognição sumária está na inclusão da previsão de estabilização da antecipação da tutela.

Essa inovação implementada pelo Código vigente já vinha sendo debatida pela doutrina brasileira em função da legislação alienígena,[60] principalmente da italiana e da francesa, tendo sido objeto, inclusive, do Projeto de Lei 186/2005[61] do Senado Federal, o qual pretendia alterar o art. 273 do Código anterior.

Com as novas disposições a legislação brasileira segue a tendência do Direito estrangeiro de criar um procedimento com aptidão para a estabilização da tutela antecipada de urgência sem que isso signifique a formação da coisa julgada. Trata-se de procedimento com o objetivo de satisfazer de forma imediata o direito pleiteado pelo autor, tornando despiciendo o exercício da cognição exauriente ante a inércia do réu.

Com isso, há um parcial rompimento com o sistema anterior, que previa como características basilares das tutelas provisórias a *sumariedade da cognição* (análise superficial do direito litigioso) e a *precariedade* (possibilidade de reversão a qualquer tempo).[62]

A legislação processual em vigor disciplina o novo instituto preservando a ideia de estabilização das tutelas antecipadas, mas com sensíveis

60. Na Exposição de Motivos do Anteprojeto do Código/2015 a inspiração italiana e francesa é confessada expressamente: "(...) o novo Código de Processo Civil criou, inspirado no sistema italiano e francês, a estabilização de tutela, a que já se referiu no item anterior, que permite a manutenção da eficácia da medida de urgência, ou antecipatória de tutela, até que seja eventualmente impugnada pela parte contrária".

61. Esse Projeto de Lei foi fruto do trabalho desenvolvido por processualistas do Instituto Brasileiro de Direito Processual/IBDP, tendo sido encaminhado ao Senado Federal pela professora Ada Pellegrini Grinover.

62. A impossibilidade da formação da coisa julgada em decisões dessa natureza permanece inalterada.

alterações desde a concepção do Anteprojeto. De acordo com a redação definitiva do art. 304 do CPC/2015: "A tutela antecipada, concedida nos termos do art. 303, torna-se estável se da decisão que a conceder não for interposto o respectivo recurso". Ou seja: a tutela antecipada deferida em caráter antecedente estabiliza sem a necessidade de cognição exauriente caso o réu não tenha contra ela se insurgido por meio do recurso cabível.[63]

Em linhas gerais, os requisitos da estabilização da tutela podem ser extraídos dos arts. 303 e 304 do CPC da seguinte forma: (a) a tutela provisória antecipada (satisfativa) prevista no art. 303 deve ter sido requerida em caráter antecedente; (b) o autor deve manifestar expressamente na petição inicial o pedido de tutela satisfativa antecedente e o interesse no regime da estabilização, renunciando ao direito de prosseguir com o processo na hipótese de inércia do réu; (c) a concessão da tutela provisória deve ter ocorrido em caráter antecedente; e (d) o réu deve ter deixado transcorrer o prazo para a interposição do recurso cabível.

Além de todos esses requisitos, cabe observar que durante a tramitação do Projeto do Código na Câmara foi inserida no § 5º do art. 304 a limitação de dois anos para que o réu ajuíze ação autônoma pleiteando a revisão da decisão provisória que fora estabilizada. Talvez esse seja o aspecto de maior dificuldade teórica do regime da estabilização, pois, escoado o prazo para a propositura da referida ação, não há a formação da coisa julgada, por expressa previsão no § 6º do art. 304, mas os efeitos da estabilização se projetam indefinidamente no tempo.

Diversos aspectos do regime da estabilização da tutela têm suscitado debates da doutrina, seja pela dificuldade de compatibilizar as novas regras com as situações práticas vislumbradas até então, seja pela novidade do instituto para a legislação processual brasileira. Nesta parte do texto iremos nos ater à compatibilidade do mecanismo da estabilização com as liminares deferidas em sede de mandado de segurança.

Dentro desse contexto, é preciso observar que o legislador procurou atenuar as divergências surgidas sob a égide do Código revogado, aglutinando as tutelas cautelar e antecipada na chamada "tutela provisória".

63. Não obstante o *caput* do art. 304 não especifique qual recurso deve ser interposto, o agravo de instrumento, nos termos do art. 1.015, I, é o recurso cabível contra as decisões interlocutórias que versem sobre tutela provisória. Apesar da expressa menção do art. 304 a recurso, é defensável a posição de parte da doutrina no sentido de que para a estabilização o réu não pode se ter valido de nenhum meio de impugnação, desde que o inconformismo do réu seja manifestado no prazo para recorrer.

Para tanto, elegeu os mesmos pressupostos para sua concessão no *caput* do art. 300 do CPC,[64] dentre outras disposições gerais. Contudo, restringiu expressamente a possibilidade de estabilização apenas para a tutela antecipada concedida em caráter antecedente.

Embora tutelas de cognição sumária previstas no Código de Processo Civil sejam aplicáveis aos procedimentos especiais e leis extravagantes do nosso sistema, não nos parece adequado estender a estabilização para as relações jurídicas de natureza tributária, em virtude das restrições do direito material e também das regras processuais.

Isso porque a ideia de efetividade extraída da Constituição Federal não significa celeridade a qualquer custo. Devem ser preservadas a formação do contraditório e a *primazia do julgamento de mérito*,[65] as quais são postulados incompatíveis com o regime da estabilização, o qual visa justamente a afastar a apreciação do mérito.

Além disso, sendo estabilizada a decisão que concede medida liminar em ação mandamental pela inércia do ente público, poder-se-ia gerar a decisão-surpresa, tão repudiada pela vigente ordem processual.[66]

O próprio princípio da indisponibilidade do patrimônio público confere à estabilização um caráter mais restrito em matéria tributária, não podendo a Administração Pública dispor do tributo ou deixar de cobrá-lo, sob pena de responsabilidade funcional.

Por outro prisma, pode-se sustentar que, pelo fato de o legislador ter restringido a estabilização às tutelas antecipadas, que visam a satisfazer o provimento final pleiteado, a possibilidade de aplicação aos provimentos cautelares de natureza assecuratória, nos quais estão incluídas as limi-

64. CPC/2015: "Art. 300. A tutela de urgência será concedida quando houver elementos que evidenciem a probabilidade do direito e o perigo de dano ou o risco ao resultado útil do processo".

65. CPC/2015: "Art. 4º. As partes têm o direito de obter em prazo razoável a solução integral do mérito, incluída a atividade satisfativa".

66. CPC/2015:

"Art. 9º. Não se proferirá decisão contra uma das partes sem que ela seja previamente ouvida.

"Parágrafo único. O disposto no *caput* não se aplica: I – à tutela provisória de urgência; II – às hipóteses de tutela da evidência previstas no art. 311, incisos II e III; III – à decisão prevista no art. 701.

"Art. 10. O juiz não pode decidir, em grau algum de jurisdição, com base em fundamento a respeito do qual não se tenha dado às partes oportunidade de se manifestar, ainda que se trate de matéria sobre a qual deva decidir de ofício."

nares em mandado de segurança,[67] estaria excluída.[68] Note-se que uma liminar deferida para suspender a exigibilidade do crédito tributário com fundamento no art. 151, IV, do CTN não possui o condão de extinguir o crédito tributário. As hipóteses de extinção estão taxativamente previstas no art. 156 do CTN, valendo observar que no inciso X está a previsão de extinção por "decisão judicial passada em julgado".

E nem poderia ser diferente, pois o art. 146, III, "b", da CF/1998 outorga à lei complementar a competência para "estabelecer normas gerais em matéria de legislação tributária", em especial sobre as formas de extinção do crédito tributário, não podendo a legislação ordinária processual, ainda que por meio indireto, pretender extinguir tributo.

À vista do exposto, pode-se concluir que a estabilização implementada pelo legislador no art. 303 do CPC está adstrita às tutelas satisfativas previstas no art. 304, não sendo adequada ao procedimento do mandado de segurança, em função das peculiaridades inerentes ao crédito tributário.

67. Adotando linha mais abrangente, Leonardo Carneiro da Cunha pondera que: "A liminar, em mandado de segurança, tanto pode ter natureza cautelar como natureza satisfativa, a depender do pedido formulado pelo impetrante" (*A Fazenda Pública em Juízo*, 13ª ed., Rio de Janeiro, Forense, 2016, p. 575).

68. Enunciado 420 do Fórum Permanente de Processualistas Civis: "Não cabe estabilização de tutela cautelar".

COISA JULGADA EM MATÉRIA TRIBUTÁRIA EM FACE DO CÓDIGO DE PROCESSO CIVIL/2015

Márcio Severo Marques
Fernando A. M. Canhadas

Fomos convidados para escrever acerca de um dos temas pertinentes ao processo tributário colocados em face do Código de Processo Civil/2015, que entrou em vigor em 18.3.2015, por meio do advento da Lei 13.105, de 16.3.2015.

Optamos por tratar de dois temas em especial, ambos relacionados à coisa julgada em matéria tributária e às novas hipóteses de ação rescisória: as eventuais implicações das previsões contidas no art. 525, §§ 12 e 15, do CPC/2015 no que diz respeito aos efeitos de uma ação rescisória no caso de eventual alteração na jurisprudência do STF, assim como em relação à retroatividade desses efeitos no caso de decisão rescindenda que reconhece a inconstitucionalidade de norma tributária.

Pretendemos responder objetivamente às seguintes questões que nos foram formuladas:

> ***5. Coisa julgada***
>
> *5.1 Em face do art. 525, §§ 12 e 15, do CPC/2015, quais devem ser os efeitos de uma ação rescisória movida em razão da alteração da jurisprudência do STF sobre determinada questão tributária? É possível atribuir efeitos* ***ex tunc*** *à rescisão do julgado?*
>
> *5.2 Quais os efeitos da decisão rescisória sobre o lapso decadencial? Imaginando-se um contribuinte que há mais de cinco anos não recolhe um tributo por conta de decisão judicial, passada*

em julgado, que o declarou inconstitucional, a posterior mudança no entendimento do STF sobre a validade de tal tributo poderia legitimar a propositura e a procedência de ação rescisória, com a posterior autuação do contribuinte relativamente a todo o período?

Antes de analisarmos o mérito dessas indagações, entendemos necessário fixar algumas premissas relevantes acerca do tema.

Dos efeitos da coisa julgada

É necessário lembrar que, antes de se tratar de instituto previsto na legislação processual, a coisa julgada é garantia prevista pelo art. 5º, XXXVI, da CF, por meio da qual se assegura a imutabilidade do conteúdo das decisões judiciais definitivas. E como garantia individual fundamental é cláusula pétrea, não pode sequer ser objeto de deliberação a proposta de emenda tendente a aboli-la, tal como preceitua de forma peremptória o art. 60, § 4º, do texto constitucional.

O CPC anterior, em seu art. 467, denominava coisa julgada material "a eficácia que torna imutável e indiscutível a sentença, não mais sujeita a recurso ordinário ou extraordinário".

Com redação muito semelhante, o CPC/2015, em seu art. 502, prevê o seguinte:

> Art. 502. Denomina-se coisa julgada material a autoridade que torna imutável e indiscutível a decisão de mérito não mais sujeita a recurso.

Como se vê, tanto o diploma processual anterior como o atualmente vigente apontam duas características principais que distinguem a decisão de mérito passada em julgado: sua imutabilidade e a impossibilidade de rediscuti-la, porque não mais sujeita a recurso.

Não é diferente o entendimento da doutrina. De acordo com Wambier, Correia de Almeida e Talamini, a coisa julgada tem por característica principal fazer

> nascer a imutabilidade daquilo que tenha sido decidido para além dos limites daquele processo em que se produziu, ou seja, quando sobre determinada decisão judicial passa a pesar a autoridade de coisa

julgada não se pode mais discutir sobre aquilo que foi decidido em nenhum outro processo.[1]

Em suma: a coisa julgada é a propriedade que determina a imutabilidade de uma decisão judicial transitada em julgado, contra a qual não caibam mais recursos.

Para melhor construção do nosso raciocínio, abordemos rapidamente a questão relativa aos efeitos retroativos da declaração de inconstitucionalidade de determinada norma tributária pelo STF.

Dos efeitos retroativos da declaração de inconstitucionalidade pelo STF

Com relação aos efeitos de suas decisões no tempo, o STF sempre sustentou, como regra, a retroatividade das decisões declaratórias de inconstitucionalidade, tanto no exercício do controle difuso como no concentrado. Verifiquem-se, a propósito, as seguintes decisões:

> *Ementa*: Agravo regimental em recurso extraordinário – Município do Rio de Janeiro – Taxa de Coleta de Lixo e Limpeza Pública – Lei municipal n. 691/1984. 1. Não é legítima a cobrança de taxa quando vinculada não apenas à coleta de lixo domiciliar, mas também à limpeza de logradouros públicos, em benefício da população em geral, sem possibilidade de individualização dos respectivos usuários. Precedentes. 2. No que se refere aos efeitos da declaração de inconstitucionalidade, observa-se que, quando do julgamento do RE n. 256.588-ED/EDv, relatora a Min. Ellen Gracie, *DJU* 3.10.2003, o Tribunal, por meio de seu Órgão Plenário, declarou a inconstitucionalidade da Taxa de Coleta de Lixo e Limpeza Pública instituída pela Lei n. 691/1984 do Município do Rio de Janeiro, não fazendo qualquer ressalva quanto aos efeitos da decisão. Presume-se, assim, a eficácia retroativa – Agravo regimental a que se nega provimento. [*STF, 1ª Turma, RE/AgR 370.106-RJ, rel. Min. Eros Grau, j. 26.4.2005, DJU 13.5.2005*]

> *Ementa*: Controle concentrado de constitucionalidade – Procedência da pecha de inconstitucional – Efeito – Termo inicial – Regra *versus* exceção. A ordem natural das coisas direciona no sentido de ter-se como regra a retroação da eficácia do acórdão declaratório constitutivo negativo à data da integração, da lei fulminada por inconstitucional,

1. Luís Rodrigues Wambier, Flávio Renato Correia de Almeida e Eduardo Talamini, *Curso Avançado de Processo Civil*, vol. 1, São Paulo, Ed. RT, 2002, p. 565.

no arcabouço normativo, correndo à conta da exceção a fixação de termo inicial diverso.

Embargos declaratórios – Omissão – Fixação do termo inicial dos efeitos da declaração de inconstitucionalidade – Retroatividade total.

A inexistência de pleito de fixação de termo inicial diverso afasta a alegação de omissão relativamente ao acórdão por meio do qual se concluiu pelo conflito do ato normativo autônomo abstrato com a Constituição Federal, fulminando-o desde a vigência.

Cartórios judiciais – Privatização – Lei n. 9.880/1993 – Redação decorrente da Lei n. 10.544/1995 do Estado do Rio Grande do Sul – Inconstitucionalidade – Alcance da declaração.

O conflito frontal da lei do Estado com a Constituição Federal (art. 31 do ADCT) implicou o afastamento total e retroativo, à data do surgimento de eficácia, do ato. [*STF, Tribunal Pleno, ADI/ED 1.498-RS, rel. Min. Ilmar Galvão, rel. para o acórdão Min. Marco Aurélio, j. 10.4.2003, DJU 5.12.2003, Ement. 2135-02/362*]

Apenas em hipóteses excepcionais é que a Suprema Corte admite a atribuição de efeitos *ex nunc* à decisão que declara a inconstitucionalidade de normas jurídicas, conforme se verifica pelas seguintes ementas:

Recurso extraordinário – Municípios – Câmara de Vereadores – Composição – Autonomia municipal – Limites constitucionais – Número de vereadores proporcional à população – CF, art. 29, IV – Aplicação de critério aritmético rígido – Invocação dos princípios da isonomia e da razoabilidade – Incompatibilidade entre a população e o número de vereadores – Inconstitucionalidade, *incidenter tantum*, da norma municipal – Efeitos para o futuro – Situação excepcional. 1. O art. 29, inciso IV, da CF exige que o número de vereadores seja proporcional à população dos Municípios, observados os limites mínimos e máximos fixados pelas alíneas "a", "b" e "c". 2. Deixar a critério do legislador municipal o estabelecimento da composição das Câmaras Municipais, com observância apenas dos limites máximos e mínimos do preceito (CF, art. 29), é tornar sem sentido a previsão constitucional expressa da proporcionalidade. 3. Situação real e contemporânea em que Municípios menos populosos têm mais vereadores do que outros com um número de habitantes várias vezes maior. A ausência de um parâmetro matemático rígido que delimite a ação dos Legislativos Municipais implica evidente afronta ao postulado da isonomia. 4. Princípio da razoabilidade – Restrição legislativa. A aprovação de norma municipal que estabelece a composição da Câmara de Vereadores sem observância da relação cogente de proporção com a respectiva população configura excesso do poder de legislar, não encontrando eco no sistema constitucional vigente. 5. Parâmetro aritmético que atende ao comando expresso na Constituição Federal, sem que a proporcionalidade reclamada traduza qualquer lesão aos demais princípios constitucionais nem resultem formas estranhas e distantes da realidade dos Municípios brasileiros – Atendimento aos postulados da moralidade, impessoalidade e economicidade dos atos administrativos (CF, art. 37). 6. Fronteiras da autonomia municipal impostas pela própria Carta da República, que admite a proporcionalidade da representação política em face do número de habitantes – Orientação que se confirma e se reitera segundo o modelo de composição da Câmara dos Deputados e das Assembleias Legislativas (CF, arts. 27 e 45, § 1º) – Inconstitucionalidade. 7. Efeitos – Princípio da segurança jurídica – Situação excepcional em que a declaração de nulidade, com seus normais efeitos *ex tunc*, resultaria em grave ameaça a todo o sistema legislativo vigente – Prevalência do interesse público para assegurar, em caráter de exceção, efeitos para o futuro à declaração incidental de inconstitucionalidade – Recurso extraordinário conhecido e, em parte, provido. [*STF, Tribunal Pleno, RE 273.844-SP, rel. Min. Maurício Corrêa, j. 31.3.2004, DJU 21.5.2004 Ement. 2152-03/422*]

Constitucional – Administrativo – Servidor público – Remuneração: gratificação concedida com base na Lei n. 1.762/1986, art. 139, II, do Estado do Amazonas – Inconstitucionalidade frente à CF/1967, art. 102, § 2º – Efeitos do ato: sua manutenção. I – A lei inconstitucional nasce morta. Em certos casos, entretanto, os seus efeitos devem ser mantidos, em obséquio, sobretudo, ao princípio da boa-fé. No caso, os efeitos do ato, concedidos com base no princípio da boa-fé, viram-se convalidados pela Constituição Federal/88. II – Negativa de trânsito ao recurso extraordinário do Estado do Amazonas – Agravo não provido. [*STF, 2ª Turma, RE/AgR 431.996-AM, rel. Min. Carlos Velloso, j. 30.8.2005, DJU 23.9.2005*]

Conforme se verifica pela leitura dessas decisões, a não retroação dos efeitos de uma decisão declaratória de inconstitucionalidade é hipótese absolutamente excepcional, só admitida em casos que realmente possam representar comprometimento da segurança jurídica. A regra, em todos os demais casos, é a retroatividade.

E quando o STF atribui efeitos retroativos à decisão que declara a inconstitucionalidade de determinada norma jurídica ele está, na verdade, considerando que ela jamais chegou a integrar o direito positivo.

Esse também é nosso entendimento, já inclusive externado em outra oportunidade. Na ocasião escrevemos:

A nosso ver a norma inválida não pertence ao ordenamento positivo, não chega a integrar o sistema jurídico, ainda que venha a ser – ou tenha sido – aplicada, mesmo porque a aplicação é inevitável até que essa invalidade venha a ser reconhecida pelo Judiciário.

Para nós a validade de uma norma jurídica diz respeito à sua pertinência formal e material ao sistema, ou seja, às normas de superior hierarquia que lhe dão fundamento. Assim, para ser válida, a norma jurídica deve atender tanto aos requisitos formais exigidos pelo processo legislativo previsto para sua edição, como também aos requisitos materiais, concernentes à delimitação do âmbito material de competência da autoridade responsável por essa edição. Do contrário ela não é válida, e, portanto, não integra o ordenamento positivo.

Daí por que entendemos que, ao declarar a inconstitucionalidade (e, pois, invalidade) de uma norma, o Judiciário está reconhecendo a impertinência dessa norma inconstitucional ao sistema jurídico, desde o seu nascimento, ou seja, está declarando que ela nunca integrou o complexo de normas válidas que compõem o ordenamento positivo.[2]

Fixadas essas premissas, foquemo-nos, agora, diretamente nas questões que nos foram propostas.

Da ação rescisória no Código de Processo Civil/2015

No diploma processual anterior a ação rescisória estava autorizada nas hipóteses expressamente elencadas pelo art. 485:

Art. 485. A sentença de mérito, transitada em julgado, pode ser rescindida quando: I – se verificar que foi dada por prevaricação, concussão ou corrupção do juiz; II – proferida por juiz impedido ou absolutamente incompetente; III – resultar de dolo da parte vencedora em detrimento da parte vencida, ou de colusão entre as partes, a fim de fraudar a lei; IV – ofender a coisa julgada; V – violar literal disposição de lei; VI – se fundar em prova, cuja falsidade tenha sido apurada em processo criminal ou seja provada na própria ação rescisória; VII – depois da sentença, o autor obtiver documento novo, cuja existência ignorava, ou de que não pôde fazer uso, capaz, por si só, de

2. Fernando A. M. Canhadas e Marcio Severo Marques, "Coisa julgada e a inconstitucionalidade da base ampliada do PIS/COFINS (art. 3º, § 1º, da Lei 9.718/1998)", in Hugo de Brito Machado (org.), *Coisa Julgada. Constitucionalidade e Legalidade em Matéria Tributária*, 1ª ed., vol. 1, São Paulo, Dialética, 2006, pp. 346-366.

lhe assegurar pronunciamento favorável; VIII – houver fundamento para invalidar confissão, desistência ou transação.

Com a entrada em vigor do Código de Processo Civil/2015 nova hipótese de ação rescisória foi contemplada no caso de haver decisão do STF sobre a inconstitucionalidade de norma jurídica. Neste caso, se houver decisão transitada em julgado, proferida em controle difuso, reconhecendo a validade dessa mesma norma jurídica, caberá ação rescisória no prazo de cinco anos contados do trânsito em julgado da decisão proferida pelo STF. É o que inferimos das disposições do seu art. 525, do qual destacamos apenas o trecho que diretamente nos interessa:

> Art. 525. Transcorrido o prazo previsto no art. 523 sem o pagamento voluntário, inicia-se o prazo de 15 (quinze) dias para que o executado, independentemente de penhora ou nova intimação, apresente, nos próprios autos, sua impugnação.
>
> § 1º. Na impugnação, o executado poderá alegar: (...); III – inexequibilidade do título ou inexigibilidade da obrigação; (...).
>
> (...).
>
> § 12. Para efeito do disposto no inciso III do § 1º deste artigo, considera-se também inexigível a obrigação reconhecida em título executivo judicial fundado em lei ou ato normativo considerado inconstitucional pelo Supremo Tribunal Federal, ou fundado em aplicação ou interpretação da lei ou do ato normativo tido pelo Supremo Tribunal Federal como incompatível com a Constituição Federal, em controle de constitucionalidade concentrado ou difuso.
>
> § 13. No caso do § 12, os efeitos da decisão do Supremo Tribunal Federal poderão ser modulados no tempo, em atenção à segurança jurídica.
>
> § 14. A decisão do Supremo Tribunal Federal referida no § 12 deve ser anterior ao trânsito em julgado da decisão exequenda.
>
> § 15. Se a decisão referida no § 12 for proferida após o trânsito em julgado da decisão exequenda, caberá ação rescisória, cujo prazo será contado do trânsito em julgado da decisão proferida pelo Supremo Tribunal Federal.

Comparando os dois artigos, verificamos que nos termos do diploma anterior a propositura de ação rescisória para a impugnação de decisão judicial fundamentada em norma geral e abstrata posteriormente declarada inconstitucional só poderia se fundamentar no inciso V do art. 485 do CPC revogado, ou seja, apenas na hipótese de "violar literal disposição de lei". Assim, esse dispositivo era compreendido de forma ampla, para alcançar também os casos de violação a literal disposição constitucional.

Seguindo esse mesmo entendimento, a jurisprudência do colendo STF, consolidada na Súmula 343, estabeleceu apenas a seguinte restrição no que tange ao cabimento da ação rescisória com fundamento no referido inciso V do art. 485 do CPC anterior:

> Súmula 343. Não cabe ação rescisória por ofensa a literal dispositivo de lei, quando a decisão rescindenda se tiver baseado em texto legal de interpretação controvertida nos tribunais.

Desse modo, de acordo com o entendimento consolidado na referida Súmula 343/STF, se por ocasião da decisão rescindenda a jurisprudência dos tribunais não fosse controversa acerca da interpretação do texto legal não seria cabível ação rescisória com fundamento no art. 485, V, do CPC então vigente.[3]

Por outro lado, se a jurisprudência dos tribunais fosse controvertida admitia-se a invocação dessa Súmula para se sustentar o não cabimento de ação rescisória. Especificamente, com relação a esse ponto, também já tivemos a oportunidade de esclarecer nossa posição, divergente do entendimento que levou à edição da referida Súmula do STF:

> (...) uma coisa é a existência de uma norma válida, cujo sentido e alcance permitem interpretações divergentes, e, portanto, decisões definitivas contrárias (ou contraditórias) não passíveis de rescisão; e outra coisa é admitir-se interpretações divergentes a respeito da própria validade – constitucionalidade – de uma norma, legitimando-se decisões com fundamento em norma inválida que não sejam rescindíveis.

3. Em estudo específico sobre o tema, o professor Sérgio Rizzi (Mestre e Doutor pela PUC/SP) esclarece o conteúdo, o sentido e o alcance da referida Súmula 343, nos seguintes termos: "O STF, através da Súmula 343, formou entendimento no sentido de que: 'Não cabe ação rescisória por ofensa a literal disposição de lei, quando a decisão rescindenda se tiver baseado em texto legal de interpretação controvertida nos tribunais'. Se a decisão rescindenda, ao aplicar o texto legal, se filiou a uma corrente de interpretação, será praticamente inviável o sucesso na ação rescisória. A inexistência de controvérsia, na jurisprudência, é, portanto, requisito que deve concorrer para que se delineie a violação de literal disposição de lei. A diversidade de interpretações, é inegável, indica que o texto não tem um sentido ou, noutras palavras, que há várias interpretações possíveis. Nesse sentido, fala-se que há violação de literal disposição de lei quando se configura 'afronta a sentido unívoco e incontroverso do preceito legal'" (*Ação Rescisória*, São Paulo, Ed. RT, 1983, pp. 102-103).

De fato, os tribunais podem controverter a respeito da melhor interpretação acerca do teor de um comando veiculado por determinado dispositivo legal. E essa divergência de interpretação pode levar a decisões diferentes em relação a duas ações cujas lides envolvam a mesma questão de direito, que assim podem transitar em julgado em sentidos opostos. E neste caso, mesmo que posteriormente o STF venha a decidir de acordo com uma dessas interpretações, as decisões que adotaram a interpretação divergente nem por isso seriam passíveis de serem rescindidas, pois ao tempo em que foram proferidas havia controvérsia a respeito do alcance e sentido daquele dispositivo legal. Essa é uma situação.

Outra situação diz respeito à controvérsia dos tribunais a respeito da própria validade de uma norma jurídica e sua pertinência ao sistema, pois o ordenamento positivo deve ser o mesmo para todos os jurisdicionados. Aceitamos que uma norma inválida possa ser aplicada para uns e não ser aplicada para outros (efeitos *inter partes*), mas não admitimos que uma dada norma jurídica possa ser válida para alguns e inválida para outros, já que a validade diz respeito à pertinência da norma ao sistema; e essa pertinência não pode existir apenas para parcela dos jurisdicionados.

Portanto, parece-nos diferente a hipótese (a) em que os tribunais controvertem a respeito de duas interpretações possíveis sobre o sentido e alcance de uma dada norma jurídica (válida), da hipótese (b) em que uma dessas duas interpretações venha a ser refutada pelo STF, em razão da inconstitucionalidade de que padeceria a norma interpretada. Neste último caso, entendemos não ser aplicável a Súmula 343/STF, autorizando-se a ação rescisória com fundamento no inciso V do art. 485 do CPC.[4]

A matéria, todavia, não era pacífica perante o STJ. Mesmo após a edição de referida Súmula 343/STF há decisões recentes daquela Corte tanto no sentido da sua aplicação como no sentido da sua não aplicação nos casos de controvérsia jurisprudencial envolvendo inconstitucionalidade de lei.[5]

4. Márcio Severo Marques e Fernando A. M. Canhadas, in Hugo de Brito Machado, (Coord.), *Coisa julgada, constitucionalidade e legalidade em matéria tributária*. São Paulo, Dialética, 2005, p. 357.

5. Nos sentidos favorável e desfavorável, respectivamente, à aplicação da Súmula 343, nesses casos:

"Ação rescisória – Violação a literal disposição de lei – FGTS – Expurgos inflacionários – Súmula n. 343/STF – Interpretação controvertida nos tribunais – Indeferimento liminar da petição inicial.

Não entendemos concebível que uma decisão apoiada em norma inconstitucional não possa ser objeto de ação rescisória. Se a mais alta Corte de Justiça do País reconhece que dada norma é inválida (ainda que em controle difuso), e que, portanto, não pertence ao sistema (nem

"1. 'Não cabe ação rescisória por ofensa a literal disposição de lei, quando a decisão rescindenda se tiver baseado em texto legal de interpretação controvertida nos tribunais' (Súmula n. 343/STF).

"2. Um dos pilares da segurança jurídica é exatamente o respeito à coisa julgada. Deveras, a eliminação da lei inconstitucional, em geral, deve obedecer aos princípios que regulam a vigência das leis, impedindo-as de retroagir.

"3. Desta sorte, salvo manifestação expressa nos acórdãos das ações de declaração de inconstitucionalidade, em controle concentrado, as decisões judiciais anteriores não podem ficar à mercê de rescisórias, sob o fundamento de terem sido proferidas com base em lei inconstitucional.

"4. Posicionamento diverso implica violar dois institutos preservados pela Constituição, um instrumental e outro substancial: a saber, a coisa julgada e a segurança jurídica.

"5. Aliás, não é por outra razão que a Lei n. 9.868/1999, que regula a declaração de inconstitucionalidade, reclama termo *a quo* dos efeitos da decisão, expressamente consignados no acórdão, consoante o disposto no art. 27 da referida lei.

"6. A não incidência do enunciado da Súmula n. 343/STF deve ocorrer apenas na hipótese em que o STF declarar a inconstitucionalidade da lei aplicada pelo acórdão rescindendo – Decisão de acordo com o mais recente entendimento firmado pela 1ª Seção do STJ (AgR na AR n. 2.912, rel. Min. João Otávio de Noronha, j. 10.12.2003).

"7. A *ratio essendi* da Súmula n. 343 aplica-se *in casu*, por isso que, se à época do julgado a lei estava em vigor, sem qualquer eiva de inconstitucionalidade, em prol do princípio da segurança jurídica prometida pela Constituição Federal, não se pode entrever violação àquela pelo acórdão que a prestigiou.

"8. Recurso especial improvido" (STJ, 1ª Turma, REsp 562.420-PB, 2003/0124711-0, rel. Min. José Delgado (1.105), rel. para o acórdão Min. Luiz Fux (1.122), j. 25.5.2004, *DJU* 6.9.2004 p. 170).

"Processual civil e tributário – Recurso especial – Ação rescisória – Cabimento – Contribuição Social sobre o Lucro das Pessoas Jurídicas – Constitucionalidade – Súmula n. 343/STF – Inaplicabilidade.

"1. Não há de ser aplicado o comando sintetizado na Súmula n. 343/STF quando o direito da parte for reconhecido com base no juízo de inconstitucionalidade da norma instituidora da exação.

"2. Pacificada pelo STF a questão envolvendo a constitucionalidade da norma jurídica, eventual divergência havida no âmbito dos tribunais de instância inferior não tem o condão de obstar à ação rescisória ajuizada com espeque no art. 485, V, do CPC.

"3. A constitucionalidade da lei que instituiu a Contribuição Social sobre o Lucro das Pessoas Jurídicas foi declarada pelo STF, no julgamento do RE n. 146.733-SP (rel. Min. Moreira Alves).

"4. Recurso especial provido" (STJ, 2ª Turma, REsp 207.134-CE, rel. Min. João Otávio de Noronha (1.123), j. 12.5.2005, *DJU* 22.8.2005, p. 176).

nunca pertenceu), seria possível rescindir as decisões que nela – a norma inválida – se tenham amparado.

Acreditamos, portanto, que os contribuintes nessa situação poderiam ajuizar ação rescisória com fundamento no referido art. 485, V, do CPC revogado, sustentando a inaplicabilidade da Súmula 343/STF, na medida em que a controvérsia jurisprudencial então existente dissesse respeito à própria inconstitucionalidade da norma legal em que se apoiou a decisão rescindenda.

Com o advento do CPC/2015 e as disposições do art. 525 a existência de controvérsia sobre a interpretação (e não validade) da norma jurídica deixou de ser condição para a propositura de ação rescisória.

O § 12 deste art. 525 afirma textualmente ser inexequível o título (ou exigível a obrigação) quando "fundado em lei ou ato normativo considerado inconstitucional pelo Supremo Tribunal Federal, ou fundado em aplicação ou interpretação da lei ou do ato normativo tido pelo Supremo Tribunal Federal como incompatível com a Constituição Federal, em controle de constitucionalidade concentrado ou difuso".

Como se vê, não há qualquer menção ao fato de haver anterior controvérsia sobre a norma jurídica, seja em relação à sua validade, seja em relação à sua interpretação.

E, nos termos do § 15 do mesmo art. 525 do CPC em vigor, "se a decisão referida no § 12 for proferida após o trânsito em julgado da decisão exequenda, caberá ação rescisória, cujo prazo será contado do trânsito em julgado da decisão proferida pelo Supremo Tribunal Federal".

Em função dessas considerações, fundadas nas premissas anteriormente fixadas, entendemos que os efeitos da ação rescisória movida em razão de alteração da jurisprudência do STF sobre a constitucionalidade de determinada norma tributária serão em regra retroativos, comprometendo a coisa julgada decorrente da decisão anterior.

Vale destacar, todavia, a previsão contida no § 13 do referido art. 525 do CPC, que introduz de fato uma novidade no plano do direito positivo, apesar de já ser prática consagrada pela Suprema Corte. Segundo o comando legal, "os efeitos da decisão do Supremo Tribunal Federal poderão ser modulados no tempo, em atenção à segurança jurídica".

Trata-se da conhecida modulação dos efeitos da declaração de inconstitucionalidade, que já possuía previsão legal com relação ao controle concentrado[6] e agora passa a ser estendida ao controle difuso. O único "requisito" exigido para justificar essa modulação é o da segurança jurídica, ou seja: permitir-se-á a não atribuição de efeitos retroativos (e, portanto, a atribuição de efeitos prospectivos ou a partir de determinada data futura) quando a decisão do STF puder comprometer a segurança jurídica em razão da gravidade de sua repercussão no plano pragmático (consequências econômicas, sociais etc.).

Em resumo: a decisão rescisória terá efeito retroativo como regra, e excepcionalmente, sempre por questão de segurança jurídica, poderá ter efeito prospectivo.

Efeitos da ação rescisória sobre a decisão rescindenda

Também fomos provocados a tratar dos efeitos da ação rescisória sobre a decisão rescindenda, a partir de uma hipótese:

> *5.2 (...). Imaginando-se um contribuinte que há mais de cinco anos não recolhe um tributo por conta de decisão judicial, passada em julgado, que o declarou inconstitucional, a posterior mudança no entendimento do STF sobre a validade de tal tributo poderia legitimar a propositura e a procedência de ação rescisória, com a posterior autuação do contribuinte relativamente a todo o período?*

Trata-se, na verdade, de questão já verificada em caso concreto, quando o STF declarou constitucional a cobrança de COFINS das sociedades civis mesmo após a edição de súmula pelo STJ que havia decidido pela ilegalidade de referida exação. Na época muitos contribuintes possuíam decisões transitadas em julgado que os isentavam do

6. Lei da Ação Direta de Inconstitucionalidade (Lei 9.868/1999), art. 27: "Ao declarar a inconstitucionalidade de lei ou ato normativo, e tendo em vista razões de segurança jurídica ou de excepcional interesse social, poderá o Supremo Tribunal Federal, por maioria de dois terços de seus membros, restringir os efeitos daquela declaração ou decidir que ela só tenha eficácia a partir de seu trânsito em julgado ou de outro momento que venha a ser fixado".

Lei da Arguição de Descumprimento de Preceito Fundamental (Lei 9.882/1999), art. 11: "Ao declarar a inconstitucionalidade de lei ou ato normativo, no processo de arguição de descumprimento de preceito fundamental, e tendo em vista razões de segurança jurídica ou de excepcional interesse social, poderá o Supremo Tribunal Federal, por maioria de dois terços de seus membros, restringir os efeitos daquela declaração ou decidir que ela só tenha eficácia a partir de seu trânsito em julgado ou de outro momento que venha a ser fixado".

recolhimento da COFINS, mas a partir da alteração da jurisprudência pelo STF sofreram ações rescisórias e foram obrigados a recolher o tributo retroativamente. É exatamente, portanto, o caso posto.[7]

E a resposta para essa questão parece ter uma direção. Assim como é possível modular os efeitos da decisão do STF que declara a inconstitucionalidade de norma jurídica, nos termos do art. 525, § 13, por questão de segurança jurídica, em favor do Erário, na hipótese aventada os efeitos da decisão proferida em ação rescisória também poderiam ser modulados. Do mesmo modo, seria evidente violação à segurança jurídica autuar e cobrar retroativamente um tributo de contribuinte que tenha tido em seu favor uma decisão transitada em julgado.

Como visto inicialmente, a coisa julgada visa especialmente a atribuir imutabilidade às decisões judiciais, sempre como instrumento de salvaguarda da própria segurança jurídica. E estabelecer efeitos retroativos para atingir decisão transitada em julgada em favor do contribuinte fatalmente violaria a segurança jurídica.

A nosso ver, portanto, *jamais a posterior mudança no entendimento do STF sobre a validade de tal tributo poderia legitimar a propositura e a procedência de ação rescisória, com a posterior autuação do contribuinte relativamente a todo o período*. Seria uma hipótese necessária de modulação dos efeitos da decisão judicial proferida na ação rescisória, justamente em atenção à segurança jurídica.

Conclusão

Em face de todo o exposto, passamos a responder às questões que nos foram propostas.

7. A Súmula 276/STJ previa o seguinte: "As sociedades civis de prestação de serviços profissionais são isentas de COFINS, irrelevante o regime tributário adotado". Ainda assim o STF passou a decidir da seguinte forma: "Recurso extraordinário – Sociedade civil de prestação de serviços profissionais relativos ao exercício de profissão legalmente regulamentada – COFINS – Modalidade de contribuição social – Outorga de isenção por lei complementar (Lei Complementar n. 70/1991) – Matéria não submetida à reserva constitucional de lei complementar – Consequente possibilidade de utilização de lei ordinária (Lei n. 9.430/1996) para revogar, de modo válido, a isenção anteriormente concedida pela Lei Complementar n. 70/1991 – Inexistência de violação constitucional – Questão concernente às relações entre a lei complementar e a lei ordinária – Inexistência de vínculo hierárquico-normativo entre a lei complementar e a lei ordinária – Espécies legislativas que possuem campos de atuação materialmente distintos – Doutrina – Precedentes (STF) – Recurso de agravo improvido" (STF, RE/AgR 574.052, rel. Min. Celso de Mello, j. 11.3.2008).

5. Coisa julgada

5.1 Em face do art. 525, §§ 12 e 15, do CPC/2015, quais devem ser os efeitos de uma ação rescisória movida em razão da alteração da jurisprudência do STF sobre determinada questão tributária? É possível atribuir efeitos ***ex tunc*** *à rescisão do julgado?*

Quando a jurisprudência do STF for alterada para declarar inconstitucional uma norma que anteriormente vinha sendo considerada constitucional, a decisão rescisória deverá ter, em regra, efeito retroativo. Excepcionalmente, e apenas ante a necessidade de se resguardar a segurança jurídica, poderá haver a modulação dos efeitos da decisão e a consequente atribuição exclusiva de efeitos prospectivos.

Por outro lado, se a jurisprudência da Suprema Corte for alterada para declarar constitucional uma norma jurídica que anteriormente havia sido declarada inconstitucional por meio de decisão transitada em julgado, neste caso entendemos que à decisão rescisória só poderiam ser atribuídos efeitos prospectivos, prestigiando-se a segurança jurídica e assegurando-se a estabilidade das relações jurídicas pretéritas.

5.2 Quais os efeitos da decisão rescisória sobre o lapso decadencial? Imaginando-se um contribuinte que há mais de cinco anos não recolhe um tributo por conta de decisão judicial, passada em julgado, que o declarou inconstitucional, a posterior mudança no entendimento do STF sobre a validade de tal tributo poderia legitimar a propositura e a procedência de ação rescisória, com a posterior autuação do contribuinte relativamente a todo o período?

Entendemos que não. Em linha coerente com nossa primeira resposta, a nosso ver, jamais a posterior mudança no entendimento da Suprema Corte sobre a validade de determinada norma tributária poderia legitimar uma decisão rescisória com efeitos retroativos, que permitisse a autuação do contribuinte em relação a período pretérito. Seria necessariamente o caso de modulação dos efeitos da decisão judicial, justamente em atenção à segurança jurídica.

HONORÁRIOS DE SUCUMBÊNCIA E A FAZENDA PÚBLICA NO CÓDIGO DE PROCESSO CIVIL/2015

Ives Gandra da Silva Martins[1]

O art. 85 do CPC/2015 (Lei 13.105/2015) é dedicado a apresentar os critérios que o julgador deverá adotar para definir os honorários devidos, em um pleito judicial, ao advogado do vencedor.

Parece-me positivo que assim tenha agido o legislador, pois ofertou parâmetros que ajudarão o Poder Judiciário a se enquadrar nas condenações impostas quando se discutem questões tributárias, posto que na ordem processual anterior o julgador os modificava, como se fora legislador positivo – que não é –, em postura claramente preconceituosa, quando o vencedor fosse o contribuinte, e não a Fazenda Pública.

Sendo assim, dos diversos parágrafos do art. 85, quero realçar o § 3º, assim redigido:

> § 3º. Nas causas em que a Fazenda Pública for parte, a fixação dos honorários observará os critérios estabelecidos nos incisos I a IV do § 2º e os seguintes percentuais: I – mínimo de 10 (dez) e máximo de 20% (vinte por cento) sobre o valor da condenação ou do proveito econômico obtido até 200 (duzentos) salários-mínimos; II – mínimo de 8 (oito) e máximo de 10% (dez por cento) sobre o valor da condenação ou do proveito econômico obtido acima de 200 (duzentos) salários-mínimos até 2.000 (dois mil) salários-mínimos; III – mínimo de 5 (cinco) e máximo de 8% (oito por cento) sobre o valor da condenação ou do proveito econômico obtido acima de 2.000 (dois mil) salários-mínimos até 20.000 (vinte mil) salários-mínimos; IV – mí-

1. Agradeço as juristas Ângela Vidal Gandra da Silva Martins e Ana Regina Campos de Sica, que me ajudaram na revisão do texto.

nimo de 3 (três) e máximo de 5% (cinco por cento) sobre o valor da condenação ou do proveito econômico obtido acima de 20.000 (vinte mil) salários-mínimos até 100.000 (cem mil) salários-mínimos; V – mínimo de 1 (um) e máximo de 3% (três por cento) sobre o valor da condenação ou do proveito econômico obtido acima de 100.000 (cem mil) salários-mínimos.

Na interpretação que faço deste dispositivo entendo, em primeiro lugar, que ele anula o Decreto 1.645/1978, segundo o qual o contribuinte é obrigado, nas execuções fiscais, a pagar 20%, a título de honorários de sucumbência, à Fazenda Pública – norma, essa, considerada recepcionada pelo Poder Judiciário, à luz da Constituição de 1988. Está seu art. 3º assim redigido:

> Art. 3º. Na cobrança executiva da Dívida Ativa da União, a aplicação do encargo de que tratam o art. 21 da Lei n. 4.439, de 27 de outubro de 1964, o art. 32 do Decreto-lei n. 147, de 3 de fevereiro de 1967, o art. 1º, inciso II, da Lei n. 5.421, de 25 de abril de 1968, o art. 1º do Decreto-lei n. 1.025, de 21 de outubro de 1969, e o art. 3º do Decreto-lei n. 1.569, de 8 de agosto de 1977, *substitui a condenação do devedor em honorários de advogado e o respectivo produto será, sob esse título, recolhido integralmente ao Tesouro Nacional*. [*Grifos meus*][2]

Como o § 3º é aplicado às causas em que a Fazenda Pública é parte, vale o princípio tanto para o contribuinte, quando vencedor nas ações de execução fiscal promovidas indevidamente pelo Fisco, como para a Fazenda, quando bem-sucedida na sua ação de cobrança judicial.

Se analisarmos o texto do Decreto 1.645, de 11.12.1978, verificaremos que seu art. 3º tem por finalidade substituir "a condenação do devedor em honorários de advogado", o que vale dizer que representa,

2. Em franca oposição ao princípio da isonomia, transcrevo decisão do STJ: "Administrativo – Agravo regimental no recurso especial – Honorários advocatícios – Valor irrisório – Possibilidade de revisão em sede de recurso especial – Fixação de honorários abaixo do percentual mínimo – Agravo parcialmente provido. 1. É possível a condenação da Fazenda Pública ao pagamento de honorários advocatícios em percentual inferior ao mínimo de 10% estabelecido no § 3º do art. 20 do CPC – Precedentes do STJ. 2. Quanto à verba honorária fixada, é firme o entendimento do STJ segundo qual é possível a sua revisão quando os valores fixados forem irrisórios. 3. Agravo regimental parcialmente provido" (STJ, 5ª Turma, REsp/AgR 1.047.886-PR, 2008/0079607-3, rel. Min. Arnaldo Esteves Lima, j. 7.10.2008, *DJe* 3.11.2008 – grifos meus).

o ato editado nos tempos dos governos militares, acréscimo a favor da Fazenda pelo custo da discussão judicial com seus procuradores, visto que pelo atraso do pagamento a correção monetária e as multas já a compensam amplamente.

Cumpre ressaltar que o art. 85, § 3º, do CPC/2015 substituiu o art. 20, § 3º, do CPC anterior, que dispunha nos seguintes termos:

> § 3º. Os honorários serão fixados entre o mínimo de 10% (dez por cento) e o máximo de 20% (vinte por cento) sobre o valor da condenação, atendidos: a) o grau de zelo do profissional; b) o lugar de prestação do serviço; c) a natureza e a importância da causa, o trabalho realizado pelo advogado e o tempo exigido para o seu serviço.[3]

Sempre entendi que as decisões judiciais que, violentando o § 3º do art. 20 do CPC/1973, atribuem aos advogados de contribuintes honorários vis correspondem a um preconceito aristocrático da Magistratura, que vê na defesa que o Fisco faz de sua complexa e confusa legislação tributária – na minha experiência de 58 anos de Advocacia e Magistério, uma das mais confusas e complexas do mundo, se não a mais – a presença de interesse público (quando muitas vezes ela deriva de meros interesses e desmandos dos "donos" do poder), enquanto na defesa do contribuinte o interesse não do cidadão e sustentador do Estado, mas do sonegador.

Tal preconceito aristocrático terminou por tornar o direito aos honorários de sucumbência um direito inexistente, pelo aviltamento dos

3. Nelson e Rosa Nery assim o comentam:

"§ 3º: *22. Limites.* Em se tratando de ação condenatória julgada procedente, o juiz fica adstrito aos limites legais, não podendo fixar os honorários em percentual inferior a 10% sobre o total da condenação, nem em percentual superior a 20% sobre a mesma base. Dentro dessa faixa, o magistrado é livre para atribuir o percentual da verba honorária, mas deve fundamentar sua decisão, dizendo por que adotou aquele percentual (CF, art. 93, IX).

"*23. Critérios para fixação dos honorários.* São objetivos e devem ser sopesados pelo juiz na ocasião da fixação dos honorários. A dedicação do advogado, a competência com que conduziu os interesses de seu cliente, o fato de defender seu constituinte em comarca onde não resida, os níveis de honorários na comarca onde se processa a ação, a complexidade da causa, o tempo despendido pelo causídico desde o início até o término da ação, são circunstâncias que devem ser necessariamente levadas em conta pelo juiz quando da fixação dos honorários de advogado. O magistrado deve fundamentar sua decisão, dando as razões pelas quais está adotando aquele percentual na fixação da verba honorária" (*Código de Processo Civil Comentado e Legislação Extravagante*, 13ª ed., São Paulo, Ed. RT, 2013, p. 275).

honorários destinados aos patronos dos contribuintes, enquanto eram garantidos honorários de 20% aos patronos da Fazenda Pública.[4]

O pior, entretanto, nesta desconsideração do Código de Processo Civil anterior no que diz respeito ao máximo e ao mínimo de honorários advocatícios é que o princípio da isonomia sempre foi ignorado pelo Poder Judiciário ao tratar os honorários de sucumbência do Fisco, tendo-o por um direito sagrado, como o das "sagradas vacas" indianas, enquanto o direito do advogado constituído pelo contribuinte um desconfortável direito, a ser apenas tolerado e reduzido à sua expressão mais insignificante. Tem-se, inclusive, a impressão de que na cabeça de alguns juízes os contribuintes que discutem não devem ter privilégios maiores do que os "escravos da gleba" dos tempos medievais, e que as decisões a seu favor não passam de concessões, a que devem agradecer humildemente.[5]

4. Leia-se: "Processual civil – Embargos de declaração – Erro material – Inexistência – Decisão pautada no percentual da condenação – Oposição dos embargos – Irrelevância – Contradição – Inexistência – Redução dos honorários em consonância com a jurisprudência desta Corte. 1. A oposição dos embargos à execução pela Universidade, visando à redução da verba honorária, não elide sua condenação em 10% sobre o valor devido, sendo certo que o que se discute nos referidos embargos é a correção dos cálculos, e não o percentual ao qual foi condenada, razão pela qual deve ser afastada a tese de existência de erro material. 2. *Podendo a condenação da Fazenda Pública em honorários advocatícios ocorrer fora dos limites estabelecidos no § 3º do art. 20 do CPC, é de ser afastada a alegação de contradição relativamente à redução dos honorários advocatícios para o percentual de 1% sobre o valor da condenação com o fundamento da decisão de que devem ser observados os critérios do § 3º do art. 20 do CPC.* 3. Embargos de declaração rejeitados" (STJ, 5ª Turma, REsp/ED 801.680-PR, 2005/0201175-2, rela. Min. Laurita Vaz, j. 20.11.2006, *DJU* 5.2.2007 p. 350 – grifos meus).

5. Leia-se: "Processual civil – Agravo regimental no agravo de instrumento – Art. 545 do CPC – Recurso especial – Honorários advocatícios – Fazenda Pública vencida – Fixação – Observação aos limites do § 3º do art. 20 do CPC – Impossibilidade de revisão em sede de recurso especial. 1. Os honorários advocatícios nas ações condenatórias em que for vencida a Fazenda Pública devem ser fixados à luz do § 4º [*do art. 20*] do CPC, que dispõe, *verbis*: 'Nas causas de pequeno valor, nas de valor inestimável, naquelas em que não houver condenação ou for vencida a Fazenda Pública, e nas execuções, embargadas ou não, os honorários serão fixados consoante apreciação equitativa do juiz, atendidas as normas das alíneas 'a', 'b' e 'c' do parágrafo anterior'. 2. Consequentemente, a conjugação com o § 3º do art. 20 do CPC é servil para a aferição equitativa do juiz, consoante as alíneas 'a', 'b' e 'c' do dispositivo legal. 3. Pretendesse a lei que se aplicasse à Fazenda Pública a norma do § 3º do art. 20 do CPC, não haveria razão para a *lex specialis* consubstanciada no § 4º do mesmo dispositivo. 4. *Destarte, vencida a Fazenda Pública, a fixação dos honorários não está adstrita aos limites percentuais de 10% e 20%, podendo ser adotado como base de cálculo o valor dado à causa ou à condenação, nos termos do*

Causa perplexidade que ao tempo em que o Poder Judiciário atuava sob a tutela dos governos militares os contribuintes tinham maiores garantias, lembrando que na relevante questão da não correção monetária dos créditos dos contribuintes contra a Fazenda Pública decidiu a Suprema Corte que, pelo princípio da isonomia, tal discrepância não poderia existir, razão pela qual reconheceu o direito à correção monetária dos créditos dos contribuintes, para que se respeitasse o princípio da igualdade.

Assim decidiu o STF:

> RE 84.350-SP – rel. Min. Leitão de Abreu – recte.: Fabril S/A (adv.: Antônio Jacinto Caleiro Palma) – recdo.: Estado de São Paulo (adv.: Amaro Pedroza de Andrade Filho).
>
> *Decisão*: Conhecido em parte e nesta parte provido, nos termos do voto do Relator. Unânime. 2ª Turma, 4.6.1976.
>
> *Ementa*: Correção monetária na repetição de indébito fiscal. É devida, seja por via de interpretação extensiva, seja por aplicação analógica (CTN, art. 108, I), quando prevista em lei para o caso em que o contribuinte, ao invés de pagar para repetir, deposita para discutir.
>
> Os juros moratórios na restituição do indébito fiscal contam-se a partir do trânsito em julgado da decisão definitiva que a determinar (CTN, ar1. 67, parágrafo único) – Honorários de advogado fixados de acordo com a lei processual (art. 22, § 3º, do CPC) – Recurso conhecido e provido, em parte.[6]

É que a Suprema Corte, apesar de atuar num regime de exceção, era constituída de notáveis e independentes juristas, que não se curvavam

art. 20, § 4º, do CPC (precedentes: AgR no Ag n. 623.659-RJ, rel. Min. Teori Albino Zavascki, *DJU* 6.6.2005; AgR no REsp n. 592.430-MG, rela. Min. Denise Arruda, *DJU* 29.11.2004; e AgR no REsp n. 587.499-DF, rel. Min. Hamilton Carvalhido, *DJU* 10.5.2004). 5. A revisão do critério adotado pela Corte de origem, por equidade, para a fixação dos honorários encontra óbice na Súmula n. 7/STJ. *No mesmo sentido o entendimento sumulado do Pretório Excelso: 'Salvo limite legal, a fixação de honorários de advogado, em complemento da condenação, depende das circunstâncias da causa, não dando lugar a recurso extraordinário'* (Súmula n. 389/STF) – Precedentes da Corte: REsp n. 779.524-DF, rel. Min. Francisco Peçanha Martins, *DJU* 6.4.2006; REsp n. 726.442-RJ, rel. Min. Teori Albino Zavascki, *DJU* 6.3.2006; AgR nos ED no REsp n. 724.092-PR, rela. Min. Denise Arruda, *DJU* 1.2.2006. 6. Agravo regimental desprovido" (STJ, AgRg no Ag 744.443-DF, 1ª Turma, rel. Min. Luiz Fux, j. 5.10.2006 – grifos meus).

6. Ives Gandra da Silva Martins e Bernardo Ribeiro de Moraes, *Correção Monetária dos Débitos Fiscais Perante o Ordenamento Jurídico*, São Paulo, Resenha Tributária, 1976.

ao Poder Executivo, cujos integrantes, talvez por falta de legitimidade, não tinham a coragem de pressionar o STF, constituído, como disse, de grandes expressões do Direito.[7]

Eu mesmo, em razão de honorários que me foram pagos por clientes que defendi em causas tributárias contestativas da política fiscal do Governo e que foram regularmente declarados à Receita Federal, sofri pedido de confisco de meus bens, formulado pelo Ministério da Fazenda, além da abertura de um Inquérito Policial Militar/IPM, arquivado quase em seguida (12.12.1963),[8] tendo derrotado o próprio Ministério da Fazenda, no STF, na mesma questão, por cinco votos a três, em 1971, ou seja, no pior período da repressão à guerrilha.[9]

O princípio da igualdade, o principal princípio a garantir a democracia e a liberdade dos cidadãos, no exercício de suas atividades perante o Fisco, foi, à época, aplicado, no caso retrocitado da correção monetária, e bem aplicado, pelo Poder Judiciário, obrigando o Executivo, que governava por decretos-leis, a editar diplomas posteriores assegurando a isonomia de tratamento.[10]

7. Escrevi: "Section 166 of the National Tax Code allows the amount paid as tax, if it is not due, to be recouped. It does not mention monetary correction, and it also makes it difficult to refund indirect taxes, imposing conditions that are not always possible to meet in retail transactions or those where there are many buyers. Since this is clearly a hindrance for recoupment, the imposing authorities, whose ordinary legislation accepts the tax credit as a value credit and not a money credit, thought it best to consider, for want of ordinary legislation adopting the same principle for recoupments, that refunds should be made without correction. As a basic argument, besides the lack of specific authorization in ordinary legislation, the legislature upheld the Tax Authority's right to retain tax collected, even improperly in cases of indirect taxes, with which the legislature concluded that on this subject, the lawmaker always aimed to protect the tax collector.

"However, case law did not accept the Treasury's biased interpretation. Instead, the courts, following by analogy, and in the absence of a specific text, the principle that monetary correction necessarily should be applied to recoupments, with effect from collection of the 'undue tax' and not from filing of the suit. Today, the opinion of the court is undisputed" (Gilberto de Ulhoa Canto, Ives Gandra Martins e J. van Hoorn, Jr., *Monetary Indexation in Brazil*, Amsterdã, International Bureau of Fiscal Documentation, 1983, pp. 44-45).

8. Em todos os principais jornais do Brasil fui manchete da primeira página no dia 13.2.1969.

9. A questão foi das mais rumorosas à época ("caso SUDAM"), examinada por mim no livro *Apropriação Indébita no Direito Tributário Brasileiro*, São Paulo, José Bushatsky Editor, com "Prefácio" de Canuto Mendes de Almeida (1975).

10. Escrevi sobre o inciso II do art. 150 – assim redigido: "II – instituir tratamento desigual entre contribuintes que se encontrem em situação equivalente, proibida

Embora constantemente ignorado pelo Poder Judiciário na atualidade – à luz de conceito *pro domo sua* de interesse público e desta aversão a ver os advogados remunerados à altura de seu trabalho –, o princípio da isonomia deveria ter servido de base para que a questão fosse levada à Suprema Corte. Mas foi obstado pela Súmula 7/STJ e por entendimento sumular do Pretório Excelso (v. nota de rodapé 4).

O Código de Processo Civil/2015, todavia, em dispositivo específico, regula os honorários de sucumbência, o que vale dizer: retira do Poder

qualquer distinção em razão de ocupação profissional ou função por eles exercida, independentemente da denominação jurídica dos rendimentos, títulos ou direitos; (...)" –, que cuida do princípio da igualdade, o seguinte:

"'Equivalente' *é um vocábulo de densidade ôntica* mais abrangente do que 'igual'. A igualdade exige absoluta consonância em todas as partes, o que não é da estrutura do princípio da equivalência. Situações iguais na equipolência mas diferentes na forma não podem ser tratadas diversamente. A equivalência estende à similitude de situações a necessidade de tratamento igual pela política impositiva, afastando a tese de que os desiguais devem ser tratados, necessariamente, de forma desigual. Os desiguais, em situação de aproximação, devem ser tratados, pelo princípio da equivalência, de forma igual em matéria tributária, visto que a igualdade absoluta na equivalência não existe, mas apenas a igualdade na equiparação de elementos (peso, valor etc.). Qual foi a razão para tal elasticidade, ofertada pelo constituinte, para proteção dos contribuintes, vedando ao poder tributante adoção de técnica diversa?

"A tradição brasileira de pouco respeito aos direitos dos cidadãos em matéria tributária – o Presidente Collor acaba de pedir ao Congresso a redução dos direitos dos contribuintes para fazer uma reforma tributária, que tem na essência o princípio de 'maiores tributos, menores direitos' – certamente levou o constituinte a amarrar os poderes tributantes (três sobre o mesmo 'pagador de tributos') aos grilhões seguros do princípio da igualdade, evitando simultaneamente: (a) que, a título de tratamento desigual dos desiguais, se multiplicassem as hipóteses de situações diversas para neutralização do princípio da igualdade; (b) servisse a redução legislativa do princípio da igualdade como forma de tratamento aplicável às perseguições fiscais em relação a setores que estivessem em conflito com os governos.

"Entendo ter sido esta a razão fundamental que levou o constituinte, em relação ao princípio da igualdade, seja em seu aspecto subjetivo, seja naquele objetivo, a proteger todos os contribuintes contra o tratamento desigual, exigindo que este tratamento deva ser igual não apenas para situações iguais, mas para situações equiparadas, equivalentes, com núcleo comum de identidade. Compreende-se assim porque o discurso do inciso II é concluído com a afirmação de que a situação equivalente será detectada independentemente da denominação jurídica dos rendimentos, títulos ou direitos dos contribuintes.

"Em outras palavras, quaisquer que sejam os contribuintes, quaisquer que sejam os fatos imponíveis, o tratamento isonômico se impõe, vedada qualquer forma de atuação discriminatória" (in Ives Gandra Martins (coord. geral), *Caderno de Pesquisas Tributárias* 17, "Contribuições Sociais", São Paulo, Resenha Tributária/Centro de Extensão Universitária, 1992, pp. 19-21).

Judiciário seu direito "auto-outorgado" de se transformar em legislador positivo, em campo aberto para sua atuação nesta matéria, numa interpretação *pro* Fisco do § 4º do art. 20 do CPC anterior.[11]

Assim, pelo Código de Processo Civil/2015, nas questões em que a Fazenda Pública for parte adotará o magistrado, *para o Fisco e para o contribuinte*, idênticos critérios na fixação da sucumbência, reduzindo consideravelmente o arbítrio de ofertar sempre 20% de honorários ao Fisco e honorários insignificantes para os advogados dos contribuintes.[12]

No tocante à entrada em vigor do art. 84, convém destacar que, por se tratar de norma processual, tem aplicação imediata, vigorando, portanto, em todas as condenações havidas após o início de sua vigência.

11. O § 4º do art. 20 do CPC estava assim redigido: "§ 4º. Nas causas de pequeno valor, nas de valor inestimável, naquelas em que não houver condenação ou for vencida a Fazenda Pública, e nas execuções, embargadas ou não, os honorários serão fixados consoante apreciação equitativa do juiz, atendidas as normas das alíneas 'a', 'b' e 'c' do parágrafo anterior" (redação dada pela Lei 8.952, de 13.12.1994).

12. Leia-se: "Processual civil – Art. 535 do CPC – Negativa de prestação jurisdicional – Tributário – Imposto de Renda – Previdência privada – Lei n. 7.713/1988 – Restituição – Arts. 20, §§ 3º e 4º, do CPC – Honorários. 1. Revela-se improcedente a arguição de ofensa ao art. 535, II, do CPC quando o tribunal de origem tenha adotado fundamentação suficiente para decidir de modo integral a controvérsia, atentando-se aos pontos relevantes e necessários ao deslinde do litígio, ainda que suas conclusões não tenham merecido a concordância da parte recorrente. 2. Considerando que, na vigência da Lei n. 7.713/1988, o Imposto de Renda era recolhido na fonte e incidia sobre os rendimentos brutos do empregado (incluindo a parcela de contribuição à previdência privada), não se afigura viável, sob pena de ofensa ao postulado do *non bis in idem*, haver novo recolhimento de Imposto de Renda sobre os valores nominais das complementações dos proventos de aposentadoria do beneficiário da previdência privada. 3. As entidades de previdência privada, por não serem entidades de assistência social (RE n. 202.700, rel. Min. Maurício Corrêa), não gozam da imunidade prevista no art. 150, VI, 'c', da CF. Sendo assim, ficam seus rendimentos e ganhos de capital sujeitos a tributação, especificamente à incidência de Imposto de Renda, a teor das disposições contidas na Lei n. 7.713/1988 (regramento pertinente ao Imposto de Renda). 4. Para que se reconheça a isenção relativa ao Imposto de Renda incidente na fonte sobre a complementação de aposentadoria prevista no art. 6º, VIII, 'b', da Lei n. 7.713/1988, não se faz necessária a demonstração prévia de que tenham sido tributados ou não os rendimentos e ganhos de capital produzidos pela entidade de previdência privada. 5. Nas causas em que a Fazenda Pública for vencida, não está o magistrado adstrito aos limites indicados no art. 20, § 3º, do CPC – mínimo de 10% e máximo de 20% –, porquanto a alusão feita no § 4º do art. 20 do CPC é concernente, apenas e tão somente, às alíneas do § 3º, e não a seu *caput*. *Com efeito, pode a verba honorária ser fixada além ou aquém dos parâmetros percentuais referidos*. 6. Recurso especial improvido" (STJ, REsp 577567-RN, 2ª Turma, rel. Min. João Otávio de Noronha, j. 3.10.2006 – grifos meus).

Neste sentido é, pois, o art. 14, c/c o art. 1.046, ambos do próprio CPC/2015, que dispõem nos seguintes termos:

> Art. 14. A norma processual não retroagirá e será aplicável imediatamente aos processos em curso, respeitados os atos processuais praticados e as situações jurídicas consolidadas sob a vigência da norma revogada.
>
> Art. 1.046. Ao entrar em vigor este Código, suas disposições se aplicarão desde logo aos processos pendentes, ficando revogada a *Lei n. 5.869, de 11 de janeiro de 1973*.

Embora haja posicionamentos em contrário, recente decisão do TJPR apresenta o mesmo entendimento:

> *Ementa*: Ação de busca e apreensão – Cédula de crédito bancário garantida por alienação fiduciária.
>
> 1. Revisão das cláusulas contratuais – Questão não arguida em primeiro grau de jurisdição, tendo sido suscitada somente agora – Inovação recursal – Não conhecimento do recurso nessa extensão. (...).
>
> 4. Reconvenção – Responsabilidade civil – Instituição financeira – Teoria do risco profissional – CC, art. 927, parágrafo único, e CDC, art. 14, *caput* – Responsabilidade civil objetiva – Elementos configuradores do dever de indenizar – Não preenchimento – Ausência de conduta antijurídica – Ré-reconvinte que expressamente optou pela contratação do seguro proteção financeira – Não configuração de "venda casada" – Inexistência, ademais, de ofensa ao dever de informação.
>
> 4.1 Ônus da sucumbência – Resultado do julgamento que enseja sua redistribuição.
>
> 5. Sucumbência recursal – Honorários advocatícios – Novo CPC (NCPC), art. 85, § 11 – Direito intertemporal – *Aplicação somente aos recursos interpostos contra decisões publicadas a partir de 18.3.2016, data em que o novo* Código de *Processo Civil (Lei n. 13.105/2015) passou a ter eficácia - STJ, Enunciado Administrativo n. 7.*
>
> 5.1 *O arbitramento de honorários sucumbenciais recursais (NCPC, art. 85, § 11) somente terá lugar quanto aos recursos interpostos contra decisões publicadas a partir de 18.3.2016, data em que o novo Código de Processo Civil ganhou eficácia.*
>
> 6. Recurso da autora provido e recurso da ré parcialmente conhecido e, nessa extensão, desprovido [*TJPR, 14ª* Câmara Cível, *ACi n. 1.524.909-1-PR, São José dos Pinhais, rel. Des. Rabello Filho, j. 22.6.2016, v.u., DJE 28.6.2016 – Grifos meus*]

O fato é que considero o art. 85 do CPC/2015 um avanço em relação à legislação anterior, pois possibilita maior justiça nas questões fiscais, visto que, lamentavelmente, o Estado Brasileiro está colocado entre aqueles em que há maior corrupção, pela avaliação internacional, no concerto das Nações. Talvez por esta razão tenha uma das maiores cargas tributárias do mundo, apesar dos sofríveis serviços públicos que presta ao contribuinte, obrigado, com seu trabalho, geração de emprego e desenvolvimento do País, a sustentar os governantes. O art. 85, § 3º, vem, portanto, melhorar consideravelmente os critérios de aferição do trabalho advocatício nas causas tributárias, num País em que parece que contestar o Estado é crime de lesa-pátria.[13]

Nos meus 58 anos de exercício profissional jamais vi um quadro de tantas distorções no exercício do Poder Público como vejo agora, permitindo-me, do alto dos meus 81 anos, este desabafo para um livro de cunho doutrinário do Instituto Cearense de Estudos Tributários/ICET.

13. A média da carga tributária da OCDE, considerando Países emergentes de expressão, é de 34,6%. EUA, China e Japão, as três maiores economias, têm carga inferior a 30%, ou seja, em torno de 24%; EUA e Coreia, de 29% e 28%; Japão e Suíça e menos de 24% a China. Na América Latina o quadro mais recente é o seguinte (*Diário do Comércio*, 21.1.2014, p. 13): Argentina: 37,3 – Brasil: 36,3 – Uruguai: 26,3 – Bolívia: 26,0 – Costa Rica: 21,0 – Chile: 20,8 – Equador: 20,2 – México: 19,6 – Colômbia: 19,6 – Nicarágua: 19,5 – Panamá: 18,5 – Peru: 18,1 – Paraguai: 17,6 – Honduras: 17,5 – El Salvador: 15,7 – Venezuela: 13,7 – República Dominicana: 13,5 – Guatemala: 12,5 – América Latina e Caribe: 20,7 – OCDE: 34.6. –

PROCESSO TRIBUTÁRIO E O CÓDIGO DE PROCESSO CIVIL/2015

Gustavo Miguez de Mello
Eduardo da Silva Lustosa
Luiz Carlos Marques Simões

Agradecemos ao professor Hugo de Brito Machado o honroso convite para responder às perguntas formuladas sobre o tema.

Como sói ser, quanto ao Código de Processo Civil revogado há bastante jurisprudência e doutrina, ao passo que quanto ao Código de Processo Civil/2015 a jurisprudência é escassa. E a doutrina começa agora a interpretá-lo. Daí a importância de analisarmos os graus de firmeza que podemos ter no assentimento dado às respostas que formularemos.

Analisando o assunto, Roger Verneaux ensina, com a clareza e a precisão habituais, o seguinte:

> Há diversos graus de firmeza no assentimento, tornando-se indispensável pois passá-los em revista para precisar a natureza da certeza. A ignorância é uma ausência de todo conhecimento relativo a um objeto vazio do espírito. A ignorância torna-se um mal quando constitui a falta de um conhecimento que se deva ter. Ela é então uma privação. A ignorância pode até ser mesmo objeto de conhecimento, pois, como ensinava Sócrates, devemos tomar consciência de nossa ignorância. A dúvida é uma suspensão do julgamento. O espírito flutua, por assim dizer, entre o sim e o não, seja porque ele não percebe alguma razão para afirmar ou negar (dúvida negativa), seja, pelo contrário, porque o espírito percebe razões iguais para afirmar e negar (dúvida positiva). A suspeita não é ainda um julgamento mas não é mais apenas uma dúvida. Ela é uma tendência a emitir um julgamento, muito fraca porém para determinar o ato. Com a opinião, entramos no domínio da

afirmação. Uma opinião é, com efeito, um julgamento, mas não é um julgamento firmemente estabelecido, é, pelo contrário, um julgamento feito com medo de se enganar, reservando pois a possibilidade de que o julgamento contrário seja verdadeiro. O receio do erro é a consciência de que os motivos de afirmar são apenas prováveis.[1]

Excede os limites do presente trabalho o estabelecimento de sutis distinções ou mesmo a crítica de conceitos limítrofes entre a opinião e a certeza que correspondem às expressões *opinio vehemens*, *opinio imperturbata*, por um lado, e a *certitude probable*, de outro.[2]

A certeza é um estado de um espírito que se afirma sem medo de se enganar, que é determinado a um julgamento e a ele adere firmemente. A certeza é o estado perfeito da inteligência e ela corresponde ao repouso na posse da verdade. Podem, entretanto, existir certezas erradas.[3-4]

Sendo assim, devemos dizer, desde logo, que as respostas aqui externadas correspondem à nossa opinião, utilizado o vocábulo com o rigor filosófico de Roger Vernaux.

1. Processo administrativo fiscal

*1.1 Em razão do disposto no art. 15 do CPC/2015, pode-se dizer que suas disposições se aplicam aos processos administrativos tributários? O que significa **supletivo**, no contexto do artigo? O mesmo que **subsidiário**? Nesse caso, qual o sentido de se usarem as duas palavras, uma ao lado da outra?*

1.1.1 O art. 15 do CPC/2015 assim está redigido:

Art. 15. Na ausência de normas que regulem processos eleitorais, trabalhistas ou administrativos, as disposições deste Código lhes serão aplicadas supletiva e subsidiariamente.

A condição para aplicação do citado dispositivo legal é a ausência ou insuficiência de normas que regulem o processo administrativo tributário.

1. Roger Verneaux, *Epistémologie Générale ou Critique de la Connaissance*, Paris, Beauchesne et ses Fils, 1959, pp. 93 e 95.

2. Gustavo Miguez de Mello, *Cadernos de Pesquisa Tributária 9 – Presunções no Direito Tributário*, São Paulo, Centro de Estudos de Extensão Universitária/Ed. RT, 1984, p 101.

3. Roger Vernaux, *Epistémologie Générale ou Critique de la Connaissance*, cit., p. 95.

4. J. J. Gomes Canotilho, *Direito Constitucional e Teoria da Constituição*, 5ª ed., Coimbra, Livraria Almedina, 1991, p. 233.

Existem normas que regulam o referido processo, assim como há as que dispõem sobre os processos eleitorais e trabalhistas. Uma interpretação apenas literal, a qual por si só já seria passível de crítica, tornaria o citado dispositivo inócuo ou, quando muito, sua aplicação dependeria da revogação das normas existentes concernentes aos referidos processos. E, por isso mesmo, esta interpretação não deve ser adotada, pois, pelo princípio da racionalidade do legislador, não se deve atribuir a um dispositivo legal uma interpretação que o torne inútil, incompatível ou que pressuponha a revogação de muitos outros, ainda mais quando tal dispositivo não supra as lacunas que decorreriam da revogação.

Entendemos que as normas sobre matérias disciplinadas pelo Código de Processo Civil/2015 e não regidas por aquelas do processo administrativo tributário devem ser aplicadas supletivamente. O dispositivo processual em exame presta-se a suprir e não criar lacunas.

Ora, o Código de Processo Civil/2015 expressamente, adota princípios e normas da Constituição Federal. Portanto, já deveria ser interpretado de forma a dar máxima eficácia à Carta Política, em virtude do princípio de hierarquia das normas jurídicas. A invocação dos princípios e normas constitucionais tem um duplo fundamento: constitucional e legal. No caso, à semelhança do que ocorre com as "exceções de pré-executividade", o parágrafo único do art. 803 do CPC/2015 visa a proteger o executado em casos de nulidade que relaciona. Ora, se até expressamente o referido parágrafo único protege o executado, e se não há norma semelhante na Lei de Execução Fiscal, tal dispositivo legal é aplicável supletivamente. Na verdade, o referido parágrafo explicita a aplicação às hipóteses que regula dos princípios concernentes ao direito da propriedade e ao devido processo legal. Não há razão para que um executado seja protegido nas ações entre particulares e não seja, em idênticas circunstâncias, quando a execução é promovida pela Fazenda Pública.

A execução nula, em decorrência dos princípios e dos direitos à propriedade e ao devido processo legal, não pode criar para o cidadão o penoso encargo de oferecer bens à penhora.

Trata-se, portanto, de importante evolução legislativa, de vez que permite ao intérprete aplicar as disposições do Código de Processo Civil/2015 em duas hipóteses: (a) quando determinada matéria não estiver suficientemente disciplinada nas legislações processuais eleitoral, trabalhista ou administrativa (subsidiária) ou (b) quando a matéria processual não estiver regrada nas referidas legislações (supletiva).

Cabe ressaltar que mesmo antes da promulgação do Código de Processo Civil/2015 os intérpretes já vinham, com arrimo no art. 108 do CTN, aplicando as regras processuais civis para o preenchimento de lacunas na legislação processual administrativa, como se verifica dos seguintes julgados do Conselho Administrativo de Recursos Fiscais/CARF:

> Imposto de Renda Retido na Fonte/IRRF – Ônus da prova – CPC, art. 333 – Aplicação subsidiária. *A regra contida no art. 333 do CPC é de aplicação subsidiária ao processo administrativo fiscal*. Cabe ao contribuinte a prova quanto à existência de fato impeditivo, modificativo ou extintivo do direito do Fisco. Não comprovada a retenção pela fonte pagadora, tampouco o recolhimento por parte do beneficiário dos rendimentos, incabível o aproveitamento do respectivo valor na Declaração de Ajuste Anual. [*Processo Administrativo Tributário/PAT 11030.001431/2008-18, Conselheiro-Relator Rodrigo Santos Masset Lacombe, Acórdão 2201-001.980 – grifamos*]
>
> Falha na intimação – Comparecimento espontâneo ao processo. O comparecimento espontâneo do interessado ao processo, do qual obteve cópia integral, supre qualquer eventual falha na intimação da decisão de primeira instância. Considera-se ocorrida a ciência na data do recebimento das cópias, contando a partir daí o prazo para interposição de recurso voluntário – *Aplicação subsidiária do art. 214, § 1º, do CPC e do art. 26, § 5º, da Lei n. 9.784/1999*. [*PAT 10930.005369/2003-12, Conselheiro-Relator Waldir Veiga Rocha, Acórdão 105-17274 – grifamos*]

Sendo assim, respondemos afirmativamente à primeira pergunta formulada. E entendemos que é maior a amplitude da proteção ao executado pelo parágrafo único do art. 803 do CPC/2015 do que a que era proporcionada pela jurisprudência da "exceção de pré-executividade", pois o provimento judicial já, agora, independe de embargos à execução.

O art. 1º da Lei 6.830, de 22.9.1980, dispõe o seguinte:

> A execução judicial para a cobrança da Dívida Ativa da União, dos Estados, do Distrito Federal, dos Municípios e respectivas autarquias será regida por esta lei, e, subsidiariamente, pelo Código de Processo Civil.

Não havendo dispositivo no Código de Processo Civil/2015 disciplinando a matéria em exame, como vimos, o parágrafo único do art. 803 do referido Código aplica-se supletivamente. Se o intérprete e aplicador da lei assim não o entender, o mencionado parágrafo único dever ser aplicável subsidiariamente.

1.1.2 Os termos "supletivo" e "subsidiário" não constituem verbetes da *Enciclopédia Saraiva do Direito*.[5]

Etimologicamente existe uma diferença entre aplicação supletiva e aplicação subsidiária. A primeira destina-se a suprir algo que não existe em determinada legislação; enquanto a segunda serve de ajuda ou de subsídio para a interpretação de alguma norma ou, mesmo, instituto.[6]

1.1.3 O emprego pelo legislador de dois termos nos conduz ao menos a supor que quis ele criar duas disciplinas jurídicas distintas. Tal entendimento fortalece-se na interpretação de normas de um Código elaborado por uma equipe de consagrados processualistas. O *Dicionário Houaiss da Língua Portuguesa*, no que diz respeito a acepções compatíveis com nosso estudo, registra "supletivo" como sendo "que completa ou que serve de suplemento, supletório (...)",[7] registrando também o termo "subsidiário" com a ressalva acima: "(...) que subsidia, ajuda, socorre, que reforça, aumenta, contribui (...)".[8]

Sendo assim, cremos que as normas do Código de Processo Civil/2015 não visam a revogar o que consta da legislação processual administrativa tributária, e sim a completar, servir de suplemento, subsidiar, ajudar, socorrer, reforçar, aumentar, o que nela consta ou contribuir para sua mais adequada aplicação.

1.2 É invocável no processo administrativo, para esclarecer quando não se considera fundamentada uma decisão administrativa, o disposto no art. 489, § 1º, do CPC/2015?

1.2.1 O § 1º do art. 489 do CPC/2015 completa, serve de suplemento, subsidia, ajuda, socorre, reforça, aumenta, o que na decisão administrativa consta e contribui para sua mais adequada aplicação. Por conseguinte, pode e deve ser invocado pelo contribuinte.

5. V. o v. 70 da mencionada Enciclopédia, p. 487. Do verbete "*Sponte sua*" a referida obra passa para "*Standard* jurídico".

6. Paulo César Pinheiro Carneiro, in Teresa Arruda Alvim Wambier e outros (coords.), *Comentários ao Novo Código de Processo Civil*, 1ª ed., Thompson Reuters/ Ed. RT, São Paulo, s/d, p. 94.

7. *Dicionário Houaiss da Língua Portuguesa*, 1ª ed., Rio de Janeiro, Objetiva, 2001, p. 2.643.

8. Idem, p. 2.628.

Questão mais complexa é saber se também o Fisco pode invocar o referido dispositivo legal. Como se sabe, compete ao Poder Público propiciar um sistema de julgamento administrativo tributário que respeite o devido processo legal (princípio que a Constituição aplica ao processo administrativo) e que proporcione julgamento final de mérito em tempo razoável. Os arts. 4º e 6º do CPC/2015 consagram este princípio e são também aplicáveis subsidiariamente ao processo administrativo. De certa maneira, o Poder Público estaria se beneficiando, como parte no processo, de omissão do próprio Poder Público, como julgador administrativo, ao invocar tal dispositivo legal para suprir uma falha sua.

1.3 No que tange ao chamado "direito dos precedentes", os arts. 926 e 927 do CPC/2015 aplicam-se ao processo administrativo tributário?

1.3.1 Entendemos que "o direito dos precedentes", objeto dos arts. 926 e 927 do CPC/2015, se aplica ao processo administrativo tributário. Devem as instâncias administrativas obedecer ao determinado pelas instâncias judiciais – STF e STJ – nas hipóteses mencionadas nos dois referidos artigos; e os tribunais administrativos observar as normas contidas em tais dispositivos processuais.

Com efeito, entre as principais tônicas do Código de Processo Civil/2015 estão a celeridade e a economia processual, de modo que o legislador de 2015 introduziu regras (arts. 926 e 927) que objetivam a estabilização e a uniformização da jurisprudência pátria, fundamentais para o rápido e eficiente deslinde de litígios, evitando decisões contraditórias, o que preserva princípios constitucionais de suma importância, tais como a segurança jurídica, a isonomia e a confiança legítima.

E justamente por isso nosso entendimento é de que os arts. 926 e 927 têm aplicação mandatória no processo administrativo fiscal, devendo não somente os órgãos julgadores da Administração Pública, mas também os órgãos de fiscalização de Procuradorias se curvar às orientações emanadas pelo STJ e pelo STF em súmulas vinculantes, enunciados, incidentes de resolução de demandas repetitivas, visando à segurança jurídica, à moralidade e à eficiência da Administração Pública, à legalidade, confiança legítima e isonomia.

Cabe recordar que desde o ano de 2010, com a edição da Portaria 586 do Ministério da Fazenda, que alterou o Regimento Interno do CARF, a

Administração Federal obrigou os conselheiros-relatores a observarem a jurisprudência do STF e do STJ na elaboração de seus votos, o que sinaliza com clareza a valorização e a observância dos precedentes judiciais pelo órgão máximo de julgamento administrativo federal.

Esperamos que a partir de agora, após a obrigatoriedade de observância dos precedentes judiciais ter sido expressamente positivada no Código de Processo Civil/2015, repita-se, de aplicação subsidiária e supletiva ao processo administrativo, os Conselhos de Contribuintes estaduais e municipais, que até então permaneciam alheios às orientações do Poder Judiciário, se curvem aos entendimentos cristalizados pelas Cortes Superiores.

1.4 À míngua de previsão legal específica no âmbito da legislação específica de determinado Estado-membro ou Município, seria possível à parte manejar o recurso de embargos de declaração diante de decisão administrativa contraditória ou omissa?

1.4.1 Entendemos ser invocável em todos os processos administrativos o dispositivo do Código de Processo Civil/2015 que disciplina os embargos de declaração. Reportamo-nos às razões de aplicação supletiva mencionadas em nossa resposta à pergunta 1.2, também aplicáveis à espécie.

Ademais, consoante o art. 1.022 do CPC/2015, os embargos de declaração são cabíveis nas hipóteses de omissão, contradição, obscuridade e correção de eventual erro material na decisão judicial, esta última hipótese de cabimento uma inovação do legislador de 2015.

Não se pode conciliar o princípio da razoabilidade do legislador com a não admissão de saneamento de tão graves vícios contidos em decisões.

A seu turno, o parágrafo único do dispositivo legal em tela define como omissa a decisão que "deixe de se manifestar sobre tese firmada em julgamento de casos repetitivos ou em incidente de assunção de competência aplicável ao caso sob julgamento".

Assim, tendo em vista a aplicação supletiva do Código de Processo Civil/2015 no processo administrativo, isto é, na hipótese de ausência de norma na legislação específica de determinado Estado-membro ou Município acerca dos embargos de declaração, tal recurso integrativo pode e deve ser oposto, com fundamento no art. 1.022 do CPC/2015, com vistas a sanar na decisão administrativa algum dos vícios elencados nos seus incisos, inclusive quando ela não se manifestar sobre a eventual existência de pronunciamento judicial acerca da tese debatida administrativamente.

Entendemos que, nessa hipótese, os embargos aclaratórios devem ser conhecidos e providos pela autoridade administrativa judicante, sanando-se os vícios apontados, sob pena de nulidade de pleno direito.

Como pode ocorrer que os tribunais administrativos discordem do entendimento acima, convém oferecer o recurso cabível, no seu prazo, como se não houvessem sido oferecidos embargos, e, se estes vierem a ser admitidos, reiterá-los, se for o caso.

1.5 O art. 174 do CPC/2015 autorizaria a instituição de câmaras de mediação ou de conciliação no âmbito do processo tributário? Caso positivo, como conciliá-las com o caráter vinculado da atividade de cobrança de tributos e a natureza ***ex lege*** *da obrigação correspondente?*

1.5.1 A nosso ver, a criação de câmaras de mediação e conciliação, com atribuições relacionadas à solução consensual de conflitos no âmbito administrativo, autorizada pelo art. 174 do CPC/2015, tem inteira aplicação no âmbito do processo administrativo tributário, sem ferir o caráter vinculado da atividade de lançamento e exigência de tributos, tampouco a característica *ex lege* da obrigação tributária.

Insta salientar, por fundamental, que o instituto da transação é modalidade de extinção do crédito tributário expressamente prevista no inciso III do art. 156 do CTN, o que oferece inteiro respaldo às autoridades administrativas e aos contribuintes, mediante concessões mútuas, para darem fim a litígios tributários, o que poderia ser alcançado nas câmaras de que trata o art. 174 do CPC/2015.

Além disso, o art. 171 do CTN determina: "A lei pode facultar, nas condições que estabeleça, aos sujeitos ativo e passivo da obrigação tributária celebrar transação que, mediante concessões mútuas, importe em determinação de litígio e consequente extinção de crédito tributário". Por sua vez, o parágrafo único do aludido artigo prevê que "a lei indicará a autoridade competente para autorizar a transação em cada caso".

Desse modo, adotando-se o conceito de transação previsto no Código Tributário Nacional, e não aquele delineado no Código Cível, de caráter eminentemente negocial e privado, pensamos que a criação de câmaras de conciliação e mediação com vistas a reduzir e extinguir litígios entre a Administração Tributária e os contribuintes se revela plenamente legal, harmonizando-se perfeitamente com as características *ex lege* e vinculada da atividade tributária, desde que os ditames preconizados no Código Tributário Nacional sejam fielmente observados. Para isso, deve haver lei específica autorizativa da transação tributária, que indique os limites e requisitos assim como a autoridade competente para celebrá-la no âmbito de tais câmaras de mediação e conciliação.

1.6 Há alguma outra disposição do Código de Processo Civil/2015 cuja aplicação seria pertinente no âmbito do processo administrativo tributário, de forma inédita àquelas já invocáveis à luz do Código de Processo Civil/1973?

Respondemos a esta pergunta afirmativamente: as que consagram no Código de Processo Civil/2015 princípios e normas constitucionais. E fundamentaremos a resposta juntamente com aquela constante da pergunta do item 6.2.

2. Aspectos gerais do processo judicial

2.1 As alterações introduzidas pelo Código de Processo Civil/2015 quanto aos prazos concedidos à Fazenda Pública aplicam-se às ações regidas por leis especiais, como o mandado de segurança, a execução fiscal e a cautelar fiscal?

2.1.1 O Código de Processo Civil/2015 não revogou expressamente as normas referentes a prazos concedidos à Fazenda Pública em leis especiais, como as do mandado de segurança, da execução fiscal e da cautelar fiscal.

O art. 183 do CPC/2015 tem a seguinte redação:

> Art. 183. A União, os Estados, o Distrito Federal, os Municípios e suas respectivas autarquias e fundações de direito público gozarão de prazo em dobro para todas as suas manifestações processuais, cuja contagem terá início a partir da intimação pessoal.
>
> § 1º. A intimação pessoal far-se-á por carga, remessa ou meio eletrônico.

§ 2º. Não se aplica o benefício da contagem em dobro quando a lei estabelecer, de forma expressa, prazo próprio para o ente público.

Verifica-se, pois, que o legislador de 2015 extinguiu o prazo em quádruplo para as respostas da Fazenda Pública, e o prazo em dobro, que era previsto somente para recorrer, em regra, passa a vigorar para praticamente todas as manifestações dos entes públicos nos processos cíveis.

Todavia, consoante determina o § 2º do artigo em exame, o benefício do prazo em dobro não se aplica quando a lei estabelecer de forma expressa prazo próprio para o ente público.

Assim, por exemplo, ao prazo de 30 dias para a Fazenda Pública opor embargos à execução, previsto no art. 910 do CPC/2015, não se deve aplicar o benefício do prazo em dobro, eis que a lei processual determina tal prazo expressa e especificamente para a Fazenda Pública.

A Lei 12.016, de 7.8.2009, que disciplina o mandado de segurança, concede o prazo de 10 dias para a autoridade coatora prestar suas informações (inciso I do art. 7º).

Ora, considerando que a autoridade impetrada não se enquadra no conceito de ente público (Fazenda Pública), mas, sim, no de agente público, entendemos que a tal prazo não se aplica o benefício da contagem em dobro.

Ressalte-se que, ainda que se admita que a autoridade coatora se enquadre na qualidade de ente público, considerando que a Lei do Mandado de Segurança assina prazo expresso e específico para a prestação das informações, ainda assim o prazo seria simples, e não em dobro, por foça da disposição veiculada no § 2º do art. 183 do CPC/2015.

Assim, na hipótese de mandado de segurança a benesse do prazo em dobro deverá ser aplicada apenas para os recursos eventualmente interpostos pela Fazenda Pública.

No que tange à execução fiscal e ao processo cautelar fiscal, disciplinados, respectivamente, pelas Leis 6.830/1980 e 8.397/1992, igualmente em razão do disposto no mencionado § 2º do art. 183 do CPC/2015, pensamos que o benefício do prazo em dobro só se aplica aos recursos, não sendo invocável nos prazos de oitiva da Fazenda Pública quanto à substituição da medida cautelar ou de propositura da execução fiscal (parágrafo único do art. 10 e art. 11, ambos da Lei 8.397/1992), tampouco de impugnação da Fazenda Pública aos embargos à execução (art. 17 da Lei 6.830/1980), haja vista que constantes expressa e especificamente em lei. Em tais processos entendemos que somente aos prazos recursais da Fazenda Pública seria aplicável a contagem em dobro.

2.2 Em face do Código de Processo Civil/1973 era comum a condenação da Fazenda Pública ao pagamento de honorários da sucumbência em quantia irrisória. Haveria alguma justificação para essa prática?

2.2.1 O antigo Código de Processo Civil dispunha, no § 4º de seu art. 20, que nas causas de pequeno valor, nas de valor inestimável, naquelas em que não houver condenação ou for vencida a Fazenda Pública e nas execuções, embargadas ou não, os honorários serão fixados com base na apreciação equitativa do juiz, atendidas as normas das alíneas "a", "b" e "c" do § 3º. A parte final do artigo era aplicável a todas as causas. A principal diferença era a não fixação do mínimo de 10% e do máximo de 20% sobre o valor da condenação.

A pergunta contém a afirmação, sem dúvida acertada, de que era comum a condenação da Fazenda Pública em honorários de sucumbência em quantia irrisória.

A fixação de honorários de sucumbência em quantia irrisória constitui erro grave e contrário à justiça. A interpretação do § 4º do art. 20 do antigo CPC que contenha um entendimento de que devam ser irrisórios tais honorários tornou-se inconstitucional a partir de 1988. Efetivamente, nossa Carta Política dispõe que a Administração Pública direta e indireta de qualquer dos Poderes da União, dos Estados, do Distrito Federal e dos Municípios obedecerá ao princípio da moralidade. Ora, a justiça é uma das virtudes estudada pela Moral. Acresce que a referida Carta dispõe, no § 6º do art. 37, que "as pessoas jurídicas de direito público responderão pelos danos que seus agentes, nessa qualidade, causarem a terceiros, (...)". Para que seja atribuída máxima eficácia à referida norma, os efeitos dos danos causados, entre eles aqueles que são remediados por honorários de sucumbência, devem ser levados em conta.

O Código de Processo Civil/2015 buscou corrigir esta distorção e aplicou um critério que o legislador certamente considera equitativo. Não há, portanto, qualquer justificativa para a prática de condenação em honorários de sucumbência irrisórios.

O art. 85 do CPC/2015, mais especificamente em seu § 3º, determina que nas causas em que a Fazenda Pública for parte, além da observância do grau de zelo do profissional, do lugar de prestação do serviço, da natureza e da importância da causa, do trabalho realizado pelo advogado e do tempo exigido para seu serviço, o juiz deverá observar percentuais de 1% a 20%, que variam em função do valor da condenação ou do proveito econômico obtido no feito.

Tal disciplina constitui importante evolução, na medida em que previne a condenação da Fazenda Pública ao pagamento de honorários em valores pífios, o que frequentemente se observava sob a égide do Código de Processo Civil/1973, já que os juízes adotavam uma postura defensiva dos cofres públicos, evitando o pagamento de verbas de sucumbência compatíveis com o credito tributário litigado, muitas vezes exigidas sem qualquer legitimidade.

Com efeito, não raro se observava Certidões de Dívida Ativa/CDAs relacionadas a créditos tributários com exigibilidade suspensa ou até mesmo nitidamente extintos (decadência, prescrição etc.), mas que ainda assim eram objeto de execuções fiscais ajuizadas pelas Procuradorias da Fazenda, que faziam tábula rasa de sua missão primordial de guardiãs da legalidade do crédito público, contribuindo sobremaneira para o abarrotamento do Poder Judiciário, notadamente das congestionadíssimas Varas especializadas em executivos fiscais. No caso, o agente público pode até mesmo incorrer em crime de excesso de exação, capitulado no § 1º do art. 316 do CP.

Neste sentido, cabe trazer à colação trecho do interessante artigo "A grande injustiça dos pequenos crimes fiscais", elaborado pelo tributarista Raul Haidar, publicado em sua coluna "Justiça Tributária" do *Consultor Jurídico/CONJUR* em 18.6.2013. Vejamos:

> Já se tornou comum, em muitos Estados e Municípios, o encaminhamento de cobranças a cartório de CDAs relativas a dívidas vencidas há mais de cinco anos, ou seja, de dívidas prescritas, na forma do art. 174 do CTN. Tal providência caracteriza crime de excesso de exação, nos termos do art. 316, § 1º, do CP, cuja pena é de reclusão de três a oito anos, ou seja, trata-se de crime inafiançável.
>
> O servidor público que tem diante de si uma CDA relativa a tributo vencido há mais de cinco anos deve decretar de ofício sua extinção ou, se para isso não for competente, representar à autoridade que o seja para adoção de tal providência.

Desse modo, pensamos que a única explicação para os juízes condenarem a Fazenda Pública em honorários em valores irrisórios, mesmo nas hipóteses de créditos tributários patentemente indevidos, seria o protecionismo exacerbado aos cofres públicos, o que incentivava perversamente a desídia das Fazendas Públicas no tocante à cobrança dos créditos fiscais, além de colaborar com o atravancamento do Poder Judiciário.

2.3 O que se pode dizer da inovação introduzida pelo Código de Processo Civil/2015 quanto à condenação da Fazenda Pública ao pagamento de honorários da sucumbência? O art. 85, § 3º, do CPC/2015 aplica-se a condenações havidas após o início de sua vigência ou apenas a processos iniciados depois dessa data? E o art. 85, § 11, aplica-se a recursos julgados a partir do início da vigência do Código de Processo Civil/2015 mesmo que decisão recorrida tenha sido anterior?

2.3.1 O Código de Processo Civil/2015 impediu a condenação em honorários de sucumbência irrisórios.

Aplica-se sempre a lei em vigor, razão pela qual entendemos que o Código de Processo Civil/2015 se aplica de imediato aos casos pendentes. O § 11 do art. 85 do CPC/2015 aplica-se, pois, a recursos julgados a partir do início de sua vigência, mesmo que a decisão recorrida tenha sido anterior a ela.

A grande inovação do Código de Processo Civil/2015 no que toca à condenação da Fazenda Pública em honorários de sucumbência é o impedimento de que tais verbas sejam fixadas em valores irrisórios, pois devem, nos termos do art. 85, guardar direta relação com o valor envolvido na causa. Isto, a nosso ver, contribuirá para uma postura mais cuidadosa por parte das Procuradorias das Fazendas Públicas, que terão que avaliar com mais cautela a conveniência de exigir em juízo determinado crédito tributário, sob pena de sofrer condenação de honorários em valores proporcionais ao valor da exigência fiscal.

No que toca à aplicação da regra veiculada no § 3º do art. 85 do CPC/2015, primeiramente insta salientar que o art. 14 do diploma legal processual prescreve que "a norma processual não retroagirá e será aplicável imediatamente aos processos em curso, respeitados os atos processuais praticados e as situações jurídicas consolidadas sob a vigência da norma revogada".

Conclui-se, pois, que a novel legislação não atingirá atos processuais já praticados na vigência do antigo Código, mas tão somente aqueles atos que ainda não foram praticados ou que tenham sido praticados na vigência do novo Código.

Diante disso, entendemos que os novos critérios de fixação dos honorários de sucumbência contra a Fazenda Pública devem ser aplicados a todos os processos que ainda se encontram pendentes de sentença ou acórdão, já que é a estes atos processuais que a norma contida no § 3º é dirigida.

Noutras palavras: prevendo o *caput* do art. 85 do CPC/2015 que "a sentença condenará o vencido a pagar honorários ao advogado do vencedor", não há dúvida de que a condenação da Fazenda Pública em honorários de sucumbência por meio de sentença proferida após a data de vidência do Código de Processo Civil/2015 deverá seguir todos os critérios e ditames estabelecidos nos incisos e parágrafos do novel dispositivo.

No que toca à possibilidade de os tribunais majorarem os honorários fixados anteriormente levando em conta o trabalho adicional realizado em grau recursal, prevista no § 11 do art. 85 do CPC/2015, vale recordar que no sistema processual brasileiro, mesmo sob a égide do Código de Processo Civil de 1973, impera o sistema de isolamento dos atos processuais (art. 1.211 do CPC/1973 e art. 1.046 do CPC/2015), de modo que a interposição do recurso constitui ato processual isolado do julgamento do mesmo, o que possibilitaria, a nosso ver, a majoração dos honorários na hipótese de o julgamento ter ocorrido após março/2016, ainda que o recurso tendo sido interposto ou a decisão recorrida tenha sido proferida na vigência do Código de Processo Civil/1973.

> ***3. Processo de execução fiscal***
>
> *3.1 Qual a natureza dos encargos legais previstos no Decreto--lei 1.025/1969? Caso eles tenham natureza de honorários, como sugere a Súmula 168 do extinto TFR, como conciliar sua aplicação, nos dias de hoje, com o art. 85, § 3º, do CPC/2015? E com o art. 827, § 1º, também do mesmo Código?*

3.1.1 A Súmula 168 do extinto TFR tem o seguinte teor: "O encargo de 20% do Decreto-lei n. 1.025/1969 é sempre devido nas execuções fiscais da União e substitui, nos embargos, a condenação do devedor em honorários advocatícios". É razoável um entendimento do antigo extinto TFR que considera honorários o "encargo legal" previsto no Decreto-lei 1.025/1969. Sendo assim, o referido dispositivo deve ser considerado revogado pelo § 3º do art. 85 do CPC/2015, senão antes pelo Código de Processo Civil revogado.

O § 1º do art. 827 é também incompatível com o mencionado "encargo legal" nos casos em que ele se aplica.

3.2 O incidente de desconsideração da personalidade jurídica, previsto no art. 133 do CPC/2015, aplica-se às execuções fiscais? Apenas nas hipóteses de o nome dos corresponsáveis não constar previamente na Certidão de Dívida Ativa ou em qualquer hipótese? Ou em nenhuma hipótese, sendo a regra inaplicável à Fazenda Pública exequente?

3.2.1 Convém esclarecer, desde logo, que os corresponsáveis têm direito de impugnar o próprio débito e os fatos relativos à corresponsabilidade no processo administrativo. Tal direito é distinto do que tem o devedor principal. O direito do corresponsável decorre do princípio do contraditório e da ampla defesa, com os meios e recursos a ela inerentes – direito, este, que é expressamente aplicável ao processo administrativo (Carta Política, art. 5º, LV).

Em que pese ao fato de que os magistrados federais já venham se posicionando no sentido de que o redirecionamento da execução fiscal para os sócios prescinde do incidente de desconsideração da personalidade jurídica, previsto no art. 133 do CPC/2015, nosso entendimento é no sentido de ele tem inteira aplicabilidade no âmbito das execuções fiscais, devendo ser instaurado antes do chamamento dos sócios a responderem pelo pagamento das dívidas das suas empresas.

Isto porque tal incidente permite que o sócio se defenda antes de começar a ser cobrado pela dívida da empresa da qual fazia parte, inclusive com ampla produção de provas e antes da constrição do seu patrimônio para fins de garantia do débito executado.

A Lei de Execução Fiscal (Lei 6.830, de 22.9.1980), logo em seu art. 1º, determina que execução judicial para cobrança da Dívida Ativa será regida subsidiariamente pelo Código de Processo Civil. Assim considerando, tendo em vista que tal disciplina não é tratada na referida Lei 6.830/1980, caberia a aplicação subsidiária do Código de Processo Civil/2015, visando a preencher a lacuna existente.

Vale recordar que antes da promulgação do Código de Processo Civil/2015 os sócios e dirigentes de empresas executadas contavam somente como modalidade de defesa sem constrição patrimonial com a exceção de pré-executividade, à qual não se permitia qualquer dilação probatória.

Desta forma, na hipótese de o sócio precisar produzir provas para demonstrar a ausência de responsabilidade pelos débitos da pessoa jurídica, seria necessário o ajuizamento de embargos de devedor, nos quais se faz necessário o oferecimento de bens em garantia do débito.

Isso gerava diversos e injustos prejuízos aos sócios das empresas executadas, que precisavam dispor do seu patrimônio e enfrentar longos e penosos processos judiciais para serem excluídos de cobranças executivas, quando bastavam simples explicações acompanhadas de um punhado de provas para atingir esse objetivo.

Assim, pensamos que o incidente de desconsideração da personalidade jurídica pode e deve ser aplicado no âmbito das execuções fiscais, em nome da celeridade e da economia processual, o que, outrossim, contribuiria significativamente para descongestionamento do Poder Judiciário.

Respondendo às demais perguntas formuladas, pensamos que o incidente em tela deve ser aplicado em todos os casos de inclusão dos sócios no polo passivo de execuções fiscais ajuizadas contra as empresas por eles integradas, com exceção dos casos em que os sócios foram incluídos nos autos de infração que originaram a CDA e, por conseguinte, originaram a execução fiscal, lavrados contra as pessoas jurídicas (devedoras principais), já que nessa hipótese teria havido oportunidade de os sócios discutirem no âmbito administrativo, por meio de impugnações e recursos voluntários, a legitimidade da atribuição de responsabilidade solidária pelos pagamentos dos débitos, tudo em fiel observância ao devido processo legal, à ampla defesa e ao contraditório.

3.3 Caso aplicável às execuções fiscais, ele pode ser instaurado naquelas que já estavam em curso quando teve início a vigência do Código de Processo Civil/2015, ou somente àquelas iniciadas depois de 18.3.2016?

3.3.1 Mais uma vez com arrimo no art. 14 do CPC/2015, sustentamos que o incidente de desconsideração da personalidade jurídica poderá ser instaurado em todas as execuções fiscais em que ainda não tenha ocorrido a inclusão dos sócios no polo passivo por meio de decisão definitiva.

Com efeito, nossa opinião é no sentido de que o incidente de desconsideração da personalidade jurídica não se aplica tão somente nos casos em que a inclusão dos sócios foi decretada e não haja recurso pendente de julgamento, já que, neste caso, estaríamos diante de uma situação jurídica já consolidada sob a vigência do antigo Código de Processo Civil, não podendo ser atingida pelo novel diploma processual civil.

3.4 Em razão do disposto nos arts. 240 e 802 do CPC/2015, nos casos em que a demora na citação do executado não seja imputável exclusivamente ao Judiciário, mas à Fazenda exequente, pode-se dizer que a data da efetiva citação do executado passa a ser relevante para determinar a consumação, ou não, do prazo prescricional, independentemente de a inicial ter sido protocolada dentro deste prazo? Subsiste o entendimento firmado pelo STJ no REsp 1.120.295-SP?

3.4.1 O § 1º do art. 240 do CPC/2015 prevê que "a interrupção da prescrição, operada pelo despacho que ordena a citação, ainda que proferido por juízo incompetente, retroagirá à data de propositura da ação".

Tal dispositivo consagra o entendimento consolidado no âmbito do STJ quando do julgamento do REsp 1.120.295-SP, de relatoria do eminente Min. Luiz Fux (*DJe* 21.5.2010), ocasião em que se assentou o entendimento de que

> *a propositura da ação constitui o 'dies ad quem' do prazo prescricional* e, simultaneamente, o termo inicial para sua recontagem sujeita às causas interruptivas previstas no art. 174, parágrafo único, do CTN (grifamos).

Fundamental registrar, contudo, que o § 2º do dispositivo legal em lume diz que "incumbe ao autor adotar, no prazo de 10 (dez) dias, as providências necessárias para viabilizar a citação, sob pena de não se aplicar o disposto no § 1º".

Desse modo, na hipótese de a Fazenda Pública não fornecer, no prazo de 10 dias, os elementos necessários para a realização da citação, a interrupção da prescrição não retroagirá à data de ajuizamento do executivo fiscal, interrompendo-se, assim, conforme o § 1º do referido art. 240 do CPC/2015 e do inciso I do art. 174 do CTN, na data do despacho que ordenou a citação.

Diante disso, respondendo objetivamente às indagações, temos que a data da efetiva citação não importa para fins de interrupção da prescrição, de vez que tal marco será (i) na data do ajuizamento do executivo fiscal, na hipótese de a Fazenda Pública viabilizar, no prazo de 10 dias, a realização da citação (§ 1º do art. 240 do CPC/2015), ou (ii) na data do despacho que ordenar a citação (§ 2º do art. 240 do CPC/2015 e art. 174, I, do CTN).

Quanto ao entendimento fixado no julgamento do REsp 1.120.295-SP, não há dúvidas de que ele subsiste integralmente, estando, inclusive, consagrado no art. 240 do CPC/2015.

3.5 Pode ser exemplo de demora não imputável ao Judiciário, mas à Fazenda, aquela decorrente de ter ela fornecido endereço errado ou desatualizado para a citação do executado?

3.5.1 Pensamos que sim, já que a lei é clara ao incumbir à parte as providências necessárias para viabilizar a citação, sob pena de não se aplicar a retroatividade de que trata o disposto no § 1º do art. 240 do CPC/2015.

3.6 O art. 803, parágrafo único, do CPC/2015 conteria um reconhecimento explícito do cabimento das chamadas "exceções de pré-executividade"? Seria essa admissão aplicável também às execuções fiscais, em face da supletividade referida no art. 15 do CPC/2015 e do disposto no art. 1º da própria Lei 6.830/1980?

3.6.1 O art. 803 do CPC/2015 dispõe o seguinte:

> Art. 803. É nula a execução se: I – o título executivo extrajudicial não corresponder a obrigação certa, líquida e exigível; II – o executado não for regulamente citado; III – instaurada antes de se verificar a condição ou de ocorrer o termo.
>
> Parágrafo único. A nulidade de que cuida este artigo será pronunciada pelo juiz, de ofício ou a requerimento da parte, independentemente de embargos à execução.

O artigo acima transcrito corresponde ao art. 618 do CPC revogado, mas acrescenta ele o conteúdo do § 1º. Sérgio Mattos, com apoio na doutrina, observa o seguinte: "Toda execução, judicial ou extrajudicial, fundar-se-á sempre em título de obrigação certa, líquida e exigível (art. 783 do CPC/2015). Não há execução sem título – *nulla executio sine título*. Daí por que a petição inicial da execução deve ser instruída com o título executivo (art. 798, I, 'a', c/c art. 320, do CPC/2015). Se este documento indispensável à propositura da execução não acompanhar a petição inicial, incidirá o art. 801 do CPC/2015: o juiz deve determinar ao exequente a apresentação do título executivo, no prazo de 15 dias, sob pena de indeferimento da inicial".[9]

O parágrafo único do referido art. 803 anuncia os remédios jurídicos decorrentes da não observância do *caput* e dos incisos do mencionado preceito.

Mais uma vez sob o respaldo do art. 15 do CPC/2015, permitimo-nos sustentar que a norma contida no parágrafo único do art. 803 do mesmo diploma legal, de fato, consubstancia o permissivo legal da exceção de pré-executividade, criação jurisprudencial e que a partir da promulgação do Código de Processo Civil se encontra positivada.

Com efeito, o art. 803 autoriza ao juiz, de ofício ou a requerimento da parte (exceção de pré-executividade), decretar a nulidade da execução na hipótese de eventuais vícios no título executivo.

Por fim, cabe registrar que a regra veiculada no art. 803 do CPC/2015 se revela ainda mais abrangente do que o teor do enunciado da Súmula 393/STJ, que dispõe que "a exceção de pré-executividade é admissível na execução fiscal relativamente às matérias conhecíveis de ofício que não demandem dilação probatória". Considerando que o novel dispositivo legal não afasta a dilação probatória, podemos concluir que em uma eventual exceção de pré-executividade oposta com fundamento no parágrafo único do art. 803 do CPC poderia haver uma dilação probatória suficiente para evidenciar os defeitos elencados nos incisos do dispositivo em tela, afastando a necessidade de se ajuizar embargos à execução.

3.7 Teria o Código de Processo Civil/2015 revogado a Lei 6.830/1980, como se pode ver de seus arts. 779, VI, e 784, IX? Ou, em face do disposto em seu art. 1.046, § 2º, a dizer que "permanecem em vigor as disposições especiais dos procedimentos regulados em outras leis, aos quais se aplicará supletivamente este Código", podemos entender que a Lei de Execução Fiscal permanece em vigor?

9. Sérgio Mattos, in Teresa Alvim Wambier e outros (coords.), *Breves Comentários ao Novo Código de Processo Civil*, 1ª ed., São Paulo, Thomson Reuters/Ed. RT, 2015, p. 1.856.

3.7.1 A nosso ver, as normas veiculadas nos arts. 779, VI, e 784, XI, ambos do CPC/2015, se harmonizam perfeitamente com todos os dispositivos tanto da Lei 6.830/1980 quanto do próprio Código Tributário Nacional, não havendo que se falar, de maneira alguma, em revogação da Lei 6.830/1980.

4. Mandado de segurança

4.1 Aplica-se ao mandado de segurança a figura da "tutela de evidência" (art. 311 do CPC/2015)?

4.1.1 Daniel Mitidiero assim conceitua a tutela de evidência: "O legislador procurou caracterizar a evidência do direito postulado em juízo capaz de justificar a prestação de 'tutela provisória' a partir das quatro situações arroladas no art. 311. O denominador comum capaz de amalgamá-las é a noção de defesa inconsistente. A tutela pode ser antecipada porque a defesa articulada pelo réu é inconsistente ou provavelmente o será. A tutela da evidência é fundada em cognição sumária e sua decisão não é suscetível de coisa julgada".[10]

O Código de Processo Civil/2015 não exclui o mandado de segurança da aplicação do art. 311, que prevê a tutela de evidência.

Relaciona-se entre as hipóteses de concessão da referida tutela a caracterização do "abuso de direito de defesa ou o manifesto propósito protelatório da parte" (art. 301, I). Pergunta-se: por que justamente no caso de mandado de segurança é que deveria o autor, no caso o impetrante, ficar desprotegido? A desproteção, a ausência de proteção, de segurança, o desamparo, como poderiam eles ocorrer justamente no caso do mandado de segurança, a ação cuja denominação já enfatiza a segurança que teve por finalidade o legislador constitucional atribuir ao cidadão para proteção de seu direito líquido e certo?

O mandado de segurança é procedimento especial, que se regra também por legislação especial, sendo essa preponderante sobre as outras fontes processuais gerais. Entendendo deste modo, hão de ser aplicadas as normas processuais gerais na ação mandatória sempre que estas não forem contrárias não só a disposição expressa da lei especial, mas também quando não colidam com a própria natureza do mandado de segurança.

10. Daniel Mitidiero, in Teresa Arruda Alvim e outros (coords.), *Breves Comentários ao Novo Código de Processo Civil*, cit., p. 796.

Deste modo, analisando o art. 311 do CPC/2015 em cotejo com o art. 7º, III, da Lei 12.016/2009, percebe-se que o *Codex* vigente não traz benefícios a quem pleiteia a segurança, determinando, ao revés, outros requisitos que não os exigidos na legislação especial, restringindo, por consequência, o direito do impetrante, tornando-se inaplicável.

Respondemos afirmativamente à pergunta formulada.

4.2 As liminares deferidas em sede de mandado de segurança submetem-se ao instituto da "estabilização" da tutela provisória previsto no art. 304 do CPC/2015?

4.2.1 A Lei 12.016/2009, no art. 7º, previu a apreciação do pedido liminar no momento em que o juiz despachar a inicial. Entretanto, tal previsão não retirou a possibilidade da aplicação do instituto da tutela provisória no rito mandamental, desde que não colida com a disposição expressa da lei especial ou, mesmo, com a própria natureza do mandado de segurança.

O mandado de segurança, como é sabido, foi criado por norma constitucional, à qual deve ser atribuída máxima eficácia, na lição de Canotilho.[11] Como se trata de direito individual, segundo o STF, não protege ao nível constitucional o Poder Público.

Entendemos que as liminares constituem instrumento que permite à Fazenda Pública se manifestar no processo antes da sentença. Com efeito, nenhum direito líquido e certo pode ficar desamparado desde o momento da impetração do *writ*.

Isto ocorre com a suspensão do ato coator. Se vedada a concessão da liminar, o juíz teria de sentenciar sem ouvir o Poder Público, a menos que considere inconstitucional a norma que proíba a liminar.

O *caput* do art. 304 do CPC/2015 dispõe o seguinte: "A tutela antecipada concedida nos termos do art. 303, torna-se estável se da decisão que a conceder não for interposto o respectivo recurso".

A omissão da Fazenda Pública ao se abster de recorrer não pode prejudicar os direitos que decorrem da liminar, razão pela qual foi criada a norma de estabilização da tutela provisória.

11. J. J. Gomes Canotilho, *Direito Constitucional e Teoria da Constituição*, 7ª ed., Coimbra, Livraria Almedina, 2003, p. 1.224.

Acresce que o Código de Processo Civil/2015 não excluiu a proteção em exame no caso do mandado de segurança. Aplica-se ao caso em exame o art. 15 do CPC/2015.

Respondemos à pergunta formulada: as liminares do mandado de segurança submetem-se ao instituto da estabilização da tutela provisória prevista no art. 304 do CPC/2015 por mais forte razão que as ações ordinárias, por se tratar de medida judicial de proteção constitucional a que se deve atribuir eficácia máxima.

> ***5. Coisa julgada***
>
> *5.1 Em face do art. 525, §§ 12 e 15, do CPC/2015, quais devem ser os efeitos de uma ação rescisória movida em razão da alteração da jurisprudência do STF sobre determinada questão tributária? É possível atribuir efeitos **ex tunc** à rescisão do julgado?*

Theotônio Negrão, José Roberto F. Gouvêa, Luiz Guilherme A. Bandioli e João Francisco N. da Fonseca esclarecem com precisão a questão das ações rescisórias decorrentes de leis e sentenças inconstitucionais: "O parágrafo único do art. 741 do CPC, [*revogado – leia-se § 5º do art. 535 do CPC/2015*] buscando solucionar específico conflito entre os princípios da coisa julgada e da supremacia da Constituição, agregou ao sistema de processo um mecanismo com eficácia rescisória de sentenças inconstitucionais. Sua utilização, contudo, não tem caráter universal, sendo restrita às sentenças fundadas em norma inconstitucional, assim consideradas as que ainda (a) aplicaram norma constitucional (primeira parte do dispositivo) ou (b) aplicaram norma em situação tida por inconstitucional ou, ainda, (c) aplicaram norma com um sentido tido por inconstitucional (segunda parte do dispositivo). Indispensável em qualquer caso que a inconstitucionalidade tenha sido reconhecida em precedente do STF, em controle concentrado ou difuso (independentemente de resolução do Senado), mediante declaração de inconstitucionalidade parcial sem redução de texto, ou, ainda, (c) mediante interpretação conforme a Constituição (segunda parte). Estão fora do âmbito material dos referidos embargos, portanto, todas as demais hipóteses de sentenças inconstitucionais, ainda que tenham decidido em sentido diverso da orientação do STF, como, *v.g.*, as que (a) deixaram de aplicar norma declarada constitucional (ainda que em controle concentrado), (b) aplicaram dispositivo da Constituição que o STF considerou sem autoaplicabilidade, (c) deixaram de aplicar dispositivo da Constituição que o STF considerou autoaplicável, (d) aplicaram preceito normativo que o STF considerou revogado ou não recepcionado, deixando de aplicar ao caso a norma revogadora. Também estão fora do alcance do parágrafo único do art. 741 do CPC as sentenças, ainda que eivadas da inconstitucionalidade nele referida, cujo trânsito em julgado tenha ocorrido em data anterior à da sua vigência. O dispositivo, todavia, pode ser invocado para inibir o cumprimento de sentenças executivas *lato sensu*, às quais tem aplicação subsidiária por força do art. 744 do CPC" (STJ, 1ª Seção, REsp 791.754, rel. Min Teori Zavascki, j. 13.12.2005, *DJU* 6.2.2006. Em sentido semelhante: STJ, 1ª Seção, REsp 1.189.619, rel. Min. Castro Meira, j. 25.8.2010, *DJU* 2.9.2010).[12]

5.1.1 Os requisitos da ação rescisória estão relacionados no artigo do Código de Processo Civil/2015. Os §§ 12 e 15 do art. 525 estão sujeitos ao *caput* e não se aplicam ao cabimento da ação rescisória. Com relação à ação rescisória que se baseia em alteração da jurisprudência do STF aplica-se o § 5º do art. 966: "Cabe ação rescisória, com fundamento no inciso V do *caput* deste artigo, contra decisão baseada em *enunciado de súmula ou acórdão proferido em julgamento de casos repetitivos* que não tenha considerado a existência de distinção entre a questão discutida no processo e o padrão decisório que lhe deu fundamento" (incluído pela Lei 13.256/2016). Não existindo súmula ou acórdão proferido no julgamento de casos repetitivos a ação rescisória é incabível com fundamento em violação manifesta de norma jurídica (art. 966, V, e § 5º).

Mesmo se existirem súmula ou julgamentos de casos repetitivos a ação rescisória não é cabível quando a decisão rescindenda não tenha considerado a existência de distinção entre a questão discutida no processo e o padrão decisório que lhe deu fundamento (§ 5º do art. 966).

Em hipótese em que estejam presentes os requisitos do inciso V e do § 5º do art. 966 do CPC, portanto, pode-se pensar em ação rescisória.

No que concerne aos efeitos produzidos pela ação rescisória é importante desde logo ouvir o que diz o legislador complementar no art. 156 do CTN:

12. Theotônio Negrão, José Roberto F. Gouvêa, Luiz Guilherme A. Bandioli e João Francisco N. da Fonseca, *Código de Processo Civil e Legislação Processual em Vigor*, 47ª ed., São Paulo, Saraiva, 2016, nota 25 do art. 525, pp. 563-564. A referência ao parágrafo único do art. 741 do CPC diz respeito a dispositivo do Código revogado. Os referidos autores, entretanto, na mencionada norma revogada dizem corresponder ao art. 535, § 5º, do CPC/2015 (v. p. 2.010 da citada obra).

> Art. 156. Extinguem o crédito tributário: (...); X – a decisão judicial passada em julgado; (...).
>
> Parágrafo único. (...).

O dispositivo legal acima transcrito é de natureza complementar. Sendo assim, ainda que houvesse normas jurídicas ordinárias, de direito substantivo ou adjetivo, dispondo em contrário, não prevaleceriam contra ele.

Ora, extinto o crédito tributário, não pode ele ser novamente constituído.

Aliás, não existe norma jurídica que determine a constituição de crédito tributário na hipótese em exame.

Não cabe, como vimos, com apoio na doutrina, a ação rescisória contra o contribuinte por causa de alteração jurisprudencial. Ainda que admitíssemos, para argumentar, o cabimento de tal ação, pensamos que a ação rescisória ajuizada em razão da alteração da jurisprudência do STF deve ter efeitos tão somente prospectivos, e jamais *ex tunc*.

A ação rescisória produz efeitos no que concerne a fatos geradores posteriores à desconstituição do título judicial decorrente do trânsito em julgado da decisão favorável ao contribuinte.

Com efeito, encontram-se plasmados no texto constitucional direitos e garantias fundamentais, tais como a coisa julgada e a segurança jurídica, que não podem ser simplesmente desconsiderados em decorrência da mudança de entendimento do Pretório Excelso.

Aceitar tal desconsideração seria fazer tábula rasa das próprias decisões do STF e dos demais tribunais pátrios, que jamais inspirariam confiança e grau de estabilidade mínimos para os jurisdicionados, que poderiam, do dia para a noite, ser surpreendidos por uma alteração jurisprudencial que teria o condão de expurgar do mundo jurídico, como se jamais tivesse existido, decisão judicial passada em julgado que lhes garantia o direito ter ou deixar de ter determinada conduta, tal como não recolher tributo reputado ilegal ou inconstitucional.

Ressalte-se que, apesar de tal entendimento ser o único razoável já sob a égide do antigo Código de Processo Civil, pensamos que a regra do mencionado § 15 lhe dá mais corpo, na medida em que, além de impor o cabimento de ação rescisória nas hipóteses de decisão já transitada em julgado, fixa o termo *ad quem* do prazo do seu ajuizamento na data do trânsito em julgado da decisão proferida pelo STF que definiu ou alterou a jurisprudência, o que evidencia o entendimento de que tal jurisprudência jamais poderia atingir fatos já constituídos e cobertos pelo manto da coisa julgada, mas tão somente fatos futuros e ocorridos após a rescisão do *decisum* que contrarie esta novel jurisprudência.

5.2 Quais os efeitos da decisão rescisória sobre o lapso decadencial? Imaginando-se um contribuinte que há mais de cinco anos não recolhe um tributo por conta de decisão judicial, passada em julgado, que o declarou inconstitucional, a posterior mudança no entendimento do STF sobre a validade de tal tributo poderia legitimar a propositura e a procedência de ação rescisória, com a posterior autuação do contribuinte relativamente a todo o período?

5.2.1 Seguindo a mesma linha de raciocínio exposta acima, sustentamos que uma decisão rescisória jamais poderia atingir fatos geradores anteriores à data de rescisão do julgado que assegurou o direito do cidadão de não recolher determinado tributo.

Adotar entendimento diverso seria tornar precária e provisória toda e qualquer decisão proferida por tribunal pátrio, e até mesmo as proferidas pela Suprema Corte, já que passível de alteração a qualquer momento, podendo anular inteiramente os efeitos do entendimento jurisprudencial ultrapassado, o que empurraria o jurisdicionado a uma permanente situação de instabilidade jurídica e esvaziaria substancialmente o instituto da coisa julgada.

Ora, qual o contribuinte que, de posse de uma decisão passada em julgado garantindo-lhe o direito de não existir no mundo jurídico determinada incidência tributária, teria coragem de efetivamente parar de pagar o tributo, já que uma repentina alteração jurisprudencial poderia tornar exigíveis as parcelas vencidas e vincendas, acrescidas, inclusive, de pesadas multas e juros de mora?

O direito à segurança confere ao contribuinte na vida real a possibilidade de fazer investimentos, gastar ou de outra forma dispor do seu patrimônio com recursos que corresponderiam ao pagamento do tributo considerado indevido por decisão com trânsito em julgado. Depois de ter exercido o referido direito, o contribuinte poderá ficar arruinado financeiramente se o tributo vier a ser exigido com base em fatos geradores anteriores à desconstituição da decisão da qual decorreu o trânsito em julgado.

Os economistas ingleses sustentam que a confiabilidade das decisões judiciais constituiu fator relevante para o desenvolvimento econômico da Inglaterra.

Assim, entendemos que eventual decisão que rescinda acórdão passado em julgado contrário a jurisprudência do STF jamais poderia ter efeitos *ex tunc*, ficando prejudicado, por conseguinte, o direito da Fazenda Pública de exigir tributo relativo a fatos geradores anteriores à decisão final em ação rescisória.

6. O pagamento do ITCMD e outras questões

6.1 Em face do disposto no parágrafo único do art. 654 do CPC/2015, é permitida a conclusão do processo de inventário e execução da partilha antes de julgada a validade da cobrança do respectivo ITCMD?

6.1.1 Pensamos que sim, vez que o parágrafo único do dispositivo em tela permite o julgamento da partilha apesar da "existência de dívida para com a Fazenda Pública" (Federal, Estadual ou Municipal), desde que o pagamento do débito esteja garantido. Assim, a hipótese de os herdeiros discordarem do ITCMD calculado pela autoridade fiscal em determinado processo de inventário não impediria seu trâmite e seu julgamento, bastando que tal imposto esteja devidamente garantido pelos meios previstos em lei.

6.2 Existem outras questões relativas ao processo tributário decorrentes do advento do Código de Processo Civil/2015? Quais?

Respondemos afirmativamente à primeira pergunta formulada. E isto porque o art. 15 do CPC/2015 expressamente dispõe que, na ausência de normas que regulem o processo administrativo, as disposições desse Código serão aplicadas supletiva e subsidiariamente, como vimos. Ora, o processo administrativo tem regulamentação muito menos abrangente que a do Código de Processo Civil/2015.

Mas há uma razão mais forte a ser invocada. Em verdade, o Código de Processo Civil/2015 aplica os princípios e normas constitucionais ao processo, o que não ocorre com a legislação do processo administrativo. Sempre entendemos serem nulas as decisões administrativas que não apreciem os fundamentos constitucionais invocados pelo contribuinte. Agora temos, também, os fundamentos legais para chegar a esta conclusão, sem prejuízo, naturalmente, dos constitucionais.

Rio de Janeiro, 22 de julho de 2016

O DIREITO PROCESSUAL TRIBUTÁRIO REVISITADO PELO CÓDIGO DE PROCESSO CIVIL/2015: CONTROVÉRSIAS, RISCOS E INOVAÇÕES

Álisson José Maia Melo
Gabriela Pimentel Pessoa

Como de costume, o Instituto Cearense de Estudos Tributários/ICET vem brindar a comunidade científica com mais um tema não só atualíssimo como extremamente relevante para a prática tributária no Brasil. O enfoque da empreitada se dá a respeito de vários aspectos do processo tributário que possam ter sofrido impactos causados pela entrada em vigor do Código de Processo Civil/2015, Lei 13.105, de 16.3.2015. Dada a mudança radical da principiologia processual em comparação com o regime anterior, incorporando diversas inovações teóricas e práticas, há que se reconhecer a necessidade de exame atento às repercussões para o direito processual tributário.

Deixa-se registrada a gratidão pelo convite para participar desse desafio. Segue abaixo, ao longo das singelas respostas aos variados questionamentos em torno do processo tributário, uma proposta de interpretação sistemática do Código de Processo Civil. A metodologia adotada, posto que envolva questões práticas e o recurso à analogia, é, em regra, dedutiva, valendo-se de análise bibliográfica, documental e, pontualmente, jurisprudencial. Adota-se aqui, especialmente, um exame relativamente à legislação federal, sem prejuízo de as respostas poderem variar nos âmbitos estadual e municipal.

1. Processo administrativo fiscal

1.1 Em razão do disposto no art. 15 do CPC/2015, pode-se dizer que suas disposições se aplicam aos processos administrativos tributários? O que significa ***supletivo****, no contexto do artigo? O mesmo que* ***subsidiário****? Nesse caso, qual o sentido de se usarem as duas palavras, uma ao lado da outra?*

A redação do art. 15 do CPC é fruto da proposta de emenda ao Projeto de Lei formulada pela Câmara dos Deputados, que incluiu na versão original encaminhada pelo Senado Federal a menção aos processos trabalhistas e a inclusão da aplicação subsidiária.[1] Segundo o deputado federal Reinaldo Azambuja (PMDB/MS), o objetivo do acréscimo "subsidiariamente" teria por escopo "uma maior aplicabilidade e eficácia do dispositivo". Nos termos da justificação parlamentar dada, infere-se que a aplicação subsidiária ocorre quando haja omissão legal – melhor falar, nesta primeira aproximação, em omissões do que lacunas, que remetem a considerações sobre o ordenamento jurídico –, implicando a busca da solução normativa em documento legal mais amplo (ou menos específico). A lógica da subsidiariedade preconiza a remissão a um sistema maior para resolver um problema que um sistema menor foi incapaz de resolver.[2]

Reconhecendo o mecanismo da subsidiariedade, a aplicação supletiva ocorreria, por outro lado, quando a disciplina de determinada etapa do processo é deficiente, ou seja, a lei específica trata do instrumento processual, ou simplesmente menciona, mas não estabelece nos detalhes os limites da aplicação dessa ferramenta.

A proposta legislativa, nos termos expostos no art. 15 do CPC, acaba por desafiar os cientistas do Direito, no intuito de sistematizar o conhecimento, a um árduo trabalho, o que acaba levando a entendimentos díspares. Por exemplo, há aqueles que entendem que a aplicação subsidiária do Código de Processo Civil ocorre tanto na ausência de normas específicas

1. Comissão Especial do Código de Processo Civil, *Emenda, Dá Nova Redação ao Art. 15 do Projeto de Lei N. 8.046, de 2010* (disponível em *http://www.camara.leg.br/sileg/integras/922280.pdf*, acesso em 24.5.2016).

2. José Alfredo de Oliveira Baracho, "O princípio de subsidiariedade: conceito e evolução", *Revista da Faculdade de Direito da UFMG* 35/13-52, n. 35, Belo Horizonte, 1995 (disponível em *http://www.direito.ufmg.br/revista/index.php/revista/article/view/1470/1399*, acesso em 24.5.2016).

quanto na presença, pela influência da principiologia processual civil.[3] Há outros processualistas que invertem os elementos: se a disciplina legal é incompleta ou deficiente, trata-se de aplicação subsidiária; se há omissão plena da legislação, trata-se de supletiva.[4] Digno de nota, ainda, quando se distinguem os caráteres subsidiário e supletivo, quando este se presta a suprir lacuna enquanto aquele a auxiliar na compreensão de normas processuais específicas.[5]

Embora, para efeitos práticos, a distinção perca sua relevância, haja vista que o Código de Processo Civil articulou ambas no mesmo dispositivo, talvez haja alguma importância teórica nessa distinção. As técnicas de Hermenêutica Jurídica recomendam que não se considere, de imediato, inúteis as palavras na lei, devendo o intérprete buscar uma interpretação que consiga "salvar" a literalidade do texto.[6] Importante assinalar que um exame mais aprofundado sobre o debate demandaria desenvolvimento que não cabe neste estudo.

O sentido, ao menos teleológico, do art. 15 está subjacente na ideia de que o CPC, agora, passa a ser o principal instrumento infraconstitucional do direito processual brasileiro. Em outras palavras: a ideia de que o Código de Processo Civil pretende oferecer uma proposta de unificação do macrossistema processual. Logo, não há mais que falar em sistemas processuais distintos – civil, trabalhista, penal e administrativo –, nem em microssistemas incomunicáveis. O Código de Processo Civil passa a funcionar como "guarda-chuva" normativo do ordenamento jurídico, no que tange ao direito processual.[7] Num contexto histórico de crescente complexidade legislativa e jurisdicional é compreensível a preocupação em buscar uma forma de deixar o processo no Brasil menos idiossincrático.

3. Teresa Arruda Alvim Wambier *et alii*, *Primeiros Comentários ao Novo Código de Processo Civil: Artigo por Artigo*, São Paulo, Ed. RT, 2015, p. 75.

4. Fernando da Fonseca Gajardoni *et alii*, *Teoria Geral do Processo: Comentários ao Código de Processo Civil de 2015; Parte Geral*, Rio de Janeiro, Forense, 2015 (livro digital), § 12.233.

5. Cassio Scarpinella Bueno, *Manual de Direito Processual Civil: Inteiramente Estruturado à Luz do Novo Código de Processo Civil, Lei 13.105, de 16.3.2015*, São Paulo, Saraiva, 2015 (livro digital), § 9.109.

6. Carlos Maximiliano, *Hermenêutica e Aplicação do Direito*, 18ª ed., Rio de Janeiro, Forense, 2000, pp. 250-251.

7. Egon Bockmann Moreira, "O impacto do Código de Processo Civil nos processos administrativos: uma nova racionalidade", in *Direito do Estado* 10.3.2016, "Colunistas" (disponível em *http://www.direitodoestado.com.br/colunistas/egon-bockmann-moreira/o-impacto-do-cpc-2015-nos-processos-administrativos-uma-nova-racionalidade*, acesso em 5.6.2016).

Assim, a discussão gravita no âmbito da Teoria do Ordenamento Jurídico. Uma primeira consequência fundamental estaria em não mais se recorrer às técnicas de integração do ordenamento, mais especificamente ao uso da analogia, diante da necessidade de aplicação do Código de Processo Civil aos procedimentos administrativos.[8] Superada a integração, no âmbito das relações intersistêmicas, podem ser estabelecidos, ao menos, quatro mecanismos díspares:

(a) No primeiro, adotando-se um modelo teórico que reconhece a existência de princípios jurídicos,[9] entender que os princípios da lei geral se aplicariam diante de regras da legislação específica, seja para sustentar a preferência de uma regra diante de um conflito contingente, seja para estabelecer uma interpretação diferenciada, instruída por uma nova principiologia.[10]

(b) No segundo, a legislação específica faz um reenvio explícito ou implícito para a lei geral, como sugeriria, no primeiro caso, o CPC, art. 1.046, § 4º ("As remissões a disposições do Código de Processo Civil revogado, existentes em outras leis, passam a referir-se às que lhes são correspondentes neste Código"), e, no segundo caso, o CPC, art. 1.049 ("Sempre que a lei remeter a procedimento previsto na lei processual sem especificá-lo, será observado o procedimento comum previsto neste Código").[11]

(c) No terceiro, a legislação específica dispõe sobre um instituto jurídico de forma incompleta, cujo conteúdo deve ser suprido pela legislação genérica, havendo entre a lei específica e a genérica uma relação de coordenação sistêmica.

(d) No quarto, a lei geral possui instrumentos que a lei específica sequer prevê, mas haveria a exigência de subordinação desta àquela ou de harmonização daquela às especificidades desta.

Já, no que tange aos mecanismos da subsidiariedade e da aplicação supletiva, em seu sentido jurídico, o primeiro remete, em seu núcleo

8. Hugo de Brito Machado Segundo, *Processo Tributário*, 5ª ed., São Paulo, Atlas, 2010, pp. 113-115.

9. Ronald Dworkin, *Levando os Direitos a Sério*, trad. de Nelson Boeira, São Paulo, Martins Fontes, 2002, pp. 41-43.

10. Luiz Guilherme Marinoni, Sérgio Cruz Arenhart e Daniel Mitidiero, *Novo Curso de Processo Civil*, 1ª ed., vol. 1 (*Teoria do Processo Civil*), São Paulo, Ed. RT, 2015, pp. 61-62.

11. Brasil, *Lei N. 13.105, de 16 de Março de 2015, Código de Processo Civil*, Brasília/DF, Presidência da República, 2015 (disponível em *http://www.planalto.gov.br/ccivil_03/_ato2015-2018/2015/lei/l13105.htm*, acesso em 5.6.2016).

semântico, à incapacidade de o ente menor (no caso, a legislação específica) realizar o objetivo preconizado; o segundo, por sua vez, tem o propósito primário de fornecer subsídios, de suplementar a legislação específica, numa relação de coparticipação. Observando essa ordem de prevalência, diante da questão sobre se os microssistemas processuais devem se compatibilizar com o macrossistema do Código de Processo Civil[12] ou se os institutos deste, para serem aplicados, é que dependem da compatibilidade com aqueles,[13] pode-se responder, com boa margem de segurança, no sentido de que são os institutos do Código de Processo Civil que, para serem aplicáveis à legislação específica – seja de forma subsidiária, seja de forma supletiva –, devem ser coerentes com as particularidades dos microssistemas. Essa é a interpretação que melhor se coaduna com a efetividade da jurisdição, já que as soluções processuais devem ser compatíveis com as peculiaridades dos bem jurídicos tutelados.

Cotejando os quatro mecanismos acima indicados e os núcleos semânticos da aplicação subsidiária e da supletiva, fica-se com a orientação segundo a qual a aplicação supletiva busca suprir uma disciplina incompleta de institutos equivalentes em ambas as legislações (mecanismo “c”), enquanto a aplicação subsidiária surge quando não há qualquer previsão na legislação específica de um instrumento do Código de Processo Civil que pode ser utilizado no rito processual especial (mecanismo “d”).[14] Os mecanismos previstos nos itens “a” e “b” regem-se pelas próprias teorias que buscam, de um lado, a normatividade dos princípios e, de outro, a coordenação de leis pelo reenvio.

Especificamente ao se cuidar da aplicação subsidiária, importa ressaltar a excepcionalidade do seu uso, já que parece exigir duas condições necessárias: primeiramente, considerando a posição secundária em que o art. 15 do CPC coloca o próprio Código, que haja a compatibilidade dos instrumentos do Código de Processo Civil com as peculiaridades dos processos especiais; em segundo lugar, que a adoção subsidiária

12. Wambier *et alii*, *Primeiros Comentários ao Novo Código de Processo Civil: Artigo por Artigo*, cit., p. 75.

13. Gajardoni *et alii*, *Teoria Geral do Processo: Comentários ao Código de Processo Civil de 2015; Parte Geral*, cit., § 12.233.

14. No mesmo sentido, cf. Maurício Pereira Faro e Bernardo Motta Moreira, “O novo Código de Processo Civil e seus reflexos no processo tributário administrativo”, in Antônio Carlos F. de Souza Jr. e Leonardo Carneiro da Cunha (coords.), *Novo Código de Processo Civil e o Processo Tributário*, São Paulo, FocoFiscal, 2015, pp. 284-288.

do Código de Processo Civil buscaria implementar o atendimento de princípios constitucionais em face do amesquinhamento ocasionado pela disciplina legal especial. Seria o caso da adoção dos embargos declaratórios na ausência de defesa, na legislação específica, perante decisão contraditória ou omissa.[15] Ou, como já apontado pelo Conselho Administrativo de Recursos Fiscais/CARF, na utilização de regras do Código de Processo Civil acerca da distribuição do ônus da prova, ou de intimação das partes.[16]

No que toca à aplicação do Código de Processo Civil aos processos administrativos tributários algumas peculiaridades emergem. Isso porque no caso do processo administrativo tributário federal interpõe-se, entre o Decreto 70.235, de 6.3.1972 e o Código de Processo Civil, a Lei 9.784, de 29.1.1999, nos termos do seu art. 69 ("Os processos administrativos específicos continuarão a reger-se por lei própria, aplicando-se-lhes apenas subsidiariamente os preceitos desta Lei"[17]), diversamente do entendimento pacificado pelo STJ[18] – decorrente de uma má compreensão do mecanismo da aplicação subsidiária e ignorando a contingência dos textos legais perante a realidade dos fatos sociais. Dessarte, os impactos provocados no processo administrativo também vão repercutir no processo administrativo tributário. A aplicação subsidiária da lei do processo administrativo federal se dá especialmente nas regras gerais relativas aos princípios processuais aplicáveis, direitos e deveres das partes, devendo ser observada no processo administrativo tributário.[19]

Entre tais impactos merecem destaque as normas fundamentais do processo civil, previstas nos arts. 1º a 12 do CPC, a saber: a orientação constitucional do processo (art. 1º), a inafastabilidade da jurisdição con-

15. Inspirado em Machado Segundo, *Processo Tributário*, cit., 5ª ed., pp. 113-115.

16. Casos citados em Faro e Moreira, "O novo Código de Processo Civil e seus reflexos no processo tributário administrativo", cit., in Cunha e Souza Jr. (coords.), *Novo Código de Processo Civil e o Processo Tributário*, pp. 286-287.

17. Brasil, *Lei N. 9.784, de 29 de Janeiro de 1999, Regula o Processo Administrativo no Âmbito da Administração Pública Federal*, Brasília/DF, Presidência da República, 1999 (disponível em *http://www.planalto.gov.br/ccivil_03/leis/L9784.htm*, acesso em 5.6.2016).

18. Superior Tribunal de Justiça, *REsp 1.138.206-RS (2009/0084733-0)*, 1ª Seção, rel. Min. Luiz Fux, j. 9.8.2010 (disponível em *http://www.stj.jus.br/SCON*, acesso em 5.6.2016).

19. James Marins, *Direito Processual Tributário Brasileiro*, 5ª ed., São Paulo, Dialética, 2010, pp. 233-237.

catenada com as soluções alternativas – arbitragem, solução consensual, mediação e conciliação – (art. 3º, *caput* e §§), a duração razoável e a efetividade do processo (art. 4º), o dever da boa-fé processual (art. 5º), o dever de cooperação (art. 6º), a paridade de armas (art. 7º), o devido processo legal substantivo – traduzido na busca dos fins sociais e exigências do bem comum pelo juiz (em alusão ao art. 5º da Lei de Introdução às Normas do Direito Brasileiro), no respeito à dignidade da pessoa humana e na consideração da legalidade, da impessoalidade, da eficiência, da proporcionalidade e da razoabilidade (art. 8º), a ponderação do contraditório com as tutelas de urgência e emergência (art. 9º), a exigência de contraditório ante fundamento novo (art. 10), a exigência de publicidade e fundamentação das decisões (art. 11) e o indicativo de respeito à ordem cronológica (art. 12).[20] Além disso, a introdução do sistema de precedentes pode também impactar nos processos administrativos.[21] Resta saber até que ponto tais normas fundamentais possuem aplicabilidade subsidiária ao processo administrativo tributário, já que devem respeitar suas idiossincrasias.

Conforme se observa nos questionamentos seguintes, pode-se intentar responder a algumas das dúvidas suscitadas acima.

1.2 É invocável no processo administrativo, para esclarecer quando não se considera fundamentada uma decisão administrativa, o disposto no art. 489, § 1º, do CPC/2015?

O art. 489, § 1º, do CPC arrola em seus incisos seis situações razoáveis nas quais a desídia argumentativa do julgador implica a má fundamentação da decisão. Assim, deve-se verificar se o art. 489, § 1º, do CPC teria alguma aplicabilidade para os processos administrativos. No caso do processo administrativo federal, o art. 50 da Lei 9.784/1999 estipula que, em hipóteses específicas, "os atos administrativos deverão ser motivados, com indicação dos fatos e dos fundamentos jurídicos", em especial quando "neguem, limitem ou afetem direitos ou interesses"

20. Brasil, *Lei N. 13.105, de 16 de Março de 2015*, cit.

21. Egon Bockmann Moreira, "O impacto do Código de Processo Civil nos processos administrativos: uma nova racionalidade", cit., *Direito do Estado* 10.3.2016, "Colunistas" (disponível em *http://www.direitodoestado.com.br/colunistas/egon-bockmann-moreira/o-impacto-do-cpc-2015-nos-processos-administrativos-uma-nova-racionalidade*, acesso em 5.6.20162016).

(inciso I), e que "a motivação deve ser explícita, clara e congruente" (§ 1º).[22]

Se adotada seriamente, em toda sua envergadura, a previsão do art. 15 do CPC, o art. 489, § 1º, poderia ser adotado supletivamente, para aprimorar o que se deve entender por "motivação explícita, clara e congruente", com apoio inclusive na norma fundamental do art. 11 do CPC. Mais especificamente para o processo administrativo tributário, no âmbito federal, também poderia ser realizada tal interpretação, à luz da menção lacônica aos "fundamentos legais" no art. 31 do Decreto 70.235/1972.[23] Esse também é o entendimento de parcela dos pesquisadores no processo tributário, que defendem a complementação da lista sucinta do art. 59 do Decreto 70.235/1972 pelo art. 489, § 1º, do CPC.[24]

Uma questão de segunda ordem restará quanto ao grau de força normativa a ser dado ao art. 489, § 1º, do CPC, aplicado supletivamente, em confronto com precedentes eventualmente pacificados pelo CARF acerca do que se considera uma decisão administrativa devidamente fundamentada.

É preciso, contudo, analisar essas exigências de fundamentação das decisões de maneira crítica. Há avaliações que defendem que o rigor exagerado na fundamentação pelos julgadores pode produzir um efeito inverso, estimulando o crescimento do perfil de julgador argumentativamente econômico no Judiciário brasileiro, o que pode levar, em última análise, à ineficácia do art. 489, § 1º, do CPC, ou a um desvio de conteúdo da regra processual.[25] Em outras palavras: a exigência de um formalismo

22. Brasil, *Lei N. 9.784, de 29 de Janeiro de 1999*, cit.

23. Brasil, *Decreto N. 70.235, de 6 de Março de 1972, Dispõe sobre o Processo Administrativo Fiscal, e Dá Outras Providências*, Brasília/DF, Presidência da República, 1972 (disponível em *http://www.planalto.gov.br/ccivil_03/decreto/d70235cons.htm*, acesso em 5.6.2016).

24. Eurico Marcos Diniz de Santi, "Novo Código de Processo Civil e motivação das decisões do CARF e das DRJs", *Jota – Notícias Jurídicas que Fazem Diferença* 20.3.2016, Brasília/DF, "Opinião" (disponível em *http://jota.uol.com.br/novo-cpc-e-motivacao-das-decisoes-carf-e-das-drjs*, acesso em 5.6.2016).

25. V., a respeito, a construção da figura do "juiz preguiçoso" para a fundamentação das decisões, empreendida por George Marmelstein Lima, "*Lazy judge* e fundamentação das decisões judiciais: ou quando exigir demais pode gerar um efeito contrário do pretendido", *Direitos Fundamentais*, Fortaleza, 16.3.2016 (disponível em *https://direitosfundamentais.net/2016/03/16/lazy-judge-e-fundamentacao-das-decisoes-judiciais-ou-quando-exigir-demais-pode-gerar-um-efeito-contrario-do-pretendido*, acesso em 5.6.2016).

exagerado na fundamentação das decisões pode levar determinado perfil de julgadores a seguir de maneira acrítica o disposto no art. 489, § 1º, do CPC. Trata-se, contudo, de um ponto de vista subjetivo, que pode incorrer no problema da indução, tornando geral uma experiência individual.[26]

1.3 No que tange ao chamado "direito dos precedentes", os arts. 926 e 927 do CPC/2015 aplicam-se ao processo administrativo tributário?

O chamado "direito dos precedentes", originário do sistema de *Common Law* derivado do Direito Anglo-Saxão, teve sua versão brasileira adotada nos arts. 926 e 927 do CPC. Diz-se "versão brasileira" haja vista que, pelo fato de não termos uma tradição autóctone de respeito e orientação a precedentes, mas muito mais de um "direito das ementas" associado a um crescente "direito das súmulas", preveem-se grandes dificuldades na implementação desse modelo de controle jurisdicional. Há grandes vantagens na adoção de um sistema de precedentes no que concerne à estabilidade e à integridade do Judiciário; por outro lado, assim como outras importações feitas no âmbito do Direito, poderá se transformar em mais um artifício para uso estratégico pelo Poder Judiciário.

Nota sintomática da tradição jurídica brasileira é, de um lado, não termos um "direito dos precedentes" construído pelo próprio Poder Judiciário, com o devido respeito às balizas da separação de Poderes feita pela própria Constituição – ou seja, não se reconhece na instituição do Poder Judiciário no Brasil a confiança e a legitimidade no conteúdo do resultado da jurisdição, seja pela falta de integridade, seja por outras razões escusas, a ponto de os demais Poderes e a sociedade não acatarem naturalmente suas decisões como um precedente a ser seguido dali em diante para casos equivalentes –, mas, sim, dependente de uma autorização legislativa; e, de outro, para completar o esquema da tradição, a positivação de uma teoria científica do direito dos precedentes no bojo do *caput* do art. 926, mais uma vez dependente da afirmação legislativa. As notas de estabilidade, integridade e coerência são tributárias do escólio de autores como, entre outros, Ronald Dworkin, em *Levando os Direitos a Sério*. Há críticas sérias à implantação de conceitos jurídico-teóricos em

26. Karl Popper, "O problema da indução", in *A Lógica da Pesquisa Científica*, 2ª ed., trad. de Leônidas Hegenberg e Octanny Silveira da Mota, São Paulo, Cultrix, 2013, pp. 27-30.

conceitos de direito positivo, no sentido de que a interpretação destes não será necessariamente mediada por aqueles.[27] Em outros termos: o "direito dos precedentes" é introduzido no Brasil por via transversa, o que pode ser um sinal de ineficácia.

Aliás, analisando-se os arts. 926 e 927, observa-se que foram tomadas algumas decisões difíceis, em especial pela consagração de um "direito das súmulas", como se vê no art. 926, §§ 1º e 2º, como sendo instrumentos imprescindíveis para o estabelecimento da "jurisprudência dominante" de determinado tribunal. É notável, todavia, a distinção entre precedente, súmula e jurisprudência, elucidada por abalizada teoria:

> Precedente não equivale a súmula ou a jurisprudência, e os três não devem ser utilizados/aplicados da mesma forma. Pode-se adiantar que precedente é *um julgamento* que passa a ser referência em julgamentos posteriores. Jurisprudência é *um conjunto de decisões* sobre o mesmo assunto. E súmula constitui um *ato administrativo* de tribunal pelo qual exprime o *resumo do entendimento* contido em uma jurisprudência dominante.[28]

Logo, a adoção de súmulas implica uma opção pela prática tradicional brasileira, com base na produção de enunciados literais e sintéticos, em estilo legislativo, com o propósito de resolução de casos de maneira normalizante e mutilante, no intuito de fechar autoritariamente discussões. O Código de Processo Civil tenta minimizar esses obstáculos através da exigência de atendimento às circunstâncias fáticas dos precedentes que motivaram as súmulas, nos termos do art. 926, § 2º, e da possibilidade de alteração de tese ou de jurisprudência dominante e de modificação de enunciado, jurisprudência ou tese, na forma do art. 927, §§ 2º-4º.

O processo administrativo tributário não se realiza sob um modelo de jurisdição em sentido estrito, já que a Administração Pública é parte e julgadora – mesmo diante do CARF ainda se cuida de instância administrativa, posto que composta com a participação de representantes da sociedade civil. Diz-se comumente que se configura como um processo

27. Marcelo Lima Guerra, "A interpretação do Código de Processo Civil e a distinção entre conceitos teóricos (doutrinários) e conceitos normativos (legais)", *Análise Crítica do Código de Processo Civil/2015*, Fortaleza, 9.5.2016 (disponível em *http://analisecriticadocpc2015.blogspot.com.br/2016/05/a-interpretacao-do--cpc2015-e-distincao.html*, acesso em 13.7.2016).

28. Juraci Mourão Lopes Filho, *Os Precedentes Judiciais no Constitucionalismo Brasileiro Contemporâneo*, Salvador, Juspodivm, 2014, p. 125 (grifos meus).

de controle interno da legalidade administrativa, fruto do autocontrole da Administração Pública associado ao direito fundamental de petição (CF, art. 5º, XXXIV, "a"),[29] sem prejuízo daqueles que reconhecem a configuração de uma lide fiscal pelo conflito de pretensões entre Fazenda Pública e contribuinte, solucionável pela via processual.[30] Nesse diapasão, o direito administrativo atribui outra axiologia, adequada à própria natureza das instituições envolvidas. Tem-se, de um lado, a boa-fé da Administração Pública, valor pouco explorado na teoria brasileira, mas que possui repercussões várias.[31] Segundo essa norma jurídica, em termos bastante genéricos, a Administração Pública não pode imotivadamente frustrar para o cidadão uma expectativa gerada em virtude de deliberação anterior e, assim, violar a proteção da confiança do administrado; em razão disso, sob a perspectiva de conferir tratamento isonômico, também não deve conferir decisões díspares diante de situações idênticas.

No âmbito do léxico utilizado no direito administrativo brasileiro – em relação ao qual pouco se discute sobre boa-fé administrativa –, os mesmos sentidos decorrentes da coerência, integridade e estabilidade poderiam ser inferidos a partir dos princípios da impessoalidade e da moralidade, previstos no art. 37, *caput*, da CF, e, especificamente para os processos administrativos federais, o recurso aos princípios da segurança jurídica e do interesse público, ambos previstos no art. 2º, *caput*, da Lei 9.784/1999.[32] Especificamente em relação aos dois princípios legais mencionados, a mesma lei, no parágrafo único do art. 2º, atribui os seguintes critérios:

> Art. 2º. (...).
>
> Parágrafo único. Nos processos administrativos serão observados, entre outros, os critérios de: (...); IX – adoção de formas simples, suficientes para propiciar adequado grau de certeza, segurança e respeito aos direitos dos administrados; (...); XIII – interpretação da norma administrativa da forma que melhor garanta o atendimento

29. Machado Segundo, *Processo Tributário*, cit., 5ª ed., pp. 104-105.

30. Marins, *Direito Processual Tributário Brasileiro*, cit., 5ª ed., pp. 248-249.

31. Jesús González Pérez, *El Principio General de la Buena Fe en el Derecho Administrativo*, Madri, Civitas, 1983.

32. Analisando sob a ótica desses princípios mencionados, cf. Faro e Moreira, "O novo Código de Processo Civil e seus reflexos no processo tributário administrativo", cit., in Cunha e Souza Jr. (coords.), *Novo Código de Processo Civil e o Processo Tributário*, pp. 300-301.

do fim público a que se dirige, vedada aplicação retroativa de nova interpretação.[33]

Logo, embora se possa afirmar que o art. 926 do CPC submeteria os órgãos administrativos decisórios de caráter colegiado ao respeito aos critérios da estabilidade, integridade e coerência das decisões,[34] há de se reconhecer que os mesmos propósitos e significados normativos já estariam consagrados no processo administrativo a partir de outros parâmetros, explícitos e implícitos. Não se deve descurar, aliás, das possibilidades de revisão dos entendimentos (*overruling*), bem como de diferenciação de casos quase parecidos para a produção de jurisprudência divergente (*distinguishing*).

Por outro lado, pode-se considerar que a previsão do art. 927 vai além, estabelecendo, mais que a simples uniformização dos julgados, uma espécie de caráter vinculante generalizado da jurisprudência para todas as instâncias.[35] Embora não caiba neste estudo uma leitura do esquema de separação de Poderes na CF brasileira, verifica-se, à luz dos arts. 102, § 2º, e 103-A, a observância obrigatória pela Administração Pública das deliberações de eficácia *erga omnes* oriundas do STF. Afora essas regras, da relação de independência e de harmonia entre eles. Lei ordinária busca estabelecer novas situações.

1.4 À míngua de previsão legal específica no âmbito da legislação específica de determinado Estado-membro ou Município, seria possível à parte manejar o recurso de embargos de declaração diante de decisão administrativa contraditória ou omissa?

Os embargos de declaração no âmbito federal não possuem previsão nas normas de processo tributário com reserva de lei. Seja no Decreto 70.235/1972, seja na Lei 9.784/1999, há omissão normativa primária quanto à hipótese de manejo dessa modalidade recursal. A regra que estabelece os embargos declaratórios no âmbito do processo administrativo

33. Brasil, *Lei N. 9.784, de 29 de Janeiro de 1999*, cit.

34. Egon Bockmann Moreira, "O impacto do Código de Processo Civil nos processos administrativos: uma nova racionalidade", cit., *Direito do Estado* 10.3.2016, "Colunistas" (disponível em *http://www.direitodoestado.com.br/colunistas/egon-bockmann-moreira/o-impacto-do-cpc-2015-nos-processos-administrativos-uma-nova-racionalidade*, acesso em 5.6.2016).

35. Idem, ibidem.

federal se dá nos arts. 64, I, 65 e 66 do Anexo II da Portaria 343/2015 do Ministério da Fazenda, que veicula o Regimento Interno do CARF.

Há de se reconhecer o fundamento dos embargos declaratórios diretamente do art. 93, X, da CF, que dá densidade ao dever fundamental de motivação das decisões administrativas naquele caso para a órbita judiciária. Na seara administrativa o princípio da legalidade do art. 37 reforça a autotutela da Administração Pública e, portanto, um dever público de motivar adequadamente os atos decisórios. O art. 2º da Lei 9.784/1999, no *caput* e parágrafo único, VII, informa o processo administrativo com o princípio da motivação, pela necessidade de indicação dos pressupostos de fato e de direito que determinarem a decisão, sendo tal exigência disciplinada pelo art. 50 da mesma lei, remetendo ao ônus de explicitude, clareza e congruência – exatamente os mesmos objetivos a serem buscados através dos embargos, que enfrentam, respectivamente, omissão, obscuridade ou contradição.

Nessa toada, assiste razão a quem entenda que o manejo dos embargos previstos no Regimento Interno do CARF deve se aplicar não somente para acórdãos, mas também para outros atos decisórios monocráticos.[36] Mas, diante do caso de decisão monocrática em primeira instância no âmbito do processo administrativo tributário federal, ou no caso dos processos relativos às esferas estadual e municipal, fica a questão de resolver eventual omissão relativa à previsão desse recurso.

A despeito do debate em torno da natureza recursal dos embargos,[37] deve-se entender por embargos de declaração, para os efeitos do processo administrativo tributário, qualquer expediente que vise a suprir um déficit de fundamentação da decisão ocasionado por obscuridade, contradição ou omissão na argumentação dos fundamentos à conclusão exposta na decisão, e que impeça a relação lógica entre premissas e conclusão, ou que deixe de enfrentar questão prejudicial sensível. Considerando que o dever fundamental constitucional é de motivar as decisões, e não de garantir necessariamente os embargos declaratórios, deve-se admitir a preferência inclusive de pedidos de reconsideração como instrumentos aptos a garantir os mesmos resultados dos embargos.

Somente em caso de não conhecimento de pedido de reconsideração para o desiderato dos embargos declaratórios, em outras palavras,

36. Marins, *Direito Processual Tributário Brasileiro*, cit., 5ª ed., p. 283.

37. Cleucio Santos Nunes, *Curso de Direito Processual Tributário*, São Paulo, Dialética, 2010, p. 329.

para garantir uma decisão explícita, clara e congruente, entende-se pela possibilidade de manejo do recurso previsto no art. 994, IV, com as idiossincrasias dos arts. 1.022 e ss. do CPC. Como já antecipado, tratar-se-ia de aplicação subsidiária – haveria aplicação supletiva se a legislação especial previsse a possibilidade de manejo do recurso sem regulamentá-lo. Supletivamente, salvo norma dispositiva ou costumeira em contrário, também se aplicariam as regras relativas aos embargos de declaração no caso de instrumento genérico, como o pedido de reconsideração – por exemplo, para interrupção dos prazos dos demais recursos (art. 1.026 do CPC) haveria necessidade de pedido expresso.

1.5 O art. 174 do CPC/2015 autorizaria a instituição de câmaras de mediação ou de conciliação no âmbito do processo tributário? Caso positivo, como conciliá-las com o caráter vinculado da atividade de cobrança de tributos e a natureza ***ex lege*** *da obrigação correspondente?*

O art. 174 do CPC vai na esteira principiológica do Código, buscando estimular a redução da litigiosidade no Brasil e, mais especificamente, no âmbito do Poder Judiciário, com o nobre propósito de garantir da efetividade da jurisdição. Dispõe o art. 3º, a pretexto de regulamentar a inafastabilidade da jurisdição, acerca da importância da arbitragem e dos demais mecanismos extrajudiciais de solução de conflitos (§§ 1º-3º), impondo, inclusive, um ônus aos atores essenciais à jurisdição para que se almejem tais instrumentos, "inclusive no curso do processo judicial",[38] na dicção legal. Elevados à mesma estatura da jurisdição pelo Código de Processo Civil, deixam de ser meios alternativos para serem considerados como verdadeiros equivalentes jurisdicionais.[39]

Conquanto o art. 174 seja silente acerca da aplicabilidade para o processo tributário, deve-se observar o advento, posterior ao Código de Processo Civil, da Lei 13.140, de 26.6.2015, que, a pretexto de disciplinar acerca da mediação, pelo quê vem sendo nominada de "Lei de Mediação", cuida também da autocomposição de conflitos no âmbito

38. Brasil, *Lei N. 13.105, de 16 de Março de 2015*, cit.

39. Fredie Didier Jr., *Curso de Direito Processual Civil: Introdução ao Direito Processual Civil, Parte Geral e Processo de Conhecimento*, 17ª ed., vol. 1, Salvador, Juspodivm, 2015, p. 164; Daniel Amorim Assumpção Neves, *Novo Código de Processo Civil: Lei 13.105/2015*, Rio de Janeiro/São Paulo, Forense/Método, 2015 (livro digital), seção 3.1.

da Administração Pública. Especificamente nessa parte, o art. 32 dessa lei vai ao encontro do art. 174, regulamentando-o, para estipular que as "câmaras de prevenção e resolução administrativa de conflitos",[40] equivalentes às "câmaras de mediação e conciliação (...) relacionadas à solução consensual de conflitos no âmbito administrativo" do Código de Processo Civil,[41] sejam instituídas internamente nos órgãos de Advocacia Pública.

Nesse diapasão, ao prever a suspensão da prescrição no caso de instauração de procedimento administrativo para resolução consensual de conflitos, no art. 34 da Lei 13.140/2015, admite a possibilidade de que tais câmaras tenham oportunidade no âmbito do processo tributário, haja vista a previsão do § 2º do mesmo artigo, ressalvando a suspensão da exigibilidade do crédito tributário ao disposto no Código Tributário Nacional. Como a legislação fala em "prescrição", o funcionamento dessas câmaras poderia ocorrer desde o lançamento, podendo vir a constituir etapa no processo administrativo tributário. Para reforçar a possibilidade de aplicação para a seara tributária, a Lei 13.140/2015 também prevê a possibilidade de composição extrajudicial de conflitos tributários entre a União e outros órgãos e entidades que integrem a Administração Pública Federal, bem como a Administração direta e indireta de outros entes federativos.

No entanto, tratando-se de tributos administrados pela Receita Federal do Brasil não caberia a resolução de conflitos por meio de composição junto às câmaras de prevenção e resolução (art. 38, I, c/c art. 32, II, da Lei 13.140/2015). Por outro lado, se a composição for entre órgãos e entidades autárquicas e fundacionais das Administrações Públicas Estaduais e Municipais, ou de empresas públicas e sociedades de economia mista federais, é permitida a submissão do litígio à Advocacia-Geral da União, para composição extrajudicial, desde que, nesse último caso, não se trate de sociedade de economia mista ou empresa pública que explore atividade econômica ou preste serviços em regime de concorrência (art. 38, II, c/c art. 37, da Lei 13.140/2015), tudo isso em respeito aos ditames do art. 173, § 2º, da CF.

Especificamente no caso de o sujeito passivo ser órgão ou entidade da Administração Pública Federal relativamente a créditos tributários da

40. Brasil, *Lei N. 13.140, de 26 de Junho de 2015, Dispõe sobre a Mediação entre Particulares como Meio de Solução de Controvérsias e sobre a Autocomposição de Conflitos no Âmbito da Administração Pública* (disponível em *http://www.planalto.gov.br/ccivil_03/_Ato2015-2018/2015/Lei/L13140.htm*, acesso em 13.7.2016).

41. Brasil, *Lei N. 13.105, de 16 de Março de 2015*, cit.

União, a lei condiciona a submissão do conflito à Advocacia-Geral da União à renúncia do recurso ao CARF e de manifestação conjunta do acordo pelo Advogado-Geral da União e pelo Ministro da Fazenda (art. 38, III, "a" e "b", c/c art. 36, da Lei 13.140/2015). Ainda nessa situação, a mesma lei alterou o Decreto 70.235/1972, incluindo um art. 14-A, que equipara o procedimento de submissão do litígio a composição extrajudicial à reclamação prevista no art. 151, III, do CTN para fins de suspensão da exigibilidade do crédito.

Em síntese, a legislação atualmente não prevê, como regra geral, pelo menos no âmbito federal, a possibilidade de composição extrajudicial com particulares e com empresas públicas e sociedades de economia mista, de qualquer dos entes federativos, que funcionem em regime concorrencial. Por outro lado, tratando-se de entes e órgãos públicos sob regime de direito público faculta-se tal solução.

Superada a discussão relativa à aplicabilidade das câmaras de mediação e conciliação em matéria tributária, resta saber, nas hipóteses restritas previstas pela legislação, como dar conta da possibilidade de composição de obrigações que possuem força de lei. Nesse sentido, o próprio CTN, no art. 171, prevê a possibilidade do recurso à transação para pôr fim a litígio mediante concessões mútuas. Passam a ter relevância, a partir da constituição do crédito tributário, questões tipicamente financeiras, relativamente aos custos para execução.

Aliás, esses custos devem ser levados em conta inclusive para a arrecadação de tributos – à luz do princípio da eficiência administrativa, não faz sentido a existência de um órgão arrecadatório de tributos que tenha gastos equivalentes à soma dos tributos por ele arrecadados, que deveriam custear toda a máquina administrativa. Dessa forma, aspectos financeiros fazem com que créditos tributários de pequeno valor deixem de ser inscritos na Dívida Ativa ou deixem de ser objeto de execução fiscal, a exemplo do que ocorre no âmbito federal, com a Portaria 75, de 22.3.2012, que estipula valores mínimos, ou que a remessa necessária, na procedência de embargos à execução, será afastada em razão de valores de alçada, nos termos do art. 496, § 3º, do CPC.

Dessa forma, a transação em matéria tributária tem sua razão de ser por questões da própria gestão da estrutura pública necessária para garantir o adimplemento das obrigações tributárias, desde a Advocacia Pública até o funcionamento de Varas de Execução Fiscal. Todavia, devem ser respeitadas as condições impostas pelo próprio Código Tributário

Nacional, em especial a definição dos requisitos para transação mediante lei em sentido estrito. Devem ser observadas, ademais, a necessidade de concessões recíprocas, a configuração objetiva (presuntiva) de vantagem para a Administração Tributária (o interesse público consistente na vantagem em economizar mais com as despesas de cobrança e execução em cotejo com o que seria arrecadado), bem como a terminação do litígio com a extinção do crédito tributário – razões pelas quais as várias leis que instituem programas de recuperação fiscal (os REFIS) configuram-se propriamente mais como parcelamento do que como transação.[42]

Dada a própria natureza voluntária da transação, resta justificada a redação do próprio Código Tributário Nacional que estipula uma faculdade à Administração Pública, sendo, inclusive, possível a estipulação de margens limitadas de discricionariedade, a despeito de respeitáveis posicionamentos em sentido contrário, defendendo a necessidade de ser plenamente vinculada.[43] Pode-se interpretar o art. 171 como exceção à regra do art. 3º, mas que demandaria uma legislação bem formulada. Ainda permanecem em pauta legislativa vários projetos que buscam implantar uma lei de transação tributária, mas que, entre outros motivos, inclusive o risco de estímulo à corrupção administrativa, ainda não chegaram à aprovação.

2. Aspectos gerais do processo judicial

2.1 As alterações introduzidas pelo Código de Processo Civil/2015 quanto aos prazos concedidos à Fazenda Pública aplicam-se às ações regidas por leis especiais, como o mandado de segurança, a execução fiscal e a cautelar fiscal?

A questão volta novamente à discussão relativa ao caráter supletivo ou subsidiário das disposições do Código de Processo Civil/2015 para procedimentos específicos. É necessário verificar como estipula o próprio Código. O art. 183, ao tratar da Advocacia Pública, estabelece o prazo em dobro para todas as suas manifestações, reduzindo pela metade o prazo para contestação nos termos do regramento pretérito, contados da intimação pessoal, que poderá ser feita também por meio eletrônico (§ 1º). Todavia, o § 2º é claro ao determinar que a contagem em dobro

42. Cf. Marins, *Direito Processual Tributário Brasileiro*, cit., 5ª ed., p. 326.

43. Cf. Hugo de Brito Machado, *Comentários ao Código Tributário Nacional: Arts. 139 a 218*, 2ª ed., vol. 3, São Paulo, Atlas, 2009, pp. 478-481.

não se aplica para prazos específicos para o ente público, estipulados de forma expressa.[44] Essa previsão veio prestigiar a melhor interpretação da prerrogativa.[45]

Dessa forma, as regras previstas em leis especiais deverão ser respeitadas quando expressas, e nos demais casos deverá ser observado o regramento do Código de Processo Civil/2015. Assim, no caso do mandado de segurança, disciplinado pela Lei 12.016, de 7.8.2009, o prazo para prestação de informações permanece como de 10 dias, porque específico para a Administração Pública ou quem lhe faça as vezes. Todavia, à luz do art. 219 do CPC, diante da omissão da legislação especial, o prazo decenal para informações deveria ser contado agora em dias úteis. Embora possa parecer, em certa medida, atentatório à garantia fundamental, trata-se de solução que prestigia a paridade de tratamento consubstanciada no art. 7º do CPC; além do mais, a mudança não tem o condão de tornar nem menos efetivo nem menos célere o processo, uma vez que a liminar pode ser deferida de ofício – o objetivo é claro, de tornar a defesa judicial mais humana, inclusive para os servidores públicos responsáveis pela elaboração das informações a serem assinadas pela autoridade coatora.[46]

Embora se pudesse argumentar que a própria Lei do Mandado de Segurança prevê prazos para serem contados em dias úteis – art. 4º, § 2º, para a apresentação dos originais do mandado de segurança impetrado por telegrama, radiograma, fax ou outro meio eletrônico autenticado; e art. 8º, para que o impetrante cumpra atos e diligências para remover obstáculo processual, sob pena de caducidade da medida liminar[47] –, há que se ponderar, em contrapartida, pela coerência sistêmica, tendo em vista que noutras oportunidades a própria lei remete diretamente às regras do Código de Processo Civil revogado – no caso de tramitação de recursos, por exemplo, cujos prazos serão contados em dobro –, o que pode levar a complicações desnecessárias ao processo, contrariando o espírito da nova processualística brasileira.

Em contrapartida, poder-se-ia dar à Lei do Mandado de Segurança a mesma inteligência que o Fórum Nacional de Juizados Especiais/

44. Brasil, *Lei N. 13.105, de 16 de Março de 2015*, cit.

45. Machado Segundo, *Processo Tributário*, cit., 5ª ed., p. 331.

46. Neves, *Novo Código de Processo Civil: Lei 13.105/2015*, cit., seção 17.4.

47. Brasil, *Lei N. 12.016, de 7 de Agosto de 2009, Disciplina o Mandado de Segurança Individual e Coletivo e Dá Outras Providências* (disponível em *www.planalto.gov.br/ccivil_03/_ato2007-2010/2009/lei/l12016.htm*, acesso em 13.7.2016).

FONAJE deu à Lei 9.099, de 26.9.1995, que disciplinou o processo nos Juizados Especiais. Entende o FONAJE[48] que aplicar o art. 219 do CPC à Lei dos Juizados Especiais implicaria violação à duração razoável do processo e ao critério informador da celeridade, com base no argumento de que a legislação processual geral historicamente estaria sustentada em princípios inconciliáveis com os critérios informadores previstos no art. 2º da Lei 9.099/1995. Considerado o argumento de fundo da tese, considero-a equivocada, haja vista que a principiologia do Código de Processo Civil se aproxima em muito dos critérios da legislação especial dos Juizados Especiais, razão pela qual não haveria que se falar em violação à duração razoável do processo, que foi preocupação especial da Comissão responsável pela elaboração do Código. Verdade é que a morosidade nos Juizados Especiais se dá menos por conta dos prazos preclusivos e peremptórios do que do próprio funcionamento da jurisdição. Trata-se, em última análise, de um conservadorismo reativo dos operadores da Lei 9.099/1995, fechando-se às inovações processuais e à possibilidade de adquirir novas compreensões do que se deve entender por tutela efetiva sem prejuízo da razoabilidade da duração do processo.

As mesmas considerações aplicam-se para as leis especiais de execução fiscal, Lei 6.830, de 22.9.1980, a chamada Lei de Execução Fiscal/LEF, e de cautelar fiscal, Lei 8.397, de 6.1.1992, ambas com prazos específicos para as Fazendas Públicas.

2.2 Em face do Código de Processo Civil/1973 era comum a condenação da Fazenda Pública ao pagamento de honorários da sucumbência em quantia irrisória. Haveria alguma justificação para essa prática?

A justificação para condenação em honorários de sucumbência irrisórios não poderia ser outra senão resguardar o interesse público diante de práticas indevidas, seja dos membros do Poder Executivo, que detêm a iniciativa de proposição de leis tributárias e competência para elaboração de decretos regulamentares e outros atos normativos, seja do próprio agente fiscal, agindo em conformidade com instrumentos que violam a Constituição, seja do advogado público, em caso de desí-

48. Fórum Nacional de Juizados Especiais, *Nota Técnica N. 01/2016*, ref. art. 219 do CPC/2015, que trata da contagem dos prazos em dias úteis, Florianópolis, FONAJE, 2016 (disponível em *http://www.amb.com.br/fonaje*, acesso em 13.7.2016).

dia na condução do processo, de forma tal que não poderiam daí advir prejuízos injustificados à Fazenda Pública, objetivamente considerada. Nesse sentido, a condenação em honorários elevados configurar-se-ia uma situação inusitada de responsabilização objetiva do Estado por via transversa, o que ocasionaria a inexistência do direito de regresso contra os responsáveis.

Além disso, salvo diante de teses realmente inovadoras, que surgem em situações raras, das quais se verifica que houve um exercício diferenciado do advogado na causa, muitas ações em que as Fazendas Públicas – a principal parte nos processos judiciais no Brasil – são condenadas têm fundamentos semelhantes, à luz principalmente dos dispositivos constitucionais que consagram o estatuto fundamental do contribuinte, em interpretações já consolidadas pela jurisprudência e pelos teóricos do direito tributário. Muitas vezes um problema decorrente de uma questão legislativa encerra uma quantidade multitudinária de processos similares, com alteração apenas dos dados relativos à parte.

Dessa forma, poder-se-ia alegar que, em virtude da natureza da causa, do trabalho realizado pelo advogado e o tempo exigido para seu serviço, previstos no art. 20, § 3º, "c", do antigo CPC e reproduzidos no art. 85, § 2º, III e IV, do CPC/2015, estaria justificado o valor irrisório dos honorários arbitrados. Considerando o caráter alimentar dos honorários advocatícios, hoje reconhecido pelo art. 85, § 14, a aplicação dessa interpretação de forma generalizada, sob o ponto de vista da Fazenda Pública, poderia transgredir casuisticamente suas premissas, diante de advogados autônomos e pequenos escritórios, estimulando a concentração de mercado.

2.3 O que se pode dizer da inovação introduzida pelo Código de Processo Civil/2015 quanto à condenação da Fazenda Pública ao pagamento de honorários da sucumbência?

Há que se reconhecer no art. 85, § 3º, do CPC verdadeira redução da margem de discricionariedade judicial, à luz da regra processual anterior – consubstanciada no que consta atualmente no art. 85, § 2º. Estabelece o art. 85, § 2º, que a condenação em honorários deverá ter por base de cálculo, sucessivamente: o valor da condenação; o valor do proveito econômico, novidade do Código de Processo Civil, nas causas cujo valor seja simbólico ou a sentença seja de natureza declaratória ou constitutiva, mas que tenha repercussões mensuráveis;[49] e, por fim, o valor da causa atualizado. Já, o art. 85, § 3º, conjugado com o § 5º, estabelece alíquotas mínimas e máximas e cálculo dos honorários de forma progressiva, por faixas de valor.

Além da redução da margem de discricionariedade, o Código de Processo Civil impõe um ônus para a Fazenda Pública, no sentido de evitar a litigiosidade judicial, de modo a inibir iniciativas judiciais temerárias,[50] caminhando para os mecanismos equivalentes de composição extrajudicial, e de reduzir drasticamente a duração do processo pela interposição de defesas e recursos mesmo quando o advogado público entende ter razão a parte, meramente protelatórios. Embora o próprio Poder Judiciário viesse, vez por outra, estabelecendo limites mínimos e máximos para a definição, é válida, portanto, a apreciação de quem reconhece a felicidade do Código de Processo Civil pela introdução das regras específicas.[51]

A fixação dos honorários sucumbenciais deve ocorrer, em regra, no momento processual da prolação da sentença, pela inteligência do art. 85, *caput*. Diante do reconhecimento da irretroatividade da lei processual, a partir do princípio *tempus regit actum*, a nova fórmula de cálculo dos honorários deve ser aplicada para os processos em curso quando da entrada em vigor da lei mas que ainda não foram sentenciados. Há precedente do STJ[52] vedando a aplicação retroativa do Código de Processo Civil para rever verba honorária fixada pelo juiz antes da publicação da lei, sob o argumento de que os honorários não poderiam ser fixados à luz de regra inexistente.

No que tange à execução fiscal, o juiz costuma fixar honorários provisórios quando defere a inicial mediante o despacho de que trata o art. 7º da LEF.[53] Isso ocorre porque a própria Certidão da Dívida Ativa/CDA já vem abrangida pelos honorários advocatícios, embutidos nos

49. Neves, *Novo Código de Processo Civil: Lei 13.105/2015*, cit., seção 7.1.

50. Machado Segundo, *Processo Tributário*, cit., 5ª ed., p. 483.

51. Hugo de Brito Machado, "A condenação do vencido em honorários advocatícios e a fundamentação das decisões no novo Código de Processo Civil", in Antônio Carlos F. Souza Jr. e Leonardo Carneiro da Cunha (coords.), *Novo Código de Processo Civil e o Processo Tributário*, São Paulo, Focofiscal, 2015, p. 138.

52. Superior Tribunal de Justiça, *AREsp/AgInt/ED 862.572-SP (2016/0035687-1)*, 2ª Turma, rel. Min. Humberto Martins, j. 7.6.2016 (disponível em *http://www.stj.jus.br/SCON*, acesso em 13.6.2016).

53. Cleide Previtalli Cais, *O Processo Tributário*, 5ª ed., São Paulo, Ed. RT, 2007, p. 671.

encargos legais previstos no Decreto-lei 1.025/1969.[54] Aliás, trata-se de decisão típica no procedimento executivo, à vista do art. 827, *caput*, do CPC. Todavia, dada a provisoriedade da determinação, ela não exclui a alteração do valor em momento posterior. O próprio art. 85, § 1º, do CPC prevê a aplicação de honorários nas execuções, resistidas ou não. A oposição de embargos à execução não implicará dupla condenação em honorários, mas deverão ser contemplados juntamente com a execução.

Por fim, em processos nos quais já houve condenação em honorários advocatícios de acordo com a regra anterior não se exclui a possibilidade de condenação em verbas de sucumbência cumulativas nos recursos decididos após a entrada em vigor do CPC/2015, na forma do art. 85, § 11, conforme o trabalho adicional realizado pelo patrono em segunda instância, fazendo parte da amplitude do efeito devolutivo recursal.[55]

> ***3. Processo de execução fiscal***
>
> *3.1 Qual a natureza dos encargos legais previstos no Decreto--lei 1.025/1969? Caso eles tenham natureza de honorários, como sugere a Súmula 168 do extinto TFR, como conciliar sua aplicação, nos dias de hoje, com o art. 85, § 3º, do CPC/2015? E com o art. 827, § 1º, também do mesmo Código?*

O Decreto-lei 1.025, de 21.10.1969, em seu art. 1º, sob o pretexto de extinguir a chamada "participação de servidores públicos na cobrança da Dívida da União",[56] definida no art. 21 da Lei 4.439, de 27.10.1964 – "percentagens devidas (...) pela cobrança judicial da Dívida Ativa da União, (...) pagas pelo executado"[57] –, alterada pelo art. 32 do Decreto--lei 147, de 3.2.1967 – "percentagem (...) pela apuração, inscrição e cobrança da Dívida Ativa da União, paga pelo devedor, (...) calculada

54. Machado Segundo, *Processo Tributário*, cit., 5ª ed., p. 484.

55. Neves, *Novo Código de Processo Civil: Lei 13.105/2015*, cit., seção 7.1.

56. Brasil, *Decreto-Lei N. 1.025, de 21 de Outubro de 1969, Declara Extinta a Participação de Servidores Públicos na Cobrança da Dívida Ativa da União e Dá Outras Providências* (disponível em *http://www.planalto.gov.br/ccivil_03/decreto-lei/Del1025.htm*, acesso em 13.7. 2016).

57. Brasil, *Lei N. 4.439, de 27 de Outubro de 1964, Fixa os Vencimentos de Magistrados, Membros do Ministério Público e do Serviço Jurídico da União, e Dá Outras Providências* (disponível em *http://www.planalto.gov.br/ccivil_03/leis/1950-1969/L4439.htm*, acesso em 13.7.2016).

sobre o montante do débito liquidado"[58] –, e no art. 1º, II, da Lei 5.421, de 25.4.1968 – "percentagens devidas" pelo "pagamento da Dívida Ativa da União, em ação executiva"[59] –, criou uma exação, que denominou de "taxa", à alíquota de 20% sobre o valor da dívida, transformando-a em renda da União a ser paga pelo executado.

Ao mesmo tempo, o art. 2º do Decreto-lei 1.025/1969 previu um adicional variável aos vencimentos dos servidores responsáveis pela cobrança da Dívida Ativa e defesa judicial e extrajudicial da Fazenda Nacional.[60] Posteriormente, o Decreto-lei 1.569, de 8.8.1977, inicialmente previu, no art. 3º, a redução da alíquota dessa exação para 10% se paga antes do ajuizamento da execução,[61] o que significa tratar-se de cobrança devida desde a inscrição em Dívida Ativa. Tal regra sofreu pequena alteração pelo Decreto-Lei 2.163, de 19.9.1984, antecipando o momento do desconto para antes da remessa da certidão para execução.[62] Subentende-se, portanto, que por cobrança da Dívida Ativa já estão incluídas atividades de constituição da própria dívida como título executivo pela inscrição na Dívida Ativa.

Na sequência cronológica, o Decreto-lei 1.645, de 11.12.1978, estabeleceu, no art. 3º, que, na "cobrança executiva da Dívida Ativa da União, a aplicação do encargo (...) substitui a condenação do devedor em honorários de advogado" – reiterando a destinação do produto para o Tesouro Nacional.[63] A LEF, por sua vez, no art. 6º, § 4º, desconhece os

58. Brasil, *Decreto-Lei N. 147, de 3 de Fevereiro de 1967, Dá Nova Lei Orgânica à Procuradoria-Geral da Fazenda Nacional/PGFN* (disponível em *http://www.planalto.gov.br/ccivil_03/decreto-lei/del0147.htm*, acesso em 13.7.2016).

59. Brasil, *Lei N. 5.421, de 25 de Abril de 1968, Dispõe sobre Medidas Financeiras Referentes à Arrecadação da Dívida Ativa da União, Juros de Mora nos Débitos para com a Fazenda Nacional e Dá Outras Providências* (disponível em *http://www.planalto.gov.br/ccivil_03/leis/L5421.htm*, acesso em 13.7.2016).

60. Brasil, *Decreto-Lei N. 1.025, de 21 de Outubro de 1969*, cit.

61. Brasil, *Decreto-Lei N. 1.569, de 8 de Agosto de 1977, Modifica o Art. 11 do Decreto-Lei n. 352, de 17 de Junho de 1968, Alterado pelo Art. 1º do Decreto-Lei n. 623, de 11 de Junho de 1969, e Dá Outras Providências* (disponível em *http://www.planalto.gov.br/ccivil_03/decreto-lei/Del1569.htm*, acesso em 13.7.2016).

62. Brasil, *Decreto-Lei N. 2.163, de 19 de Setembro de 1984, Dispõe sobre a Adoção de Medidas de Incentivos à Arrecadação Federal e Dá Outras Providências* (disponível em *http://www.planalto.gov.br/ccivil_03/decreto-lei/Del2163.htm*, acesso em 13.7.2016).

63. Brasil, *Decreto-Lei N. 1.645, de 11 de Dezembro de 1978, Dispõe sobre a Cobrança da Dívida Ativa da União e Dá Outras Providências* (disponível em *http://www.planalto.gov.br/ccivil_03/decreto-lei/1965-1988/Del1645.htm*, acesso em 13.7.2016).

honorários, incluindo os encargos legais ao valor da dívida na determinação do valor da causa.[64] Mas se deve observar ainda o disposto na Lei 7.711, de 22.12.1988, que prevê, no art. 3º, parágrafo único, que o produto dos recolhimentos desse encargo seria destinado ao Fundo Especial de Desenvolvimento e Aperfeiçoamento das Atividades de Fiscalização/ FUNDAF,[65] instituído pelo Decreto-lei 1.437, de 17.12.1975.

Diante das características acima apontadas, considerando que a cobrança desse encargo se dá em virtude da realização de despesas nas atividades de controle do cumprimento do pagamento de tributos bem como da constituição em Dívida Ativa e execução judicial, poder-se-ia enquadrar tal exação, não sem dificuldades, efetivamente como tributo da espécie taxa, em razão do exercício do poder de polícia, tal como propugnado no ato normativo original. Caberia examinar amiúde se essa taxa realmente preencheria todos os demais requisitos para se enquadrar como tal, em especial no que concerne à destinação, que deveria ser para o custeio da própria atividade. No entanto, pela estratégia adotada no próprio Decreto-lei 1.025/1969, parece que houve uma tentativa de mascarar o pagamento de honorários advocatícios de maneira transversa; por outro lado, poder-se-ia argumentar que a destinação dos encargos para custeio de pessoal, ainda que a título de adicional, não deixaria de ser destinada ao custeio da atividade.

Mas, por detrás da mudança legislativa, a substituição da participação dos servidores pela cobrança de taxa poderia ensejar nova condenação em honorários sucumbenciais dentro do processo de execução, à revelia da previsão do Decreto-lei 1.645/1978. Diante desse contexto, o extinto TFR reconheceu, na Súmula 168, de outubro/1984, que a cobrança do Decreto-lei 1.025/1969, a que denominou de "encargo", substitui a condenação em honorários advocatícios. As decisões que fundamentaram o entendimento sumulado visavam a evitar a duplicidade na condenação de honorários.[66] O STJ, por sua vez, vem reiterando entendimento similar, no sentido de que os honorários advocatícios já estariam absorvidos no encargo legal.

64. Brasil, *Lei N. 6.830, de 22 de Setembro de 1980, Dispõe sobre a Cobrança Judicial da Dívida Ativa da Fazenda Pública, e Dá Outras Providências* (disponível em *http://www.planalto.gov.br/ccivil_03/leis/L6830.htm*, acesso em 13.7.2016).

65. Brasil, *Lei N. 7.711, de 22 de Dezembro de 1988, Dispõe sobre Formas de Melhoria da Administração Tributária e Dá Outras Providências* (disponível em *http://www.planalto.gov.br/ccivil_03/leis/L7711.htm*, acesso em 13.7.2016).

66. Tribunal Federal de Recursos, *Súmula 168*, decisão em 9.10.1984 (disponível em *http://www.stj.jus.br/SCON/juritfr*, acesso em 13.7.2016).

Entende-se não ser completamente adequado dizer que o encargo legal do Decreto-lei 1.025/1969 tenha natureza de honorários, mas, sim, que, a despeito de se enquadrar como taxa, faz, indiscutivelmente, as vezes de honorários. Assim, não se aplicam com perfeição as regras processuais relativas aos honorários advocatícios. Retornando novamente à discussão relativa à aplicação supletiva e subsidiária do Código de Processo Civil, tem-se que as regras do Decreto-lei 1.025/1969 se enquadram como normas especiais, razão pela qual prevalecem sobre as regras gerais do Código de Processo Civil. Todavia, naquilo em que forem lacunosas deve-se buscar a integração com a nova sistemática processual. Assim, a aplicação do art. 85, § 3º, nas execuções fiscais somente será possível quando vencida a Fazenda Pública.

Já, no que concerne ao art. 827, § 1º, do CPC, que determina a redução pela metade dos honorários advocatícios devidos em caso de pagamento no prazo de três dias na execução por quantia certa,[67] há quem entenda ser interpretado como norma autônoma, mas interpretada restritivamente.[68] Trata-se de uma norma jurídica de função premial, conferindo um bônus para o executado que realizar o pagamento em prazo excepcional. Para a execução fiscal, em que pese às vantagens da aplicação dessa regra para a efetividade da jurisdição, por várias razões, não haveria como conciliar essa regra com o disposto na Lei de Execução Fiscal, entre as quais: de um lado, porque o § 1º do art. 827 está atrelado ao próprio *caput*, que prevê honorários em 10%; de outro, porque também implicaria o reconhecimento do § 2º, que duplica o valor dos honorários em caso de rejeição dos embargos;[69] por fim, deve-se reconhecer a inexistência de omissão não intencional na Lei de Execução Fiscal, em face do disposto no Decreto-lei 2.163/1984.

3.2 O incidente de desconsideração da personalidade jurídica, previsto no art. 133 do CPC/2015, aplica-se às execuções fiscais? Apenas nas hipóteses de o nome dos corresponsáveis não constar previamente na Certidão de Dívida Ativa ou em qualquer hipótese? Ou em nenhuma hipótese, sendo a regra inaplicável à Fazenda Pública exequente?

67. Brasil, *Lei N. 13.105, de 16 de Março de 2015*, cit.

68. Mirna Cianci e Bruno Lopes Megna, "A execução fiscal no novo Código de Processo Civil: reflexos da aplicação subsidiária e a modernização do sistema: um trato de convivência", in Leonardo Carneiro da Cunha e Antônio Carlos F. Souza Jr. (coords.), *Novo Código de Processo Civil e o Processo Tributário*, São Paulo, FocoFiscal, 2015, p. 306.

69. Brasil, *Lei N. 13.105, de 16 de Março de 2015*, cit.

O incidente de desconsideração da personalidade jurídica, consistente na inclusão dos bens particulares de sócio como garantia de execução contra pessoa jurídica, com previsão legislativa no art. 28 da Lei 8.078, de 11.9.1990, o Código de Defesa do Consumidor, e no art. 50 da Lei 10.406, de 10.1.2002, o Código Civil, teve sua regulamentação processual com o CPC, nos arts. 133-137.[70] Na forma do art. 134, *caput*, do CPC, o incidente aplica-se na execução fundada em título executivo extrajudicial,[71] o que parece o caso de se incluir também a CDA, subsidiariamente, à vista de omissão legislativa pela Lei de Execução Fiscal.

No entanto, é necessário ponderar essa regra com o disposto no art. 133, § 1º, e no art. 795 do CPC. Tais regras estabelecem a presunção de que os bens do sócio não respondem pelas dívidas da sociedade, salvo nos casos previstos em lei e de acordo com os pressupostos nela definidos.[72] Nesse sentido, já há muito é discutida na teoria do processo tributário a figura do redirecionamento da execução fiscal para os responsáveis tributários previstos nos arts. 134, VII, e 135, I e III, do CTN nos casos em que tenha ocorrido a dissolução irregular da empresa ou incorrido o sócio-administrador em excesso de poderes, vedada a aplicação para o mero inadimplemento do tributo devido.[73]

Tradicionalmente costuma-se criticar a providência do redirecionamento da execução fiscal incidental no processo de execução, dado que esse tipo de provimento não comportaria cognição. Todavia, pela nova disciplina do tema e unificação do processo para a busca da efetividade jurisdicional em razoável duração, o Código de Processo Civil previu a suspensão da execução para a resolução do incidente, que terá uma fase instrutória e será resolvido por decisão interlocutória, na forma dos arts. 134, § 3º, 135 e 136.

Não cabe, aqui, fazer maiores considerações sobre as hipóteses de responsabilidade do Código Tributário Nacional, mas vale a indicação do entendimento pretoriano do STJ no sentido de que o redirecionamento somente seria cabível quando a CDA não indicasse o nome dos

70. Neves, *Novo Código de Processo Civil: Lei 13.105/2015*, cit., Capítulo 11.

71. Brasil, *Lei N. 13.105, de 16 de Março de 2015*, cit.

72. Idem.

73. Cais, *O Processo Tributário*, cit., 5ª ed., pp. 610-624; Machado Segundo, *Processo Tributário*, cit., 5ª ed., pp. 226-242; Marins, *Direito Processual Tributário Brasileiro*, cit., 5ª ed., pp. 664-675; Nunes, *Curso de Direito Processual Tributário*, cit., pp. 463-470.

corresponsáveis,[74] e dada a excepcionalidade da medida, que somente deveria recair sobre o sócio que exercia a gerência no momento da ocorrência do fato gerador e da dissolução irregular,[75] confirmando a necessidade do nexo de causalidade. Nesse sentido:

> Por outro lado, quando houver necessidade de ser apontada a responsabilidade de terceiro após o lançamento tributário, somente será possível constituir o vínculo de responsabilidade por meio da atividade jurisdicional. Não se mostra razoável que, após a constituição definitiva do crédito tributário, a Fazenda Pública, por meio de suas Procuradorias, possa estabelecer o vínculo de responsabilidade, já transcorrido o processo administrativo e sem que tenham surgido fatos ou provas novos, no momento da inscrição do débito em Dívida Ativa, quando já não mais será possível o exercício do contraditório e da ampla defesa por parte do terceiro.[76]

Assim, dada a universalidade da jurisdição, fundamentada não somente no direito fundamental à inafastabilidade da tutela jurisdicional, mas também na própria separação dos Poderes, confere-se ao Poder Judiciário, agora explicitamente pelo Código de Processo Civil, a possibilidade de discussão acerca de responsabilidade ainda que na própria execução fiscal, com todas as garantias do devido processo legal ao terceiro a ser responsabilizado.[77]

3.3 Caso aplicável às execuções fiscais, ele pode ser instaurado naquelas que já estavam em curso quando teve início a vigência do Código de *Processo Civil/2015, ou somente àquelas iniciadas depois de 18.3.2016?*

74. Superior Tribunal de Justiça, *REsp/EDv 792.232-RS (2005/0088818-0)*, 1ª Seção, rel. Min. Castro Meira, j. 14.9.2005 (disponível em *http://www.stj.jus.br/SCON*, acesso em 13.6.2016).

75. Superior Tribunal de Justiça, *Ag/EDv 1.105.993-RJ (2009/0196415-4)*, 1ª Seção, rel. Min. Hamilton Carvalhido, j. 13.12.2010 (disponível em *http://www.stj.jus.br/SCON*, acesso em 13.6.2016).

76. Mary Elbe Queiroz e Antônio Carlos F. de Souza Jr., "O incidente de desconsideração da personalidade jurídica no Código de Processo Civil/2015 e a responsabilidade tributária: primeiras impressões", in Antônio Carlos F. de Souza Jr. e Leonardo Carneiro da Cunha (coords.), *Novo Código de Processo Civil e o Processo Tributário*, São Paulo, FocoFiscal, 2015, p. 262.

77. Idem, p. 276.

Dada a lógica da teoria do processo, e considerando que as regras procedimentais do incidente de desconsideração da personalidade jurídica, introduzidas pelo Código de Processo Civil, resguardaram as regras de direito material às respectivas disciplinas legais, conclui-se que o incidente poderá ser instaurado nas causas que já estavam em curso quando da entrada em vigor do Código. Aliás, as regras aplicam-se até mesmo durante a fase de redirecionamento.

> *3.4 Em razão do disposto nos arts. 240 e 802 do CPC/2015, nos casos em que a demora na citação do executado não seja imputável exclusivamente ao Judiciário, mas à Fazenda exequente, pode-se dizer que a data da efetiva citação do executado passa a ser relevante para determinar a consumação, ou não, do prazo prescricional, independentemente de a inicial ter sido protocolada dentro deste prazo? Subsiste o entendimento firmado pelo STJ no REsp 1.120.295-SP?*

O art. 802 do CPC traz regra geral para as execuções no sentido de que o despacho que ordena a citação interrompe a prescrição, retroagindo a interrupção à data da propositura da ação – regramento que se coaduna com o art. 202, I, do CC. No entanto, o art. 802 condiciona tais efeitos ao cumprimento do art. 240, § 2º, do CPC, que obriga o exequente a adotar as providências para viabilizar a citação, sob pena de não aplicação da interrupção da prescrição nos moldes legais.[78] Há entendimento no sentido de que, descumprido o ônus do art. 240, § 2º, haveria tão somente a perda do efeito retroativo, passando a prescrição a ser contada do despacho,[79] respaldado em jurisprudência do STJ.

A interrupção da prescrição pelo despacho já tinha previsão no art. 8º, § 2º, da LEF e repetida no art. 174, parágrafo único, I, do CTN pela Lei Complementar 118, de 9.2.2005, mas sem indicar o efeito retroativo, que foi introduzido por entendimento pretoriano, consubstanciado também no REsp 1.120.295-SP. Esse entendimento firmado pelo STJ permanece coerente com as atuais balizas processuais.

Assumindo que a Fazenda Pública exequente deixou de cumprir a incumbência de viabilizar a citação, devidamente atestada nos autos, parece

78. Brasil, *Lei N. 13.105, de 16 de Março de 2015*, cit.
79. Neves, *Novo Código de Processo Civil: Lei 13.105/2015*, cit., seção 18.2.

que não há mais relevância para o exame da prescrição na data da efetiva citação, mas apenas na data do despacho pelo juiz que recebe a inicial.

3.5 Pode ser exemplo de demora não imputável ao Judiciário, mas à Fazenda, aquela decorrente de ter ela fornecido endereço errado ou desatualizado para a citação do executado?

A indicação do endereço do executado inclui-se na incumbência do exequente para viabilizar a citação de que trata o art. 240, § 2º, do CPC.[80] Aliás, a petição inicial deverá indicar o domicílio e a residência do autor e do réu, conforme o art. 319, II, do CPC.[81] A LEF, por sua vez, estipula, no art. 2º, § 5º, I, que o Termo de Inscrição da Dívida Ativa, que vai instruir o pedido no processo de execução fiscal, deva conter a indicação do domicílio e da residência do devedor e dos corresponsáveis.[82]

Assim, detendo a Fazenda Pública plenas condições de identificar o endereço correto do autor em seus bancos de dados, antes do ajuizamento da execução fiscal, por culpa exclusiva, o erro na indicação do endereço implica demora imputável à Fazenda, e não exclusivamente ao Judiciário. Esse entendimento é, inclusive, confirmado pelo STJ.[83]

3.6 O art. 803, parágrafo único, do CPC/2015 conteria um reconhecimento explícito do cabimento das chamadas "exceções de pré-executividade"? Seria essa admissão aplicável também às execuções fiscais, em face da supletividade referida no art. 15 do CPC/2015 e do disposto no art. 1º da própria Lei 6.830/1980?

As exceções de pré-executividade, ou objeção de não executividade,[84] vinham sendo admitidas no âmbito da execução fiscal, segundo enten-

80. Gajardoni *et alii*, *Teoria Geral do Processo: Comentários ao Código de Processo Civil de 2015; Parte Geral*, cit., p. 15.763.

81. Brasil, *Lei N. 13.105, de 16 de Março de 2015*, cit.

82. Brasil, *Lei N. 6.830, de 22 de Setembro de 1980*, cit.

83. Superior Tribunal de Justiça, *REsp/AgR/ED/AgR 1.278.068-MG (2011/0151438-3)*, 1ª Turma, rel. Min. Napoleão Nunes Maia Filho, j. 10.9.2013 (disponível em *http://www.stj.jus.br/SCON*, acesso em 13.7.2016).

84. José Carlos Barbosa Moreira, "Exceção de pré-executividade: uma denominação infeliz", in *Temas de Direito Processual: Sétima Série*, São Paulo, Saraiva, 2001, pp. 119-121.

dimento pacificado no STJ,[85] para discutir desde questões de liquidez e certeza do título, de pressupostos processuais e de condições da ação em que não houvesse dilação probatória.

O art. 803, parágrafo único, do CPC estabelece que a parte poderá requerer ao juiz, independentemente de embargos, a nulidade da execução, se carecer certeza e liquidez ao título, ou tiver havido vício na citação, ou se executar título ainda inexigível.[86] Há quem entenda que com o advento do Código de Processo Civil não haveria mais necessidade da exceção de pré-executividade, formalmente considerada, eis que o próprio Código já prevê a possibilidade de impugnação sem necessidade de embargos.[87] Na prática, trata-se apenas de uma questão de nomenclatura, subsistindo a defesa preconizada.

Noutro sentido, também se defende que a exceção de pré-executividade, com suas polêmicas procedimentais, persistirá no CPC, embora o art. 803, parágrafo único, confira respaldo legítimo para a admissibilidade dessa defesa.[88] Mesmo diante dos limites do art. 803, parágrafo único, aos incisos do *caput*, pode-se reconhecer, na esteira da jurisprudência do STJ, a possibilidade de arguição de toda e qualquer matéria em relação à qual o juiz deve conhecer de ofício, ainda que dependente de oitiva do exequente.

Seguindo a diferença proposta entre a aplicação supletiva e a subsidiária, a aplicação do art. 803, parágrafo único, do CPC, confirmando o manejo da exceção de pré-executividade, seria o caso da técnica da subsidiariedade.

3.7 Teria o Código *de Processo Civil/2015 revogado a Lei 6.830/1980, como se pode ver de seus arts. 779, VI, e 784, IX? Ou, em face do disposto em seu art. 1.046, § 2º, a dizer que "permanecem em vigor as disposições especiais dos procedimentos regulados em outras leis, aos quais se aplicará supletivamente este Código", podemos entender que a Lei de Execução Fiscal permanece em vigor?*

85. Superior Tribunal de Justiça, *REsp 1.136.144-RJ (2009/0074070-5)*, 1ª Seção, rel. Min. Luiz Fux, j. 9.12.2009 (disponível em *http://www.stj.jus.br/SCON*, acesso em 13.7.2016).

86. Brasil, *Lei N. 13.105, de 16 de Março de 2015*, cit.

87. Luiz Guilherme Marinoni, Sérgio Cruz Arenhart e Daniel Mitidiero, *Novo Curso de Processo Civil*, 1ª ed., vol. 2 (*Tutela dos Direitos Mediante Procedimento Comum*), São Paulo, Ed. RT, 2015, p. 962.

88. Neves, *Novo Código de Processo Civil: Lei 13.105/2015*, cit., seção 49.3.

Há vários motivos favoráveis ao reconhecimento de que a Lei de Execução Fiscal permanece em vigor. Primeiramente, os arts. 779, VI, e 784, IX, do CPC, ao tratarem de assunto tributário em torno da execução, não dizem muito, podendo ensejar tanto a interpretação de que o Código teria a pretensão de regulamentar o processo de execução fiscal, em substituição à Lei de Execução Fiscal, quanto a interpretação de que o Código teria o condão principal de ser o Código dos Códigos, contemplando inclusive os procedimentos especiais dentro de suas regras gerais.

Em segundo lugar, vê-se que o Código de Processo Civil conferiu tratamento especial à execução contra a Fazenda Pública, em capítulo próprio, com artigo único, qual seja, o art. 910. Haveria, assim, uma expectativa legítima de que, se o Código de Processo Civil quisesse se substituir à Lei de Execução Fiscal, que dedicasse pelo menos um capítulo ao tema. Aliás, a própria LEF estipula no art. 1º que a execução fiscal será regida por ela e subsidiariamente pelo Código de Processo Civil, estabelecendo, portanto, um liame interlegislativo que precisaria ser explicitamente rompido pelo Código de Processo Civil, o que não ocorreu.

Em terceiro lugar, pela especialidade do processo tributário, ao lado dos processos penal, eleitoral, trabalhista e administrativo, lei geral posterior não derroga lei especial,[89] desde que haja compatibilidade entre elas ou, não havendo tal compatibilidade, que haja fundamento razoável para tanto. Ao lado desse argumento, deve-se ponderar também acerca da presunção que paira sobre as leis, por força do direito fundamental à legalidade (art. 5º, II) e do reconhecimento da autoridade do Poder Legislativo (art. 2º), que, além de se presumirem constitucionais, devem as leis se presumir válidas, o que demandaria mais uma vez a determinação explícita do Código de Processo Civil em sentido contrário.

Por fim, numa análise empírica, verifica-se no acesso ao portal de legislação da Presidência da República que a Lei de Execução Fiscal, diversamente de outras leis expressamente revogadas, permanece com seus dispositivos disponíveis, como se ainda estivessem hoje vigentes.[90]

4. Mandado de segurança

4.1 Aplica-se ao mandado de segurança a figura da "tutela de evidência" (art. 311 do CPC/2015)?

89. Norberto Bobbio, *Teoria do Ordenamento Jurídico*, 10ª ed., Brasília, UnB, 1999, p. 108.

90. Brasil, *Lei N. 6.830, de 22 de Setembro de 1980*, cit.

Dada a natureza especial do procedimento do mandado de segurança, que possui fundamento direto na Constituição (art. 5º, LXIX), esse remédio constitucional exige a liquidez e a certeza dos fatos,[91] devidamente comprovados, via de regra documentalmente, desde a petição inicial – a conhecida exigência de prova pré-constituída –, cingindo-se a controvérsia à interpretação desses fatos e à determinação das normas aplicáveis à situação interpretada. O mandado de segurança possui disciplina dada pela Lei 12.016/2009, que incorporou uma série de entendimentos pretorianos mas que, em virtude da sistematicidade dessa lei, remete novamente à discussão sobre alterações praticadas pelo Código de Processo Civil.

Na organização do Código de Processo Civil a denominada tutela provisória passou a conglobar, sob a mesma disciplina processual, a medida cautelar e a antecipação da tutela satisfativa debaixo de uma mesma denominação de "tutelas de urgência", ao lado do que denominou de "tutela de evidência", nos termos do art. 294. Por óbvio, a tutela de evidência aplica-se em situações nas quais não está caracterizada, necessariamente, a urgência, demandando outra providência, que será provisória e não definitiva. No regime jurídico anterior não havia uma sistematização organizada da tutela de evidência, que estava espalhada ao longo do Código revogado.[92] As decisões dadas em tutela de evidência serão interlocutórias, atacadas pela via do agravo de instrumento.

Portanto, a primeira consideração acerca da possível aplicação da tutela de evidência se dá em hipóteses de inexistência de cognição exauriente, haja vista que, havendo condições de realizar juízo de certeza, seria o caso de julgamento antecipado do mérito, na forma do art. 355 do CPC. Assim, por exemplo, a hipótese do art. 311, IV, não terá relevância alguma para o mandado de segurança, que, nesses termos, já se configura como uma tutela de evidência, porém satisfativa, e não provisória. A segunda consideração gira em torno da natureza satisfativa e incidental, mas provisória, da tutela de evidência.[93] Outra questão relevante para o mandado de segurança em matéria tributária diz respeito à possibilidade de concessão liminar quando houver prova pré-constituída e tese firmada em julgamento de casos repetitivos ou súmula vinculante (art. 311, II, c/c parágrafo único).

91. Machado Segundo, *Processo Tributário*, cit., 5ª ed., p. 342.

92. Neves, *Novo Código de Processo Civil: Lei 13.105/2015*, cit., seção 23.3.

93. Fredie Didier Jr., Paula Sarno Braga e Rafael Alexandre de Oliveira, *Curso de Direito Processual Civil: Teoria da Prova, Direito Probatório, Decisão, Precedente, Coisa Julgada e Tutela Provisória*, 10ª ed., vol. 2, Salvador, Juspodivm, 2015, p. 570.

Com efeito, dado o rito especialmente sumário do mandado de segurança, entende-se impertinente a aplicação da hipótese do art. 311, I, do CPC, pela concessão da tutela antecipada em caso de configurado abuso de direito de defesa ou manifesto propósito protelatório da parte, salvo em situações excepcionalíssimas. Aliás, a Lei 12.016/2009, no art. 8º, prevê medida inversa com o mesmo teor, para decretar a perempção ou caducidade de liminar quando o impetrante criar obstáculo ao normal andamento do processo ou deixar de realizar diligências.

Já, no que concerne ao art. 311, II, haveria possibilidades de atualização do remédio constitucional para permitir a concessão liminar da segurança diante de precedentes específicos. Todavia, o art. 7º, III, da Lei 12.016/2009 estabelece as condições para o despacho que suspende liminarmente o ato impugnado, somando à relevância do fundamento a necessidade de risco de ineficácia da concessão da segurança ao final do processo.[94] Da forma como estipulado na Lei do Mandado de Segurança não haveria cabimento para a chamada tutela de evidência que já não fosse uma tutela de urgência.

4.2 As liminares deferidas em sede de mandado de segurança submetem-se ao instituto da "estabilização" da tutela provisória previsto no art. 304 do CPC/2015?

O instituto da estabilização da tutela provisória, previsto no art. 304 do CPC/2015, está fundamentalmente ligado ao art. 303, que trata da concessão de tutela antecipada em caráter antecedente, e não incidental. Nessa situação a lei autoriza que a petição inicial requeira apenas a tutela antecipada, indicando a matéria de fato e de direito bem como os riscos da demora na concessão da medida, com a condição de que preveja o pedido de tutela final, caso seja concedida a tutela (art. 303, § 1º, I), e o respectivo valor da causa.[95]

Concedida a tutela, a decisão judicial será estabilizada se dela não houver interposição do recurso cabível, momento em que ocorrem a estabilização do conteúdo e a automática extinção do processo – mesmo sendo citado o réu e ainda que o autor não realize o aditamento da inicial (art. 303, § 2º). Essa estabilização implica a inversão das posições de

94. Brasil, *Lei N. 12.016, de 7 de Agosto de 2009*, cit.
95. Brasil, *Lei N. 13.105, de 16 de Março de 2015*, cit.

vantagem, gerando efeitos entre as partes no processo, sem formar coisa julgada. Trata-se de mecanismo que visa a reduzir a litigiosidade e a promover a celeridade processual, desestimulando o réu na continuidade do processo. Embora pareça o contrário, a alta litigiosidade no Brasil remete à quase inexistência de liminares satisfativas não impugnadas em recurso.

Voltando-se os olhares para o mandado de segurança, deve-se ter em conta a remissão do art. 6º às regras processuais para elaboração da petição inicial, apresentadas principalmente no art. 319 do CPC. Numa primeira leitura não haveria empecilhos para a utilização das regras especiais do art. 303 do CPC, já que essa regra processual também se enquadra como forma de elaboração da petição inicial. No entanto, o art. 304 do CPC em alguma medida conflitaria com a própria disposição do art. 7º da Lei 12.016/2009: ao prever que o despacho da inicial, além de suspender liminarmente o ato impugnado (inciso III), deve notificar a autoridade coatora para prestar informações (inciso I). Tal óbice, contudo, é superável, haja vista que o próprio art. 303, § 1º, II, do CPC também estabelece a citação do réu juntamente com a concessão da tutela antecipada.

Um segundo obstáculo poderia ser colocado sob o argumento do caráter excepcional do instituto da estabilização da tutela antecipada, razão pela qual somente se aplicaria aos procedimentos previstos pelo próprio Código de Processo Civil, e não a procedimentos que já são por si especiais. No entanto, a própria natureza do mandado de segurança, que, além de possuir estatura constitucional, visa a tolher abusos líquidos e certos de poder, e a necessidade de incorporação do espírito da nova processualística brasileira denunciam em favor da compatibilidade do instituto. Ademais, a legislação do mandado de segurança não coloca obstáculos para tal estabilização. Portanto, as regras dos arts. 303 e 304 do CPC poderiam ser aplicadas subsidiariamente à Lei 12.016/2009.

5. Coisa julgada

*5.1 Em face do art. 525, §§ 12 e 15, do CPC/2015, quais devem ser os efeitos de uma ação rescisória movida em razão da alteração da jurisprudência do STF sobre determinada questão tributária? É possível atribuir efeitos **ex tunc** à rescisão do julgado?*

O art. 525, nos §§ 12-15, cuida da chamada coisa julgada inconstitucional, no âmbito do cumprimento de sentença de condenação ao pagamento de quantia certa. Há regras equivalentes no art. 535, §§ 5º-8º, para o cumprimento de sentença condenatória contra a Fazenda Pública. Os §§ 14 e 15, c/c o § 12, do art. 525, com redações idênticas à dos §§ 7º e 8º, c/c o § 5º, do art. 535, estabelecem que a impugnação à execução poderá alegar a inexigibilidade da obrigação com base em título executivo judicial considerado inconstitucional pelo STF em controle concentrado ou abstrato de constitucionalidade, desde que tal decisão pretoriana tenha ocorrido antes do trânsito em julgado da sentença exequenda; mas se, por acaso, a decisão de inconstitucionalidade ocorreu depois do trânsito em julgado, não seria o caso de impugnação, mas de ação rescisória da sentença, que deverá ocorrer no prazo de dois anos (cf. art. 975 do CPC), contados da decisão do STF.

Aliás, a solução dada pelo Código de Processo Civil veio em boa oportunidade, visando a sedimentar um posicionamento diante da divergência de entendimentos no STF quanto à possibilidade do manejo da ação rescisória.[96] Nesse sentido, deve-se concluir pela possibilidade de desfazimento da coisa julgada pela via da ação rescisória contra decisão que afronte manifestamente norma jurídica (art. 966, V, do CPC),[97] conferindo-se efeitos *ex tunc* à decisão do STF em controle de constitucionalidade.

É possível que o STF venha a analisar a constitucionalidade do § 15 do art. 525 e do § 8º do art. 535 do CPC, mas se concorda que tais regras se coadunam com os critérios da estabilidade, integridade e coerência da jurisprudência para a adequada implantação da teoria dos precedentes no Brasil, evitando-se decisões em desconformidade com entendimento, ainda que posterior, do STF. Por outro lado, pode-se argumentar que essas regras seriam estímulo à morosidade processual, pois fariam com que os juízes aguardassem o posicionamento definitivo do STF em controle difuso de constitucionalidade para enfim proferir a sentença de mérito.

Importante destacar duas observações. A primeira, de que a ação rescisória e a concessão de efeitos retroativos à decisão do STF, inclusive em controle difuso de constitucionalidade, somente serão cabíveis se o próprio tribunal não modular os efeitos da decisão no tempo, conferindo efeitos *ex nunc* ou *pro futuro*. É o que estipulam o § 13 do art. 525 e o

96. De um lado, cf.: Supremo Tribunal Federal, *RE/ED 328.812-1-AM*, Pleno, rel. Min. Gilmar Mendes, j. 6.3.2008 (disponível em *http://www.stf.jus.br/portal/jurisprudencia*, acesso em 13.6.2016). De outro, cf.: Supremo Tribunal Federal, *RE 590.809-RS*, Pleno, rel. Min. Marco Aurélio, j. 22.10.2014 (disponível em *http://www.stf.jus.br/portal/jurisprudencia*, acesso em 13.6.2016).

97. Neves, *Novo Código de Processo Civil: Lei 13.105/2015*, cit., seção 36.4.

§ 6º do art. 535 do CPC. E a segunda, de que o disposto nos §§ 14 e 15 do art. 525 e nos §§ 7º e 8º do art. 535 do CPC somente tem aplicabilidade para as decisões transitadas em julgado após a entrada em vigor do Código (cf. art. 1.057).

> *5.2 Quais os efeitos da decisão rescisória sobre o lapso decadencial? Imaginando-se um contribuinte que há mais de cinco anos não recolhe um tributo por conta de decisão judicial, passada em julgado, que o declarou inconstitucional, a posterior mudança no entendimento do STF sobre a validade de tal tributo poderia legitimar a propositura e a procedência de ação rescisória, com a posterior autuação do contribuinte relativamente a todo o período?*

Levando-se o caso hipotético acima descrito à sua situação-limite, ou seja, considerando que o contribuinte foi vitorioso em ação cuja sentença, transitada em julgado após a vigência do Código de Processo Civil (cf. art. 1.057), tenha declarado a inconstitucionalidade de um tributo, com respeito a precedente do STF no tema, e posteriormente o STF tenha alterado sua tese jurídica, em conformidade com o procedimento do art. 927, § 2º, do CPC, sem proceder à modulação dos efeitos de que trata o art. 927, § 3º, do CPC, não é certa a possibilidade de manejo de ação rescisória.

Inicialmente, trata-se de situação por si só excepcionalíssima, especialmente em razão da praticamente inexistência de modificação de posicionamento pelo STF sem modulação dos efeitos, em regra *ex nunc* ou *pro futuro*, o que já esbarraria no óbice do art. 525, § 13, do CPC. Ademais, o § 15 do art. 525 do CPC encontra-se amalgamado com o § 12, o que parece admitir a ação rescisória apenas para desconstituir título executivo judicial. Por outro lado, por um princípio de isonomia, poder-se-ia argumentar que seria imprescindível a aplicação analógica para a constituição de título executivo judicial.

Mas, mesmo supondo-se admissível a ação rescisória, nesse caso excepcionalíssimo, a desconstituição da sentença que declarou inconstitucional certo tributo deverá respeitar as regras do CTN, em especial o art. 173, I. Dessa forma, a mudança do entendimento do STF com efeitos *ex tunc* teria o condão de restabelecer a validade da norma tributária no momento da realização dos fatos geradores pretéritos, sendo, portanto, passível de autuação dentro do lapso quinquenal contado do primeiro dia do exercício seguinte àquele no qual o lançamento poderia ter sido efetuado. Conquanto tal entendimento possa ser uma afronta à segurança jurídica, pela frustração de expectativas até então legítimas, deve-se levar em conta que houve autorização judicial prévia, em mais de uma decisão – a primeira, a cargo do STF, que modificou o entendimento em decisão devidamente fundamentada e sem conferir efeitos retroativos; e a segunda a cargo do tribunal que defere a ação rescisória.

6. O pagamento do ITCMD e outras questões

6.1 Em face do disposto no parágrafo único do art. 654 do CPC/2015, é permitida a conclusão do processo de inventário e execução da partilha antes de julgada a validade da cobrança do respectivo ITCMD?

O art. 654 do CPC estabelece como condição para o julgamento por sentença da partilha o pagamento do Imposto de Transmissão *Causa Mortis* e Doação de Bens e Direitos/ITCMD. O parágrafo único, por sua vez, supera o impedimento em caso de existência de dívida para com a Fazenda Pública cujos valores tenham sido garantidos.[98] Esse dispositivo final vem sendo recebido como uma novidade pelos processualistas.[99]

No entanto, tal regramento deve ser contraposto ao que dispõe o art. 192 do CTN, pelo qual fica condicionada a sentença de julgamento de partilha à "prova da quitação de todos os tributos relativos aos bens do espólio ou às suas rendas".[100] Poderia ser denunciada uma incompatibilidade entre os ditames do Código Tributário Nacional e os do Código de Processo Civil, antinomia na qual prevaleceria a regra do primeiro Código, haja vista tratar-se de lei complementar. O Código de Processo Civil, portanto, não poderia inovar na matéria, mas apenas reproduzir o entendimento dado pelo próprio Código Tributário Nacional.[101]

98. Brasil, *Lei N. 13.105, de 16 de Março de 2015*, cit.

99. Neves, *Novo Código de Processo Civil: Lei 13.105/2015*, cit., seção 44.7; Rennan Faria Krüger Thamay, "Arts. 610 a 673", in Simone Diogo Carvalho Figueiredo (coord.), *Novo Código de Processo Civil Anotado e Comparado para Concursos*, São Paulo, Saraiva, 2015 (livro digital), § 27.723.

100. Brasil, *Lei N. 5.172, de 25 de Outubro de 1966, Dispõe sobre o Sistema Tributário Nacional e Institui Normas Gerais de Direito Tributário Aplicáveis à União, Estados e Municípios* (disponível em *http://www.planalto.gov.br/ccivil_03/Leis/L5172.htm*, acesso em 13.7.2016).

101. Luiz Guilherme Marinoni, Sérgio Cruz Arenhart e Daniel Mitidiero, *Novo Curso de Processo Civil*, 1ª ed., vol. 3 (*Tutela dos Direitos Mediante Procedimentos Diferenciados*), São Paulo, Ed. RT, 2015, p. 207, nota de rodapé 32.

Porém, o próprio Código Tributário Nacional já previa, desde 1966, solução equivalente à conferida pelo Código de Processo Civil. Com base na interpretação do art. 189, parágrafo único, c/c art. 188, § 1º, pode-se interpretar no sentido de que, contestado o tributo decorrente dos bens e rendas do espólio, qualquer que seja, o juiz da partilha deverá remeter às partes ao juízo competente (Vara da Fazenda Pública ou de Execução Fiscal) e reservar bens suficientes à quitação da dívida.[102] Havia um silêncio no Código Tributário Nacional quanto a eventual compatibilização entre esse regramento e o art. 192, entendendo-se que deveria ser proferida desde já a sentença de julgamento, com exceção da parte reservada, e, num segundo momento, caso se sagrasse vencedor o espólio, ocorreria a sobrepartilha do excedente.[103]

Tal interpretação restou consagrada no art. 654, parágrafo único, do CPC. Assim, a regra do art. 654 deve ser interpretada conforme o Código Tributário Nacional, permitindo o julgamento da partilha por sentença tanto se for juntada certidão ou informação negativa de dívida perante as Fazendas Públicas quanto se, havendo dívida contestada, o juízo da partilha garantir a futura satisfação do crédito tributário.

Referências bibliográficas

ARENHART, Sérgio Cruz, MARINONI, Luiz Guilherme, e MITIDIERO, Daniel. *Novo Curso de Processo Civil*. 1ª ed., vols. 1 (*Teoria do Processo Civil*), 2 (*Tutela dos Direitos Mediante Procedimento Comum*) e 3 (*Tutela dos Direitos Mediante Procedimentos Diferenciados*). São Paulo, Ed. RT, 2015.

BARACHO, José Alfredo de Oliveira. "O princípio de subsidiariedade: conceito e evolução". *Revista da Faculdade de Direito da UFMG* 35/13-52. Belo Horizonte, 1995 (disponível em *http://www.direito.ufmg.br/revista/index.php/revista/article/view/1470/1399*, acesso em 24.5.2016).

BARBOSA MOREIRA, José Carlos. "Exceção de pré-executividade: uma denominação infeliz". In: *Temas de Direito Processual: Sétima Série*. São Paulo, Saraiva, 2001 (pp. 119-121).

BOBBIO, Norberto. *Teoria do Ordenamento Jurídico*. 10ª ed. Brasília, UnB, 1999.

BRAGA, Paula Sarno, DIDIER JR., Fredie, e OLIVEIRA, Rafael Alexandre de. *Curso de Direito Processual Civil: Teoria da Prova, Direito Probatório,*

102. Machado, *Comentários ao Código Tributário Nacional: Arts. 139 a 218*, cit., 2ª ed., vol. 3, pp. 702-703.

103. Idem, p. 719.

Decisão, Precedente, Coisa Julgada e Tutela Provisória. 10ª ed., vol. 2. Salvador, Juspodivm, 2015.

BRASIL. *Decreto N. 70.235, de 6 de Março de 1972. Dispõe sobre o Processo Administrativo Fiscal, e Dá Outras Providências*. Brasília/DF, Presidência da República, 1972 (disponível em *http://www.planalto.gov.br/ccivil_03/decreto/d70235cons.htm*, acesso em 5.6.2016).

______. *Decreto-Lei N. 147, de 3 de Fevereiro de 1967. Dá Nova Lei Orgânica à Procuradoria-Geral da Fazenda Nacional/PGFN* (disponível em *http://www.planalto.gov.br/ccivil_03/decreto-lei/del0147.htm*, acesso em 13.7.2016).

______. *Decreto-Lei N. 1.025, de 21 de Outubro de 1969. Declara Extinta a Participação de Servidores Públicos na Cobrança da Dívida Ativa da União e Dá Outras Providências* (disponível em *http://www.planalto.gov.br/ccivil_03/decreto-lei/Del1025.htm*, acesso em 13.7.2016).

______. *Decreto-Lei N. 1.569, de 8 de Agosto de 1977. Modifica o Art. 11 do Decreto-Lei N. 352, de 17 de Junho de 1968, Alterado pelo Art. 1º do Decreto-Lei N. 623, de 11 de Junho de 1969, e Dá Outras Providências* (disponível em: *http://www.planalto.gov.br/ccivil_03/decreto-lei/Del1569.htm*, acesso em 13.7.2016).

______. *Decreto-Lei N. 1.645, de 11 de Dezembro de 1978. Dispõe sobre a Cobrança da Dívida Ativa da União e Dá Outras Providências* (disponível em *http://www.planalto.gov.br/ccivil_03/decreto-lei/1965-1988/Del1645.htm*, acesso em 13.7.2016).

______. *Decreto-Lei N. 2.163, de 19 de Setembro de 1984. Dispõe sobre a Adoção de Medidas de Incentivos à Arrecadação Federal e Dá Outras Providências* (disponível em *http://www.planalto.gov.br/ccivil_03/decreto-lei/Del2163.htm*, acesso em 13.7.2016).

______. *Lei N. 4.439, de 27 de Outubro de 1964. Fixa os Vencimentos de Magistrados, Membros do Ministério Público e do Serviço Jurídico da União, e Dá Outras Providências* (disponível em *http://www.planalto.gov.br/ccivil_03/leis/1950-1969/L4439.htm*, acesso em 13.7.2016).

______. *Lei N. 5.421, de 25 de Abril de 1968. Dispõe sobre Medidas Financeiras Referentes à Arrecadação da Dívida Ativa da União, Juros de Mora nos Débitos para com a Fazenda Nacional e Dá Outras Providências* (disponível em *http://www.planalto.gov.br/ccivil_03/leis/L5421.htm*, acesso em 13.7.2016).

______. *Lei N. 6.830, de 22 de Setembro de 1980. Dispõe sobre a Cobrança Judicial da Dívida Ativa da Fazenda Pública, e Dá Outras Providências* (disponível em *http://www.planalto.gov.br/ccivil_03/leis/L6830.htm*, acesso em 13.7.2016).

______. *Lei N. 7.711, de 22 de Dezembro de 1988. Dispõe sobre Formas de Melhoria da Administração Tributária e Dá Outras Providências* (disponível em *http://www.planalto.gov.br/ccivil_03/leis/L7711.htm*, acesso em 13.7.2016).

________. *Lei N. 9.784, de 29 de Janeiro de 1999. Regula o Processo Administrativo no Âmbito da Administração Pública Federal*. Brasília/DF, Presidência da República, 1999 (disponível em *http://www.planalto.gov.br/ccivil_03/leis/L9784.htm*, acesso em 5.6.2016).

________. *Lei N. 12.016, de 7 de Agosto de 2009, Disciplina o Mandado de Segurança Individual e Coletivo e Dá Outras Providências* (disponível em *www.planalto.gov.br/ccivil_03/_ato2007-2010/2009/lei/l12016.htm*, acesso em 13.7.2016).

________. *Lei N. 13.105, de 16 de Março de 2015*. Código de Processo Civil. Brasília/DF, Presidência da República, 2015 (disponível em *http://www.planalto.gov.br/ccivil_03/_ato2015-2018/2015/lei/l13105.htm*, acesso em 5.6.2016).

________. *Lei N. 13.140, de 26 de Junho de 2015. Dispõe sobre a Mediação entre Particulares como Meio de Solução de Controvérsias e sobre a Autocomposição de Conflitos no Âmbito da Administração Pública* (disponível em *http://www.planalto.gov.br/ccivil_03/_Ato2015-2018/2015/Lei/L13140.htm*, acesso em 13.7.2016).

BUENO, Cassio Scarpinella. *Manual de Direito Processual Civil: Inteiramente Estruturado à Luz do Novo Código de Processo Civil, Lei 13.105, de 16.3.2015*. São Paulo, Saraiva, 2015 (livro digital).

CAIS, Cleide Previtalli. *O Processo Tributário*. 5ª ed. São Paulo, Ed. RT, 2007.

CIANCI, Mirna, e MEGNA, Bruno Lopes. "A execução fiscal no novo Código de Processo Civil: reflexos da aplicação subsidiária e a modernização do sistema: um trato de convivência". In: CUNHA, Leonardo Carneiro da, e SOUZA JR., Antônio Carlos F. de (coords.). *Novo Código de Processo Civil e o Processo Tributário*. São Paulo, FocoFiscal, 2015 (pp. 305-322).

COMISSÃO ESPECIAL DO CÓDIGO DE PROCESSO CIVIL. *Emenda. Dá Nova Redação ao Art. 15 do Projeto de Lei N. 8.046, de 2010* (disponível em *http://www.camara.leg.br/sileg/integras/922280.pdf*, acesso em 24.5.2016).

CONCEIÇÃO, Maria Lúcia Lins, MELLO, Rogério Licastro Torres de, RIBEIRO, Leonardo Ferres da Silva, e WAMBIER, Teresa Arruda Alvim. *Primeiros Comentários ao Novo Código de Processo Civil: Artigo por Artigo*. São Paulo, Ed. RT, 2015.

CUNHA, Leonardo Carneiro da, e SOUZA JR., Antônio Carlos F. de (coords.). *Novo Código de Processo Civil e o Processo Tributário*. São Paulo, FocoFiscal, 2015.

DIDIER JR., Fredie. *Curso de Direito Processual Civil: Introdução ao Direito Processual Civil, Parte Geral e Processo de Conhecimento*. 17ª ed., vol. 1. Salvador, Juspodivm, 2015.

DIDIER JR., Fredie, BRAGA, Paula Sarno, e OLIVEIRA, Rafael Alexandre de. *Curso de Direito Processual Civil: Teoria da Prova, Direito Probatório, Decisão, Precedente, Coisa Julgada e Tutela Provisória*. 10ª ed., vol. 2. Salvador, Juspodivm, 2015.

DWORKIN, Ronald. *Levando os Direitos a Sério*. Trad. de Nelson Boeira. São Paulo, Martins Fontes, 2002.

FARO, Maurício Pereira, e MOREIRA, Bernardo Motta. "O novo Código de Processo Civil e seus reflexos no processo tributário administrativo". In: CUNHA, Leonardo Carneiro da, e SOUZA JR., Antônio Carlos F. de (coords.). *Novo Código de Processo Civil e o Processo Tributário*. São Paulo, FocoFiscal, 2015 (pp. 279-304).

FIGUEIREDO, Simone Diogo Carvalho (coord.). *Novo Código de Processo Civil Anotado e Comparado para Concursos*. São Paulo, Saraiva, 2015 (livro digital).

FÓRUM NACIONAL DE JUIZADOS ESPECIAIS. *Nota Técnica N. 01/2016*. Ref. art. 219 do CPC/2015, que trata da contagem dos prazos em dias úteis. Florianópolis, FONAJE, 2016 (disponível em *http://www.amb.com.br/fonaje*, acesso em 13.7.2016).

GAJARDONI, Fernando da Fonseca, *et alii*. *Teoria Geral do Processo: Comentários ao Código de Processo Civil de 2015; Parte Geral*. Rio de Janeiro, Forense, 2015 (livro digital).

GONZÁLEZ PÉREZ, Jesús. *El Principio General de la Buena Fe en el Derecho Administrativo*. Madri, Civitas, 1983.

GUERRA, Marcelo Lima. "A interpretação do Código de Processo Civil e a distinção entre conceitos teóricos (doutrinários) e conceitos normativos (legais)". *Análise Crítica do Código de Processo Civil/2015*. Fortaleza, 9.5.2016 (disponível em *http://analisecriticadocpc2015.blogspot.com.br/2016/05/a-interpretacao-do-cpc2015-e-distincao.html*, acesso em 13.7.2016).

LIMA, George Marmelstein. "*Lazy judge* e fundamentação das decisões judiciais: ou quando exigir demais pode gerar um efeito contrário do pretendido". *Direitos Fundamentais* 16.3.2016. Fortaleza (disponível em *https://direitosfundamentais.net/2016/03/16/lazy-judge-e-fundamentacao-das-decisoes-judiciais-ou-quando-exigir-demais-pode-gerar-um-efeito-contrario-do-pretendido*, acesso em 5.6.2016).

LOPES FILHO, Juraci Mourão. *Os Precedentes Judiciais no Constitucionalismo Brasileiro Contemporâneo*. Salvador, Juspodivm, 2014.

MACHADO, Hugo de Brito. "A condenação do vencido em honorários advocatícios e a fundamentação das decisões no novo Código de Processo Civil". In: CUNHA, Leonardo Carneiro da, e SOUZA JR., Antônio Carlos F. de (coords.). *Novo Código de Processo Civil e o Processo Tributário*. São Paulo, FocoFiscal, 2015 (pp. 129-144).

________. *Comentários ao Código Tributário Nacional: Arts. 139 a 218*. 2ª ed., vol. 3. São Paulo, Atlas, 2009.

MACHADO SEGUNDO, Hugo de Brito. *Processo Tributário*. 5ª ed. São Paulo, Atlas, 2010.

MARINONI, Luiz Guilherme, ARENHART, Sérgio Cruz, e MITIDIERO, Daniel. *Novo Curso de Processo Civil*. 1ª ed., vols. 1 (*Teoria do Processo Civil*), 2 (*Tutela dos Direitos Mediante Procedimento Comum*) e 3 (*Tutela dos Direitos Mediante Procedimentos Diferenciados*). São Paulo, Ed. RT, 2015.

MARINS, James. *Direito Processual Tributário Brasileiro*. 5ª ed. São Paulo, Dialética, 2010.

MAXIMILIANO, Carlos. *Hermenêutica e Aplicação do Direito*. 18ª ed. Rio de Janeiro, Forense, 2000.

MEGNA, Bruno Lopes, e CIANCI, Mirna. "A execução fiscal no novo Código de Processo Civil: reflexos da aplicação subsidiária e a modernização do sistema: um trato de convivência". In: CUNHA, Leonardo Carneiro da, e SOUZA JR., Antônio Carlos F. de (coords.). *Novo Código de Processo Civil e o Processo Tributário*. São Paulo, FocoFiscal, 2015 (pp. 305-322).

MELLO, Rogério Licastro Torres de, CONCEIÇÃO, Maria Lúcia Lins, RIBEIRO, Leonardo Ferres da Silva, e WAMBIER, Teresa Arruda Alvim. *Primeiros Comentários ao Novo Código de Processo Civil: Artigo por Artigo*. São Paulo, Ed. RT, 2015.

MITIDIERO, Daniel, ARENHART, Sérgio Cruz, e MARINONI, Luiz Guilherme. *Novo Curso de Processo Civil*. 1ª ed., vols. 1 (*Teoria do Processo Civil*), 2 (*Tutela dos Direitos Mediante Procedimento Comum*) e 3 (*Tutela dos Direitos Mediante Procedimentos Diferenciados*). São Paulo, Ed. RT, 2015.

MOREIRA, Bernardo Motta, e FARO, Maurício Pereira. "O novo Código de Processo Civil e seus reflexos no processo tributário administrativo". In: CUNHA, Leonardo Carneiro da, e SOUZA JR., Antônio Carlos F. de (coords.). *Novo Código de Processo Civil e o Processo Tributário*. São Paulo, FocoFiscal, 2015 (pp. 279-304).

MOREIRA, Egon Bockmann. "O impacto do Código de Processo Civil nos processos administrativos: uma nova racionalidade". *Direito do Estado* 10.3.2016, "Colunistas" (disponível em *http://www.direitodoestado.com.br/colunistas/egon-bockmann-moreira/o-impacto-do-cpc-2015-nos-processos-administrativos-uma-nova-racionalidade*, acesso em 5.6.2016).

NEVES, Daniel Amorim Assumpção. *Novo Código de Processo Civil: Lei 13.105/2015*. Rio de Janeiro/São Paulo, Forense/Método, 2015 (livro digital).

NUNES, Cleucio Santos. *Curso de Direito Processual Tributário*. São Paulo, Dialética, 2010.

OLIVEIRA, Rafael Alexandre de, BRAGA, Paula Sarno, e DIDIER JR., Fredie. *Curso de Direito Processual Civil: Teoria da Prova, Direito Probatório,*

Decisão, Precedente, Coisa Julgada e Tutela Provisória. 10ª ed., vol. 2. Salvador, Juspodivm, 2015.

POPPER, Karl. "O problema da indução". In: *A Lógica da Pesquisa Científica*. 2ª ed., trad. de Leônidas Hegenberg e Octanny Silveira da Mota. São Paulo, Cultrix, 2013 (pp. 27-30).

QUEIROZ, Mary Elbe, e SOUZA JR., Antônio Carlos F. de. "O incidente de desconsideração da personalidade jurídica no Código de Processo Civil/2015 e a responsabilidade tributária: primeiras impressões". In: CUNHA, Leonardo Carneiro da, e SOUZA JR., Antônio Carlos F. de (coords.). *Novo Código de Processo Civil e o Processo Tributário*. São Paulo, FocoFiscal, 2015 (pp. 255-277).

RIBEIRO, Leonardo Ferres da Silva, CONCEIÇÃO, Maria Lúcia Lins, MELLO, Rogério Licastro Torres de, e WAMBIER, Teresa Arruda Alvim. *Primeiros Comentários ao Novo Código de Processo Civil: Artigo por Artigo*. São Paulo, Ed. RT, 2015.

SANTI, Eurico Marcos Diniz de. "Novo Código de Processo Civil e motivação das decisões do CARF e das DRJs". *Jota – Notícias Jurídicas que Fazem Diferença* 20.3.2016. Brasília/DF, "Opinião" (disponível em *http://jota.uol.com.br/novo-cpc-e-motivacao-das-decisoes-carf-e-das-drjs*, acesso em 5.6.2016).

SOUZA JR., Antônio Carlos F. de, e CUNHA, Leonardo Carneiro da (coords.). *Novo Código de Processo Civil e o Processo Tributário*. São Paulo, FocoFiscal, 2015.

SOUZA JR., Antônio Carlos F. de, e QUEIROZ, Mary Elbe. "O incidente de desconsideração da personalidade jurídica no Código de Processo Civil/2015 e a responsabilidade tributária: primeiras impressões". In: CUNHA, Leonardo Carneiro da, e SOUZA JR., Antônio Carlos F. de (coords.). *Novo Código de Processo Civil e o Processo Tributário*. São Paulo, FocoFiscal, 2015 (pp. 255-277).

SUPERIOR TRIBUNAL DE JUSTIÇA. *Ag/EDv 1.105.993-RJ (2009/0196415-4)*. 1ª Seção, rel. Min. Hamilton Carvalhido, j. 13.12.2010 (disponível em *http://www.stj.jus.br/SCON*, acesso em 13.6.2016).

________. *AREsp/AgInt/ED 862.572-SP (2016/0035687-1)*. 2ª Turma, rel. Min. Humberto Martins, j. 7.6.2016 (disponível em *http://www.stj.jus.br/SCON*, acesso em 13.6.2016).

________. *REsp 1.136.144-RJ (2009/0074070-5)*. 1ª Seção, rel. Min. Luiz Fux, j. 9.12.2009 (disponível em *http://www.stj.jus.br/SCON*, acesso em 13.7.2016).

________. *REsp 1.138.206-RS (2009/0084733-0)*. 1ª Seção, rel. Min. Luiz Fux, j. 9.8.2010 (disponível em *http://www.stj.jus.br/SCON*, acesso em 5.6.2016).

________. *REsp/AgR/ED/AgR 1.278.068-MG (2011/0151438-3)*. 1ª Turma, rel. Min. Napoleão Nunes Maia Filho, j. 10.9.2013 (disponível em *http://www.stj.jus.br/SCON*, acesso em 13.7.2016).

________. *REsp/EDv 792.232-RS (2005/0088818-0)*. 1ª Seção, rel. Min. Castro Meira, j. 14.9.2005 (disponível em *http://www.stj.jus.br/SCON*, acesso em 13.6.2016).

SUPREMO TRIBUNAL FEDERAL. *RE 590.809-RS*. Pleno, rel. Min. Marco Aurélio, j. 22.10.2014 (disponível em *http://www.stf.jus.br/portal/jurisprudencia*, acesso em 13.6.2016).

________. *RE/ED 328.812-1-AM*. Pleno, rel. Min. Gilmar Mendes, j. 6.3.2008 (disponível em *http://www.stf.jus.br/portal/jurisprudencia*, acesso em 13.6.2016).

THAMAY, Rennan Faria Krüger. "Arts. 610 a 673". In: FIGUEIREDO, Simone Diogo Carvalho (coord.). *Novo Código de Processo Civil Anotado e Comparado para Concursos*. São Paulo, Saraiva, 2015 (livro digital).

TRIBUNAL FEDERAL DE RECURSOS. *Súmula 168*. Decisão em 9.10.1984 (disponível em *http://www.stj.jus.br/SCON/juritfr*, acesso em 13.7.2016).

WAMBIER, Teresa Arruda Alvim, CONCEIÇÃO, Maria Lúcia Lins, MELLO, Rogério Licastro Torres de, e RIBEIRO, Leonardo Ferres da Silva. *Primeiros Comentários ao Novo Código de Processo Civil: Artigo por Artigo*. São Paulo, Ed. RT, 2015.

O PROCESSO TRIBUTÁRIO E O CÓDIGO DE PROCESSO CIVIL/2015

José Eduardo Soares de Melo

> ***1. Processo administrativo fiscal***
>
> *1.1 Em razão do disposto no art. 15 do CPC/2015, pode-se dizer que suas disposições se aplicam aos processos administrativos tributários? O que significa **supletivo**, no contexto do artigo? O mesmo que **subsidiário**? Nesse caso, qual o sentido de se usarem as duas palavras, uma ao lado da outra?*

Resposta: O art. 15 do CPC/2015 preceitua que, "na ausência de normas que regulem processos eleitorais, trabalhistas ou administrativos, as disposições deste Código lhes serão aplicadas supletivas e subsidiariamente".

A norma pode ser considerada para o aperfeiçoamento do processo administrativo, na medida em que este diploma jurídico revele-se insuficiente para garantir os direitos das partes litigantes, principalmente no que concerne ao pleno cumprimento e à operacionalidade dos princípios constitucionais.

O postulado da ampla defesa (art. 5º, LV, da CF) somente poderá ser exercido de modo pleno se o contribuinte puder utilizar todos os meios de prova, em consonância com o princípio da verdade material, mediante a apuração de todos os elementos necessários para a descoberta da verdade fática. Impõe-se a comprovação documental de que o ilícito consubstanciado em lançamento tributário tenha sido efetivamente praticado.

Relativamente à infração tributária sempre deveria ser aceita a *perícia* embasada em elementos e documentos de natureza contábil, financeira e técnica, porque tanto o Fisco quanto o contribuinte nem sempre são dotados do indispensável conhecimento científico.

A análise das contas que compõem o balanço patrimonial demanda conhecimento específico dos critérios e princípios contábeis; assim como a classificação de um bem como produto industrializado (em oposição ao produto artesanal), para efeito de incidência tributária, demanda o conhecimento técnico de uma realidade operacional.

No âmbito federal encontra-se regulada a possibilidade de utilização de perícia, mediante manifestação de interesse por parte do autuado em sua impugnação ao auto de infração, expondo os motivos que a justifiquem, com a formulação dos quesitos referentes aos exames desejados, indicando o nome, endereço e qualificação profissional do seu perito.

As perícias somente serão realizadas segundo critério discricionário da autoridade julgadora de primeira instância, quando entendê-las necessárias; situação em que será designado servidor (auditor-fiscal do Tesouro Nacional) para, como perito da União, a elas proceder, intimando o perito do sujeito passivo a realizar o exame requerido, cabendo a ambos apresentar os respectivos laudos em prazo em que será fixado segundo o grau de complexidade dos trabalhos a serem executados.

Entretanto, na esfera do processo administrativo no Estado de São Paulo não há nenhuma previsão relativa à perícia, ficando ao critério exclusivo da câmara julgadora do TIT aceitar (ou não) os laudos apresentados pelo contribuinte.

A aplicação *supletiva* consiste na utilização de dispositivo do Código de Processo Civil para suprir a falta ou preencher lacunas, como é o caso da inserção de regras pertinentes e adequadas do instituto da perícia ao mencionado processo estadual.

A aplicação *subsidiária* objetiva o reforço, a modificação de regras existentes, que tem cabimento no âmbito do processo federal, mediante a previsão de pessoa (ou entidade) independente (fora dos quadros fazendários) para atuar como assistente na elaboração do laudo pericial.

A situação em exame (omissão total ou incompletude parcial do sistema) é que implicará na consideração – supletiva ou subsidiária – do Código de Processo Civil/2015. A utilização dos dois vocábulos, no fundo, tem o objetivo de propiciar a utilização dos institutos do processo judicial no âmbito administrativo.

1.2 É invocável no processo administrativo, para esclarecer quando não se considera fundamentada uma decisão administrativa, o disposto no art. 489, § 1º, do CPC/2015?

Resposta: Princípio comezinho de direito administrativo estabelece que os atos dos agentes da Administração, para projetarem efeitos jurídicos, devem esclarecer os motivos, sendo inadmissível que em quaisquer despachos ou decisões (respostas a consultas, julgamento de processos fiscais etc.) as autoridades possam ficar alheias à referência ao fundamento de seus pronunciamentos.

No processo administrativo apura-se que os contribuintes arguem diversas matérias pertinentes à sua defesa, seja em âmbito preliminar (decadência, falta de ciência de documento, ofensa ao contraditório, inadequada tipificação das infrações e penalidades), ou no mérito (ilegitimidade de parte, inexistência de fato gerador, incorreção de base de cálculo, alíquota, operação isenta).

Embora a lide possa ser rica de fundamentos jurídicos e encontrar-se amparada em farta documentação oferecida pelos litigantes, alguns julgadores se têm pautado por comportamento lacunoso, utilizando o chavão seguinte: "Analisadas as alegações do contribuinte, a manifestação do Fisco, as provas e os dispositivos regulamentares, julgo procedente o auto de infração".

Os tribunais administrativos por vezes nem sempre primam pelo exame rigoroso das alegações expendidas na lide, cingindo-se à manutenção (ou insubsistência) do julgado recorrido, deixando de adentrar o exame específico das questões suscitadas, omitindo referência a documentos, valores etc.

A fundamentação indicará as razões que justifiquem a edição do ato, especialmente a regra de competência, os motivos de fato e de direito e a finalidade objetivada, embora possa consistir na remissão a pareceres ou manifestações nele proferidos.

A Lei 10.177/1998 do Estado de São Paulo determina a invalidade dos atos administrativos no caso de "inexistência ou impropriedade do motivo de fato ou de direito", "falta ou insuficiência de motivação", sendo que "nos atos discricionários, será razão de invalidade a falta de correlação lógica entre o motivo e o conteúdo do ato, tendo em vista sua finalidade" (art. 8º, IV e VI, e parágrafo único).

Analiso o Código de Processo Civil/2015 (art. 489) e assinalo as situações que podem ser aplicadas ao processo administrativo, a saber:

> Art. 489. (...).
>
> § 1º. Não se considera fundamentada qualquer decisão judicial, seja ela interlocutória, sentença ou acórdão, que: I – se limitar à indicação, à reprodução ou à paráfrase de ato normativo, sem explicar sua relação com a causa ou a questão decidida; (...).

Exemplo: decisão administrativa mantém a pena de perdimento de mercadoria importada, apenas indicando a violação ao art. 689 do Regulamento Aduaneiro, sem elucidar a específica situação fática e a plena adequação à norma legal.

> (...); II – empregar conceitos jurídicos indeterminados, sem explicar o motivo concreto de sua incidência no caso; (...);

Exemplo: no julgamento de recurso administrativo, em que se analisa exclusivamente matéria de direito ("divergência de critério jurídico de julgamento"), não cabe considerar a figura da "valoração da prova", sem proceder à distinção com reexame de prova, incabível na apontada via recursal.

> (...); III – invocar motivos que se prestariam a justificar qualquer outra decisão; (...);

Exemplo: no julgamento de crédito indevido de ICMS, sob a acusação de aquisição de mercadoria acompanhada de nota fiscal inidônea, não pode prevalecer a aplicação de decisão proferida em distinto processo sem que se tenha examinado a origem e a legitimidade da específica nota fiscal de aquisição.

> (...); IV – não enfrentar todos os argumentos deduzidos no processo capazes de, em tese, infirmar a conclusão adotada pelo julgador; (...);

Exemplo: havendo a defesa ao auto de infração invocado diversos argumentos jurídicos (decadência, nulidade do lançamento lavrado por autoridade incompetente, inexistência da infração, multa confiscatória), o julgador deixa de apreciar e decidir com relação a cada um dos mencionados itens.

> (...); V – se limitar a invocar precedente ou enunciado de súmula, sem identificar seus fundamentos determinantes nem demonstrar que o caso sob julgamento se ajusta àqueles fundamentos; (...).

Exemplo: decisão administrativa julga insubsistente exigência de ISS sob o fundamento de se tratar unicamente de locação de máquina, aplicando a Súmula Vinculante 31 do STF. Entretanto, o julgado não se ajusta ao fundamento jurisprudencial, pela circunstância de que o negócio jurídico não compreendia exclusivamente a locação do bem, mas também os serviços do operador do bem.

> (...); VI – deixar de seguir enunciado de súmula, jurisprudência ou precedente invocado pela parte, sem demonstrar a existência de distinção no caso em julgamento ou a superação do entendimento.

Exemplo: a decisão administrativa não aplica a Súmula 237 do STJ ("Nas operações com cartão de crédito, os encargos relativos ao financiamento não são considerados no cálculo do ICMS"), invocada pelo contribuinte, sem demonstrar que se trata de negócio jurídico de distinta natureza ("compra e venda a prazo", ou "financiamento pela própria vendedora da mercadoria").

1.3 No que tange ao chamado "direito dos precedentes", os arts. 926 e 927 do CPC/2015 aplicam-se ao processo administrativo tributário?

Resposta: No CPC/2015 foram introduzidos os mencionados preceitos, na forma básica seguinte:

> Art. 926. Os tribunais devem uniformizar sua jurisprudência e mantê-la estável, íntegra e coerente.
>
> § 1º. Na forma estabelecida e segundo os pressupostos fixados no regimento interno, os tribunais editarão enunciados de súmula correspondentes à sua jurisprudência dominante.
>
> § 2º. Ao editar enunciados de súmula, os tribunais devem ater-se às circunstâncias fáticas dos precedentes que motivaram sua criação.
>
> Art. 927. Os juízes e tribunais observarão: I – as decisões do Supremo Tribunal Federal em controle concentrado de constitucionalidade; II – os enunciados de súmula vinculante; III – os acórdãos em incidente de assunção de competência ou de resolução de demandas

> repetitivas e em julgamento de recursos extraordinário e especial repetitivos; IV – os enunciados das súmulas do Supremo Tribunal Federal em matéria constitucional e do Superior Tribunal de Justiça em matéria infraconstitucional; V – a orientação do Plenário ou do Órgão Especial aos quais estiverem vinculados.

A uniformização da jurisprudência pertinente ao processo administrativo constitui procedimento que tem por objetivo conferir segurança e certeza no tocante à interpretação das normas jurídicas relativamente a diversificadas situações de natureza tributária.

A modificação da jurisprudência encontra-se prevista em legislação específica e em regimentos internos dos tribunais, sendo justificável nos casos de mudança de legislação e alteração substancial da composição dos integrantes dos órgãos julgadores.

A postura assentada pelos tribunais pode nortear as ações do Fisco e dos contribuintes, evitando que estes venham a sofrer medidas fazendárias consistentes em exigências tributárias e sanções de distinta natureza. Pode evitar litígios desnecessários, na medida em que as decisões administrativas observam a jurisprudência sumulada; embora se argumente que a jurisprudência pode implicar engessamento das autoridades julgadoras.

Os julgadores e os tribunais administrativos devem obedecer às decisões definitivas de mérito proferidas pelo STF nas ações diretas de inconstitucionalidade e nas ações declaratórias de constitucionalidade ("controle concentrado"), em razão de a Constituição Federal haver disposto que produzirão eficácia contra todos e efeito vinculante, relativamente à Administração Pública direta e indireta, nas esferas federal, estadual e municipal (§ 2º do art. 102).

Nesse sentido, o STF decidira de modo específico que as pessoas que exercem atividade notarial não são imunes ao ISS (Lei Complementar 116/2003, item 21.1 da Lista anexa), porquanto a circunstância de desenvolverem os respectivos serviços com intuito lucrativo invoca a exceção prevista no art. 150, § 3º, da CF. O recebimento da remuneração pela prestação dos serviços confirma a capacidade contributiva (Plenário, ADI 3.809, rel. Min. Carlos Britto, j. 13.2.2008). Assim, a exigibilidade de ISS veiculada em lançamentos em face dos notários deverá ser mantida pela Municipalidade.

Os enunciados de súmula vinculante decorrentes de reiteradas decisões sobre matéria constitucional por parte do STF devem ser observados pela Administração Pública direta e indireta, nas esferas federal, estadual e municipal (art. 103-A da CF).

A súmula tem por objeto a validade, a interpretação e a eficácia de normas determinadas acerca das quais haja controvérsia atual entre órgãos judiciários ou entre estes e a Administração Pública que acarrete grave insegurança jurídica e relevante multiplicação de processos sobre questão idêntica (§ 1º do art. 103-A da CF, objeto de regulamentação pela Lei federal 11.417, de 19.12.2006).

Em razão de a Súmula Vinculante 32 do STF haver disposto que "o ICMS não incide sobre a alienação de salvados de sinistro pelas seguradoras", as Fazendas dos Estados (e do Distrito Federal) não poderão cobrar o imposto das seguradoras, devendo decretar a insubsistência dos autos de infração versando sobre esta matéria.

Os demais casos previstos no Código de Processo Civil/2015 – como incidente de competência e demandas repetitivas em julgados de recurso extraordinário e recurso especial –, à obviedade, não têm condição de projetar efeitos para o âmbito administrativo, que não trata de matérias afetas aos mencionados recursos. Na mesma linha jurídica encontra-se a orientação de Plenário e de Órgão Especial.

No âmbito federal (Decreto 70.235/1972, art. 26-A; e Decreto 7.574/2011, art. 59) devem ser observadas (i) situações que tenham sido declaradas inconstitucionais por decisão plenária definitiva do STF; (ii) súmula vinculante do STF; (iii) decisão do STF ou do STJ em sede de julgamento realizado nos termos do art. 543-B ou do art. 543-C da Lei 5.869/1973 (Código de Processo Civil anterior).

Peculiarmente, embora manifestem jurisprudência dominante, as súmulas não vinculantes nem sempre são observadas em processo administrativo, o que não se justifica, pelo fato de que, no caso de a questão ser levada à apreciação do Judiciário, a decisão que vier a ser proferida provavelmente tomará como fundamento a súmula judicial.

No âmbito estadual é o caso da Súmula 166 do STJ, dispondo que "não constitui fato gerador do ICMS o simples deslocamento de mercadorias de um para outro estabelecimento do mesmo contribuinte". Continuam sendo instaurados processos administrativos reclamando a exigência de ICMS nas "transferências entre estabelecimentos da mesma empresa", pela circunstância de a Lei Complementar 87/1996 (parte final do art. 12, I) considerar como fato gerador a saída da mercadoria do estabelecimento do contribuinte, ainda que para outro estabelecimento do mesmo titular.

> *1.4 À míngua de previsão legal específica no âmbito da legislação específica de determinado Estado-membro ou Município, seria possível à parte manejar o recurso de embargos de declaração diante de decisão administrativa contraditória ou omissa?*

Resposta: O Código de Processo Civil/2015 (art. 1.022) dispõe que cabem embargos de declaração contra qualquer decisão judicial para (i) esclarecer obscuridade ou eliminar contradição; (i) suprir omissão de ponto ou questão sobre a qual devia se pronunciar o juiz de ofício ou a requerimento; e (iii) corrigir erro material.

Considera-se omissa a decisão que: (i) deixe de se manifestar sobre tese firmada em julgamento de casos repetitivos ou em incidente de assunção de competência aplicável ao caso sob julgamento; e (ii) incorra em qualquer das condutas descritas no art. 489, § 1º – que trata de falta de fundamentação de decisão, sentença ou acórdão (parágrafo único do art. 1.022).

Embora possa inexistir previsão específica em legislações relativas a processos administrativos, entendo que os "embargos de declaração" têm plena pertinência em face do direito de petição (CF, art. 5º, XXXIV) em razão de os apontados vícios implicarem ilegalidade do julgado; e, ainda, pelo fato de prejudicarem as imprescindíveis liquidez e certeza do crédito tributário.

O cabimento dos "embargos" justifica-se nas situações seguintes:

(a) *Obscuridade* – a decisão faz referência à prova do ilícito tributário, consistente em levantamento econômico e de produção, para apuração de omissão de operações mercantis, mas não procede adequadamente à comparação dos critérios fazendários.

(b) *Contradição* – o acórdão desenvolve raciocínio acolhendo os fundamentos da defesa, mas conclui equivocadamente pela subsistência da ação fiscal e manutenção das exigências tributárias.

(c) *Omissão* – a autoridade julgadora deixa de decidir sobre preliminares (decadência, nulidade em razão do cerceamento de defesa).

(d) *Erro material* – o julgamento refere-se a valores (imposto, multa, juros) distintos daqueles constantes do auto de infração, da decisão de primeira instância administrativa etc.

Por vezes, e à míngua de previsão dos embargos declaratórios, o litigante em processo administrativo formula pedido de retificação de julgado para acertar, ou consertar, o julgado de forma a que possa produzir seus naturais e legítimos efeitos.

Regra geral, não se concebem efeitos modificativos, porque os embargos não servem para a parte se insurgir contra o julgado e pleitear sua alteração. Entretanto, as situações apontadas, e que caracterizam vícios do ato administrativo, podem ocasionar decisão distinta da anteriormente promovida.

1.5 O art. 174 do CPC/2015 autorizaria a instituição de câmaras de mediação ou de conciliação no âmbito do processo tributário? Caso positivo, como conciliá-las com o caráter vinculado da atividade de cobrança de tributos e a natureza ***ex lege*** *da obrigação correspondente?*

Resposta: O CPC estabelece o seguinte:

> Art. 174. A União, os Estados, o Distrito Federal e os Municípios criarão câmaras de mediação e conciliação, com atribuições relacionadas à solução consensual de conflitos no âmbito administrativo, tais como: I – dirimir conflitos envolvendo órgãos e entidades da Administração Pública; II – avaliar a admissibilidade dos pedidos de resolução de conflitos, por meio de conciliação, no âmbito da Administração Pública; III – promover, quando couber, a celebração de Termo de Ajustamento de Conduta.

O processo administrativo constitui instrumento jurídico ordenado e sistemático, compreendendo o conjunto de regras disciplinadoras da atividade fazendária, tendo por objeto a constituição do crédito tributário, pautado pelos princípios do contraditório e da ampla defesa.

Objetiva o cumprimento da obrigação tributária pertinente ao vínculo jurídico que une duas (ou mais) pessoas, em polos distintos: (a) o credor desses valores (pessoa pública) e (b) o respectivo devedor (pessoa privada). Apresenta como nota característica a atuação do Poder Público (titular da competência constitucional), com a essência da indisponibilidade dos seus créditos.

Embora a formalização e a extinção dos créditos tributários decorram da participação exclusiva da pessoa privada (contribuinte ou responsável), o ato de lançamento é vinculado e obrigatório (CTN, art. 142 e parágrafo único), exprimindo total obediência à prévia e objetiva tipificação legal, em que a autoridade fazendária não deve emitir nenhum juízo ou critério pessoal, mesmo valorativo.

A natureza vinculada da ação estatal reside nos aspectos substanciais e de natureza formal do ato administrativo concernente ao fato tributário devido à preeminência da matéria tributária – resguardando-se os direitos e garantias individuais do sujeito passivo –, repudia-se a ação fiscal discricionária louvada em meros critérios pessoais de conveniência e oportunidade.

A mediação e a conciliação relativas aos tributos devidos poderiam ser promovidas em decorrência de "transação", em que, mediante concessões mútuas, Fisco e contribuinte pudessem encerrar litígios, com a consequente extinção do crédito fazendário.

Entretanto, o Código Tributário Nacional (arts. 156, III, e 171, parágrafo único) dispõe que esta modalidade de liquidação tributária deve estar prevista em lei, nas condições que venham a ser estabelecidas. Trata-se de autêntico acordo entre a Fazenda Pública e os devedores, em que estas partes renunciam ao questionamento de seus eventuais direitos relativos ao tributo.

Portanto, de conformidade com os princípios apontados e a sistemática normativa vigente, não há condição jurídica de simplesmente se adotar o art. 174 do CPC/2015.

2. Aspectos gerais do processo judicial

2.1 As alterações introduzidas pelo Código de Processo Civil/2015 quanto aos prazos concedidos à Fazenda Pública aplicam-se às ações regidas por leis especiais, como o mandado de segurança, a execução fiscal e a cautelar fiscal?

Resposta: O Código de Processo Civil/2015 introduziu novidades no antigo Código de Processo Civil, tais como: (a) fluência em dias úteis (art. 219 e parágrafo único); (b) suspensão do curso do prazo processual nos dias compreendidos entre 20 de dezembro e 20 de janeiro, inclusive, período em que não se realizarão audiências nem sessões de julgamento (art. 220 e § 2º); (c) suspensão do curso do prazo por obstáculo criado em detrimento da parte ou ocorrendo qualquer das hipóteses do art. 313, devendo o prazo ser restituído por tempo igual ao que faltava para sua complementação (art. 221); (d) suspensão dos prazos durante a execução de programa instituído pelo Poder Judiciário para promover a autocomposição, incumbindo aos tribunais especificar, com antecedência, a duração dos trabalhos (art. 221, parágrafo único).

Estas disposições concernem a situações "gerais" de quaisquer tipos de processos, e que seriam aplicáveis às ações regidas por leis especiais.

Entretanto, devem permanecem em vigor as disposições "especiais" dos procedimentos regulados em outras leis, e somente em caráter supletivo deve ser aplicado o Código de Processo Civil/2015 (art. 1.046, § 2º, do CPC/2015).

Examino as ações especiais:

I – *Mandado de segurança* (Lei 12.016, de 7.8.2009). O direito de requerer o mandado de segurança extinguir-se-á decorridos 120, contados da ciência, pelo interessado, do ato impugnado (art. 23), tendo a jurisprudência consagrado o prazo como de natureza decadencial, adotando-se o entendimento seguinte:

> STF: O ajuizamento do mandado de segurança, ainda que perante órgão do Judiciário absolutamente incompetente, e desde que impetrado dentro do prazo de 120 dias a que alude o art. 18 da Lei n. 1.533/1951, impede que se consume a decadência do direito de requerer o *writ* mandamental (...). [*Plenário, MS/AgR 26.006-8-DF, rel. Min. Celso de Mello, j. 2.4.2007, DJe 14.2.2008, p. 59*]
>
> STJ: É pacífica a jurisprudência da 1ª e da 2ª Turmas do STJ no sentido de que o prazo decadencial de 120 dias para impetração de mandado de segurança visando à inexigibilidade de Taxa de Limpeza e Conservação de Vias Públicas é contado a partir da notificação do contribuinte, não sendo considerado prestação de trato sucessivo o mero parcelamento do tributo (...). [*1ª Turma, REsp 756.550-SP, rel. Min. Teori Albino Zavascki, j. 4.11.2008, DJe 4.2.2009*]

Assim, a exclusiva fluência em dias úteis não se aplica ao mandado de segurança, o mesmo não sendo considerado para as demais situações processuais.

II – *Execução fiscal* (Lei federal 6.830 de 22.9.1980). As apontadas mudanças promovidas pelo Código de Processo Civil/2015 podem ser aplicadas para esta ação, porque se trata de questões processuais.

III – *Medida cautelar fiscal* (Lei federal 8.397, de 6.1.1992). As referidas mudanças procedidas pelo Código de Processo Civil/2015 podem ser consideradas para a presente medida, em razão de concernirem a questões processuais.

2.2 Em face do Código de Processo Civil/1973 era comum a condenação da Fazenda Pública ao pagamento de honorários da sucumbência em quantia irrisória. Haveria alguma justificação para essa prática?

Resposta: O Código de Processo Civil/1973 dispunha que "a sentença condenará o vencido a pagar ao vencedor as despesas que antecipou e os honorários advocatícios". Esta verba será devida também nos casos em que o advogado funcionar em causa própria (art. 20).

Também dispunha que "os honorários serão fixados entre o mínimo 10% (de dez por cento) e o máximo de 20% (vinte por cento) sobre o valor da condenação, atendidos: a) o grau de zelo do profissional; b) o lugar da prestação do serviço; c) a natureza e importância da causa, o trabalho realizado pelo advogado e o tempo exigido para o seu serviço".

Estabelecia, ainda, que nas causas de pequeno valor, nas de valor inestimável, naquelas em que não houver condenação ou for vencida a Fazenda Pública e nas execuções, embargadas ou não, os honorários serão fixados consoante apreciação equitativa do juiz, atendidas as normas das alíneas "a", "b" e "c" do § 3º do art. 20 do CPC/1973.

Usualmente a sucumbência nem sempre levava em consideração as circunstâncias apontadas, promovendo a condenação em valores irrisórios, não vislumbrando nenhuma justificação para a referida prática.

2.3 O que se pode dizer da inovação introduzida pelo Código de Processo Civil/2015 quanto à condenação da Fazenda Pública ao pagamento de honorários da sucumbência

Resposta: O CPC/2015 estabeleceu o seguinte:

> Art. 85. A sentença condenará o vencido a pagar honorários ao advogado do vencedor. (...).
>
> § 3º. Nas causas em que a Fazenda Pública for parte, a fixação dos honorários observará os critérios estabelecidos nos incisos I a IV do § 2º e os seguintes percentuais: I – mínimo de 10 (dez) e máximo de 20% (vinte por cento) sobre o valor da condenação ou do proveito

> econômico obtido até 200 (duzentos) salários-mínimos; II – mínimo de 8 (oito) e máximo de 10% (dez por cento) sobre o valor da condenação ou do proveito econômico obtido acima de 200 (duzentos) salários-mínimos até 2.000 (dois mil) salários-mínimos; III – mínimo de 5 (cinco) e máximo de 8% (oito por cento) sobre o valor da condenação ou do proveito econômico obtido acima de 2.000 (dois mil) salários-mínimos até 20.000 (vinte mil) salários-mínimos; IV – mínimo de 3 (três) e máximo de 5% (cinco por cento) sobre o valor da condenação ou do proveito econômico obtido acima de 20.000 (vinte mil) salários-mínimos; V – mínimo de 1 (um) e máximo de 3% (três por cento) sobre o valor da condenação ou do proveito econômico obtido acima de 100.000 (cem mil) salários-mínimos.

Embora o Código de Processo Civil/2015 (art. 1.046) tenha preceituado que suas disposições se aplicarão desde logo aos processos pendentes, creio que o Judiciário não considera referidos percentuais de sucumbência para os feitos iniciados antes da entrada em vigor do referido Código, pela circunstância de tratar de imputação de novos ônus à Fazenda.

O Código de Processo Civil/2015 determina o seguinte:

> Art. 85. (...).
>
> § 11. O tribunal, ao julgar recurso, majorará os honorários fixados anteriormente levando em conta o trabalho adicional realizado em grau recursal, observando, conforme o caso, o disposto nos §§ 2º a 6º, sendo vedado ao tribunal, no cômputo geral da fixação de honorários devidos ao advogado do vencedor, ultrapassar os respectivos limites estabelecidos nos §§ 2º e 3º para a fase de conhecimento.

Em coerência lógica à resposta ao quesito anterior, penso que esta determinação não se aplicaria aos recursos julgados a partir do início de vigência do Código de Processo Civil/2015.

> ***3. Processo de execução fiscal***
>
> *3.1 Qual a natureza dos encargos legais previstos no Decreto-lei 1.025/1969? Caso eles tenham natureza de honorários, como sugere a Súmula 168 do extinto TFR, como conciliar sua aplicação, nos dias de hoje, com o art. 85, § 3º, do CPC/2015? E com o art. 827, § 1º, também do mesmo Código?*

Resposta: O encargo teve por objetivo custear as despesas da União Federal com a cobrança judicial de sua Dívida Ativa relativa a honorários advocatícios. À época da edição do Decreto-lei 1.015/1969 vigorava o art. 208, § 2º, da antiga Lei de Falências, segundo o qual "a massa não pagará custas a advogados dos credores e do falido".

Esse regime fora alterado pela Lei federal 7.711/1988, que criara o Fundo Especial de Desenvolvimento e Aperfeiçoamento das Atividades de Fiscalização, pertinente à manutenção e ao reaparelhamento da máquina administrativa, servindo para fazer face às despesas com a implantação do desenvolvimento e modernização de redes e sistemas de processamento de dados, ao custeio de taxas, custas e emolumentos relacionados com a execução fiscal e a defesa judicial da Fazenda Nacional, diligências, publicações, *pro labore* de peritos técnicos etc.

Por conseguinte, o encargo passou a ter destinação múltipla.

O antigo TFR entendera que "o encargo de 20% do Decreto-lei n. 1.025/1969 é sempre devido nas execuções fiscais da União e substitui, nos embargos, a condenação do devedor em honorários advocatícios" (Súmula 168).

O STJ, a seu turno, decidira que "o encargo previsto no Decreto-lei n. 1.025/1969 incide nos embargos à execução fiscal, nos termos da Súmula n. 169/TFR – Precedentes" (REsp 1.188.753-SP, data da publicação: 25.5.2010).

Nessa linha jurídica, e relativamente à execução fiscal contra massa falida, o STJ decidira o seguinte:

> Direito processual civil e tributário – Recurso especial – Execução fiscal – Encargo de 20% previsto no Decreto-lei n. 1.025/1969 – Massa falida – Exigibilidade – Precedente da 1ª Seção – Recurso representativo de controvérsia – Art. 543-C do CPC e Resolução n. 8/STJ.
>
> 1. Hipótese em que se discute a exigibilidade do encargo de 20% previsto no Decreto-lei n. 1.025/1969 nas execuções fiscais propostas contra massa falida, tendo em vista o disposto no art. 208, § 2º, da antiga Lei de Falências, segundo o qual "a massa não pagará custas a advogados dos credores e do falido".
>
> 2. A 1ª Seção consolidou o entendimento no sentido de que o encargo de 20%, imposto pelo art. 1º do Decreto-lei n. 1.025/1969 pode ser exigido da massa falida – Precedentes (...). [*1ª Seção, REsp 1.110.924-SP, rel. Min. Benedito Gonçalves, j. 10.6.2009, DJe 19.6.2009*]

Posteriormente o STJ consolidou o entendimento seguinte:

O encargo de 20% previsto no Decreto-lei n. 1.025/1969 é exigível na execução fiscal proposta contra a massa falida (Súmula 400).

A questão proposta implica o exame da compatibilidade com normas do Código de Processo Civil/2015 (art. 85), objeto de exame em resposta à questão 2.3.

Considerando que o encargo legal previsto no Decreto-lei 1.025/1969 reveste a natureza de honorários, entendo que passam a ser aplicadas as regras previstas no art. 85, § 3º, do CPC, por se tratar de matéria de idêntica compostura com novo tratamento jurídico.

Outrossim, não tem pertinência a aplicação da regra prevista no art. 827, § 1º, do CPC/2015 (redução de valor de honorários de 10% pela metade), porque, embora se trate de execução por quantia certa, refere-se a expropriação de bens do executado (adjudicação, alienação, apropriação de frutos ou rendimentos), consistindo em sistemática diversa da execução fiscal.

3.2 O incidente de desconsideração da personalidade jurídica, previsto no art. 133 do CPC/2015, aplica-se às execuções fiscais? Apenas nas hipóteses de o nome dos corresponsáveis não constar previamente na Certidão de Dívida Ativa ou em qualquer hipótese? Ou em nenhuma hipótese, sendo a regra inaplicável à Fazenda Pública exequente?

Resposta: O Código de Processo Civil/2015 dispõe (art. 133) que “o incidente de desconsideração da personalidade jurídica será instaurado a pedido da parte ou do Ministério Público, quando lhe couber intervir no processo”.

Também preceitua (art. 790, VII) que “são sujeitos à execução os bens do responsável nos casos de desconsideração da personalidade jurídica”, o que implica a observância dos arts. 133 a 137, consistente nos elementos básicos seguintes: (a) o incidente aplica-se à hipótese de desconsideração inversa da personalidade jurídica; (b) é *cabível* em todas as fases do processo de conhecimento, no cumprimento da sentença e na *execução fundada em título executivo extrajudicial*; (c) dispensa-se no caso de a desconsideração ter sido requerida na petição inicial, hipótese em que será citado o sócio ou a pessoa jurídica; (d) instaurado o incidente, o sócio, ou a pessoa jurídica, será citado para manifestar-se e requerer as provas cabíveis no prazo de 15 dias; (e) concluída a instrução, se necessária, o incidente será resolvido por decisão interlocutória; (f) no caso de decisão proferida pelo relator, cabe agravo interno; (g) acolhido o pedido de desconsideração, a alienação, ou a oneração de bens, havida em fraude de execução será ineficaz em relação ao requerente.

Considerando que a Certidão de Dívida Pública/CDA constitui título executivo extrajudicial, contendo os elementos da obrigação tributária – inclusive a pessoa do devedor e, se for o caso, a dos corresponsáveis (CTN, art. 202, I) –, entendo que o incidente tem aplicação às execuções fiscais, a teor do disposto no Código de Processo Civil/2015 (art. 134, *caput*).

Trata-se de medida salutar que objetiva resguardar o devido processo legal, porque possibilita ao executado – antes do oferecimento de "exceção de pré-executividade" ou de "embargos à penhora" (com garantia do juízo, implicando comprometimento financeiro) – o direito de examinar e questionar a cobrança tributária em que não tenha sido parte (em razão de declaração do contribuinte ou lançamento fiscal).

Evidente que não basta o mero descumprimento de um dever tributário – até mesmo compreensível, devido às gestões e dificuldades empresariais –, tendo o STJ firmado a diretriz de que "o inadimplemento da obrigação tributária pela sociedade não gera, por si só, a responsabilidade solidária do sócio-gerente" (Súmula 430).

Entretanto, não se pode ignorar a personalidade jurídica para o fim de ser responsabilizado patrimonialmente o verdadeiro autor da fraude no caso em que o sócio-quotista não tem poderes de administração e não participa da gestão da empresa, não devendo ser responsabilizado de modo substitutivo, e nem solidário, em consequência do quê não pode ter a execução redirecionada para si (STJ, 2ª Turma, REsp 238.668-MG, rel. Min. Francisco Peçanha Martins, j. 12.3.2002, *DJU*-1 13.5.2002, p. 186; STJ, 1ª Turma, REsp 751.858-SC, rel. Min. Teori Albino Zavascki, j. 4.8.2005, *DJU*-1 22.8.2005, p. 159; STJ, 1ª Turma, REsp/AgR 641.831-PE, rel. Min. Francisco Falcão, j. 2.12.2004, *DJU*-1 28.2.2005, p. 229).

O redirecionamento da execução fiscal, implicando desconsideração da personalidade jurídica, é objeto de análise e aplicação judicial em situações pontuais, conforme se colhe dos arestos seguintes:

> Dissolução irregular da sociedade – Enseja o redirecionamento da execução fiscal contra os sócios-gerentes, independentemente de restar caracterizada a existência de culpa ou dolo, nos termos do art.

> 135, III, do CTN. [*STJ, 1ª Turma, REsp/AgR 716.228-PR, rela. Min. Denise Arruda, j. 7.12.2006, DJU-1 1.2.2007, p. 399; STJ, 1ª Turma, REsp/AgR 831.664-RS, rel. Min. Francisco Falcão, j. 7.11.2006, DJU-1 14.12.2006, p. 291*]
>
> Presume-se dissolvida irregularmente a empresa que deixar de funcionar no seu domicílio fiscal, sem comunicação aos órgãos competentes, legitimando o redirecionamento da execução fiscal para o sócio-gerente. [*Súmula 435/STJ*]
>
> A responsabilidade do sócio que autoriza o redirecionamento da execução fiscal, ante a dissolução irregular da empresa, não alcança os créditos tributários cujos fatos geradores precedem o seu ingresso na sociedade, como é próprio da responsabilidade meramente objetiva – Precedentes de ambas as Turmas da 1ª Seção do STJ. [*STJ, REsp/AgR 1.140.372-SP, j. 27.4.2010, DJe 17.5.2010*]

Tratando-se de incidente processual, a pertinência de sua tramitação em face do responsável (caso de sócio-gerente) deflui da circunstância relativa ao momento em que a sujeição passiva passa a ser questionada, aceitando-se a postura judicial, *verbis*:

> Tributário – Embargos de divergência – Art. 135 do CTN. Responsabilidade do sócio-gerente – Execução fundada em CDA que indica o nome do sócio – Redirecionamento – Distinção.
>
> 1. Iniciada a execução contra a pessoa jurídica, e posteriormente redirecionada contra o sócio-gerente, que não constava da CDA, cabe ao Fisco demonstrar a presença de um dos requisitos do art. 135 do CTN. Se a Fazenda Púbica, ao propor a ação, não visualizava qualquer fato capaz de estender a responsabilidade ao sócio-gerente e, posteriormente, pretender voltar-se também contra seu patrimônio, deverá demonstrar infração à lei, ao contrato social ou aos estatutos ou, ainda, dissolução irregular da sociedade.
>
> 2. Se a execução foi proposta contra a pessoa jurídica e contra o sócio-gerente, a este compete o ônus da prova, já que a CDA goza de presunção relativa de liquidez e certeza, nos termos do art. 204 do CTN c/c o art. 3º da Lei n. 6.830/1980.
>
> 3. Caso a execução tenha sido proposta somente contra a pessoa jurídica e havendo indicação do nome do sócio-gerente na CDA como responsável tributário, não se trata de caso típico de redirecionamento. Neste caso, o ônus da prova compete igualmente ao sócio, tendo em vista a presunção relativa de liquidez e certeza que milita em favor da CDA.
>
> 4. Na hipótese, a execução foi proposta com base em CDA da qual constava o nome do sócio-gerente como corresponsável tributário, que

se conclui caber a ele o ônus de provar a ausência dos requisitos do art. 135 do CTN (...). [*STJ, 1ª Seção, REsp/EDv 702.232-RS, rel. Min. Castro Meira, j. 14.9.1995, DJU-1 26.9.2005*]

O STJ *admite a exceção de pré-executividade* relativamente às matérias conhecíveis de ofício que não demandem dilação probatória (Súmula 393), sendo aplicada nas situações seguintes: (a) inconstitucionalidade do tributo; (b) prescrição, desde que a matéria tenha sido aventada pela parte e que não haja a necessidade de dilação probatória; (c) irresponsabilidade do inventariante pelos tributos devidos pelo espólio; (d) por ausência do título executivo e ilegitimidade de parte; (e) com fundamento na nulidade da CDA, em razão da postergação do vencimento do débito tributário, previamente autorizada em sede de mandado de segurança; (f) por alegação de que a dívida foi paga; (g) imunidade tributária comprovada de plano, por não exigir para a verificação do direito do executado a dilação probatória.

O incidente de desconsideração da personalidade jurídica tem aplicação independentemente da circunstância de o nome do corresponsável constar (ou não constar) da CDA.

No caso de ocorrer omissão na CDA, o corresponsável passa a ser considerado como devedor (executado), e o incidente constituirá medida indispensável para que possa apresentar sua defesa e ser mantido (ou excluído) na lide processual.

A inclusão do corresponsável na CDA não tem o efeito de suprimir a instauração do incidente, porque a mesma pessoa não teve o direito se defender na via administrativa após o lançamento tributário contra o devedor principal (seja em decorrência da lavratura de auto de infração ou mesmo após a declaração de débito promovida pelo contribuinte em DCTF, GIA etc.).

O incidente de desconsideração é sempre aplicável à Fazenda Pública, porque, consoante disposto na CF (art. 5º, LV), "aos litigantes, em processo judicial ou administrativo, e aos acusados em geral são assegurados o contraditório e ampla defesa, com os meios e recursos a ela inerentes".

3.3 Caso aplicável às execuções fiscais, ele pode ser instaurado naquelas que já estavam em curso quando teve início a vigência do Código de *Processo Civil/2015, ou somente àquelas iniciadas depois de 18.3.2016?*

Resposta: O incidente de desconsideração da personalidade jurídica aplica-se às execuções fiscais de quaisquer naturezas; e, na realidade, teve a virtude jurídica de passar a disciplinar o trâmite processual atinente ao redirecionamento da execução fiscal.

Nos termos do art. 1.046 do CPC/2015, as disposições relativas ao mencionado incidente processual aplicam-se desde logo aos processos em curso.

3.4 Em razão do disposto nos arts. 240 e 802 do CPC/2015, nos casos em que a demora na citação do executado não seja imputável exclusivamente ao Judiciário, mas à Fazenda exequente, pode-se dizer que a data da efetiva citação do executado passa a ser relevante para determinar a consumação, ou não, do prazo prescricional, independentemente de a inicial ter sido protocolada dentro deste prazo? Subsiste o entendimento firmado pelo STJ no REsp 1.120.295-SP?

Resposta: O CPC/2015 dispôs:

> Art. 240. A citação válida, ainda quando ordenada por juízo incompetente, induz litispendência, torna litigiosa a coisa e constitui em mora o devedor, ressalvado o disposto nos arts. 397 e 398 da Lei n. 10.406, de 10 de janeiro de 2002 (Código Civil).
>
> § 1º. A interrupção da prescrição, operada pelo despacho que ordena a citação, ainda que proferido por juízo incompetente, retroagirá à data de propositura da ação.
>
> § 2º. Incumbe ao autor adotar, no prazo de 10 (dez) dias, as providências necessárias para viabilizar a citação, sob pena de não se aplicar o disposto no § 1º.
>
> § 3º. A parte não será prejudicada pela demora imputável exclusivamente ao serviço judiciário.
>
> § 4º. O efeito retroativo a que se refere o § 1º aplica-se à decadência e aos demais prazos extintivos previstos em lei.
>
> (...).
>
> Art. 802. Na execução, o despacho que ordena a citação, desde que realizada em observância ao disposto no § 2º do art. 240, interrompe a prescrição, ainda que proferido por juízo incompetente.
>
> Parágrafo único. A interrupção da prescrição retroagirá à data de propositura de ação.

A questão de fundo concerne à *prescrição*, que é a perda do direito de ação judicial para a cobrança do crédito tributário após o transcurso de prazo determinado em lei.

Este instituto objetiva desestimular o desinteresse da Fazenda no tocante ao recebimento dos valores tributários que lhe são devidos, fixando prazo para seu exercício, sob pena de extinção (art. 156, V, do CTN). Não tendo havido o recolhimento do tributo, a Fazenda só passa a ter condição de vir a recebê-lo mediante cobrança judicial da dívida regularmente inscrita na repartição competente.

A ação para a cobrança do crédito tributário prescreve em cinco anos, contados da data da sua constituição definitiva (art. 174), que ocorre no momento em que a Fazenda passa a ter condição jurídica de ingressar com a ação judicial.

Para tanto torna-se necessário promover o lançamento (direto ou de ofício) e aguardar transcurso de prazo para o sujeito passivo apresentar defesa; ou, caso esta tenha sido oferecida, esperar decisão administrativa definitiva que mantenha a exigência tributária. Também a declaração de débito tributário por parte do sujeito passivo implicará o mesmo efeito jurídico. Somente após serem verificadas as situações apontadas é que a Fazenda estará apta a reclamar judicialmente o mencionado crédito.

A interrupção da prescrição ocorre (parágrafo único do art. 174 do CTN) no caso de despacho do juiz que ordenar a citação em execução fiscal (redação da Lei Complementar 118, de 9.2.2005). Esta regra prevalece sobre o preceito contido na Lei 6.830/1980 (art. 2º, § 3º), que dispusera sobre a suspensão do prazo por 180 dias, em razão da prevalência da lei complementar sobre a lei ordinária (STJ, 1ª Turma, REsp 249.262-DF, rel. Min. José Delgado, j. 18.5.2000, *DJU*-1 18.6.2000, p. 120).

A determinação do Código Tributário Nacional mantém consonância com o Código de Processo Civil/2015 (art. 240, § 1º, e art. 802).

Mediante a apresentação da petição inicial ajuizando a ação de execução fiscal, dentro do prazo de cinco anos não mais se cogitaria de prazo prescricional. Entretanto, a negligência fazendária em dar prosseguimento à ação, que pode consistir em falta de informações e/ou providências, implica *prescrição intercorrente*. Esta pode ser decretada de ofício, depois de prévia oitiva da Fazenda, para que possa suscitar eventuais causas suspensivas ou interruptivas do prazo prescricional (STJ, 1ª Turma, REsp 751.354-RS, rela. Min. Denise Arruda, j. 6.3.2008, *DJe* 14.4.2008).

O SJT também fixou diretriz no sentido de que, "em execução fiscal, não localizados os bens penhoráveis, suspende-se o processo por um ano, findo o qual se inicia o prazo da prescrição quinquenal intercorrente" (Súmula 314).

Há que se refletir sobre julgado do STJ:

> (...).
>
> 1. Requerimentos de diligências infrutíferas não são capazes de interromper ou suspender o prazo anual durante o qual se suspende o curso do feito.
>
> 2. Prestigiando o efeito estabilizador de expectativas que decorre da fluência do tempo, pretende-se evitar a prática de pedidos de desarquivamento dos autos, em momento próximo ao lustro fatal, para a realização de diligências inócuas, seguidas por novos pleitos de suspensão do curso da execução, com o reprovável intuito de escapar os créditos executados do instituto da prescrição (...). [*STJ, 1ª Turma, AREsp/AgR 251.790-GO, rel. Min. Napoleão Nunes Maia Filho, j. 10.11.2015, DJe 30.11.2015*]

A data da efetiva citação do executado é relevante para determinar a consumação do prazo prescricional, porque não se pode tolerar, sequer consentir, que as providências fazendárias deixem de ser cumpridas no prazo significativo de cinco anos, negligenciando os interesses da coletividade e da Justiça e prejudicando os interesses dos executados, que ficarão prejudicados de exercer livremente suas atividades profissionais e pessoais.

A petição inicial, ainda que protocolada em tempo hábil, constitui uma parte de suas obrigações, e apenas não acarreta a prescrição do direito de ação. A efetiva citação, que não se verifica por culpa da exequente, também significa obrigação imputável à Fazenda, acarretando prescrição intercorrente no curso da execução.

Cumpre examinar se subsiste o entendimento firmado pelo STJ, destacando-se os pontos seguintes:

> (...).
>
> 1. O prazo prescricional quinquenal para o Fisco exercer a pretensão de cobrança judicial do crédito tributário conta-se da data estipulada como vencimento para o pagamento da obrigação tributária declarada (mediante DCTF, GIA, entre outros), nos casos de tributos sujeitos a lançamento por homologação, em que, não obstante

cumprido o dever instrumental de declaração da exação devida, não restou adimplida a obrigação principal (pagamento antecipado), nem sobreveio qualquer das causas suspensivas da exigibilidade do crédito ou interruptivas do prazo prescricional (precedentes da 1ª Seção ...).

(...).

4. A entrega da Declaração de Débitos e Créditos Tributários Federais/DCTF, de Guia de Informação e Apuração do ICMS/GIA ou de outra declaração dessa natureza prevista em lei (dever instrumental adstrito aos tributos sujeitos a lançamento por homologação) é modo de constituição do crédito tributário, dispensando a Fazenda Pública de qualquer outra providência conducente à formalização do valor declarado (precedente da 1ª Seção submetido ao rito do art. 543-C do CPC; REsp n. 962.379-RS, rel. Ministro Teori Albino Zavascki, j. 22.10.2008, *DJe* 28.10.2008).

5. O aludido entendimento jurisprudencial culminou na edição da Súmula n. 436/STJ, *verbis*: "A entrega de declaração pelo contribuinte, reconhecendo o débito fiscal, constitui o crédito tributário, dispensada qualquer outra providência por parte do Fisco".

(...).

16. Destarte, a propositura da ação constitui o *dies ad quem* do prazo prescricional e, simultaneamente, o termo inicial para sua recontagem sujeita às causas interruptivas previstas no art. 174, parágrafo único, do CTN.

17. Outrossim, é certo que "incumbe à parte promover a citação do réu nos 10 (dez) dias subsequentes ao despacho que a ordenar, não ficando prejudicada pela demora imputável exclusivamente ao serviço judiciário" (art. 219, § 2º, do CPC).

18. Consequentemente, tendo em vista que o exercício do direito de ação deu-se em 5.3.2002, antes de escoado o lapso quinquenal (30.4.2002), iniciado com a entrega da Declaração de Rendimentos (30.4.1997), não se revela prescrita a pretensão executiva fiscal, ainda que o despacho inicial e a citação do devedor tenham sobrevindo em junho/2002.

19. Recurso especial provido, determinando-se o prosseguimento da execução fiscal – Acórdão submetido ao regime do art. 543-C do CPC e da Resolução STJ n. 8/2008). [*STJ, 1ª Seção, REsp 1.120.295-SP, rel. Min. Luiz Fux, j. 12.5.2010, DJe 21.5.2010*]

O acórdão toma como fundamento o entendimento cristalizado na Súmula 106/STJ: "Proposta a ação no prazo fixado para o seu exercício, a demora na citação, por motivos inerentes ao mecanismo da Justiça, não justifica o acolhimento da arguição de prescrição ou decadência".

Em termos jurídicos, e numa primeira leitura do aresto, poder-se-ia entender que a postura do STJ (REsp 1.120.295-SP) teria condição de ser mantida mesmo após o advento do Código de Processo Civil/2015. Realmente, mantém-se a legislação material (art. 174 do CTN), não ocorrendo substancial alteração da legislação processual (o § 2º do art. 219 do CPC/1973 corresponde ao § 2º do art. 240 do CPC/2015) e nem modificação em diretriz do STJ (Súmula 106).

Importante comparar os textos processuais:

– *CPC/1973*

Art. 219. (...).

(...).

§ 2º Incumbe à parte promover a citação do réu nos 10 (dez) dias subsequentes ao despacho que a ordenar, não ficando prejudicada pela demora imputável exclusivamente ao serviço judiciário.

– *CPC/2015*

Art. 240. (...).

(...).

§ 2º Incumbe ao autor adotar, no prazo de 10 (dez) dias, as providências necessárias para viabilizar a citação, sob pena de não se aplicar o disposto no § 1º.

§ 3º A parte não será prejudicada pela demora imputável exclusivamente ao serviço judiciário.

Fácil compreender que a parte (autor da ação de execução fiscal – Fazenda Pública) somente não será prejudicada pela demora na citação – que não acarretará a prescrição – no caso de situação afeta exclusivamente ao serviço judiciário.

Portanto, se a demora na citação decorrer de fato ou negligência da Fazenda Pública, deverá ser considerada a prescrição, porque não seria concebível prestigiar a desídia e o próprio desinteresse fazendário. O acórdão em comento não pode ser considerado em termos absolutos e genéricos; não devendo ser observada a diretriz que encerra nos casos de demora na citação por culpa da Fazenda.

3.5 Pode ser exemplo de demora não imputável ao Judiciário, mas à Fazenda, aquela decorrente de ter ela fornecido endereço errado ou desatualizado para a citação do executado?

Resposta: A citação judicial somente tem condição de ser efetivada (carta, comunicação eletrônica ou ato do oficial de justiça) se o endereço do executado for previamente conhecido e informado pela Fazenda.

Tratando-se de pessoa jurídica, as inscrições no CNPJ, na Declaração Cadastral ou nas Prefeituras conterão o endereço do contribuinte e das demais pessoas que o representem ou exerçam atividades suscetíveis de imputação de responsabilidade fiscal.

Entretanto, é possível que tenha ocorrido o desaparecimento de fato da pessoa jurídica, presumindo-se sua dissolução irregular, e que tenha deixado de funcionar no seu domicílio fiscal, sem comunicação aos órgãos competentes. Do mesmo modo, é possível que também não tenham sido encontradas as pessoas físicas nos locais indicados como residência.

O Código de Processo Civil/2015 estabelece que "para a validade do processo é indispensável a citação do réu ou do executado" (art. 239). Nula a citação, não se constitui a relação processual, e a sentença não transita em julgado, podendo, a qualquer tempo, ser declarada nula, em ação com esse objetivo ou em embargos à execução (*RSTJ* 25/439).

A jurisprudência revela firmeza na apontada postura, a saber:

> A nulidade da citação constitui matéria passível de ser examinada em qualquer tempo e grau de jurisdição, independentemente de provocação da parte; em regra, pode, também, ser objeto de ação específica ou, ainda, suscitada como matéria de defesa em face de processo executivo. Trata-se de "vício transrescisório". [*STJ, 3ª Turma, REsp 1.138.281, rela. Min. Nancy Andrighi, j. 16.10.2012, DJU 22.10.2012*]
>
> A exigência de citação constitui pressuposto do contraditório, que é garantia constitucional. A citação não se confunde com a intimação da penhora e sua falta é causa de nulidade do processo, que se projeta além da sentença, podendo a invalidade ser proclamada independentemente de ação rescisória (CPC, art. 741, I). [*STJ, 1ª Turma, REsp 1.415.108, rel. Min. Ari Pargendler, j. 4.12.14, DJU 13.2.2014*]

Não há dúvida de que o fornecimento de endereço errado ou desatualizado do executado constitui demora na citação imputável à Fazenda, que, nesse caso, pode sofrer a pena de prescrição.

3.6 O art. 803, parágrafo único, do CPC/2015 conteria um reconhecimento explícito do cabimento das chamadas "exceções de pré-executividade"? Seria essa admissão aplicável também às execuções fiscais, em face da supletividade referida no art. 15 do CPC/2015 e do disposto no art. 1º da própria Lei 6.830/1980?

Resposta: O CPC/2015 estabelece:

> Art. 803. É nula a execução se: I – o título executivo extrajudicial não corresponder a obrigação certa, líquida e exigível; II – o executado não for regularmente citado; III – for instaurada antes de se verificar a condição ou de ocorrer o termo.
>
> Parágrafo único. A nulidade de que cuida este artigo será pronunciada pelo juiz, de ofício ou a requerimento da parte, independentemente de embargos à execução.

A *exceção de pré-executividade* constitui meio processual de defesa incidental onde o executado, munido de prova documental inquestionável, através de simples petição nos próprios autos da ação de execução, independentemente da interposição de embargos e da segurança prévia do juízo, através da penhora de bens ou outra garantia (fiança bancária etc.), provoca o julgador para que cumpra seu ofício de reconhecer as nulidades que atingem o processo, regularizando-o ou extinguindo-o, assegurando ao executado de boa-fé o direito de não ter seu patrimônio afetado por processo eivado de vícios e eminentemente nulo. Respalda-se no § 3º do art. 267 do antigo CPC, para consagrar os princípios da justiça (inciso I do art. 3º da CF), da celeridade processual (inciso LXXVIII do art. 5º da CF), da economia, da efetividade, da instrumentalidade e do *favor debitoris* (art. 620 do antigo CPC), consoante ensinamento doutrinário (Américo Luís Martins da Silva, *A Execução da Dívida Ativa da Fazenda Pública*, 2ª ed., São Paulo, Ed. RT, 2009, pp. 723-724).

Entretanto, a doutrina e a jurisprudência vêm entendendo que as causas de nulidade absoluta (matérias de ordem pública) podem ser opostas à execução, na medida em que caracterizam a flagrante nulidade do título extrajudicial. As questões afetas às condições da ação e aos pressupostos processuais, demonstradas e comprovadas de plano, terão a virtude de impedir o prosseguimento da execução, evitando a constrição dos bens do executado e os naturais dispêndios.

Em termos genéricos, seriam os casos de ilegitimidade de parte, falta de interesse processual, incompetência jurisdicional, capacidade postulatória, litispendência, impossibilidade jurídica do pedido, coisa julgada; bem como a ocorrência de pagamento, decadência, prescrição, remissão, anistia, imunidade, isenção; e, ainda, vícios do procedimento administrativo.

Objetivamente, a *pré-executividade pode ter cabimento* nas situações seguintes: (a) *pagamento* do débito tributário inscrito, mediante a simples exibição da guia de recolhimento; (b) *depósito judicial* anteriormente efetuado em ação anulatória do débito objeto da execução fiscal; (c) *decadência* do lançamento do tributo executado, em razão do decurso do prazo de cinco anos contados dos fatos geradores, ou do primeiro dia do exercício seguinte aos referidos fatos; (d) *liminar* concedida em mandado de segurança para o fim de impedir a inscrição do valor tributário na Dívida Ativa; (e) *prescrição* do direito de ação em face do transcurso do prazo de cinco anos contados da constituição definitiva do crédito.

O art. 803, parágrafo único, do CPC/2015, que dispõe sobre a nulidade da execução se (i) o título executivo extrajudicial não corresponder a obrigação certa líquida e exigível e (ii) o executado não for regularmente citado, significa o reconhecimento explícito de algumas das situações que permitem o acolhimento da *exceção de pré-executividade*.

Referido preceito tem plena condição de ser admitido de modo supletivo às execuções fiscais (art. 15 do CPC/2015), devido à circunstância de a Lei de Execução Fiscal (n. 6.830/1980) não tratar especificamente desta matéria processual e (art. 1º) dispor sobre a aplicação subsidiária do Código de Processo Civil.

4. Mandado de segurança

4.1 Aplica-se ao mandado de segurança a figura da "tutela de evidência" (art. 311 do CPC/2015)?

Resposta: A Lei federal 12.016, de 7.8.2009, que disciplina o *mandado de segurança*, dispôs o seguinte:

> Art. 7º. Ao despachar a inicial, o juiz ordenará: (...); III – que se suspenda o ato que deu motivo ao pedido, quando houver fundamento relevante e do ato impugnado puder resultar a ineficácia da medida, caso seja finalmente deferida, sendo facultado exigir do impetrante caução, fiança ou depósito, com o objetivo de assegurar o ressarcimento à pessoa jurídica.

Trata-se da concessão de "medida liminar", independentemente de manifestação da autoridade coatora, mediante a existência de "fundamento relevante" (*fumus boni júris*, ou "fumaça do bom direito"), que consiste na demonstração inequívoca de que o ato coator (ou situação omissiva) representa manifesta violação do direito líquido e certo, no caso de violação aos princípios e normas constitucionais, quando ocorra desrespeito à legislação ordinária, ato jurídico perfeito, coisa julgada etc.

Exemplificando: (a) o aumento de alíquota do ISS (dezembro/2016), com início de vigência em janeiro/2016, fere o princípio da anterioridade; (b) a vedação ao crédito de ICMS na aquisição de materiais intermediários viola o princípio da não cumulatividade; (c) a exigência do ITBI calculado por alíquotas progressivas aplicáveis ao valor venal do imóvel contraria a Súmula 656 do STF; (d) a apreensão de mercadorias como meio coercitivo para pagamento do tributo constitui ato administrativo em desconformidade com entendimento do STF (Súmula 323).

O "perigo da demora" (*periculum in mora*) consiste na demonstração de que, se não houver a suspensão do ato praticado ou do ato que esteja na iminência de ser realizado, a circunstância de vir a ser proferida sentença concedendo a segurança não afastará os prejuízos decorrentes da lesão sofrida pelo impetrante.

Exemplificando: o impedimento ao desembaraço aduaneiro de mercadorias estrangeiras poderá acarretar consideráveis prejuízos ao impetrante, na medida em que necessite ter a imediata disponibilidade dos referidos bens para cumprir obrigações contratuais, sujeitas a multas.

Assim, havendo o importador sido compelido a efetuar o pagamento de tributos aduaneiros para desembaraçar mercadoria importado, pelo fato de ter sido negada a liminar, a circunstância de vir a ser concedida a segurança não terá o efeito de reparar os danos causados pelo ato coator.

A *medida liminar* significa o despacho judicial proferido em razão do exame da petição inicial, suspendendo o ato que deu motivo ao pedido ou impedindo sua expedição (na situação omissiva), quando houver fundamento relevante e do ato impugnado puder resultar a ineficácia da medida caso seja finalmente deferida.

O CPC/2015 preceituou o seguinte:

> Art. 311. A *tutela de evidência* será concedida, independentemente da demonstração de perigo de dano ou de risco ao resultado útil do processo, quando: I – ficar caracterizado o abuso do direito de defesa

ou o manifesto propósito protelatório da parte; II – as alegações de fato puderem ser comprovadas apenas documentalmente e houver tese firmada em julgamento der casos repetitivos ou em súmula vinculante; III – se tratar de pedido reipersecutório fundado em prova documental adequada do contrato de depósito, caso em que será decretada a ordem de entrega do objeto custodiado, sob cominação de multa; IV – a petição inicial for instruída com prova documental suficiente dos fatos constitutivos do direito do autor, a que o réu não oponha prova capaz de gerar dúvida razoável.

Parágrafo único. Nas hipóteses dos incisos II e III, o juiz poderá decidir liminarmente.

De início, observa-se que o Código de Processo Civil/2015 (art. 1.046, § 2º) estabelece que "permanecem em vigor as disposições especiais dos procedimentos regulados em outras leis, aos quais se aplicará supletivamente este Código". Em consequência, ao procedimento disciplinador do mandado de segurança podem ser aplicadas as regras do Código de Processo Civil/2015.

Nesse sentido, tem cabimento considerar a *tutela de evidência* prevista no inciso II do art. 311, que trata especificamente das alegações de fato que puderem ser comprovadas apenas documentalmente, quando haja tese firmada em julgamento de casos repetitivos ou em súmula vinculante; em que o juiz poderá decidir liminarmente (parágrafo único do aludido preceito).

Em realidade, trata-se de situação pertinente ao *fumus boni juris* decorrente de pacífica jurisprudência, caso em que o pressuposto da "tutela de evidência" guarda íntima conotação jurídica com o "fundamento relevante do pedido" em mandado de segurança, também ensejador de medida liminar.

Considerando que o Judiciário firmara diretriz a respeito de determinada matéria jurídica, não haveria necessidade de o autor (ou impetrante) proceder a maiores digressões ou elucubrações jurídicas a respeito do perigo da demora (na concessão da liminar) para obter a imediata prestação jurisdicional.

Exemplificativamente, no caso de a Prefeitura exigir o ISS relativamente a alugueres recebidos pelo locatário poderia ser impetrado mandado de segurança, e obtida tutela de evidência, em razão de a Súmula Vinculante 31/STF haver declarado a inconstitucionalidade da incidência do referido tributo.

4.2 As liminares deferidas em sede de mandado de segurança submetem-se ao instituto da "estabilização" da tutela provisória previsto no art. 304 do CPC/2015?

Resposta: O Código de Processo Civil/2015 (art. 304) preceitua que "a tutela antecipada, concedida nos termos do art. 303, torna-se estável se da decisão que a conceder não for interposto o respectivo recurso".

A mencionada regra decorre do disposto do art. 303, *verbis*:

> Nos casos em que a urgência for contemporânea à propositura da ação, a petição inicial pode limitar-se ao requerimento da tutela antecipada e à indicação do pedido de tutela final, com a exposição da lide, do direito que se busca realizar e do perigo de dano ou do risco ao resultado útil do processo.

Assinala-se que,

> se se tratar de processo na primeira instância, o recurso cabível é, inequivocamente, o de agravo de instrumento (art. 1.015, I). Se a tutela antecipada antecedente for pleiteada perante algum tribunal – em casos em que aqueles órgãos jurisdicionais ostentem competência originária –, a decisão muito provavelmente será monocrática. Como tal, contra ela cabe agravo interno (art. 1.021). Na eventualidade de se tratar de acórdão, não custa aventar esta possibilidade, contra ele caberá recurso especial e/ou extraordinário, consoante o caso" (Cassio Scarpinella Bueno, *Manual de Direito Processual Civil*, 2ª ed., São Paulo, Saraiva, 2016, p. 261).

Embora a tutela antecipada (art. 303 do CPC/2015) não tenha idêntica conotação com a medida liminar prevista para o mandado de segurança, parece que seus efeitos podem ser considerados no âmbito do *mandamus* com a estabilização do decidido, no caso de não ter sido interposto recurso com relação à sua concessão.

5. Coisa julgada

5.1 Em face do art. 525, §§ 12 e 15, do CPC/2015, quais devem ser os efeitos de uma ação rescisória movida em razão da alteração da jurisprudência do STF sobre determinada questão tributária? É possível atribuir efeitos ***ex tunc*** *à rescisão do julgado?*

Resposta: Relativamente ao cumprimento definitivo da sentença reconhecendo a exigibilidade de obrigação de pagar quantia certa o CPC/2015 dispôs o seguinte:

> Art. 525. Transcorrido o prazo previsto no art. 523 sem o pagamento voluntário, inicia-se o prazo de 15 (quinze) dias para que o executado, independentemente de penhora ou nova intimação, apresente, nos próprios autos, sua impugnação.
>
> § 1º. Na impugnação, o executado poderá alegar: (...); III – inexequibilidade do título ou inexigibilidade da obrigação; (...).
>
> § 12. Para efeito do disposto no inciso III do § 1º deste artigo, considera-se também inexigível a obrigação reconhecida em título executivo judicial fundado em lei ou ato normativo considerado inconstitucional pelo Supremo Tribunal Federal, ou fundado em aplicação ou interpretação da lei ou do ato normativo tido pelo Supremo Tribunal Federal como incompatível com a Constituição Federal, em controle de constitucionalidade concentrado ou difuso. (...).
>
> § 15. Se a decisão referida no § 12 for proferida após o trânsito em julgado da decisão exequenda, *caberá ação rescisória*, cujo prazo será contado do trânsito em julgado da decisão proferida pelo Supremo Tribunal Federal.

Em realidade, trata-se de *relativização da coisa julgada*, que consiste na excepcional desconsideração de sua eficácia em razão de posterior decisão judicial em distinta lide concernente à constitucionalidade (ou inconstitucionalidade) da norma que embasa referida decisão, projetando efeitos pretéritos ou *ex nunc*.

Significa temática afeta à coisa julgada inconstitucional pelo fato de a decisão transitada em julgado ofender dispositivos da Constituição Federal, impondo a revisão da decisão individual, conferindo interpretação à questão constitucional diferente daquela anteriormente pronunciada pelo STF.

Fundamenta-se na observância dos princípios constitucionais da legalidade (não há eficácia da sentença que contrarie normas jurídicas); da justiça (a lei positiva não é absoluta); da proporcionalidade e da razoabilidade (um valor deve ser sopesado com demais valores); da livre iniciativa e da livre concorrência (isonomia); e da eventualidade (combinação da preclusão com a concentração).

Entendo que não haveria pertinência em se cogitar de "ponderação de valores", em razão de prevalecer a garantia constitucional da coisa julgada, conformadora da segurança jurídica, à aplicação de valores de natureza conceitual relativos à justiça, à proporcionalidade, à livre concorrência.

Não se trata de simples adesão ao Positivismo em contraposição ao Jusnaturalismo (justiça), mas consideração de cláusula pétrea ("coisa julgada") como diretriz constitucional.

Contudo, não se pode ignorar a diretriz contida na Súmula 343/STF, dispondo que

> não cabe ação rescisória por ofensa a literal dispositivo de lei quando a decisão rescindenda se tiver baseado em texto legal de interpretação controvertida nos tribunais.

O STJ passou a decidir que se deve afastar a incidência da Súmula 343/STF somente nas hipóteses em que o STF venha a declarar a inconstitucionalidade da lei aplicada ao acórdão rescindendo (1ª Seção, RE 226.855-RS); e que a referida Súmula não se aplica em matéria constitucional (embargos de divergência conhecidos e providos) (STJ, Corte Especial, EREsp 687.903-RS, rel. Min. Ari Pargendler, j. 4.11.2009, *DJe* 19.11.2009).

No STF prevaleceu o entendimento de que basta a matéria controvertida ser de índole constitucional para que se afigure inaplicável o verbete da Súmula 343/STF (Pleno, rel. Min. Gilmar Mendes, j. 6.3.2008, *DJe* 30.4.2008, p. 748, *Lex-STF* 30/255-284), conforme consta de primoroso estudo sobre a matéria (James Marins, *Direito Processual Tributário – Administrativo e Judicial*, 8ª ed., São Paulo, Dialética, 2015, pp. 702-723).

Exemplificativamente, é o caso da isenção da COFINS das sociedades profissionais (escritórios de Advocacia, contadores, consultores médicos etc.) que haviam obtido decisões judiciais favoráveis, matéria objeto da Súmula 276/STJ.

Entretanto, o STF firmou entendimento diverso sob o fundamento de que ocorrera a revogação da isenção (art. 56 da Lei 9.430/1996 (STF, Pleno, RE 377.457-3, rel. Min. Gilmar Mendes, j. 17.9.2008, *DJe* 18.12.2008, pp. 102-103).

A Súmula 276/STJ fora cancelada (1ª Seção, *DJe* 20.11.2008, p. 1).

Todavia, sou de parecer que há fundamento para se considerar a imutabilidade da decisão (coisa julgada) na medida em que sejam mantidos os respectivos limites subjetivos (partes litigantes) e objetivos (COFINS incidente em negócios de trato sucessivo).

A circunstância de o STF haver prolatado decisão em controle difuso de constitucionalidade, sem o estabelecimento de constitucionalidade, e mesmo que a matéria seja objeto de repercussão geral, por si só, e diante da ausência de previsão normativa, não constitui fundamento jurídico suficiente para modificar os efeitos da coisa julgada, diante da falta de específica previsão normativa.

No pior dos cenários, somente têm aplicação os efeitos *ex nunc*, em razão dos princípios da moralidade, boa-fé, segurança e certeza jurídicas.

5.2 Quais os efeitos da decisão rescisória sobre o lapso decadencial? Imaginando-se um contribuinte que há mais de cinco anos não recolhe um tributo por conta de decisão judicial, passada em julgado, que o declarou inconstitucional, a posterior mudança no entendimento do STF sobre a validade de tal tributo poderia legitimar a propositura e a procedência de ação rescisória, com a posterior autuação do contribuinte relativamente a todo o período?

Resposta: Examina-se o âmbito da *coisa julgada* (isenção tributária), o cabimento de *ação rescisória* (posterior entendimento do STF – tributação), *efeitos da ação rescisória* (*ex nunc* ou *ex tunc*) relativamente a *lançamento tributário* (período pretérito ou futuro).

O Código de Processo Civil/2015 (art. 503) dispõe que "a decisão que julgar total ou parcialmente o mérito tem força de lei nos limites da questão principal expressamente decidida".

A coisa julgada judicial representa decisão definitiva proferida pelo Judiciário referente a determinada matéria fática tipificada em norma jurídica, não mais sujeita a recurso, implicando imutabilidade de seus termos, conferindo segurança jurídica ao Fisco e ao contribuinte.

Trata-se de uma *relação jurídica continuativa*, sem sobrevir modificação no estado de fato ou de direito, em que fica objetada a faculdade de a parte pedir a revisão do que fora estatuído na sentença (transitada em julgado).

Assinalam-se vetustos entendimentos jurisprudenciais:

> Se a declaração judicial de não incidência transitou em julgado, somente novo tratamento legal da matéria tributária poderá viabilizar a

> cobrança do imposto contra o beneficiário da decisão. [*STJ, 1ª Turma, REsp 66.523-MG, rel. Min. Humberto Gomes de Barros, j. 6.12.1995, DJU-1 4.3.1996, p. 5.360*]
>
> Transitada em julgado a declaração de não incidência do tributo questionado, por submissão à eficácia da *res judicata*, somente novo tratamento legal da matéria da mesma questão poderá ter efeito nas operações realizadas pelo contribuinte beneficiário da favorável declaração judicial. [*STJ, 1ª Turma, REsp 81.849-MG, rel. Min. Milton Luiz Pereira, j. 10.10.1996, DJU-1 18.11.1996, p. 44.846*]

Percuciente decisão do STJ considerou os efeitos da coisa julgada para exercícios posteriores, conforme se colhe do aresto seguinte:

> *Ementa*: Tributário – IPTU – Ação de execução – Inclusão de exercícios posteriores – Possibilidade – Extensão da coisa julgada – Precedentes.
>
> 1. A ação de conhecimento reconheceu a inexistência de relação jurídica tributária do IPTU, devido ao descumprimento, por parte do Município, das disposições contidas no Estatuto da Cidade (Lei n. 10.257/2001).
>
> 2. O STJ entende que o efeito da coisa julgada tributária estende-se em relação aos lançamentos posteriores quando a decisão trata da relação de direito material, declarando a inexistência de relação jurídico-tributária.
>
> 3. Com efeito, se os exercícios posteriores a 2001 mantêm a ilegalidade constatada pela instância *a quo*, perpetrando cobrança do tributo pelo regime da tarifa progressiva, sem o cumprimento dos requisitos instituídos – descumprimento das disposições do Estatuto da Cidade (Lei federal n. 10.257/2001) –, fica configurada a violação da coisa julgada, estendendo seus efeitos à ação executiva, visto que não houve modificação nas circunstâncias de fato ou de direito ocorridas na relação jurídica estabelecida.
>
> 4. Precedentes (...).
>
> 5. Caberá ao Juízo da execução verificar se nos exercícios posteriores a legislação local manteve a cobrança da tarifa progressiva nos moldes julgados ilegais, ou seja, ocorrera modificação legislativa apta a tornar a cobrança do IPTU legitimada. Inviável a análise de referida questão nesta Casa Superior, porquanto necessário adentrar a esfera de interpretação da lei local. [*STJ, 2ª Turma, (AREsp/AgR 117.494-PR, rel. Min. Humberto Martins, j. 24.4.2012, DJe 2.5.2012*]

No caso de *relação jurídica descontinuada* em que ocorre modificação da situação fática e/ou jurídica, a coisa julgada pode revelar-se prejudicada, deixando de projetar efeitos garantidores do *decisum* anterior.

6. O pagamento do ITCMD e outras questões

6.1 Em face do disposto no parágrafo único do art. 654 do CPC/2015, é permitida a conclusão do processo de inventário e execução da partilha antes de julgada a validade da cobrança do respectivo ITCMD?

Resposta: No âmbito do processo de inventário e partilha o CPC/2015 dispôs:

> Art. 654. Pago o imposto de transmissão a título de morte e juntada aos autos certidão ou informação negativa de dívida para com a Fazenda Pública, o juiz julgará por sentença a partilha.

Esta regra se continha no Código de Processo Civil/1973 (art. 1.026), em consonância com o previsto no Código Tributário Nacional (art. 192), estabelecendo que nenhuma sentença de julgamento de partilha ou adjudicação será proferida sem prova da quitação de todos os tributos relativos aos bens do espólio, ou suas rendas.

Entretanto, o Código de Processo Civil/2015 introduziu modificação no sentido de que "a existência de dívida para com a Fazenda Pública não impedirá o julgamento da partilha, desde que o seu pagamento esteja devidamente garantido" (parágrafo único do art. 654).

A garantia poderá ser promovida pelos meios normais e usuais utilizados com relação aos créditos tributários, como (i) depósito em dinheiro, (ii) fiança bancária, (iii) seguro-garantia, (iv) títulos, quotas, ações e (v) demais espécies de bens imóveis ou móveis.

O julgamento da partilha (sentença) e sua decorrente execução mediante o pagamento do quinhão hereditário terão o efeito jurídico de permitir as transcrições imobiliárias e averbações nos órgãos competentes (Junta Comercial, DETRAN etc.)

Entendo que a conclusão e a execução da partilha podem ocorrer antes que seja julgada a validade da cobrança do ITCMD.

Podem acontecer as situações seguintes: (i) recolhimento do imposto pelo inventariante (e/ou herdeiros) no prazo fixado pelo juiz; e (ii) cumprimento da garantia oferecida, sempre implicando extinção do crédito tributário.

Anteriormente à edição do Código de Processo Civil/2015 a liquidação do ITCMD constituía condição necessária e imprescindível para que pudesse ser proferida sentença de partilha, sustentando-se até que, em certa medida, se estaria diante de inusitado ato de lançamento tributário a cargo do juiz.

Mesmo diante de referido procedimento judicial, a Fazenda Pública entendia que não se encontrava inibida de lavrar auto de infração cobrando o imposto (ou diferenças tributárias) e penalidades, mediante processo administrativo; ignorando preceitos processuais (arts. 1.029 e 1.030 do CPC/1973) que dispunham sobre a anulação de partilha amigável ou rescisão de partilha julgada por sentença, de competência da Procuradoria do Estado.

O PROCESSO TRIBUTÁRIO E O CÓDIGO DE PROCESSO CIVIL/2015

MARCIA SOARES DE MELO

1. Introdução. 2. Questões.

1. Introdução

O tema é de grande relevância, enfrentamento necessário e muito apropriado, tendo em vista as indagações que surgem diariamente a respeito das implicações práticas do Código de Processo Civil/2015.

O singelo estudo, na resposta a algumas das questões propostas, pretendeu se manter fiel ao modelo *constitucional* de direito processual civil encampado pelo ordenamento jurídico brasileiro e à valorização dos precedentes judiciais, tônica do Código de Processo Civil/2015.

2. Questões

> ***1. Processo administrativo fiscal***
>
> *1.1 Em razão do disposto no art. 15 do CPC/2015, pode-se dizer que suas disposições se aplicam aos processos administrativos tributários? O que significa* ***supletivo****, no contexto do artigo? O mesmo que* ***subsidiário****? Nesse caso, qual o sentido de se usarem as duas palavras, uma ao lado da outra?*

Resposta: O art. 15 do CPC/2015 dispõe que, "na ausência de normas que regulem processos eleitorais, trabalhistas ou administrativos, as disposições deste Código lhes serão aplicadas supletiva e subsidiariamente".

A norma não deve conter palavras inúteis; e, nesta medida, as expressões "supletiva" e "subsidiariamente" se diferenciam, de forma que a primeira ("supletiva") objetiva preencher um vazio, uma lacuna da lei especial; e a segunda ("subsidiária") remete a um auxílio necessário à interpretação ou aplicação da lei especial.

As expressões estão contidas na mesma frase porque estão inseridas no mecanismo de integração e interpretação da norma processual civil.

A crítica feita ao referido preceito, contudo, concerne ao fato de que,

> apesar de fazer menção expressa à aplicação subsidiária e supletiva, o citado art. 15 do novo Código inicia justificando estas formas de integração nos casos de 'ausência de normas'. Como visto, a existência de normas não impede a utilização subsidiária do Código de Processo Civil na aplicação de outras leis e, inclusive, em processos administrativos e judiciais trabalhistas e eleitorais. Apesar da falta de referência expressa, as normas do novo Código de Processo Civil também possuem incidência supletiva e subsidiária no processo penal (Oscar Valente Cardoso, "A aplicação das normas processuais no novo Código de Processo Civil", *RDDP* 150/83-84, São Paulo, Dialética, setembro/2015).

1.2 É invocável no processo administrativo, para esclarecer quando não se considera fundamentada uma decisão administrativa, o disposto no art. 489, § 1º, do CPC/2015?

Resposta: O art. 5º, LV, da CF/1988 estabelece que:

> Art. 5º. (...); LV – aos litigantes, em processo judicial ou *administrativo*, e aos acusados em geral são assegurados o contraditório e a ampla defesa, com os meios e recursos a ela inerentes; (...).

Por sua vez, o art. 93, nos incisos IX e X, da CF/1988 garante que:

> Art. 93. (...); IX – todos os julgamentos dos órgãos do Poder Judiciário serão públicos, e fundamentadas todas as decisões, sob pena de nulidade, podendo a lei limitar a presença, em determinados atos, às próprias partes e a seus advogados, ou somente a estes, em casos nos quais a preservação do direito à intimidade do interessado no sigilo não prejudique o interesse público à informação; X – as decisões administrativas dos tribunais serão motivadas e em sessão pública,

sendo as disciplinares tomadas pelo voto da maioria absoluta de seus membros; (...).

A garantia constitucional da motivação – inserida no modelo do devido processo constitucional – permite ao jurisdicionado (ou administrado, no caso do processo administrativo) verificar se aquele ato (ou decisão) fora praticado (ou exarado) à vista do *seu* caso concreto.

Desde há muito já se observara a importância da *motivação* como causa imediata do ato administrativo – no sentido de configurar a situação de fato e de direito que autoriza a prática do ato administrativo.

Nestes termos, a ação popular (Lei federal 4.717, de 29.6.1965) elencara como pressupostos de validade do ato administrativo: competência, finalidade, forma, *motivo* e objeto:

> Art. 2º. São *nulos* os atos lesivos ao patrimônio das entidades mencionadas no artigo anterior, nos casos de: a) incompetência; b) vício de forma; c) ilegalidade do objeto; d) *inexistência dos motivos*; e) desvio de finalidade.
>
> Parágrafo único. Para a conceituação dos casos de nulidade observar-se-ão as seguintes normas: (...); d) *a inexistência dos motivos* se verifica quando a matéria de fato ou de direito, em que se fundamenta o ato, é materialmente inexistente ou juridicamente inadequada ao resultado obtido; (...).

O art. 489, § 1º, do CPC/2015 constitui garantia adicional, com contornos específicos, aplicada inclusive aos processos administrativos, porque promove um aumento de garantias ao administrado.

A nova disciplina causou alvoroço no Poder Judiciário, sobretudo no seminário *O Poder Judiciário e o Novo Código de Processo Civil*, da ENFAM/Escola Nacional de Formação e Aperfeiçoamento de Magistrados Ministro Sálvio de Figueiredo Teixeira, realizado entre 26 e 28.8.2015, tendo sido aprovados, relativamente à matéria, os Enunciados seguintes:

> (...).
>
> 9) É ônus da parte, para os fins do disposto no art. 489, § 1º, V e VI, do CPC/2015, identificar os fundamentos determinantes ou demonstrar a existência de distinção no caso em julgamento ou a superação do entendimento, sempre que invocar jurisprudência, precedente, ou enunciado de súmula.
>
> 10) A fundamentação sucinta não se confunde com a ausência de fundamentação e não acarreta a nulidade da decisão se forem enfren-

tadas todas as questões cuja resolução, em tese, influencie a decisão da causa.

11) Os precedentes a que se referem os incisos V e VI do art. 489 do CPC/2015 são apenas os mencionados no art. 927 e no inciso IV do art. 332.

12) Não ofende a norma extraível do inciso IV do § 1º do art. 489 do CPC/2015 a decisão que deixar de apreciar questões cujo exame tenha ficado prejudicado em razão da análise anterior de questão subordinante.

13) O art. 489, § 1º, IV, do CPC/2015 não obriga o juiz a enfrentar os fundamentos jurídicos invocados pela parte, quando já tenham sido enfrentados na formação dos precedentes obrigatórios.

Como se depreende, já é forte a tendência judicial para o abrandamento do comando da norma do art. 489 do CPC/2015 (sobretudo incisos IV-VI).

1.3 No que tange ao chamado "direito dos precedentes", os arts. 926 e 927 do CPC/2015 aplicam-se ao processo administrativo tributário?

Resposta: Os arts. 926 e 927 do CPC/2015, ao expressarem o "direito dos precedentes", ou o "direito jurisprudencial", estatuem que:

Art. 926. Os tribunais devem uniformizar sua jurisprudência e mantê-la estável, íntegra e coerente.

§ 1º. Na forma estabelecida e segundo os pressupostos fixados no regimento interno, os tribunais editarão enunciados de súmula correspondentes à sua jurisprudência dominante.

§ 2º. Ao editar enunciados de súmula, os tribunais devem ater-se às circunstâncias fáticas dos precedentes que motivaram sua criação.

Art. 927. Os juízes e tribunais observarão: I – as decisões do Supremo Tribunal Federal em controle concentrado de constitucionalidade; II – os enunciados de súmula vinculante; III – os acórdãos em incidente de assunção de competência ou de resolução de demandas repetitivas e em julgamento de recurso extraordinário e especial repetitivos; IV – os enunciados da súmulas do Supremo Tribunal Federal em matéria constitucional e do Superior Tribunal de Justiça em matéria infraconstitucional; V – a orientação do Plenário ou do Órgão Especial aos quais estiverem vinculados.

No tocante à aplicação dos referidos arts. 926 e 927 do CPC/2015 ao processo administrativo tributário algumas observações devem ser feitas.

Relativamente à "uniformização de jurisprudência", o art. 927 e respectivos §§ do CPC/2015 não chegam a inovar, uma vez que os tribunais pátrios (judiciais e administrativos) já contêm previsão expressa a respeito da matéria sumular.

Com efeito, no caso do Estado de São Paulo, a Lei estadual 13.457, de 18.3.2009, na "Seção V – Das Súmulas", atualmente em vigor, assevera que:

> Art. 52. Por proposta do Diretor da Representação Fiscal ou do Presidente do Tribunal de Impostos e Taxas, acolhida pela Câmara Superior, em deliberação tomada por votos de, pelo menos, ¾ (três quartos) do número total de juízes que a integram, a jurisprudência firmada pelo Tribunal de Impostos e Taxas será objeto de súmula, que terá caráter vinculante no âmbito dos órgãos de julgamento das Delegacias Tributárias de Julgamento e do Tribunal de Impostos e Taxas.
>
> § 1º. A proposta de súmula, após ser acolhida pela Câmara Superior, deverá ser encaminhada ao Coordenador da Administração Tributária para referendo.
>
> § 2º. A súmula poderá ser revista ou cancelada se contrariar a jurisprudência firmada nos tribunais do Poder Judiciário, obedecido o disposto no *caput* e no § 1º deste artigo.

A questão torna-se mais intrincada quando examinamos o art. 927 do CPC/2015.

No que concerne aos incisos I (*as decisões do Supremo Tribunal Federal em controle concentrado de constitucionalidade*) e II (*os enunciados de súmula vinculante*) não há dúvida quanto à aplicabilidade ao processo administrativo tributário, em razão, mesmo, do que dispõem os arts. 102, § 2º, 103-A da CF.

Todavia, para o caso específico do Estado de São Paulo as demais hipóteses do art. 927 (incisos III, IV e V) seriam de aplicação discutível, inclusive em razão da restrição que impõe a legislação atual (Lei estadual 13.457, de 18.3.2009) ao julgamento dos processos administrativos tributários:

> Art. 28. No julgamento é vedado afastar a aplicação de lei sob alegação de inconstitucionalidade, ressalvadas as hipóteses em que a inconstitucionalidade tenha sido proclamada: I – em ação direta de

inconstitucionalidade; II – por decisão definitiva do Supremo Tribunal Federal, em via incidental, desde que o Senado Federal tenha suspendido a execução do ato normativo.

2. Aspectos gerais do processo judicial

2.1 As alterações introduzidas pelo Código de Processo Civil/2015 quanto aos prazos concedidos à Fazenda Pública aplicam-se às ações regidas por leis especiais, como o mandado de segurança, a execução fiscal e a cautelar fiscal?

Resposta: Nas "Disposições Finais e Transitórias" do CPC/2015 é feita a seguinte ressalva:

> Art. 1.046. Ao entrar em vigor este Código, suas disposições se aplicarão desde logo aos processos pendentes, ficando revogada a Lei n. 5.869, de 11 de janeiro de 1.973.
>
> (...).
>
> § 2º. *Permanecem em vigor as disposições especiais dos procedimentos regulados em outras leis*, aos quais se aplicará supletivamente este Código.
>
> (...).

No "Livro II – Do Processo de Execução" do CPC/2015 consta que:

> Art. 771. Este Livro regula o procedimento da execução fundada em título extrajudicial, e *suas disposições aplicam-se, também, no que couber, aos procedimentos especiais de execução*, aos atos executivos realizados no procedimento de cumprimento de sentença, bem como aos efeitos de atos ou fatos processuais a que a lei atribuir força executiva
>
> Parágrafo único. Aplicam-se subsidiariamente à execução as disposições do Livro I da Parte Especial.

Tomando-se como exemplo a Lei Execução Fiscal/LEF (Lei federal 6.830 de 22.9.1980): como compatibilizá-la com o Código vigente?

A própria LEF, no seu art. 1º, prevê que será regida "subsidiariamente, pelo Código de Processo Civil".

E não poderia ser diferente (supremacia da Lei de Execução Fiscal), não apenas pelos critérios da *antiguidade* e *especialidade*, mas, principalmente, porque o drástico procedimento da execução forçada disciplina a forma pela qual ocorrerá a expropriação dos bens do devedor (originada a partir de título executivo formado unilateralmente pelo credor, muitas vezes sem a participação do devedor).

Dada a singularidade do processo de execução fiscal, no qual princípios tão caros ao contribuinte (direito da propriedade; exercício da atividade profissional; devido processo legal; contraditório e ampla defesa; etc.) são colocados em risco, é iniludível a regência por lei especial, atenta às peculiaridades do caso concreto.

Esta análise acurada foi procedida por James Marins:

> (...). Em consonância com essa metarregra de superação de antinomias, o regime do Código de Processo Civil/1973, modificado pela Lei 11.382/2006, bem como o Código de Processo Civil/2015, é a *lex posterior generalis* e não pode derrogar a Lei de Execução Fiscal – Lei 6.830/1980 –, que é a norma *priori specciali*, o que significa dizer que a micorreforma do capítulo da execução do Código de Processo Civil/1973 e o Código de Processo Civil/2015 poderão ser aplicados subsidiariamente naqueles dispositivos que não forem colidentes com a Lei de Execução Fiscal.
>
> Esta solução apresentada, além de apropriada à luz de critérios lógico-normativos, é também a mais ajustada aos pressupostos axiológicos do sistema processual e tributário. [*Direito Processual Tributário Brasileiro (Administrativo e Judicial), atualizado com o Código de Processo Civil/2015, comparativamente com o Código de Processo Civil/1973, 8ª ed., São Paulo, Dialética, 2015, p. 794*]

Destarte, entendo que os prazos da Lei de Execução Fiscal dirigidos à Fazenda Pública – como, por exemplo, para "impugnar os embargos à execução fiscal" (30 dias, art. 17), não sofrem influências das alterações trazidas pelo Código de Processo Civil/2015 (fluência em dias úteis – art. 219 e parágrafo único; etc.).

A mesma diretriz deverá ser seguida nas demais leis especiais mencionadas (cautelar fiscal e mandado de segurança).

2.2 Em face do Código de Processo Civil/1973 era comum a condenação da Fazenda Pública ao pagamento de honorários da sucumbência em quantia irrisória. Haveria alguma justificação para essa prática?

Resposta: O Código de Processo Civil/1973 dispunha, relativamente à fixação de honorários de sucumbência da Fazenda Pública, o seguinte:

> Art. 20. A sentença condenará o vencido a pagar ao vencedor as despesas que antecipou e os honorários advocatícios. Essa verba honorária será devida, também, nos casos em que o advogado funcionar em causa própria.
>
> (...).
>
> § 3º. Os honorários serão fixados entre o mínimo de 10% (dez por cento) e o máximo de 20% (vinte por cento) sobre o valor da condenação, atendidos: a) o grau de zelo do profissional; b) o lugar de prestação de serviço; c) a natureza e importância da causa, o trabalho realizado pelo advogado e o tempo exigido para o seu serviço.
>
> § 4º. Nas causas de pequeno valor, nas de valor inestimável, naquelas em que não houver condenação ou for vencida a Fazenda Pública, e nas execuções, embargadas ou não, os honorários serão fixados consoante apreciação equitativa do juiz, atendidas as normas das alíneas "a", "b" e "c" do parágrafo anterior.

O cerne do § 4º resumia-se à expressão "apreciação equitativa do juiz", uma vez que esta tornava possível, à luz da sistemática do Código anterior, que as condenações havidas contra a Fazenda Pública se estabelecessem em percentuais abaixo de 10% do valor da condenação ou, mesmo, em valores inexpressivos frente à ação instaurada.

Ocorre que o mencionado § 4º não trazia em si qualquer juízo de valor, inexistia comando intrínseco que determinasse que ao juiz que na apreciação de lides envolvendo a Fazenda Pública devesse atenuar valores e percentuais, ao contrário do que faria, por exemplo, em demandas entre pessoas jurídicas de direito privado.

Todavia, era assim que ocorria – inobstante haver clareza quanto ao fato de que a dicção (e o espírito) do § 4º do art. 20 do CPC/1973 comportaria *apreciação equitativa do juiz*, que inclusive *elevasse* os honorários sucumbenciais devidos pela Fazenda Pública, sobretudo nas lides tributárias, em que as causas ostentam altíssima complexidade jurídica, requerendo patrocínio de advogados de altíssimo nível técnico.

A circunstância de não se condenar a Fazenda Pública em honorários de sucumbência mais condizentes com a realidade processual talvez se devesse a uma tendência protetiva dos tribunais, que visavam a preservar o interesse público e o respectivo Erário.

Entendo, por outro lado, que a isonomia *processual* não deva admitir exceções: as partes – contribuinte e pessoa jurídica de direito público – litigaram em condições de igualdade, tiveram oportunizadas as respectivas defesas, produziram e contraditaram provas, interpuseram recursos etc. Ao final de uma longa demanda uma das partes sagrou-se vencedora. Não há fundamento jurídico (constitucional, legal) para que, por ocasião do arbitramento dos honorários de sucumbência, se promova odioso e injustificável desequilíbrio processual, justamente no momento em que o êxito – e respectivo procurador – deveria ser prestigiado, e não o contrário.

3. Processo de execução fiscal

3.1 (...).

3.2 O incidente de desconsideração da personalidade jurídica, previsto no art. 133 do CPC/2015, aplica-se às execuções fiscais? Apenas nas hipóteses de o nome dos corresponsáveis não constar previamente na Certidão de Dívida Ativa ou em qualquer hipótese? Ou em nenhuma hipótese, sendo a regra inaplicável à Fazenda Pública exequente?

Resposta: O Código de Processo Civil/2015 inovou no tocante ao *procedimento* do incidente de desconsideração da personalidade jurídica (arts. 133-137), uma vez que sua aplicação já era prevista em leis de naturezas diversas, como o Código Tributário Nacional (art. 134, VII, da Lei federal 5.172, de 25.10.1966); o Código do Consumidor (art. 28 da Lei federal 8.078, de 11.9.1990); o Código Civil (art. 50 da Lei federal 10.406/2002); etc.

Independentemente da natureza da relação jurídica de direito material, o incidente de desconsideração da personalidade jurídica, previsto na legislação processual civil, poderá ser suscitado, com observância do contraditório e ampla defesa nele contemplados.

Nesse sentido, a doutrina é uníssona ao afirmar que o grande mérito da novel legislação é justamente preservar o contraditório, facultando a ampla defesa à pessoa física que é chamada a ingressar na ação ou execução.

A ordem de *suspensão do processo original, enquanto não analisado o incidente* (art. 134, § 3º), ou mesmo *a ampla produção probatória que é franqueada ao sócio da pessoa jurídica* citado para o incidente (art. 135) constituem exemplos concretos de efetivação do contraditório e observância da ampla defesa no incidente de desconsideração da personalidade jurídica.

Como é cediço, no tocante à sujeição passiva e à responsabilidade tributária, o art. 121 do CTN estabeleceu o seguinte:

> Art. 121. Sujeito passivo da obrigação principal é a pessoa obrigada ao pagamento do tributo ou penalidade pecuniária.
>
> Parágrafo único. O sujeito passivo diz-se: I – contribuinte, quando tenha relação pessoal e direta com a situação que constitua o respectivo fato gerador; II – responsável, quando, sem revestir a condição de contribuinte, sua obrigação decorra de disposição expressa de lei.

Considerando que a hipótese do inciso I (*contribuinte*) trata do sujeito passivo direto e a hipótese do inciso II (*responsável*) trata do sujeito passivo indireto, interessa-nos, ao presente estudo, esta última, uma vez que retrata situação na qual terceira pessoa é escolhida por lei para pagar o tributo, sem que tenha realizado o fato gerador.

É este exatamente o caso do sócio (diretor ou gerente) que tenha conduzido a empresa de forma ilegal, temerária, ao arrepio do contrato social ou estatuto, o qual se tornará pessoalmente responsável pelo tributo devido pela pessoa jurídica, nos termos do art. 135 do CTN, *verbis*:

> Art. 135. São pessoalmente responsáveis pelos créditos correspondentes a obrigações tributárias resultantes de atos praticados com excesso de poderes ou infração de lei, contrato social ou estatutos: (...); III – os diretores, gerentes ou representantes de pessoas jurídicas de direito privado.

Portanto, embora a regra seja a personificação jurídica, no âmbito das execuções fiscais, em situações nas quais a sociedade não disponha de bens, o art. 135 do CTN fundamenta o pedido, formulado pela Fazenda, de *redirecionamento* das execuções para as pessoas dos sócios (administradores; diretores) que tenham agido com excesso de poderes ou infração de lei, contrato social ou estatutos.

O redirecionamento da execução fiscal para as pessoas físicas dos administradores, gerentes etc. tem o mesmo efeito da desconsideração da personalidade jurídica, porque, sem aniquilar a pessoa jurídica – mantendo sua existência para todos os fins (comerciais, trabalhistas etc.) –, permite que o patrimônio do sócio culposo seja atingido.

Com a aplicação subsidiária da legislação processual civil às execuções fiscais, os arts. 133 e ss. do CPC/2015 deverão regular o procedimento de redirecionamento das execuções fiscais às pessoas físicas.

Inobstante, no seminário *O Poder Judiciário e o Novo Código de Processo Civil*, da ENFAM/Escola Nacional de Formação e Aperfeiçoamento de Magistrados Ministro Sálvio de Figueiredo Teixeira, realizado entre 26 e 28.8.2015, foi aprovado o Enunciado 53:

> Enunciado 53. O redirecionamento da execução fiscal para o sócio-gerente prescinde do incidente da desconsideração da personalidade jurídica previsto no art. 133 do CPC/2015.

No tocante ao redirecionamento da execução fiscal para o sócio cujo respectivo nome não tenha constado da Certidão de Dívida Ativa/CDA – título executivo extrajudicial, que ampara a execução fiscal –, todavia entenda ser o redirecionamento, nesse caso, ilegítimo, pela circunstância de que não fora oportunizado o contencioso administrativo a este sócio, o STJ tem entendido o seguinte:

> Tributário – Redirecionamento da execução fiscal – Nome dos corresponsáveis na CDA – Possibilidade – Cabimento – Ônus do sócio de fazer a contraprova.
>
> 1. A jurisprudência do STJ entende que o redirecionamento deve ser solucionado de acordo com a interpretação conferida por esta Corte: (a) se o nome dos corresponsáveis não estiver incluído na CDA, cabe ao ente público credor a prova da ocorrência de cada uma das hipóteses listadas no art. 135 do CTN; (b) constando o nome na CDA, prevalece a presunção de legitimidade de que esta goza, invertendo-se o ônus probatório (orientação reafirmada no julgamento do REsp n. 1.104.900-ES, sob o rito dos recursos repetitivos).
>
> (...). [*STJ, 2ª Turma, AREsp/AgR/AgR 767.277-MT, 2015/0203896-0, rel. Min. Herman Benjamin, j. 18.2.2016, DJe 19.5.2016*]

Oportuno ressaltar que o simples inadimplemento da obrigação tributária não caracteriza infração legal, inclusive em virtude do que dispõe a Súmula 430/STJ ("O inadimplemento da obrigação tributária pela sociedade não gera, por si só, a responsabilidade do sócio-gerente"), sendo necessária a comprovação de que o sócio tenha agido em uma das condições estabelecidas no *caput* do art. 135 do CTN.

3.6 O art. 803, parágrafo único, do CPC/2015 conteria um reconhecimento explícito do cabimento das chamadas "exceções de pré-executividade"? Seria essa admissão aplicável também às execuções fiscais, em face da supletividade referida no art. 15 do CPC/2015 e do disposto no art. 1º da própria Lei 6.830/1980?

Resposta: O art. 803, parágrafo único, do CPC/2015 inova ao admitir – entretanto, sem nomeá-la – que nulidades possam ser arguidas pela parte através da "exceção de pré-executividade".

O instituto processual da exceção de pré-executividade configura instrumento hábil para que o executado se volte contra o (pseudo)crédito do exequente sem prestar garantia de juízo, desde que a matéria invocada seja comprovada de plano e conhecível de ofício pelo juiz.

A exceção (ou objeção) de pré-executividade teve origem em construção doutrinário-jurisprudencial, e nas ações de execução fiscal é utilizada para o enfrentamento de questões como a falta das condições da ação executiva e de pressupostos para o desenvolvimento válido e regular do processo executivo, bem como para as questões afetas à nulidade do título executivo.

O STJ editou a Súmula 393: "A exceção de pré-executividade é admissível na execução fiscal relativamente às matérias conhecíveis de ofício que não demandem dilação probatória".

Por conseguinte, em sede de execução fiscal a jurisprudência tem admitido a exceção de pré-executividade:

> (...) – na hipótese de alegação de inconstitucionalidade do tributo (STJ, 1ª Turma, REsp 625.203, Min. Francisco Falcão, j. 3.5.2005, *DJU* 1.7.2005). No mesmo sentido: STJ, 2ª Turma, REsp 612.803, Min. João Otávio, 12.12.2006, *DJU* 8.2.2007;
>
> – para a alegação de prescrição (STJ, Corte Especial, ED no RE 388.000, Min José Delgado, j. 16.3.2005, oito votos vencidos, *DJU* 28.11.2005), inclusive por parte do sócio da empresa executada, "eis que pode ver contra ele redirecionada a execução" (STJ, 1ª Turma, REsp 665.741, AgR, Min. Francisco Falcão, j. 6.12.2005, *DJU* 6.3.2006);
>
> – com fundamento na irresponsabilidade do inventariante pelos tributos devidos pelo espólio (STJ, 1ª Turma, REsp 371.460, Min. José Delgado, j. 5.2.2002, *DJU* 18.3.2002);
>
> – a arguição de imunidade tributária nas hipóteses em que ela é comprovada de plano, sem a necessidade de dilação probatória (STJ,

2ª Turma, Ag em REsp 12.591/AgR, Min. Cesar Rocha, j. 6.3.2012, *DJU* 14.3.2012);

– por falta de pressupostos processuais ou condições da ação (STJ, 1ª Turma, REsp 143.571, Min. Gomes de Barros, j. 22.9.1998, *DJU* 1.3.1999);

– para discussão de aspectos formais do título executivo, os quais podem ser declarados de ofício, como no caso da inexigibilidade do crédito exequendo (STJ, 2ª Turma, REsp 366.487, Min. João Otávio, j. 21.2.2006, *DJU* 29.3.2006);

– por ausência do título executivo e ilegitimidade de parte (*RF* 364/397);

– com fundamento na nulidade da Certidão da Dívida Ativa, em razão da postergação do vencimento do débito tributário, previamente autorizada em sede de mandado de segurança (*JTJ* 300/93);

– por alegação de que a dívida foi paga (STJ, 1ª Turma, REsp 371.460, Min. José Delgado, j. 5.2.2002, *DJU* 18.3.2002);

– para debater "incidência da Taxa SELIC para fins de correção do débito inscrito em Dívida Ativa" (STJ, 1ª Turma, REsp 885.785, Min. Luiz Fux, j. 12.2.2008, *DJU* 2.4.08); (...) [*Theotônio Negrão e outros, Código de Processo Civil e Legislação Processual Em Vigor – Anotações à Lei 13.105, de 16.3.2015, 47ª ed., São Paulo, Saraiva, nota 14ª ao art. 16 da LEF, 2016, pp. 1.332-1.333*]

O parágrafo único do art. 803 do CPC/2015 servirá de fundamento às exceções de pré-executividade; inobstante, anteriormente ao Código de Processo Civil/2015 estas poderiam se amparar no parágrafo único do art. 3º da LEF (Lei federal 6.830/1980), segundo o qual:

> Art. 3º. A Dívida Ativa regularmente inscrita goza da presunção de certeza e liquidez.
>
> Parágrafo único. A presunção a que se refere este artigo é relativa e *pode ser elidida por prova inequívoca, a cargo do executado* ou de terceiro, a quem aproveite.

3.7 Teria o Código de Processo Civil/2015 revogado a Lei 6.830/1980, como se pode ver de seus arts. 779, VI, e 784, IX? Ou, em face do disposto em seu art. 1.046, § 2º, a dizer que "permanecem em vigor as disposições especiais dos procedimentos regulados em outras leis, aos quais se aplicará supletivamente este Código", podemos entender que a Lei de Execução Fiscal permanece em vigor?

Resposta: No tocante à *legitimidade passiva* para a execução, o art. 779, VI, do CPC/2015 dispõe que:

> Art. 779. A execução pode ser promovida contra: (...); VI – o responsável tributário, assim definido em lei.

Referido preceito corresponde ao art. 568, V, do CPC/1973, *verbis*:

> Art. 568. São sujeitos passivos na execução: (...); V – o responsável tributário, assim definido na legislação própria.

Por outro lado, ao elencar os títulos executivos extrajudiciais, o art. 784, IX, do CPC/2015 preceitua que:

> Art. 784. São títulos executivos extrajudiciais: (...); IX – a Certidão de Dívida Ativa da Fazenda Pública da União, dos Estados, do Distrito Federal e dos Municípios, correspondente aos créditos inscritos na forma da lei; (...).

O aludido dispositivo corresponde ao art. 585, VII, do CPC/1973, a saber:

> Art. 585. São títulos executivos extrajudiciais: (...); VII – a Certidão de Dívida Ativa da Fazenda Pública da União, dos Estados, do Distrito Federal, dos Territórios e dos Municípios, correspondente aos créditos inscritos na forma da lei; (...).

Depreende-se, portanto, do cotejo entre o anterior e o atual diploma processual civil, que não houve alteração substancial da matéria, tendo o art. 779, VI, do CPC/2015 repetido o contido no art. 568, V, do CPC/1973; e o art. 784, IX, do CPC/2015 mantido o estatuído no art. 585, VII, do CPC/1973.

Da mesma forma, portanto, que o Código de Processo Civil/1973 não promovera a revogação da Lei federal 6.830/1980 (Lei de Execução Fiscal), o atual Código de Processo Civil/2015 também não a extinguiu, sendo de aplicação supletiva à Lei de Execução Fiscal, segundo preceituam os arts. 1.046, § 2º, do CPC/2015 e 1º da Lei federal 6.830/1980.

4. Mandado de segurança

4.1 Aplica-se ao mandado de segurança a figura da "tutela de evidência" (art. 311 do CPC/2015)?

Resposta: O art. 311 do CPC/2015 estabelece que:

> Art. 311. A tutela da evidência será concedida, independente da demonstração de perigo de dano ou de risco ao resultado útil do processo, quando: I – ficar caracterizado o abuso do direito de defesa ou o manifesto propósito protelatório da parte; II – as alegações de fato puderem ser comprovadas documentalmente e houver tese firmada em julgamento de casos repetitivos ou em súmula vinculante; III – se tratar de pedido reipersecutório fundado em prova documental adequada do contrato de depósito, caso em que será decretada a ordem de entrega do objeto custodiado, sob cominação de multa; IV – a petição inicial for instruída com prova documental suficiente dos fatos constitutivos do direito do autor, a que o réu não oponha prova capaz de gerar dúvida razoável.
>
> Parágrafo único. Nas hipóteses dos incisos II e III, o juiz poderá decidir liminarmente.

Embora o Código de Processo Civil/2015 estabeleça a desnecessidade de demonstração do perigo de dano ou de risco ao resultado útil ao processo para a concessão da "tutela de evidência" – mas apenas a ocorrência de uma das hipóteses dos incisos I a IV –, não descreve seus efeitos (se de natureza cautelar ou satisfativa).

Por outro lado, a Lei federal 12.016, de 7.8.2009, que trata do mandado de segurança, assinala que:

> Art. 7º. Ao despachar a inicial, o juiz ordenará: (...); III – que se suspenda o ato que deu motivo ao pedido, quando houver fundamento relevante e do ato impugnado puder resultar a ineficácia da medida, caso seja finalmente deferida, sendo facultado exigir do impetrante caução, fiança ou depósito, com o objetivo de assegurar o ressarcimento à pessoa jurídica.

Destarte, a medida liminar no mandado de segurança exige para sua concessão a existência de *relevância da fundamentação* e *risco ao resultado útil do processo*.

Entendo que a "tutela de evidência" seria incompatível com a liminar em mandado de segurança, por prescindir do requisito do *periculum in mora*.

Todavia, cogita-se na doutrina da aplicação da "tutela de evidência" no âmbito do mandado de segurança, pelo inciso II do art. 311 ("as alegações de fato puderem ser comprovadas documentalmente e houver tese firmada em julgamento de casos repetitivos ou em súmula vinculante").

Nesse sentido, segundo o professor Paulo César Conrado:

> Ter-se-ia, com isso, uma variante à "clássica" medida liminar em mandado de segurança, que se caracterizaria, inovadoramente, pela irrelevância do *periculum in mora*.
>
> Essa é, parece-nos, uma das mais interessantes implicações da legislação processual em relação ao direito tributário – primeiro de tudo, sabe-se, por conta da recorrente utilização do mandado de segurança nessa matéria; segundo, porque, nos termos do inciso IV do art. 151 do CTN, liminar em mandado de segurança é causa de suspensão de exigibilidade, potencial que, seguido o raciocínio apresentado, se estenderia às tutelas de evidência.
>
> E não cogitaríamos que a tomada dessa ideia representaria o indevido afastamento da exigência do *periculum in mora*, como se fosse uma espécie de reescritura ilegítima da lei de regência do mandado de segurança: esse importante instrumento processual, embora disciplinado em lei própria, deve ser interpretado em contexto com o Código de Processo Civil/2015, e não isoladamente, como se alheio estivesse – o que é especialmente relevante se (re)lembrarmos que a tutela de evidência, na mencionada hipótese do inciso II do art. 311, pauta-se na existência (i) de prova cabal dos fatos (ideia que coincide com a de direito líquido e certo; até aí, portanto, nenhuma novidade) e (ii) de tese firmada em julgamento de recursos, especial ou extraordinário, repetitivos ou em súmula vinculante; vale dizer: quando se propõe a aplicação, em mandado de segurança, de parâmetros tais como os da tutela de evidência (notadamente a fundada no decantado inciso II), garante-se a incidência, também nessa espécie processual, de um dos principais pilares do Código de Processo Civil/2015, sabidamente relacionado à vinculação/prevalência da orientação jurisprudencial assentada. [*Revista Consultor Jurídico/CONJUR 25.5.2016 – site www.conjur.com.br*]

A questão, dada a sua importância, certamente, virá a ser objeto de enfrentamento acalorado pelo Poder Judiciário.

4.2 As liminares deferidas em sede de mandado de segurança submetem-se ao instituto da "estabilização" da tutela provisória previsto no art. 304 do CPC/2015?

Resposta: A "estabilização da tutela provisória" no CPC/2015 está prevista no art. 304, da forma seguinte:

> Art. 304. A tutela antecipada, concedida nos termos do art. 303, torna-se estável se da decisão que a conceder não for interposto o respectivo recurso.
>
> § 1º. No caso previsto no *caput*, o processo será extinto.
>
> § 2º. Qualquer das partes poderá demandar a outra com o intuito de rever, reformar ou invalidar a tutela antecipada estabilizada nos termos do *caput*.
>
> § 3º. A tutela antecipada conservará seus efeitos enquanto não revista, reformada ou invalidada por decisão de mérito proferida na ação de que trata o § 2º.
>
> § 4º. Qualquer das partes poderá requerer o desarquivamento dos autos em que foi concedida a medida, para instruir a petição inicial da ação a que se refere o § 2º, prevento o juízo em que a tutela antecipada foi concedida.
>
> § 5º. O direito de rever, reformar ou invalidar a tutela antecipada, previsto no § 2º deste artigo, extingue-se após 2 (dois) anos, contados da ciência da decisão que extinguiu o processo, nos termos do § 1º.
>
> § 6º. A decisão que concede a tutela não fará coisa julgada, mas a estabilidade dos respectivos efeitos só será afastada por decisão que a revir, reformar ou invalidar, proferida em ação ajuizada por uma das partes, nos termos do § 2º deste artigo.

Embora a medida liminar proferida em sede de mandado de segurança (art. 7º da Lei federal 12.016, de 7.8.2009) possa ostentar a natureza *antecipatória* (quando ordena a liberação da mercadoria importada relativamente ao Imposto de Importação cuja alíquota majorada se questiona, por exemplo) ou *cautelar* (quando suspende a exigibilidade do crédito tributário, diante do *fumus boni iuris* e do *periculum in mora*, apresentados pelo impetrante), sempre teve a *provisoriedade* como nota distintiva, podendo ser reformada em primeiro grau; absorvida pela sentença; ou ter seus efeitos projetados além de sentença eventualmente denegatória – na realidade, não se trataria de uma liminar com "superpoderes", mas da concessão de efeito suspensivo ativo a recurso de apelação, conforme se depreende do julgado seguinte:

> Agravo de instrumento – Atribuição de efeito suspensivo ativo a recurso de apelação interposto contra sentença denegatória de segurança – Art. 558 do CPC – Medida excepcional – Ausência de iminente

risco de lesão grave ou de difícil reparação – Falta de relevância na fundamentação jurídica expendida nas razões recursais.

I – A atribuição de efeito suspensivo ativo a recurso de apelação interposto contra sentença denegatória de segurança é medida excepcional, sendo necessária, para sua concessão, a constatação não apenas de uma situação de iminente risco de lesão grave ou de difícil reparação, mas também de efetiva plausibilidade e relevância da fundamentação jurídica expendida no próprio apelo manejado.

(...). [*TRF-2ª Região, 8ª Turma, Ag 2009.02.01.005738-8-RJ, rel. Des. Sérgio Schwartzer, j. 6.7.2011, site www.trf.2.jusbrasil.com.br*]

Portanto, por conta das características de provisoriedade e reversibilidade intrínsecas à medida liminar proferida em mandado de segurança, penso que ela não se coadunaria, num primeiro momento, com a técnica da estabilização da decisão prevista no art. 304 do CPC/2015.

O INCIDENTE DE DESCONSIDERAÇÃO DA PERSONALIDADE JURÍDICA: A QUESTÃO SOBRE SUA APLICAÇÃO ÀS EXECUÇÕES FISCAIS E UMA ANÁLISE DE DIREITO INTERTEMPORAL[1]

Daniel Giotti de Paula

1. Introdução. 2. As bases do Código de Processo Civil/2015. 3. A especificidade da lide tributária e a possível superação dos vieses na interpretação de normas materiais e processuais pelo Código de Processo Civil/2015. 4. A influência dos vieses de interpretação e aplicação do processo tributário no Brasil. 5. A responsabilidade tributária e seu regime jurídico. 6. Incidente de desconsideração da personalidade jurídica e responsabilidade tributária: a diferença ontológica. 7. Da incompatibilidade sistêmica entre o incidente de desconsideração da personalidade jurídica (arts. 133-137 do CPC/2015) e o redirecionamento da execução fiscal em face de terceiras pessoas com base no art. 135, III, do CTN. 8. O incidente de desconsideração da personalidade jurídica e sua aplicação a execuções fiscais em curso. 9. Conclusão.

1. Introdução

Como é natural de coletâneas organizadas pelos professores Hugo de Brito Machado e Hugo de Brito Machado Segundo, trazem os dois uma série de questionamentos relevantes para o avanço específico de algum instituto no direito tributário brasileiro.

1. Agradeço ao professor Maurício Timm do Valle pelas observações pertinentes que fez à primeira versão desse artigo, servindo para que eu corrigisse imperfeições e aprofundasse meus argumentos sobre o tema.

Desta vez o tema escolhido por eles foi o processo tributário, que teve mudanças expressas com a edição da Lei federal 13.105/2015, o Código de Processo Civil/2015. Sabe-se que setores específicos da doutrina processual, como é o caso do processo tributário, também podem passar por releituras, o que demanda efetiva mudança cultural. Mas nem tudo deve ser mudado, justamente pelo caráter peculiar e específico do chamado direito processual tributário, que possui autonomia dogmática e legislativa.

O olhar do novo não pode turvar a visão. Se têm razão Streck e Nunes [2016] ao apontar que não se pode olhar para o novo com a visão do velho, sob pena de a potencialidade transformadora do Código de Processo Civil/2015 se perder, tentar reformar um microssistema processual, como é o do processo tributário, sem o devido processo legislativo pode redundar em decisionismo, incoerência e falta de sistematicidade.

É bem verdade que momentos como o da edição de um novo Código de Processo Civil inauguram disputas semânticas, tanto em âmbito doutrinário quanto em âmbito jurisprudencial.

Nessa disputa, sem querer olhar o novo com as vistas cansadas, nem ignorando o aspecto transformador do *Código de* Processo Civil/2015, analisam-se alguns institutos atrelados à Lei de Execução Fiscal/LEF, estando aberto a releituras, se for esse o caso, com base no Direito posto, nas fontes sociais do Direito, devidamente reconhecidas.

Entre as interessantes perguntas apresentados pelos organizadores desta coletânea destacamos apenas duas, seja pelo caráter polêmico que geram, seja pela complexidade dogmática em seu trato:

> *3.2 O incidente de desconsideração da personalidade jurídica, previsto no art. 133 do CPC/2015, aplica-se às execuções fiscais? Apenas nas hipóteses de o nome dos corresponsáveis não constar previamente na Certidão de Dívida Ativa ou em qualquer hipótese? Ou em nenhuma hipótese, sendo a regra inaplicável à Fazenda Pública exequente?*
>
> *3.3 Caso aplicável às execuções fiscais, ele pode ser instaurado naquelas que já estavam em curso quando teve início a vigência do Código de Processo Civil/2015, ou somente àquelas iniciadas depois de 18.3.2016?*

Será feita uma análise sistemática das questões, e na conclusão responderemos objetivamente a cada uma delas.

2. *As bases do Código de Processo Civil/2015*

O Código de Processo Civil/2015, cuja vigência começou em 18.3.2016, promete gerar verdadeira revolução normativa no sistema processual brasileiro. Feito a várias mãos, discutido por setores da sociedade e por juristas, marcando o diploma com timbre da legitimidade, vislumbram-se três importantes mudanças, entre tantas outras.

A uma, tenta-se implementar um sistema *multiportas* de justiça, pelo qual não se tem o processo como a única nem a mais adequada via de se realizar o Direito. Não será tema deste artigo, mas isso reabre a discussão sobre a possibilidade de utilização de outros meios, tais como a arbitragem e a transação, nas lides tributárias.

A duas, descortina-se um novo modelo de processo, que almeja ser, realmente, instrumento para concretização da justiça, não um fim em si mesmo. Ideias como a da primazia do julgamento de mérito impactam na forma como os sujeitos processuais devem atuar e naquilo que se espera da relação jurídico-processual.

A três, enfatiza-se um processo que, relido pelas lentes de uma série de direitos fundamentais, com contraditório ampliado, tem como meta instaurar ambiente de boa-fé processual.

Essas duas últimas mudanças interessam de perto aos objetivos do artigo, porque dão ensejo ao que muitos autores já têm enfatizado: a necessidade de se olhar o processo, ainda quando se interpretam e aplicam institutos já consagrados ou microssistemas processuais específicas, com o olhar do *novo*.[2]

Na admoestação dos autores, porém, escondem-se dois riscos. O primeiro seria pensar que todos os entendimentos dogmáticos e jurisprudenciais forjados sob a égide do Código de Processo Civil/1973 são equivocados e – o que é pior – tentar reler normas específicas de processo à luz das chamadas normas fundamentais do diploma vigente, esquecendo-se de que os limites para interpretação e aplicação dos novos institutos são as fontes sociais do Direito.

A tese das fontes sociais, capital na linha tradicional do Positivismo jurídico, tem que ver com a postura de não se identificar o Direito por argumentos morais, pois:

2. Por todos, Dierle Nunes e Lenio Streck [2016].

> Considerando que a validade do Direito depende de sua fonte, e considerando que fonte é uma ação ou uma série de ações, dúvidas e discussões sobre a validade do Direito são resolvidas em questões suscetíveis de determinação objetiva, acerca das quais as visões públicas e morais de uma pessoa são essencialmente irrelevantes. [Raz, *2009:152*]

A tese das fontes sociais mostra-se extremamente relevante, sobretudo porque, paradoxalmente, o mesmo Código que aposta em reduzir o espaço da discricionariedade por uma série de dispositivos[3] potencializa o espaço judicial de decisionismo ao chancelar o uso de princípios e cláusulas gerais pelo magistrado.[4]

Não é o espaço para isso, mas o que se quer dizer é que, natural como se dá em uma lei que atende a tantos interesses democraticamente legítimos, o Código de Processo Civil/2015 oferece instrumentos para se adotar posturas mais formalistas ou substancialistas, promover mais o valor da justiça ou o da segurança, ter maior deferência ou ativismo, sendo quase um truísmo afirmar que ele não é a solução dos problemas gerados pelo processo, frutos, em geral, de diferentes visões, conceitos, pré-conceitos e vieses dos que com ele operam.

Uma certa dose de modéstia na aplicação dos dispositivos do Código de Processo Civil/2015, extraindo sua potencialidade transformadora, mas sem querer ir além dos sentidos possíveis do texto, revela-se postura democrática legítima, quanto mais por haver um discurso de transformação desse diploma em direito processual de sobreposição, por uma interpretação ampliada de seu art. 15.

O dispositivo que aposta em uma aplicação subsidiária e supletiva para outros tipos de processo – na dicção meramente exemplificativa, o eleitoral, o trabalhista e o administrativo – pode servir de fundamento para se tentar reler instrumentos de qualquer diploma processual espe-

3. Como exemplos citem-se os que determinam a necessidade de decisões fundamentadas (art. 489 do CPC/2015), inclusive com ônus especial de justificação para o uso de conceitos jurídicos indeterminados, o dever de formação de jurisprudência íntegra, coerente e estável (art. 926 do CPC/2015), a formulação de precedentes obrigatórios (art. 927 do CPC/2015) etc.

4. Entre tantos outros exemplos, citem-se as normas fundamentais da boa-fé processual (art. 5º), do contraditório comparticipativo (art. 6º), e o atendimento de fins sociais e exigência de bem comum, promovendo, inclusive, princípios de conteúdo tão aberto, como são usados na prática judicial, tais como a dignidade da pessoa humana, a proporcionalidade e a razoabilidade.

cífico, como se o Código de Processo Civil/2015 tivesse dado a única interpretação possível sobre o que é um processo constitucionalmente adequado.

Ao risco dessa releitura-padrão a partir do discurso no sentido de o Código de Processo Civil/2015 ter criado o arquétipo de como se ter um processo constitucionalmente adequado, indo além das fontes sociais do Direito, esconde-se outro: o de ignorar que institutos de direito material e microssistemas processuais possuem regimes jurídicos próprios e, por isso, pode ser justificável que normas do Código de Processo Civil/2015 não irradiem efeitos sobre eles, não por qualquer questão ideológica, mas simplesmente pela incompatibilidade das normas processuais com os institutos de direito material ou com o microssistema processual específico.

Apresentados os riscos, este artigo se propõe a investigar se o incidente de desconsideração da personalidade jurídica se aplica às execuções fiscais, ou seja, se há plena identificação ou semelhança entre desconsideração da personalidade jurídica e responsabilidade tributária, regulamentada, sobretudo, nos arts. 128-137 do CTN, a justificar um tratamento uniforme pelo Código de Processo Civil/2015.

Para tanto, primeiro se volta a duas premissas importantes quando se trata de processo tributário: a existência, ou não, de uma especificidade na lide tributária e os vieses que orientam a interpretação dos tributaristas, em maior grau, e dos processualistas, em menor grau, partindo de seus pré-conceitos sobre a relação Fisco-contribuinte.

A seguir esboça-se, forte na linha da jurisprudência analítica, o arcabouço teórico para se analisar o incidente da desconsideração da personalidade jurídica e a responsabilidade tributária, focando-se na análise de seus regimes jurídicos próprios, na identificação do universo de casos abrangidos pelas normas positivadas no Código de Processo Civil/2015 e no Código Tributário Nacional e, ainda, as propriedades relevantes de cada norma, que, ao final, configuram os institutos.

Finalmente, verifica-se a compatibilidade, ou não, do regime jurídico-processual do incidente instaurado pelos arts. 133-137 do CPC/2015 com o instituto da responsabilidade tributária, sobretudo pelo redirecionamento da execução fiscal para alguma das pessoas elencadas no art. 135, III, do CTN. Independentemente da resposta a que se chega, cumpre verificar, na hipótese de o incidente se aplicar às execuções fiscais, se tal aplicação se dá imediatamente, inclusive para processos já em curso.

3. *A especificidade da lide tributária e a possível superação dos vieses na interpretação de normas materiais e processuais pelo Código de Processo Civil/2015*

Existe uma tendência a se discutir o processo tributário de duas perspectivas diametralmente opostas.

Pela primeira entende-se que o contribuinte seria vulnerável, material, formal e processualmente [Marins, 2009], de modo que, no que toca especificamente à execução fiscal, por ter sido forjada em período ditatorial, faria com que ele sempre fosse prejudicado por privilégios odiosos ao Fisco, inerentes a esse diploma processual.

Pela outra perspectiva toma-se como premissa a de que o contribuinte é sempre um devedor contumaz e sonegador potencial, de modo a que os direitos e garantias fundamentais devam ser ponderados com o interesse arrecadatório, aprioristicamente mais relevante que os interesses individuais.

Analisar institutos de direito processual a partir de tais vieses tem sido recorrente na prática judicial.

Essa questão não fica no altiplano teórico. Na prática, contribuintes e Fazendas Públicas discutem se o direito tributário, por suas especificidades, deveria ter um processo próprio e autônomo.

Como dá conta James Marins [2015], os tributaristas e os processualistas apontam que a relação jurídico-tributária é peculiar, diferenciando-se das obrigações privadas, seja de direito civil contratual, seja de direito civil extracontratual, e também das de direito penal.

Por tal marca também saltaria aos olhos a especificidade da lide tributária, a qual traz, na visão de Francesco Carnelutti, um conflito que "decorre da resistência (que se pode dizer natural) do cidadão em subordinar o gozo de seus bens particulares ao interesse do Estado, que reclama uma parcela desses bens para a satisfação das necessidades públicas" [Marins, 2015:44].

Com matrizes teóricas próprias, autores como Francesco Carnelutti, Enrico Allorio, Rubens Gomes de Souza, Fernando Sainz de Bujanda, Héctor B. Villegas, Dino Jarach, Ramón Valdés Costa, Jorge R. Beltrán, José Juan Ferreiro Lapatza e Soares Martínez apontariam, ao lado de James Marins, a diferenciação do processo tributário, conforme aponta esse próprio autor [2015:73].

Não ficam claras algumas questões.

A primeira é que reconhecer como natural a resistência do contribuinte em cumprir com a obrigação tributária liga o tributo a ser uma norma de rejeição social, algo que se ajusta bem ao espírito liberal das primeiras Constituições mas não se coaduna com o ideal de tributação de um Estado Democrático de Direito [Greco, 2005:168-189].

Para o modelo atual de Estado, direitos fundamentais e políticas públicas possuem custos, arcados essencialmente pelos tributos, um dever fundamental advindo dos próprios laços sociais formados.

O perigo de se pegar uma categoria estranha à do Direito, como a da naturalidade em se resistir a tributos, para defender a especificidade do processo tributário é que isso abre ensejo a maior discricionariedade judicial, distanciando-se da tese das fontes sociais.

Podem o intérprete e o aplicador do Direito tanto defender maior restrição aos direitos e garantias do contribuinte, baseando-se na premissa de que essa resistência natural não se coaduna com o direito positivo, que eleva o pagar tributos à categoria de dever jurídico, quanto podem esgarçar as fontes sociais do direito tributário, a ponto de se defender um processo específico que subverta as normas materiais de concretização do dever fundamental de pagar tributos.

Nessa disputa político-semântica caberia qualquer uma das vertentes. Não se desconhece – essa é uma tese que subjaz a esse trabalho – que o legislador pode criar um microssistema processual tributário próprio, o que já o faz, mas se coloca em xeque a ideia de que o intérprete e o aplicador do direito tributário inovem no sistema jurídico, criando normas próprias de direito tributário pelo uso criativo de normas processuais do Código de Processo Civil/2015.

O Código de Processo Civil atual traz importantes explicitações de normas constitucionais, determinando, por exemplo, que haja uma "jurisprudência coerente, íntegra e estável" (art. 926) e os julgadores não se valham de conceitos jurídicos indeterminados "sem explicar o motivo concreto de sua incidência no caso" (art. 489, § 1º, II, do CPC/2015).

Por meio desses dispositivos, e tantos outros que poderiam ser citados, o espaço para discricionariedade judicial deve ser absolutamente excepcional. Os fundamentos das decisões devem ser transparentes e basear-se em fontes sociais do Direito.

A tentativa de se chegar a esse estado de coisas deveu-se a um esforço de doutrinadores para diminuir a discricionariedade, que não é um mal em si, mas que se transforma em perigoso atentado à democracia quando juízes invocam decidir conforme suas consciências, não se atendo às fontes sociais do Direito – ou seja: identificam como juridicamente válida certa norma construída por meio de valorações morais ou próprias de justiça.

Assim, os vieses de interpretação e aplicação do processo tributário não se coadunam com o perfil do Código de Processo Civil/2015, devendo ser afastados. No entanto, para se chegar a esse desiderato a atual prática judicial brasileira precisa ser revista.

4. *A influência dos vieses de interpretação e aplicação do processo tributário no Brasil*

No direito positivo brasileiro convivem normas gerais processuais aplicadas a qualquer processo, inclusive ao tributário, e normas tipicamente processuais-tributárias, como as da Lei de Execução Fiscal, da ação cautelar fiscal, algumas normas estipuladas na Lei do Mandado de Segurança etc.

Nos últimos anos uma série de mudanças nas normas gerais processuais foi realizada, de modo que passou a ser corrente discutir se essas normas gerais posteriores revogariam as normas específicas anteriores. O tema interessa, sobretudo, por ter a Lei de Execução Fiscal (Lei federal 6.830/1980) previsto a aplicação subsidiária do Código de Processo Civil.

O que seria *subsidiariedade*, e como ela se diferenciaria da *supletividade*? Para alguns autores a técnica da supletividade serviria para os casos em que o Direito vigente é omisso em relação a uma situação concreta; ao passo que a técnica da subsidiariedade se aplicaria para casos em que o Direito vigente, em texto normativo expresso, contempla solução que não conduz a resultado adequado [Koury, 2012:257].

Lidando com conhecida diferenciação de Carlos E. alchóurron e Eugenio Bulygin [1987] entre lacunas normativas e axiológicas, tem-se que o sistema normativo usa as técnicas da supletividade e da subsidiariedade para aquela e esta, respectivamente.

Assim, perante uma lacuna normativa – ou seja, ausente qualquer norma jurídico-processual específica –, pode o juiz criar uma norma, em construção discricionária. Curiosamente, o que o art. 15 do CPC/2015 faz é estabelecer que, por exemplo, existiria um dever geral de fundamentação de qualquer decisão no art. 489 do diploma processual, que se aplica a qualquer tipo de processo ou microssistema processual, se ausentes normas que tratem do tema.

O caso da lacuna axiológica é mais problemático. Tem-se solução normativa prévia, geralmente em uma regra, mas o julgador e o aplicador valoram-na como equivocada, tendo em vista que alguma propriedade relevante para a solução dos casos contemplados pela norma existente foi por ela desconsiderada.

Juan Ruiz Manero [2010:38] dá como exemplo didaticamente perfeito o do famoso caso "Riggs *versus* Palmer", citado por Ronald Dworkin, no qual debateu o acerto de uma decisão que permitia a uma pessoa herdar bens ainda que tivesse matado o *de cujus*. Percebe-se, no caso, que a norma posta no sistema deveria ter constado como uma propriedade relevante para autorizar a herança não ter o herdeiro matado o *de cujus*.

Se a dogmática processual estiver certa em diferençar supletividade e subsidiariedade nos termos acima postos e com a aproximação que faço agora com os referenciais teóricos de Alchourrón e Bulygin, teremos uma situação potencialmente conflituosa com o Código de Processo Civil/2015, pois, como ele se baseia fortemente em questões mais substanciais e aposta em normas fundamentais, a releitura de processos específicos e microssistemas processuais seria a regra.

Não chego a esse ponto, porque, ao que me consta, a orientação do Código de Processo Civil/2015 foi justamente tentar acabar com decisionismos. Somando-se a isso o fato de que o modelo teórico de Alchourrón e Bulygin pode ser visto como um instrumental para identificar o funcionamento de sistemas jurídicos ideais, coerentes e racionais, a inflação legislativa brasileira recomenda parcimônia na técnica da subsidiariedade.

Claramente, essas técnicas seriam maneiras de resolver antinomias, embora a subsidiariedade no sentido acima mais se aproxime dos métodos de interpretar conforme à Constituição um dispositivo normativo hierarquicamente inferior ou criação judicial pura.

De qualquer sorte, seguindo-se o critério da especialidade, têm-se as normas específicas da Lei de Execução Fiscal como revogadas por normas gerais processuais do Código de Processo Civil/2015. O problema é que esse critério não serve para solucionar qualquer questão. Isso porque existe situação sem resposta, aprioristicamente, na Teoria Geral do Direito e no Direito posto brasileiro quando se se está diante da chamada antinomia de segundo grau, situação na qual existe conflito entre normal geral posterior e norma específica anterior.

Talvez aqui se tenha maior espaço para a técnica da subsidiariedade.

Pelas soluções normais das antinomias de primeiro grau, seguindo-se o critério da especialidade, a norma específica prevaleceria; enquanto, tendo-se o critério da temporalidade ou cronologia como norte, a norma posterior é a que deveria prevalecer.

Além dessa dificuldade na escolha do critério mesmo de solução, nem sempre é fácil definir o que seria uma norma específica, ou não.

O melhor desenho institucional teria sido o próprio Código de Processo Civil/2015 tratar da execução fiscal, deixando, assim, claro quais seriam as normas específicas e deixando de lado qualquer discussão sobre aplicação subsidiária, em face das dificuldades que a antinomia de segundo grau gera.

Como não o fez, deixou-se aberto espaço para a discricionariedade judicial, com os magistrados definindo um critério para cada caso: para uns valeria o critério cronológico; para outros, o critério da especialidade. Na prática, em alguns casos o Código de Processo Civil/2015 prevaleceria em exercício de aplicação subsidiária; em outros, não se valeria da técnica, mantendo-se norma da Lei de Execução Fiscal.

O uso desses critérios pode ser invocado para esconder escolhas prévias dos julgadores sobre qual seria o polo hipossuficiente ou mais fraco na relação jurídico-tributária. Os vieses interpretativos escondem-se em uma escolha alegadamente racional.

O tema é tão polêmico que gerou situações extraordinárias. A Procuradoria-Geral da Fazenda Nacional editou o Parecer 1.732/2007, segundo o qual se poderia entender que, como a Lei de Execução Fiscal foi criada para abreviar e efetivar a cobrança dos créditos tributários, valendo-se de uma interpretação sistemático-teleológica, pela teoria do diálogo das fontes, qualquer norma geral posterior favorável – que adviria das leis de reforma – seria aplicável para as execuções fiscais.

Seguindo essa linha, o STJ fixou que se aplicava nova lei processual (Lei 11.362/2006) na parte em que deixava de dar efeitos suspensivos automáticos para embargos à execução fiscal, mas não se aplicava a lei nova, mantendo-se a necessidade de garantia da dívida para embargar (art. 16 da LEF).

Essa situação de absoluta contradição nos critérios de antinomia padecia, possivelmente, de algum déficit de legitimidade, pois o critério utilizado – a teoria do diálogo das fontes – não se estribava em uma fonte social do Direito, nem em algum fundamento constitucional expresso.

Fazia-se eco à polêmica ideia de supremacia do interesse público sobre o privado, criticada pela doutrina publicista mais moderna, e que combina com a teoria enviesada de considerar o contribuinte um devedor contumaz.

Adotou-se como metacritério de solução de conflitos a teoria do diálogo das fontes, o que é criticável por considerável setor da dogmática tributária [Marins, 2009:123-166], sobretudo por desconsiderar a vulnerabilidade dos contribuintes e apostar que sempre deve prevalecer a interpretação que mais efetiva torne a execução fiscal, como se arrecadar fosse fim em si mesmo.

Não obstante, verdade é que leis posteriores podem, em tese, inovar a relação jurídico-processual, de modo que algum critério outro, além da eficiência, deve ser levado em conta. Não se pode esquecer do fato de que as execuções fiscais se mostram infrutíferas, em uma análise mais ampliada, pois a recuperação dos créditos públicos pela Procuradoria-Geral da Fazenda Nacional, órgão mais eficiente entre todos, chega a pouco mais de 1% [Brasil, 2015].

Por essa lógica, inclusive, a Procuradoria-Geral da Fazenda Nacional tem buscado formas de melhorar a recuperação do crédito público, concentrando nos créditos mais importantes, com o foco nos grandes devedores, ou criando meios alternativos de cobrança para débitos de baixo valor, tais como pelo uso do protesto da Dívida Ativa, conforme previsão na Lei federal 13.043/2014.

De qualquer sorte, o Código de Processo Civil/2015 traz uma série de novas normas gerais aplicáveis ao processo tributário, além de os arts. 1º e 8º indicarem a necessidade de filtragem constitucional da execução fiscal, afastando uma jurisprudência refratária a decisões de mérito e que faça menoscabo do devido processo legal e do contraditório.

Entretanto, isso não representa assumir a tese de que qualquer nova norma processual posterior indique necessidade de mudança da jurisprudência ou revogação de norma em dispositivo da Lei de Execução Fiscal, pois existem assuntos que tocam ao direito material tributário e que realmente demandam tratamento específico.

É dizer: não existe uma presunção de que, como a Lei de Execução Fiscal é anterior à Constituição da República e ao Código de Processo Civil/2015, traga ela tantos casos de lacunas axiológicas, sob pena de se considerar que o atual Código criou o único modelo possível de processo constitucionalmente adequado.

No próximo tópico apresenta-se o tema da responsabilidade tributária, mormente em sua categoria mais utilizada: a da corresponsabilização por débitos tributários da pessoa jurídica feita para administradores, diretores e gerentes em casos de infração à lei, contrato ou estatuto social

5. *A responsabilidade tributária e seu regime jurídico*

Qualquer um que trabalhe com execuções fiscais em massa sabe que se vive um drama no Brasil: na maioria das execuções fiscais sequer se consegue citar pessoalmente os devedores, e, ainda que sejam citados, as penhoras mostram-se infrutíferas, sendo o fim normal de uma execução fiscal seu perecimento por prescrição intercorrente.

Esse drama é suavizado, em alguns casos, pela possibilidade de redirecionamento da execução fiscal em face dos administradores por infração à lei, estatuto ou contrato social (art. 135, III, do CTN).

No regime jurídico-tributário é possível que alguma pessoa física ou jurídica bem como um ente despersonalizado, mesmo sem terem praticado o fato gerador, tornem-se responsáveis pelos créditos tributários decorrentes.

Conforme a maioria da doutrina, interpretando os dispositivos legais do Código Tributário Nacional, tem-se que contribuinte é aquele que possui uma relação direta e pessoal com o fato gerador, enquanto o responsável possui vínculo indireto com esse fato gerador, imputando-se a essa terceira pessoa, mediante lei, a responsabilidade pelo crédito tributário [Machado, 2015:270-271].

Para o que interessa no âmbito desse artigo, divide-se a responsabilidade em duas modalidades, não obstante a existência de estudos dogmáticos que se baseiem em outras premissas para a distinção.

Assim, por *substituição* entende-se a situação em que desde a ocorrência do fato gerador alguma norma jurídica já determina que a sujeição passiva recaia sobre pessoa diferente daquela que guarda vínculo direito e pessoal com o fato gerador. Por *transferência*, no entanto, tem-se o caso no qual em momento posterior à ocorrência do fato gerador, mediante alguma norma jurídica, a responsabilidade passa para terceira pessoa, que não aquela com relação direta e pessoal com o fato gerador.

Como exemplo de *responsabilidade por substituição* têm-se o da substituição progressiva e o da regressiva, expedientes mediante os quais, muitas vezes para se concretizar outros princípios jurídicos ou diretrizes, passa-se a responsabilidade pelo pagamento de um tributo para alguém mais facilmente identificado ou fiscalizado pelos órgãos fazendários.

Situação outra se dá na *responsabilidade por transferência*, quando algum motivo superveniente atrai a corresponsabilização para terceira pessoa, mantendo-se ou não o contribuinte original também como sujeito passivo da obrigação tributária.

Essa última modalidade subdivide-se em responsabilidade por sucessão e responsabilidade por imputação legal. Da primeira colhem-se como hipóteses a responsabilidade imobiliária (art. 131 do CTN), a por ato *inter vivos* (art. 131, I, do CTN), a por *causas mortis* (art. 131, II e III, do CTN), a societária (art. 132 do CTN) e a comercial ou empresarial (art. 133 do CTN). Da segunda verificam-se como possibilidade a responsabilidade solidária (art. 134 do CTN) e a pessoal (art. 135 do CTN).

O regime jurídico de cada uma dessas hipóteses traz solução para casos diversos, para lides tributárias específicas. Não importa, nos limites concisos deste artigo, investigar uma a uma as modalidades de responsabilidade tributária.

Fica, porém, a certeza de que a aferição da responsabilidade tributária pode se dar no curso do processo administrativo de constituição do crédito tributário ou já na fase judicial de cobrança.

Em regra, essa responsabilização, ontologicamente, nasce por previsão legal, embora no plano dos fatos seja necessário para sua ocorrência que haja um pedido do Fisco lastreado em provas que construam uma narrativa da responsabilidade dos terceiros pelos créditos tributários.

A falta de reserva de jurisdição para caracterização e identificação da responsabilidade tributária foi uma escolha legislativa, legítima no ponto em que se fixam critérios jurídicos para distribuição do dever de pagamento de tributos. Obviamente, a reserva de jurisdição para caracterizar e identificar a responsabilidade tributária não implica impossibilidade de controle judicial posterior.

Ademais, não é a responsabilidade tributária prevista no Código Tributário Nacional um expediente que, necessariamente, trata como sendo da sociedade o patrimônio do sócio.

Independentemente de a pessoa jurídica ter ainda patrimônio ou administradores, diretores ou representantes não terem qualquer patrimônio, inclusive sendo do conhecimento prévio do Fisco, a responsabilidade tributária desses últimos, nos casos previstos do Código Tributário Nacional, pode ser imputada a terceira pessoa.

Logicamente, pode-se conjecturar que a escolha desses critérios jurídicos pelo legislador se justifica na especificidade de ser a relação jurídico-tributária de direito público, exigindo cuidado redobrado do credor para buscar um crédito que, a bem da verdade, não é apenas seu, mas de toda sociedade.

Percebe-se, claramente, que a responsabilidade tributária é instituto de direito material, que distribui o dever de pagamento do tributo entre pessoas e entes despersonalizados.

Talvez a responsabilidade tributária mais utilizada pelo Fisco, por motivos a seguir explicitados, seja aquela prevista no art. 135, III, do CTN, segundo o qual:

> Artigo 135. São pessoalmente responsáveis pelos créditos correspondentes a obrigações tributárias resultantes dos atos praticados com excesso de poderes ou infração da lei, contrato social ou estatutos: (...); III – os diretores, gerentes ou representantes de pessoas jurídicas de direito privado.

Entende-se que a infração à lei pode se caracterizar pela prática de crime tributário, como o de sonegação, que, não podendo ser realizado pelo contribuinte, pelo menos indica que seus administradores não tiveram uma gestão adequada, bem como infração à lei de direito privado e leis tributárias, como no caso de se encerrar a atividade empresarial sem a baixa devida junto aos órgãos de constituição.

Mesmo que o mero inadimplemento da obrigação tributária não deixe de ser infração à lei, tecnicamente, pois obrigação tributária existe apenas por lei, construiu-se a orientação de que não pode autorizar o redirecionamento (Enunciado 430 da Súmula Dominante do STJ), sob pena de a responsabilidade por débitos tributários passar a ser sempre solidária entre administradores e pessoa jurídica.

De qualquer forma, o mais corriqueiro é se ter como infração à lei, apta a ensejar o redirecionamento na forma do art. 135, III, do CTN, a dissolução irregular, presumida relativamente pela certificação de oficial de justiça que não encontra a pessoa jurídica no endereço fornecido aos órgãos de registro (Enunciado 435 da Súmula Dominante do STJ).

Essa orientação jurisprudencial pode induzir a erro, em uma primeira análise. É que não se pode olvidar que essa não é a única forma de se redirecionar, pois nada impede que, por exemplo, se busque responsabilizar administradores que antes mesmo de a atividade empresarial cessar já deixaram de declarar os tributos devidos e alterando os contratos sociais colocam em seu lugar "laranjas".

Não é incomum os órgãos de fiscalização tributária e mesmo a Polícia conseguirem aferir esse conjunto fático, o que permite a inscrição em Dívida Ativa de créditos tributários já em nome dos responsáveis tributários.

Nessas situações, inclusive, conforme jurisprudência do STJ, constando desde o início o nome dos corresponsáveis nas certidões de Dívida Ativa, o ônus para provar inexistência da responsabilidade tributária cabe aos sujeitos passivos, e não ao Fisco.

O que se deve ter estreme de dúvidas é que o redirecionamento da execução fiscal se dá por aplicação do art. 135, III, do CTN, não se confundindo com o instituto da desconsideração da personalidade jurídica, regido pelo art. 50 do CC.

Curiosamente, por força do art. 4º da LEF, na parte em que determina ser possível aplicar as normas de responsabilidade tributária à Dívida Ativa não tributária, o STJ aplica a corresponsabilização para qualquer crédito, em certo aspecto aproximando os institutos:

> Processual civil – Tributário – Recurso especial representativo da controvérsia – Art. 543-C do CPC – Redirecionamento de execução fiscal de Dívida Ativa não tributária em virtude de dissolução irregular de pessoa jurídica – Possibilidade – Art. 10 do Decreto n. 3.078/1919 e art. 158 da Lei n. 6.404/1978/LSA, c/c art. 4º, V, da Lei n. 6.830/19/1980/LEF.
>
> É obrigação dos gestores das empresas manter atualizados os respectivos cadastros, incluindo os atos relativos à mudança de endereço dos estabelecimentos e, especialmente, referentes à dissolução da sociedade. A regularidade desses registros é exigida para que se demonstre que a sociedade dissolveu-se de forma regular, em obediência aos ritos e formalidades previstos nos arts. 1.033 a 1.038 e arts. 1.102 a 1.112, todos do CC/2002, onde é prevista a liquidação da sociedade com o pagamento dos credores em sua ordem de preferência, ou na forma da Lei n. 11.101/2005, no caso de falência. A desobediência a tais ritos caracteriza infração à lei.[5]

Seriam os dois institutos idênticos? É o que se tenta responder nos próximos dois tópicos.

5. Brasil, STJ, REsp 1371128-RS, 1ª Seção, rel. Min. Mauro Campbell Marques, j. 10.9.2014, *DJe* 17.9.2014.

6. Incidente de desconsideração da personalidade jurídica e responsabilidade tributária: a diferença ontológica

Nesse contexto pode-se introduzir o incidente de desconsideração da personalidade jurídica, criado e alçado à intervenção de terceiro pelo CPC/2015 entre os arts. 133 e 137.

Alexandre Freitas Câmara [2015:425] assevera que o incidente é uma forma de se chamar terceiros a participar com influência da decisão judicial, que pode determinar sua integração à relação jurídico-processual.

O incidente gera a ampliação do objeto do processo, por meio de uma nova demanda em que "se pretende a desconstituição da eficácia da personalidade de uma pessoa jurídica, para o fim de atingir o patrimônio dela, quando o sócio é a parte originária no processo, ou o patrimônio de seu sócio, quando ela é a parte originária, segundo Eduardo Talamini [2016:2].

Leonardo Carneiro da Cunha [2016:411] indica que "o referido incidente não cria critérios, requisitos, pressupostos, condições, que caracterizem ou justifiquem a desconsideração da personalidade jurídica". Trata-se de procedimento para resguardar o contraditório na inserção de um terceiro no processo.

Se isso for verdade, parece difícil defender a inaplicação do incidente de desconsideração da personalidade jurídica para qualquer execução fiscal, mas essa premissa desconsidera que existe uma responsabilização mais intensa, por uma opção legislativa clara do administrador, diretor ou representante de pessoa jurídica de direito privado por débitos tributários dessa, em relação à situação de responsabilização de sócio por dívidas em geral de uma sociedade empresária.

O administrador, diretor ou representante da pessoa jurídica de direito privado é alguém que, ontologicamente, tem o dever de bem gerir a sociedade empresária, além do quê é o responsável pelo regular pagamento dos créditos tributários.

Na desconsideração, que pode abarcar qualquer sócio, muitas vezes esse não tem pleno conhecimento da gestão dos negócios, embora sua responsabilidade advenha justamente por não atender a um dever de cautela e cuidado da situação financeira e do patrimônio da pessoa jurídica de direito privado, mitigando-se ou anulando-se o prejuízo de terceiro que contrata com ela e vê obrigações inadimplidas.

Frise-se, ainda, que muitos autores que discordam da aplicação do incidente de desconsideração da personalidade jurídica apontam os inconvenientes que pode gerar em demandas de massa, como são as execuções fiscais.

Tal juízo, ainda que com espeque em lastro empírico, guarda também orientação enviesada: a de se buscar um processo tributário que desnaturalize a dificuldade em concretizar o dever fundamental de pagar tributos.

Entre os processualistas que defendem a aplicação do incidente em matéria tributária, Alexandre Freitas Câmara [2015:427] tenta afastar, de plano, a tese de que abrir o incidente fará com que se corra o risco de não encontrar mais bens passíveis de penhora, ao final do incidente, pois o art. 137 da Lei federal 13.105/2015 determina que qualquer alienação ou oneração será declarada ineficaz caso feita após o requerimento do incidente, bem como se mostra possível uma medida cautelar destinada a apreender bens dos sócios.

Defende, expressamente, que o direito material estabelece os pressupostos para a desconsideração, cabendo sempre se seguir o procedimento previsto no Código de Processo Civil, inclusive em matéria tributária.

Entre os tributaristas, Brunno Lorenzoni e Sérgio André Rocha [2016:162 e 171] afirmam que a Lei de Execução Fiscal foi omissa quanto à observância de normas constitucionais, como contraditório e devido processo legal, de modo que se deveria aplicar o incidente para casos de redirecionamento justamente por existência da lacuna.

Não se opta, neste artigo, por esses tipos de juízo de valor, próprios para análises *de lege ferenda*. Sequer se defende o regime jurídico aplicável por seus eventuais efeitos, com base em critérios consequencialistas.

Como se defendeu acima, o melhor seria uma nova Lei de Execução Fiscal ou mesmo que o Código de Processo Civil/2015 especificasse claramente quais institutos se aplicam aos microssistemas processuais, eventualmente com regulamentação própria. Mas, se não o fez, encontrar quais normas se aplicam a determinado caso envolve esforço hermenêutico dos intérpretes e aplicadores do Direito.

Nesse sentido, a dogmática tributária majoritária, embora reconheça que a imputação da responsabilidade tributária, na essência, não é o mesmo que a desconsideração da personalidade jurídica, insiste em que o incidente da desconsideração se aplica para os casos de imputação de responsabilidade tributária.

Existem processualistas que colocam em dúvida se o regime de responsabilidade tributária prescinde, ou não, da instauração do incidente de desconsideração da personalidade jurídica. Nesse sentido, Araken de Assis [2016:302], embora admita a dúvida, fundamenta a necessidade dessa aplicação no fato de que:

> O processo civil obsequioso aos direitos fundamentais recomenda sua aplicação na execução fiscal, por incidência subsidiária do art. 795, § 4º, segundo o qual é obrigatório, para excutir os bens do sócio por força da desconsideração, empregar o incidente do art. 133.

Parece-me que todas essas análises padecem do erro de não se diferenciar claramente os institutos, no que uma abordagem analítica pode ajudar.

É corrente afirmar que o Código de Processo Civil/2015 apenas cria normas processuais para os vários tipos de desconsideração da personalidade jurídica. Em seminário promovido pela FGV-Rio em 2015 constatou-se que existiriam 17 espécies de desconsideração da personalidade jurídica, uma delas aquela prevista no art. 135, III, do CTN.[6]

Colocando em suspenso essa afirmação, deve-se analisar, a um primeiro juízo, o art. 50 do CC, assumidamente o modelo geral de desconsideração da personalidade jurídica, e o art. 135 do CTN, em sua inteireza. Veja-se a redação dos dispositivos:

> Art. 50. Em caso de abuso da personalidade jurídica, caracterizado pelo desvio de finalidade, ou pela confusão patrimonial, pode o juiz decidir, a requerimento da parte, ou do Ministério Público quando lhe couber intervir no processo, que os efeitos de certas e determinadas relações de obrigações sejam estendidos aos bens particulares dos administradores ou sócios da pessoa jurídica.

> Art. 135. São pessoalmente responsáveis pelos créditos correspondentes a obrigações tributárias resultantes dos atos praticados com excesso de poderes ou infração da lei, contrato social ou estatutos: I – as pessoas referidas no artigo anterior; II – os mandatários, prepostos e empregados; III – os diretores, gerentes ou representantes de pessoas jurídicas de direito privado.

6. Não se tem acesso aos anais desse seminário, mas a notícia sobre ele pode ser apurada em *http://direitorio.fgv.br/noticia/seminario-da-fgv-direito-rio-discute-desconsideracao-da-personalidade-juridica*.

Sem partir para a Dogmática, procura-se, neste momento, identificar nos dispositivos propriedade relevantes diversas para se configurar a desconsideração da personalidade. Mas o que se quer dizer com "propriedades relevantes"?

Na linha de Alchourrón e Bulygin [1987], *propriedades relevantes* são aqueles elementos imprescindíveis para determinar um universo de casos para o qual se aplica determinada norma jurídica.

Um exemplo dos autores argentinos, relacionado ao direito tributário, ajuda a elucidar. Supondo-se que uma lei estabelecesse um imposto, de modo que todo contribuinte que recebesse renda mensal inferior a $ 50.000,00 pagaria $ 100 a título de tributo; aqueles cuja renda fosse entre $ 50.000,00 e $ 200.000 pagariam $ 200; e acima de $ 200.000,00 pagariam $ 300,00, tem-se identificada a propriedade relevante para a aplicação de cada alíquota [Alchourrón e Bulygin, 1987:56-57].

Haveria três classes de contribuintes, ou seja, três universos de casos, e para cada qual uma norma de incidência tributária fixada a partir de uma propriedade relevante.

Exemplos baseados apenas em propriedades relevantes numéricas são raros, mas o exemplo realça bem qual a importância de se definir, a partir de propriedades relevantes, o universo de casos e verificar qual a solução normativa acaso existente.

Assim, pelo art. 50 do CC, as propriedades relevantes para se aplicar o instituto da desconsideração são: (1) existência de desvio de finalidade ou de confusão patrimonial; (2) requerimento da parte ou do Ministério Público; (3) decisão judicial.

Para esse universo de casos – os que autorizam a desconsideração da personalidade jurídica – o art. 50 do CC comina uma solução normativa: a previsão de que certas e determinadas relações de obrigações sejam estendidas aos bens particulares dos sócios ou dos administradores.

Pelo art. 135 do CTN as propriedades relevantes para se configurar essa hipótese de responsabilidade tributária são: (1) uma ação ou omissão em excesso de poderes ou que caracterize infração à lei, contrato social ou estatuto social; (2) ser quem pratica os atos ou se omite algum dos elencados no art. 134 do CTN; ou ser mandatário, preposto e empregado ou, ainda, ser diretor, gerente ou representante de pessoas jurídicas de direito privado.

Como solução normativa para esse universo de casos – o de corresponsabilização tributária com base no art. 135 do CTN – tem-se como solução normativa a responsabilidade pelos créditos tributários de quem agiu ou se omitiu para o cumprimento das dívidas tributárias pela sociedade empresária.

No caso do art. 135 do CTN a jurisprudência, a partir da edição do Código Civil/2002, deixou claro que administradores não sócios podem ser responsabilizados. Ademais, como não são exclusivamente devedores tributários os entes personalizados, podendo se cobrar tributo de massa falida, espólio e condomínio, por exemplo, a jurisprudência aplica o instituto para administradores judiciais, inventariantes e síndicos.

É verdade que existem lacunas normativas e axiológicas nos dois regramentos, sobretudo no que tange aos efeitos dos institutos.

Por exemplo, ainda se discute no caso da responsabilidade tributária do art. 135, III, do CTN se é importante que aqueles que praticaram os atos omissivos e comissivos ostentem a qualidade de diretores, administradores ou representantes também na época do fato gerador ou se seriam alcançados aqueles que ostentassem essa qualidade na época da dissolução irregular.

Ademais, embora tenha caminhado a jurisprudência para uma responsabilidade solidária com as pessoas jurídicas ou entes despersonalizados, houve quem defendesse doutrinariamente e ainda alguns julgados tratar-se de responsabilidade subsidiária.

Não há definição clara no STJ, também, sobre o início do prazo prescricional para o redirecionamento, embora majoritariamente se incline para considerar como marco inicial a citação ou tentativa frustrada de citação da pessoa jurídica na execução fiscal.

Indo à doutrina, tem-se que o Código Civil adotou a perspectiva objetiva, segundo a qual a confusão patrimonial é o pressuposto fundamental para a desconsideração da personalidade jurídica, seguindo, sobretudo, os ensinamentos de Fábio Konder Comparato e Calixto Salomão Filho [2008:450].

A perspectiva subjetiva, ligada à atitude fraudulenta ou abusiva de sócios e administradores, não é unânime na doutrina, embora haja quem defenda sua adoção também no Código Civil e outros diplomas normativos.

Assim, como a responsabilidade tributária é instituto próprio, a regulamentação de como seria judicialmente identificada pelo Código de Processo Civil/2015 implica a criação de novo regime jurídico, sem criação prévia por lei.

Claro está que nada obsta a que ocorra a desconsideração da personalidade jurídica propriamente dita no curso de uma execução fiscal, eis que presentes seus fatos ensejadores. Nesse caso, e apenas nele, aplica-se o incidente de desconsideração na execução fiscal.

À guisa de conclusão, a partir de uma visão ontológica, os institutos são diversos, e embaralhá-los significar fazer menoscabo das opções legislativas e das fontes sociais do Direito. No entanto, ainda existem fundamentos lógicos para mostrar que o incidente de desconsideração da personalidade jurídica não foi esboçado para a responsabilidade tributária.

7. Da incompatibilidade sistêmica entre o incidente de desconsideração da personalidade jurídica (arts. 133-137 do CPC/2015) e o redirecionamento da execução fiscal em face de terceiras pessoas com base no art. 135, III, do CTN

Ainda que se supere a questão da diferença ontológica entre os institutos, uma rápida visada nos dispositivos do Código de Processo Civil/2015, em comparação com alguns dispositivos da Lei de Execução Fiscal, mostra também uma incompatibilidade sistêmica entre os dois diplomas processuais.

Quando me refiro a incompatibilidade sistêmica quero dizer que o conjunto de normas de cada sistema processual segue procedimento próprio, de modo que embaralhá-los pode levar a situações de impossibilidade de aplicação das normas do incidente à Lei de Execução Fiscal, sob pena de o juiz ter que criar um procedimento especial, agindo em flagrante decisionismo.

Segundo o art. 134 do CPC/2015, "o incidente de desconsideração é cabível em todas as fases do processo de conhecimento, no cumprimento de sentença e na execução fundada em título executivo extrajudicial", e, salvo se for requerido na petição inicial, suspenderá o curso do processo (§§ 2º e 3º).

A Lei federal 6.830/1980, no seu art. 16, traz a possibilidade de a parte embargar a execução fiscal, uma vez garantido o juízo. Ademais, permite que o juiz suspenda por um ano, sem ainda contar o prazo prescricional, no caso de não ser localizado o devedor ou não serem localizados bens passíveis de penhora.

Essas duas hipóteses, eminentemente processuais, são excepcionais, pois nelas os créditos tributários em cobrança não estão com exigibilidade suspensa pela ocorrência de uma das modalidades do art. 151 do CTN.

O incidente de desconsideração, uma vez instaurado, e muitas vezes sem prévia citação de qualquer um dos sujeitos passivos da obrigação tributária, poderia fazer perecer o crédito tributário, pois não haveria causa legal de suspensão da exigibilidade.

Por outro lado, no microssistema processual próprio da execução fiscal, o art. 16, § 2º, da Lei Federal 6.830/1980 indica que toda matéria útil à defesa deve se dar em embargos. O incidente subverteria essa lógica.

Poderia parecer que esses argumentos são facilmente superáveis, bastando que a jurisprudência resolvesse os possíveis conflitos; mas na verdade revelam inconsistências sistêmicas que sugerem a necessidade de uma reforma do microssistema processual da execução fiscal, ação que cabe ao legislador, e não, inventivamente, ao Judiciário.

8. O incidente de desconsideração da personalidade jurídica e sua aplicação a execuções fiscais em curso

Defendeu-se que não se aplica o incidente de desconsideração da personalidade jurídica às execuções fiscais. Entretanto, pode-se conjecturar como se daria a aplicação do Código de Processo Civil/2015, nesse ponto, para execuções fiscais de dívida tributária já em curso em 18.3.2016.

Sabe-se que o art. 1.046 do CPC/2015 determina a aplicação aos processos já pendentes. No entanto, deve-se lembrar de que, na linha do que já afirmara Galerno Lacerda [1974], o conceito de "direito adquirido" processual deve ser alargado ao ponto de englobar também as noções de coisa julgada e ato jurídico perfeito.

Se o caso for de aplicar o instituto da desconsideração da personalidade jurídica às execuções fiscais, o melhor é adotar posturas que concretizem o direito fundamental à segurança jurídica, dentro da proposta axiológica do Código de Processo Civil/2015 [Fux, 2016].

Nesse sentido, a aplicação ou não do incidente de desconsideração às execuções fiscais em curso pode se dar conforme o grau de consolidação da situação jurídico-processual de inclusão de um terceiro na relação jurídico-processual.

Sendo assim, se na data de entrada em vigência do Código de Processo Civil caso já tenha ocorrido pedido de redirecionamento com base no art. 135 do CTN ou já tenha sido deferido, não se aplica o novo instituto, pois ali já se tem uma situação jurídico-processual consolidada.

Deve-se lembrar, aqui, que segurança jurídica envolve uma dimensão tríplice – cognoscibilidade, calculabilidade e confiabilidade –, na linha do que propõe Humberto Ávila [2011] e já seguido por Ravi Peixoto [2016], entre os processualistas, para discutir outras questões.

Assim, como existiria um direito fundamental à segurança jurídica, na perspectiva do processo, isso implica que o jurisdicionado possa conhecer o direito processual aplicável a seu caso, extraindo normas claras dos textos normativos (cognoscibilidade), possa erigir uma estratégia de atuação processual (calculabilidade) e possa confiar que as condutas que adotou serão reguladas pela lei do tempo de prolação dos atos (previsibilidade).

Seja no caso de um pedido já feito, seja mais ainda no caso de um pedido analisado pelo juízo, tem-se uma situação jurídica consolidada para o exequente, que se for frustrada implica descumprimento do direito fundamental à segurança jurídica.

Em regra, ainda se propõe que, mesmo ausente o pedido em 18.3.2016, a depender do contexto fático, pode-se deixar de aplicar o novel incidente. Isso porque a questão de se pedir redirecionamento com base no art. 135 do CTN pode envolver alguma estratégia da Fazenda Pública ou uma postura de cautela, pelas discussões jurisprudenciais que ainda existem sobre o tema (redireciona-se para administradores, diretores e representantes da época do fato gerador ou da dissolução irregular; aplica-se a *actio nata* para o redirecionamento).

Afasta-se aqui a leitura de que, como se está a tratar de possível malferimento a um direito fundamental do executado, que seria um vulnerável, a aplicação imediata deveria se dar, independentemente do grau de consolidação de uma situação jurídica. Isso porque adotar essa linha é se basear em vieses e pré-conceitos, que não se coadunam com uma nova forma se de enxergar as relações entre Fisco e contribuintes.

Por último, na hipótese de os corresponsáveis já terem assumido essa qualidade no curso de um devido processo administrativo, ainda que, por equívoco, a Fazenda tenha se esquecido de colocar os nomes na CDA ou de pedir sua execução, mostra-se desnecessária, após a correção do erro, a aplicação do incidente.

Ainda que se possa arguir que os corresponsáveis estão passando a integrar a relação jurídico-processual naquele momento, fato é que a responsabilidade tributária já estava configurada anteriormente à execução fiscal, sendo facultado à Fazenda naquele momento inscrevê-los em Dívida Ativa e protestar a CDA em nome deles – atos que não se constituem em reserva de jurisdição – ou, mesmo, ingressar com ação cautelar fiscal, se presentes os requisitos.

Seria puro formalismo exigir a aplicação dos arts. 133-137 do CPC/2015 para uma situação de responsabilidade tributária também já consolidada.

9. Conclusão

Dierle Nunes [2015:53] propõe que o Código de Processo Civil/2015 possua uma função contrafática, ou seja, "a nova legislação tenta, contrafaticamente, implementar comportamentos mais consentâneos com as finalidades de implementação de efetividade e garantia de nosso modelo de processo constitucional".

Neste ensaio mostrou-se especial problema na aplicação do incidente de desconsideração da personalidade jurídica aos casos de responsabilidade tributária do Código Tributário Nacional, sobretudo o chamado redirecionamento da execução fiscal com base no art. 135, III, do CTN.

Os vieses de interpretação e aplicação do processo tributário, que podem chancelar a especificidade da lide tributária, não podem dar ensejo à discricionariedade judicial, alimentada por teses não estribadas nas fontes sociais do Direito, seja da lavra dos contribuintes, seja da lavra do Fisco.

É verdade que o modelo ideal de execução fiscal deve ponderar interesse público com interesses privados. Não chegamos ainda a este ideal.

Estamos longe: entre uma postura de demonizar o Fisco ou o contribuinte, estribada em estereótipos, vamos criando orientações sem qualquer rigor científico. Michele Taruffo [2010] chama a atenção para o risco de nos valermos do que chama de *stock of knowledge*, quando se reconstroem fatos pela via judicial. De certa forma, essa mesma postura se dá quando se constroem os precedentes judiciais.

Sugere-se especial cuidado na aplicação dos institutos, sobretudo diferenciando-se normas processuais e normas materiais, por mais que essas categorias não sejam estanques.

Enfatizou-se ao longo do trabalho que existe diferença ontológica entre desconsideração da personalidade jurídica e a responsabilidade tributária, de modo que o incidente de desconsideração, previsto nos arts. 133-137 do CPC/2015, não se aplica ao último instituto.

Além dessa diferença ontológica, apontaram-se duas incompatibilidades sistêmicas entre o microssistema processual da execução fiscal e o Código de Processo Civil/2015, caso se entendesse o incidente de desconsideração da personalidade jurídica a ela aplicada.

Não se desconsidera a necessidade de aperfeiçoar o processo e promover sua filtragem constitucional, mas existem limites institucionais a tais práticas, lindes, esses, que escolhemos ao estabelecer fontes autorizadas – e apenas elas – para instaurar o Direito.

Quanto às perguntas formuladas, seguem-se as respostas:

3.2 O incidente de desconsideração da personalidade jurídica, previsto no art. 133 do CPC/2015, aplica-se às execuções fiscais? Apenas nas hipóteses de o nome dos corresponsáveis não constar previamente na Certidão de Dívida Ativa ou em qualquer hipótese? Ou em nenhuma hipótese, sendo a regra inaplicável à Fazenda Pública exequente?

Resposta: O incidente de desconsideração da personalidade jurídica aplica-se às execuções fiscais apenas nos casos em que presentes os requisitos do art. 50 do CC. Nos casos de aplicação dos dispositivos expressos de responsabilidade tributária, mormente no caso do redirecionamento com base no art. 135 do CTN, ontologicamente diverso da desconsideração da personalidade jurídica, mostram-se inaplicáveis os arts. 133-137 do CPC/2015. Tal linha de pensamento independe de constarem ou não prévia e expressamente os corresponsáveis em Certidões de Dívida Ativa.

3.3 Caso aplicável às execuções fiscais, ele pode ser instaurado naquelas que já estavam em curso quando teve início a vigência do Código de *Processo Civil/2015, ou somente àquelas iniciadas depois de 18.3.2016?*

Resposta: Embora por nossa linha de pensamento essa pergunta pudesse estar prejudicada, admitindo-se que se considere aplicável o incidente para execuções fiscais nos casos de corresponsabilização tributária com base no capítulo próprio do Código Tributário Nacional, a instauração do procedimento para execuções já iniciadas é, em regra, impossível. Isso porque, adotando a teoria da situação jurídica consolidada de Galeno Lacerda e a perspectiva multidimensional de segurança jurídica, proposta por Humberto Ávila, o exequente precisa ver respeitados o direito existente e interpretado anteriormente (cognoscibilidade), a possibilidade de calcular sua estratégia processual, inclusive o momento de fazer o pedido de redirecionamento (calculabilidade), e a confiança que tem de o Direito não mudar de inopino, seja por alteração legislativa, seja por reversão jurisprudencial (confiabilidade).

Referências bibliográficas

ALCHOURRÓN, Carlos E., e BULYGIN, Eugenio [1987]. *Introducción a la Metodología de las Ciencias Jurídicas y Sociales*. Buenos Aires, Editorial Astrea.

ASSIS Araken de [2016]. *Manual de Execução*. 18ª ed. São Paulo, Ed. RT.

ÁVILA, Humberto [2011]. *Segurança Jurídica: entre Permanência, Mudança e Realização no Direito Tributário*. São Paulo, Malheiros Editores.

BONFIM, Gilson, DUARTE, Fernanda, e MURAYAMA, Janssen (orgs.) [2016]. *A Lei de Execução Fiscal e o Novo Código de Processo Civil: Reflexões e Tendências – O que Ficou e o que Mudará*. Rio de Janeiro, Lumen Juris.

BRASIL/FGV-RIO [2016]. *A Desconsideração da Personalidade Jurídica no Brasil e nos EUA* (Seminário) (disponível em *http://direitorio.fgv.br/noticia/seminario-da-fgv-direito-rio-discute-desconsideracao-da-personalidade--juridica*, acesso em 30.6.2016).

BRASIL/PROCURADORIA-GERAL DA FAZENDA NACIONAL [2015]. *Balanço Geral da União* (disponível em *www.pgfn.gov.br/divida-ativa-da--uniao/dados-estatisticos*, acesso em 7.9.2015].

BULYGIN, Eugenio, e ALCHOURRÓN, Carlos E. [1987]. *Introducción a la Metodología de las Ciencias Jurídicas y Sociales*. Buenos Aires, Editorial Astrea.

CÂMARA, Alexandre Freitas [2015]. "Capítulo IV: os incidentes de desconsideração da personalidade jurídica". In: DANTAS, Bruno, DIDIER JR., Fredie, TALAMINI, Eduardo, e WAMBIER, Teresa Arruda Alvim. *Breves Comentários ao Novo Código de Processo Civil*. São Paulo, Ed. RT.

COMPARATO, Fábio Konder, e SALOMÃO FILHO, Calixto [2008]. *O Poder de Controle na Sociedade Anônima*. Rio de Janeiro, Forense.

CUNHA, Leonardo Carneiro da [2016]. *A Fazenda Pública em Juízo*. 13ª ed. Rio de Janeiro, Forense.

CUNHA, Leonardo Carneiro da, e SOUZA JR., Antônio Carlos F. [2015]. *Novo Código de Processo Civil e o Processo Tributário*. São Paulo, FocoFiscal.

DANTAS, Bruno, DIDIER JR., Fredie, TALAMINI, Eduardo, e WAMBIER, Teresa Arruda Alvim [2015]. *Breves Comentários ao Novo Código de Processo Civil*. São Paulo, Ed. RT.

DIDIER JR., Fredie, DANTAS, Bruno, TALAMINI, Eduardo, e WAMBIER, Teresa Arruda Alvim [2015]. *Breves Comentários ao Novo Código de Processo Civil*. São Paulo, Ed. RT.

DUARTE, Fernanda, BONFIM, Gilson, e MURAYAMA, Janssen (orgs.) [2016]. *A Lei de Execução Fiscal e o Novo Código de Processo Civil: Reflexões e Tendências – O que Ficou e o que Mudará*. Rio de Janeiro, Lumen Juris.

FUX, Luiz [2016]. *O Novo Código de Processo Civil e a Segurança Jurídica Normativa* (disponível em *http://www.conjur.com.br/2016-mar-22/ministro-luiz-fux-cpc-seguranca-juridica-normativa*, acesso em 30.6.2016).

GODOI, Marciano Seabra de, e GRECO, Marco Aurélio [2005]. *Solidariedade Social e Tributação*. São Paulo, Dialética.

GRECO, Marco Aurélio [2005]. "Solidariedade social e tributação". In: GODOI, Marciano Seabra de, e GRECO, Marco Aurélio. *Solidariedade Social e Tributação*. São Paulo, Dialética (pp. 168-189).

GRECO, Marco Aurélio, e GODOI, Marciano Seabra de [2005]. *Solidariedade Social e Tributação*. São Paulo, Dialética.

KOURY, Suzy Cavalcante [2012]. "As repercussões do novo Código de Processo Civil ao direito do trabalho: avanço ou retrocesso". *Revista TST* 78, n. 3, julho-setembro/2012.

LACERDA, Galeno [1974]. *O Novo Direito Processual e os Feitos Pendentes*. Rio de Janeiro, Forense.

LORENZINI, Brunno, e ROCHA, Sérgio André [2016]. "O incidente de desconsideração da personalidade jurídica e sua aplicação no processo de execução fiscal". In: BONFIM, Gilson, DUARTE, Fernanda, e MURAYAMA, Janssen (orgs.). *A Lei de Execução Fiscal e o Novo Código de Processo Civil: Reflexões e Tendências – O que Ficou e o que Mudará*. Rio de Janeiro, Lumen Juris (pp. 157-171).

MACHADO, Hugo de Brito [2015]. *Teoria Geral do Direito Tributário*. São Paulo, Malheiros Editores.

MANERO, Juan Ruiz [2010]. "Algumas concepções de Direito e suas lacunas". *Sequência* 61/31-60, dezembro/2010 (disponível em *file:///C:/Users/Daniel%20Giotti/Downloads/Dialnet-AlgumasConcepcoesDeDireitoESuasLacunas-3647884.pdf*, acesso em 30.6.2016).

MARINS, James [2009]. *Defesa e Vulnerabilidade do Contribuinte*. São Paulo, Dialética.

________ [2015]. *Direito Processual Tributário Brasileiro (Administrativo e Judicial)*. 8ª ed. São Paulo, Dialética, 2015.

MURAYAMA, Janssen, BONFIM, Gilson, e DUARTE, Fernanda (orgs.) [2016]. *A Lei de Execução Fiscal e o Novo Código de Processo Civil: Reflexões e Tendências – O que Ficou e o que Mudará*. Rio de Janeiro, Lumen Juris.

NEVES, Daniel A. Assumpção [2007]. *Reforma do* Código de *Processo Civil*. São Paulo, Ed. RT.

NUNES, Dierle José Coelho [2015]. "A função contrafática do Direito e o novo Código de Processo Civil". *Revista do Advogado* 126/53-57.

NUNES, Dierle José Coelho, e STRECK, Lenio [2016]. "Código de Processo Civil: conclamamos a que olhemos o novo com os olhos do novo". *Consultor Jurídico/CONJUR* 17.3.2016. "Coluna Senso Incomum" (disponível em *http://www.conjur.com.br/2016-mar-17/senso-incomum-cpc-conclamamos-olhemos-olhos*, acesso em 30.3.2016).

PEIXOTO, Ravi [2016]. *Superação do Precedente e Segurança Jurídica*. 2ª ed. Salvador, Juspodvm.

QUEIROZ, Mary Elbe, e SOUZA JR., Antônio Carlos F. [2015]. "O incidente de desconsideração da personalidade jurídica no Código de Processo Civil/2015 e a responsabilidade tributária: primeiras impressões". In: CUNHA, Leonardo Carneiro da, e SOUZA JR., Antônio Carlos F. *Novo Código de Processo Civil e o Processo Tributário*. São Paulo, FocoFiscal.

RAZ, Joseph [2009]. *The Autorithy of Law*. 2ª ed. Nova York, Oxford University Press.

ROCHA, Sérgio André, e LORENZINI, Brunno [2016]. "O incidente de desconsideração da personalidade jurídica e sua aplicação no processo de execução fiscal". In: BONFIM, Gilson, DUARTE, Fernanda, e MURAYAMA, Janssen (orgs.). *A Lei de Execução Fiscal e o Novo Código de Processo Civil: Reflexões e Tendências – O que Ficou e o que Mudará*. Rio de Janeiro, Lumen Juris (pp. 157-171).

SALOMÃO FILHO, Calixto, e COMPARATO, Fábio Konder [2008]. *O Poder de Controle na Sociedade Anônima*. Rio de Janeiro, Forense.

SOUZA JR., Antônio Carlos F., e CUNHA, Leonardo Carneiro da [2015]. *Novo Código de Processo Civil e o Processo Tributário*. São Paulo, FocoFiscal.

SOUZA JR., Antônio Carlos F., e QUEIROZ, Mary Elbe [2015]. "O incidente de desconsideração da personalidade jurídica no Código de Processo Civil/2015 e a responsabilidade tributária: primeiras impressões". In: CUNHA, Leonardo Carneiro da, e SOUZA JR., Antônio Carlos F. *Novo Código de Processo Civil e o Processo Tributário*. São Paulo, FocoFiscal.

STRECK, Lenio, e NUNES, Dierle José Coelho [2016]. "Código de Processo Civil: conclamamos a que olhemos o novo com os olhos do novo". *Consultor Jurídico/CONJUR* 17.3.2016. "Coluna Senso Incomum" (disponível em *http://www.conjur.com.br/2016-mar-17/senso-incomum-cpc-conclamamos-olhemos-olhos*, acesso em 30.3.2016).

TALAMINI, Eduardo [2016]. *Incidente de Desconsideração da Personalidade Jurídica* (disponível em *http://www.migalhas.com.br/dePeso/16,MI234997,11049-Incidente+de+desconsideracao+de+personalidade+juridica*, acesso em 30.3.2016].

TALAMINI, Eduardo, DANTAS, Bruno, DIDIER JR., Fredie, e WAMBIER, Teresa Arruda Alvim [2015]. *Breves Comentários ao Novo Código de Processo Civil*. São Paulo, Ed. RT.

TARUFFO, Michele [2010]. *Simplesmente la Verdad: el Juez y la Construcción de los Hechos*. Madri, Marcial Pons.

WAMBIER, Teresa Arruda Alvim, DANTAS, Bruno, DIDIER JR., Fredie, e TALAMINI, Eduardo [2015]. *Breves Comentários ao Novo Código de Processo Civil*. São Paulo, Ed. RT.

O PROCESSO TRIBUTÁRIO E O CÓDIGO DE PROCESSO CIVIL/2015

PAULO ROBERTO LYRIO PIMENTA

1. Delimitação da abordagem. 2. Processo administrativo fiscal: 2.1 Possibilidade de aplicação subsidiária ou supletiva do Código de Processo Civil – 2.2 Observância dos precedentes: 2.2.1 Considerações iniciais – 2.2.2 Os precedentes – 2.2.3 Os precedentes com efeito vinculante – 2.2.4 Impossibilidade de atribuição de efeito vinculante por meio de lei ordinária – 2.3 Processo administrativo fiscal dos Estados e Municípios – 2.4 Câmaras de mediação. 3. Aspectos gerais do processo judicial: 3.1 Os prazos processuais – 3.2 Os honorários advocatícios devidos pela Fazenda Pública. 4. Processo de execução fiscal: 4.1 Incidente de desconsideração da personalidade jurídica – 4.2 Exceção de pré-executividade – 4.3 Revogação da Lei de Execução Fiscal. 5. Mandado de segurança. 6. Conclusões.

1. Delimitação da abordagem

São inúmeras as questões geradas pelo advento do Código de Processo Civil/2015. Serão necessários, ainda, alguns anos de aplicação do diploma processual para que as várias dúvidas provocadas pelas novidades contidas na nova lei processual possam ser dirimidas pela doutrina e pela jurisprudência.

O presente trabalho ocupar-se-á apenas de alguns temas, relacionados à possível aplicação do Código ao processo administrativo tributário e aos aspectos gerais do processo jurisdicional tributário. Com isso, pretende-se apresentar uma pequena contribuição para a solução desses problemas, sem nenhuma pretensão, contudo, de esgotar a análise da matéria.

2. Processo administrativo fiscal

2.1 Possibilidade de aplicação subsidiária ou supletiva do Código de Processo Civil

O art. 15 do CPC em vigor estabelece o seguinte:

> Na ausência de normas que regulem processos eleitorais, trabalhistas ou administrativos, as disposições deste Código lhes serão aplicadas supletiva e subsidiariamente.

A exegese desse dispositivo conduz-nos a algumas ilações. Em primeiro lugar, a lei se refere a "ausência de normas", qualificada pela Teoria do Direito como "lacunas jurídicas". Em outros termos: o dispositivo reporta-se às situações em que não existe norma jurídica regulamentando determinada situação fática. Como a lei apenas se refere à ausência de normatização, não esclarece se a ausência deve ser total ou parcial. Essa dúvida é solucionada na parte final do dispositivo, que trata da aplicação supletiva e subsidiária.

No primeiro caso, aplicação supletiva, a doutrina entende que se refere aos casos de lacuna parcial, ou seja, a lei regula determinado instituto, contudo não exaure a disciplina da matéria, o que possibilitará o recurso à aplicação do Código de Processo Civil. Exemplo: a lei processual estabelece prazos de prescrição, porém não dispõe sobre a interrupção por meio do ajuizamento de ação. Nesse caso, serão aplicados supletivamente os dispositivos do Código de Processo Civil que regulam a matéria, em face da presença de uma lacuna.

Já, a aplicação subsidiária diz respeito à omissão total de regulamentação de determinada matéria. Contudo, é preciso ter cuidado com esse tipo de aplicação. Muitas vezes a omissão da lei é proposital, para que determinado instituto ou categoria não seja aplicado em nenhuma situação. Vale dizer: em alguns casos a omissão decorreu de um desejo do legislador de não dar tratamento à matéria, por incompatibilidade com o tema por ele tratado ou por alguma outra razão. É o caso, por exemplo, de determinado tipo de procedimento que admita o *jus postulandi* das partes sem prever a possibilidade de condenação em honorários advocatícios. Nessa situação, as normas do Código de Processo Civil, que regulam exaustivamente a matéria – a qual, aliás, foi objeto de exagerada preocupação pelo legislador –, não poderão ser aplicadas em caráter subsidiário.

Destarte, existem distinções entre a aplicação supletiva e a subsidiária. Em ambos os casos a aplicação desse dispositivo exige que a norma do Código de Processo Civil guarde relação de absoluta compatibilidade com o procedimento em que será utilizada. Em outros termos: deve-se observar a rigorosa compatibilidade com as regras e os princípios do procedimento no qual poderá ser aplicada a regra do processo civil.

Não se deve olvidar que o Código de Processo Civil não é lei "geral" sobre processo ou procedimento, tendo por objeto apenas a regulação do exercício da jurisdição civil; portanto, processo jurisdicional cujo objeto seja uma lide civil.

Seguindo essa linha de entendimento, observa-se que as disposições do art. 489, § 1º, do CPC são inaplicáveis ao processo administrativo tributário. Isso porque as normas veiculadas por esses enunciados são aplicáveis à "decisão judicial", ou seja, provimento jurisdicional, e não administrativo. Não se pode invocar a possibilidade de aplicação subsidiária, pois existe incompatibilidade entre o conteúdo desse dispositivo e o processo administrativo tributário, no qual o órgão julgador não pode ser equiparado à figura do juiz, por diversas razões.

Enquanto no processo civil o juiz exerce jurisdição, no processo administrativo tributário a função exercida pelo órgão julgador é a administrativa, e não a jurisdicional. Assim, o órgão regula uma relação em que ele, a Administração Pública, figura como parte. Reafirme-se: as regras do art. 489, § 1º, foram previstas para um tipo de subsistema processual bastante diverso do processo administrativo, sendo com este incompatível.

Isso não significa, contudo, que não exista um dever de motivação nas decisões administrativas. É indubitável que todas as decisões administrativas devem ser motivadas – dever que decorre dos princípios da legalidade e da moralidade, insculpidos no art. 37 da CF.

2.2 *Observância dos precedentes*

2.2.1 *Considerações iniciais*

Quanto às regras dos arts. 926 e 927, que regulam o dever de observância dos precedentes, o tema exige uma análise à luz da Constituição Federal.

O art. 927 do CPC/2015 prescreve um mandamento para que os juízes e os tribunais observem:

> I – as decisões do Supremo Tribunal Federal em controle concentrado de constitucionalidade; II – os enunciados de súmula vinculante; III – os acórdãos em incidente de assunção de competência ou de resolução de demandas repetitivas e em julgamento de recursos extraordinário e especial repetitivos; IV – os enunciados das súmulas do Supremo Tribunal Federal em matéria constitucional e do Superior Tribunal de Justiça em matéria infraconstitucional; V – a orientação do Plenário ou do Órgão Especial aos quais estiverem vinculados.

A exegese deste dispositivo demonstra que a lei vigente conferiu a uma classe de decisões jurisdicionais a eficácia vinculativa, pois estabeleceu para os juízes e tribunais a obrigação de observância de um grupo de decisões.

As decisões mencionadas nos incisos I e II do dispositivo já têm efeito vinculante, por expressa previsão constitucional (CF, arts. 102, § 2º, e 103-A). Nesse particular, portanto, os incisos são inúteis, tratando de matéria já regulada pela Constituição Federal. Em outras palavras: nesse ponto o Código de Processo Civil/2015 nada inovou.

Em relação aos demais tipos de decisões judiciais, previstas pelo art. 927, no entanto, a lei ordinária estabeleceu uma eficácia que eles nunca apresentaram, pois adquiriram natureza de ato normativo, com efeito vinculante.

O que confere caráter normativo a determinado ato?

Durante muito tempo defendeu-se na Teoria do Direito que a norma jurídica é a que apresenta o caráter geral *e* abstrato. Os estudos de Norberto Bobbio[1] importaram uma mudança de posicionamento sobre a matéria.

Com efeito, toda norma prescreve uma ação, atingindo determinado sujeito. Tanto o sujeito-destinatário quanto a ação-objeto podem apresentar a forma universal ou singular.[2] A norma abstrata – diz o saudoso jusfilósofo italiano – é a que prevê

1. Norberto Bobbio, *Teoria da Norma Jurídica*, São Paulo, EDIPRO, 2001, pp. 175-183.

2. Idem, p. 179.

> uma ação-tipo, que não se exaure na execução, *una tantum*, mas se repete no tempo e vale para todos aqueles comportamentos que podem ser enquadrados na ação-tipo.[3]

Neste caso, por conseguinte, a universalidade é da ação prescrita. Já, as normas gerais são as universais em relação aos seus destinatários. Há que se observar, entretanto, que os dois atributos (generalidade e abstração) – como observa, com acerto, Bobbio – não são requisitos essenciais da norma jurídica.[4]

Em verdade, para que determinada regra possa ser qualificada como jurídica deve ser abstrata ou geral ou concreta. É possível, portanto, que existam quatro tipos de normas, obtidas mediante uma combinação entre tais critérios: gerais e abstratas, gerais e concretas, individuais e abstratas, individuais e concretas.

As decisões em exame apresentarão necessariamente o requisito da generalidade ou da abstração, apresentando indubitavelmente natureza normativa.

A questão que se coloca é a seguinte: pode a lei ordinária estabelecer natureza de ato normativo, geral e abstrato, com efeito vinculante, para provimentos jurisdicionais?

2.2.2 *Os precedentes*

O precedente pode ser definido como a decisão jurisdicional que veicula um princípio jurídico com grau de abstração suficiente para ser aplicado a casos futuros e análogos.

Nos Países que adotam o sistema de *Common Law* impera o princípio da obrigatoriedade do precedente, segundo o qual todos os tribunais estão vinculados às decisões das Cortes Superiores e estas também se vinculam às decisões da Corte Suprema, as quais, por sua vez, não podem se divorciar dos seus próprios precedentes.

O precedente inglês vincula-se, originariamente, à *Teoria Declarativa do Direito*, concepção que sustentava que o juiz certificava o Direito já existente. Posteriormente, a *Teoria da Criação do Direito* passou a fundamentá-lo (*judge made law*).

3. Idem, p. 180.
4. Idem, p. 181.

De qualquer sorte, sua utilização em tal sistema sempre objetivou a realização da segurança jurídica, da certeza e da uniformidade das decisões.

Convém observar, todavia, que há determinadas decisões que não vinculam, como as *obter dicta*, que são as afirmações ou argumentos incidentais, colaterais, que integram as decisões sem fundamentá-las.

Precedentes vinculantes no Direito Inglês são as decisões da Casa dos Lordes, quando atua como Tribunal de Justiça, dos demais Tribunais Superiores e da *Court of Appeal*. Exige-se perfeita identidade entre o caso a decidir e o precedente para que a vinculação se configure. É possível, também, falar numa vinculação relativa, que se faz presente quando os tribunais têm o mesmo grau.[5]

Nos Estados Unidos da América o precedente jamais apresentou a mesma força vinculante do Direito Inglês, devido aos seguintes fatores: a existência de um Estado Federal, estruturado com base numa Constituição, e a proliferação de leis escritas.

A presença de uma Constituição escrita demandou o surgimento do *judicial review* para assegurar a supremacia constitucional, fator que grande influência exerceu na força vinculante do precedente.

O *stare decisis* significa "a força vinculante que nos Países de *Common Law* corresponde a um precedente cuja *ratio decidendi* se ajusta exatamente ao caso a resolver".[6] Em outras palavras, significa estar vinculado ao que foi decidido.

A vinculação do *stare decisis* pode manifestar-se em sentido horizontal ou vertical. No primeiro, obriga os tribunais a respeitar seus próprios precedentes. Já, o segundo refere-se à obrigação dos tribunais (do sistema de *Common Law*) de adotar os precedentes das Cortes hierarquicamente superiores.

Fundamentado na segurança jurídica, o *stare decisis* não impede, todavia, o desenvolvimento do Direito. Há técnicas de desvinculação que possibilitam a evolução da jurisprudência: *overstatement* e *overruling*.

Overstatement é a faculdade que detém a Corte Suprema para reformular o precedente a fim de lhe atribuir um sentido necessário para

5. Cf. José Luís Vásquez Sotelo, *A Jurisprudência Vinculante na "Common Law" e na "Civil Law"*, XVI Jornadas Ibero-Americanas de Direito Processual, Brasília, 1988, p. 360.

6. Idem, p. 367.

aplicação futura. Já, o *overruling* equivale ao poder que tem a Corte de suprimir ou de revogar o precedente, por ser errôneo ou injusto.[7]

No sistema romano-germânico (continental europeu) geralmente há um órgão supremo na organização do Poder Judiciário, ao qual se confere a atribuição de uniformizar a jurisprudência. Os tribunais inferiores também têm o poder de consolidar sua jurisprudência, que, todavia, não tem o mesmo valor daquela fixada pelo órgão superior.

A repetição de decisões forma a jurisprudência consolidada, ou constante, critérios de interpretação e de aplicação do Direito, reiterados pelos tribunais, que servem como orientação para julgamentos futuros, buscando-se, assim, alcançar a segurança jurídica.

No entanto, a exemplo do que ocorre nos Países de *Common Law*, permitem-se mudanças na jurisprudência, possibilitando-se, com isso, a adaptação da aplicação do Direito à alteração da realidade fática.

No ordenamento brasileiro, filiado ao sistema continental europeu, predomina a lei como fonte formal principal do Direito. A jurisprudência sempre funcionou como critério de orientação nos julgamentos do Poder Judiciário, sem apresentar, no entanto, eficácia normativa.[8]

A partir de 1963, com a criação da *Súmula da Jurisprudência Predominante* do STF, normas regimentais concederam efeitos relevantes ao posicionamento jurisprudencial consolidado numa súmula.[9] Posteriormente criou-se, com a edição do Código de Processo Civil/1973, o incidente de uniformização de jurisprudência. Normas inseridas por leis processuais em período recente também concederam à súmula um papel de maior importância, mormente no que se refere à admissibilidade de recursos nos Tribunais Superiores. Nesse sentido, a Lei 8.038/1990 facultou ao STF e ao STJ negar seguimento a recurso que contrariasse a súmula do respectivo Tribunal. Com a edição da Lei 9.139/1995 alterou-se o art. 557 do CPC, concedendo-se, então, a todos os tribunais competência ao relator do recurso para negar-lhe seguimento se este for contrário à súmula do respectivo tribunal ou do Tribunal Superior. Tal competência foi ampliada pela Lei 9.756/1998, a qual, ao modificar os arts. 544 e 557 do

7. Idem, p. 372.

8. Além disso, muitas mudanças legislativas têm sido inspiradas pela jurisprudência dos Tribunais Superiores.

9. Cf. José Carlos Barbosa Moreira, "Súmula, jurisprudência, precedente: uma escalada e seus riscos", *Revista Dialética de Direito Processual* 27/50, São Paulo, Dialética, junho/2005.

CPC, possibilitou ao relator, em decisão monocrática, negar provimento ao recurso quando em "manifesto confronto com súmula ou jurisprudência dominante do Supremo Tribunal Federal, ou de Tribunal Superior".[10]

Em tais situações os precedentes apresentam efeitos processuais, pois repercutem diretamente em procedimentos, não no âmbito do direito material.

Veio a lume, então, a Emenda Constitucional 45/2004, que inseriu o art. 103-A na CF, prescrevendo o seguinte: "O Supremo Tribunal Federal poderá, de ofício ou por provocação, mediante decisão de dois terços dos seus membros, após reiteradas decisões sobre matéria constitucional, aprovar súmula que, a partir de sua publicação na Imprensa Oficial, terá efeito vinculante em relação aos demais órgãos do Poder Judiciário e à Administração Pública direta e indireta, nas esferas federal, estadual e municipal, bem como proceder à sua revisão ou cancelamento, na forma estabelecida em lei".

Desse modo, *por meio de uma emenda à Constituição* – cabe ressaltar – atribuiu-se a apenas um órgão jurisdicional, a Corte Excelsa, a competência para editar atos normativos com eficácia vinculante, e a nenhum outro mais. Após a edição dessa Emenda, inclusive, todas as tentativas existentes no âmbito do Congresso Nacional de outorgar idêntica competência a outros tribunais ou a outras súmulas fracassaram, eis que não foram aprovadas pelo Poder Legislativo.

2.2.3 *Os precedentes com efeito vinculante*

O efeito vinculante da decisão de constitucionalidade da lei foi inserido em nosso ordenamento por meio da Emenda Constitucional 3/1993, que criou a ação declaratória de constitucionalidade. Posteriormente foi estendido para o julgamento definitivo da ação direta de inconstitucionalidade pela Lei 9.868/1999 e pela Emenda Constitucional 45/2004.

O instituto foi inspirado no Direito Alemão, no qual esse tipo de efeito (*Bindungswirkung*) se encontra previsto no § 31, (1), da Lei do Tribunal Constitucional Federal (*Bundesverfassungsgerichtsgesetz*), promulgada em 1951.[11]

10. Posteriormente foi promulgada a Lei 11.276, de 7.2.2006, criando a súmula impeditiva de recurso.

11. O § 31, (1), da Bundesverfassungsgerichtsgesetz dispõe o seguinte: "As decisões do Tribunal Constitucional Federal vinculam os órgãos constitucionais da Federação e dos Estados assim como todos os tribunais e Administrações".

Na Alemanha a doutrina diverge sobre o alcance desse efeito das decisões proferidas pelo Tribunal Constitucional Federal, defendendo-se o entendimento de que este também significa a vinculação dos demais tribunais e órgãos da Administração aos motivos determinantes (*tragenden Gründen*) da decisão. Como explica Peter Badura, o efeito vinculante alcança a força de lei (eficácia de coisa julgada) da decisão, bem como as premissas da concepção jurídica utilizada para a resolução do caso concreto.[12]

Sobre o tema, a jurisprudência do Tribunal Constitucional Federal alemão sempre se posicionou no sentido de admitir que o mencionado efeito importa a possibilidade de vinculação dos tribunais, no exame de outros casos, à parte da decisão de constitucionalidade, da qual se extraem "princípios para a interpretação da Constituição que devem ser observados pelos tribunais em casos futuros".[13]

Em outras palavras: "O efeito vinculante por isso se limita à parte dos fundamentos da decisão que alcançam a interpretação e a aplicação da Constituição".[14] O fundamento jurídico desse entendimento jurisprudencial é o papel atribuído ao Tribunal de guardião e de intérprete da Constituição.

2.2.4 *Impossibilidade de atribuição de efeito vinculante por meio de lei ordinária*

Pode uma lei infraconstitucional outorgar aos tribunais, fora das hipóteses previstas pelo art. 103-A da CF, a possibilidade de editar atos normativos com efeitos vinculantes?

A resposta é indubitavelmente negativa, por várias razões.

Em primeiro lugar, a outorga de competência normativa viola o princípio da separação dos Poderes, previsto expressamente pelo art. 2º da CF e mencionado implicitamente em várias regras constitucionais.

12. Peter Badura, *Staatsrecht*, 4ª ed., Munique, Beck, 2010, p. 815. Michael Sachs observa sobre o assunto que o efeito vinculante também significa que as decisões do Tribunal Constitucional Federal, nas circunstâncias relacionadas à sua força de coisa julgada material, não apenas em processos constitucionais, mas sim em todos os contextos jurídicos, devem ser consideradas por todos os órgãos estatais (*Verfassungsprozessrecht*, Heidelberg, Mohr Siebeck, 2004, p. 172).

13. *BVerfG*, 40, 88, p. 4 (disponível em *www.servat.unib.ch/dfr/dfr*, acesso em 26.7.2011, às 15:30h). No mesmo sentido: *BVerfG*, 19, 377; 20, 56; 24, 289.

14. Idem, ibidem.

A ideia de separação de funções perpassa todo o texto da Constituição, estruturando todo o Estado, como assinala Konrad Hesse:

"Se o princípio da divisão de Poderes, nessa forma, é entendido como um princípio, que perpassa toda a Constituição, da constituição dos Poderes estatais, da coordenação, que os une para a unidade, da limitação e controle dos fatores de poder reais na vida constitucional, então, ele mostra-se, na realidade, o 'princípio de organização sustentador' da Constituição".[15]

Em verdade, quando a Carta desejou conferir este tipo de competência aos órgãos do Poder Judiciário, o fez expressamente, admitindo que os tribunais pudessem elaborar seus próprios regimentos internos (art. 96, I, "a"). Fora daí, nenhuma outra possibilidade foi autorizada.

Outrossim, a Constituição é a Carta das competências, o que significa que giza todas as competências dos Poderes Executivo, Legislativo e Judiciário. Outorga de competência é matéria reservada à Constituição, que, por tal motivo, não pode ser conferida, em caráter originário, por uma lei ordinária.

Por essa razão, a Carta Magna delineia as atribuições de todos os órgãos do Poder Judiciário. Após indicar os órgãos que compõem a estrutura deste Poder, no art. 92, elencou as competências do Supremo Tribunal Federal nos arts. 102 e 103-A, do Superior Tribunal de Justiça no art. 105, dos Tribunais Regionais Federais no art. 108. Fora da hipótese do art. 103-A a Carta não conferiu competência ao STJ, bem como aos TRFs, TRTs, TREs e TJs para elaborarem súmulas com efeito vinculante, nem asseverou que suas decisões teriam eficácia vinculativa. Por conseguinte, o Código de Processo Civil/2015 extrapolou o âmbito de atribuições traçado pela Carta para esses Tribunais.

Além disso, o exercício de função normativa pelos tribunais constitui exercício de uma função atípica, que consiste em exceção à regra geral, ou seja, não é inerente ao exercício da função jurisdicional. Como exceção à regra geral, tem que ser prevista expressamente pela Carta, o que não ocorreu. Tanto é assim que o efeito vinculante foi inserido em nosso ordenamento por emendas à Constituição (Emendas 3 e 45). Caso fosse desnecessária a utilização da emenda, a lei poderia ter sido utilizada, o que, todavia, não ocorreu.

15. Konrad Hesse, *Elementos de Direito Constitucional da República Federal da Alemanha*, Porto Alegre, Sérgio Antônio Fabris Editor, 1998, p. 377.

Admitir que o Poder Judiciário possa exercer função normativa é o mesmo que aceitar que os órgãos do Poder Executivo editem atos administrativos com eficácia de coisa julgada, o que não foi autorizado pela Constituição Federal, pois iria de encontro ao princípio da inafastabilidade do controle jurisdicional.

Por fim, em nosso sistema constitucional o ato que inova a ordem jurídica é a lei, e não o precedente. Eis a regra da legalidade, insculpida no art. 5º, II, da CF. Nessa linha, a Carta Magna, em seu art. 84, IV, autorizou o Poder Executivo a elaborar tão somente regulamentos executivos, e não os autônomos. Atribuir à "lei" um sentido amplo, que abarque o precedente, representa interpretação que jamais pode se coadunar com a legalidade. Trata-se de um desvirtuamento do princípio. No âmbito da doutrina do direito administrativo, a propósito, admite-se que o bloco de legalidade seja estendido, jamais, todavia, para alcançar precedentes. Sobre o assunto já afirmava Pontes de Miranda que "a lei de que fala a Constituição é, de regra, a lei em sentido material".[16]

Evidencia-se, por tais motivos, que o Código de Processo Civil/2015 burlou regras e princípios constitucionais ao inovar a ordem jurídica, estabelecendo eficácia normativa e vinculativa para determinados provimentos jurisdicionais.

Por conseguinte, por serem inconstitucionais, as normas em epígrafe não devem ser aplicadas, em hipótese alguma, nem ao processo judicial, nem ao administrativo fiscal.

2.3 *Processo administrativo fiscal dos Estados e Municípios*

Os Estados e os Municípios detêm competência para legislar sobre procedimento. Logo, quem estabelece o regramento do processo administrativo fiscal é a entidade federada, e não a União. Sendo assim, diante de existência de uma lacuna na legislação do Estado ou do Município acerca da possibilidade de utilização do recurso de embargos de declaração, não se deve aplicar o Código de Processo Civil, sob pena de burla da competência dos Estados-membros e dos Municípios.

Reafirme-se: Código de Processo Civil não é norma geral de processo ou de procedimento. Desejar aplicar o Código/2015 para qualquer tipo

16. Pontes de Miranda, *Comentários à Constituição de 1967 com a Emenda n. 1 de 1969*, 3ª ed., Rio de Janeiro, Forense, 1987, p. 574.

de procedimento representa postura arbitrária, desprovida de qualquer fundamento legal. É querer transformar a lei processual em lei geral, qualidade que ela não detém.

2.4 Câmaras de mediação

O art. 174 do CPC/2015 prescreve que

> a União, os Estados, o Distrito Federal e os Municípios criarão câmaras de mediação e conciliação, com atribuições relacionadas à solução consensual de conflitos no âmbito administrativo, tais como: I – dirimir conflitos envolvendo órgãos e entidades da Administração Pública; II – avaliar a admissibilidade dos pedidos de resolução de conflitos, por meio de conciliação, no âmbito da Administração Pública; III – promover, quando couber, a celebração de Termo de Ajustamento de Conduta.

Indaga-se se esse dispositivo pode ser aplicado ao processo administrativo fiscal.

A nosso sentir, a resposta é negativa, posto que a atividade administrativa de exigência de tributos tem caráter vinculado, não podendo a Administração dela abdicar. Para as atividades administrativas que não apresentem essa marca o dispositivo poderá vir a ser aplicado, em determinados casos. Jamais para as lides tributárias.

Por fim, importa observar que não existe outro dispositivo do Código de Processo Civil/2015 que possa ser aplicado ao processo administrativo fiscal.

3. Aspectos gerais do processo judicial

3.1 Os prazos processuais

Outra questão a ser dirimida diz respeito à possibilidade de aplicação de prazos previstos pelo Código de Processo Civil para a Fazenda Pública em relação a determinadas ações, reguladas por leis especiais: mandado de segurança, execução fiscal e ação cautelar fiscal.

A nosso ver, a resposta é negativa, pois a lei especial deverá prevalecer em face da geral. Assim, a regulamentação específica, prevista por essas leis, deverá prevalecer em face do Código/2015.

3.2 Os honorários advocatícios devidos pela Fazenda Pública

Na vigência do Código de Processo Civil/1973 algumas condenações impuseram à Fazenda Pública a obrigação de pagamento de honorários de sucumbência em quantia irrisória. Essas decisões foram fundamentadas pelo art. 20, § 4º, do Código revogado, levando em consideração os critérios ali previstos.

Esse cenário foi modificado com o advento do Código/2015, que regulou a matéria em seu art. 85, § 3º. Esse dispositivo veicula normas de direito material, embora seja previsto por uma lei processual. Assim, como norma de direito material, deve ser aplicado apenas às ações ajuizadas após o advento da nova regulamentação.

Caso tivesse a natureza de norma processual a aplicação poderia ser imediata, alcançando os processos em tramitação. Como não detém essa natureza, não pode a norma de direito material retroagir para alcançar os processos em andamento.

Mesmo entendimento deve ser seguido quanto ao art. 85, § 11, o qual, por também veicular norma de direito material, não poderá alcançar os processos em tramitação à época do início da vigência da nova regulamentação processual. Logo, só poderá atingir os feitos ajuizados a partir de 18.3.2016.

4. Processo de execução fiscal

4.1 Incidente de desconsideração da personalidade jurídica

O CPC/2015 criou o "incidente de desconsideração da personalidade jurídica", regulado pelos arts. 133-137. Trata-se de nova modalidade de intervenção de terceiros, que deverá ser utilizada para responsabilizar os sócios quando a personalidade jurídica da empresa for utilizada de maneira abusiva.

Obviamente que a lei processual apenas regulou o procedimento de desconsideração. As hipóteses que autorizam a desconsideração da personalidade jurídica são definidas pela lei material. Em outras palavras: o incidente só poderá ser suscitado se houver previsão na lei de direito material para a retirada do véu da pessoa jurídica.

No ordenamento jurídico brasileiro há as seguintes leis materiais que facultam a adoção desse tipo de procedimento: art. 28 do CDC, art. 50 do

CC, art. 4º da Lei 9.608/1998 e art. 34 da Lei 12.529/2011. O incidente em epígrafe poderá ser utilizado nessas situações.

A admissão da aplicação desse incidente no âmbito tributário exige a observância de um pressuposto: a previsão pela lei material da desconsideração da personalidade da pessoa jurídica. Sem a previsão pela lei tributária – que estabelece normas gerais sobre legislação tributária – da figura da desconsideração o incidente não poderá ser aplicado.

Pode-se indagar, então: o Código Tributário Nacional previu a desconsideração da personalidade jurídica? O tema da responsabilidade tributária foi regulado nos arts. 128 e ss. Enquanto o art. 128 estabelece os pressupostos gerais da responsabilidade, os arts. 129-133 regulam a responsabilidade dos sucessores, que não tem qualquer relação com o tema em estudo. Resta-nos, então, investigar os dispositivos dos arts. 134 e 135.

O art. 134 contempla hipóteses de responsabilização de terceiros por atos lícitos. Há grandes divergências na doutrina sobre se as hipóteses versam sobre responsabilidade subsidiária, solidária ou sobre ambas. Qualquer que seja a hipótese de interpretação, observar-se-á que os sujeitos indicados nos incisos I a VII têm responsabilidade já definida pela lei material. Como os sócios foram indicados pelo inciso VII, a responsabilidade destes decorre de expressa previsão da lei material, sem que para isso seja necessário afastar a responsabilidade da sociedade empresarial.

Destarte, o art. 134, VII, não estabelece hipótese de desconsideração da personalidade jurídica, e sim responsabilidade direta e expressa dos sócios (solidária ou subsidiária). Por conseguinte, para que os sócios sejam responsabilizados no âmbito das ações de execução fiscal não será necessária a utilização do incidente em tela, como alguns autores mais apressados estão defendendo.

Quanto ao art. 135, à primeira vista poder-se-ia pensar na hipótese de desconsideração da personalidade jurídica, posto que parte da premissa da prática de ato ilícito.

No entanto, a lei é ainda mais enfática na atribuição de responsabilidade *própria* aos sócios, diretores, gerentes ou representantes das pessoas jurídicas, ao prescrever que "são *pessoalmente responsáveis*" pelas obrigações tributárias resultantes de atos praticados com excesso de poderes ou infração de lei. Não se pode admitir que a lei regule a figura da desconsideração em tais situações, pois os sujeitos indicados por esse enunciado prescritivo já são responsáveis pelas dívidas das sociedades, nas hipóteses ali indicadas.

Por tais motivos, conclui-se que o Código Tributário Nacional não previu a figura da desconsideração da personalidade jurídica da empresa. Por conseguinte, o incidente previsto pelos arts. 133 e ss. do CPC/2015 não é aplicável ao processo de execução fiscal de créditos tributários. Poderá alcançar a execução da dívida não tributária, caso a respectiva lei material preveja a figura da desconsideração, como ocorre, por exemplo, com o art. 50 do CC.

4.2 Exceção de pré-executividade

O Código de Processo Civil/2015 admitiu a figura da exceção de pré-executividade em três dispositivos, embora não utilize expressamente esta expressão: arts. 803, parágrafo único, 917, § 1º, e 525, § 1º.

No contexto anterior admitia-se a utilização desse remédio jurídico mesmo sem qualquer referência expressa do Código de Processo Civil/1973. Agora, em face das previsões do atual Código, dúvidas inexistem quanto à admissibilidade da utilização desse instrumento, inclusive em processo de execução fiscal. Advirta-se, porém, que a matéria alegável não foi modificada: matéria de ordem pública, que pode ser conhecida de ofício pelo juiz. Fora daí a defesa do executado deverá ser manejada pela via dos embargos do devedor, tal como ocorria no modelo anterior.

4.3 Revogação da Lei de Execução Fiscal

Pergunta-se, finalmente, se a Lei de Execução Fiscal foi revogada pelo Código de Processo Civil. A resposta é indubitavelmente negativa, pois a lei especial não pode ser revogada pela lei geral. Cabe observar, contudo, que alguns dispositivos no Código/2015 deverão ser aplicados ao processo de execução fiscal, diante da existência de alguma lacuna, desde que exista compatibilidade com as regras e os princípios dos executivos fiscais.

5. Mandado de segurança

O art. 311 do CPC/2015 admitiu a tutela de evidência, instituto que representa apenas um aperfeiçoamento da previsão contida no art. 273, II, do CPC revogado.

A lei que regula o mandado de segurança previu outro tipo de tutela provisória: concessão de medida liminar. Não existe previsão para a admissibilidade de outra forma de tutela provisória, o que se justifica em face da celeridade do rito mandamental.

Diante dessa lacuna, a lei processual civil não poderá ser aplicada, por ser incompatível com a estrutura do procedimento do mandado de segurança. Logo, nesse caso não se poderá utilizar o art. 15 para requerer a concessão de uma modalidade de tutela provisória não regulada pela lei especial epigrafada.

6. Conclusões

6.1 Aplicação supletiva não é sinônimo de aplicação subsidiária.

6.2 O art. 489, § 1º, do CPC é inaplicável ao processo administrativo fiscal.

6.3 As regras dos arts. 926 e 927 são inaplicáveis ao processo administrativo fiscal, por serem inconstitucionais.

6.4 O recurso de embargos de declaração não pode ser utilizado no âmbito do processo administrativo fiscal caso não exista previsão específica sobre a matéria.

6.5 O art. 174 do CPC não autoriza a criação de câmaras de mediação ou de conciliação no âmbito do processo administrativo tributário.

6.6 As alterações promovidas pelo Código de Processo Civil/2015 quanto aos prazos concedidos à Fazenda Pública não se aplicam às ações regidas por leis especiais;

6.7 O art. 85, § 3º, do CPC aplica-se apenas às condenações ocorridas após o início da sua vigência, eis que veicula normas materiais, e não processuais, não podendo ser aplicadas imediatamente.

6.8 O art. 85, § 11, do CPC/2015 é aplicável aos recursos interpostos após o início de sua vigência, não alcançando os recursos anteriores.

6.9 O incidente de desconsideração da personalidade jurídica, previsto no art. 133 do CPC, não se aplica às execuções fiscais do crédito tributário, podendo ser aplicado, em alguns casos, à execução do crédito não tributário.

6.10 O Código de Processo Civil/2015 reconheceu a possibilidade de utilização da exceção de pré-executividade em três dispositivos, instrumento aplicável à execução fiscal;

6.11 A tutela de evidência é inaplicável ao procedimento do mandado de segurança.

Salvador, julho/2016

COISA JULGADA TRIBUTÁRIA E O CÓDIGO DE PROCESSO CIVIL/2015

RICARDO LODI RIBEIRO

1. Introdução. 2. A segurança dos contribuintes em sua dimensão plural. 3. A objetivação do controle difuso. 4. A coisa julgada nas relações jurídicas continuativas em face das decisões do STF. 5. A disciplina no Código de Processo Civil/2015. 6. Conclusões.

1. Introdução

Dentre tantas modificações importantes trazidas pelo Código de Processo Civil/2015 (Lei 13.150, de 16.3.2015), volta ao debate a questão do conflito estabelecido entre a força expansiva das decisões do STF e a coisa julgada estabelecida anteriormente no caso individual. Se este é um problema presente em todas as searas cujos procedimentos são regulados pelo direito processual civil, no direito tributário a problemática é exacerbada pela natureza quase sempre continuativa da relação jurídico-tributária, marcada pelos reflexos da imprevisibilidade, da ambivalência e do pluralismo político que caracterizam a *sociedade de risco*, sobre o valor da *segurança jurídica do contribuinte*, a partir da ideia de *segurança plural*, fundada na existência não mais de um monolítico *direito do contribuinte*, mas de diversos e contrapostos *direitos dos contribuintes*, estabelecidos por meio de uma relação horizontal marcada pela razão comunicativa. Receberá especial exame a aplicação da segurança em sua dimensão plural como fundamento do instituto da coisa julgada nas relações tributárias continuativas em face de decisões do STF, seja no controle concentrado, seja no difuso, bem como o tratamento que o Código de Processo Civil/2015 estabelece a respeito.

É tradicional em nossa doutrina a posição de que a coisa julgada, como corolário da segurança jurídica, é insuperável em face de decisão posterior em sentido contrário do STF.[1] Porém, esse posicionamento, muito adequado à feição individualista que o referido valor ganhou no Estado Liberal, merece ser revisitado à luz do Estado Social e Democrático de Direito, que tem como pano de fundo a sociedade de risco, marcada pela ambivalência da lei fiscal. É que a coexistência da coisa julgada individual e de decisões objetivas em sentido contrário sobre a constitucionalidade ou inconstitucionalidade da lei tributária acaba por fazer com que determinado contribuinte seja o único em seu mercado a não pagar determinado tributo já declarado legítimo pela jurisprudência constitucional, ou que seja o único a pagar a exação afastada em relação aos contribuintes em geral. A ocorrência de qualquer das duas situações gera graves violações à isonomia e à livre concorrência, exigindo que a solução da matéria leve em consideração a ponderação entre esses princípios e a segurança jurídica, bem como o novo papel que as decisões do STF ganharam no cenário jurídico nacional.

Neste contexto, será analisado o posicionamento do Código de Processo Civil/2015, a fim de analisar em que medida o vigente texto legal incorpora os avanços constitucionais, doutrinários e jurisprudências dos últimos anos.

2. *A segurança dos contribuintes em sua dimensão plural*

A falta de consciência da *ambivalência fiscal* faz com que o direito tributário seja, até hoje, marcado – notadamente no Brasil, onde ainda predomina o Positivismo normativista – pela crença de que a segurança jurídica se resume exclusivamente à proteção do contribuinte contra o exercício do poder de tributar do Estado.

No entanto, aos poucos essa visão vai sendo superada pelo pensamento do *Estado Social e Democrático de Direito*, em que a segurança jurídica é marcada pela definição, em um ambiente de pluralismo político, de um critério de divisão dos encargos e benefícios, a partir da composição dos interesses dos mais variados segmentos do corpo social, de

1. Por todos: Leonardo Greco, "Coisa julgada, constitucionalidade e legalidade em matéria tributária", in Hugo de Brito Machado, *Coisa Julgada, Constitucionalidade e Legalidade em Matéria Tributária*, São Paulo, Dialética, 2006, p. 301.

acordo com a justiça fiscal, representada pela capacidade contributiva dos cidadãos, e com a prevenção dos riscos sociais.[2]

Nesse cenário, em que as despesas estatais são custeadas por receitas públicas, em especial os tributos, que, por sua vez hão de ser, no Estado capitalista, inexoravelmente suportados pela sociedade, a questão passa a ser quem vai pagar, e quanto cada um vai pagar. Assim, a concessão de uma vantagem fiscal para determinado grupo de contribuintes vai representar um aumento de ônus para aqueles que não foram beneficiados pela medida, pois, se a despesa pública não é diminuída pela desoneração fiscal, o Estado vai ter que escolher entre dois caminhos: buscar o aumento de receita em outro segmento ou frustrar prestações estatais que provavelmente terão como beneficiárias outras pessoas.

Por outro lado, como o peso dos tributos tem imensa significação no preço dos bens e serviços oferecidos na Economia, o afastamento do pagamento de uma exação em relação a um integrante de determinado setor econômico, seja por meio do planejamento fiscal, de decisão judicial transitada em julgado ou da simples sonegação, terá como consequência a redução significativa do seu preço, em detrimento dos seus concorrentes, que certamente perderão parcelas significativas de mercado ou até mesmo desaparecerão.

Essas situações, bastante corriqueiras em nossa realidade, mostram que o interesse de um contribuinte passa a ser distinto do interesse de outro, cabendo ao Estado arrecadar de todos eles, na forma definida na lei, que se pressupõe uma representação de consenso entre os mais variados segmentos sociais e econômicos.

Logo, não há mais como crer no mito de que exista um *direito do contribuinte* em contraposição ao interesse do Estado, pois a grande questão do direito tributário não é mais a relação vertical entre Fisco-contribuinte, mas uma relação horizontal entre os vários contribuintes de uma mesma sociedade[3] ou até mesmo de diferentes Países que concorrem

2. Sobre a aplicação no direito tributário da ideia de segurança jurídica adequada à sociedade de risco, v.: Ricardo Lodi Ribeiro, "A segurança dos direitos fundamentais do contribuinte na sociedade de risco", in Daniel Sarmento e Flávio Galdino (orgs.), *Direitos Fundamentais – Estudos em Homenagem ao Professor Ricardo Lobo Torres*, Rio de Janeiro, Renovar, 2006, pp. 731-767.

3. Klaus Tipke, "Fundamentos da justiça fiscal", in Klaus Tipke e Douglas Yamashita, *Justiça Fiscal e Princípio da Capacidade Contributiva*, São Paulo, Malheiros Editores, 2002, p. 17: "O direito tributário afeta não só a relação cidadão-Estado, mas também a relação dos cidadãos uns com os outros. É um direito da coletividade".

num mesmo mercado, hoje globalizado. Na verdade, a lei fiscal apresenta uma natural ambivalência encontrada nos efeitos colaterais que uma medida positiva para determinados contribuintes representará ao direito de outros contribuintes.

Por essa razão, a segurança jurídica do contribuinte ganha uma dimensão plural baseada na aferição da adequação dos critérios legislativos à justiça fiscal e à repartição dos riscos e custos sociais, posto que, para que a liberdade seja abrangente, deve superar sua dimensão individual e ser capaz de atender aos agentes coletivos.[4] Como decorrência, isonomia e capacidade contributiva não mais se contrapõem à legalidade, que deixou de monopolizar as limitações ao poder de tributar,[5] devendo assegurar o cumprimento da divisão dos encargos fiscais pelo critério legal definido com base na razão comunicativa[6] e na teoria da argumentação,[7] mediante a participação decisiva da opinião pública e dos meios de comunicação,[8] em ambiente marcado pelo pluralismo político.

Neste diapasão, a segurança jurídica não mais fundamenta um regime legal que dê proteção absoluta a um contribuinte, a partir de sua menor ou maior fortuna em relação à distribuição de processos pelas Varas, Câmaras e Turmas dos tribunais ou de sua ventura quanto à obtenção de decisões judiciais definitivas, em detrimento dos outros indivíduos que

4. Philip Pettit, *Teoria da Liberdade*, trad. de Renato Sérgio Pubo Maciel, Belo Horizonte, Del Rey, 2007, p. 245.

5. José Casalta Nabais, *O Dever Fundamental de Pagar Impostos*, Coimbra, Livraria Almedina, 2015, p. 683.

6. A razão comunicativa, segundo Habermas, traduz-se na capacidade humana dirigida ao entendimento, em oposição à ação instrumental, dirigida à obtenção de objetivos. Deste modo, a pretensão de verdade do proponente deve ser defensável a partir de argumentos que possam superar as objeções de possíveis oponentes e, ao final, contar com a aprovação de um acordo racional da comunidade (Jürgen Habermas, *Direito e Democracia – Entre Facticidade e Validade*, vol. I, Rio de Janeiro, Tempo Brasileiro, 1997, p. 32).

7. Robert Alexy, *Teoria da Argumentação Jurídica – A Teoria do Discurso Racional como Teoria da Justificação Jurídica*, trad. de Zilda Hutchinson Schild Silva, São Paulo, Landy, 2001. Registre-se a crítica de Kaufmann à utilização da teoria da argumentação de Alexy aos processos judiciais, em que os participantes não utilizam a argumentação racional, uma vez que desenvolvem uma atividade estratégica e não comunicativa, são sujeitos a leis defeituosas, não há saturação dos argumentos e a coisa julgada supera, em nome da paz social, a verdade e a justiça (Arthur Kaufmann, *Filosofía del Derecho*, Bogotá, Universidad Externado de Colombia, 1999, p. 194).

8. José Osvaldo Casás, *Derechos y Garantías Constitucionales del Contribuyente – A Partir del Principio de Reserva de Ley Tributaria*, Buenos Aires, Ad-Hoc, 2002, p. 317.

deverão suportar os efeitos econômicos dessas decisões, seja em razão do inadimplemento das prestações estatais positivas, seja pelo aumento da sua carga fiscal ou ainda – o que causa um prejuízo mais imediato –, pela perda de espaço em um mercado eivado por uma concorrência viciada pela diferença fiscal obtida judicialmente.

Deve ser afastado também o mito, muito difundido no Brasil, de que, em razão da nossa tradição, fundada no sistema da *Civil Law*, o valor da segurança jurídica deve preponderar sobre os demais. Tal pensamento não se sustenta, pois a garantia da realização da segurança é sua conexão com os demais valores e princípios do nosso ordenamento.[9] Ademais, há evidente inexistência de nexo causal entre a trajetória histórica do nosso Direito, a partir da tradição europeia continental, e a supremacia da segurança jurídica sobre os demais valores. Destaque-se que a incorreção dessa associação de ideias também é revelada pelos compromissos assumidos pela Constituição de 1988 com uma sociedade justa e solidária, com a erradicação da pobreza e o combate aos desequilíbrios sociais. Ora, se nem as nações que apresentam uma distribuição social mais justa privilegiam a segurança em detrimento da justiça, esta opção pelo Brasil se traduziria no abandono dos objetivos do constituinte, a partir da exacerbação da desigualdade.

A inadequação da supremacia axiológica da segurança no contexto brasileiro é reforçada pela óbvia conexão entre os binômios reforma/conservação e justiça/segurança. Fácil perceber, pois, que, em face da inevitável finitude dos direitos, onde há uma distribuição social de direitos mais equitativa, exista uma preocupação maior em manter essa equação já dotada de alto grau de justiça. Nas sociedades marcadas por profundas desigualdades sociais é natural que o apreço à segurança jurídica ceda lugar a mecanismos que proporcionem maior possibilidade e agilidade em relação às reformas sociais implementadas sob os auspícios da justiça. Porém, parece que no Brasil a equação apresenta seus sinais invertidos. É curioso observar que mesmo entre os setores médios, que não se beneficiam dos efeitos dessa opção pela acumulação de patrimônio, a noção da *supersegurança jurídica* se encontra bem disseminada, já que essa *sobrecarga de segurança* oferece conforto à ansiedade provocada pela incerteza sem, no entanto atacar suas causas.[10] Extrair do referido dispo-

9. José Luis Palma Fernández, *La Seguridad Jurídica ante la Abundancia de Normas*, Madri, Centro de Estudios Políticos y Constitucionales, 1997, p. 38.

10. Zygmunt Bauman, *Em Busca da Política*, trad. de Marcus Penchel, Rio de Janeiro, Jorge Zahar Editor, 1999, p. 56.

sitivo constitucional um apoio à tese da supremacia da segurança jurídica sobre os outros valores constitui uma hiperintegração do texto constitucional, que encontra na Constituição suas visões prediletas da realidade.[11] Deste modo, não se pode dela extrair uma opção pela preponderância da segurança jurídica em relação aos demais valores, pois esta deve ser ponderada com os demais interesses tutelados pela ordem constitucional. Nesse juízo de ponderação a *segurança* nunca tem, aprioristicamente, um peso maior do que a *justiça*, que se traduz, segundo Tipke e Vogel, no "principal critério de aferição" do direito tributário.[12]

Por outro lado, cumpre enfatizar que, a despeito da eterna busca pela segurança, a incerteza causada pelos riscos sociais não se combate pela ilusão de que a norma legal ou judicial irá prever todas as possibilidades que o mundo real pode oferecer. Muito ao contrário, já que, como assinala Pérez Luño, o primeiro motivo de insegurança deriva do esforço doutrinário em concretizar a segurança.[13]

No campo fiscal a insegurança gerada pela *ambivalência fiscal* se combate com um conjunto de regras jurídicas extraídas de soluções dialogais e que sejam capazes de preservar os direitos fundamentais de todos os contribuintes, com a aplicação de normas que estabeleçam tributos a partir de regras a todos aplicáveis.

Por outro lado, o caráter ambivalente da norma tributária abre caminho para a discussão horizontal sobre a legitimidade das normas de incidência e desoneração tributárias, com a possibilidade de um con-

11. Sobre hiperintegração: Laurence Tribe e Michael Dorf, *Hermenêutica Constitucional*, trad. de Amarílis de Souza Birchal, Belo Horizonte, Del Rey, 2007, pp. 25-26.

12. *Apud* Humberto Ávila, *Sistema Constitucional Tributário*, 5ª ed., São Paulo, Saraiva, 2012, pp. 190-191. Considerando a justiça o valor superior do ordenamento jurídico tributário: Luis María Cazorla Prieto, *Derecho Financiero y Tributario – Parte General*, Navarra, Aranzadi, 2000, p. 100; Cristina Pauner Chulvi, *El Deber Constitucional de Contribuir al Sostenimiento de los Gastos Públicos*, Madri, Centro de Estudios Políticos y Constitucionales, 2001, p. 150.

13. Antonio-Enrique Pérez Luño, *La Seguridad Jurídica*, Barcelona, Ariel, 1991, p. 28. No mesmo sentido: Ricardo Lobo Torres, "A segurança jurídica e as limitações constitucionais ao poder de tributar", in Roberto Ferraz (coord.), *Princípios e Limites da Tributação*, São Paulo, Quartier Latin, 2005, p. 436: "A polaridade acompanha a segurança jurídica. O excesso de preocupação com a segurança e o exagero na sua defesa descambam para a insegurança. Isso ocorre tanto no processo legislativo, no qual o excesso de regulamentação leva ao preciosismo, como no processo judicial, em que a demasia conduz inexoravelmente à complicação e ao formalismo".

tribuinte discutir judicialmente a imposição tributária de outro,[14] seja por meio do instituto da ação popular, na defesa do patrimônio público onerado por uma medida isencional ilegítima à luz da isonomia, seja por meio da ação declaratória ou intervenção processual em processo onde seja discutida a exigência de um tributo em relação a um integrante de um mesmo segmento econômico. Nesse último caso o reconhecimento da ambivalência fiscal promove a superação das distinções entre interesse jurídico e econômico como requisito da assistência processual.[15]

Também decorre da ambivalência fiscal o exame da coisa julgada coadunada com o valor da segurança jurídica, que o fundamenta, sob uma perspectiva que supere o individualismo oitocentista, atendendo ao pluralismo político da sociedade de risco.

3. A objetivação do controle difuso

Na sociedade de risco, onde a legalidade é substituída pela juridicidade, esta se apresenta, vimos, como fruto de um bloco de legalidade integrado não só pelas leis, mas pela Constituição, pelos princípios, e a segurança jurídica é revelada em sua dimensão plural, extraída não somente da letra abstrata da lei contida no programa da norma, mas principalmente da sua aplicação prática.

Paralelamente a esse fenômeno manifesta-se também no Brasil outra tendência constitucional universal cujo exame é fundamental para o deslinde da questão em exame. Trata-se da aproximação entre o modelo de controle de constitucionalidade concentrado, de origem norte-americana, e o modelo austríaco de controle difuso.[16]

É sabido que em nosso País adotamos um modelo misto de controle de constitucionalidade, onde o controle difuso convive harmonicamente com o controle concentrado. O primeiro, que foi adotado desde o início da República, é exercido incidentalmente por qualquer juiz ou tribunal, a

14. Aurélio Pitanga Seixas Filho, *Teoria e Prática das Isenções Tributárias*, 2ª ed., Rio de Janeiro, Forense, 1999, p. 155.

15. De certa forma, a previsão pelo art. 7º, § 2º, da Lei 9.868/1999 do instituto do *amicus curiae* democratiza a participação social nas discussões do STF, no âmbito do controle concentrado da constitucionalidade da lei, o que pode constituir o início de uma intensa atividade social, à luz da ambivalência fiscal, de controle das normas tributárias.

16. Gilmar Ferreira Mendes, Inocêncio Mártires Coelho e Paulo Gustavo Gonet Branco, *Curso de Direito Constitucional*, São Paulo, Saraiva, 2007, p. 957.

partir da provocação de qualquer litigante judicial, e produz efeitos *inter partes*. O último, introduzido no nosso sistema a partir da promulgação da Emenda Constitucional 16/1965, que criou a representação de inconstitucionalidade por parte do Procurador-Geral da República, é exercido pelo STF a partir do exame abstrato da norma em face da Constituição Federal, produzindo efeitos *erga omnes*. Com a Constituição de 1988 foi ampliado o rol de legitimados para a propositura da ação direta de inconstitucionalidade (art. 103 da CF), e a partir da Emenda Constitucional 3/1993 foi criada a ação declaratória de constitucionalidade.

Essa aproximação entre o modelo austríaco e o norte-americano não ocorre apenas nos sistemas mistos, como o brasileiro.[17] Em relação aos efeitos das decisões, a congruência dos dois regimes vem ocorrendo paulatinamente no seio de ambos. Vale recordar que, ao contrário do sistema austríaco, que, por influência de Hans Kelsen, adotou a eficácia *ex nunc* para as declarações de inconstitucionalidade, o modelo norte-americano se notabilizou pela nulidade, *ab initio*, da lei inconstitucional, em posicionamento que grande influência exerceu no direito constitucional brasileiro. Porém, a partir de 1965 a Suprema Corte dos Estados Unidos começa a flexibilizar os efeitos retroativos em relação à nulidade da lei inconstitucional, com base na ponderação entre as vantagens e as desvantagens decorrentes dessa retroatividade, muito embora a atual tendência da Corte seja o retorno à sua posição anterior, o que se deu não sem a crítica da doutrina, que aderira majoritariamente à tendência de flexibilização da rigidez nulificante.[18] Por outro lado, a partir de 1970 o Tribunal Constitucional alemão desenvolveu a teoria da declaração de inconstitucionalidade sem a pronúncia de nulidade, como forma de limitar no tempo os efeitos retroativos dessa decisão,[19] em postura que acabou influenciando os sistemas português e italiano.

É de se registrar que o movimento de flexibilização da rigidez do sistema declaratório também se verificou no sistema constitutivo, como o austríaco, que já admite a retroatividade em alguns casos, e como o

17. Sobre o tema, v.: Patrícia Perrone Campos Mello, *Precedentes – O Desenvolvimento Judicial do Direito no Constitucionalismo Contemporâneo*, Rio de Janeiro, Renovar, 2008, Capítulo 1.

18. Daniel Sarmento, "A eficácia temporal das decisões no controle de constitucionalidade", in Daniel Sarmento (org.), *O Controle de Constitucionalidade e a Lei 9.869/1999*, Rio de Janeiro, Lumen Juris, 2001, p. 103.

19. Gilmar Ferreira Mendes, *Jurisdição Constitucional*, São Paulo, Saraiva, 1996, pp. 202 e 211.

espanhol, que, afastando-se do modelo inspirado por Kelsen, hoje mais se aproxima do hibridismo alemão.[20]

Essa flexibilização do rigor quanto aos efeitos *ex tunc* da declaração de inconstitucionalidade deve-se às transformações da realidade promovidas por tais leis, cuja supressão *ab initio* acabava por gerar maior contrariedade ao Direito do que a própria ilegitimidade da lei[21] – o que por vezes chegava a inibir, na prática, a declaração de inconstitucionalidade pelos tribunais.

No Brasil a produção de efeitos prospectivos pela declaração de inconstitucionalidade não encontrou imediata acolhida por parte do STF, que, embora tenha inúmeras vezes admitido, de forma casuística, a validade de ato praticado com base em lei inconstitucional,[22] acabou confirmando sua tradicional posição no sentido da nulidade *ex tunc* da norma declarada inconstitucional,[23] em posição que se manteve até o advento da Lei 9.868/1999, que expressamente autorizou ao Tribunal Supremo a modulação no tempo dos efeitos da decisão.

Deste modo, quanto aos efeitos da decisão no controle de constitucionalidade, a possibilidade de modulação reconhecida pela Lei 9.868/1999 em relação à declaração de inconstitucionalidade no controle concentrado, e estendida pelo próprio STF à declaração de constitucionalidade neste, ao controle difuso e à virada jurisprudencial,[24] também

20. Ricardo Lobo Torres, *Tratado de Direito Constitucional Financeiro e Tributário*, vol. II (*Valores e Princípios Constitucionais Tributários*), Rio de Janeiro, Renovar, 2005, pp. 537 e 542.

21. Gilmar Ferreira Mendes, *Jurisdição Constitucional*, cit., p. 211: "Alguns casos de declaração de inconstitucionalidade referem-se às chamadas lacunas jurídicas ameaçadoras (*bedrohliche Rechtslücken*), que poderiam, em caso de uma pronúncia de nulidade, ter sérias consequências, ensejando mesmo eventual caos jurídico. Esses casos têm o seu ponto comum na chamada inexequibilidade da decisão cassatória (*Undurchsetzbarkeit der Normaufhebung*). A declaração de nulidade levaria a uma minimização (*Minimierung*), ao invés de levar a uma otimização (*Optimierung*), na concretização da vontade constitucional. A lacuna resultante da declaração de nulidade poderia fazer surgir uma situação ainda mais afastada da vontade constitucional".

22. Por todos: STF, 2ª Turma, RE 78.594-SP, rel. Min. Bilac Pinto, *DJU* 4.11.1974, *RTJ* 71/570.

23. STF, Pleno, ADI 1.102-2, rel. Min. Maurício Correa, *DJU* 17.11.1995, p. 3.925.

24. Sobre a modulação de efeitos da decisão do STF nas várias modalidades de controle concentrado, v.: Ricardo Lodi Ribeiro, "A segurança jurídica na jurisprudência do STF", in Daniel Sarmento e Ingo Wolfgang Sarlet, *Direitos Fundamentais no Supremo Tribunal Federal: Balanço e Crítica*, Rio de Janeiro, Lumen Juris, 2011, pp. 341-366.

aproximaram o modelo austríaco do norte-americano, criando aqui o sincretismo brasileiro quanto aos efeitos da declaração de inconstitucionalidade no controle de constitucionalidade.

A aproximação dos dois regimes é encontrada ainda na tendência à *abstrativação* ou *objetivação* do controle difuso, que deriva da mutação constitucional[25] do sistema constitucional sobre controle difuso de constitucionalidade,[26] da integração das decisões dos órgãos de cúpula do Poder Judiciário no bloco de legalidade, como substrato da juridicidade, e da necessidade de atendimento ao princípio da duração razoável do processo e de uniformização de tratamento aos litigantes, em respeito à isonomia, à neutralidade tributária e à livre concorrência, como já destacamos ao longo deste trabalho.

A essa tendência aliou-se a obra do próprio legislador, com a edição da Emenda Constitucional 45/2004, que promoveu importantes mudanças no papel do STF no controle difuso de constitucionalidade, com a introdução das súmulas vinculantes pelo art. 103-A e da repercussão geral pelo § 3º do art. 102, que intensificaram sobremaneira a aproximação entre os modelos difuso e concentrado.[27]

De fato, não há como negar que a decisão sobre a constitucionalidade da lei no controle difuso que for objeto de súmula vinculante não terá efeitos apenas no caso concreto. Deverá ser seguida por todos os órgãos do Poder Judiciário e da Administração Pública, de acordo com o art. 103-A da CF. Portanto, como o *nomen juris* já revela, tem efeitos vinculantes. Por outro lado, a sistemática legal que regula o instituto da repercussão geral, estabelecida pela Lei 11.418/2006, que acresceu os arts. 543-A e 543-B ao CPC,[28] também contribuiu para a abstrativação ou objetivação do controle difuso.

Prescrevem os referidos dispositivos legais que os tribunais de origem selecionarão um ou mais recursos representativos da controvérsia e os encaminharão ao STF, sobrestando os demais. Negada a repercussão

25. Sobre o tema da mutação constitucional, v.: Carlos Henrique Ramos, *Mutação Constitucional – Constituição e Identidade Constitucional Evolutiva*, Curitiba, Juruá, 2013.

26. Gilmar Ferreira Mendes, "O papel do Senado Federal no controle de constitucionalidade: um caso clássico de mutação constitucional", *Revista de Informação Legislativa* 41/162-165, 2004.

27. Gilmar Ferreira Mendes, Inocêncio Mártires Coelho e Paulo Gustavo Gonet Branco, *Curso de Direito Constitucional*, cit., p. 1.031.

28. No CPC/2015 a repercussão geral é tratada no art. 1.035.

geral, os recursos sobrestados serão automaticamente inadmitidos. Reconhecida a repercussão geral e proferida a decisão em exame objetivo a respeito da constitucionalidade da lei no *leading case* selecionado, todos os juízes e tribunais devem segui-la nos casos concretos. Em razão da repercussão geral, a decisão da Corte Constitucional terá efeitos que extrapolam o caso concreto, devendo ser aplicada, seja pelo tribunal de origem ou, em caso de descumprimento por este, por decisão monocrática dos ministros do STF, a todos os casos que tenham o mesmo fundamento. Note-se que neste caso a objetivação do controle difuso não depende de súmula vinculante, sendo decorrente da Constituição e da legislação processual. Embora seja polêmica a atribuição de efeitos vinculantes em decorrência da repercussão geral, assim como o cabimento de reclamação em face de decisão que não aplica o precedente assim qualificado,[29] tem-se na repercussão geral eficácia *ultra partes*, aplicando-se a todos os contribuintes que ingressaram, ou que venham a ingressar, com ações semelhantes. Mas não é só. A decisão submetida à repercussão geral tem também eficácia *erga omnes*, na medida em que, dada a objetivação do controle difuso, atingirá a esfera jurídica daqueles que sequer ingressaram com ações judiciais, devendo ser cumprida de ofício pela Administração Pública, visto que esta está vinculada não só à lei, mas à juridicidade, como vimos.

Diante desse novo panorama constitucional e legal, em que resta evidenciada a aproximação dos modelos concentrado e difuso na apreciação da constitucionalidade da lei tributária pelo STF, é obsoleta a previsão do art. 52, X, CF, de que a resolução do Senado retirará a lei declarada inconstitucional no controle difuso do ordenamento jurídico. É uma reminiscência histórica do tempo em que a separação de Poderes tinha feição

29. No julgamento da Rcl 10.793-SP, relatada pela Min. Ellen Gracie (*DJe* 6.6.2011), o STF decidiu não caber reclamação em face de decisão que contrariou precedente com repercussão geral. Em sentido contrário, porém, a posterior decisão do STF na Rcl 4.335-AC, julgada em 20.3.2014, na qual a maioria dos ministros da Corte admitiu a reclamação para preservar o precedente do STF em sede de controle difuso com repercussão geral (*Informativo* 739). Por outro lado, o Projeto do CPC/2015 admitia, no art. 1.001, III, a reclamação ao STF em razão de decisão que viola precedente com repercussão geral. O art. 988 do CPC/2015 dispõe: "Caberá reclamação da parte interessada ou do Ministério Público para: I – preservar a competência do Tribunal; II – garantir a autoridade das decisões do Tribunal; III – garantir a observância de enunciado de súmula vinculante e de decisão do Supremo Tribunal Federal em controle concentrado de constitucionalidade; (redação dada pela Lei 13.256/2016) IV – garantir a observância de acórdão proferido em julgamento de incidente de resolução de demandas repetitivas ou de incidente de assunção de competência; (...)".

bem mais estática, reproduzida no texto atual em um cenário em que as duas modalidades de controle da constitucionalidade adotadas em nosso País SE apresentavam como alternativas, não exibindo o sincretismo atual. Hoje a previsão constitucional, após a mutação constitucional sofrida, deve ser interpretada como uma forma de comunicação do Senado Federal à sociedade da decisão do STF.[30] Aliás, esse tem sido seu singelo papel ao longo dos anos.[31] No julgamento da Rcl 4.335-AC, embora a posição de mutação constitucional do art. 52, X, CF, sustentada pelos Mins. Gilmar Mendes e Eros Grau, tenha recebido críticas, a expansão da atuação do STF no controle difuso, a partir dos efeitos *ultra partes* de suas decisões, por eles defendida, acabou por prevalecer na posição da maioria, com as adesões dos Mins. Luís Roberto Barroso e Teori Zavascki.[32]

A grandiosidade da alteração constitucional promovida pela Emenda Constitucional 45/2004, que acelerou o processo de aproximação dos modelos difuso e concentrado, mereceu o seguinte comentário da Min. Ellen Gracie no julgamento da Rcl 10.793-SP, acima citada: "A partir da Emenda Constitucional n. 45, é o STF quem diz o que é o Direito no País. O Direito no País está interpretado pelo Supremo Tribunal de maneira definitiva, que não admite reinterpretação pelas demais instâncias judiciais".[33]

Exageros retóricos à parte, é forçoso reconhecer que hoje as decisões do STF no controle difuso também têm eficácia *ultra partes*, uma vez que os processos individuais, embora preservando suas singularidades, serão decididos de acordo com o fundamento estabelecido pela Corte Maior. Com a objetivação do controle difuso, decorrente da aproximação dos efeitos deste, quando exercido pelo STF, com o controle concentrado, as

30. Gilmar Ferreira Mendes, Inocêncio Mártires Coelho e Paulo Gustavo Gonet Branco, *Curso de Direito Constitucional*, cit., pp. 1.032-1.037; Gilmar Ferreira Mendes, "O papel do Senado Federal no controle de constitucionalidade: um caso clássico de mutação constitucional", cit., *Revista de Informação Legislativa* 41/162-165. *Contra*: Leonardo Greco, "Coisa julgada, constitucionalidade e legalidade em matéria tributária", cit., in Hugo de Brito Machado, Coisa *Julgada, Constitucionalidade e Legalidade em Matéria Tributária*, São Paulo, Dialética, 2006, p. 300.

31. Os arts. 525, § 12, e 535, § 5º, do CPC/2015 não mais conferem relevância à suspensão pelo Senado da lei declarada inconstitucional no controle difuso, considerando que a decisão do STF torna o título executivo inexequível mesmo nos casos de declaração incidental de constitucionalidade.

32. STF, Pleno, Rcl 4.335-AC, rel. Min. Gilmar Mendes, j. 20.3.2014, *Informativo STF* 739.

33. STF, Pleno, Rcl 10.793-SP, rela. Min. Ellen Gracie, *DJe* 6.6.2011.

decisões prolatadas em sede de repercussão geral têm também efeitos *erga omnes*, traduzindo-se em verdadeira *modificação do ordenamento jurídico* em caso de declaração de inconstitucionalidade. Mesmo quando a decisão é pela constitucionalidade da norma a mudança do estado jurídico se apresenta a partir do restabelecimento da presunção de constitucionalidade da lei, que fora abalada por torrencial jurisprudência contrária a ela.

Tais características do nosso novo modelo híbrido de controle da constitucionalidade fazem com que as decisões do STF que declaram a constitucionalidade ou inconstitucionalidade da lei tributária, sejam elas extraídas do controle concentrado ou do controle difuso, integrem esse bloco de legalidade, fazendo surgir direito novo, que passa a orientar os contribuintes e autoridades administrativas.

4. A coisa julgada nas relações jurídicas continuativas em face das decisões do STF

Tendo a decisão do STF, tanto no controle concentrado quanto no difuso, efeitos *ultra partes* e eficácia *erga omnes*, poderá haver conflito entre ela e a decisão individual transitada em julgado. Qual delas deverá prevalecer?

Em relação ao tema, cumpre inicialmente conferir ao instituto da coisa julgada uma moldura adequada ao Estado Social e Democrático de Direito, que supere a visão privatística que o direito processual civil adquiriu em nosso País a partir da ideia de segurança jurídica absoluta em uma perspectiva individual.

Como adverte Antônio do Passo Cabral,[34] os limites temporais da coisa julgada admitem alterações de conteúdo que preservem a estabilidade em cadeia e a segurança como continuidade. Com isso, a segurança jurídica em uma acepção plural não só deve preservar os direitos fundamentais do contribuinte que teve sua relação jurídica estabilizada pela coisa julgada, mas se abrir às alterações de conteúdo sofridas pelo

34. Antônio do Passo Cabral, *Coisa Julgada e Preclusões Dinâmicas – Entre a Continuidade, Mudança e Transição de Posições Processuais Estáveis*, Salvador, Juspodivm, 2013, p. 562: "Em relação aos limites temporais, a estruturação das estabilidades em cadeia, somada à concepção da segurança como continuidade, autoriza pensarmos que as alterações de conteúdo são sempre uma alternativa aberta ao sistema, cabendo apenas ao estudioso propor critérios para que, mesmo na mudança, ainda seja preservada a segurança jurídica".

Direito em relação aos fatos geradores supervenientes a essas modificações jurídicas.

Deste modo, a aplicação dos precedentes do STF aos casos em que o contribuinte tem decisão transitada em julgado em sentido contrário não desprestigia o instituto da coisa julgada. Tampouco se fundamenta no reconhecimento da coisa julgada inconstitucional ou da sua relativização. É que, como sabido, o art. 471, I, do CPC[35] estabelece que nas relações jurídicas continuativas a coisa julgada tenha como limites temporais a manutenção do estado de fato ou de direito. Constituindo-se a decisão do STF a respeito da constitucionalidade de lei tributária, seja proferida no controle concentrado ou no difuso, uma diretriz que, no plano da aplicação do Direito, deverá ser seguida pelos órgãos do Poder Judiciário e do Poder Executivo, é inevitável admitir que ela estabelece um novo Estado de Direito, nos termos do referido dispositivo legal, fazendo que com que a coisa julgada deixe de guardar pertinência com os fatos geradores ocorridos no futuro, como se houvesse uma alteração legislativa nos aspectos essenciais da lei de incidência. Afinal, para o destinatário a segurança jurídica é derivada da certeza quanto ao conteúdo da norma, seja esta derivada de manifestação estatal do Poder Executivo, Legislativo ou Judiciário. Aliás, tal certeza deflui muito mais da posição sedimentada quanto à aplicação da norma em relação aos seus destinatários do que em relação à abstração prevista no seu texto.

Ademais, não se podem admitir as soluções favráveis à retroação das decisões de inconstitucionalidade da norma de incidência e, ao revés, pelos efeitos prospectivos da que confirma a legitimidade da norma. Tais posicionamentos costumam se basear no argumento de que a tutela constitucional dos direitos individuais deve ser exercida contra o Estado. Deste modo, este não poderia se valer de institutos como o da coisa julgada e dos efeitos prospectivos da inconstitucionalidade da lei para deixar de reconhecer a prevalência da tutela da confiança no caso individual.[36]

35. No mesmo sentido é o teor do art. 505, I, do CPC/2015.

36. Por todos, partindo do pressuposto que o Estado não pode invocar a coisa julgada contra o cidadão: Octávio Campos Fischer, *Os Efeitos da Declaração de Inconstitucionalidade no Direito Tributário Brasileiro*, Rio de Janeiro, Renovar, 2004, pp. 291-292: "Havendo conflito entre (i) uma decisão judicial prejudicial ao contribuinte (que declarou constitucional ou inconstitucional uma norma), já transitada em julgado (e com o prazo da rescisória já superado), e (ii) uma decisão do STF que beneficie aquele (por ter declarado inconstitucional ou constitucional uma norma), esta última deve prevalecer. Assim, o contribuinte poderia propor ação com o fim de

Porém, essa posição desconsidera o caráter ambivalente da norma tributária, entronizando o direito de um contribuinte como se a consagração deste não se desse senão com o sacrifício do direito de outros contribuintes.[37] Ao reconhecer a prevalência da decisão transitada em julgado que concede o direito a um contribuinte de não pagar tributos que, segundo decisão do STF, todos devem pagar, está-se conferindo caráter absoluto à perspectiva individual da segurança jurídica, em detrimento não apenas do Estado, mas principalmente de todos os outros contribuintes que atuam no mesmo setor econômico e que, por não terem decisões transitadas em julgado, acabarão submetidos a sentenças harmonizadas com a posição da Corte Maior, no sentido da legitimidade do tributo. Assim, em um mesmo mercado teremos uma empresa que está liberada de parcela da carga tributária incidente sobre suas operações, enquanto as demais são obrigadas a suportar a integralidade do peso fiscal. Trata-se de privilégio odioso, por ofender o princípio da isonomia e o da livre concorrência, uma vez que tal situação faria com que o contribuinte beneficiado tendesse a abarcar fatias cada vez maiores do mercado, em detrimento dos seus concorrentes. Tal violação de princípios constitucionais tão caros à ordem tributária e à ordem econômica jamais poderia ser perpetrada pelo legislador, quanto mais pelo Poder Judiciário, ou, melhor, pela interpretação quanto aos efeitos de suas decisões.

Por outro lado, a prevalência de uma decisão transitada em julgado que condena o contribuinte ao pagamento do tributo, enquanto todos os seus concorrentes são dispensados do seu recolhimento em face de posicionamento do STF, representa discriminação odiosa e insuportável, que provavelmente levará ao desaparecimento da empresa discriminada, restando igualmente violados os referidos princípios.[38]

rever a decisão que lhe é desfavorável. Entretanto, ao contrário, se houver conflito entre (i) uma decisão judicial benéfica ao contribuinte (que declarou constitucional ou inconstitucional uma norma), já transitada em julgado (ainda que não tenha decorrido o prazo da rescisória), e (ii) uma decisão do STF que o prejudique (por ter declarado inconstitucional ou constitucional uma norma), esta não deve prevalecer nesse caso específico, não podendo o Fisco utilizar-se de ação rescisória. Em suma, não se forma coisa julgada a favor do Fisco e contra os interesses do contribuinte". No mesmo sentido: Helenilson Cunha Pontes, *Coisa Julgada Tributária e Inconstitucionalidade*, São Paulo, Dialética, 2005, p. 169.

37. Sobre a ambivalência da lei fiscal e do caráter plural da segurança jurídica, v.: Ricardo Lodi Ribeiro, *A Segurança Jurídica do Contribuinte (Legalidade, Não Surpresa e Proteção à Confiança Legítima)*, Rio de Janeiro, Lumen Juris, 2008, Capítulo 3.

38. No mesmo sentido do texto, defendendo a prevalência da decisão do STF (seja pela constitucionalidade ou pela inconstitucionalidade da lei tributária) sobre a

Na verdade, a solução para o conflito entre a decisão do STF dotada de efeitos *erga omnes* nos termos acima estabelecidos (que englobam o controle difuso) e a coisa julgada individual, como já tivemos oportunidade de destacar,[39] deve ser repartida em dois planos. Em relação aos fatos geradores e pagamentos exigidos no futuro a coisa julgada individual não irá prevalecer, uma vez que os efeitos gerais da decisão representam uma mudança do quadro jurídico, fazendo cessar os efeitos objetivos da coisa julgada.[40] Nestes casos, se a decisão transitada em julgado considerava a lei tributária constitucional, obrigando o contribuinte ao pagamento do tributo, a partir da publicação da decisão do STF pela inconstitucionalidade da referida norma os fatos geradores ocorridos não mais serão por ela atingidos. Também são submetidos à mesma disciplina os fatos geradores pretéritos mas cuja obrigação tributária ainda não tenha sido extinta pelo pagamento. É que, mesmo sendo relativa a fato gerador que se deu antes da decisão do STF, o pagamento exigido após a publicação desta produz efeitos prospectivos, sem o necessário lastro normativo, uma vez que a

coisa julgada individual, em nome do princípio da livre concorrência, v.: Fernando Facury Scaff, "Efeitos da coisa julgada em matéria tributária e o princípio da livre concorrência", in Valdir de Oliveira Rocha (coord.), *Grandes Questões Atuais do Direito Tributário*, vol. 9, São Paulo, Dialética, 2005, p. 135. Registre-se a posição de Júlio César Rossi, que defende a possibilidade de afastamento da coisa julgada inconstitucional com base no art. 146-A da CF, com o manejo da ação rescisória, dos embargos do devedor e da ação declaratória para o enfrentamento da questão (Júlio César Rossi, "O controle da constitucionalidade e seus efeitos sobre a coisa julgada em matéria tributária", in Valdir de Oliveira Rocha (coord.), *Grandes Questões Atuais do Direito Tributário*, vol. 9, São Paulo, Dialética, 2005, pp. 394-395).

39. Ricardo Lodi Ribeiro, *A Segurança Jurídica do Contribuinte (Legalidade, Não Surpresa e Proteção à Confiança Legítima)*, cit., pp. 254-257.

40. Hugo de Brito Machado, "Coisa julgada, constitucionalidade e legalidade em matéria tributária", in Hugo de Brito Machado, *Coisa Julgada, Constitucionalidade e Legalidade em Matéria Tributária*, cit., pp. 168-169: "O direito à segurança jurídica, do qual a proteção à coisa julgada é desdobramento, é, como todo direito fundamental, relativo. Encontra limite em outros direito fundamentais, com os quais deve ser ponderado e conciliado. Um deles é o princípio da isonomia. Prestigiar a coisa julgada mesmo em relação a fatos futuros, em relação jurídica continuativa, como ocorre no caso de que se cuida, geraria uma situação de profunda e permanente desigualdade entre o Consulente e outros contribuintes em situação equivalente. A solução que, a nosso ver, é a mais adequada, e que tende a prevalecer, é a de considerar a decisão do STF como direito novo. Trata-se de alteração no contexto fático/jurídico à luz do qual o acórdão foi proferido, e que impede a produção de seus efeitos quanto a fatos posteriores que ocorrem no âmbito das relações continuativas. Assim, parece-nos que a decisão com trânsito em julgado que tenha apreciado a questão de saber se determinado tributo é devido, ou indevido, e qual o respectivo montante, produz seus efeitos até a data em que se torna definitiva a decisão do STF em sentido oposto".

decisão pela inconstitucionalidade da lei a retira do ordenamento jurídico. Por isso, indevido é o pagamento exigido após a publicação da decisão do STF que declara inconstitucional a exigência, ainda que os fatos geradores sejam anteriores ao acórdão, uma vez que não se pode exigir tributo que já se sabe contrário à Constituição Federal.

Ao revés, se a coisa julgada individual determinava a inconstitucionalidade da lei tributária, após a publicação da decisão do STF os fatos geradores voltam a ser regidos pela hipótese de incidência afastada pela decisão transitada em julgado, restabelecendo em relação ao futuro a obrigação de recolher o tributo.

Neste último caso, de decisão do STF que declare a lei tributária constitucional e de coisa julgada individual no sentido da inconstitucionalidade da norma de incidência, a cobrança do tributo em relação aos fatos geradores posteriores à primeira deve ser precedida de notificação individual pela Fazenda Pública ao contribuinte, comunicando a cessação de efeitos da coisa julgada em relação aos fatos geradores prospectivos. Tal medida se justifica pela necessidade de afastar a incerteza quanto à perfeita e integral harmonia entre a decisão do STF e o caso individual, estabelecendo um espaço de análise administrativa quanto aos aspectos individuais do caso concreto, a fim de preservar a segurança jurídica do contribuinte no plano individual. No lapso temporal entre a publicação da decisão do STF e a notificação ao contribuinte que a informa não pode haver cobrança, pois a comunicação, não tendo efeitos retroativos, não pode atingir fatos geradores compreendidos no período entre a publicação da decisão objetiva e a notificação individual. Como o contribuinte não é considerado intimado pela publicação da decisão do STF em processo em que não foi parte, a norma jurídica a ele aplicável é a estabelecida pela coisa julgada até a comunicação individualizada quanto à sua superação. Por isso, a publicação da decisão da Corte Maior não pode ser considerada como marco temporal da cobrança, pois compreende um período em que o contribuinte não tem certeza quanto à norma jurídica a ser aplicada em relação às suas operações, o que acabaria por comprometer o princípio da não surpresa.

Contudo, quanto aos fatos geradores pretéritos a solução passa pela manutenção da coisa julgada individual em nome da segurança jurídica, que, mesmo sob a perspectiva plural, não se coaduna com a retroatividade do direito novo estabelecido pelo STF, em nome do princípio da irretroatividade, também incidente no plano da aplicação da norma jurídica pelos

Poderes Executivo e Judiciário.[41] A prevalência da coisa julgada que declara um tributo inconstitucional em relação aos fatos geradores anteriores à decisão do STF que o legitima justifica-se não só no plano da segurança jurídica, mas também no da isonomia, numa perspectiva concorrencial, uma vez que os tributos não pagos não mais podem ser embutidos nos preços dos produtos e serviços fornecidos pelo contribuinte. Deste modo, sua cobrança retroativa causaria grave lesão ao seu patrimônio. Por outro lado, uma eventual vantagem concorrencial viabilizada pela decisão transitada em julgado a essa altura, já tendo sido, de uma forma ou de outra, assimilada pelo mercado, não seria revertida pela retroatividade da decisão do STF, que constituiria medida inócua para o interesse coletivo mas extremamente sacrificante para o direito individual.

Em decorrência do caráter *erga omnes* da decisão do STF, o afastamento da coisa julgada em relação aos fatos geradores ocorridos após sua publicação é providência que deve ser adotada de ofício pela própria Administração Pública, que tem o dever de agir em cumprimento da Constituição, cancelando lançamentos e exigências inconstitucionais ou promovendo lançamentos de tributos declarados constitucionais pelo Pretório Excelso, como reconheceu, em relação aos tributos federais, a Procuradoria-Geral da Fazenda Nacional/PGFN, por meio do Parecer PGFN/CRJ-492/2011, aprovado pelo Ministro da Fazenda.[42]

Por outro lado, se a força da decisão do STF como direito novo poderá fazer com que o contribuinte que tem uma decisão individual que o obriga a pagar tributo deixe de fazê-lo em face da decisão da Corte, ainda que no controle difuso, como reconheceu o aludido parecer da Procuradoria-Geral da Fazenda Nacional, com mais razão, e por coerência, é forçoso admitir que a posição assumida objetivamente no *leading case* também desobriga do pagamento aqueles contribuintes que não possuem contra si qualquer decisão determinando o pagamento.

Deste modo, a força modificativa do ordenamento jurídico da decisão do STF, que, como vimos, estatui direito novo, afasta a aplicação da norma inconstitucional para todos os casos, o que deverá ser reconhecido de ofício pela Administração Pública ou, no silêncio desta, por medida judicial que tenha como fundamento a violação à decisão objetiva, que possui eficácia *erga omnes*.

41. Ricardo Lodi Ribeiro, *A Segurança Jurídica do Contribuinte e (Legalidade, Não Surpresa e Proteção à Confiança Legítima)*, cit., p. 227.

42. *DOU*, Seção 1, Ano 148, n. 100, Brasília, 26.5.2011, p. 22.

A possibilidade de a resistência da Fazenda Pública ou dos tribunais em aplicar a decisão do STF ser questionada em reclamação ao próprio Tribunal Constitucional é inquestionável quando a decisão sobre a constitucionalidade for proferida no âmbito do controle concentrado ou for objeto de súmula vinculante, nos termos do art. 102, I, "l", CF. Porém, já decidiu o STF que, se sua decisão foi prolatada no controle difuso, ainda que o julgamento seja precedido de decisão que reconheça a repercussão geral, sua violação pela Administração deverá ser suscitada nas vias processuais ordinárias, uma vez que o instituto da repercussão geral, embora obrigue os órgãos do Poder Judiciário a seguir a orientação do *leading case*, não os dispensa do exame das peculiaridades do caso concreto.[43] É bem verdade que em julgamento posterior o STF admitiu a reclamação em face de decisão proferida em controle difuso, mas no caso concreto havia súmula vinculante superveniente, o que deixa a questão ainda em aberto.[44]

Modificando entendimento anterior,[45] quando não admitimos a possibilidade de reclamação em face de decisão do precedente do STF extraído do controle difuso, hoje, em razão da acelerada aproximação dos modelos de controle de constitucionalidade no Brasil, parece-nos que a distinção deixa de ter razão de ser. Não há motivo para exigir daquele que teve seu caso julgado em desacordo com a jurisprudência pacificada do STF, em precedente com repercussão geral, que tenha que, por anos e anos a fio, percorrer todas as instâncias do Poder Judiciário para ver prevalecer uma decisão que já se sabe de antemão lhe ser favorável.

Em relação aos fatos geradores e pagamentos exigidos após a decisão do STF não há necessidade de ação rescisória para o afastamento da decisão individual transitada em julgado, uma vez que, dada a força *ultra partes* do precedente, os limites objetivos da coisa julgada não produzem

43. STF, Pleno, Rcl 10.793-SP, rela. Min. Ellen Gracie, *DJe* 6.6/2011.

44. STF, Pleno, Rcl 4.335-AC, rel. Min. Gilmar Mendes, j. 20.3.2014, *Informativo STF* 739 – onde se infere que a existência de súmula vinculante foi considerada como determinante pelos votos dos Mins. Teori Zavascki e Luís Roberto Barroso. Não tendo os Mins. Sepúlveda Pertence, Joaquim Barbosa, Ricardo Lewandowski e Marco Aurélio admitido a reclamação, e não participando do julgamento os Mins. Luiz Fux, Dias Toffoli e Carmen Lúcia, não se pode extrair do julgado a certeza de que o precedente da Rcl 10.793-SP esteja afastado, sobretudo em razão da aposentadoria dos Mins. Sepúlveda Pertence e Eros Grau, que participaram do julgamento.

45. Ricardo Lodi Ribeiro, "O conflito entre a coisa julgada e as decisões do STF", *Revista Fórum de Direito Tributário* 66/78-79, 2013.

mais efeitos sobre a parte vencedora da lide individual.[46] No que se refere aos fatos geradores pretéritos, a Fazenda Pública ou o contribuinte podem pleitear a rescisão da sentença, no prazo e sob os fundamentos do art. 485, V, do CPC/1973,[47] a fim de harmonizar a solução do caso concreto com a posição pacificada pelo STF, como já reconhecido pelo Plenário da referida Corte Maior.[48]

5. A disciplina no Código de Processo Civil/2015

A despeito de o Código de Processo Civil/2015, aprovado pelo Congresso Nacional, avançar em vários aspectos do tema objeto deste estudo, principalmente com a disciplina dos efeitos vinculantes dos recursos repetitivos e dos precedentes com repercussão geral, que passam a ensejar a utilização da reclamação ao tribunal que teve seu precedente violado, nos termos do art. 988, IV, do CPC/2015, seu § 5º estabelece que a coisa julgada do caso individual é limite para a reclamação, ficando aquém das evoluções doutrinárias e jurisprudenciais verificadas nos últimos anos e acima expostas, além de não estabelecer disciplina específica quanto aos efeitos dos precedentes do STF sobre a coisa julgada individual nos dispositivos que tratam da coisa julgada e da ação rescisória.

No entanto, ainda que não haja norma específica que regule o conflito entre a decisão transitada em julgado em processo individual e os precedentes do STF nos dispositivos que tratam de coisa julgada e da ação rescisória, a matéria é tangenciada pelo art. 525, §§ 12, 13, 14 e 15,[49] e pelo

46. *Contra*: para Leonardo Greco a superação da coisa julgada em nome da isonomia e da prevalência da posição do STF só caberia em sede dos casos e prazos da ação rescisória ("Coisa julgada, constitucionalidade e legalidade em matéria tributária", cit., in Hugo de Brito Machado, *Coisa Julgada, Constitucionalidade e Legalidade em Matéria Tributária*, p. 298).

47. O mesmo teor possui o art. 966, V, do CPC/2015 que admite a rescisória em caso de decisão que violar manifestamente norma jurídica.

48. STF, Pleno, AR 1.713-SP, rela. Min. Ellen Gracie, *DJU* 19.12.2003, p. 94.

49. CPC/2015, §§ 12-15 do art. 525:

"§ 12. Para efeito do disposto no inciso III do § 1º deste artigo, considera-se também inexigível a obrigação reconhecida em título executivo judicial fundado em lei ou ato normativo considerado inconstitucional pelo Supremo Tribunal Federal, ou fundado em aplicação ou interpretação da lei ou ato normativo tido pelo Supremo Tribunal Federal como incompatível com a Constituição Federal, em controle de constitucionalidade concentrado ou difuso.

"§ 13. No caso do § 12, os efeitos da decisão do Supremo Tribunal Federal poderão ser modulados no tempo, em atenção à segurança jurídica.

art. 535, §§ 5º, 6º, 7º e 8º,[50] do CPC/2015, que versam sobre a impugnação do devedor em face da inexigibilidade da obrigação documentada em título executivo fundado em lei ou ato normativo considerado inconstitucional pelo STF ou fundado em aplicação ou interpretação da lei ou ato normativo tidas pelo STF como incompatíveis com a Constituição Federal (art. 525, § 12). Embora o dispositivo corretamente iguale os efeitos da decisão do STF no controle difuso e no controle concentrado, sua eficácia dependerá, de acordo com o § 15 do mesmo artigo, do ajuizamento de ação rescisória caso o título executivo esteja lastreado por decisão transitada em julgado, observado o biênio legal para sua propositura. A mesma disciplina é estabelecida pelos §§ 7º e 8º do art. 535 no que tange às execuções de obrigação de dar quantia certa contra a Fazenda Pública.

Aqui a lei inova ao estabelecer como termo inicial para a propositura da ação rescisória o trânsito em julgado da decisão do STF, e não da decisão exequenda, como vinha sendo sustentado pela corrente que defende a necessidade de rescisão da coisa julgada baseada em posicionamento afastado pelo STF.[51] Em certa medida, a inovação prestigia o princípio da isonomia, uma vez que proporciona o mesmo tratamento entre aqueles

"§ 14. A decisão do Supremo Tribunal Federal a que se refere o § 10 deve ter sido proferida antes do trânsito em julgado da decisão exequenda.

"§ 15. Se a decisão referida no § 12 for proferida após o trânsito em julgado da decisão exequenda, caberá ação rescisória, cujo prazo será contado do trânsito em julgado da decisão proferida pelo Supremo Tribunal Federal."

50. CPC/2015:

"Art. 535. (...).

"(...).

"§ 5º. Para efeito do disposto no inciso III do *caput* deste artigo, considera-se também inexigível a obrigação reconhecida em título executivo judicial fundado em lei ou ato normativo considerado inconstitucional pelo Supremo Tribunal Federal, ou fundado em aplicação ou interpretação da lei ou ato normativo tido pelo Supremo Tribunal Federal como incompatível com a Constituição Federal, em controle de constitucionalidade concentrado ou difuso.

"§ 6º. No caso do § 5º, os efeitos da decisão do Supremo Tribunal Federal poderão ser modulados no tempo, em atenção à segurança jurídica.

"§ 7º. A decisão do Supremo Tribunal Federal a que se refere o § 5º deve ter sido proferida antes do trânsito em julgado da decisão exequenda.

"§ 8º. Se a decisão referida no § 5º for proferida após o trânsito em julgado da decisão exequenda, caberá ação rescisória, cujo prazo será contado do trânsito em julgado da decisão proferida pelo Supremo Tribunal Federal."

51. Por todos: Leonardo Greco, "Coisa julgada, constitucionalidade e legalidade em matéria tributária", cit., in Hugo de Brito Machado, *Coisa Julgada, Constitucionalidade e Legalidade em Matéria Tributária*, p. 301.

que tinham decisões favoráveis dos tribunais e os litigantes que tenham tido contra si decisões desfavoráveis transitadas em julgado, a partir da possibilidade conferida a este segundo grupo de rescindi-las com fundamento na modificação do quadro jurisprudencial, o que era inviável quando o biênio para a propositura da ação rescisória esgotava-se antes da decisão uniformizadora do STF.

Porém, é forçoso reconhecer que a medida, embora positiva, é insuficiente do ponto de vista da economia e celeridade processuais, pois parte do pressuposto – com o qual não concordamos – de que há necessidade de rescisão de decisões transitadas em julgado baseadas em interpretação constitucional superada pela Corte Maior.

Dado o quadro normativo posto, é preciso considerar que a disciplina que restringe a força do precedente aos casos ainda não transitados em julgado, prevista nos arts. 525 e 535 do CPC/2015, deve ser restrita, pelos próprios limites semânticos dessas normas, às defesas exercidas pelos devedores nos processos executivos. No caso do art. 525, são reguladas as execuções em geral para cobrança de quantia certa, em dispositivo que se aplicará ao contencioso judicial tributário nos casos em que a Fazenda Pública é a exequente, o que somente ocorre na execução de honorários advocatícios em ações de conhecimento, já que a cobrança do crédito tributário, por meio das execuções fiscais, continuará sendo regida por regras específicas, como hoje é feito pela Lei 6.830/1980. As execuções para obrigação de dar quantia certa em que a Fazenda Pública é executada, muito utilizadas pelo sujeito passivo da obrigação tributária que pagou tributos indevidamente e pleiteia a repetição do indébito, são regidas pelo art. 535 do CPC/2015.

Assim, de acordo com os dispositivos em questão, para afastar a exigibilidade desses títulos executivos, em que são cobradas dívidas relativas a fatos anteriores ao precedente do STF, é necessário rescindir a coisa jugada que protege a sentença condenatória pela qual a Fazenda Pública é obrigada a devolver o tributo indevido ou o autor da ação julgada improcedente a pagar honorários advocatícios. Após o esgotamento do biênio legal em relação ao trânsito em julgado da decisão do STF não haveria possibilidade de afastar a exigibilidade da execução com base no precedente da referida Corte, consolidando-se definitivamente a situação jurídica.

Porém, estando a aplicação dos arts. 525 e 535 do CPC/2015, no âmbito do processo judicial tributário, limitada, como se viu, à execução de títulos executivos judiciais, uma vez que a cobrança executiva da Certidão da Dívida Ativa/CDA não é regida pelo Código vigente, tais normas são eivadas por contradição insolúvel, pois preveem a possibilidade de impugnação da execução de título executivo judicial, cuja exequibilidade pressupõe a coisa julgada, com base na inexigibilidade deste título fundada em precedente do STF em sentido contrário. Porém, paradoxalmente, o § 14 do art. 525 e o § 7º do art. 535 limitam a aplicação da inexigibilidade do título inconstitucional à ausência de coisa julgada da sentença exequenda. Ora, não existe execução definitiva de sentença judicial que não esteja transitada em julgado. Logo, é flagrante a impossibilidade de aplicação dos §§ 14 e 15 do art. 525 e dos §§ 7º e 8º do art. 535 aos títulos executivos judiciais, sob pena de levar à inutilidade todo o comando dos referidos dispositivos. Entre a interpretação que salva os artigos e aquela que prestigia dois dos seus muitos parágrafos, ficamos com a primeira opção –que, aliás, é a mais consentânea com a Constituição, à luz de todos os pressupostos teóricos e dogmáticos discorridos, a partir da ideia que de que não é possível cobrar dívidas fundadas em decisões que não estão de acordo com a Constituição Federal.

Assim, não é legítima a impossibilidade, estabelecida pelo art. 535, § 7º, do CPC/2015, de a Fazenda Pública arguir a força do precedente do STF que declara o tributo constitucional na impugnação da execução de sentença na ação de repetição de indébito, cuja exequibilidade pressupõe, obviamente, o trânsito em julgado da decisão exequenda. Pelas mesmas razões já explicitadas acima, não há necessidade de rescisão dessa sentença condenatória de repetição de indébito, em razão da força expansiva do precedente constitucional.

Pelas mesmas razões, é totalmente inviável a aplicação, por analogia, de tais dispositivos do Código de Processo Civil/2015 à cobrança do crédito tributário com base na Lei de Execução Fiscal, não só porque não há lacuna a ser colmatada que justificasse tal integração, mas, principalmente, em razão da já aludida impossibilidade de fazer projetar para o futuro, por meio da cobrança executiva, a eficácia de uma norma declarada inconstitucional pelo STF que fundamentasse tal exigência. Ainda que a modulação de efeitos da decisão, em razão da segurança jurídica sob o prisma plural, possa a vir a impedir, a partir do prudente exame do Tribunal, a repetição do indébito do tributo inconstitucional, mantendo os efeitos da lei sobre os pagamentos já realizados, tais fundamentos não dariam azo à exigência de novos pagamentos, ainda que relativos a períodos de apuração pretéritos, já que não haveria norma jurídica a justificar a pretensão ao adimplemento.

Independentemente da discussão sobre a inconstitucionalidade dos §§ 14 e 15 do art. 525 e dos §§ 7º e 8º do art. 535 do CPC/2015 em relação aos eventos passados, é forçoso reconhecer em relação aos fatos geradores futuros sua integral regência com base no precedente do STF, em desconformidade com a decisão individual transitada em julgado, sem necessidade de rescisão da sentença. E aqui o silêncio legislativo é muito eloquente, não subordinando o Código de Processo Civil/2015 a retroatividade do precedente às possibilidades e termos da ação rescisória. A mesma solução é, como vimos, aplicável aos tributos relativos a períodos de apuração pretéritos mas que ainda não foram objeto de pagamento e que, não fora a decisão do Tribunal Constitucional, poderiam ser exigidos em execução fiscal. É que não é lícito à Fazenda Pública exigir pagamento ainda não efetuado de tributo cuja lei foi declarada inconstitucional, uma vez que não se pode buscar efeitos pecuniários para o futuro com base em uma norma de exigência que não existe.

É claro que se poderia argumentar que o silêncio legislativo sempre aponta para nossas escolhas hermenêuticas, mas no caso concreto não se pode esquecer que o texto consagrou os pressupostos teóricos para a aplicação retroativa dos precedentes, que passam a ter efeitos vinculantes e eficácia *erga omnes*, sendo sua aplicação em relação aos casos julgados mera consequência da alteração do quadro jurídico em relação àquele levado à apreciação jurisdicional no caso individual.

Se não, vejamos. O Código de Processo Civil/2015 estabeleceu:

> (a) *A força vinculante dos precedentes*, com base no 985,[52] que determina que a tese jurídica consagrada no caso escolhido como re-

52. CPC/2015:

"Art. 985. Julgado o incidente, a tese jurídica será aplicada: I – a todos os processos individuais ou coletivos que versem sobre idêntica questão de direito e que tramitem na área de jurisdição do respectivo tribunal, inclusive àqueles que tramitem nos Juizados Especiais do respectivo Estado ou Região; II – aos casos futuros que versem idêntica questão de direito e que venham a tramitar no território de competência do tribunal, salvo revisão na forma do art. 986.

"§ 1º. Não observada a tese adotada no incidente, caberá reclamação.

"§ 2º. Se o incidente tiver por objeto questão relativa à prestação de serviço concedido, permitido ou autorizado, o resultado do julgamento será comunicado ao órgão, ao ente ou à agência reguladora competente para fiscalização da efetiva aplicação, por parte dos entes sujeitos a regulação, da tese adotada."

presentativo da controvérsia será aplicada a todos os casos que versem sobre a mesma questão de direito, e, tratando-se de decisão do STF, com aplicação em todo o território nacional.

(b) *A equiparação do controle difuso ao controle concentrado* no que se refere aos efeitos vinculantes das decisões do STF, seja no âmbito do regramento das impugnações de execuções de títulos fundados em normas declaradas inconstitucionais pela Corte Constitucional, nos arts. 525 e 535, seja em decorrência do seu art. 988, IV,[53] que admite a reclamação para garantir a observância não só de súmula vinculante, mas também de tese firmada em sede de recurso repetitivo e de repercussão geral.

(c) *A retroatividade do precedente* em relação a todos os casos pendentes, determinada pelo art. 985, II, do CPC/2015, que determina a aplicação da tese nele consagrada a todos os processos já ajuizados ou que ainda venham a ser ajuizados.

(d) *A subordinação dos efeitos prospectivos da coisa julgada à estabilidade do quadro fático e jurídico*, preconizada pelo art. 505, I, do CPC/2015,[54] que reproduziu a regra do art. 471, I, do CPC/1973, que previa a limitação no tempo, nas relações continuativas, como a relação jurídico-tributária, da imutabilidade da coisa julgada até a modificação das condições de fato e de direito existentes por ocasião do trânsito em julgado da decisão.

E não poderia ser diferente, pois o incidente de resolução de demandas repetitivas, de acordo a própria redação do art. 976 do CPC/2015,[55] visa à prevenção do risco de ofensa à isonomia e à segurança jurídica, cuja ponderação desagua na manutenção da estabilidade normativa em relação ao passado e ao presente, e da mutabilidade quanto aos eventos futuros resultante da alteração no quadro jurídico pela força vinculante do precedente.

53. CPC/2015: "Art. 988. Caberá reclamação da parte interessada ou do Ministério Público para: (...); IV – garantir a observância de enunciado de súmula vinculante e de precedente proferido em julgamento de casos repetitivos ou em incidente de assunção de competência".

54. CPC/2015: "Art. 505. Nenhum juiz decidirá novamente as questões já decididas relativas à mesma lide, salvo: I – se, tratando-se de relação jurídica continuativa, sobreveio modificação no estado de fato ou de direito; caso em que poderá a parte pedir a revisão do que foi estatuído na sentença; II – nos demais casos prescritos em lei".

55. CPC/2015: "Art. 976. É cabível a instauração do incidente de resolução de demandas repetitivas quando houver, simultaneamente: I – efetiva repetição de processos que contenham controvérsia sobre a mesma questão unicamente de direito; II – risco de ofensa à isonomia e à segurança jurídica".

Deste modo, não há necessidade do uso da ação rescisória em relação aos efeitos prospectivos da relação jurídica continuativa cuja disciplina jurídica foi alterada pela decisão do STF. No entanto, é cabível a rescisão no que tange aos efeitos pretéritos de tal relação, desde que eventual modulação pelo Tribunal não esvazie os efeitos jurídicos da rescisão. Como se viu, o termo inicial para o ajuizamento da ação rescisória, cujo prazo continua sendo de dois anos, é a publicação do precedente do STF, e não mais o trânsito em julgado da decisão exequenda.

6. Conclusões

Diante de todo o exposto, demonstrado que no Estado Social e Democrático de Direito, marcado pela imprevisibilidade e ambivalência da sociedade de risco, a segurança jurídica ganha contornos de *segurança plural*, a partir de sua ponderação com outros valores materiais caros ao ordenamento jurídico, não mais se apresentando como ideia absoluta capaz de justificar a imutabilidade dos posicionamentos estatais, o instituto da coisa julgada apresenta-se com contornos mais flexíveis e mais adequados ao quadro constitucional atual no que se refere ao papel da jurisdição constitucional. Com base nessas premissas, é lícito concluir:

6.1 Há uma aproximação entre os modelos de controle de constitucionalidade austríaco e norte-americano, o que se revela não só pela flexibilização destes como pela adoção de modelos híbridos, como o brasileiro, que, se em sua origem apresentou clara dicotomia entre os dois modelos, hoje caminha para a congruência entre eles no que tange ao seu exercício pelo STF com a objetivação do controle difuso.

6.2 Após a Emenda Constitucional 45/2004 essa tendência de objetivação do controle difuso acentuou-se com a criação dos institutos da súmula vinculante e da repercussão geral.

6.3 Em consequência, hoje, o controle da constitucionalidade da lei pelo STF, seja no modelo concentrado ou difuso, tem eficácia *erga omnes* e efeitos *ultra partes,* devendo suas decisões ser observadas pelos Poderes Executivo e Judiciário.

6.4 No âmbito das relações jurídico-tributárias continuativas a força vinculante do precedente produz um novo quadro jurídico, capaz de fazer cessar os efeitos prospectivos da coisa julgada individual,

6.5 Para os contribuintes que possuem decisões transitadas em julgado estas devem prevalecer em relação aos fatos geradores anteriores à publicação da decisão do STF, sejam elas mais favoráveis ou não ao direito individual.

6.6 Em relação a esses mesmos contribuintes a decisão do STF deve ser aplicada quanto aos fatos geradores ocorridos após sua publicação, não se aplicando a coisa julgada individual.

6.7 Quando a coisa julgada individual é afastada pela decisão do STF que determina a constitucionalidade da lei tributária, o contribuinte deve ser intimado pessoalmente quanto à cessação dos efeitos da coisa julgada, como pressuposto para a cobrança de tributos em relação aos fatos geradores futuros.

6.8 As decisões do STF sobre a constitucionalidade da lei tributária constituem direito novo, devendo ser aplicadas, de ofício, pela Administração em relação a todos os casos, tenham os contribuintes ajuizado ações ou não.

6.9 A resistência da Administração Pública e do Poder Judiciário em dar cumprimento de ofício aos precedentes do STF pode ser atacada por reclamação, sejam eles proferidos no controle concentrado ou no controle difuso.

6.10 O Código de Processo Civil/2015 incorpora essa disciplina ao conferir efeitos vinculantes aos precedentes jurisprudenciais dos Tribunais Superiores; ao equiparar, para fins de reclamação, as decisões do STF no controle difuso aos efeitos advindos do controle concentrado; ao estabelecer a retroatividade dessas decisões em relação a todos os processos em curso no País; e ao limitar os efeitos prospectivos da coisa julgada ao quadro de estabilidade fática e jurídica da decisão transitada em julgado, não atingindo os eventos supervenientes à modificação do ordenamento jurídico advinda do precedente do Tribunal Constitucional.

6.11 Não são aplicáveis aos títulos executivos judiciais os dispositivos do Código de Processo Civil/2015 que limitam às sentenças exequendas não transitadas em julgado a impugnação da execução baseada na inexigibilidade do título fundado em decisão inconstitucional, à luz dos precedentes do STF, uma vez que a coisa julgada é o pressuposto de exequibilidade do título executivo judicial.

6.12 Não se pode cobrar tributo relativo a fatos geradores pretéritos ao precedente constitucional quando ainda não houve pagamento por ocasião da publicação deste, já que não há fundamento normativo para a produção prospectiva de efeitos da norma inconstitucional.

6.13 É possível a modulação de efeitos da decisão que declara o tributo inconstitucional, que, a partir da prudente apreciação pelo Tribunal, impeça, em nome da segurança jurídica sob a perspectiva plural, a repetição do indébito tributário.

6.14 Não há necessidade de ação rescisória em relação aos efeitos prospectivos da relação jurídica continuativa cujo arcabouço normativo é alterado por decisão do STF, seja no controle concentrado, seja no difuso, sendo possível o manejo da aludida ação em relação ao passado, desde que não haja modulação de efeitos pelo Tribunal que a inviabilize, no biênio legal contado da publicação do precedente constitucional.

ASPECTOS GERAIS DO PROCESSO JUDICIAL E O CÓDIGO DE PROCESSO CIVIL/2015

EDUARDO DE MORAES SABBAG

> ***2. Aspectos gerais do processo judicial***
>
> *2.1 As alterações introduzidas pelo Código de Processo Civil/2015 quanto aos prazos concedidos à Fazenda Pública aplicam-se às ações regidas por leis especiais, como o mandado de segurança, a execução fiscal e a cautelar fiscal?*
>
> *2.2 Em face do Código de Processo Civil/1973 era comum a condenação da Fazenda Pública ao pagamento de honorários da sucumbência em quantia irrisória. Haveria alguma justificação para essa prática?*
>
> *2.3 O que se pode dizer da inovação introduzida pelo Código de Processo Civil/2015 quanto à condenação da Fazenda Pública ao pagamento de honorários da sucumbência?*

O Código de Processo Civil/2015 – Lei 13.105 de 16.3.2015 – revogou a Lei federal 5.869/1973, introduzindo mudanças substanciais na norma processual.

A produção de seus efeitos é geral e imediata, desde a publicação, nos termos do seu art. 1.046. Assim, aplica-se desde logo aos casos pendentes, sendo respeitados o direito adquirido, o ato jurídico perfeito, os efeitos já produzidos ou os que irão se produzir na vigência da nova lei e, ainda, a coisa julgada, consoante o art. 6º de Lei de Introdução às Normas do Direito Brasileiro (Decreto-lei 4.657/1942).

Entre as mudanças significativas do Código de Processo Civil/2015, uma de grande relevo foi o cômputo dos prazos processuais concedidos à Fazenda Pública, alterando a antiga sistemática da contagem em quádruplo para contestar e em dobro para recorrer para a contagem em dobro para todas as suas manifestações processuais, conforme se destaca abaixo:

CPC de 1973	CPC de 2015
Art. 188. Computar-se-á em *quádruplo o prazo para contestar* e em *dobro para recorrer* quando a parte for a Fazenda Pública ou o Ministério Público. [*Grifos nossos*]	**Art. 183.** A União, os Estados, o Distrito Federal, os Municípios e suas respectivas autarquias e fundações de direito público gozarão de *prazo em dobro para todas as suas manifestações processuais*, cuja contagem terá início a partir da intimação pessoal. § 1º. A intimação pessoal far-se-á por carga, remessa ou meio eletrônico. § 2º. Não se aplica o benefício da contagem em dobro quando a lei estabelecer, de forma expressa, prazo próprio para o ente público. [*Grifos nossos*]

Sobre o novo sistema, Daniel Amorim Assumpção Neves explica que:

> O art. 183 do novo CPC trata do prazo para a União, os Estados, o Distrito Federal, os Municípios e suas respectivas autarquias e fundações de direito público. É superior ao art. 188 do CPC/1973, que previa genericamente a Fazenda Pública com a prerrogativa do prazo em dobro. Em regra, o prazo continua a ser contado em dobro para todas as suas manifestações processuais, cuja contagem terá início a partir da intimação pessoal, nos termos do § 1º, será feita por carga, remessa ou meio eletrônico.[1]

É sabido que o prazo processual representa a unidade de tempo que intermedeia dois ou mais atos processuais, servindo-lhes como elemento de demarcação. Aliás, não se pode falar em "prazo" sem a cogitação de marcos temporais, como pontos de referência de início e de fim de contagem. As expressões latinas que vêm a calhar são, respectivamente, *dies a quo* e *dies ad quem*. A esse respeito, Araken de Assis ensina com didática, dando ênfase aos três itens que compõem o *prazo*:

> (a) O ponto de referência inicial (*dies ad quo*); (b) o ponto de referência final (*dies ad quem*); (c) a unidade tempo inserida entre os dois

1. Daniel Amorim Assumpção Neves, *Novo CPC – Código de Processo Civil – Lei 13.105/2015*, 1ª ed., São Paulo, Método, 2015, p. 161.

> primeiros elementos. O prazo começa num determinado momento, porque nessa ocasião ele tem seu ponto inicial; e sabe-se que finda num determinado momento, porque neste se situa o seu ponto final. Emprega-se a palavra "termo" para designar essas balizas temporais. "Termo" é palavra polissêmica, utilizada para designar os atos do escrivão, mas o sentido de ponto ou de limite calha perfeitamente e, inclusive, "parece preceder-lhe". A unidade de tempo merece realce à parte. (...).[2]

Voltando os olhares para os marcos legalmente estatuídos, sabe-se que a prerrogativa da contagem em dobro é regra geral que tende a rimar com o princípio da isonomia, ao estabelecer um tratamento desigual em uma situação de desigualdade, mediante a utilização de discrime razoável. Em tempo: os beneficiários da norma – quais sejam, o Ministério Público, a Defensoria Pública e a Fazenda Pública – tutelam direitos de ordem pública, o que lhes garante a medida temporal mais elástica.

No entanto, é importante destacar que, nos termos do art. 183, § 2º, do CPC/2015, estão excluídos deste benefício os denominados *prazos próprios* ou *reais*, os quais são definidos em lei e se aplicam às partes e aos seus procuradores. Aqui não se distinguem os que militam na Advocacia privada ou na Advocacia Pública ou, ainda, os outros titulares da capacidade postulatória (Ministério Público e Defensoria Pública). Tais *prazos próprios* não podem sofrer alteração por convenção das partes, de modo que sua inobservância tem como consequência o perecimento do direito, ou seja, a preclusão. Vale dizer:

> (...) os prazos fixados para a prática de atos pelas partes são *próprios*, de modo que, se o ato não for praticado (ou tendo sido fora do prazo), ocorre a preclusão processual, que pode ser *temporal*, *lógica* ou *consumativa* (...)".[3]

Ad argumentandum, relembremos que os *prazos impróprios* são aqueles que norteiam a atividade do juiz e dos seus auxiliares. O eventual descumprimento, conquanto despido de justificativa plausível perante o dever de ofício, não impõe sanção àquele que faltou com a diligência, repercutindo unicamente no âmbito disciplinar. É fato que às partes não resta a espera interminável. Segundo Araken de Assis,

2. Araken de Assis, *Processo Civil Brasileiro*, 2ª ed., vol. II, t. I (*Parte Geral: Institutos Fundamentais*), São Paulo, Ed. RT, 2015, p. 1.421.

3. Misael Montenegro Filho, *Curso de Direito Processual Civil*, 12ª ed., São Paulo, Atlas, 2016, p. 237.

> a esse dilema, respondeu a lei com uma exceção à irrelevância processual do atraso: no caso de o juiz exceder os prazos contemplados no art. 226, sem justo motivo, e suscitado o incidente do art. 235, o respectivo relator, subsistindo a inércia, ordenará a remessa dos autos ao substituto legal, proferindo decisão em 10 dias (art. 235, § 3º) (...).[4]

É de destacar, ainda, que a partir da vigência da Lei 13.105/2015 os *prazos processuais* passaram a ser contados em dias úteis, nos termos do art. 219, ficando excetuados os chamados *prazos materiais*, que permanecem com sua contagem de forma contínua, incluindo-se os feriados e os fins de semana, *in verbis*:

> Art. 219. Na contagem de prazo em dias, estabelecido por lei ou pelo juiz, computar-se-ão somente os dias úteis.
>
> Parágrafo único. O disposto neste artigo aplica-se somente aos prazos processuais.

Vê-se que o Código de Processo Civil/2015, ao ressalvar os prazos materiais desta regra, não se furta à chancela da dicotomia que se estabelece entre *normas processuais* e *normas materiais*, ou seja, entre o *direito processual* e o *direito material* (ou *substancial*). Com efeito, as *normas processuais* regulamentam a prestação jurisdicional da tutela jurídica dos direitos por meio do processo, disponibilizando mecanismos que formam o instrumento processual, ao passo que as *normas materiais* se referem à apresentação do direito material, sendo hábeis a constituir situações jurídicas substanciais e a adequar direitos e deveres. Em outras palavras: o *direito processual* não está voltado a disciplinar o convívio da sociedade ou, ainda, para a devida atribuição de bens da vida aos indivíduos, mas, verdadeiramente, para organizar a realização do processo em si mesmo.

É nesse cenário que se concebe que "os prazos processuais não têm as características de fatalidade e de improrrogabilidade, fazendo-se imprescindível raciocinar com o juízo de razoabilidade para definir o excesso de prazo, não se ponderando a mera soma aritmética dos prazos para os atos processuais (precedentes)".[5]

Vale a pena observarmos os traços distintivos entre o *direito processual* e o *direito material*, apresentados por Cândido Rangel Dinamarco:

4. Araken de Assis, *Processo Civil Brasileiro*, cit., 2ª ed., vol. II, t. I, p. 1.429.

5. Excerto da ementa do RHC 69.556-SP, rel. Min. Felix Fischer, 5ª Turma, j. 2.6.2016.

(...). A *técnica da solução de conflitos pelo Estado* – ou seja, o processo – está definida nas normas integrantes de um específico ramo jurídico, que é o direito processual. (...).

A instituição de normas contendo critérios para a solução de conflitos (critérios para seu julgamento) constitui tarefa do *direito substancial*, que é integrado pelo direito civil, comercial, agrário, administrativo, ambiental, tributário, financeiro, econômico, eleitoral *etc.*, residindo principalmente nos respectivos Códigos e leis específicas, entre as quais, modernamente, as leis ambientais, o Código de Defesa do Consumidor, o Estatuto da Criança e do Adolescente, a Lei de Improbidade Administrativa etc. As normas substanciais dirigem-se aos sujeitos viventes em sociedade e estabelecem critérios para a atribuição de bens a eles (...).

As normas processuais entram em operação quando algum sujeito, lamentando ao Estado-juiz um estado de coisas que lhe desagrada e pedindo-lhe uma solução favorável mediante inovação do direito material, provoca a instauração do processo. (...).[6]

Tal diferenciação faz-se necessária, inclusive, para compreensão da contagem dos prazos nas leis extravagantes, uma vez que, nos termos do art. 1.046, § 2º, do CPC/2015, as disposições especiais dos procedimentos regulamentados por outras leis continuarão a viger de modo incólume. Desse modo, a tais procedimentos especiais da legislação processual extravagante será aplicado supletivamente o Código de Processo Civil/2015.[7]

Em breve análise de algumas importantes leis extravagantes, adiante destacadas, é possível observar os prazos destinados à Fazenda Pública:

LEI 12.016/2009

Disciplina o mandado de segurança individual e coletivo e dá outras providências.

Art. 7º. Ao despachar a inicial, o juiz ordenará: I – que se notifique o coator do conteúdo da petição inicial, enviando-lhe a segunda via apresentada com as cópias dos documentos, a fim de que, *no prazo de 10 (dez) dias, preste as informações*; (...). [*Grifos nossos*]

6. Cândido Rangel Dinamarco, *Instituições de Direito Processual Civil*, 8ª ed., vol. I, São Paulo, Malheiros Editores, 2016, pp. 102-103.

7. Daniel Amorim Assumpção Neves, *Novo CPC – Código de Processo Civil – Lei 13.105/2015*, cit., 1ª ed., p. 590. V., no mesmo sentido: Cassio Scarpinella Bueno, *Novo Código de Processo Civil Anotado*, 2ª ed., São Paulo, Saraiva, 2016, p. 901.

Art. 9º. As autoridades administrativas, *no prazo de 48 (quarenta e oito) horas da notificação da medida liminar*, remeterão ao Ministério ou órgão a que se acham subordinadas e ao Advogado-Geral da União ou a quem tiver a representação judicial da União, do Estado, do Município ou da entidade apontada como coatora cópia autenticada do mandado notificatório, assim como indicações e elementos outros necessários às providências a serem tomadas para a eventual suspensão da medida e defesa do ato apontado como ilegal ou abusivo de poder. [*Grifos nossos*]

Art. 12. Findo o prazo a que se refere o inciso I do *caput* do art. 7º desta Lei, o juiz ouvirá o representante do Ministério Público, que opinará, *dentro do prazo improrrogável de 10 (dez) dias*. [*Grifos nossos*]

Art. 22. No mandado de segurança coletivo, a sentença fará coisa julgada limitadamente aos membros do grupo ou categoria substituídos pelo impetrante. (...).

§ 2º. No mandado de segurança coletivo, a liminar só poderá ser concedida após a audiência do representante judicial da pessoa jurídica de direito público, *que deverá se pronunciar no prazo de 72 (setenta e duas) horas*. [*Grifos nossos*]

LEI 6.830/1980

Dispõe sobre a cobrança judicial da Dívida Ativa da Fazenda Pública, e dá outras providências.

Art. 17. Recebidos os embargos, o juiz mandará intimar a Fazenda, *para impugná-los no prazo de 30 (trinta) dias*, designando, em seguida, audiência de instrução e julgamento. [*Grifos nossos*]

Art. 22. A arrematação será precedida de edital, afixado no local de costume, na sede do juízo, e publicado em resumo, uma só vez, gratuitamente, como expediente judiciário, no órgão oficial.

§ 1º. O prazo entre as datas de publicação do edital e do leilão *não poderá ser superior a 30 (trinta), nem inferior a 10 (dez) dias*. [*Grifos nossos*]

§ 2º. *O representante judicial da Fazenda Pública, será intimado, pessoalmente, da realização do leilão, com a antecedência prevista no parágrafo anterior*. [*Grifos nossos*]

LEI 8.397/1992

Institui medida cautelar fiscal e dá outras providências.

> Art. 10. A medida cautelar fiscal decretada poderá ser substituída, a qualquer tempo, pela prestação de garantia correspondente ao valor da prestação da Fazenda Pública, na forma do art. 9º da Lei n. 6.830, de 22 de setembro de 1980.
>
> Parágrafo único. *A Fazenda Pública será ouvida necessariamente sobre o pedido de substituição, no prazo de 5 (cinco) dias*, presumindo-se da omissão a sua aquiescência. [*Grifos nossos*]
>
> Art. 11. Quando a medida cautelar fiscal for concedida em procedimento preparatório, *deverá a Fazenda Pública propor a execução judicial da Dívida Ativa no prazo de 60 (sessenta) dias, contados da data em que a exigência se tornar irrecorrível na esfera administrativa*. [*Grifos nossos*]

Diante desse quadro distintivo, o operador do Direito, ao interpretar a norma, deve atentar para a natureza do prazo (*processual* ou *material*), a fim de aplicar corretamente a nova ordem prescritivo-temporal. E mais: os prazos acima mencionados, podendo ser classificados como *prazos processuais*, avocam a aplicação da contagem dos dias úteis. Por outro lado, sendo eles *prazos próprios*, não se há de cogitar da contagem em dobro, prevista no art. 183 do CPC/2015.

Noutro giro: na vigência do CPC/1973 as condenações da Fazenda Pública seguiam a regra prevista no art. 20, § 4º, de modo que eram pautadas exclusivamente na apreciação equitativa do juiz, observados os critérios previstos no § 3º do comando, conforme se nota, *ipsis litteris*:

> Art. 20. A sentença condenará o vencido a pagar ao vencedor as despesas que antecipou e os honorários advocatícios. Esta verba honorária será devida, também, nos casos em que o advogado funcionar em causa própria. (...).
>
> § 3º. Os honorários serão fixados entre o mínimo de 10% (dez por cento) e o máximo de 20% (vinte por cento) sobre o valor da condenação, atendidos: a) o grau de zelo do profissional; b) o lugar de prestação do serviço; c) a natureza e importância da causa, o trabalho realizado pelo advogado e o tempo exigido para o seu serviço.
>
> § 4º. Nas causas de pequeno valor, nas de valor inestimável, naquelas em que não houver condenação ou for vencida a Fazenda Pública, e nas execuções, embargadas ou não, os honorários serão fixados consoante apreciação equitativa do juiz, atendidas as normas das alíneas "a", "b" e "c" do parágrafo anterior.

Comumente os tribunais e juízes de primeiro grau, balizados nos §§ 3º e 4º do art. 20 do CPC/1973, fixavam valores irrisórios para as condenações da Fazenda Pública, mormente quando comparados com a complexidade e o valor envolvidos na demanda. A esse respeito seguem alguns precedentes do STJ, entre 2010 e 2016:

> *Ementa*: Processual civil e tributário – Recurso especial representativo de controvérsia – Art. 543-C do CPC e Resolução STJ n. 8/2008 – Ação ordinária – Declaração do direito à compensação do indébito tributário – Honorários – Art. 20, §§ 3º e 4º, do CPC – Critério de equidade.
>
> 1. Vencida a Fazenda Pública, a fixação dos honorários não está adstrita aos limites percentuais de 10% e 20%, podendo ser adotado como base de cálculo o valor dado à causa ou à condenação, nos termos do art. 20, § 4º, do CPC, ou mesmo um valor fixo, segundo o critério de equidade.
>
> 2. Nas demandas de cunho declaratório, até por inexistir condenação pecuniária que possa servir de base de cálculo, os honorários devem ser fixados com referência no valor da causa ou em montante fixo.
>
> 3. Precedentes de ambas as Turmas de Direito Público e da 1ª Seção.
>
> 4. Tratando-se de ação ordinária promovida pelo contribuinte para obter a declaração judicial de seu direito à compensação tributária segundo os critérios definidos na sentença – *não havendo condenação em valor certo, já que o procedimento deverá ser efetivado perante a autoridade administrativa e sob os seus cuidados –, devem ser fixados os honorários de acordo com a apreciação equitativa do juiz, não se impondo a adoção do valor da causa ou da condenação, seja porque a Fazenda Pública foi vencida, seja porque a demanda ostenta feição nitidamente declaratória*.
>
> 5. Recurso especial não provido – Acórdão sujeito ao regime do art. 543-C do CPC e da Resolução STJ n. 8/2008. [*STJ, 1ª Seção, REsp 1.155.125-MG, rel. Min. Castro Meira, j. 10.3.2010 – grifos nossos*]

> *Ementa*: Processual civil – Honorários de sucumbência contra a Fazenda Pública – Valor da causa, da condenação ou do valor fixo – Modificação – Súmula n. 7/STJ.
>
> 1. "Vencida a Fazenda Pública, a fixação dos honorários não está adstrita aos limites percentuais de 10% e 20%, podendo ser adotado como base de cálculo o valor dado à causa ou à condenação, nos termos do art. 20, § 4º, do CPC, ou mesmo um valor fixo, segundo o critério de equidade" (REsp n. 1.155.125-MG, rel. Min. Castro Meira, 1ª Seção, j. 10.3.2010, *DJe* 6.4.2010).

2. A fixação da verba honorária de sucumbência cabe às instâncias ordinárias, uma vez que resulta da apreciação equitativa e avaliação subjetiva do julgador ante as circunstâncias fáticas presentes nos autos, razão pela qual insuscetível de revisão em sede de recurso especial, a teor da Súmula n. 7/STJ.

3. O afastamento do óbice apontado somente é possível quando a verba honorária é fixada em patamar exorbitante ou irrisório, o que não ocorreu na espécie, ante a justificação do Tribunal para fixá-la em patamar condizente com o caráter menos complexo da exceção de pré-executividade (1% sobre o valor da execução).

4. A desproporção entre o valor da causa e o valor arbitrado a título de honorários advocatícios não denota, necessariamente, irrisoriedade ou exorbitância da verba honorária, que deve se pautar na análise da efetiva complexidade da causa e do trabalho desenvolvido pelo causídico no patrocínio dos interesses de seu cliente.

Agravo regimental improvido. [STJ, 2ª Turma, REsp/AgR 1.572.665-SP, rel. Min. Humberto Martins, j. 12.4.2016 – grifos nossos]

E, em direção oposta:

Ementa: Processo civil – Execução judicial – Honorários advocatícios – Exceção de pré-executividade apresentada pelo executado – Alegação de pagamento da verba honorária – Acolhimento – Honorários fixados na exceção – Valor irrisório – Revisão.

1. Recentemente, a Associação dos Advogados de São Paulo publicou edital no qual manifesta a irresignação dos causídicos quanto aos critérios adotados pelos tribunais para a fixação de honorários de sucumbência, sob o argumento de que a postura atual aviltaria a profissão do advogado.

2. Observando-se essa manifestação e ponderando-se a necessidade de uma nova postura quanto à matéria, reconhece-se que a fixação de honorários de R$ 20.000,00 para o sucesso da exceção de pré-executividade apresentada em execução de quase 4 milhões de Reais é quantia aviltante.

3. Para a fixação dos honorários na hipótese dos autos, ainda que com fundamento no art. 20, § 4º do CPC, deve-se levar em consideração as circunstâncias descritas no art. 20, § 3º, desse diploma legal, a saber: o grau de zelo profissional, o local da prestação de serviços, a natureza e importância da causa, o local da prestação do serviço e as dificuldades gerais apresentadas pelo processo.

4. Especial relevo deve ser dado à importância da causa, notadamente porquanto, ainda que desempenhe um trabalho objetiva-

> mente simples ao apresentar uma mera exceção de pré-executividade, não se pode desprezar a expressiva responsabilidade assumida pelo advogado ao aceitar defender seu cliente em uma ação de execução de grande vulto.
>
> 5. Recurso especial conhecido e provido para o fim de elevar a verba honorária ao montante de 200 mil Reais, corrigidos a partir da presente data. [*STJ, 3ª Turma, REsp 1.085.318-PR, rela. Min. Nancy Andrighi, j. 8.11.2011 – grifos nossos*]

Diante do quadro de visível instabilidade, entre as inovações trazidas pelo CPC/2015, uma de grande relevo foi à fixação dos percentuais dos honorários nas causas em que a Fazenda Pública for parte, à luz do art. 85, § 3º, o qual não possui correspondência no Código de Processo Civil/1973, *in verbis*:

> Art. 85. A sentença condenará o vencido a pagar honorários ao advogado do vencedor.
>
> § 1º. São devidos honorários advocatícios na reconvenção, no cumprimento de sentença, provisório ou definitivo, na execução, resistida ou não, e nos recursos interpostos, cumulativamente.
>
> § 2º. Os honorários serão fixados entre o mínimo de 10 (dez) e o máximo de 20% (vinte por cento) sobre o valor da condenação, do proveito econômico obtido ou, não sendo possível mensurá-lo, sobre o valor atualizado da causa, atendidos: I – o grau de zelo do profissional; II – o lugar de prestação do serviço; III – a natureza e a importância da causa; IV – o trabalho realizado pelo advogado e o tempo exigido para o seu serviço.
>
> § 3º. Nas causas em que a Fazenda Pública for parte, a fixação dos honorários observará os critérios estabelecidos nos incisos I a IV do § 2º e os seguintes percentuais: I – mínimo de 10 (dez) e máximo de 20% (vinte por cento) sobre o valor da condenação ou do proveito econômico obtido até 200 (duzentos) salários-mínimos; II – mínimo de 8 (oito) e máximo de 10% (dez por cento) sobre o valor da condenação ou do proveito econômico obtido acima de 200 (duzentos) salários-mínimos até 2.000 (dois mil) salários-mínimos; III – mínimo de 5 (cinco) e máximo de 8% (oito por cento) sobre o valor da condenação ou do proveito econômico obtido acima de 2.000 (dois mil) salários-mínimos até 20.000 (vinte mil) salários-mínimos; IV – mínimo de 3 (três) e máximo de 5% (cinco por cento) sobre o valor da condenação ou do proveito econômico obtido acima de 20.000 (vinte mil) salários-mínimos até 100.000 (cem mil) salários-mínimos; V – mínimo de 1 (um) e máximo de 3% (três por cento) sobre o valor da condenação ou

> do proveito econômico obtido acima de 100.000 (cem mil) salários-mínimos. [Grifos nossos]

A partir da vigência do Código de Processo Civil/2015 a fixação de honorários quando a Fazenda Pública for parte, além de observar o grau de zelo do profissional, o lugar da prestação do serviço, a natureza e a importância da causa, o trabalho realizado e o tempo exigido, passou também a exigir critérios objetivos, nos quais o próprio ordenamento jurídico prevê o *quantum* devido. Desse modo, a novel previsão faz com que a pífia regra do Código de Processo Civil/1973 ceda passo a uma fixação de honorários razoável, pautada no valor da condenação ou do proveito econômico.[8]

Ora, é sabido que os honorários advocatícios são devidos por força do *princípio da sucumbência*, segundo o qual o processo não pode gerar qualquer ônus para a parte que está revestida de razão, impondo-se ao vencido o dever de pagar ao vencedor as despesas que antecipou e os honorários advocatícios. Aliás, entende-se como vencido aquele que deixou de alcançar com o processo aquilo que objetivava.

Assim, de acordo com o *princípio da causalidade*, aquele que deu causa à instauração do processo deve, obrigatoriamente, responder pelas despesas incorridas, mesmo que não vencido, uma vez que poderia ter evitado a movimentação do Judiciário se tivesse agido de forma diversa. Vale dizer: a condenação da parte contrária ao pagamento de honorários de sucumbência funciona como uma punição que se inflige àquele que resistiu ao reconhecimento da pretensão alheia – resistência, essa, tida como injusta quando o litígio é julgado em desfavor da parte resistente.

Nesse rumo, impende observar os precedentes de julgados emanados do egrégio STJ:

> *Ementa*: Processual civil – Ação rescisória extinta, sem julgamento de mérito, com fulcro no art. 267, inciso IV, do CPC – Omissão quanto às verbas de sucumbência – *Princípio da causalidade*.
>
> Em obediência ao princípio da causalidade, aquele que deu causa à instauração do processo deve arcar com os encargos decorrentes. Assim, ainda que tenha sido julgado extinto o processo sem resolução de mérito, cabível a condenação do recorrente aos ônus sucumbenciais, uma vez que deu causa à propositura da ação – Embargos de

8. Cassio Scarpinella Bueno, *Novo Código de Processo Civil Anotado*, cit., 2ª ed., p. 121.

declaração acolhidos, para condenar a autora em custas e honorários advocatícios, os quais fixo em 10% sobre o valor da causa. [STJ, 1ª Seção, AgR/ED 2.269-SP, Rel. Min. Humberto Martins, j. 10.3.2010 – grifos nossos]

Ementa: Tributário e processual civil – Sucumbência – Extinção do processo – Causalidade.

1. A condenação em honorários advocatícios deve observar critérios objetivos, sendo a sucumbência um deles, ao lado do princípio da causalidade. Este determina imposição da verba honorária à parte que deu causa à instauração do processo ou ao incidente processual.

2. Mesmo em caso de extinção do processo sem resolução do mérito, deve haver a fixação da verba honorária, que será arbitrada observando-se o princípio da causalidade.

3. Agravo regimental não provido. [STJ, 2ª Turma, REsp/AgR 1.082.662-RS, rel. Min. Castro Meira, j. 18.11.2008 – grifos nossos]

Noutro giro, o CPC/2015 adota a *teoria de isolamento dos atos processuais*, nos termos dos arts. 14 e 1.046, assim como o *princípio geral da irretroatividade da lei*, nos termos do art. 6º da Lei de Introdução às Normas do Direito Brasileiro, de modo que, sobrevindo lei processual nova, preservar-se-ão os atos já praticados. Sobre esse aspecto, o STJ firmou posicionamento ao julgar os recursos representativos de controvérsia ora colacionados:

Ementa: Processual civil – Execução fiscal – Recurso representativo da controvérsia – Art. 543-C do CPC – Conselho de fiscalização profissional – Art. 8º da Lei n. 12.514/2011 – Inaplicabilidade às ações em trâmite – Norma processual – Art. 1.211 do CPC – *"Teoria dos Atos Processuais Isolados" – Princípio "tempus regit actum"*.

1. Os órgãos julgadores não estão obrigados a examinar todas as teses levantadas pelo jurisdicionado durante um processo judicial, bastando que as decisões proferidas estejam devida e coerentemente fundamentadas, em obediência ao que determina o art. 93, inciso IX, da Constituição da República vigente. Isto não caracteriza ofensa ao art. 535 do CPC.

2. É inaplicável o art. 8º da Lei n. 12.514/2011 ("Os Conselhos não executarão judicialmente dívidas referentes a anuidades inferiores a 4 (quatro) vezes o valor cobrado anualmente da pessoa física ou jurídica inadimplente") às execuções propostas antes de sua entrada em vigor.

3. O art. 1.211 do CPC dispõe: "Este Código regerá o processo civil em todo o território brasileiro. Ao entrar em vigor, suas disposi-

ções aplicar-se-ão desde logo aos processos pendentes". Pela leitura do referido dispositivo conclui-se que, em regra, a norma de natureza processual tem aplicação imediata aos processos em curso.

4. Ocorre que, por mais que a lei processual seja aplicada imediatamente aos processos pendentes, deve-se ter conhecimento de que o processo é constituído por inúmeros atos. Tal entendimento nos leva à chamada "Teoria dos Atos Processuais Isolados", em que cada ato deve ser considerado separadamente dos demais para o fim de se determinar qual a lei que o rege, recaindo sobre ele a preclusão consumativa, ou seja, a lei que rege o ato processual é aquela em vigor no momento em que ele é praticado. Seria a aplicação do princípio *tempus regit actum*. Com base neste princípio, temos que a lei processual atinge o processo no estágio em que ele se encontra, onde a incidência da lei nova não gera prejuízo algum às partes, respeitando-se a eficácia do ato processual já praticado. Dessa forma, a publicação e entrada em vigor de nova lei só atingem os atos ainda por praticar, no caso, os processos futuros, não sendo possível falar em retroatividade da nova norma, visto que os atos anteriores de processos em curso não serão atingidos.

5. Para que a nova lei produza efeitos retroativos, é necessária a previsão expressa nesse sentido. O art. 8º da Lei n. 12.514/2011, que trata das contribuições devidas aos conselhos profissionais em geral, determina que: "Os conselhos não executarão judicialmente dívidas referentes a anuidades inferiores a 4 (quatro) vezes o valor cobrado anualmente da pessoa física ou jurídica inadimplente". O referido dispositivo legal somente faz referência às execuções que serão propostas no futuro pelos conselhos profissionais, não estabelecendo critérios acerca das execuções já em curso no momento de entrada em vigor da nova lei. Dessa forma, como a Lei n. 12.514/2011 entrou em vigor na data de sua publicação (31.10.2011), e a execução fiscal em análise foi ajuizada em 15.9.2010, este ato processual (de propositura da demanda) não pode ser atingido por nova lei que impõe limitação de anuidades para o ajuizamento da execução fiscal.

6. Recurso especial parcialmente provido – Acórdão submetido ao regime do art. 543-C do CPC e da Resolução n. 8/2008 do STJ. [*STJ, 1ª Seção, REsp 1.404.796-SP, rel. Min. Mauro Campbell Marques, j. 26.3.2014 – grifos nossos*]

Ementa: Processual civil – Recurso especial representativo de controvérsia – Art. 543-C do CPC – Sentença desfavorável à Fazenda Pública – Remessa necessária – Cabimento – Lei n. 10.352/2001 posterior à decisão do Juízo Monocrático.

1. A incidência do duplo grau de jurisdição obrigatório é imperiosa quando a resolução do processo cognitivo for anterior à reforma

engendrada pela Lei n. 10.352/2001, porquanto, à época, não havia a imposição do mencionado valor de alçada a limitar o cabimento da remessa oficial (precedentes: EREsp n. 600.874-SP, rel. Min. José Delgado, Corte Especial, j. 1.8.2006, *DJU* 4.9.2006; REsp n. 714.665-CE, rel. Min. Humberto Martins, 2ª Turma, j. 28.4.2009, *DJe* 11.5.2009; REsp n. 1.092.058-SP, rela. Min. Eliana Calmon, 2ª Turma, j. 12.5.2009, *DJe* 1.6.2009; REsp n. 756.417-SP, rel. Min. Arnaldo Esteves Lima, 5ª Turma, j. 27.9.2007, *DJU* 22.10.2007; AgR no REsp n. 930.248-PR, rel. Min. Hamilton Carvalhido, 6ª Turma, j. 21.6.2007, *DJU* 10.9.2007; REsp n. 625.224-SP, rela. Min. Laurita Vaz, 5ª Turma, j. 29.11.2007, *DJU* 17.12.2007; REsp n. 703.726-MG, rela. Min. Denise Arruda, 1ª Turma, j. 21.8.2007, *DJU* 17.9.2007).

2. A adoção do princípio *tempus regit actum* pelo art. 1.211 do CPC impõe o respeito aos atos praticados sob o pálio da lei revogada, bem como aos efeitos desses atos, impossibilitando a retroação da lei nova. Sob esse enfoque, a lei em vigor à data da sentença regula os recursos cabíveis contra o ato decisório e, *a fortiori*, a sua submissão ao duplo grau obrigatório de jurisdição.

3. *In casu*, a sentença foi proferida em 19.11.1990, anteriormente, portanto, à edição da Lei 10.352/2001.

4. Recurso especial provido, determinando-se o retorno dos autos ao Tribunal *a quo*, para apreciação da remessa oficial – Acórdão submetido ao regime do art. 543-C do CPC e da Resolução STJ n. 8/2008. [*STJ, Corte Especial, REsp 1.144.079-SP, rel. Min. Luiz Fux, j. 2.3.2011 – grifos nossos*]

Ainda, em recente julgado, a Corte Superior assentou:

Ementa: Agravo regimental no agravo em recurso especial – Recurso intempestivo – Incidência do art. 14 do novo Código de Processo Civil – *Aplicação da Teoria do Isolamento dos Atos Processuais* – Agravo regimental não conhecido.

1. Revela-se intempestivo o agravo regimental interposto fora do prazo legal de cinco dias, previsto no art. 258 do Regimento Interno do STJ.

2. Aplica-se ao Direito Brasileiro a *Teoria do Isolamento dos Atos Processuais*, segundo a qual, sobrevindo lei processual nova, os atos ainda pendentes dos processos em curso sujeitar-se-ão aos seus comandos, respeitada, porém, a eficácia daqueles já praticados de acordo com a legislação revogada.

3. Agravo regimental não conhecido. [*STJ, 3ª Turma, AREsp/AgR 819.216-SP, rel. Min. Marco Aurélio Bellizze, j. 19.5.2016 – grifos nossos*]

Conforme se observa nos julgados supracitados, a *Teoria do Isolamento dos Atos Processuais* considera que a lei processual nova superveniente será aplicada imediatamente, respeitados os atos processuais praticados na vigência do Código de Processo Civil/1973, de modo que os honorários sucumbenciais já fixados terão eficácia preservada, salvo eventual reforma do julgado.

Nesse sentido, Cassio Scarpinella Bueno destaca que:

> Aprimorando a segunda parte do art. 1.211 do CPC/1973, o texto do art. 14 agasalha expressamente o princípio *tempus regit actum*, que deve ser entendido como a incidência imediata das novas leis no processo em curso com a preservação dos atos processuais já praticados. É essa a razão pela qual se extrai do dispositivo também o chamado "princípio do isolamento dos atos processuais", corretamente garantido (art. 5º, XXXVI, da CF), ao assegurar o respeito aos atos processuais praticados e às situações jurídicas consolidadas sob o pálio da lei anterior.[9]

Assim, pode-se concluir que as regras insertas no Código de Processo Civil/2015 relativas aos honorários sucumbenciais contra a Fazenda Pública se aplicam de forma imediata, desde que o julgamento não tenha ocorrido na vigência do Código de Processo Civil/1973, porquanto aí se estaria diante de situação jurídica consolidada.

Aliás, o STF, em junho/2016 (*Informativo* 831), entendeu que descabe a fixação de honorários recursais, preconizados no art. 85, § 11, do CPC/2015, na hipótese de recurso extraordinário formalizado no curso de processo cujo rito os exclua (Código de Processo Civil/1973). Observe-se a ementa:

> *Ementa*: Descabe a fixação de honorários recursais, preconizados no art. 85, § 11, do CPC/2015 ("Art. 85. A sentença condenará o vencido a pagar honorários ao advogado do vencedor. (...). § 11. O tribunal, ao julgar recurso, majorará os honorários fixados anteriormente levando em conta o trabalho adicional realizado em grau recursal, observando, conforme o caso, o disposto nos §§ 2º a 6º, sendo vedado ao tribunal, no cômputo geral da fixação de honorários devidos ao advogado do vencedor, ultrapassar os respectivos limites estabelecidos nos §§ 2º e 3º para a fase de conhecimento") na hipótese de recurso ex-

9. Cassio Scarpinella Bueno, *Novo Código de Processo Civil Anotado*, cit., 2ª ed., pp. 62-63.

traordinário formalizado no curso de processo cujo rito os exclua. Com base nessa orientação, a 1ª Turma, em julgamento conjunto de agravos regimentais, a eles negou provimento sem fixação de honorários. No caso, não haveria previsão de oneração em honorários na ação originária (AgR no ARE 948.578-RS, rel. Min. Marco Aurélio, 21.6.2016; AgR no ARE 951.589-PR, rel. Min. Marco Aurélio, 21.6.2016; AgR no ARE 952.384-MS, rel. Min. Marco Aurélio, 21.6.2016).

Além disso, o art. 85 do CPC/2015, além de prever a condenação em honorários nos recursos interpostos (§ 1º), também estipula, em seu § 11, que "o tribunal, ao julgar recurso, majorará os honorários fixados". Com o recente regramento pode-se afirmar que também serão fixados novos honorários de sucumbência quando do julgamento do recurso interposto, ou seja, a cada recurso interposto deverão obrigatoriamente ser fixados os honorários advocatícios, levando em consideração o trabalho adicional do advogado, à luz dos limites previstos nos §§ 2º e 3º do art. 85 do CPC/2015. É o que se pôde notar em decisão prolatada pela 6ª Câmara de Direito Público do TJSP em junho/2016:

> *Ementa*: Prescrição do fundo de direito – Preliminar prejudicial de mérito – Inocorrência – Lesão ao direito dos autores que se renova mês a mês - Súmula n. 85 do STJ – Apelação cível – Policiais civis – Conversão dos vencimentos em Unidades Reais de Valores/URVs em 1.3.1994 – Arts. 19 e 22 da Lei federal n. 8.880/1994 – Normas do Sistema Monetário Nacional, de caráter geral e cogente, aplicáveis a todos os servidores públicos do País – Pagamento de diferenças, nos termos da legislação aplicável à matéria – Reconhecimento da prescrição do fundo de direito decretada em primeiro grau – Pretensão de reforma – Impossibilidade – Reajustes concedidos antes, durante e "logo após" a conversão da moeda – Caráter de conversão e recomposição da moeda e não de reajuste salarial – Não demonstração do alegado prejuízo financeiro – Art. 373, inciso I, do NCPC – *Honorários advocatícios – Pretensão de majoração do valor ora fixado – Possibilidade – Inteligência do art. 85, §§ 2º, 3º, 4º, 6º e 11, do NCPC (Lei n. 13.105/2015) – Fixação mínima de 10% do valor atualizado da causa* – Afastada a prescrição do fundo de direito – Sentença reformada – Recurso dos autores improvido – Apelo da ré provido, nos termos supradecididos. [*TJSP, 6ª* Câmara de Direito Público, *Ap 1032154-70.2015.8.26.0053-SP, rela. Desa. Sílvia Meirelles, j. 20.6.2016*]

Diante do exposto, verifica-se que o Código de Processo Civil/2015 estabeleceu critérios objetivos para aferição dos honorários de sucumbência nas demandas em que a Fazenda Pública for parte. Assegurou-se, também, o direito do advogado de receber honorários em razão da interposição de recurso, de modo que serão fixados novos honorários a cada recurso interposto, observados sempre os parâmetros dos §§ 2º e 3º do art. 85 do CPC.

Nessa medida, embora o tribunal tenha, na fixação de honorários, a mesma liberdade que o juiz de primeiro grau, aquele estará adstrito à condenação anterior, devendo, obrigatoriamente, considerá-la na fixação dos novos honorários, de modo que não ultrapassem os limites objetivos expressos na norma. Isso significa que o juiz de primeiro grau poderá fixar os honorários, observados os percentuais do § 3º do art. 85 do CPC/2015, enquanto o tribunal, balizado nos mesmos parâmetros utilizados pelo juiz *a quo*, poderá fixar novos honorários advocatícios, desde que não ultrapassem os limites permitidos.

Referências bibliográficas

ASSIS, Araken de. *Processo Civil Brasileiro*. 2ª ed., vol. II, t. I (*Parte Geral: Institutos Fundamentais*). São Paulo, Ed. RT, 2015.

BUENO, Cassio Scarpinella. *Novo Código de Processo Civil Anotado*. 2ª ed. São Paulo, Saraiva, 2016.

DINAMARCO, Cândido Rangel. *Instituições de Direito Processual Civil*. 8ª ed., vol. I. São Paulo, Malheiros Editores, 2016.

MONTENEGRO FILHO, Misael. *Curso de Direito Processual Civil*. 12ª ed. São Paulo, Atlas, 2016.

NEVES, Daniel Amorim Assumpção. *Novo CPC – Código de Processo Civil – Lei 13.105/2015*. 1ª ed. São Paulo, Método, 2015.

AMPLA DEFESA E CONTRADITÓRIO NA CONSTITUIÇÃO DO CRÉDITO TRIBUTÁRIO: PARA UMA JUSTA TRIBUTAÇÃO

NATERCIA SAMPAIO SIQUEIRA
ANA LUÍSA SAMPAIO SIQUEIRA

1. Introdução. 2. Praticidade e processo administrativo. 3. Sujeito passivo na tributação. 4. Desconsideração da personalidade jurídica.

1. *Introdução*

A presente coletânea aborda problemática da maior relevância à prática tributária: o reflexo do Código de Processo Civil/2015 na atividade de cobrança administrativa e judicial dos créditos tributários.

Dentre das questões que foram sugeridas aos autores, optou-se por abordar a de n. 3.2.

Isto por se considerar que ela importa análise de múltiplos fatores, desde a jurisprudência do STF e do STJ até as peculiaridades da principiologia dos direitos material e processual tributário.

Ademais, a problemática ora proposta demanda reflexão sobre a funcionalidade do direito tributário em ponto por demais sensível tanto à Fazenda Pública como aos contribuintes e responsáveis: o redirecionamento da execução fiscal. É necessário que se enfrente a referida temática através da análise da relação que se estabelece entre os princípios da praticidade, da legalidade, da verdade material, da ampla defesa e do contraditório, sem descuidar de se realizar a precisa distinção entre as diferentes espécies de sujeito passivo: contribuinte e responsável.

Desta análise, pretende-se respondidas as seguintes indagações: A responsabilidade tributária possui características próprias, distintas da responsabilidade no direito civil, que justifiquem a regulação específica da desconsideração da personalidade jurídica pelo direito tributário? Ou à responsabilidade dos sócios por dívidas tributárias aplica-se a regra comum estipulada no art. 133 do CPC/2015? Ou seja: o art. 133 do CPC/2015 está a regular matéria não regulada pelo Código Tributário Nacional, ou o Código Tributário Nacional já regula a matéria de que trata o art. 133, de forma própria e específica, de maneira que é ele que permanece a ser aplicado nas situações de atribuição da responsabilidade em caso de abuso de finalidade ou de confusão patrimonial?

Ao final, trata-se dos lapsos preclusivos que devem ser impostos à Fazenda Pública quando da atribuição da responsabilidade a terceiros. São estas questões complexas e relevantes, que se pretende respondidas no transcurso deste estudo.

3.2 O incidente de desconsideração da personalidade jurídica, previsto no art. 133 do Código de Processo Civil de 2015, aplica-se às execuções fiscais? Apenas nas hipóteses de o nome dos corresponsáveis não constar previamente na Certidão de Dívida Ativa, ou em qualquer hipótese? Ou em nenhuma hipótese, sendo a regra inaplicável à Fazenda Pública exequente?

Para responder ao questionamento, compreende-se por interessante trazer à consideração a decisão da 2ª Turma do STF no RE/AgR 608.426-PR, de relatoria do Min. Joaquim Barbosa:

> *Ementa*: Agravo regimental – Tributário – Responsabilidade tributária – Ausência de correta caracterização jurídica por erro da autoridade fiscal – Violação do contraditório, da ampla defesa e do devido processo legal – Inexistência no caso concreto. *Os princípios do contraditório e da ampla defesa aplicam-se plenamente à constituição do crédito tributário em desfavor de qualquer espécie de sujeito passivo, irrelevante sua nomenclatura legal (contribuintes, responsáveis, substitutos, devedores solidários etc.)*. Porém, no caso em exame, houve oportunidade de impugnação integral da constituição do crédito tributário, não obstante os lapsos de linguagem da autoridade fiscal. Assim, embora o acórdão recorrido tenha errado ao afirmar ser o responsável tributário estranho ao processo administrativo (motivação e fundamentação são requisitos de validade de qualquer

ato administrativo plenamente vinculado), bem como ao concluir ser possível redirecionar ao responsável tributário a ação de execução fiscal, independentemente de ele ter figurado no processo administrativo ou da inserção de seu nome na Certidão de Dívida Ativa (fls. 853), o lapso resume-se à declaração lateral (*obiter dictum*), completamente irrelevante ao desate do litígio – Agravo regimental ao qual se nega provimento. [STF, 2ª T., AgR no RE/608.426-PR, rel. Min. Joaquim Barbosa, j. 4.10.2011, *DJe*-204, divulg. 21.10.2011, publ. 24.10.2011, *Ement*. 2613-02 p. 356; *RT* 917/629-633]

Posteriormente manteve-se o mesmo entendimento:

Ementa: Tributário – Responsabilidade do administrador de pessoa jurídica – Violação da lei, de estatuto ou de contrato social – Mero inadimplemento – Falência – Processual – Exceção de pré-executividade – Agravo regimental. *Os princípios do contraditório, da ampla defesa e do devido processo legal são plenamente aplicáveis ao ato administrativo de constituição do crédito tributário, que é plenamente vinculado*. Tal como posta a questão nestes autos, toda a discussão se resume ao exame do cabimento da exceção de pré-executividade para discussão da validade da atribuição de responsabilidade tributária – Autos do processo administrativo ausentes – Falta de prequestionamento e necessidade de reexame de fatos e de provas e da interpretação da legislação infraconstitucional (Súmulas ns. 279, 282 e 636/STF) – Agravo regimental ao qual se nega provimento. [STF, 2ª Turma, AI/AgR 718.320, rel. Min. Joaquim Barbosa, j. 28.8.2012, Acórdão Eletrônico, *DJe*-183, divulg. 17.9.2012, publ. 18.9.2012]

Especificamente na relatoria do RE/AgR 608.426-PR, foram as considerações do Min. Joaquim Barbosa:

Em relação ao art. 5º, LV, da Constituição, observo que os princípios do contraditório e da ampla defesa aplicam-se plenamente à Constituição do crédito tributário em desfavor de qualquer espécie de sujeito passivo, irrelevante sua nomenclatura legal (contribuintes, responsáveis, substitutos, devedores solidários etc.). Por outro lado, a decisão administrativa que atribuiu sujeição passiva por responsabilidade ou por substituição também deve ser adequadamente motivada e fundamentada, sem depender de presunções e ficções legais, inadmissíveis no âmbito do direito público e do direito administrativo. Considera-se presunção inadmissível aquela que impõe ao sujeito passivo deveres probatórios ontologicamente impossíveis, irrazoáveis ou desproporcionais, bem como aquelas desprovidas de motivação idônea, isto é, que não revelem o esforço do aparato fiscal para identificar as circunstâncias legais que permitem a extensão da relação jurídica tributária.

Ou seja: a ampla defesa e o contraditório demandam que a sujeição passiva, independentemente de a qual título se dê, decorra de decisão administrativa suficientemente fundamentada, que seja amparada em satisfatória fiscalização tributária, de maneira a se averiguar a situação fática que justifica o chamamento à responsabilidade, seja do contribuinte ou do terceiro: a verdade material.

Referido posicionamento, por sua vez, encontra-se em conformidade com a principiologia constitucional de realização da atividade tributária.

2. Praticidade e processo administrativo

De primeiro, ressalta-se: a atividade fazendária de realização do tributo é informada pelo princípio da praticidade. O que significa que o procedimento de aplicação e cobrança da exação fiscal deve utilizar-se de meios que possibilitem a realização eficiente e econômica do tributo, de forma a se assegurar a eficácia material da lei tributária, assim como a isonomia na sua aplicação.

Isto porque o tributo é aplicado e cobrado em massa, razão pela qual:

(a) o crédito tributário é constituído, unilateralmente, pela Fazenda Pública;

(b) a certidão de inscrição em Dívida Ativa do crédito tributário corporifica o título executivo extrajudicial apto a iniciar o processo de execução forçada;

(c) o título executivo extrajudicial é revestido da presunção de certeza e liquidez, passível de ser desconstituída em processo de embargos à execução fiscal, cujo pressuposto objetivo consiste na garantia integral do crédito tributário.

Veja-se bem: o título executivo é confeccionado pela parte credora, prescindindo não apenas do consentimento do sujeito passivo, como do conhecimento judicial. E nada há de estranhar neste procedimento. Imagine-se, em um primeiro momento, que a elaboração do título executivo extrajudicial carecesse do assentimento do sujeito passivo: quem o iria dar? De outra sorte, caso a execução forçada ficasse a depender do conhecimento judicial, a ineficiência na realização do tributo seria inegável, já que a quantidade de ações de conhecimento cujo objeto consistisse na certificação e liquidação da relação jurídica tributária sobrecarregaria o Judiciário, que não teria infraestrutura para o trâmite eficiente e célere de referidos processos.

Sem considerar que na constituição do crédito tributário o conhecimento da ciência contábil revela-se, em não raras situações, tão relevante quanto o conhecimento da ciência jurídica. Mas, se o juiz está habilitado ao conhecimento do material jurídico necessário à constituição do crédito tributário, o mesmo não se diga em relação à matéria contábil, que se mostra estranha à formação do profissional em Direito.

Ademais, o necessário conhecimento judicial à elaboração do título executivo inviabilizaria muitas das práticas de cobrança indireta do tributo, bem como instrumentos de otimização da arrecadação, como o desconto na fonte. Outra, portanto, não pode ser a conclusão: o processo judicial não consiste em procedimento eficiente e econômico para a confecção do título executivo tributário.

É bem verdade que as justificativas para tal afirmativa vão além das até agora enumeradas, não escapando ao senso comum. Mas ainda falta um último argumento, que bem realça o porquê de a aplicação e a cobrança do tributo serem informadas pela praticidade, mediante o procedimento de constituição do título executivo extrajudicial pela Fazenda Pública: a escolha do modelo do Estado Fiscal pelo Estado Brasileiro, que significa que o Brasil é custeado, preferencialmente, por impostos.

Destarte, a exploração da atividade econômica não é livre ao Estado Brasileiro, conforme o disposto nos arts. 170, *caput*, e 173, *caput*, da CF, mas à iniciativa privada. De maneira que: a titularidade da exploração da atividade econômica à iniciativa privada vem junto ao ônus de custear o ente público de forma satisfatória, para que exerça suas funções constitucionais adequadamente. Para tanto, os impostos surgem como o principal instrumento de custeio do Estado, tanto porque encontram por causa a capacidade jurídica como porque prescindem de justificativa especial de tributação sobre determinado grupo; antes, são dispersos por toda a coletividade.

Justamente por os impostos serem a principal fonte recursal do Estado é que a Constituição Federal reconhece a administração fazendária da União, dos Estados, do Distrito Federal e dos Municípios como fundamental ao funcionamento do Estado – art. 37, XXII. Tal dispositivo revela-se especialmente elucidativo quanto à essencialidade da atividade tributária, que, aliada à aplicação em massa do tributo, justifica o procedimento de realização da lei tributária, que se respalda na elaboração unilateral do título executivo extrajudicial pela parte credora, que prescinde do assentimento do devedor e do conhecimento judicial. Aqui, repita-se, não há privilégio algum, mas a aplicação do princípio da praticidade, de forma a assegurar a eficácia material da lei tributária e a isonomia na sua aplicação, assim como os recursos necessários ao custeio do Estado.

Mas, se o procedimento de aplicação e cobrança do tributo justifica-se na aplicação e cobrança em massa da lei tributária, assim como no modelo do Estado Fiscal adotado pela Constituição brasileira, ele deve adequar-se às garantias fundamentais asseguradas ao indivíduo, dentre as quais a ampla defesa e o contraditório em processo administrativo, que têm ganhado destaque no contexto democrático. Isto porque o procedimento que seja estruturado sobre a ampla defesa e o contraditório possibilita um real diálogo entre a Administração Pública e o contribuinte, que suplanta a mera relação de subordinação decorrente dos atributos inerentes ao ato administrativo: presunção de legitimidade e veracidade, imperatividade, exigibilidade e – por vezes – executoriedade.

Em síntese: o processo administrativo, informado pela ampla defesa e pelo contraditório, revela-se como antídoto aos atributos do ato administrativo. Se razões de praticidade demandam que se atribuam aos atos administrativos os requisitos que hoje lhes são inerentes, razões democráticas ou de legitimação reivindicam que os atos administrativos sejam constituídos mediante diálogo com o responsável tributário. Ao menos, que se lhe oportunize o diálogo.

De outra sorte, a legitimação pelo diálogo se torna tão e mais relevante em matéria tributária, cuja regulamentação normativa, além de extensa, revela-se complexa e de difícil manuseio. Neste quadro, a participação do contribuinte/responsável, mediante ampla defesa e contraditório, é fundamental não apenas à legitimação democrática da atuação fazendária, mas à legalidade, que é princípio maior tanto do direito administrativo como do direito tributário.

Para que melhor se esclareça o há pouco afirmado, importa considerar que o processo administrativo, informado pela ampla defesa e pelo contraditório, bem como pelos meios e recursos que lhes sejam inerentes, consiste no procedimento que apresenta maior eficiência na descoberta da verdade e na construção da correta interpretação do Direito. Em especial quando comparado com o procedimento do lançamento, no qual a Fazenda Pública atua de forma inquisitorial. Isto porque a ampla manifestação fática e de direito e a liberdade na produção de prova, aliadas à imparcialidade do julgador, compõem um procedimento em que maiores são as garantias de se descortinar a verdade material, mediante a construção de uma correta interpretação para a lei tributária.

Razões das mais diversas ordens estão, desta feita, a justificar a ampla defesa e o contraditório em processo administrativo. Democracia, legitimidade, legalidade e redução ou esclarecimento das complexidades são as razões pelas quais o processo administrativo – e a garantia que ele encerra – deve ser levado a sério na prática jurídica brasileira.

3. Sujeito passivo na tributação

Pois bem, no contexto das considerações acerca da ampla defesa e do contraditório não se pode esquecer que em direito tributário o sujeito passivo não se limita à figura do contribuinte. Um terceiro que não seja o contribuinte, desde que tenha relação com o fato gerador (art. 128 do CTN), pode vir a ser chamado para o pagamento de tributo mediante expressa previsão legal.

Observa-se que não é qualquer terceiro que pode ser chamado ao pagamento do tributo; é necessário que ele tenha "relação com o fato gerador tributário". Uma das possíveis interpretações do que seja "ter relação com o fato gerador tributário" consiste na possibilidade de o terceiro se ressarcir, econômica e previamente, do ônus tributário antes de efetuar o pagamento do tributo. Isto porque o tributo tem por causa ou a remuneração ao Estado, pelos destinatários e beneficiários da atuação pública, do respectivo custo ou do benefício por ela gerado, ou a capacidade contributiva, de maneira que se revela como obrigação pessoal.

Daí a obrigatoriedade de assegurar ao terceiro o ressarcimento prévio e econômico do tributo cujo pagamento lhe foi atribuído. Caso contrário, uma pessoa que não a destinatária e beneficiária da atuação pública ou a titular da capacidade contributiva será a onerada pela obrigação tributária sem que revele causa jurídica para tanto.

Mas, além da exigência do prévio ressarcimento econômico do tributo, a razão do chamamento de terceiro para pagamento da prestação tributária pode dar-se a título de responsabilidade: (a) pelo descumprimento de obrigações acessórias, que tenha dificultado a cobrança tributária; (b) pela atuação na gestão de bens de terceiros sem a usual diligência e a honestidade que se esperam do homem probo, do que resultaram a inadimplência tributária ou o próprio nascimento do tributo.

O pagamento de tributos por terceiro em razão dos ilícitos acima enumerados é uma das razões pelas quais o Código Tributário Nacional atribui a responsabilidade pelo crédito tributário a pessoas que não sejam o contribuinte (arts. 134 e 135). Mas há ainda outra causa de atribuição de responsabilidade tributária a terceiro que consta do Código Tributário Nacional: a sucessão, que se dá quando um terceiro assume a posição antes ocupada pelo contribuinte, não raro pela incorporação do seu patrimônio – sucessão *causa mortis* e empresarial.

O importante, entretanto, é verificar que a atribuição da responsabilidade pelo pagamento de tributo a terceiro não é livre, devendo observar determinados requisitos. O que é fundamental, conforme já ressaltado, para que não se descaracterize a causa jurídica dos tributos, de forma a se preservar a capacidade contributiva ou a relação de equivalência que se estabelece pelos tributos de fato gerador não vinculado e vinculado, respectivamente. Os responsáveis são chamados ao pagamento do tributo não em razão do simples surgimento do fato gerador, mas em virtude de causas específicas, que devem estar estipuladas em lei (*Informativo STF* 607):

> *Responsabilidade de sócios-cotistas por débitos contraídos junto à Seguridade Social – 3*
>
> Frisou-se, ademais, ser essencial à compreensão do instituto da responsabilidade tributária a noção de que a obrigação do terceiro de responder por dívida originariamente do contribuinte jamais decorreria direta e automaticamente da pura e simples ocorrência do fato gerador do tributo. Registrou-se que do fato gerador só surgiria a obrigação direta do contribuinte, visto que cada pessoa seria sujeito de direitos e obrigações próprios e o dever fundamental de pagar tributos estaria associado às revelações de capacidade contributiva a que a lei vinculasse o surgimento da obrigação do contribuinte. Nesse sentido, a relação contributiva dar-se-ia exclusivamente entre o Estado e o contribuinte em face da revelação da capacidade contributiva deste, sendo que o terceiro apenas poderia ser chamado a responder na hipótese de descumprimento de deveres de colaboração para com o Fisco, deveres, estes, seus, próprios, e que tivessem repercutido na ocorrência do fato gerador, no descumprimento da obrigação pelo contribuinte ou

em um óbice à fiscalização pela Administração Tributária. Assinalou-se que a referência ao responsável enquanto terceiro evidenciaria, justamente, que não participaria da relação contributiva, mas de uma relação específica de responsabilidade tributária, inconfundível com aquela. Portanto, a referência do art. 121 do CTN ao contribuinte e ao responsável como sujeitos passivos da obrigação tributária principal deveria ser compreendida no sentido de serem eles sujeitos passivos de relações jurídicas distintas, com suporte em previsões legais e pressupostos de fato específicos. [*RE n. 562.276-PR, rela. Min. Ellen Gracie, 3.11.2010*]

Responsabilidade de sócios cotistas por débitos contraídos junto à Seguridade Social – 4

Asseverou-se que o art. 135, III, do CTN constituiria uma regra-matriz de responsabilidade tributária que não se confundiria com a regra-matriz de incidência de qualquer tributo, que possuiria estrutura própria, e partiria de um pressuposto de fato específico, sem o qual não haveria espaço para a atribuição de responsabilidade. O caráter geral desse dispositivo viabilizaria aplicação relativamente aos diversos tributos. Referido pressuposto de fato ou hipótese de incidência da norma de responsabilidade seria a prática de atos, por quem estivesse na gestão ou representação da sociedade, com excesso de poder ou infração à lei, contrato social ou estatutos e que tivessem implicado, se não o surgimento, ao menos o inadimplemento de obrigações tributárias. Destacou-se jurisprudência no sentido de que tais ilícitos, passíveis de serem praticados pelos sócios com poderes de gestão, não se confundiriam com o simples inadimplemento de tributos por força do risco do negócio, isto é, com o atraso no pagamento dos tributos, incapaz de fazer com que os diretores, gerentes ou representantes respondessem, com seu próprio patrimônio, por dívida da sociedade. Seria necessário, para tanto, um ilícito qualificado, do qual decorresse a obrigação ou seu inadimplemento. A regra-matriz de responsabilidade do art. 135, III, do CTN, portanto, responsabilizaria aquele que estivesse na direção, gerência ou representação da pessoa jurídica e atuasse em excesso ou abuso de poder, de forma a qualificar um ilícito, o que resultaria no dever de responder pelo tributo devido pela sociedade. Tendo isso em conta, entendeu-se que o art. 13 da Lei n. 8.620/1993, ao vincular à simples condição de sócio a obrigação de responder solidariamente pelos débitos da sociedade limitada perante a Seguridade Social, teria estabelecido exceção desautorizada à norma geral de direito tributário consubstanciada no art. 135, III, do CTN, o que demonstraria a invasão da esfera reservada à lei complementar pelo art. 146, III, da CF. Afastou-se, em seguida, o argumento da União segundo o qual o art. 13 da Lei n. 8.620/1993 estaria amparado pelo art. 124, II, do CTN, dado que este, que prevê que são solidariamente obrigadas as pessoas expressamente designadas por lei, não autorizaria o legislador a criar novos casos de responsabilidade tributária sem observância dos requisitos exigidos pelo art. 128 do CTN, nem a desconsiderar as regras-matrizes de responsabilidade de terceiros estabelecidas em caráter geral pelos arts. 134 e 135 do mesmo diploma legal. [RE 562.276-PR, rela. Min. Ellen Gracie, 3.11.2010]

Ou seja: são causas específicas, que decorrem de contexto fático específico, as que justificam o chamamento para ocupar o polo passivo da relação jurídica tributária. Por conseguinte, o princípio da verdade material, que é instrumento de realização da legalidade, demandaria que as referidas causas estivessem satisfatoriamente demonstradas por atividades fiscalizatórias que "revelem o esforço do aparato fiscal para identificar as circunstâncias legais que permitem a extensão da relação jurídica tributária".

4. *Desconsideração da personalidade jurídica*

A tese jurídica adotada pelo STF é ainda mais rígida do que a que vem sendo empregada pelo STJ: este último ainda permite o redirecionamento no âmbito da execução caso seja comprovada a existência de uma das causas previstas no art. 135 do CTN, que encerram o abuso de finalidade, ou quando a empresa não mais estiver funcionando no endereço que consta dos cadastros municipais (Súmula 435/STJ), que implica a presunção da dissolução irregular da empresa; portanto, confusão patrimonial.

O problema que se põe é, precisamente, se esses atos que implicam a desconsideração da personalidade jurídica, tal qual o abuso de finalidade e a confusão patrimonial, são passíveis de serem alegados no transcurso do processo de execução forçada, prescindindo da prévia constituição do crédito e da oportunidade da defesa administrativa.

A tese jurídica que consta dos julgados do STF nesta oportunidade trazidos importa resposta negativa. Isto porque o abuso de finalidade ou a confusão patrimonial importariam "prática de atos, por quem estivesse na gestão ou representação da sociedade, com excesso de poder ou infração à lei, contrato social ou estatutos e que tivessem implicado, se não o surgimento, ao menos o inadimplemento de obrigações tributárias". Essa situação "possuiria estrutura própria, e partiria de um pressuposto de fato específico, sem o qual não haveria espaço para a atribuição de responsabilidade". Por conseguinte, sua apuração deveria revelar "o esforço do aparato fiscal para identificar as circunstâncias legais que permitem a extensão da relação jurídica tributária".

Tal entendimento afastaria a aplicação da desconsideração da personalidade jurídica, nos moldes como a trata o art. 133 do CPC/2015. Até porque, no momento não custa repisar, ainda que sob o risco da redundância: algumas das causas de responsabilidade tributária regulamentadas pelo Código Tributário Nacional implicam, precisa e especificamente, desvio de finalidade ou confusão patrimonial que justificam a desconsideração da pessoa jurídica. Ou seja: a matéria já se encontra especialmente regulada pelo Código Tributário Nacional.

Ademais, o direito tributário implica suas peculiaridades em face da infinidade de matérias que sejam objeto do processo civil:

(a) o tributo é interesse público;

(b) ele é aplicado e realizado em massa;

(c) guarda os requisitos inerentes ao ato administrativo (imperatividade, presunção de veracidade e legitimidade);

(d) está sujeito à legalidade e à verdade material;

(e) carece de legitimação democrática na sua realização coercitiva. Tal justifica a regulação específica da responsabilidade tributária pelo direito tributário.

Não obstante, uma última observação é necessária: a jurisprudência do STJ, por compreender que é possível o redirecionamento da execução fiscal, atribui o prazo de cinco anos, contados da interposição da ação de execução fiscal, para que se a redirecione ao sócio. Ocorre que, à medida que se compreende e manifesta pela necessária apuração administrativa da situação fática que enseja a responsabilidade de terceiros, seguida da oportunidade de ampla defesa e do contraditório ao responsável, o termo *a quo* prescricional não se revela condizente. De primeiro, porque a responsabilidade, com "estrutura própria", que decorre de "pressuposto de fato específico", dá-se independentemente da relação pessoal e direta do contribuinte com o fato gerador, de maneira que não se pode condicionar os prazos preclusivos atribuídos à Fazenda Pública para lançar e cobrar do responsável aos atos de fiscalização e cobrança da Administração contra o contribuinte, já que, como ressaltado, são situações independentes.

O pressuposto da responsabilidade – é importante que se ressalte – é independente do pressuposto fático que chama ao cumprimento da obrigação o contribuinte: de maneira que o fato gerador da responsabilidade de terceiro é próprio e deve ser especificamente apurado. Desta feita, os fatos preclusivos devem ter por parâmetro o momento da específica ocorrência do fato da responsabilidade do contribuinte, desde, por outra sorte, que não tenha havido decadência ou prescrição do tributo contra o sujeito passivo sobre quem o tributo originariamente incidiu.

O PROCESSO TRIBUTÁRIO E O CÓDIGO DE PROCESSO CIVIL/2015

Juvêncio Vasconcelos Viana
Janaína Soares Noleto Castelo Branco

1. Introdução. 2. O Código de Processo Civil/2015 e a Fazenda Pública. 3. Aplicação do Código de Processo Civil aos processos administrativos. 4. Precedentes e Administração Pública. 5. Mediação e conciliação. 6. Honorários em face da Fazenda. 7. Código de Processo Civil/2015 e a Lei de Execução Fiscal. 8. Desconsideração da personalidade jurídica. 9. Exceções de pré-executividade. 10. Tutela provisória. 11. A tutela de evidência.

1. Introdução

Quando nos voltamos ao chamado "acesso à Justiça", temos em vista uma preocupação não somente com o *ingresso em juízo* da parte. É muito mais que isso.

Diz a CF, em seu conhecido e relevante art. 5º, que "a lei não excluirá da apreciação do Poder Judiciário lesão ou ameaça a direito" (inciso XXXV).

Como dito, a norma é tradicionalmente lembrada por assegurar o *acesso* à jurisdição, o poder de ação para o cidadão. Mas parece-nos que o poder de *ingresso* em juízo é o aspecto mais simples do alcance da norma.

É preciso ficar atento também com o *estar em juízo*, com o que se passa com a parte no desenrolar do processo, como essa há de ser tratada ali.

De fato, o mais difícil não é o ingresso em juízo da parte. O mais difícil é, no duro plano da realidade, garantir àquela adequado tratamento no *iter* processual, durante a tramitação do processo de reconhecimento de seu direito e, diríamos mais, no *depois*, no que vem após o momento daquele reconhecimento, ou seja, no momento da realização concreta desse.

Assim, aquela garantia constitucional, em sua moderna leitura, não somente assegura o ingresso em juízo, mas também que, uma vez ali, o cidadão tenha direito a um tratamento isonômico processual, ao conhecimento dos atos, pronunciamentos e momentos relevantes de seu processo, que as decisões que a ele dirigidas (favoráveis ou não) sejam motivadas, que não sejam empregadas provas ilícitas e, no final, que a tutela jurisdicional dali emanada seja efetiva, ou seja, apta a produzir resultados eficientes na vida daquele.

Em síntese, quer-se que o cidadão receba prestação jurisdicional de qualidade, igualitária, econômica, rápida e sem dilações indevidas.

Afinal, processo que não traga ao sujeito o seu direito (quando efetivamente o possua) em toda a sua extensão, processo que entrega o direito da parte "pela metade", não é processo que se possa dizer *efetivo*.

Tentando exatamente cumprir aquela promessa constitucional de um *efetivo* acesso à Justiça,[1] foi aprovado um novo Código de Processo Civil para o País (Lei 13.105, de 16.3.2015).

Nos anos 1970, quando da elaboração do Código de Processo Civil/1973, havia um claro propósito de aprimorar a cientificidade do processo.

Já, o Código de Processo Civil/2015, desde o início de sua elaboração, anunciava-se de índole mais *prática*, voltado a "resolver problemas", um Código mais funcional, primando por simplicidade e celeridade.

Os trabalhos de sua Comissão foram orientados, segundo se extrai de sua "Exposição de Motivos", precipuamente, por cinco objetivos:

> 1) estabelecer expressa e implicitamente verdadeira sintonia fina com a Constituição Federal; 2) criar condições para que o juiz possa proferir decisão de forma mais rente à realidade fática subjacente à causa; 3) simplificar, resolvendo problemas e reduzindo a complexidade de subsistemas, como, por exemplo, o recursal; 4) dar todo o rendimento possível a cada processo em si mesmo considerado; e 5) finalmente, sendo talvez este último objetivo parcialmente alcançado pela realização daqueles mencionados antes, imprimir maior grau de organicidade ao sistema, dando-lhe, assim, mais coesão.

1. Como vimos, garantido no art. 5º, XXXV, da CF e ratificado no art. 3º do CPC/2015.

Assim fez a Comissão de Juristas que atuou no Anteprojeto.

O presente trabalho visa a uma análise de aspectos e institutos relevantes do atual Código de Processo Civil aplicados a processos (administrativos e judiciais) de índole tributária.

2. *O Código de Processo Civil/2015 e a Fazenda Pública*

O Código de Processo Civil/2015, que passou a viger após um ano de sua publicação,[2] alterou em vários aspectos o tratamento dado à Fazenda Pública.

Destacam-se ali, *v.g.*: o tratamento especial dado à Advocacia Pública (arts. 182-184), a alteração da forma de cálculo dos honorários nas ações em que a Fazenda pública é vencida (art. 85, §§ 3º-5º); os limites para dispensa da remessa necessária (art. 496, §§ 3º e 4º).

O Código processual revogado, dentre as funções essenciais à Justiça, tratava em separado tão somente do Ministério Público. O diploma vigente – Código de Processo Civil/2015 – corrigiu a distorção, tratando do Ministério Público, da Advocacia Pública e da Defensoria Pública respectivamente nos Títulos V, VI e VII do Livro III ("Dos Sujeitos do Processo") da Parte Geral. Desta forma, as funções essenciais à Justiça passam a ter igual tratamento no interior do Código. É a correção de uma distorção do sistema. Não era razoável que a Advocacia Pública, presente na maioria dos processos judiciais atualmente em curso no País, não possuísse no Código de Processo Civil um tratamento específico.

O legislador inicia o tratamento da Advocacia Pública diferenciando-a da Advocacia privada, imputando-lhe a representação judicial em todos os âmbitos federativos das pessoas jurídicas de direito público da Administração direta ou indireta.[3] Noutras palavras: é advogado público,

2. O Código de Processo Civil/2015 por duas vezes (arts. 14 e 1.046) explicita a conhecida regra da aplicação da lei processual nova de forma imediata, alcançando processos pendentes. Mas esse (aplicação imediata), importante lembrar, não é o único vetor de solução dos problemas do direito processual intertemporal. Há um segundo vetor: o de não violar "direitos adquiridos processuais" (a um prazo, a um recurso da parte, a um juízo competente), não se admitindo qualquer sacrifício desses. A redação do art. 14 é bem mais didática nesse sentido, ao dizer que "a norma processual não retroagirá" e sua aplicação respeitará "os atos processuais praticados e as situações jurídicas consolidadas sob a vigência da norma revogada".

3. CPC/2015: "Art. 182. Incumbe à Advocacia Pública, na forma da lei, defender e promover os interesses públicos da União, dos Estados, do Distrito Federal e dos

no âmbito do processo judicial, aquele que representa a Fazenda Pública. Não tratou o Código das atribuições extrajudiciais da Advocacia Pública.

Quanto aos prazos processuais, adotou o Código de Processo Civil/2015 a regra do prazo dobrado[4] para todas as manifestações da Fazenda Pública,[5] bem como a prerrogativa da intimação pessoal do advogado público.

Por fim, previu o legislador a responsabilidade civil do advogado público quando agir com dolo ou fraude no exercício das funções.[6]

3. *Aplicação do Código de Processo Civil aos processos administrativos*

Logo no início da Parte Geral do Código de Processo Civil,[7] em meio ao Capítulo "Da Aplicação das Normas Processuais", encontramos seu

Municípios, por meio da representação judicial, em todos os âmbitos federativos, das pessoas jurídicas de direito público que integram a Administração direta e indireta".

4. CPC/2015:

"Art. 183. A União, os Estados, o Distrito Federal, os Municípios e suas respectivas autarquias e fundações de direito público gozarão de prazo em dobro para todas as suas manifestações processuais, cuja contagem terá início a partir da intimação pessoal.

"§ 1º. A intimação pessoal far-se-á por carga, remessa ou meio eletrônico.

"§ 2º. Não se aplica o benefício da contagem em dobro quando a lei estabelecer, de forma expressa, prazo próprio para o ente público."

5. O CPC/2015, em seu art. 183, não mais se refere simplesmente a "Fazenda Pública", optando, terminologicamente, por citar uma a uma as pessoas beneficiárias pela dilação. O prazo será sempre em *dobro* (não mais havendo distinções para as situações nas quais quadruplicaria, dobraria ou seria singelo) para *todas* as suas manifestações (*v.g.*, responder, recorrer, falar sobre documentos). Mas, entenda-se, o prazo da Fazenda Pública não dobrará quando a lei vier prevendo prazo *específico* para o ente fazendário (*v.g.*, para prestar informações no mandado de segurança; para oferecer embargos executivos).

6. CPC/2015: "Art. 184. O membro da Advocacia Pública será civil e regressivamente responsável quando agir com dolo ou fraude no exercício de suas funções".

7. No Código de Processo Civil/1973 não tínhamos uma "Parte Geral". Quem fazia as vezes dessa era o próprio Livro I do Código de Processo Civil/1973 ("Do Processo do Conhecimento"), que cumpria papel bem mais amplo, pois. Bipartiu-se aquele Livro I do Código de Processo Civil/1973 para termos no Código de Processo Civil/2015 uma Parte Geral e, adiante, uma Parte Especial, contando, dentre outras coisas, com a disciplina do processo de conhecimento, do cumprimento da sentença e dos procedimentos especiais. Na Parte Geral, em livros próprios, estarão conhecidas disciplinas de fenômenos "básicos" para a formação e o desenvolvimento do processo (tratamento das partes, do juiz e de seus poderes, da competência etc.). Mas haverá um capítulo "novo", relacionado com os princípios fundamentais do processo civil (*v.g.*,

art. 15, o qual dispõe que, "na ausência de normas que regulem processos eleitorais, trabalhistas ou administrativos, as disposições deste Código lhes serão aplicadas supletiva e subsidiariamente".

Há menção, ali, aos processos judiciais eleitorais e trabalhistas.

É preciso recordar que a norma em si não traz exatamente uma novidade.

Ou seja: não é nova a ideia de que o Código de Processo Civil funcione, diante de lacuna de lei processual específica, como disciplina subsidiária dessa. Isso já vem de bastante tempo.

Nos processos trabalhistas não há como esquecer o antigo art. 769 da CLT.

Também há muito se entende aplicáveis subsidiariamente as normas do processo civil ao processo eleitoral; afinal, esse se inclui no gênero "jurisdição cível" (não penal).

Também há a referência aos processos administrativos. Houve tempo, é certo, no qual quando se falava em "processo" reduzia-se a noção desse ao plano do processo jurisdicional. Modernamente tem-se a plena ciência de que o termo "processo" também se aplica às demais manifestações de poder, envolvendo também o processo legislativo e o administrativo. Quanto a esse, não há como deixar de referir a Lei 9.784/1999, a qual, aliás, já conta com nota de subsidiariedade em relação a outras normas de diplomas legais administrativos.[8] Afinal, a citada lei afirma que

> estabelece normas básicas sobre o processo administrativo no âmbito da Administração Federal direta e indireta, visando, em especial, à proteção dos direitos dos administrados e ao melhor cumprimento dos fins da Administração (art. 1º).

Temos no referido art. 15 do CPC, então, o definitivo reconhecimento do Código como a grande "lei geral do processo civil" brasileiro (Nelson Nery).

isonomia, publicidade, motivação, duração razoável do processo). Na verdade, todo esse capítulo enfatiza princípios que já existem e compõem um *design* constitucional do devido processo, os quais já valem e atuam no sistema pela força impositiva de nossa Constituição. Trata-se, pois, de uma disciplina de "reforço" de nosso modelo constitucional processual.

8. Lei 9.784/1999: "Art. 69. Os processos administrativos específicos continuarão a reger-se por lei própria, aplicando-se-lhes apenas subsidiariamente os preceitos desta Lei".

O dispositivo diz que, "na ausência de normas que regulem" os processos que ali menciona, o Código de Processo Civil terá um papel fundamental no "fechamento" daquelas lacunas.

Teremos que observar, primeiro, o princípio da especialidade, ou seja, havendo naquele processo (eleitoral, trabalhista ou administrativo) regra específica, afastada está a lei geral (Código de Processo Civil).

Contudo, parece que não ficamos somente nisso.

Diz o comentado art. 15 que suas disposições serão utilizadas "supletiva e subsidiariamente". As expressões teriam sido empregadas, para os fins do artigo, como sinônimas? *Supletivo* será o mesmo que *subsidiário*?

As expressões não têm exatamente o mesmo sentido, e a constatação disso dá um âmbito de incidência maior ao dispositivo.

O emprego subsidiário não é novo. Havendo lacuna na lei do processo eleitoral, trabalhista ou administrativo, estará garantido o emprego subsidiário do Código de Processo Civil.[9]

Mas garantido também está o emprego supletivo (que suplementa, que completa) da norma do Código de Processo Civil, sendo, então, possível, ainda que não haja exatamente uma lacuna, tirar-se da norma eleitoral, trabalhista ou administrativa um sentido maior (melhor, mais completo) inspirado pelo moderno processo civil.

Essa a razão, decerto, do emprego das duas expressões.

Por fim, em qualquer situação, é preciso também aferir, caso a caso, a compatibilidade do que se quer trazer da disciplina do Código de Processo Civil para o campo daquele outro processo. Isso quer dizer que nem todo e qualquer instituto pode ser simplesmente transpassado para o território daqueles processos (dentre aqueles, os de índole administrativa).

Enfim, respeitadas as premissas *supra*, pode-se dizer que as disposições do Código de Processo Civil/2015 aplicam-se, sim, aos processos administrativos tributários (*v.g.*, o disposto no art. 489, § 1º, invocável para dizer o que é ou não uma decisão fundamentada; a previsão do art. 10 de contraditório prévio ao pronunciamento de matérias de ordem pública). Já, o tema dos recursos e sua previsão passa por uma ideia de legalidade e taxatividade, daí entendermos que, à míngua de previsão legal específica, por mera aplicação subsidiária não se possa simplesmente criar recurso no âmbito da legislação específica de Estado-membro ou Município.

9. Entenda-se: guardada a compatibilidade entre o instituto que se quer aplicar e a realidade processual a que se destina (v. *infra*).

4. *Precedentes e Administração Pública*

Tem-se que a adoção bem estruturada de um sistema de precedentes, em que a razão de decidir ficasse bem explicitada, é de fundamental importância para a desejável segurança jurídica advinda da previsibilidade das decisões judiciais.

Nesse sentido, o CPC/2015 significou avanço, na medida em que prevê, em seu art. 927,[10] um rol de decisões judiciais e súmulas que passam a ser vinculantes aos órgãos do Poder Judiciário.

Fora de dúvida que, se bem implantada, a técnica dos precedentes judiciais inevitavelmente limitará o voluntarismo judicial e o casuísmo, tão comuns nos dias atuais.

De se ressaltar que a adoção de um sistema de precedentes judiciais obrigatórios não enfraquece o Poder Judiciário. Antes, redistribui funções. As instâncias inferiores continuariam como juízes do fato. O que não se admite num sistema de precedentes é a aplicação desordenada de matéria jurídica, em clara ofensa ao princípio da igualdade e em desrespeito à estrutura piramidal do Judiciário.

A incerteza no resultado da atividade jurisdicional é fator de angústia e de aumento da litigiosidade. Aquele que pretende propor uma ação judicial, sabedor de que a jurisprudência lhe é contrária e de que o sistema é coerente, desiste de seu intento. Da mesma forma, aquele que pretende resistir a uma legítima pretensão, respaldada em precedentes obrigatórios, será desencorajado a fazê-lo, por serem certas sua derrota e sua condenação em custas e honorários, além da condenação ao próprio cumprimento da obrigação e de uma eventual punição por litigância de má-fé. Um sistema de precedentes obrigatórios, portanto, é estímulo à prevenção do litígio judicial, evitando que as partes vão a juízo tentar a sorte.

A questão a ser aqui debatida diz respeito à vinculação do Estado aos precedentes obrigatórios mesmo quando não está em juízo. Quem está

10. CPC/2015: "Art. 927. Os juízes e os tribunais observarão: I – as decisões do Supremo Tribunal Federal em controle concentrado de constitucionalidade; II – os enunciados de súmula vinculante; III – os acórdãos em incidente de assunção de competência ou de resolução de demandas repetitivas e em julgamento de recursos extraordinário e especial repetitivos; IV – os enunciados das súmulas do Supremo Tribunal Federal em matéria constitucional e do Superior Tribunal de Justiça em matéria infraconstitucional; V – a orientação do Plenário ou do Órgão Especial aos quais estiverem vinculados".

vinculado aos tais precedentes? Somente os órgãos do Poder Judiciário? Ou também a Administração Pública?

As súmulas vinculantes, por expressa previsão constitucional (art. 103-A, *caput*, da CF[11]), vinculam não só os órgãos do Poder Judiciário, mas também a Administração Pública direta e indireta, em qualquer das esferas da Federação. Ou seja: estas súmulas ultrapassam as fronteiras do Poder Judiciário, onde foram produzidas, para regular a atividade do Estado-Administração.

O mesmo não sucede com os demais precedentes obrigatórios arrolados no art. 927 do CPC/2015.

É que a extrapolação das fronteiras do Poder Judiciário constitui interferência desse Poder nos demais, o que somente por meio de norma constitucional poderia ser autorizado, por dizer respeito à separação dos Poderes (art. 2º da CF). Some-se a isso o fato de o art. 927 expressamente prever que "os juízes e os tribunais" têm o dever de observar os precedentes obrigatórios. Não houve (e não poderia haver, justamente por se tratar de matéria constitucional afeta à separação de Poderes) qualquer referência à obrigatoriedade de sua observância pelos órgãos da Administração, diferentemente do que prevê o art. 103-A da CF.

De se ressaltar, todavia, que o fato de não estarem os órgãos da Administração expressamente vinculados aos precedentes obrigatórios do art. 927 não afasta por completo a possibilidade eventual de observá-los.

É que, caso a Administração não observe tais precedentes, a parte que se sinta lesada, ao recorrer à via judicial, terá necessariamente a tutela do seu direito, ainda em primeira instância, inclusive por meio de tutela da evidência, caso o precedente provenha de julgamento de casos repetitivos ou se trate de súmula vinculante (art. 311, II, do CPC/2015).

Ademais, é dever do Estado – e isso inclui o Estado-Administração – promover, sempre que possível, a solução consensual dos conflitos (art. 1º, § 2º, do CPC/2015). Tal dever inclui, obviamente, o de evitar a via judicial sempre que possível. Ainda que pareça financeiramente vantajoso para o Estado resistir à pretensão de pessoa (física ou jurídica) respaldada

11. CF: "Art. 103-A. O Supremo Tribunal Federal poderá, de ofício ou por provocação, mediante decisão de dois terços dos seus membros, após reiteradas decisões sobre matéria constitucional, aprovar súmula que, a partir de sua publicação na Imprensa Oficial, terá efeito vinculante em relação aos demais órgãos do Poder Judiciário e à Administração Pública direta e indireta, nas esferas federal, estadual e municipal, bem como proceder à sua revisão ou cancelamento, na forma estabelecida em lei".

em precedente obrigatório, já que nem todos têm ou querem ter acesso à via judicial de resolução de conflitos, tal estratégia não condiz com um modelo cooperativo de Estado, e é talvez a causa de ser o Estado o maior litigante do País.

Portanto, a não ser que o Estado vislumbre a possibilidade de influenciar judicialmente uma inversão da jurisprudência que lhe é desfavorável, seria prudente evitar levar o litígio à via judicial. Nessa perspectiva, as câmaras de conciliação previstas no art. 174, II, do CPC/2015 (v. *infra*) serão de muita utilidade.

5. *Mediação e conciliação*

Prevê o art. 1º, § 2º, do CPC/2015 o dever do Estado de promover, sempre que possível, a solução consensual dos conflitos.[12]

Fica evidente que foi intuito do legislador inaugurar no sistema processual brasileiro o modelo cooperativo de processo, que, dentre outras várias características, prioriza a solução consensual das demandas. Uma questão que se coloca é saber se ao prescrever, no art. 1º, § 2º, o dever do Estado de promover a solução consensual dos conflitos, estava o legislador referindo-se ao Estado-juiz (Poder Judiciário), ao Estado-parte, ou ao Estado em qualquer de suas acepções, inclusive quando não está em juízo? Noutras palavras: o Código de Processo Civil/2015 prescreveu o dever da Fazenda Pública de buscar, sempre que possível, a conciliação?

A Fazenda Pública é, sabidamente, uma das maiores litigantes do País. Mas por que o Estado vem sendo tão demandado? Logicamente que a opção da Constituição Federal por um Estado intervencionista o faz presente em quase todos os setores da vida em sociedade, gerando enorme demanda social por serviços que incumbem ao ente estatal e são muito mal prestados. Um Estado maior e com mais deveres é bem mais demandado que um Estado mínimo. Portanto, são muito comuns e crescentes as demandas em face do Estado em áreas como saúde e educação, não se olvidando de que é a previdência social o setor que concentra a maior parte dessas ações judiciais.

12. CPC/2015:

"Art. 1º. (...).

"§ 2º. O Estado promoverá, sempre que possível, a solução consensual dos conflitos."

Mas a postura do Estado em juízo tem contribuído para o aumento ou não diminuição dessas demandas? Interessa ao Estado, como maior "ator" dos processos judiciais, geralmente ocupando o polo passivo das demandas, que a máquina judiciária seja rápida e eficiente?

Convém apontar, já respondendo ao primeiro questionamento feito, que o Estado tem, sim, o dever de cooperar e de buscar, sempre que possível, uma solução consensual para os conflitos. Não só o Estado-juiz, mas também e principalmente o Estado-parte, a Fazenda Pública. Não pode o Estado continuar a se beneficiar da morosidade da máquina judiciária, devendo buscar analisar, a partir de critérios realistas e razoáveis, quais casos devem se submeter à solução consensual e quais exigem que se teime até as últimas instâncias.

Portanto, apesar de o art. 1º, § 2º, do CPC/2015 não ter feito referência à Fazenda Pública, vez que o comando não era direcionado especificamente ao Estado em juízo, mas ao Estado em qualquer de suas acepções (Estado-juiz, Estado-Administração, Estado-Ministério Público, Estado-Defensoria Pública...), é evidente que está a Fazenda Pública vinculada ao referido dispositivo. Não se constrói um novo modelo de processo se justamente aquele que ocupa um dos polos na maior parte dos processos judiciais não age exemplarmente.

O Estado, quando parte, não é como qualquer parte. É em razão desses direitos que representa que deve também demonstrar o Estado preocupação com a concretização das normas fundamentais processuais, dentre as quais se destacam a cooperação e a resolução consensual dos conflitos.

Numa interpretação sistemática do Código de Processo Civil/2015 fica patente a preocupação do legislador com a mudança de postura por parte do Estado quando integrante de conflitos, judicializados ou não.

O art. 174 prevê para União, Estados, Distrito Federal e Municípios o dever de criar câmaras de mediação e conciliação para solução consensual de conflitos no âmbito administrativo. Tais câmaras teriam a incumbência não apenas de dirimir conflitos entre órgãos de entidades da Administração Pública, mas também de avaliar a admissibilidade dos pedidos de resolução de conflitos, por meio de conciliação, no âmbito administrativo.[13]

13. CPC/2015: "Art. 174. A União, os Estados, o Distrito Federal e os Municípios criarão câmaras de mediação e conciliação, com atribuições relacionadas

O citado artigo, sem dúvida, autoriza a instituição de câmaras de mediação e conciliação também para o âmbito tributário. Isso é algo perfeitamente conciliável com o caráter vinculante da atividade de cobrança de tributo e a natureza *ex lege* da obrigação correspondente. Editem-se leis autorizativas para tanto, faça-se isso atento aos mais relevantes princípios de impessoalidade e eficiência e, mais ainda, vença-se a barreira cultural e, de tal forma, dê-se a correta aplicação àquela norma autorizativa.

6. *Honorários em face da Fazenda*

O Código de Processo Civil/2015 ainda prevê regras especiais para fixação dos honorários devidos pela Fazenda Pública.

Diferentemente do que ocorria no Código revogado, não está o juiz autorizado a fixá-los por equidade.[14] É de se registrar também que a previsão de fixação equânime dos honorários nunca implicou liberdade para fixação irrisória desses. Fixação "equitativa" nunca quis significar exatamente "módica".

Hoje, contudo, há critérios objetivos, a depender do valor da condenação ou do proveito econômico (art. 85, § 3º, do CPC/2015[15]).[16]

à solução consensual de conflitos no âmbito administrativo, tais como: I – dirimir conflitos envolvendo órgãos e entidades da Administração Pública; II – avaliar a admissibilidade dos pedidos de resolução de conflitos, por meio de conciliação, no âmbito da Administração Pública; III – promover, quando couber, a celebração de Termo de Ajustamento de Conduta".

14. Eis o teor do art. 20, § 4º, do CPC/1973:

"Art. 20. (...).

"(...).

"§ 4º. Nas causas de pequeno valor, nas de valor inestimável, naquelas em que não houver condenação ou for vencida a Fazenda Pública, e nas execuções, embargadas ou não, os honorários serão fixados consoante apreciação equitativa do juiz, atendidas as normas das alíneas 'a', 'b' e 'c' do parágrafo anterior."

15. CPC/2015:

"Art. 85. (...).

"(...).

"§ 3º. Nas causas em que a Fazenda Pública for parte, a fixação dos honorários observará os critérios estabelecidos nos incisos I a IV do § 2º e os seguintes percentuais: I – mínimo de 10 (dez) e máximo de 20% (vinte por cento) sobre o valor da condenação ou do proveito econômico obtido até 200 (duzentos) salários-mínimos; II – mínimo de 8 (oito) e máximo de 10% (dez por cento) sobre o valor da condenação ou do proveito econômico obtido acima de 200 (duzentos) salários-mínimos até 2.000 (dois mil) salários-mínimos; III – mínimo de 5 (cinco) e máximo de 8%

A previsão de percentuais distintos para "faixas" de condenação ou proveito econômico, todavia, traz consigo um problema de ordem prática, decorrente do fato de que na maioria das ações em que a Fazenda Pública é condenada a sentença não possui valor certo, ficando estabelecidos apenas a tese jurídica e os parâmetros para futura liquidação. A execução é feita, assim, por meio de apresentação de cálculos pelo credor, tendo a Fazenda prazo para impugná-los. Portanto, o cálculo do montante devido somente é feito quando do início da execução, sendo tal cálculo ainda sujeito a impugnação pela Fazenda Pública. Na prática, então, na sentença proferida contra a Fazenda na fase de conhecimento não há valor certo capaz de orientar o julgador na seleção do percentual indicado no art. 85, § 3º.

A solução parece estar, aparentemente, no inciso II do § 4º do art. 85, segundo o qual, "não sendo líquida a sentença, a definição do percentual, nos termos previstos nos incisos I a V, somente ocorrerá quando liquidado o julgado". Ocorre que, se tivermos em conta que não existe, em nosso sistema, liquidação por cálculo do contador, mas apenas liquidação por artigos ou por arbitramento, a maioria das sentenças proferidas contra a Fazenda Pública, as quais não prescindem da prova de fatos ou de perícia para fixação do valor, ficaria de fora de tal previsão legal. Como já se disse, tais sentenças geralmente fixam os parâmetros para os cálculos, faltando apenas a realização desses. Por fixarem todos os parâmetros, são tidas como líquidas. Por isso mesmo, a execução (cumprimento de sentença) já se inicia com a apresentação de cálculos pelo exequente, sendo desnecessária qualquer liquidação. Não é razoável que o legislador pretendesse, no que diz respeito à Fazenda Pública, "ressuscitar" a liquidação por cálculo do contador, há muito extirpada do sistema processual

(oito por cento) sobre o valor da condenação ou do proveito econômico obtido acima de 2.000 (dois mil) salários-mínimos até 20.000 (vinte mil) salários-mínimos; IV – mínimo de 3 (três) e máximo de 5% (cinco por cento) sobre o valor da condenação ou do proveito econômico obtido acima de 20.000 (vinte mil) salários-mínimos até 100.000 (cem mil) salários-mínimos; V – mínimo de 1 (um) e máximo de 3% (três por cento) sobre o valor da condenação ou do proveito econômico obtido acima de 100.000 (cem mil) salários-mínimos."

16. Na ótica de um dos coautores do presente trabalho, os novos parâmetros de honorários para as condenações da Fazenda Pública (art. 85, § 3º, do CPC/2015) não se aplicariam imediatamente a todos os processos em curso, mas somente aos processos iniciados após a vigência do novo diploma processual, em virtude do princípio da causalidade e da necessidade de proteger a expectativa da Fazenda Pública de lhe ser aplicado o sistema vigente quando do início da relação jurídica processual.

brasileiro, pois tal medida significaria um retrocesso para a celeridade das execuções.

Também não é satisfatória a solução de fixar já no curso da execução o percentual dos honorários devidos na fase de conhecimento. Explica-se. É na instância recursal, após proferida a sentença da fase de conhecimento, que credor e devedor podem questionar o percentual de honorários fixado. Retirar de ambas as partes a possibilidade de questionar tais honorários, fixando-os em execução, como se fizessem parte da coisa julgada, não se mostra a melhor solução. Não há título executivo para honorários não fixados durante a fase de conhecimento.

Uma possível solução seria a elaboração de uma tabela prospectiva, na qual o julgador colocaria qual percentual fixaria para cada faixa de valor. Assim, o credor, ao elaborar os cálculos para a execução por quantia certa, consultaria a tabela a fim de saber qual percentual de honorários usar.

A vedação à prolação de sentença condicional, contida no art. 492, parágrafo único, do CPC/2015,[17] não constituiria óbice à aceitação da referida tabela, vez que a relação jurídica (*res in judicium deducta*) teria sido resolvida. E é esta que não pode ser condicional. Tal sentença, que julgaria a relação jurídica e deixaria previamente definidos percentuais de honorários para cada faixa de condenação para consulta à época da elaboração dos cálculos, não seria condicional. É sentença certa, que fixa percentuais certos para cada faixa de condenação.

Por fim, afastaria todos os problemas levantados acima a sentença proferida contra a Fazenda de valor certo. Esta, no entanto, raramente é proferida, e não parece que a melhor solução seria que passasse a ser a regra. A prolação de uma sentença de valor certo exige a remessa dos autos ao contador judicial e a abertura de contraditório acerca dos cálculos ainda durante a fase de conhecimento, em momento no qual ainda não se sabe sequer se a condenação será mantida pelas instâncias recursais, geralmente esgotadas pelos advogados públicos. É mais razoável que as sentenças continuem a ser proferidas com a especificação dos parâmetros da condenação mas sem valor certo, evitando-se, dessa forma, um eventualmente desnecessário uso da máquina judiciária e alongamento do contraditório acerca dos cálculos antes da execução. É que a fase de

17. CPC/2015, parágrafo único do art. 492: "Parágrafo único. A decisão deve ser certa, ainda que resolva relação jurídica condicional".

cumprimento de sentença exige a elaboração de cálculos atualizados pelo credor, abrindo-se a possibilidade de impugnação pela Fazenda Pública. Ou seja: a discussão acerca do valor seria reaberta. Ademais, há ainda a possibilidade de a condenação da Fazenda Pública ser afastada na seara recursal, o que tornaria inútil toda a dilação procedimental ocasionada pela necessidade de liquidar valores na fase de conhecimento.

Obviamente que, como as faixas de valor da condenação previstas nos incisos do § 3º do art. 85 são bem distantes, é possível que o juiz faça uma projeção, entendendo, assim, que o valor da condenação, quando feitos os cálculos, não ultrapassará determinada quantia. Neste caso, fixaria o percentual levando em consideração aquela faixa. Problema surgiria se, feitos os cálculos pelo exequente no procedimento do cumprimento de sentença, ficasse constatado um erro de projeção do magistrado.

Também poderia o magistrado, a fim de evitar toda a insegurança ocasionada pela não especificação do valor na sentença, fixar o percentual mínimo ou máximo de honorários. Nesse caso, qualquer que fosse o valor da condenação, apurado já em cumprimento de sentença, o percentual de honorários já estaria certo. É talvez a solução mais simples e lógica. Levando em consideração os fatores descritos no § 2º do art. 85, o juiz decidiria entre aplicar o percentual mínimo ou o máximo da faixa de condenação que seria futuramente apurada.

7. *Código de Processo Civil/2015 e a Lei de Execução Fiscal*

Quanto ao tema da execução no Código de Processo Civil/2015, é de se recordar que o direito processual brasileiro, em época relativamente recente, sofrera várias alterações no plano da tutela executiva. Evidente que um novo Código de Processo Civil que chega não conseguiria abolir e destruir todo um arcabouço "recém-criado" (aquelas reformas foram em 2005/2006)[18] para a execução civil.

Dessa forma, foram, por exemplo, mantidas as técnicas de "cumprimento de sentença" (de prestações de fazer, não fazer, entrega de coisa e pagar quantia certa) que o sistema passou a conhecer.

Aliás, não apenas foi mantida a técnica do "cumprimento" como, mais ainda, expandida essa para casos especiais, *v.g.*, da execução de alimentos e da execução contra a Fazenda Pública.

18. Leis 11.232, de 22.12.2005, e 11.382, de 6.12.2006.

Vale notar, foram previstos procedimentos, em um livro específico da Parte Especial do Código ("Livro II – Do Processo de Execução"), para quando aqueles tiverem lastro em título executivo extrajudicial. Ou seja: o livro "Do Processo de Execução" fica mesmo destinado à execução lastreada em título extrajudicial. Aqui, buscou-se aprimorar o que já viera com as reformas anteriores (em especial a Lei 11.382/2006), especialmente a que incluiu, por exemplo, novas regras para o momento da expropriação no plano da execução por quantia certa contra devedor solvente.

O Código de Processo Civil/2015 não revogou a Lei da Execução Fiscal/LEF. Na verdade, o Código de Processo Civil sempre buscou boa relação com a Lei de Execução Fiscal, cabendo aquele subsidiariamente no plano da execução fiscal.

Nesse sentido, observe-se o conhecido art. 1º da LEF: "A execução judicial para cobrança da Dívida Ativa da União, dos Estados, do Distrito Federal, dos Municípios e respectivas autarquias será regida por esta Lei e, subsidiariamente, pelo Código de Processo Civil".

As referências previstas no inciso VI art. 779 (da legitimidade passiva do responsável tributário) e no inciso IX do art. 784 (da certidão de inscrição da Dívida Ativa como título executivo extrajudicial), ambos do CPC/2015, não abalam de forma alguma aquela conclusão.

Aliás, essas previsões já existiam em dispositivos do Código de Processo Civil/1973 (arts. 568, V, e 585, VII).

Em reforço de nossa conclusão, observe-se, ainda, o art. 1.046, § 2º, do CPC/2015, segundo o qual "permanecem em vigor as disposições especiais dos procedimentos regulados em outras leis, aos quais se aplicará supletivamente este Código".

8. Desconsideração da personalidade jurídica

Muito foi feito com o tema da desconsideração na prática forense. Houve alguns excessos. Em certos momentos se quis colocar o reconhecimento da desconsideração como regra (não como exceção, que é). Sempre nos pareceu, por todo esse período de "laboratório" com a aplicação da teoria da desconsideração, que algumas premissas deviam ser observadas para sua aplicação processual: (a) que essa somente viesse em situações *extraordinárias*, devidamente *provados* seus pressupostos materiais de incidência; (b) que houvesse um justo *contraditório*, ouvindo-se o sócio, facultando-lhe reação, permitindo-lhe objetar a presença dos requisitos de aplicação da desconsideração;[19] e (c) finalmente, que viesse um *pronunciamento judicial*, legitimado por aquele contraditório prévio, que formasse título executivo (ou ampliasse a eficácia original de algum preexistente) em relação à pessoa do sócio, e não simplesmente, de súbito, ficar a "redirecionar execução" contra aquele.

Pois bem, uma disciplina processual clara era necessária. O Código de Processo Civil/2015 cuidou disso.

O tema da desconsideração foi colocado na Parte GERAL do Código, no "Livro III – Dos Sujeitos do Processo", "Título III – Da Intervenção de Terceiros", Capítulo IV.[20]

19. Veremos que no Código de Processo Civil/2015 se formará o contraditório para que o juízo possa decidir acerca da desconsideração. O sócio ou a pessoa jurídica (no caso de desconsideração inversa) serão citados para responder em 15 dias (art. 135 do CPC/2015). Poderão pugnar por provas, e haverá instrução, caso necessária. Na audiência de instrução que houver poderão ser produzidas provas de uma e outra parte. Ao final, resolvido o incidente pelo juízo cível, tal solução vem por decisão interlocutória, da qual caberá agravo de instrumento (art. 1.015, IV, do CPC/2015).

20. Ficou assim sua disciplina:

"Art. 133. O incidente de desconsideração da personalidade jurídica será instaurado a pedido da parte ou do Ministério Público, quando lhe couber intervir no processo.

"§ 1º. O pedido de desconsideração da personalidade jurídica observará os pressupostos previstos em lei.

"§ 2º. Aplica-se o disposto neste Capítulo à hipótese de desconsideração inversa da personalidade jurídica.

"Art. 134. O incidente de desconsideração é cabível em todas as fases do processo de conhecimento, no cumprimento de sentença e na execução fundada em título executivo extrajudicial.

"§ 1º. A instauração do incidente será imediatamente comunicada ao distribuidor para as anotações devidas.

"§ 2º. Dispensa-se a instauração do incidente se a desconsideração da personalidade jurídica for requerida na petição inicial, hipótese em que será citado o sócio ou a pessoa jurídica.

"§ 3º. A instauração do incidente suspenderá o processo, salvo na hipótese do § 2º.

"§ 4º. O requerimento deve demonstrar o preenchimento dos pressupostos legais específicos para desconsideração da personalidade jurídica.

"Art. 135. Instaurado o incidente, o sócio ou a pessoa jurídica será citado para manifestar-se e requerer as provas cabíveis no prazo de 15 (quinze) dias.

"Art. 136. Concluída a instrução, se necessária, o incidente será resolvido por decisão interlocutória.

"Parágrafo único. Se a decisão for proferida pelo relator, cabe agravo interno.

Em verdade, sempre se colocou a questão sobre se seria, ou não, necessária a propositura de uma ação de conhecimento para se buscar o reconhecimento judicial da desconsideração ou se seria possível aquele reconhecimento ocorrer *incidenter tantum*.

A opção do Código de Processo Civil/2015 foi pela forma de incidente,[21] uma opção mais econômica e mais eficiente, a nosso sentir, compatível com a excepcionalidade e a própria disciplina material do instituto, seguindo uma linha que a própria jurisprudência (STJ) já admitia.

O incidente será provocado pela parte ou pelo Ministério Público, quando lhe couber intervir no processo (art. 133, *caput*).[22] Não pode vir de ofício, portanto.

O que o Código de Processo Civil/2015 traz – vamos insistir – não é um *novo* tratamento para o tema da desconsideração, mais uma hipótese dessa para o sistema, mas, sim, apenas sua processualização, o modo como fazer valer aquele instituto no plano do processo judicial.

Tanto é que o Código de Processo Civil/2015 é absolutamente remissivo à disciplina material do instituto. Os pressupostos a serem alegados e verificados pelo juízo serão exatamente aqueles dispostos pela lei material (v.: § 1º do art. 133; § 4º do art. 134). O Código de Processo Civil/2015 lembrou-se também da denominada "desconsideração inversa".[23]

O incidente será cabível em todas as fases do processo, seja na fase de conhecimento, seja na fase de cumprimento de sentença. Também caberá o incidente durante o processo de execução autônomo (art. 134 do CPC).

Aliás, é *exatamente* na realidade da execução que se tem, normalmente, a maior utilidade e necessidade do emprego do instituto da desconsideração.[24]

"Art. 137. Acolhido o pedido de desconsideração, a alienação ou a oneração de bens, havida em fraude de execução, será ineficaz em relação ao requerente."

21. O que não excluirá, em certa situação, que a provocação pelo reconhecimento da desconsideração se dê, de logo, quando da colocação da demanda.

22. Enunciado 123 do Fórum Permanente de Processualistas Civis/FPPC (art. 133): "É desnecessária a intervenção do Ministério Público, como fiscal da ordem jurídica, no incidente de desconsideração da personalidade jurídica, salvo nos casos em que deva intervir obrigatoriamente, previstos no art. 179".

23. Nessa situação vai-se contra a sociedade por dívida do sócio. Busca-se fazer com que, em situações de desvio de bens por abuso de direito ou fraude, a pessoa jurídica responda por obrigação de seu sócio de uma pessoa física a uma pessoa jurídica.

24. Aliás, no livro "Do Processo de Execução", quando do tema da responsabilidade executiva, cuidando do atingir de bens do sócio da execução da sociedade, encontraremos o art. 795, § 4º, do CPC/2015, com clara regra de explicitação: "Para

O instituto é perfeitamente cabível no plano das execuções fiscais e, mais ainda, pode perfeitamente ser instaurado naquelas que já encontravam em curso quando da entrada em vigor do Código de Processo Civil/2015.

Essa é uma interpretação perfeitamente sustentável à luz dos arts. 1º da LEF e 14 e 1.046 do CPC/2015.

Registre-se, contudo, o Enunciado 53 (ENFAM), segundo o qual "o redirecionamento da execução fiscal para o sócio-gerente prescinde do incidente de desconsideração da personalidade jurídica previsto no art. 133 do CPC/2015".

O incidente também poderá ser provocado no processo dos Juizados Especiais[25] e no processo falimentar.[26]

Poderá ser provocado também no processo do trabalho.[27]

Pode ser pugnada a desconsideração perante os tribunais, na fase recursal ou em feitos de sua competência originária. Nos tribunais será competência do relator decidi-lo (art. 932, VI, do CPC/2015).[28]

9. *Exceções de pré-executividade*

Como dito, o Código de Processo Civil/2015, quanto à execução: (a) manteve técnicas de "cumprimento de sentença", ampliando-as; (b) destinou seu Livro II da Parte Especial, para o processo de execução, aquele baseado em título executivo extrajudicial.

Numa ou noutra forma, respeitar-se-á um contraditório próprio para o executado (vai bem longe a antiga e errônea afirmação de que "o processo executivo não tem contraditório"). Poderá o executado, quando do cumprimento de sentença, oferecer sua impugnação formal; ou, diante do processo de execução, oferecer seus embargos executivos.[29]

a desconsideração da personalidade jurídica é obrigatória a observância do incidente previsto neste Código".

25. CPC/2015: "Art. 1.062. O incidente de desconsideração da personalidade jurídica aplica-se ao processo de competência dos Juizados Especiais".

26. Enunciando 247/FPPC (art. 133): "Aplica-se o incidente de desconsideração da personalidade jurídica no processo falimentar".

27. Enunciado 124/FPPC (art. 133): "A desconsideração da personalidade jurídica no processo do trabalho deve ser processada na forma dos arts. 133 a 137, podendo o incidente ser resolvido em decisão interlocutória ou na sentença".

28. Cabendo agravo interno de tal decisão (v. *infra*).

29. Outra novidade naquele livro especial foi o fim dos embargos de arrematação-alienação-adjudicação, os famosos "embargos de segunda fase", os quais vinham

Não obstante tais previsões explícitas de defesa do executado, ainda continua existindo a exceção de pré-executividade.

Sempre poderá o executado vir ao julgador e apontar-lhe, por simples petição, vícios ou defeitos do processo de execução, os quais cabia ao próprio magistrado ter verificado, por dever de ofício.

Essa a razão segundo a qual a melhor terminologia para aquela via processual seria a de "objeção de pré-executividade".

Seria necessária a via de embargos para dizer ao juiz que falta título executivo a determinada execução? Ou, ainda, que o credor (ou o devedor, conforme o caso) é parte ilegítima para figurar em qualquer dos polos da relação processual executiva? Evidente que não. O art. 803 do CPC/2015 – assim como seu correspondente no CPC/1973, art. 618 – bem pode dar lastro à interposição de medidas dessa natureza.

As matérias ali previstas podem ser deduzidas a qualquer tempo, e não necessariamente por embargos executivos.

Essa ideia é perfeitamente aplicável em sede da execução fiscal.

10. Tutela provisória

O tema chega para o Livro V da Parte Geral do Código de Processo Civil/2015, "Da Tutela Provisória", a qual poderá ser de natureza antecipada (satisfativa) ou cautelar (parágrafo único do art. 294).

Houve no Código de Processo Civil/2015 a eliminação da maioria das cautelares nominadas. Essa é mais uma mostra da linha de simplificação que é anunciada, desde o início, na própria "Exposição de Motivos" do Projeto original do Código. Ficaram, contudo, em novas posições dentro do diploma legal, *v.g.*, aqueles procedimentos relativos à prova (produção antecipada, exibição, justificação),[30] os de homologação do penhor legal e protestos.[31] Ver-se-á, ainda, a remissão a arresto, sequestro e arrolamento de bens como vias de efetivação das medidas de urgência deferida (art. 301, CPC/2015).[32]

se mostrando abusivos na prática forense (aquele que desejar discutir erros ou vícios dessa fase poderá valer-se de ações anulatórias do respectivo ato judicial).

30. Trazidos para o capítulo "Das Provas".

31. Esses, na verdade, sempre foram tidos muito mais como procedimentos de jurisdição voluntária, sendo remetidos para esse capítulo no Código.

32. Também há a menção ao protesto contra alienação de bem (v. parágrafo único, art. 870, CPC/1973) como forma de efetivação da tutela de urgência de natureza cautelar.

Mas o Código de Processo Civil/2015 não cuida apenas da tutela de urgência. Disciplina também a tutela de evidência (art. 311) (v. *infra*).

Prevê-se a "estabilização" da eficácia dos provimentos satisfativos de urgência, algo totalmente novo para o sistema. Sempre aprendemos que as medidas de urgência eram marcadas pela provisoriedade. Mas, ante o fenômeno da *estabilização*, uma decisão proferida em cognição sumária trará em si própria a possibilidade – caso não impugnada – de perpetuar seus efeitos.[33]

Essa é, como dissemos, uma situação nova para nosso direito processual (embora possamos ver aí certa influência da técnica monitória, já existente em nossa ordem jurídica).

A ideia de termos uma decisão proferida em cognição sumária, antecedente à causa, com potencialidade para perpetuar efeitos, disciplinando a relação jurídica material plenamente, sem dúvida, traz perplexidades.

Trata-se de medida que é empregada, em termos de Direito Comparado, na França e na Itália.

Dar-se-ia tal "estabilização" da eficácia da medida quando: (a) se tratar de pedido de tutela provisória antecipada;[34] (b) a providência tenha sido pugnada – e obtida – em caráter antecedente; (c) cientificado o réu, não traga essa impugnação recursal à decisão concessiva da medida de urgência.[35]

Assim, deferida de forma antecedente e não impugnada, a medida deferida continuará a produzir efeitos. Dá-se como "estabilizada" a tutela (conservando esses seus efeitos, até que eventualmente venha decisão de mérito em demanda de "revisão"), e será extinto o processo.

Sim, há a possibilidade de uma ação de "revisão-invalidação",[36] que pode ser proposta até dois anos da ciência daquela decisão que extinguiu o processo. Aquela ação de revisão pode veicular qualquer pretensão além daquelas previstas para a ação rescisória.

33. O juiz decidirá, extinguirá o processo, mas manterá a eficácia do provimento-medida, não havendo que se falar, ali, em coisa julgada.

34. Enunciado 420/FPPC: "Não cabe estabilização em tutela cautelar".

35. Enunciado 32/FPPC: "Além da hipótese prevista no art. 304, é possível a estabilização expressamente negociada da tutela antecipada de urgência satisfativa antecedente".

36. Enunciado 33/FPPC: "Não cabe ação rescisória nos casos de estabilização da tutela antecipada de urgência".

O juiz extinguirá o processo mas conservará a eficácia da medida. A opção do sistema brasileiro, diversa da de outros Países, foi a de afirmar que a decisão que concede a tutela *não fará coisa julgada* (§ 6º do art. 304).

Enfim, estamos falando de um procedimento abreviado, com emprego de cognição sumária, onde, a depender do comportamento do réu, a tutela se estabilizará, mesmo não vindo um pedido principal da parte, mas sem haver coisa julgada material.

Caberia o instituto da estabilização em sede de mandado de segurança? Mais amplamente, caberia o instituto em face da Fazenda Pública?

No que diz respeito à Fazenda Pública, questão que surge é a de saber da necessidade de remessa necessária como condição para a estabilização.

A estabilização tornaria consolidada uma situação desfavorável à Fazenda Pública e, passados os dois anos para a desestabilização, a situação equipara-se a uma coisa julgada. A dispensar-se a remessa necessária, estar-se-ia diante de decisão contrária à Fazenda com força equivalente à de uma sentença transitada em julgado sem que tivesse havido confirmação da mesma pelo tribunal de apelação, como ocorre com as sentenças ordinariamente.

Portanto, impõe-se o regime da remessa necessária a tal situação, restando delimitar em que momento a mesma ocorreria e qual ato judicial constituiria seu objeto. Seria a decisão concessiva da estabilização ou a sentença de extinção do processo?

A sentença de extinção do processo, no caso de ter havido estabilização, não se limita a declarar o processo extinto, mas prenuncia a estabilização da medida. Portanto, seria este o ato judicial sujeito à remessa necessária. Ademais, a remessa necessária é condição de eficácia das sentenças proferidas contra a Fazenda Pública (art. 496 do CPC/2015), sendo exatamente o caso da sentença que prenuncia estabilização de tutela antecipada antecedente. Apesar de não se tratar de sentença condenatória, tem conteúdo declaratório da estabilização, devendo, portanto, para produzir seus efeitos – em especial a estabilização –, ser confirmada pelo tribunal.

Seguindo, mais especificamente, temos que as liminares deferidas em mandado de segurança não se submetem ao instituto da estabilização da tutela provisória prevista no art. 304 do CPC. E que, no caso de mandado de segurança, sua tutela provisória já é pugnada em caráter incidental, na verdade, na própria exordial, lastreada em prova documental, plena e satisfatória, ali acostada. Isso irá preencher o requisito do "direito líquido e certo". A via do mandado de segurança, por definição, é incompatível com a via da tutela provisória antecedente.

11. A tutela de evidência

Chegam, ainda quanto à tutela provisória, como dito, disposições específicas para a chamada tutela de evidência. São situações legais (art. 311) em que se torna dispensável a demonstração de risco de dano.

É algo que faz todo o sentido: nos tempos atuais, se o direito da parte resta manifesto e evidente, por qualquer de seus fundamentos, por que postergar a proteção ou a efetivação desse direito?

Podemos recordar técnicas de antecipação de tutela que não faziam alusão à urgência como premissa à sua concessão, *v.g.*, a via do inciso II do art. 273 do CPC/1973; ou mesmo a via do § 6º do mesmo artigo, relativa ao pedido incontroverso.

Isso demonstra que a técnica não é nova.

Caberá a tutela de evidencia[37] quando: I – ficar caracterizado o abuso do direito de defesa ou o manifesto propósito protelatório da parte – na verdade, é a hipótese do inciso II do art. 273 CPC/1973;[38] II – as alegações de fato puderem ser comprovadas apenas documentalmente e houver tese firmada em julgamento de casos repetitivos ou em súmula vinculante – fala de situação demonstrada apenas documentalmente; traz certa lembrança da impetração do mandado de segurança, no qual a prova documental é a única produzida; uma hipótese criada para a "era dos precedentes", buscando dar força e eficácia ao sistema de precedentes que o Código de Processo Civil/2015 traz (v. art. 927); III – se tratar de pedido reipersecutório[39] fundado em prova documental adequada do contrato de depósito, caso em que será decretada a ordem de entrega do

37. Enunciado 423/FPPC: "Cabe tutela de evidência recursal".

38. Enunciado 34/FPPC: "Considera-se abusiva a defesa da Administração Pública sempre que contrariar entendimento coincidente com orientação vinculante firmada no âmbito administrativo do próprio ente público, consolidada em manifestação, parecer ou súmula administrativa, salvo se demonstrar a existência de distinção ou da necessidade de superação do entendimento".

39. Daqueles que se caracterizam pela sequela; mediante o qual se persegue o bem onde quer que ele se encontre.

objeto custodiado, sob cominação de multa[40] – quando se vê, no conjunto da reforma do Código, que há a eliminação do procedimento especial de ação de depósito, se compreende imediatamente o advento de tal hipótese legal. Relaciona-se a pedido de entrega de bem custodiado, pedido, esse, lastreado em prova documental (mais uma vez a alusão e a preferência a tal modalidade de prova), norma que certamente veio para tutela de situações não mais amparadas por aquele procedimento especial que se elimina do Código; IV – a petição inicial for instruída com prova documental suficiente dos fatos constitutivos do direito do autor, a que o réu não oponha prova capaz de gerar dúvida razoável – nessa hipótese, além de prova documental suficiente trazida pelo autor, é necessário que não haja contraprova do réu capaz de infirmar (causar a tal "dúvida razoável", pois) o direito alegado pelo autor.[41]

Enfim, sua adoção explícita é a demonstração de que a resposta do Poder Judiciário deve ser rápida não só em situações de *periculum*, mas também naquelas onde as alegações da parte revelam dose de "juridicidade ostensiva" (Tereza Wambier).

Cuida-se, como se vê, de "rótulo" empregado pelo Código de Processo Civil/2015, mas que não é exatamente novo para o sistema processual.

A tutela de evidência, pois, é perfeitamente compatível com os procedimentos especiais.[42]

É compatível, ainda, com a via do mandado de segurança, o qual, apesar de possuir uma fórmula de tutela provisória baseada na urgência (art. 7º, III, da Lei do Mandado de Segurança), não exclui o emprego desse outro caminho protetivo do direito ostensivamente aparente.

Como dissemos acima, se o direito da parte se apresenta manifesto (mediante prova pré-constituída, destaque-se), não há por que postergar sua proteção e sua efetivação.

40. Vale anotar que a decisão baseada nos incisos II e III desse artigo pode ser proferida liminarmente.

41. Deixou de figurar naquele rol de hipóteses, vale o registro, conforme se pode ver em versão anterior do Projeto de Código de Processo Civil, a possibilidade de tutela de evidência quando *um ou mais dos pedidos cumulados ou parcela deles mostrar-se incontroverso, caso em que a solução será definitiva,* algo que também não seria situação nova. Cuidava-se da hipótese do § 6º do art. 273 do CPC/1973, mais aperfeiçoada, com a lembrança de que a solução seria definitiva, resolvendo problema que a doutrina enfrenta desde o advento daquele parágrafo.

42. V. Enunciado 422/FPPC.

Referências bibliográficas

ARAÚJO, José Henrique Mouta, e CUNHA, Leonardo Carneiro da. *Advocacia Pública*. Coleção Repercussões do Novo CPC, vol. 3. Salvador, Juspodivm, 2015.

FRANCO, Marcelo Veiga. "Câmaras de mediação e conciliação na Fazenda Pública: o art. 174 do novo CPC como contribuição para o acesso à Justiça 'desjudicializado'". In: ARAÚJO, José Henrique Mouta, e CUNHA, Leonardo Carneiro da. *Advocacia Pública*. Coleção Repercussões do Novo CPC, vol. 3. Salvador, Juspodivm, 2015.

FREIRE, Alexandre, e MARQUES, Leonardo. "O novo Código de Processo Civil, a estrutura de incentivos do advogado público e a racionalização da Justiça na sindicabilidade das condutas estatais". In: ARAÚJO, José Henrique Mouta, e CUNHA, Leonardo Carneiro da. *Advocacia Pública*. Coleção Repercussões do Novo CPC, vol. 3. Salvador, Juspodivm, 2015.

MARQUES, Leonardo, e FREIRE, Alexandre. "O novo Código de Processo Civil, a estrutura de incentivos do advogado público e a racionalização da Justiça na sindicabilidade das condutas estatais". In: ARAÚJO, José Henrique Mouta, e CUNHA, Leonardo Carneiro da. *Advocacia Pública*. Coleção Repercussões do Novo CPC, vol. 3. Salvador, Juspodivm, 2015.

RODRIGUES, Marco Antônio. *A Fazenda Pública no Processo Civil*. 2ª ed. São Paulo, Atlas, 2016.

VIANA, Juvêncio Vasconcelos. *Do Processo Cautelar*. São Paulo, Dialética, 2014.

________. *Efetividade do Processo em Face da Fazenda Pública*. São Paulo, Dialética, 2003.

00384

GRÁFICA PAYM
Tel. [11] 4392-3344
paym@graficapaym.com.br